蒋经国的晚年岁月

李松林 著

团结出版社

图书在版编目（ＣＩＰ）数据

蒋经国的晚年岁月 / 李松林著. —— 北京 ：团结出
版社，2019.11
  ISBN 978-7-5126-7063-1

  Ⅰ．①蒋… Ⅱ．①李… Ⅲ．①蒋经国（1910-1988）
—生平事迹 Ⅳ．①K827=7

中国版本图书馆 CIP 数据核字(2019)第 093126 号

出　版：团结出版社
　　　　（北京市东城区东皇城根南街 84 号　邮编：100006）
电　话：（010）65228880　65244790　（出版社）
　　　　（010）65238766　85113874　65133603（发行部）
　　　　（010）65133603（邮购）
网　址：http://www.tjpress.com
E-mail：zb65244790@vip.163.com
　　　　fx65133603@163.com（发行部邮购）
经　销：全国新华书店
印　装：三河市祥达印刷包装有限公司

开　本：170mm×240mm　　　16 开
印　张：32.75
字　数：580 千字
印　数：5000
版　次：2019 年 11 月　第 1 版
印　次：2019 年 11 月　第 1 次印刷

书　号：978-7-5126-7063-1
定　价：98.00 元

前　　言

　　蒋经国的一生，充满了传奇色彩。15 岁的蒋经国就留学莫斯科中山大学，因其父反苏反共被斯大林扣作人质，长达 10 余年。1937 年蒋经国又经历了洗脑与监控，才被其父下放到赣南锻炼，有舆论称赣南是他"万米跑"的"起点"。的确，蒋经国在国民党内的真正崛起，是从赣南开始的。也有舆论说蒋经国的赣南"新政"是"中国战时政治的一项奇迹"，为"地方建设创下了一个成功的范例"。此话有一定的道理，但过于偏激。抗战时期的"奇迹""范例"不在赣南，而是在延安，否则，无数青年奔向延安就无法解释了。

　　"蒋经国时代"的来临还是在他主政之后，1972 年出任"阁揆"后，大刀阔斧，坚持新人新政，实施本土化政策，起用台籍人士；推展行政革新、社会革新，向下扎根；在对外政策上推展"实质外交"；在经济上推出"十大建设"、"十二项建设"，为台湾经济起飞奠定了坚实的基础。1975 年其父病逝后，蒋经国出任中国国民党主席，1978 年出任台湾地区最高领导人，1984 年连任台湾地区最高领导人。在最高领导人任内，特别是晚年，蒋经国始终坚持一个中国主张，坚决反对"台独"，反对分裂；坚持政治革新，力主"向历史交代"，解除戒严、开放党禁、报禁，开放台湾民众赴大陆探亲等一系列重大举措，这一切都为蒋经国赢得了喝彩。

　　对于蒋经国的评价，尽管海峡两岸因所持立场有异，但在对蒋经国的总体评价上，两岸民众正面说法多于负面评价。就台湾岛内而言，2007 年 12 月《联合报》的一项调查显示：在"谁对台湾贡献最大"的名次是：蒋经国 50%、李登辉 11%、蒋介石 6%、陈水扁 5%。由此可以看到，尽管蒋经国已于 1988 年 1 月 13 日去世，到 2007 已 19 年多，蒋经国在台湾的支持率仍达半数以上，实属罕见，就连一些绿营人士也不得不承认蒋经国对台湾的历史贡献。就此而言，蒋经国在台湾的声望不仅其父不如他，就连所有在世的台湾领导人也没有人能超越他。

　　蒋经国之所以比其父的支持率高出 44%，关键是蒋经国的许多构想与做法同其父有许多不同之处：一是蒋经国经历过苏联时期，有过加入共产党的经历，在其统治台湾的历程中，其政策总有共产党做法的影子。二是他比其父更为民主和开明。蒋介石一生独裁，连任五届"总统"，且是违反他自己所制定的"中华民国宪法"的典型，其结果还传位于子，带有浓厚的家天下色彩。但蒋经国无论是政策确定，还是各项实践，都体现出比其父民主和开明的作风。三是蒋经国一生坚持改革，举其大者，有行政革新、社会革新、党务革新、政治革新，是一个典型的改革人物，且晚年声称要"向历史交代"。四是比其父更重视民生，不仅推展出口导向政策，还开展十大建设、十二大建设，使台湾地区成为亚洲地区崛起的四小龙之一。五是改变了其父武力"反攻大陆"的政策，将攻势改为守势，主张"三民主义统一中国"。当然蒋经国也有与其父相同的地方：一是始终坚持反共，至死主张对中共"不妥协、不接触、不谈判"。二是紧抱美国"粗腿"，企图借外力保护自身安全，在客观上加剧了海峡两岸的紧张局势。三是始终坚持一个中国原则，主张统一，坚决反对分裂，反对"台独"。如果蒋经国晚年能够像后来国民党主席连战先生那样，毅然决然捐弃国共两党的历史前嫌，携手合作，共同开创两岸关系和平发展的新局面，蒋经国的声望比2007年《联合报》的调查比例还要高，可惜历史没有如果。

蒋经国是怎样获此殊荣的？他为什么同台湾众多领导人表现不一样？这正是《蒋经国的晚年岁月》一书要回答的问题。

目　录

第一章　协父撤台

40 年代末，在中国的政治舞台上展开了一场光明与黑暗、两种命运与前途的决战。人民解放战争三大战役的隆隆炮声，在事实上已经宣告了国民党蒋介石集团覆灭的命运。困兽犹斗的蒋介石尽管丢掉了总统头衔，但仍不甘心其失败，还在以国民党总裁的身份做最后的挣扎。其子蒋经国为了父亲的反共事业也在做最后的努力，但其结果还是以国民党在大陆的全面大崩溃而告结束。深感末日来临的蒋经国在大陆的最后时刻，又经历了溪口进香与海上漂泊的"风雨飘摇之秋"，最终诀别大陆，亡命台湾孤岛。

上海败打"老虎"

抗日战争胜利前夕，国民党蒋介石为了争取苏联及早对日作战，随同苏联当局展开了《中苏友好同盟条约》签约谈判。蒋经国于 1945 年 6 月奉父命陪同行政院长兼外交部长的宋子文赴苏谈判。谈判期间，蒋经国与宋子文等五晤斯大林。经双方共同努力，终于在日寇宣布无条件投降日的前一天举行条约签字仪式。蒋经国返国后，于 10 月 10 日，又被委以外交部特派员，与熊式辉、张嘉璈一起赴东北处理接收东北事宜。因东北问题的极端复杂性，蒋介石在东北的主张与斯大林的企图发生了严重矛盾，为此，斯大林邀请蒋经国访苏。1945 年 12 月 25 日，蒋经国奉父命赴苏访问，再度晤访斯大林。1946 年 1 月 14 日返抵国内，他写了一份"访苏报告书"呈给蒋介石。原文迄未公布，后蒋介石在《苏俄在中国》一书中披露其情形说："斯大林在其与经国两次谈话中，他表示对中、苏及国共两党和平共存的意愿，并且表示他赞同中美苏三国的合作，但反对中国采取门户开放政策，尤其反对第三者的势力进入东北，而力劝中国采取不偏不倚的独立政策。斯大林最后对经国表示其希望我访问莫斯科，或在中俄边境上适当地点会谈，实则此次斯大林邀经国访俄，其目的全在于此。我曾以此事征询马歇尔特使的意见，马歇尔特使的答复是'如有助于中俄的邦交，他无不赞同'。于是我对他亦未便再道其详，否则，他或许以为我有挟俄自重的心理。我乃决定婉谢斯大林的邀请。"①

东北与苏联之行，蒋经国没有任何建树，所谓交涉成了一句空话。后来，蒋经国谈起东北之行时，伤心地流泪说："军事行动不能配合外交，使外交工作出丑。"尽管如此，蒋经国赴苏谈判的辛劳为其争得了获颁"胜利"勋章。

由于国民党的内战政策激起了天怒人怨，加之军事上的溃败与经济上的通货膨胀，南京政府处于风雨飘摇之中。正是在这一大失败的背景下，蒋经国企图力挽狂澜，希冀通过运用江西时期的霹雳手段，在中国经济政治舞台上再显身手，创造挽救国民党大失败的"奇迹"。上海败打"老虎"和协助父撤守台湾也正是在这一大背景下发生的。

1948 年下半年，随着反共战争形势的江河日下，蒋经国从东北回到上海，立即投入到为挽救国民党大失败所做的最后努力之中。为协父挽救颓势，蒋经国一到上海就亲自组建了"戡乱建国训练班"，并成立了若干"戡乱建国大队"。1948年 7 月 12 日，蒋经国书告上海"戡建大队"队员说：

"上海是恶势力的集中地，戡建大队要想向恶势力进攻，必须要认识敌人，研究敌人，并且更要认识自己，组织自己，所以第一步的重要工作，就是自我训练"；"第二步的重要工作，应当是发展组织。"蒋经国认为要完成这样重大的任务，单靠自己的力量是远远不够的，"必须要得到广大群众的同情"。他提出："在戡建大队的旗帜上，应当写上'大公无私，除暴安良'八个大字。"②从字面看这八个字没有任何错误，问题是国民党已经病入膏肓，采取什么样的举措也很难起死回生。蒋经国的这一做法实际上是赣南时期"蒋青天"行为的再现与翻版。然而上海毕竟不是赣南，最终得到的是不同结果。

军事上的大溃败与经济上的全面崩溃紧密相连和相互影响。蒋介石的内战政策使军费开支急剧增加，造成巨大的财政赤字。如何弥补巨大的财政赤字呢？由于人民和社会各界均不支持蒋介石的内战政策，导致政府税收大大减少，国民党当局债信丧失殆尽，内贷无门。当时有人给蒋介石出主意，说向孔祥熙和宋子文两位中国最大的富豪借款以支持战争，但结果最终不了了之。最后除了乞求美援

　　①《"总统"蒋公思想言论总集》，卷 9，第 130 页，中国国民党中央委员会党史委员会，1984 年版。

　　②《蒋"总统"经国先生言论著述汇编》，第 1 辑，第 459—460 页，台湾，黎明文化事业股份有限公司，1982 年版。

之外，国民政府的主要办法就是滥发纸币。滥发纸币的结果必然导致物价飞涨，物价飞涨反转过来又促使通货更加膨胀。这种恶性循环使"中国民族工商业日趋于破产，劳动群众和公教人员的生活日趋于恶化，为数众多的中等阶级分子日益于丧失了他们的积蓄而变为毫无财产的人"。①

当恶性通货膨胀引起整个社会骚动并危及国民党政权时，蒋介石绞尽脑汁企图依靠美援和黄金、外汇来回笼法币，以减缓日益严重的通货膨胀。但由于纸币增发迅速，黄金、外汇库存急剧减少，到 1947 年 2 月止，黄金库存就由 600 万两减少到 200 万两左右；中央银行的外汇资产也减少到 32700 万美元。此时的国民政府已无力组织货币回笼。在此严重情形下，蒋介石遂下决心实施币制改革。1948 年 6 月 8 日，《中央日报》发表社论称："兹为挽救当前社会经济及政治军事等重大危机，实应谋币制改革，不可借准备未完，条件不足，或时机尚未成熟等理由，再事拖延。"8 月 19 日，蒋介石行使《动员戡乱时期临时条款》中关于总统在"戡乱时期"可紧急处分的特权，发布了《财政经济紧急处分令》《金圆券发行办法》《人民所有金银外币处理办法》《中华民国人民存放国外外汇资产登记管理办法》和《整理财政及加强管制经济办法》5 个文件。文件的要旨是：

（1）自即日起，以金圆为本位币，十足准备发行金圆券，限期收兑已发行之法币及东北流通券。（2）限期收兑人民所有黄金、白银、银币及外国币券，逾期任何人不得持有。（3）限期登记管理本国人民存放国外之外汇资产，违者予以制裁。（4）整理财政并加强管理经济，以稳定物价，平衡国家总预算及国际收支。②

在蒋介石看来，只要打击贪污和投机倒把，便能转危为安，因此把发行金圆券看成是他继续反共战争与扭转危局的灵丹妙药。《中央日报》也与之配合发表社论称："社会改革，就是为了多数人的利益，而抑制少数人的特权。"社论还有两句话耐人寻味："改革币制譬如割去发炎的盲肠，割得好则身体从此康强，割得不好，则同归于尽。"③

为保障币制改革的顺利进行，蒋介石在上海、天津和广州三大重要地区设置经济管制督导员，执行控制及监督措施。当时蒋介石特派俞鸿钧、张厉生与宋子文为上海、天津、广州三地区督导员，蒋经国、王抚州与霍宝树等协助督导。蒋

---

① 《毛泽东选集》第 4 卷，第 1213 页，人民出版社，1991 年版。
② 《中国现代史资料选编》（5），第 372—373 页，黑龙江人民出版社，1981 年版。
③ 《中央日报》，1948 年 8 月 20 日。

经国临危受命后，遂于 8 月 20 日晚离京赴沪。对于派蒋经国出任上海督导员，蒋介石在 21 日日记中写道："此举实为国家存亡成败所关，明知此于其个人将为怨府与牺牲之事，但除经儿之外，无人能任此事，故不能不令其负责耳。"① 对于其父交予的"割盲肠"的历史重任，蒋经国一方面认为"自己从来没有做过经济方面的工作，一点亦没有经验，所以恐难有所成就"②；另一方面则认为，"假使将这个政策看作是一种社会革命运动，同时又用革命的手段来贯彻这一政策的话，那么，这一政策，我相信一定能达到成功"。③

8 月 21 日，蒋经国至中央银行拜访上海经济管制督导员俞鸿钧，商讨经济管制有关事宜。随后，蒋经国与俞鸿钧又参加了经济会报，上海有关人士均出席会议并作了发言，对于币制改革能否成功，政府官吏"多抱怀疑的态度"。④23 日，蒋经国正式在中央银行内督导员办公处办公。同日，金圆券开始发行。

蒋经国到上海的首要任务，是贯彻执行财政经济管制条例，限制物价保持在紧急处分令颁布时的水平，即绝不能突破"八一九防线"。如何完成这一重任呢？蒋经国认为必须要有"两千有血气的青年干部的帮助"⑤。为此，他把"戡建"六大队改组为"大上海青年服务总队"，由赣南时期的准嫡系王升任总队长，总队在上海设置了 11 个"人民服务站"，专事收集举报线索。在有了组织保障后，蒋经国还特别注意抓舆论宣传。他仿效赣南时期做法，在接见市民与答复市民来信中，高唱"只打老虎，不拍苍蝇""宁使一家哭，不使一路哭"。此举收到了极好的效果，上海舆论界将蒋经国称为"中国的经济沙皇"。

有了舆论支持，蒋经国认为还必须实行严格的经济管制。在他看来经济管制之中心工作，在谋物资供求之平衡。然而战时不同于平时，战时"节制物价必须从管理原料入手"。他提出今日经管工作，事同作战，不胜即败，必须勇往前进，一面应促进农村与都市物资之交流，一面对于重要原料及粮食之采购，必须不畏烦难，全部规划管理，使一切采购，皆在组织之中与稽核之下。蒋经国还利用其父赐予的"尚方宝剑"，从一些富庶地区往上海调运物资，以保障市场供应与物价不突破"八一九防线"。经过他的努力，从 8 月 19 日至 10 月初，上海物价总

---

① 秦孝仪主编：《"总统"蒋公大事长编初稿》，卷 7（上册），第 128 页，1978 年版。
② 《蒋"总统"经国先生言论著述汇编》，第 1 辑，第 562 页。
③ 江南：《蒋经国传》，第 163 页，中国友谊出版公司，1984 年版。
④ 《蒋"总统"经国先生言论著述汇编》，第 1 辑，第 563 页。
⑤ 《蒋"总统"经国先生言论著述汇编》，第 1 辑，第 460 页。

算还维持在"八一九防线"的基础上。

在蒋经国看来："投机家不打倒，冒险家不赶走，暴发户不消灭，上海人民是永远得不到一天安宁的。"① 应当说此举对于遏制物价有一定的道理。基于此蒋经国对固积居奇的奸商的主张必须实施铁的手腕。8月24日，蒋经国接见调查机关的负责人员，要求他们检举大的投机商。8月27日，蒋经国又统一指挥上海市警察局、警备司令部稽查处、宪兵及江湾、宁沪铁路、宁杭铁路3个警察局，外加黄金管理局的管理、执勤人员，总共数千名军警，到全市市场、商店、工厂、公司、仓库、车站和码头进行突击大检查，宣称："凡违背法令及触犯财经紧急措施条文者，商店吊销执照，负责人送刑庭法办，货物没收。"

根据掌握的奸商情况，蒋经国于9月1日举行记者招待会，公布了固积大户的名单。在当天的日记中，蒋经国写道："今天市场已不如往日之平定，一切都在跃跃思动，似有采取非常办法的必要。"②

当晚，蒋经国接南京最高当局电话，要他"从速处理违反经济法令的各种案件""严办大的投机商人"③。翌日，蒋经国下决心严办奸商，遂于上午召开检查委员会，会后即向上海市政府提出大户奸商的各种违法行为的证据，并建议立刻逮捕。被捕入狱的奸商大户共达64人。这在上海"有条有理"——有金条有道理的世界，几乎是无法想象的。特别是在64名巨商中，居然有棉纱大王、中新纺织公司总经理、杜月笙女婿荣鸿元，纸业公司理事长詹沛霖，棉布巨头吴锡龄，永泰和香烟公司经理黄以聪，证券太保、杜月笙之子杜维屏。

抓捕"五虎将"，震动全上海。与此同时，蒋经国还对奸商与不法官吏大开杀戒。例如大商人王春哲因"扰乱金融市场""对抗经管"被枪毙；财政部秘书陶启民因"泄露经济情报"被判死刑；警备司令部稽查大队长戚再玉、经济科长张亚民因"利用公务之便"，掌握荣鸿元的倒汇投机案后"敲诈勒索"与"知法犯法"，也被判处死刑。抓、杀大奸商与不法官吏，使蒋经国再度得到了上海媒体与社会民众的喝彩，认为蒋经国"真的打老虎了"。但此举却招致上海各级官吏与奸商的极力反对。

首先是上海市市长吴国桢，市长权力被架空，因不满意蒋经国的做法，于9月5日赴南京向蒋介石辞职。社会局局长吴开先公开和蒋经国冷战。整个上海官

---

① 《蒋"总统"经国先生言论著述汇编》，第1辑，第254页。
② 《蒋"总统"经国先生言论著述汇编》，第1辑，第568页。
③ 《蒋"总统"经国先生言论著述汇编》，第1辑，第568页。

僚势力，组成联合战线，与蒋经国对抗。关于此点可以从蒋经国的日记中得到说明。在他到上海第二星期的"反省录"中，蒋经国写道：

"做事不到 10 天，而有许多人已在起来反对我了。这是早在意想中的事，目前不过是几个人，将来不晓得有多少人将起来打击我；但是我不怕，因为自己没有私心，并且有很大的勇气。"①

在 9 月 4 日的第三星期"反省录"中，蒋经国写道：

"今天最可忧虑者，即高级官员对此政策多抱'观望''怀疑'以及'反对'之态度。""所以今天所做的工作是孤独的。没有一个高级官吏想帮我的忙，思之痛心。""今后的工作方针，应当少树敌人。"②

与此同时，上海奸商们也准备同蒋经国拼个鱼死网破。蒋经国在演讲时称："在工作的推进中，有不少的敌人在那里恐吓我们，放言如再继续检查仓库惩办奸商，将会造成有市无货、工厂停工的现象。"对于奸商的恐吓，蒋经国认为"不足为惧"，"没有什么可怕的"。他绝不会"放弃了打击奸商的勇气"。③

尽管蒋经国打击奸商的勇气不减，但在官商勾结向他的权威进行挑战之时，他的上海"打虎"行动不得不以败阵而告终。官商勾结挑战蒋经国权威的典型案件莫过于扬子公司案。扬子公司的全称是"扬子建业股份有限公司"，是由中国第一大富豪孔祥熙之子孔令侃于 1946 年 4 月成立的官商公司。该公司通过宋美龄的关系网，获得汽车、药品、钢材、染料等重要物资的进口、销售权，经营中通过走私、逃税、套取外汇及垄断货源等办法，聚敛了大量的黄金、美元。扬子公司的违法活动为上海媒体所举报，对所有奸商恨之入骨的蒋经国也想借"打虎"之机扳倒他这位表弟，挑战孔、宋豪门。蒋经国命令搜查扬子公司，发现该公司囤积大量商品与紧缺物资，有利用经济情报抢先于封关前进口的百余辆汽车、500 多箱美英呢绒、200 多箱西药等。在查清扬子公司大量违法事实之后，蒋经国下令拘捕孔令侃，查封扬子公司。蒋经国的这一举措轰动了整个上海滩。

蒋经国太低估表弟孔令侃的能量与高估其父和继母宋美龄的公心了，孔令侃搬姨妈宋美龄来沪要求蒋经国放自己出狱，宋美龄又直飞北平搬蒋介石来压蒋经国。与此同时，孔氏家族通过收买报社与记者，散布消息说："在扬子公司查获的大批新汽车及呢绒等，并非事实。"上海警方也被迫宣称："所抄查均已向社会

---

① 《蒋"总统"经国先生言论著述汇编》，第 1 辑，第 568 页。
② 《蒋"总统"经国先生言论著述汇编》，第 1 辑，第 570 页。
③ 《蒋"总统"经国先生言论著述汇编》，第 1 辑，第 254 页。

局登记，所囤大批汽车并非孔令侃所有。"在各方的压力下，蒋经国失去了其父的"尚方宝剑"，只有在强权和恶势力面前缴械投降。关于此点可以从他的日记中得到说明。

9月的"反省录"中，蒋经国写道：

"关于××的案子，亦因事前未查明其是否在中，而即下令拘捕，致失自己的威信。"①

10月9日的"反省录"中，蒋经国写道：

"××公司的案子，弄得满城风雨。在法律上讲，××公司是站得住的。倘使此案发现在宣布物资总登记以前，那我一定要将其移送特种刑庭。"②

10月16日的"反省录"中，蒋经国又写道：

"××公司的案子，未能彻底处理，因为限于法令，不能严办，引起外界误会。同时自从此事发生之后，所有的工作，都不能如意，抵抗的力量亦甚大。""经济管制的工作发展到今天，确实已到了相当严重的关头。"③

孔氏家族得理不饶人，通过媒体开始攻击蒋经国，企图将他赶出上海滩。对此，蒋经国愤愤地说："商人可恶，政客更可恶，两种力量，已经联合在一起了。""如此政治，如何不乱"。④

正当蒋经国陷于进退两难之际，上海物价于10月初再度告急，不仅粮食出了问题，煤炭与布匹也纷纷告急。造成此种状况的原因除了上海奸商的破坏外，最根本原因就在于南京政府自身对其限价政策的破坏。10月2日，南京政府决定对卷烟、洋啤酒、国产酒类、烟叶等7大类商品增征税额。此举必然导致增征税额转嫁到消费者身上，加之其他商品搭车涨价，其结果蒋经国苦心经营的"八一九防线"终于被全面攻破。10月31日，南京政府通过了《财政经济紧急处分令》的《补充办法》，决定物价解冻，从11月1日起，取消限价政策。从此，物价再度飞涨。上海的物价，11月即比"八一九"限价时高出25倍，12月为35倍，到1949年1月，已达到128倍。大米的价格上涨尤为惊人，到1949年4月17日，是限价时的6万倍。⑤与此同时，随着金圆券的不断贬值，南京政府

① 《蒋"总统"经国先生言论著述汇编》，第1辑，第583页。
② 《蒋"总统"经国先生言论著述汇编》，第1辑，第589页。
③ 《蒋"总统"经国先生言论著述汇编》，第1辑，第592页。
④ 《蒋"总统"经国先生言论著述汇编》，第1辑，第597页。
⑤ 《中国现代史资料选编》（5），第377—378页。

通过《修正金圆券发行办法》，撤销了 20 亿元的发行限额。到 1949 年 5 月，金圆券发行额已达 679458 亿元，超出原定发行量的 33900 倍。连蒋经国都不得不承认："金圆券发行数目之大，造成了 10 月初的所谓抢购运动。"此种情形，中共领袖毛泽东评论说：滥发金圆券，已使中国陷入"空前严重的经济危机"之中，"已经威胁着各阶层人民"，"罢工罢课等项斗争因之不断发生"①。南京政府错误的财经政策，不仅未能挽救经济崩溃，反而加速了崩溃的进程。以改革币制上台的翁文灏内阁也在币制改革与限价政策失败中宣告总辞。充当改革币制与限价政策急先锋的蒋经国自然也做了翁内阁的牺牲品。就在孔令侃脱险之时，上海市民讥笑蒋经国是"只拍苍蝇，不打老虎"。《大公报》还专门发表了一篇《打虎赞》，云：

> 万目睽睽看打虎，狼奔豕突沸海浦；
> 雷声过后无大雨，商场虎势尚依然；
> 世间到处狼与虎，孤掌难鸣力岂禁？②

此时的蒋经国焦虑、苦闷到了极点。国民党中央社记者曹聚仁在他后来所著的《蒋经国论》中称蒋经国：3 个月前，神气十足，曾几何时，只好败下阵来，"几乎天天喝酒，喝得大醉，以至于狂哭狂笑"。关于此点，从蒋经国的多处日记中也可窥出。10 月 4 日日记中写道："一夜未安睡，且内心非常不安。"③10 月 10 日日记中写道："今天是国庆日，本来是可喜之一天，但是内心的痛苦，益加深重。"④10 月 16 日的"反省录"中称："现在到了四面楚歌的时候"，认识到"倘使不能坚定，即很快就会崩溃⑤。10 月 18 日日记中写道："早起后，精神就不愉快，因为有许许多多问题，不但无法解决，而且一天比一天严重。"⑥10 月 19 日早起后，蒋称自己"心中仍烦"⑦。10 月 22 日，蒋在日记中称他已感觉到"自己在上海确很孤独"⑧。10 月 25 日夜，蒋经国接到粮食恐慌报告后，"心中十分难过"，

---

① 《毛泽东选集》，第 4 卷，第 1213 页，人民出版社，1991 年版。
② 上海，《大公报》，1948 年 9 月 25 日。
③ 《蒋"总统"经国先生言论著述汇编》，第 1 辑，第 586 页。
④ 《蒋"总统"经国先生言论著述汇编》，第 1 辑，第 589 页。
⑤ 《蒋"总统"经国先生言论著述汇编》，第 1 辑，第 592 页。
⑥ 《蒋"总统"经国先生言论著述汇编》，第 1 辑，第 593 页。
⑦ 《蒋"总统"经国先生言论著述汇编》，第 1 辑，第 594 页。
⑧ 《蒋"总统"经国先生言论著述汇编》，第 1 辑，第 595 页。

久久"不能入睡"①。10 月 31 日的"反省录"中，他说想起人家将金钞兑了之后，"今天是如何在怨恨我，真是惭愧万分"②。翌日，他见到女儿后仍是内心"十分的忧苦与烦闷"。他说由于取消限价，"两个月的工作，一笔勾销，回想起来，真是心寒"。③

11 月 2 日，怀着替父分忧与创造第二个赣南奇迹梦想的蒋经国，在四面楚歌声中万般无奈地发表告上海人民书，宣称：

"在 70 天的工作中，我深深感觉没有尽到自己所应尽到的责任，不但没有完成计划和任务，而在若干地方，反加重了上海市民在工作过程中所感受的痛苦。"因此，"除了向政府自请处分以明责任外，并向上海市民表示最大的歉意"④。

尽管蒋经国宣称"绝不放弃自己既定的政治主张"，"绝不挂旗"，但因经济管制已彻底失败，故而不得不结束上海的督导工作。11 月 5 日，报纸发表了蒋经国辞去上海经济管制督导员职务的消息。翌日，蒋经国在日记中记述了他的感受：

"昨天正式发表消息辞督导员职，自今日起已不再到中央银行办公。当我离开办公处的时候，心中实有无限的感慨，几欲流泪。傍晚步行到金融管理局向林崇镛李立侠辞行。望黄浦江上的晚景，觉得格外的凄惨。今日早晨，约行深沧白灵峰仲平乘汽车作杭州之游。中途经过闵行乍浦海宁，一路的风景虽美，但秋风红叶，使人发生伤感。"⑤

上海败打"老虎"，蒋经国并非一无所获，如他自己所言："70 天的工夫，花了不少的心血，亦并不是白花的，读了一部经济学，得了许多痛苦的教训。"⑥

出师赣南，蒋经国得到了"蒋青天"的赞誉，而上海之行，初有"中国经济沙皇"的美名，最后得到的却是"只拍苍蝇，不打老虎"的毁誉。

探究蒋经国上海败打老虎的原因，笔者以为：

第一，根本原因就在于国民党蒋介石的内战政策。毛泽东在《抗日战争胜利后的时局和我们的方针》一文中就指出：独裁和内战是"蒋介石方针的基本点"。正是由于蒋介石的内战政策招致天怒人怨，军事上的内战军费急剧增加，必然造

---

① 《蒋"总统"经国先生言论著述汇编》，第 1 辑，第 597 页。
② 《蒋"总统"经国先生言论著述汇编》，第 1 辑，第 600 页。
③ 《蒋"总统"经国先生言论著述汇编》，第 1 辑，第 601 页。
④ 《蒋"总统"经国先生言论著述汇编》，第 1 辑，第 483 页。
⑤ 《蒋"总统"经国先生言论著述汇编》，第 1 辑，第 603 页。
⑥ 《蒋"总统"经国先生言论著述汇编》，第 1 辑，第 600 页。

成经济上的巨大财政赤字。为了弥补巨大的财政赤字，国民政府的主要办法就是滥发纸币。滥发纸币的结果必然导致物价飞涨，通货膨胀。其结果是经济崩溃与军事溃败交织在一起，政府信誉垮台实属必然，纵使有一千个蒋经国式的"打虎英雄"，也不可能挽救国民党在大陆的全面崩溃。

第二，是国民政府错误的财经政策导致蒋经国打虎行动最终以失败而告终。蒋介石发动全面内战后，因财政与军费问题，曾多次与宋子文发生冲突，其焦点是军费问题。最终导致宋子文挂冠辞职。蒋介石后来在反省经济失败时，把经济崩溃的罪责完全归咎于宋子文。他认为：经历了八年抗战，中国"农村凋敝"，"而工业尚未恢复战前的繁荣"，"国民就业的机会不能增殖"；"特别是民国36年间行政院宋院长擅自动用了中央银行改革币制的基金，打破了政府改革币制的基本政策，于是经济就在通货恶性膨胀的情势之下，游资走向投机垄断，正当的企业不能生存，中产阶级流于没落，社会心理日趋浮动之中，经济崩溃的狂澜，就无法挽救。这是大陆经济崩溃最重要的环节，亦是今后经济事业最重要的教训，不可不特别警惕，这是经济失败内在的原因。"① 很显然，这是蒋介石诿过于人的做法。国民政府的经济崩溃，宋子文固然不能辞其咎，但实行币制改革毕竟不是在宋子文任职期间。宋子文下台后，1948年到1949年间，行政院长就像走马灯，先是张群，后有翁文灏，接着是孙科和何应钦，最后是战斗内阁阎锡山。国民党政府退台前的最后一次币制改革是在翁文灏做行政院长时，财政部长是王云五。当时王云五既要解决内战军费问题，又要平抑物价，所以"憧憬"于币制改革，而且拟出一套"改革币制平抑物价平衡国内及国际收支的联合方案"。② 对此，后来任中央银行总裁的张公权当时认为不可，他向蒋介石陈述了三点理由：

（1）无现金银准备，而以新纸易旧纸，千万不可实行；

（2）用金本位，或金汇兑本位办法，至少须有3亿美元借款作为准备；

（3）若改用银本位，至少须有价值5亿美元之生银贷款。③

由于张公权当时不在主政地位，行政院长的翁文灏在征求了几位财经专家的意见之后，最终采纳了王云五的意见，遂于8月19日发布了《紧急处分令》。实际上《紧急处分令》等于是饮鸩止渴，但在国民党的欺骗宣传之下，其效果在最

---

① 秦孝仪主编：《"总统"蒋公思想言论总集》，卷25，第126页。
② 王云五：《岫庐八十自述》，第495—498页，台北，商务印书馆，1967年版。
③ 姚崧龄编著：《张公权先生年谱初稿》（下册），第840页，台北，传记文学出版社1982年版。

初也曾经昙花一现。关于此点可从两蒋日记中得到说明。8 月 24 日，蒋介石召见翁文灏和王云五，听取币制改革情形，当他得知仅上海一地中央银行就兑入 300 万美元，于当晚日记中写道："于此可知人民对政府之信任与拥护之精诚也。"31 日在本月反省录中写道："改革币制，10 日间收兑现金约合美金 2700 万之巨，此为始料所不及者，可知民心犹在。"①

　　然而到了 10 月，20 亿的金圆券发行限额终于被突破，物价再度成脱缰野马之势，最终导致了国民经济的总崩溃。笔者以为，是国民党的内战政策和错误的财经政策导致经济濒临崩溃，而蒋经国的打虎行动不过是政府错误财经政策中的一个环节，在实际上起到了助纣为虐的作用。政策是错误的，在其错误政策指导下的打虎焉有不失败之理。

　　第三，官商勾结特别是孔宋两大家族插手上海经济管制，亦是蒋经国败打老虎的重要原因之一。蒋经国始终没有忘记孔、宋两大家族带给他的极大痛苦与伤害，故而在退守台湾后利用国民党改造之机，将孔、宋两大势力及反对派统统逐出决策圈。也正是由于官商勾结和孔宋两大家族的多方掣肘，导致蒋经国树敌太多，以致遭到多方攻击与暗算，最终跌落马下。

　　第四，蒋经国不懂得经济规律，仅靠行政命令与政治手段去管理经济，不可能取得成功。再者倚仗其父的"尚方宝剑"，说多做少，前后言行不一，很难取得成功。加之他利用的"戡建"大队鱼龙混杂，"良莠不齐"②，关键时刻不替他出力。10 月 12 日的日记中，蒋经国写道："外面的环境已如此恶劣，而内部工作人员……都是只会口头说，而不肯很快的做事。"③ 随着上海经济形势的恶化，"若干的干部，心理已开始动摇"④。在 10 月 19 日、20 日、25 日的日记中，都指出经管干部"无定见，看到困难就怕"，而且有怠工行为，"空谈理论而无结果"⑤，"工作人员都不肯负责，处处讲形式，而不求问题之解决"⑥。总之，经济外行与"戡建"大队的工作作风，也成为最终葬送蒋经国"打虎英雄"称号的因素之一。

---

① 秦孝仪主编：《"总统"蒋公大事长编初稿》，卷 7（上册），第 129 页，1978 年版。
② 《蒋"总统"经国先生言论著述汇编》第 1 辑，第 262 页。
③ 《蒋"总统"经国先生言论著述汇编》第 1 辑，第 590 页。
④ 《蒋"总统"经国先生育论著述汇编》第 1 辑，第 591 页。
⑤ 《蒋"总统"经国先生言论著述汇编》第 1 辑，第 594 页。
⑥ 《蒋"总统"经国先生言论著述汇编》第 1 辑，第 596 页。

秘盗黄金

蒋经国从上海抵达南京后，国民党中常会于 12 月 29 日任命陈诚为台湾省政府主席，任命蒋经国为台湾省党部主任委员。蒋介石发表这两项任命说明他已经看到国民党败局已定，大陆即将不保，派其子赴台协助爱将陈诚经营台湾，使国民党日后尚有立足之地。

1949 年 1 月 5 日，陈诚在台湾就任省主席职。并宣称："本省今后一切措施，当以'人民至上，民生第一'为依归。"同时要求政府与民众同生共死的精神："使台湾成为一个复兴中华民族的堡垒，来担负复兴中华民族的使命。"① 然而蒋经国并未立即赴台就职，而是始终陪侍其父共渡下野危机。

众所周知，就在蒋经国被任命为台湾省党部主任委员的前 4 天，蒋介石收到桂系大将白崇禧 24 日发给张群、张治中转告他的电报。来电大意是人心、士气、物力均已不能再战，请停战以言和。白崇禧开出了三个条件：

一、相机将真正谋和诚意转知美国，请美、英、苏出面调停，共同斡旋和平。

二、由民意机关向双方呼吁和平，恢复和平谈判。

三、双方军队应在原地停止军事行动，听后和平谈判解决。

与此同时，白崇禧在汉口宣称"非蒋下台，不能谈和，蒋应让别人来谈"。②

12 月 27 日，蒋介石接见"总统府"秘书长张群，询问与李宗仁商谈情形，张称：李宗仁希望蒋介石"早日引退"。③30 日，白崇禧再电蒋介石，重申前电主张。同日，河南省主席张轸也通电主和，并要求蒋介石下野。湖南、广西随后通电响应。与此同时，桂系核心人物、时任蒋介石助手的李宗仁与白电遥相呼应，向蒋介石宣布 5 项和平主张：（1）蒋介石下野；（2）释放"共党"与"亲共"之政治犯；（3）宣布言论集会之完全自由；（4）两方阵线间以 10 英里为中立区，彼此军队各撤至中立区以外；（5）以上海为中立区，作为和谈地点，国军撤出上海。④湖南省军政领袖程潜也向蒋发来了要他下野的通电。12 月 30 日，白崇禧再电蒋介石，重申前电主张。同日，河南省主席张轸也通电主和。

---

① 《陈诚先生回忆录》（建设台湾），下册，第 485—486 页。
② 韩信夫、姜克夫主编：《中华民国大事记》，第 5 册，第 826 页。
③ 秦孝仪主编：《"总统"蒋公大事长编初稿》，卷 7（上册），第 204 页。
④ 董显光著：《蒋"总统"传》，第 512 页，台湾，中华大典编印会，1967 年版。

在内外交逼之下，尽管蒋介石不断默念"庄敬自强，处变不惊，慎谋能断"的古人嘉训，但仍不免心烦意乱。在12月反省录中，蒋介石却称自己"泰然处之"，有极高的"修养"。他的日记是这样写的："是月实为处境之最拂逆者，夫人在美，历任折冲之艰困，余在国内，亦因战事失利，经济失调，桂白遂飞扬跋扈，逆谋毕露，而无知者又从而附和之，故至大除夕，已成不可收拾之势，然于仍泰然处之，不可谓修养之无进步也。"①

冷静之余，与败打"老虎"归来的蒋经国商讨和战与自己的进退问题。父子二人商讨的对策可从蒋经国1949年1月1日的日记中窥知一二。日记写道：

"父亲近曾缜密考虑引退问题，盖以在内外交迫的形势之下，必须放得下，提得起，抛弃腐朽，另起炉灶，排除万难，争取新生。"

对于引退后可能发生的情况，蒋经国作了如下的分析与判断：

（1）"匪军"南下，渡江进攻京沪。

（2）"共匪"陈兵江北，迫李宗仁等组织联合政府，受匪操纵，并派兵进驻南京。

（3）暂停军事攻势，而用政治方法瓦解南京，然后各个宰割，不战而占据全国。

（4）李当政后，撤换各地方军政要员，或由"共匪"加以收买，使彼等屈服投降。

（5）对父亲个人极端诬蔑、诋毁、诽谤、侮辱，使无立足余地，不复能为反共救国革命领导中心。

（6）李为"共匪"所逼，放弃南京，以迁都广州为名，割据两广，希图自保。

（7）美国对华政策，暂取静观态度，停止援助。

（8）俄帝积极援共，补充其军费，建立其空军，使我南方各省军政，在威胁之下，完全崩溃，无法抵抗。

蒋介石对其个人进退出处，作了如下判断：

"进之原因：甲、勉强支持危局，维系统一局势；乙、等待国际形势之转变；丙、静观'共匪'内部之变化。"

"退之原因：甲、党政军积重难返，非退无法彻底整顿与改造；乙、打破半死不活之环境；丙、另起炉灶，重定革命基础。"②

---

① 秦孝仪主编：《"总统"蒋公大事长编初稿》，卷7（上册），第207页。

② 《蒋"总统"经国先生言论著述汇编》，第2辑，第543—545页，黎明文化事业股份有限公司，1992年1月版。

　　待蒋介石考虑成熟之后，于 1948 年 12 月 31 日晚，在"总统府"官邸召集国民党中央执监委员 40 人聚餐，决定发布主和的元旦文告。与会的谷正纲、谷正鼎、张道藩、王世杰与王宠惠均表示不应发表和谈文告。蒋介石为之震怒地说："我并不要离开，只是你们党员要我退职；我之愿下野，不是因为'共党'，而是因为本党中的某一派系。"[①] 蒋介石让时任总统府秘书长的张群代读事先拟好的文告。文告宣称：

　　"今日戡乱军事已进入了严重的阶段，国家的存亡，民族的盛衰，历史文化的绝续，都要决定于这一阶段中。""怎样才能渡过这一难关，克服这一危机，成为我同胞每一个人异常关怀的问题。"对于和战问题的解决，"关键不在于政府"，而"在于共党"。现政府决定愿与共党"商讨停止战事，恢复和平的具体办法"。"只要和议无害于国家的独立完整，而有助于人民的休养生息；只要神圣的宪法不由我而违反，民主宪政不因此而破坏，中华民国的国体能够确保，中华民国的法统不致中断，军队有确实的保障，人民能够维持其自由的生活方式，与目前最低生活水准，则我个人更无复他求。中正毕生革命，早置生死于度外，只望和平果能实现，则个人的进退出处绝不萦怀，而一惟国民的公意是从"。[②]

　　与蒋介石元旦文告发表的当日，新华社广播了毛泽东撰写的《将革命进行到底》的社论。与蒋介石的求和声明相比，毛泽东的态度是非常鲜明和坚决的。尽管淮海战役和平津战役仍在进行之中，但国共两党的最高领袖对胜负都已了然于胸。此后几天间，蒋氏父子度日如年。他倒不在乎国内其他方面的反应，他所重视和等待的是中共方面的反应。1 月 5 日，新华社播发了毛泽东撰写的《评战犯求和》的评论，其后毛泽东又为新华社撰写了《四分五裂的反动派为什么还要空喊"全面和平"？》《国民党反动派由"呼吁和平"变为呼吁战争》《评国民党对战争责任问题的几种答案》《南京政府向何处去？》等。1 月 14 日，毛泽东又为中共中央撰写了《关于时局的声明》。毛泽东的评论和《声明》一针见血地指出：

　　"中国共产党认为这个建议是虚伪的。这是因为蒋介石在他的建议中提出了保存伪宪法、伪法统和反动军队等项为全国人民所不能同意的条件，以为和平谈判的基础。这是继续战争的条件，不是和平的条件。"[③] 蒋介石希望从白崇禧手里

　　① 董显光著：《蒋"总统"传》，第 509—510 页，台湾，中华大典编印会，1967 年版。
　　② 张其昀：《先"总统"蒋公全集》，第 3 册，第 3304 页，台湾中国文化大学出版部，1984 年 4 月版。
　　③ 《毛泽东选集》，第 4 卷，第 1388 页，人民出版社，1991 年版。

夺和平攻势的发明权，并在其新的商标下继续其旧的统治。但事实是"蒋介石已经失了灵魂，只是一具僵尸，什么人也不相信他了"。①

毛泽东的评论切中要害。与此同时，毛泽东彻底绝了蒋介石的求和之路，《声明》提出：和平谈判的 8 项政治主张。其中首要条件就是惩办战争罪犯，以及废除伪宪法与伪法统等。后来公布的战争罪犯名单中第一个就是蒋介石。

这 8 项条件对蒋氏父子而言犹如五雷轰顶，视其为要他无条件投降的"哀的美敦书"。蒋经国后来回忆说："所谓'和平条款'完全否认北伐，否认抗战，破坏革命，彻底毁灭国民党。"② 此时，蒋氏父子感到再无恋栈总统职位之希望，故于 1 月 8 日，蒋介石让张群、黄绍竑赴汉口向白崇禧传达重要指示："（1）余如果引退，比对于和平，究竟有无确实把握？（2）余欲引退，必有自我主动。"③ 其后，张群又飞长沙，会晤程潜后于 10 日返抵南京。白崇禧请张群转达仍坚持前两电主张。11 日，蒋介石书告白崇禧：今日之要道："惟在能自立自助，只要吾人志气不衰，精神坚贞，则最后胜利，仍必归于公义与正气之我方。"④ 1 月 19 日，蒋介石与李宗仁商谈时局，并表示引退之意。蒋对李宗仁称："就当前局势来说，我当然不能再干下去了。但是在离开之前，必须有所布置。"

蒋介石在下野之前预作什么布置呢？

首先，他让蒋经国与俞鸿钧将中央银行库存黄金、白银与外汇移存台湾，以备日后反共之用。据蒋经国 1 月 10 日日记记载：

"今日父亲派我赴上海访俞鸿钧先生，希其将中央银行现金移存台湾，以策安全。"⑤

在盗运黄金至台湾过程中，俞鸿钧是核心人物，因为当时他先后是中央银行总裁、中央银行常务理事。俞鸿钧（1898—1960 年）是广东省新会县人，1919 年毕业于上海圣约翰大学，历任英文《大陆晚报》记者、国民政府外交部长陈友仁的英文秘书、上海市政府英文秘书兼宣传科长、代理市财政局长、上海市政府秘书长、上海市市长、中央信托局长、财政部长、中央银行总裁。

盗运黄金至台，前后共有 3 批：

---

① 《毛泽东选集》，第 4 卷，第 1384 页，人民出版社，1991 年版。
② 《蒋"总统"经国先生言论著述汇编》，第 2 辑，第 8 页。
③ 秦孝仪主编：《"总统"蒋公大事长编初稿》，卷 7（下册），第 221—222 页。
④ 秦孝仪主编：《"总统"蒋公大事长编初稿》，卷 7（下册），第 228—229 页。
⑤ 《蒋"总统"经国先生言论著述汇编》，第 2 辑，第 549 页。

第一批盗运黄金是在 1948 年 12 月 1 日。早在 1948 年 10 月 9 日，蒋介石以了解上海经济管制为名，召见中央银行总裁俞鸿钧与蒋经国，首次谈及"改储金地点"方式转运黄金。此时辽沈战役尚在进行之中，基于对全国形势的总体判断，蒋介石在 11 月 22 日的日记中写道："另选单纯环境，缩小范围，根本改造，另起炉灶不为功，现局之败不以为意矣。"① 由此说明，总统宝座尚未坐满 5 个月的蒋介石，已经预感在大陆朝不保夕，故作此安排。其后蒋介石致电俞鸿钧，要其一周之内，将国库黄金的一半运抵台湾。关于此点可从第二历史档案馆档案得到进一步说明。1948 年 11 月 29 日档案显示：

"谨密呈者：上周据台处沈代表祖同来局密洽，已奉钧座密谕，向职局接洽移动库存准备金项下之一部分黄金至台北存储，当经面请钧座核示移动办法。兹已将黄金装箱手续完成，计共柒百柒十四箱，合纯金贰百万零四千四百五十九市两点五零陆。兹又据沈代表、丁经理通知，洽妥海关'海星'巡舰装载，海军总部'美朋'舰随行护航，准于十二月一日午夜装运，首途至基隆登陆，转台北。"

这份关键档案清楚地表明：首批运台黄金的准确数字应为 774 箱，共计 2004459.506 市两。准确运输时间为 12 月 1 日午夜。

正是 12 月 1 日午夜，中央银行总裁俞鸿钧奉蒋介石命令，安排人员由上海中央银行和中国银行地下国库搬出这批库存黄金，送泊于上海黄浦江码头的江海关缉私巡逻舰"海星"号。该舰于 2 日拂晓前装载完毕，在海军"美朋"号登陆舰的护送下驶往台湾基隆港，卸载后转送台北。中央银行发行局襄理何骧等人随"海星"号押运。同月，又由"海星"号和海军军舰"美盛"号、"美朋"号载运黄金 57.2899 万两及银圆 1000 箱（每箱 4000 枚）到达台湾。该批金银统由中央银行驻台北代表沈祖同点存于台湾银行金库。

第二批盗运黄金应在 1949 年 1 月至 2 月间。这次盗运黄金的核心人物仍是俞鸿钧，具体执行者为吴嵩庆。吴嵩庆（1901—1991 年）是浙江宁波人。早年毕业于浙江大学，毕业后赴法国巴黎大学留学。曾先后担任北伐军总司令部秘书，北伐军航空委员会经理处长，北伐军军需署粮秣司长。并曾先后担任有湖北省财政厅长、湖北省军需署署长、湖北省财务署署长、联勤总部财务署署长等职务。对于吴而言，很多人并不知道他的底细，而这一点正是蒋介石所需要的。1 月 10 日以后，蒋经国约见京沪杭警备总司令汤恩伯、空军司令周至柔、海军司

---

① 毛剑杰：《1949：黄金大挪移》。

令桂永清密商运输安全问题。16 日，蒋介石约见俞鸿钧、席德懋二人，提出中央中国两银行外汇处理要旨，蒋宣称此举"欲为国家保留一线生机也"。蒋介石下野的前两天，即 1 月 19 日，俞氏辞去中央银行总裁职务，由副总裁刘驷业继任。就在他辞去中央银行总裁之后，俞氏仍以一介平民身份奉另一介平民身份的蒋介石之命，将中央银行黄金、银圆与美钞搬运至台。关于此点，台湾《联合报》刊载的《俞鸿钧先生的风范》中作了如下说明：

"也许有人以为俞氏当时既为中央银行总裁，筹划启运央行库存黄金至安全地点，本为其职责以内的事。其实，俞氏当时并不在中央银行总裁任内，当时央行的总裁为财政部长刘攻芸兼任，俞氏不仅已经离职央行，而且他本人并不在上海，后因沪上情况紧急，李宗仁态度暧昧，鉴于中央银行库存黄金对国家命运的重大影响，俞氏乃奉命冒险从香港飞往上海，运用他个人与中央银行在职人员的渊源关系及影响力，擘画部署，将库存黄金运来台湾。"①

该文称俞虽未担任财经方面的任何公职，但他"本诸个人对国家的忠诚、热爱，而将个人危险置之度外，为国家保全了巨款财富，这是难能之处"。

1960 年 6 月 2 日，台湾《中央日报》刊发了王康的《平凡中的伟大》一文，也称俞氏"不声不响，与当时任台湾'省主席'的陈'副总统'函电密商，决定将黄金全部运台，在某一个深夜，海军'总司令'桂永清密令军舰一艘，停泊在上海黄浦滩央行附近的码头边"，将"一箱一箱的黄金，悄悄运上军舰，在天未破晓以前，该军舰已驶出吴淞口，以最大的速率，驶向基隆。两天以后，陈主席打电报给俞氏，全部黄金已妥藏在台湾银行的保险库里，坐在外滩央行总裁办公室里的俞氏，这时才感觉到肩膀上的万钧重担豁然减轻"。

接管黄金、银圆的是时任台湾"财政厅长"的严家淦，他在接受记者采访时称"来到台湾的数年间，我们在财政上并没有遭遇到多大的困难的原因，都是俞先生对国家的贡献"；"俞氏破除一切困难，把上海中央银行的全部黄金数百万两一箱一箱运来台湾，妥藏在台湾银行的保险柜里"。②

正因为俞鸿钧对国民党退台后能够得以继续统治有功，故被蒋介石任命为"财政部长"兼中央银行总裁，台湾交通、农民银行与台湾银行董事长。1953 年出任台湾"省主席"。1954 年 5 月，又被蒋介石提名为"行政院长"。俞在"行政院长"任内因在提高军、公、教人员待遇问题上同"监察院"发生摩擦，以致遭

---

① 台湾，《联合报》，1960 年 6 月 2 日。
② 台湾，《自立晚报》，1960 年 6 月 2 日。

到"监察院"弹劾。在此情形下，蒋介石于1958年1月16日亲自邀集国民党中常委、中央委员与国民党籍"监察委员"200余人发表演说称："俞院长是'国家'行政首长，如何可受这样情形的调查？""我们希望你们记得我说的话，以后如有类似的问题，你们要慎用你们的权力。"①

因遭弹劾，俞氏心灵受到重大创伤，故辞去"行政院长"职，专任中央银行总裁。1960年6月1日病逝于台北，终年64岁。俞氏病逝当天，宋美龄、台湾"副总统"兼"行政院长"陈诚、"总统府秘书长"张群和蒋经国立即赶赴俞宅吊唁。时任"财政部长"的严家淦对记者称："最近俞先生曾遵照国策，致力于中央银行复业建制的规划，亲自策拟方案，并数度修订，3天前的端午也未曾休息，昨天临终之时，犹殷殷询问此事"。"俞先生的死，是'国家'的一大损失"。"俞先生这种为国尽瘁的精神，真使我们衷心感动。我们只有照他的遗志，完成他的计划，才能对得起他"。②2日，蒋介石专程亲临俞鸿钧寓所吊唁，并向俞鸿钧遗体行鞠躬礼。3日，蒋介石为俞鸿钧题颁"怆怀桢榦"的匾额。③4日，蒋介石亲临台北极乐殡仪馆致祭。50多个单位千余人往祭。

第二次盗运黄金是把上次抢运所剩100万两黄金中的80万两及银圆3000万块再装箱（共151箱），由财务署长吴嵩庆以"预支军费"名义，交海军由水路运输。南京历史档案馆编写的《中国国民党大事典》在1949年2月10日记载："至本日为止，中央银行将大部分金银运存台湾和厦门。上海只留20万两黄金。"④

蒋经国在2月10日日记中写道：

"中央银行金银之转运于安全地带，是一个重要的工作。但以少数金融财政主管当局，最初对此不甚了解，故经过种种之接洽、说明与布置。""此种同胞血汗之结晶，如不能负责保存，妥善使用，而共诸无谓浪费，乃至资'匪'，那是一种很大的罪恶。"⑤

以上事实说明两点：

第一，蒋经国、俞鸿钧将央行黄金、银圆与外汇运至台湾与厦门是在蒋介石

① 《俞鸿钧传》，第235页，台湾，近代中国出版社出版。
② 台湾，《中华日报》，1960年6月2日。
③ 台湾，《"中央"日报》，1960年6月4日。
④ 转引自高群服：《台湾秘密档案解密》，第33页，台海出版社，2008年版。
⑤ 《蒋"总统"经国先生言论著述汇编》，第2辑，第570页。

下野之后，下野之后的蒋介石就是一介平民，以一介平民指挥蒋、俞搬运央行黄金亦属非法，故称蒋经国盗运黄金。蒋介石说此举是为"国家保留一线生机"，实则是拆李宗仁的台，为其日后再度复职准备物质基础。

第二，在盗运黄金、银圆过程中，当时的财政主管当局与时任代总统的李宗仁是坚决反对的。关于此点可从蒋经国后来的回忆中得到进一步说明：

"关于李宗仁来信所提到的库存黄金的搬运经过，我应该附带来这里说一说：当上海快要撤退的时候，父亲就派我们几个人到上海去，劝中央银行把库存的黄金全部搬运到台湾来。临行的时候，父亲又再三嘱咐我们'千万要守秘密！'因为早已预料，李宗仁一定要以库存黄金作为'和谈'的条件之一。后来这一批黄金，是很顺利地运到台湾了。政府在迁来台的初期，如果没有这批黄金来弥补，财政和经济情形，早已不堪设想了；哪里还有今天这样稳定的局面。""库存黄金到达台湾之后，父亲又记起还有一箱国家的珠宝，存放在中央信托局，命令我们再赶到上海去，劝信托局把这一箱珠宝也运到台湾来，交给国库保存。这一箱珠宝，多半是在抗战时期一班汉奸非法搜刮的财物，胜利后被依法没收，交付中央信托局代为保管的。因为我曾担任过管制上海经济的工作，知道这箱珠宝存放的地点；所以，父亲就命令我去负责执行这一项任务。当我到达上海以后，李宗仁已经知道了这回事，立刻下令，不准移动这箱珠宝。后来竟吩咐那个保管保险箱的人飞到香港去，使无法取出。我因向父亲建议：'据所知道的情形，这一箱珠宝已经用了不少，剩余的东西，仅值二三十万美金，我们何必为此区区之物，同人家伤和气。'父亲却指责我说：'到了台湾，当军队粮饷发不出的时候，就是一块美金也是好的！'我听了无言可答，只好依从父亲的意思去进行；但结果还是没有法子把这批珠宝搬出来。"[1]

关于此点还可以从李宗仁回忆录中得到说明：

"在我就任代总统之日，手头一文不名。为维持军饷，安定民心，曾命行政院饬财政部将运台的国库银圆、金钞运回一部分备用。但是在台负责保管责任的陈诚奉蒋暗示，竟作充耳不闻的无言抗命。政府救穷乏术，唯有大量印发原已一文不值的'金圆券'。大票成群出笼，致币价贬值，一日千里。"[2]

第三次盗运黄金应在上海解放前夕。据吴嵩庆的机要秘书詹特芳回忆，上海

---

① 蒋经国：《我的父亲》，引自李敖：《我来剥蒋介石的皮》，第179—180页，内蒙古文化出版社，1998年9月版。

② 《李宗仁回忆录》第953页，广西人民出版社，1980年11月版。

解放前夕，蒋介石批条要吴嵩庆将中央银行金库中尚存的金银及外币运往厦门、台湾。5月15日，蒋经国奉父命"飞往上海公干"。① 蒋经国此行就是为了督查黄金运输。吴嵩庆同日日记中也有记载"由广州飞上海，下机适经国先生乘机至，偕周至柔宅便饭，下午访汤恩伯谈运银圆赴渝事"。另据汤恩伯致中央银行手令为证："为适应军事，贵行现有黄金、银圆除暂留黄金 5000 两、银圆 30 万块外，其余即务存于本部指定之安全地点，需要时陆续提用。"② 第三次盗运时间点为 5 月 17 日，共计盗运黄金 19 万 2029.743 市两，装 33 箱零 33 桶；银圆 146 万 9000 元，装 62 箱。

对于蒋经国、俞鸿钧盗运至台的黄金、银圆与外汇到底有多少，众说纷纭。据李宗仁称：

"据当时监察院财政委员会秘密会议报告，国库库存金钞共值 35000 万美元。此数字还是依据中国公开市场的价格计算；若依照海外比值，尚不止此数。库存全部黄金为 390 万盎司，外汇 7000 万美元和价值 7000 万美元的白银。各项总计约在美金 5 亿上下。"③

另据蒋介石机要秘书出身、直接参与盗运黄金的吴嵩庆部下詹特芳称：

"中央银行原报告有 90 万两，经过这次彻底核对，实存 92 万两，多出 2 万两，绝大部分是金块，每块 10 余斤至 20 余斤不等，块面刻有成色及重量字样。""另外还有黄金 4200 余两，据说这是蒋介石私人存的。"银圆部分约计 3000 万元。④

另据中央银行 1949 年 12 月报告，当时国民党当局的银行库存的黄金为 395 万两，白银 1136 万两，银圆 398 万多块。⑤ 程思远在《李宗仁先生晚年》的回忆中称："蒋介石令蒋经国赴沪见中央银行总裁俞鸿钧，将发行金圆券得来的黄金、白银、外汇等共计 3.7 亿美元秘密运往台湾。"曾任台湾"行政院长"的郝柏村称国民党撤退时将几百万两黄金运至台湾。⑥《人民日报》根据历史资料称：国民党撤离大陆前，先后 3 批实际运去台湾的黄金共 277.5 万市两，银圆 1520 万元。⑦

---

① 《蒋"总统"经国先生言论著述汇编》，第 2 辑，第 617 页。
② 转引自高群服：《台湾秘密档案解密》，第 34 页，台海出版社，2008 年版。
③ 《李宗仁回忆录》，第 952 页。
④ 引自李敖：《我来剥蒋介石的皮》，第 188 页。
⑤ 引自刘建兴：《台湾经济介评》，第 123 页，中信出版社，1993 年版。
⑥ 《台湾时报》，1989 年 11 月 27 日。
⑦ 《人民日报》，1990 年 1 月 8 日。

另据台湾传记作家王丰所著《蒋介石父子 1949 危机档案》一书披露：从前后几份密电及内部文件可以得知，在国共内战晚期，国民政府总共运送了 290 余万两的国库黄金到台湾，这 290 余万两黄金的数字，可以说是国库黄金抢运到台湾的官方数据。其中，刘攻芸任职"中央银行"总裁时，呈报给蒋介石的运台黄金数字是 2935805 两多，而当国民党当局搬迁到台湾以后统计运台黄金的数额，"中央银行"的官方数字是 2949970 两多，两者的落差约为 14165 两，但无论如何，294 万余两应该就是从大陆运抵台湾的国库黄金。①

比较以上诸种说法，《人民日报》公布的数字和王丰《蒋介石父子 1949 危机档案》一书公布的数据都带有官方的色彩，基本上是准确的。

这部分黄金、银圆对于稳定台湾社会与发展经济都起了十分重要的作用。1950 年 6 月，蒋介石下令将大陆各地运回台湾、集中在军需署库房的黄金，全数缴回"国库"，总计 108 万两。这 108 万两黄金始终未再动用，直到 2008 年 5 月，台湾卢秀燕等四名"立委"视察台湾乌来山区文园金库时发现，当时台湾"国库"黄金总数 1362 万两，其中 108 万两为大陆运来，自 1950 年 6 月入库后再未动用。1997 年，吴兴镛在《传记文学》上撰文，建议以部分运台"剩余"黄金所值的利息，来设立"中华世纪黄金教育基金"，以增进两岸善意互动，"也是对大陆许多由于这些'现金'运台而导致金圆券狂贬、受损的老百姓的一点象征性的'补偿'"。

溪口进香

蒋介石让其子蒋经国盗运黄金的同时，还在人事部署上将其亲信安插在要害部门。他任命最宠信的嫡系将领汤恩伯出任京沪杭警备司令部总司令；令朱绍良为福州"绥靖"公署主任；任命宠将陈诚为台湾省主席兼警备司令。

从蒋介石的部署看，他的确已经感到大陆有可能失守，故将重点放在经营台湾，为其日后退路预作安排。

当一切布置就绪之后，蒋介石邀约五院院长共进午餐，正式宣布引退。1949 年 1 月 21 日，国民党中央社播发了蒋介石第三次下野文告。文告称：

"中正毕生从事国民革命，服膺三民主义，自 15 年广州北伐，以至完成统一，无时不以保全民族，实现民主，康济民生为职志，现战事仍然未止，和平之目的

---

① 王丰：《蒋介石父子 1949 危机档案》，第 195 页，商周出版社，2014 年版。

不能达到，决定身先引退，以冀弭战销兵，解人民倒悬于万一。爱特依据中华民国宪法第 49 条，总统因故不能视事时，由副总统代行其职权之规定，于本月 21 日起，由李副总统代行职权。务望全国军民暨各级政府，共矢精诚，同心一德，翊赞李副总统，一致协力，促成永久和平。"①

透视蒋介石第三次下野的原因，主要有两点：

第一，美国意图让蒋介石下野。从二战时起，美国一直寄希望于蒋介石，然而到 1948 年秋，随着国民党在中国内战中的节节失利，美国开始"换马"行动。关于此点可从下列事实中得到说明：

其一，1948 年 9 月，美国开始调整对华政策。在国务院政策设计司主任乔治·凯南主持下，向国务院提交了一份序号为"PPS—39"的文件，题为"重申并制定美国对华政策"。文件的主旨强调："蒋的命运江河日下"，国民党大势已去，美国无法挽救其失败。基于此，美国开始考虑在中国"换马"。②

其二，1948 年 10 月，美国驻中国大使司徒雷登向美国国务院报告中国政府情况时，建议应该考虑让蒋下野，并组成联合政府，以解决中国情势。③ 众所周知，司徒雷登与蒋介石关系一向很好，即使有人攻击蒋介石，司徒雷登都予以维护，何以在蒋介石当总统不到半年之际，建议让蒋下野呢？这的确不是司徒雷登与蒋介石的个人关系问题，是中美之间的利益使然。11 月 26 日，司徒雷登顾问傅泾波曾经告知刚刚接手行政院长一职的孙科："一、美国政府希望蒋氏下野；二、希望新阁主和。"④ 同年 12 月 16 日，司徒雷登致国务卿马歇尔的电文称：他在同蒋介石特使张群的谈话中明确表示"在我曾与之交谈过的大多数美国人无疑都有一种印象，就是中国的人民大众感到委员长已成为停止敌对的主要障碍，必须从他的权威性位置退下来"。⑤ 正是基于此，蒋介石认为"美国大使馆几乎为反华倒蒋之大本营，显受其政府之意图"。对于司徒雷登的建议与傅泾波同孙科的传话，蒋介石于 12 月 23 日致电宋美龄时称："其大使与顾问对我行政院长表示如此，言行狂妄已极，而傅之形态更为荒谬，其政府虽一再声明不干涉中国内

① 张其昀：《先"总统"蒋公全集》，第 3 册，第 3305 页。
② 引自苏格：《美国对华政策与台湾问题》，第 71 页，世界知识出版社，1991 年版。
③ 引自刘维开：《蒋介石的 1949——从下野到再起》，第 3 页，山西出版传媒集团、陕西人民出版社，2013 年版。
④ 引自刘维开：《蒋介石的 1949——从下野到再起》，第 3 页，山西出版传媒集团、陕西人民出版社，2013 年版。
⑤ 引自林孟熹：《司徒雷登与中国政局》，第 141 页，新华出版社，2001 年版。

政，而其在华大使言行，实已干涉我内政，而且无异促我下野，可痛之至。"① 后来他在提及第三次下野时也曾说："我之下野的决心，固不能说全无国际环境之影响。"②

第二，国民党因对战与和争论的必然结果。蒋介石迫于各方压力，在元旦文告中强调"个人的进退出处绝不萦怀"等语，用董显光的话说，其目的在于：一是"对共党举示政府对和谈至最低条件"；二是"不致有损其为民主政府领袖与中华民国忠贞公民之责任"。③ 元旦文告公布后，国民党内的主和派与社会人士发动了一个宣传攻势，逼蒋介石下野，当时的口号是："蒋介石不下野，中共将不肯谈和"、"蒋介石不下野，美元援无望"。正是基于上述分析，蒋介石的结论是：我之下野"其重要因素还是由于我们内在矛盾的关系所致"。④

蒋介石还称，他的下野还出于对台湾问题的考虑。"在当时如果我不下野，当然我仍在南京，我认为只要有海空完整无缺，那南京是可以守住的，万一守不住，我亦决心死在南京。"蒋这段话虽有些牵强，为自己下野寻找托词，但也符合蒋介石的思维逻辑。因为早在 1946 年 10 月蒋巡视台湾时曾说过这样一段话："台湾尚未被共党分子所渗透，可视为一片净土，今后应积极加以建设，使之成为一模范省，则俄、共虽狡诈百出，必欲亡我国家而甘心者，其将无如我何乎。"⑤

当时蒋介石还没料到 3 年后他会被赶到台湾，但是他却看到了台湾的重要性及有利条件，初步形成了经营台湾以作为内战后盾的设想。后来他在国民党七大上作政治报告时称："就算是整个大陆被共产党拿去了，只要保着台湾，我就可以用来恢复大陆。因此，我就不顾一切，毅然决然的下野。"⑥

关于蒋介石第三次下野，各界评论颇多。蒋经国称他父亲此举是"中华民族数千年历史又遭逢了一次厄运，几乎断送国脉"⑦。秦孝仪宣称关系"国家民族生死存亡"。⑧ 香港史学家对此说评论称：这是一种推过于人、文过饰非的说法，借

---

① 引自刘维开：《蒋介石的 1949——从下野到再起》，第 9 页，山西出版传媒集团、陕西人民出版社，2013 年版。
② 秦孝仪主编：《先"总统"思想言论总集》，卷 25，第 134 页，中国国民党中央委员会印。
③ 董显光：《蒋"总统"传》，第 510—511 页，台湾，中华大典编印会，1967 年版。
④ 秦孝仪主编：《先"总统"思想言论总集》，卷 25，第 134 页，中国国民党中央委员会印。
⑤ 古屋奎二：《蒋"总统"秘录》，第 4 卷，第 461—462 页。
⑥ 《革命文献》，第 77 辑，第 93 页。
⑦ 《蒋"总统"经国先生言论著述汇编》，第 2 辑，第 555 页。
⑧ 秦孝仪主编：《"总统"蒋公大事长编初稿》，卷 7（下册），第 239 页。

此保存蒋的一代完人的形象。① 笔者相信读者对蒋介石第三次下野自会有公正、客观的评价。

蒋介石下野后循惯例返溪口老家反思，寻找重返政治舞台的捷径。

1月21日下午4时10分，蒋经国随其父乘专机飞抵杭州，陈诚自台湾飞杭迎接。当晚下榻在笕桥机场的天健北楼。因心情沉重，蒋介石久久不能入睡，便将蒋经国叫到床前，自我解嘲地说："这样重的担子放下来了，心中轻松多了。"蒋经国听后感慨万千。

翌日上午10时，蒋介石全家乘机离杭。35分钟后，飞机降落在栎社机场。然后蒋氏全家乘车进入了于右任亲笔手书"武岭门"三字的故里溪口。

溪口镇，位于浙江省今奉化市西北，距宁波市区22千米。溪口以剡溪之水而得名。剡溪源头，主流出于剡界岭，由新昌入奉化境，称"剡源"。沿溪风光优美，剡源九曲为古代旅游胜地。九曲公棠以下称"剡溪"，由西向东流过全镇，至东端，有武岭头与溪南山阻隔成口，"溪口"之名由此而来，又以武岭横亘镇东，以山名命地，故也称"武岭"。

过溪口武岭门入镇500步，就是蒋介石的故居丰镐房。丰镐房原有蒋介石祖传房屋6间。蒋介石两岁时，其父蒋肇聪经商之处玉泰盐铺被火焚烧，迁居报本堂的西厢房，后其父又在火焚旧基上起屋开店，重建了玉泰盐铺。1895年蒋肇聪过世后，第二年，蒋介卿、蒋介石两兄弟分家，蒋介卿分得玉泰盐铺，蒋母王氏携子留居祖宅。此宅为一座二层小楼，有房6间，立名"丰镐房"（乃取周文王建都丰邑、周武王建都镐京之意）。蒋介卿分家不久即夭亡，丰镐房归蒋介石独有。1928年，蒋介石扩建故居，迁走25户邻居，发展成为占地4800平方米、建筑面积1850平方米的现有规模。整个建筑为传统的"前厅后堂，两厢四廊"格局。楼轩相接，廊庑回环，墨柱赭皇，富丽堂皇。前庭及左右还有3个花园，有月洞门相通。厅堂廊庑布满雕刻彩画。报本堂前两边立柱刻有蒋介石的手迹："报本尊亲是谓至德要道""光前裕后所望孝子顺孙"；一块横匾，上书"寓理帅气"4个大字和几行跋文。

在扩建丰镐房前后，蒋介石感到丰镐房地处溪口街心，四周被民房包围，警卫不便，遂在文昌阁、妙高台、蒋母墓地等处建造多处别墅，以供自己和达官贵人、警卫居住。此次重返故里，蒋介石就住在蒋母墓地别墅"慈庵"。

_____

① 鸿鸣：《蒋家王朝》，第279—280页，香港中原出版社，1986年版。

　　蒋母墓地又称"蒋母墓道"，是其生母王采玉的安葬处，位于溪口附近的白岩山腰。按照中国民俗，夫妻死后要合葬在一起。蒋介石父亲蒋肃庵（肇聪）死后葬于溪口后马路北面的挑坑山上，基墓建于1913年，有四穴。蒋肃庵与前妻徐氏、孙氏合葬，空一穴原拟留给蒋介石生母王采玉。王采玉生前曾对蒋介石谈过自己百年之后的墓地问题。她要儿子记住"你不要把我同你父亲葬在一起"。什么原因使王氏不愿与夫死后葬在一起呢？主要是因为蒋肃庵同徐氏、孙氏合葬在一起，王氏如果与夫合葬，势必屈居第三，这是她所不愿的。此说澄清了唐人在《金陵春梦》中所云"只知有母，不知有父"，"未见他祭扫父墓"之说的谬误。蒋介石是孝子，加之在蒋介石成长过程中，蒋母倾注了大量心血，故对其母有一种特殊的感情。1921年6月14日，蒋母因心脏病突逝。蒋介石依母命选择了白岩山中腰这块风水宝地单独安葬。

　　蒋母墓道包括石牌坊、跨路亭（又叫"下轿亭"）、八角亭、墓庐、坟茔等建筑。石牌坊有三道门，中门和左右边门，因石牌中门上首刻有"蒋母墓道"4字，故从入口至坟基统称蒋母墓道。从山牌坊到坟基，依山坡而筑，是一条长668米的卵石路。进山牌坊行约300米，有一跨路亭，形若古代书生的方巾帽，据说蒋介石回乡祭母，到此下轿，故被称为"下轿亭"。过亭上行约200米，横在途中，有一座共12间平房的墓庐。主屋5间，中间一间有《孙大总统祭太夫人文》、蒋介石亲撰的《先妣王太夫人事略》《哭母文》、国民党中央执委会《慰劳蒋总司令文》等碑刻。左边一个两室套间，是蒋介石回乡扫墓或下野休息常住之处。右边两间为招待亲友客房。附房做看墓人居住和做饭用膳之用。墓庐右侧，有一八角亭，樟木结构，造型美观，内设石桌石凳。从墓庐再上行百余米，就是蒋母坟茔。墓碑中间刻"蒋母之墓"，上首刻"民国10年"，下首落款刻"孙文题"。上端扇形"应栏"刻"壶范足式"4字。两边"别间柱"刻有蒋介石自撰、张静江书写的一副对联，上联为"愧为逆子当日顽梗悔已晚"，下联为"祸及贤慈终身沉痛恨靡涯"。（注："文革"期间，蒋母墓及故居均遭到一定程度的破坏。1979年全国人大常委会发表《告台湾同胞书》后，当地政府着手修复奉化溪口蒋氏墓宅，并派专人管理。此次修缮，引起海内外人士的瞩目，同时也触动了蒋经国。他曾多次向人们表示：共产党做了一件好事，这笔钱应该由我来出。现时，溪口蒋氏墓宅已成对台对外的重要窗口，来此观光、旅游、访问的宾客日益增加。）

　　与前两次下野返乡相比，蒋介石这次重返故里，一方面以下野的闲人自居，一方面千方百计破坏和谈，另谋东山再起，亦有向家乡父老告别的意思。同时，他带领全家（宋美龄在美未归）返乡，也有利用在大陆的最后时日，对常年在外的两个儿子、儿媳及孙辈进行一次乡情教育的含义，以增进后辈对家乡和祖宅的印象、感情。

返乡翌日，蒋经国率子侄陪蒋介石游藏山公园。3天后，蒋经国携次子蒋孝武陪蒋介石登武岭。蒋介石站在山顶极目远眺，久久不忍离去。他感慨地对儿子说："此次下野，得返溪口故乡，重享家园天伦之乐，足为平生快事。"除夕之夜，蒋介石全家在丰镐房团聚度岁，这是蒋介石1913年以来36年间，第一次在老家度岁。大年初一清晨，蒋经国率妻儿老小上山向其父拜年。上午在各祖堂祭祖，下午往宁波城内金紫庙祭祖后回溪口。正月十五那天，蒋家祠堂上摆了许多桌酒席，蒋介石邀请地方官奉化县长、武岭学校校长和族里的人及亲邻参加，蒋经国和蒋方良在下敬酒。蒋介石强作欢颜开言："今天请诸位来喝杯淡酒。以后么——"他停了一下，"请诸位到南京喝去。"席间，蒋介石接到密友戴季陶自杀身亡的消息，悲愤异常，酒宴不欢而散。

蒋经国与其父有同感，深觉来日无多，故在溪口期间带妻子儿女赴葛竹外太婆家扫墓探亲，后又到岩头外婆家扫墓辞亲。清明节那天，蒋经国率全家陪父到白岩山祭扫蒋母墓。蒋介石在墓前躬身下拜，喃喃祈祷，涕泪横流。拜毕，连声嘱咐儿孙多磕几个头。但蒋经国的俄籍妻子蒋方良却只在墓前鞠了一躬。蒋介石大为生气，怒目而视，斥责"俄国人不懂礼节"。接着，蒋介石又命堂弟蒋周峰及族人挑了祭品到挑坑山祭扫了父亲之墓。其后，蒋介石全家还赴宁波南郊柳亭巷祭扫蒋姓祖坟，以示孝心。

与祭祖联宗的同时，蒋氏父子并未像董显光所说的"完全置身政治圈外，过着艰苦、宁静的生活"，而是始终插手政务，拆李宗仁的台，为他第三次上台做准备。据秦孝仪所编《"总统"蒋公大事长编初稿》和蒋经国日记记载：

1月25日，蒋介石电令顾祝同指挥北平中央军对人民解放军作战。同时令国民党中央军做空运南撤的准备。

1月28日除夕之夜，国民党要员张群、陈立夫、郑彦棻3人与蒋介石度岁。

1月30日，蒋介石召见郑彦棻秘书长，决将国民党中央党部先行迁粤，其后加以整顿，再图"根本改革"。同日约见张群、陈立夫，强调对内对外政策。翌日，又约见行政院长黄少谷等。

2月8日，蒋介石派秘书周宏涛赴上海，要求中央银行将黄金运往安全地带。10日，周宏涛归报：中央银行存金已大部如期运往厦门台湾，显存上海者惟留黄金 20 万两而已。

2月12日，蒋经国奉父命电参谋总长顾祝同，令刘安祺死守青岛。

2月17日，蒋介石召见阎锡山，讨论政局问题。

2月19日，蒋介石同来溪口的国防部次长刘斐谈及和谈问题时称："李宗仁以毛之八条件为和谈基础，直等于'投降'。"

蒋介石此间还支持行政院长孙科与李宗仁闹矛盾，指使孙科将行政院南迁广州，府院之争再度重演。孙科挂冠而去后，行政院长一职竟无人问津。李宗仁考虑再三，请求何应钦组阁，但何称没有蒋介石点头不敢做任何事情。

事实说明：蒋介石引退之后，始终未放弃手中的权力，他坐镇溪口，仍以国民党总裁身份控制党政军特各部门。

另据李宗仁回忆说：

"为便于控制全国各地一切军政措施，蒋先生返溪口之后，便在其故里建立电台7座，随意指挥，参谋总长顾祝同，对一兵一卒的调动完全听命于蒋先生。"[1]

李宗仁的回忆进一步说明蒋介石下野后绝非是一个普通公民，而是一个世界上"最忙的闲人"。

蒋介石不仅插手政务，破坏和谈，同时不断与蒋经国反复商讨在大陆失败的原因及东山再起之策。如果说，蒋经国自苏联返国之初，蒋介石还不太相信他，此番经过历史大动荡与溪口的长相左右，对蒋经国的从政条件与决策能力予以充分肯定，决心让他提前走上接班之路。因此，蒋介石每次同心腹要员会谈时，总让蒋经国参与意见。为了培养蒋经国，他在返故里当日对蒋经国沉痛地提出以下看法：

"当政20年，对其社会改造与民众福利，毫未着手，而党政军事教育人员，只重做官，而未注意三民主义之实行。今后对于一切教育，皆应以民生为基础；亡羊补牢，未始为晚。"[2]

蒋介石认为，要改正上述缺点，必须拟定具体纲领加以实施。他当时特别强调组织与纪律的作用，认为：

"一切以组织为主，纪律为辅。""组织应在纪律之先。组织对象：第一为人，第二为事与物（包括经费在内）。至于干部训练与重建之方针：必须陶冶旧干部，训练新干部。其基本原则：（1）以思想为结合；（2）以工作为训练；（3）以成绩

---

① 《李宗仁回忆录》，第955页。

② 《蒋"总统"经国先生言论著述汇编》，第2辑，第557页。

为黜陟。"①

　　他让蒋经国草拟一份重振国民党的《组织意见书》，蒋经国欣然领命。

　　其后，蒋介石在召见黄少谷、阎锡山和袁守谦时，多次强调开展国民党改造问题与整顿军队问题。他还同蒋经国磋商了国民党改造的具体步骤，提出改造分三阶段进行，即整理（整理现状）、改造（改造过渡）、筹备（筹备新生）。②父子俩还商讨出改造过渡的办法，即组织一个非常委员会。蒋经国同时拿出自己草拟的《组织意见书》交与父亲。蒋介石阅后在上面作如下批示：

　　（1）应谨严而不狭小，应切实而不求速效。

　　（2）组织应以干部发起，不能由领袖命令行事。

　　（3）青年运动之起点，在组训流亡学生。③

　　其后，蒋经国根据其父意见又草拟了《重整革命之初步组织的意见书》，蒋介石阅后认为可以采用。后来，蒋介石又问蒋经国："组织如何策进？"蒋经国当时答不出，"内心非常惶恐"。鉴于失败的教训，蒋介石当时最关注干部选拔与训练问题。他认为干部选拔应采取并力行唐代取士办法，即先以身、言、书、判为选拔标准，后以德、才、业三者为任用依据。体格魁伟为身，语言清晰为言，笔法秀美为书，文理密察为判。蒋氏父子皆认为：以此取士，自可达到"天下为公"的境界。④

　　4月15日，是蒋经国40岁生日。他早早起床拜祖，6时赴慈庵侍父做祷告、礼拜报恩。蒋介石为蒋经国题"寓理帅气"4字匾额，附跋，文曰：

　　"每日晚课，默诵孟子'养气'章。15年来，未尝或间，自觉于此略有领悟。又常玩索存心养性之'性'字，自得四句曰：'无声无臭，惟虚惟微，至善至中，寓理帅气'为之自箴；而以寓理之'寓'气，体认深切，引为自快；但未敢示人。今以经儿四十生辰，特书此'寓理帅气'以代私祝，并期其能切己体察，卓然自强，而不负所望耳。"⑤

　　查"寓里帅气"，语出《孟子·公孙丑（上）》："寓"是包藏的意思，"理"是道理，"帅"是统帅、支配的意思，"气"是气质、感情的意思。意思是：应当

────────

① 《蒋"总统"经国先生言论著述汇编》，第2辑，第558页。
② 《蒋"总统"经国先生言论著述汇编》，第2辑，第582页。
③ 《蒋"总统"经国先生言论著述汇编》，第2辑，第585页。
④ 《蒋"总统"经国先生言论著述汇编》，第2辑，第626页。
⑤ 《蒋"总统"经国先生言论著述汇编》，第2辑，第598页。

立志做一个将志气寄藏于内不露于外的有作为的人。

对于父亲教诲，蒋经国谨记在心，并在日记中写道：

"凡此所言，希望于我愈深，亦鞭策于我愈力，此后修养治事。定以此为准绳。孔子说：'四十而不惑。'我已至不惑之年，一事无成，且常感情用事，不能'持志养气'，细想起来，真是惭愧万分。"①

正当父子二人密议统治权术之际，张群、吴忠信于4月20日来溪口见蒋，告知李宗仁仍迫使蒋介石出国。当日，国民党中常会发表声明，拒绝在两党会谈协议上签字。中国共产党和中国人民解放军基于两党谈判已经破裂的事实，于当日午夜12点一过，立即发起了渡江战役，百万雄师横渡长江。蒋介石在得知人民解放军渡江消息后，在21日的日记中写道："情事至此，未知李（宗仁）、白（崇禧）能有悔悟否。"②22日，蒋飞抵杭州西子湖畔，召李宗仁、何应钦、白崇禧、张群、王世杰、陶希圣、吴忠信等紧急磋商，研讨应对之策。会议结果商定一文告，包括下列内容：

（1）政府今后唯有对中共坚决作战。

（2）在政治方面，联合全国民主自由人士共同奋斗。

（3）在军事方面，由何应钦兼国防部长，统一陆海空军指挥。

（4）采取紧急、有效步骤，以加强国民党内部团结和党政之间联系。为此，决定在党内设立"非常委员会"，蒋介石以国民党总裁身份主持党政联系。③

4月23日，蒋介石自杭州飞返溪口。就在这一天，人民解放军攻占了国民党统治22年的首都南京，国民政府仓皇撤至广州。毛泽东闻此讯息，赋诗一首：《七律·人民解放军占领南京》。

对于丢失首都南京，国民党政府发言人发表谈话称："共产党此次乘政府争取和平要求停战作最后呼吁之际，发动总攻，大举渡江南犯，致荻港、江阴、扬中等地相继弃守，首都陷入钳形攻势之中，我驻守首都大军一时乃完全处于被动地位，无法发挥高度之战斗力量，我统帅部估计军事形势，当前尚非适宜之决战阶段，不能不自动从首都作战略之撤退。"同时宣称要与中共作战到底。④

然而作为总统的李宗仁却并没有飞广州，而是去了老家桂林。李宗仁之所以

① 《蒋"总统"经国先生言论著述汇编》，第2辑，第598页。
② 秦孝仪主编：《"总统"蒋公大事长编初稿》，卷7（下册），第278页。
③ 《申报》，1949年4月23日。
④ 《外交部公报》，第115期。

不去广州而飞桂林，主要考虑蒋介石成立国民党非常委员会的动机是企图从幕后走向前台，他"万不能接受，乃决定不去广州而飞桂林，在桂林组织政府"。①蒋介石在日记中写道："李德邻留桂不欲来穗，其目的盖在要求军权与财权，但未敢明言，又不能直说，以总统本有权，于亦无权可授，故以余在幕后操纵以牵制其做事作宣传，其真意乃欲余出国，否则，彼以不愿来穗相逼。余对此惟有求其心之所安而已，如能使之谅解固佳，否则，只有听之。以余剿共之志，如国内有寸土可为我革命立足之地，则余不敢放弃责任也。"②

由于国民党军兵败如山倒，浙东地区亦有人民解放军在活动。蒋氏父子害怕家人成为共产党的俘虏，遂将妻儿送至台湾暂住，以免后顾之忧。

蒋家妻儿飞离溪口当日，父子二人甚感凄凉。蒋经国在日记中写道："南京业经弃守，太原亦于本日沦陷"，"内外形势已临绝望边缘，前途充满暗影，精神之抑郁与内心之沉痛，不可言状；正'山雨欲来风满楼'之情景也。"③

4月24日中午，蒋介石命令蒋经国："把船只准备好，明天我们要走了"。蒋经国当时问其父去什么地方，蒋介石未予回答。奉命报到的是"太康"号军舰，舰长黎玉玺问蒋经国此行目的地点何在，蒋答："我也不知道，不过以这次取道水路看来，目的不外两个地方：一是基隆，一是厦门。"④翌日，是蒋氏父子在故里的最后一天。上午，蒋经国陪父亲辞别先祖母墓，再走上飞凤山顶，极目四望，溪山无语，"虽未流泪，但悲痛之情，难以言宣"。蒋经国在当日日记中写道：

"本想再到丰镐房探视一次，而心又有所不忍；又想向乡间父老辞行，心更有所不忍，盖看了他们，又无法携其同走，徒增依依之恋耳。终于不告而别。天气阴沉，益增伤痛。大好河山，几至无立锥之地！且溪口为祖宗庐墓所在，今一旦抛别，其沉痛之心情，更非笔墨所能形容于万一，谁为为之，孰令至之？一息尚存，誓必重回故土。"⑤

下午3时，蒋氏父子拜别祖堂，离开故里，乘车至方门附近海边，再步行至象山口岸登舰。几分钟后，军舰鸣长笛驶向了波涛汹涌的大海。

---

① 程思远：《李宗仁先生晚年》，第81页，文史出版社，2004年版。
② 秦孝仪主编：《"总统"蒋公大事长编初稿》，卷7（下册），第292—293页。
③ 《蒋"总统"经国先生言论著述汇编》，第2辑，第603页。
④ 《蒋"总统"经国先生言论著述汇编》，第2辑，第604页。
⑤ 《蒋"总统"经国先生言论著述汇编》，第2辑，第604—605页。

海上漂泊

当军舰起锚后，蒋介石才说到上海去，蒋经国听后立即劝阻其父不能去上海，因为人民解放军已经渡过长江，正对上海形成包围之势，"此时到上海去，简直是重大冒险"。蒋经国的劝说未能奏效。蒋介石为什么执意去上海呢？以笔者分析，目的有二：一是不甘心失败，到反共前线去继续鼓吹保卫大上海，争取英美支持；二是督促盗运各种物资，包括最后一批储备黄金至安全地带，以确保日后执政的经济基础。

26日下午1时，军舰抵达上海黄浦江的复兴岛。当天，蒋介石先后面见了国防部长徐永昌、参谋总长顾祝同、空军总司令周至柔、海军总司令桂永清、保密局局长毛人凤、参谋次长郭寄峤、上海市政务主任谷正纲、上海市市长陈良、京沪杭警备总司令汤恩伯、上海防卫总司令石觉、上海警备司令陈大庆等人，部署防卫。经蒋介石审查批准：以3800个主碉堡、10000多座掩体碉堡为主体，由电网、战壕相连组成上海防卫体系。蒋经国称上海防御为"东方的斯大林格勒""东方的马其诺防线"。

为了给反共战争打气，蒋介石于4月27日以国民党总裁身份在上海金神父路励志社发表了《和平绝望奋斗到底》的讲话，宣称：

"当此国家民族存亡生死之交，中正愿以在野之身，追随我爱国军民同胞之后，拥护李代总统暨何院长领导作战，奋斗到底。"他呼吁各界要认识"共党之需要非'和平'，而为战争，更要重振抗日时期之决心与勇气，为国家独立、民族自由、民主和平而奋，必能获得最后之胜利"[1]。

为了响应蒋介石的反共到底的号召，国民党中常会发表"告全体党员书"，要求全体国民党员，"精诚团结，救国护党"。[2] 同日，国民党中常会决定设立"中央非常委员会"，为蒋介石从幕后走向前台奠定基础。

为了进一步鼓动反共士气，蒋介石将住所搬到市区。蒋经国再次表示反对意见："时局已经这样严重和紧张，市区内危险万分，怎么还可以搬进市区去住呢？"蒋介石生气地说："危险！你知道，难道我还不知道？"[3]

4月30日，蒋介石对军队将领发表训话时，一再要求部下坚守上海6个月，

---

① 张其昀：《先"总统"蒋公全集》，第3册，第3307页。
② 秦孝仪主编：《"总统"蒋公大事长编初稿》，卷7（下册），第290页。
③ 《蒋"总统"经国先生言论著述汇编》，第2辑，第607页。

等待第三次世界大战的爆发，届时必将得到美国的全力保护。他还宣称他要留在上海不走，"要和官兵共艰苦"，"要和上海共存亡"。然而当蒋介石言犹在耳之际，随着人民解放军进军上海步伐的加快，蒋氏父子在上海再也待不下去了，遂于5月7日撤离上海，前往舟山群岛。

撤离上海之前，蒋经国奉父命将上海剩余物资运抵台湾。同时他还安排上海守军的撤退问题。5月11日，蒋氏父子乘坐的军舰抵普陀。普陀是舟山群岛中的一个小岛。岛呈狭长形，南北纵长8.6公里，东西横宽3.5公里，面积12.76平方公里。最高峰为佛顶山，海拔291.3米，为我国佛教四大名山之一。历朝在此山兴建寺院，其中普济、法雨、慧济三大寺，规模宏大，建筑考究。父子二人弃舰上岸后，直登佛顶山慧济寺，纵情山水，苦思退计。

父子二人游山时，遇一老和尚，他对蒋氏父子二人说："寺中有一处名'云水堂'者，专供来此朝拜的和尚食宿之用，因为'云'飘来飘去，总是不断地流向他方而不知去处的，和尚行踪与此相类，故以云水名堂。"蒋经国听后感慨万千，他在日记中写道：

"窃念岂独和尚如云水，世人熙来攘往，亦莫不如云水也。韶光若白驹过隙，踪迹若水上浮萍，今日父子相依，海上漂泊，何去何从，得毋贻'云水'之诮乎？"[1]

在另两天的日记中，蒋氏父子的愁苦情绪更明显地表现出来：

"淫雨初晴，精神为之一振，但很快地又感觉到愁苦。连夜多梦，睡眠不安。"[2]

"昨晚月色澄朗，在住宅前静坐观赏。海天无际，白云苍狗，变幻无常，遥念故乡，深感流亡之苦。"[3]

思之良久，蒋氏父子"打消遁迹远隐之意"，决计去台湾重振"复兴大业"。蒋介石在日记中写道："以定海、普陀、厦门与台湾为训练干部之地区；建设则以台湾为着手之起点。"蒋介石认为中共是他最大的敌人，对付中共"只有以新的精神、新的力量、新的生命，来迎接新的时代"。蒋认为只有"挥泪前进"，宣称"莫退！莫退！前进！"[4]。

---

① 《蒋"总统"经国先生言论著述汇编》，第2辑，第616页。
② 《蒋"总统"经国先生言论著述汇编》，第2辑，第624页。
③ 《蒋"总统"经国先生言论著述汇编》，第2辑，第625页。
④ 秦孝仪主编：《"总统"蒋公大事长编初稿》，卷7（下册），第296—297页。

蒋介石从上海走后不久，人民解放军便发起了解放大上海的战役，仅仅用了13天，被蒋经国称为"马其诺防线"的上海已在人民解放军的控制之下。

上海失守，"江南半壁业已风声鹤唳，草木皆兵"。蒋经国在日记中描绘道："国事不堪设想，只有向天祷告，保护我父的安全和健康。"①

5月中旬，蒋氏父子已飞抵台湾，先后就住于阳明山（原名草山，因蒋介石推崇明朝哲学家王阳明，乃将草山改名为阳明山）和高雄寿山。初到台湾期间，蒋氏父子的心情受大陆败局的影响，一直很颓丧。烦闷之余，蒋氏父子开始拟定防台计划，"以舟山、马祖、金门澎湖一线为前哨，并确定今后以台湾防务为第一"。此间，蒋介石两次接到李宗仁和新任行政院长阎锡山来电，要其到广州"主持大局"。蒋经国觉得"尚非其时，亦非其地"。但蒋介石则不然，他认为复出的时机将要来临，特于6月18日复电李宗仁、阎锡山称：

"时局艰难，兄等持颠扶倾，辛劳备尝，感佩之余，时用系念，辱承约晤，能不遵行，兹拟于短期内处理琐事完毕，决定行期。"②

由此可见，蒋介石准备从幕后走向台前了。

血战金门

7月14日，蒋介石父子飞抵广州，当即发表对时局讲话，宣称：今日中共"窥伺我国民革命策源地之广东，中正惟以民族大义及革命责任所在，仍当一本总理大无畏之革命精神，团结全党，拥护政府，为国家独立、人民自由而奋斗"。③翌日，李宗仁与蒋介石就当前国内外问题进行商谈。蒋介石在当晚日记中认为李宗仁只要权力，不尽责任，今后很难共事。

7月16日，国民党"非常委员会"宣告成立。该机构是所谓"非常时期"国民党的最高权力机关，政府一切措施必须先经"非常委员会"决议通过方为有效。会议推举蒋介石为非常委员会主席，李宗仁为副主席，阎锡山、朱家骅、居正、吴铁城、吴忠信、何应钦、张群、孙科、孙立夫为非常委员会委员，洪兰友、程思远为正副秘书长。本来蒋介石想设两个副主席，借以钳制李宗仁。由于前行政院长孙科拒绝出任副主席，最后只能由李宗仁充任副主席。蒋介石以国民党总裁身份兼任"非常委员会"主席，再次集党政军大权于一身，并从幕后走向了台前，

---

① 《蒋"总统"经国先生言论著述汇编》，第2辑，第619页。
② 《蒋"总统"经国先生言论著述汇编》，第2辑，第627—628页。
③ 秦孝仪主编：《"总统"蒋公大事长编初稿》，卷7（下册），第329—330页。

指挥国民残余力量作最后的顽抗。① 蒋介石宣称："自经本人引退以来，李代总统德邻同志支撑危局，备历辛苦艰难，本人至为感谢，但本人虽不负政治责任，然无时忘记了我的革命的责任，本人深感同志之间，休戚相关，荣辱一致，历史事业都是不可分离的一体，所以无论何时何地，总是尽我个人的本分，来协助大家成功。"②

蒋介石本为下野总统，此番又从李宗仁手中夺回了失去的权力，以国民党总裁身份兼任非常委员会主席，再次集党政军大权于一身，真正实现了从幕后走向台前。

与非常委员会机构相适应，蒋介石早在本年 7 月 1 日就决定在台北设立总裁办公室。黄少谷奉蒋令解释设立总裁办公室的原因称：

"总裁因不能常住中央党部所在地，事实上须有少数必需人员随同办事，故成立一小规模办事机构，称'总裁办公室'。内分数组，或从事党务、政治、经济及国防等问题之研究，或办理事务性工作。"其性质属于"总裁私人秘书机构"。③

该机构于 8 月 1 日在台北正式办公。这是继非常委员会成立之后的又一太上机构，它的成立表明蒋介石的独裁统治又有所加强。为了彻底搞垮李宗仁与抵抗人民解放军的进攻，蒋氏父子又接连抛出两个撒手锏：

一是蒋介石越过代总统李宗仁直接指挥"反共"战争。7 月 16 日，蒋介石主持国民党中常会与中政会联席会议，会议决定全力保卫华南重镇——广州。同月 19 日，蒋介石在黄埔召集国民党高级将领会议，继续商讨保卫广州计划。蒋经国对其父提出：保卫广州最主要的条件应在人和。

7 月 22 日，蒋氏父子乘船抵厦门，翌日召见汤恩伯及福建省主席朱绍良，并主持军事会议，决定建立以台湾为中心的东南长官公署，以陈诚为长官。该机构于 8 月 15 日成立。同时决定守住福州，巩固台湾，支持到明年春天。但是，部署归部署，行动归行动，不堪一击的福州守军朱绍良部 6 万余人，在中国人民解放军的凌厉攻势下溃不成军。8 月 17 日，人民解放军占领福州。随后，人民解放军挥兵进军闽南，9 月 16 日攻占福建沿海的最大岛屿——平潭岛。9 月下旬，又发起了漳（州）厦（门）战役，10 月中旬夺取了漳厦地区。

人民解放军夺取厦门后，对金门岛形成包围之势。众所周知，早在 1949 年

① 《"中央"日报》，1949 年 7 月 17 日。
② 《"中央"日报》，1949 年 7 月 18 日。
③ 《"中央"日报》，1949 年 7 月 29 日。

3月15日，新华社就发表了《中国人民一定要解放台湾》的时评。然而在人民解放军发动渡江战役之前，中共中央军委尚未将解决台湾问题纳入行动计划。新华社《时评》提出"一定要解放台湾"，最主要的动机是反对美国分离台湾的种种活动，是表示中国共产党藐视一切反动派的决心与将革命进行到底的信心。渡江战役后，蒋介石将防御重点放在东南沿海、华南与西南，准备作为国民党新的反抗中心，同人民解放军作战到底。有鉴于此，中共中央决定集中主力部队，采取先华东、华南沿海，后西南西北内地，进行大纵深迂回的进军战略，首先攻占上海、青岛、福州等沿海港口城市，封闭主要海口，力求在大陆消灭国民党军的有生力量，并争取尽早"解放台湾"。

按照毛泽东的构想，要彻底歼灭国民党蒋介石集团的残余势力，特别是攻占蒋介石集团所依托的最后据点——台湾，必须分三步进行：

第一步：建立一支近期可用的海、空军，争取到海上制海、制空权。

第二步：扫清台湾的外围屏障，占领攻取台湾的滩头阵地。

第三步：准备在1950年夏"夺取台湾"。①

中国共产党在实施"解放台湾"第一步的同时，也开始实施第二步骤——扫清台湾的外围屏障。1949年10月攻打金门的战役就是在这种情形下发生的。

金门岛位于厦门岛以东10千米，主岛大金门约124平方千米，小金门约15平方千米，周围还有大担、二担等几个小岛。对于金门岛，蒋介石后来多次宣称：

"今日东南亚的金门，可比之如今日欧洲的西柏林及第二次世界大战期间的马尔达岛，这是一座反共的堡垒"，"如果金门失守，马祖亦势难保，而台湾的堤防亦将崩溃。"②

国民党军控制金门，既可以封锁福建、厦门的出海口，又可以屏障台湾岛。而人民解放军若夺取台湾，首先攻击的目标当然是金门、马祖。由于金门地理位置极端重要，当人民解放军对金门形成合围后，蒋介石电令守军总指挥官汤恩伯固守。攻打金门前夕，汤恩伯接到了蒋介石的电令：

"金门不能再失，必须就地督战，负责尽职，不得请辞易将。"③

汤恩伯不敢怠慢，急令守军赶修工事，同时调胡琏第12兵团所属2个师增

---

① 《周恩来年谱》（1898—1949），第833页，中央文献出版社，1989年9月版。

② 王蓝等：《蒋"总统"与中国》，第195页。

③ 《蒋"总统"经国先生言论著述汇编》，第2辑，第672页。

援金门，使守军总兵力达 3 万多人。此时，国共两党军队隔海剑拔弩张，一场血战迫在眉睫。

10 月 24 日，负责攻击金门的 28 军进行了多方面的渡海准备工作后，在 29 军主力师的协同作战下，发起了对金门的进攻。当晚 19 时，第一梯队 3 个团开始登船起航，翌日凌晨登陆成功。登岛部队因缺乏师级指挥员统一指挥，没有组织船只返航接运第二梯队，也没有巩固滩头阵地。据 10 兵团司令叶飞后来回忆说："登陆部队也没有按照我事先交代的行动，没有先巩固滩头阵地，只留一个营兵力控制古宁头滩头阵地，就分两路向敌纵深猛插，把纵深敌人李良荣兵团击溃，一直向料罗湾方向追击。"① 胡琏 12 兵团主力在料罗湾登陆后对人民解放军登陆部队反包围，后撤国民党军发起反扑，在海陆空的立体进攻下，因潮水退落而在古宁头海滩搁浅的船只全被国民党军炮火击毁，国民党军攻占了古宁头滩头阵地，切断了解放军登陆部队的后路。由于船被炸毁，原定船只返回运送第二梯队的计划成为泡影。想到了缺船，想到了国民党军增兵，但没想到退潮时船会搁浅，又被炸毁。这一信息令金门战役总指挥、28 军副军长肖锋懊悔不已，他后来回忆说："第二梯队各单位，因无船可渡，只能隔岸观火，急得跺脚流泪，我内心更是如同火焚。"

25 日夜，肖锋派出第二梯队，因船只有限，仅有 4 个连，增援顺利登岛，与坚守古宁头部队会合。26 日拂晓，国民党军对古宁头解放军登岛部队发起猛攻，激战终日后，解放军登岛部队于夜间突围，同国民党军周旋。当天下午 3 时左右，登岛部队向指挥部发出最后一次报告："敌三面进攻，情况严重！情况严重。"② 从此，金门战役指挥部与金门登岛部队联络全部中断。

为全歼登岛人民解放军，蒋介石特派蒋经国于 10 月 26 日赴金门督战。据蒋经国日记称：

"11 时半到达金门上空，俯瞰全岛，触目凄凉。降落后，乘吉普车迳赴汤恩伯总司令部，沿途都是伤兵、俘虏和搬运东西的士兵。复至最前线，在炮火中慰问官兵，遍地尸体，血肉模糊。"③

至 28 日，解放军登岛部队苦战了 3 昼夜，伤亡殆尽，无一人投降。惨烈的金门之战，使解放军两批登岛部队 9086 人（内有船夫、民夫等 350 人）大部壮

---

① 《叶飞回忆录》，第 603 页，解放军出版社，1988 年版。
② 方文：《金门大血战》，载《军事史林》1995 年第 4—5 期。
③ 《蒋"总统"经国先生言论著述汇编》，第 2 辑，第 673 页。

烈牺牲，一部被俘。此役也使国民党军伤亡 9000 余人。

金门之战是人民解放军战史上的一次严重失利，一次战役导致全军覆没，这是人民解放军战史上仅有的一例。金门之战之所以失利，有着多方面的原因：

第一，金门失利的最主要原因"为轻敌与急躁所致"[1]。金门之战失利震动了全军，在总结教训时，叶飞承认，当时将主要精力用于接管厦门工作，"而把解放金门的任务交给 28 军执行"。同时"轻视了金门，认为金门没有什么工事，金门守敌名义上是一个兵团，即李良荣兵团，实际只有 2 万多人，而且都是残兵败将……认为攻取金门问题不大"[2]。作为攻打金门的 28 军，上上下下均不同程度地存有轻敌思想，特别是攻克厦门后，迟迟不打金门，肖锋怕说不过去，故在敌情不明与船只缺乏的情况下，仍按原计划攻打金门，以致酿成金门战役失利。叶飞也承认："指挥员尤其是我的轻敌，是金门失利的最根本原因。"[3] 毛泽东在得知金门失利的信息后，以中央军委名义向各部队发出了《关于攻击金门岛失利的教训的通报》，认为轻敌与急躁是金门之战失利的主要原因。

第二，缺乏渡海登陆作战经验，缺乏周密部署。叶飞后来沉痛地回忆道：28 军是山东部队，"没有海岛登陆作战经验"。叶飞承认："渡海作战和渡江作战毕竟不同，例如台风和潮汐的问题，我们当时没有这个经验，后来吃了大亏。"[4]

叶飞也承认，在战斗指挥上缺乏周密部署。按常规，渡海登陆作战，无论兵力多大，首先要夺取和巩固登陆滩头阵地，然后才可以向纵深发展。这是渡海登陆作战的规律。"金门失利恰恰是违背了这个规律。""28 军登陆，首先夺取了金门古宁头滩头阵地，这是对的；但是，第一梯队登陆部队没有立即构筑工事，巩固滩头阵地，后续第二梯队尚未到达，只以一个营兵力控制古宁头，就向纵深发展，又犯了违背渡海登陆作战的规律，犯了兵家之大忌。"[5]

叶飞还说："第一梯队 3 个团的兵力登陆，竟然没有一名师指挥员随同登陆统一指挥，这也是我完全没有预料到的。"[6] 这是一个深刻的教训。

第三，缺乏船只，没有海空军支援。第一次准备攻打金门时因船只不够而推迟。正式攻打金门时船只也不够，一次只能运载 3 个团，由于第一梯队登陆后船

①《毛泽东文稿》，第 1 册，第 100 页、中央文献出版社、1987 年版。
②《叶飞回忆录》，第 598、606 页。
③《叶飞回忆录》，第 599 页。
④《叶飞回忆录》，第 599 页。
⑤《叶飞回忆录》，第 607 页。
⑥《叶飞回忆录》，第 607 页。

只未能及时返回被搁浅，后又被炸毁，致使第二梯队无法增援。渡海登陆作战没有船只，就意味着丧失战斗力。叶飞认为：攻打金门时没有海军空军的支援，渡海登陆作战仅仅使用木帆船，遭到海空拦截，造成重大损失。特别是国民党空军轰炸搁浅船只时，肖锋在望远镜中看到这悲壮的一幕时痛苦万分。

第四，判断敌情有误。攻击金门前叶飞与肖锋掌握金门岛有国民党军李良荣兵团2万余人，且是残兵败将，防御工事也不如厦门坚固。战役发起前当天中午，肖锋与叶飞均知胡琏兵团已撤出潮州汕头等地，去向不明。此时，机要人员送来一份电报，是胡琏向台湾蒋介石请求撤回台湾。但蒋严令胡派兵增援金门的回电未被截获。叶飞判断："胡琏兵团的行动有两个可能：一是增援金门，一是撤回台湾。"叶决定"趁胡琏尚未到达金门之时，发起登陆，攻取金门，是最后的一个战机，如再延误，金门情况就可能发生变化"①。这种仅凭猜测、准备仓促，一味强调抓住战机实施攻击的错误，构成了金门之战的失利。

金门战役后，国民党当局全力鼓吹此次战役的胜利。10月30日，蒋介石在一次讲话中称"此次金门保卫战的结果""是我们'剿匪'以来，最彻底的一次胜利"②。蒋介石还要求各级负责主官，对金门战事的经过，"必须实地调查、研究，提出一个具体的报告"③。蒋经国在抵金门后的当晚日记中写道：金门之战为年来"第一次大胜利"，是"反攻复国"的"转折点"④。直至70年代，台湾当局还拍《古宁头大捷》的电影，聊以自慰。殊不知连大陆都丢了，在一个地图上都很难找到的小岛上打了一个胜仗，便大吹特吹，这与鲁迅先生笔下的阿Q"精神胜利法"有什么两样？

金门之战失利，告诫中共中央军委，在进行渡海登陆作战时，必须对岛屿作战的特殊性进行认真思考与深入研究，必须克服麻痹轻敌思想。金门之战并未影响人民解放军渡海作战的士气，也未增加国民党残军的斗志。11月5日的新华社广播声色凌厉，仍重申向全国进军与渡海作战的立场。

诀别大陆

10月31日，是蒋介石63岁生日，蒋介石在当日日记中称："过去之一年，

---

① 《叶飞回忆录》，第603页。

② 张其昀：《先"总统"蒋公全集》，第2卷，第1938页。

③ 张其昀：《先"总统"蒋公全集》，第2卷，第1938页。

④ 《蒋"总统"经国先生言论著述汇编》，第2辑，第673页。

实为平生所未有最黑暗、最悲惨之一年，惟自问一片虔诚，对国家，对人民之热情赤诚，始终如一"。蒋介石此话令人诧异，如果他真的将国家与人民利益置于党派和一己私利之上，恐怕国民党绝不至败得这样快这样惨。蒋介石还作《六三自箴》云：

虚度六三，受耻招败，毋恼毋怒，莫矜莫慢。

不愧不怍，自足自反，小子何幸，独蒙神爱。

惟危惟艰，自警自觉，复兴中华，再造民国。①

对于蒋介石此时的心境，蒋经国称："父亲救国救民，念兹在兹，其操心之危，虑患之深，处境之苦，谋国之忠，岂一般人所能了解于一般乎。"②

此间，蒋介石频频接见陈诚与桂永清，与他们商讨保卫台湾问题。蒋介石虽身在台北，但还是念念不忘大陆残局。此时"国民政府"已由广州迁到山城重庆办公。11月9日，蒋介石接张群电，告蒋李宗仁"不敢回渝主政"，说李放话说"必待总裁抵渝后，彼再来渝"。③两天后，蒋介石又接时任"行政院长"的阎锡山来电，告之"今日政务委员会决议，一致请钧座早日莅渝"。④11月13日，蒋介石又接"立法院"副院长陈立夫及国民党籍"立委"70人由重庆来电，请蒋"赴渝坐镇，挽救危局"。⑤在多方敦促下，蒋介石决定飞渝"主持残局"。⑥

11月14日下午，蒋经国陪同蒋介石乘机抵达重庆。蒋经国称：此时此地"已充满了恐慌、惊怖和死寂的空气"。蒋介石抵渝后，立即电李宗仁飞渝，"共商一切"。同时电白崇禧，请其力催李宗仁到渝。但李宗仁"置若罔闻，避不来渝"。⑦蒋介石在当晚日记中写道：

"此次飞渝，乃为中华民国之存亡与全国人民之祸福以致最后关头，如蒙上苍眷顾，果能转变局势，使国家转危为安，戡乱战事转败为胜，实乃党国之幸，若以现局而论，实已至危急存亡之秋，言念前途，不知所止，惟内心则不愧不怍，故能无忧无惧耳。"⑧

① 《蒋"总统"经国先生言论著述汇编》，第2辑，第674—675页。
② 《蒋"总统"经国先生言论著述汇编》，第2辑，第674—675页。
③ 《蒋"总统"经国先生言论著述汇编》，第2辑，第680页。
④ 《蒋"总统"经国先生言论著述汇编》，第2辑，第680页。
⑤ 《蒋"总统"经国先生言论著述汇编》，第2辑，第681页。
⑥ 《蒋"总统"经国先生言论著述汇编》，第2辑，第681页。
⑦ 《蒋"总统"经国先生言论著述汇编》，第2辑，第682页。
⑧ 秦孝仪主编：《"总统"蒋公大事长编初稿》，卷7（下册），第416页。

15 日，蒋经国奉父命赴川南前线视察战地实况，"在沿途所见自前方败退的部队，情况非常混乱，伤心之至"。16 日返渝赴命。

11 月 20 日，白崇禧奉李宗仁命飞渝，向蒋报告，李宗仁已飞香港，称"胃病复发"，准备赴美"就医"。① 李宗仁之所以在此时出走美国，海内外众说纷纭。笔者以为，李宗仁此举：一是躲避蒋介石逼他劝进复"总统"职；二是赴美求援，仍做最后的努力；三是李深感"国事至此，我无力回天"；四是出于安全考虑。李宗仁的确患有胃溃疡，需及时诊治；另一方面蒋曾派人追杀过李宗仁，此时李宗仁如不按蒋介石的意志办事，随时有被暗杀的可能。综合以上四点，李宗仁只有以"代总统"身份出国，既可保全性命，又使蒋的复职企图不能得逞。

李宗仁临上飞机之前，发表书面谈话称：

"在治疗期间之中枢军政事宜，已电阎锡山院长负责，照常进行；总统府日常公务，则令由邱昌渭秘书长及刘士毅参军长分别代行处理。"②

李宗仁此语完全是说给蒋介石听的：即使我不在国内，我还是"总统"，人事安排也不能由你来定。蒋介石万万没料到李宗仁会有此举，当他初闻此讯息时，"不胜骇异"。当即表示："此乃临危潜弃职守，稍有政治常识者，决不忍出此也。"对于李宗仁的行为，蒋介石在当晚的日记中写道："彼与余函中，对其职权并无交代，仍以国家元首名义赴美，名为治病，实则乞援，国格何在，甚悔当时所托非人，诚为天下得人难亦。"③

蒋经国也对李宗仁此举大加挞伐：

"李宗仁在其发表之宣言与私函中，对其职权并无交代，仅藉'胃病复发'为由，仍以'国家元首'名义'出国就医'。此将陷国家行政于紊乱状态，其个人之信誉与人格，亦扫地以尽。是诚何心？"④

蒋介石一方面通过国民党中常委会议，派居正、朱家骅、洪兰友赴港慰问李宗仁病状，同时在致李的亲笔函中宣称：将以充分权力交李掌握，劝李即行带药返渝。另一方面特约见白崇禧，表示绝不于此时"复行视事"。李宗仁拒绝了蒋的要求，因为他深知蒋的话不可信，如果他真的返渝，如不劝进，势必做张学良第二。李不回去还有另一原因，他非常相信"自由民主大同盟"主席顾孟余的一

① 《蒋"总统"经国先生言论著述汇编》，第 2 辑，第 684 页。
② 台湾，《"中央"日报》，1949 年 11 月 21 日。
③ 秦孝仪主编：《"总统"蒋公大事长编初稿》，卷 7（下册），第 419 页。
④ 《蒋"总统"经国先生言论著述汇编》，第 2 辑，第 684 页。

句话："美国一贯重视法统观念，如果德公不是元首的话，则将丧失对外接触的有利条件。"①

由于李宗仁断然拒绝返渝，蒋介石于 11 月 27 日召集国民党中常委会议，决定对李宗仁正式摊牌。与会全体国民党中常委也一致同意蒋介石复位，责李宗仁"擅离职守"。②蒋介石在会上表示：

"对外关系，尤其我国政府在联合国中之代表地位，极其重要。如果李宗仁长期滞港，不在政府主持，而余又不复行视事，则各国政府，乃至友邦，可藉此以为我国已无元首，成为无政府状态，则不得不考虑对北平'匪伪'政权之承认。对内方面，余之复出尚有维系人心之作用，此时举国上下，人心动摇，如云南之卢汉等已明言李即出国，而蒋'总统'又不肯复位，则国家无人领导，尚何希望之有。因此，不能不作复行视事之准备，惟对时期问题尚须加以研究。"③

翌日，朱家骅、洪兰友奉蒋介石令再赴港见李宗仁，并出示国民党中央常委会议："以当前国家局势之严重，西南战况之难危，中枢不可一日无主人主持。仍希望李代'总统'宗仁同志迅返中枢，力疾视事，万一为病事所不许，再请总裁复行'总统'职权。"④李宗仁阅后对朱、洪二人称：我本人具有"法统"地位，不受中常会决议所约制。朱、洪二人无计可施，只好返渝向蒋复命。⑤

在蒋、李为权力争执不下之际，人民解放军一部已重重包围重庆。蒋经国急忙告其父实情，慌忙中，蒋介石父子乘车前往机场。行进途中，汽车拥挤，路不通行，混乱嘈杂，前所未有。急得蒋氏父子只好步行至机场宿营，翌日凌晨飞机腾空转飞成都。如果蒋氏父子再晚走几小时，他们都将成为人民解放军的阶下囚。仅仅一月有余，重庆又失，"国民政府"只得随蒋氏父子迁往成都办公。

蒋介石抵成都后，与阎锡山、张群再度商讨复职问题。蒋介石在当天日记中写道：

"今日国家危急，已至千钧一发之时，何忍见危不救，避嫌卸责，只有光明正大，决心'复行视事'为不二之道，至于成败利钝，在所不计。"⑥

---

① 程思远：《李宗仁先生晚年》，第 148 页，北方文艺出版社，2011 年版。
② 《蒋"总统"经国先生言论著述汇编》，第 2 辑，第 686 页。
③ 秦孝仪主编：《"总统"蒋公大事长编初稿》，卷 7（下册），第 484 页。
④ 程思远：《李宗仁先生晚年》，第 148—149 页。
⑤ 程思远：《李宗仁先生晚年》，第 149 页。
⑥ 《蒋"总统"经国先生言论著述汇编》，第 2 辑，第 692 页。

　　12月3日，国民党中常会举行临时会议，在听取朱家骅和洪兰友两人报告后，决计恳请蒋介石复职。然而正当蒋氏父子紧锣密鼓准备重登"大宝"之时，李宗仁于12月5日飞美"就医"。临走时，他给蒋介石留下话说：一俟"短期内病愈后，即返国续负应尽之责"。同时致电"行政院长"阎锡山，请其主持危局，"处理一切"。①

　　对于李宗仁此举，蒋介石愤怒异常，他在日记中写道：

　　"德邻出国，既不辞职，亦不表示退意，仍以代'总统'而向美求援。如求援不遂，即留居国外不返，而置党国存亡于不顾。此纯为其个人利害，其所作所为，实卑劣无耻极矣。"②

　　尽管蒋介石掌握着国民党的生杀大权，但却不能使李宗仁为自己上劝进表，也不能阻止李的美国之行，只有骂两句"娘希匹"，以解心头之恨。

　　至此，蒋氏父子心力交瘁。此时重庆已失，成都也已无险可守。深知大势已去的蒋氏父子，仍做最后的努力。自12月1日起连续召见西南军政首脑邓锡侯、刘文辉、熊克武、向傅义、王方舟、胡宗南等人，研究西南作战计划。由于刘文辉、邓锡侯、卢汉正在酝酿脱离蒋介石，加之国民党溃不成军，党政军完全解体，西南防御计划始终未能出台。

　　12月4日，蒋介石接见美联社记者慕沙时宣称：决不昔任何牺牲，持久反共战斗。③12月7日，蒋介石再召西康省主席刘文辉与西南长官公署副长官邓锡侯，二人竟避不应召。④蒋介石感到成都已危在旦夕，遂同张群、阎锡山商讨对策。对于国民党中央及"政府"驻地问题，起初拟迁西昌，固守西南，候机反攻。后又感到国民党在大陆"大势已去，无法挽回"，决定将"中央机构"迁往台北，在西昌设大本营，成都设防卫总司令部，同时决定张群飞滇探明卢汉动向。⑤对于迁都台北，蒋介石的解释是：

　　"当川滇各省纷纷叛离之际，余毅然决定将'中央政府'迁至台北，并设大本营于西昌，对成都则设防卫司令部，使成都得守至27日之久，如高级将领能从容镇定，不离川康，则多数部队则不至于叛变降'匪'也。""当时对于迁都台

　　① 程思远：《李宗仁先生晚年》，第149页。
　　② 《蒋"总统"经国先生言论著述汇编》，第2辑，第692页。
　　③ 《"中央"日报》，1949年12月6日。
　　④ 《蒋"总统"经国先生言论著述汇编》，第2辑，第694页。
　　⑤ 《蒋"总统"经国先生言论著述汇编》，第2辑，第694—695页。

北之议，多主慎重。"蒋介石认为"此则自暴自弃与不明大势之辈耳"。①

12月8日，"行政院"召开紧急会议，正式决议迁台办公。阎锡山携副院长朱家骅及总统府秘书长邱昌渭等14人，先行飞赴台湾，蒋介石仍留在成都。当天下午，阎锡山在台北召开记者招待会宣布：国民党中央政府今移台北办公。②同日，张群由滇飞抵成都，告蒋介石卢汉有异动迹向。蒋介石让张群再次飞滇，仍图说服卢汉，但其结果张群未能如愿，10日，张群被迫飞赴香港。③

12月9日，蒋氏父子接到报告，张群在昆明被卢汉所扣。翌日，卢汉通电全国，宣布脱离国民党阵营。卢汉此举使蒋介石父子保卫大西南计划胎死腹中，同时被迫改变了途经昆明返台北的计划。蒋经国与其父费尽九牛二虎之力，始终没有达成"收复失地"的企图。卢汉在通电起义的当天，还打电报给刘文辉，要其会同川军将领将蒋氏父子扣留，献给毛泽东。蒋介石闻此讯息后已成惊弓之鸟，深怕成为毛泽东的俘虏。正当蒋氏父子惶恐之际，又接到情报人员报告：成都市区秩序大乱，在总裁住所周围已有"可疑人物"出现，希总裁立即从后门撤离。蒋氏父子此时深感成都已是将要爆炸的火药库，再也无力回天，遂决定立即飞台北。午餐后，蒋氏父子步出中央军校的大门。对于蒋氏父子撤退大陆的情形，蒋经国1975年7月27日至29日在中国国民党党务工作会议上回忆说：当时，"总裁住在楼上，经国住在楼下，那时候毛共勾结刘逆文辉在成都郊区叛变，我们得到这项情报，便做应变准备。当天早晨，经国起得很早，总裁找我上去，问'是不是今天准备走？'我报告总裁：'今天一定要走，现在预备了车辆在后门，不是在前门。'总裁说：'为什么？'我说：'后门离开飞机场近，而且比较安全，由于刘文辉叛变，我们从大门出去走远路有很多安全上的考虑。'总裁坚定地说：'那不行！我从大门进来，一定要从大门出去。'"④1982年4月4日，蒋经国在《七年的思慕和信念》一文中再度回忆当时的情景时说："记得1949年12月10日那一天，父亲离开成都军校前来台湾的时候，曾经命令我随侍一旁，父子两人，面对国父遗像、'国旗'，高唱'国歌'，当时的情景，真是沉痛、苍凉而悲壮，因

---

①　秦孝仪主编：《"总统"蒋公大事长编初稿》，卷7（下册），第512页。

②　张锦富：《战斗阁揆阎锡山先生》，转引自李云汉：《中国国民党史述》，第三编，第770页。

③　张群：《对云南局势演变情形之报告》，转引自李云汉：《中国国民党史述》，第三编，第770页。

④　《蒋"总统"经国先生言论著述汇编》，第9辑，第142页。

为自那个时刻之后，大路上就很难再看到青天白日的旗帜。"[1]

下午 2 时整，蒋氏父子在成都凤凰山机场登机起飞，永远告别了中国大陆，向台湾飞去。俯视眼底大陆河山，"心中怆然"。傍晚台北时间 6 时 30 分，飞机降落在四海茫茫的台湾孤岛。

---

① 《蒋"总统"经国先生言论著述汇编》，第 14 辑，第 313 页。

第二章　军警特新掌门

　　国民党败退台湾初期，步入不惑之年的蒋经国在其父的精心设计下，行走于特工、军队、党务与行政各个要害部门。经过 22 年的历练，终于在 1972 年登上了 "阁揆" 的宝座，使台湾步入了 "蒋经国时代"。蒋经国之所以能够顺利接班，并将台湾带入一个现代社会，除了其父蒋介石的精心指导之外，是与他在蛰居时代的历练和自身努力紧密相关。

涵碧楼思过

　　蒋介石父子抵台当日，成都已是红旗飞扬。刚刚脱险的蒋氏父子，思之 "不寒而栗"。[①] 秦孝仪在《大事长编》评论说："公渝蓉之行，直不啻亲探虎穴，较之西安事变时尤甚，祸福之间，殆不容发也。"[②] 然而在 12 日台湾 "革命实践研究院" 讲述《西南战局演变之经过》时，蒋介石宣称：西南之行 "原是抱着一种 '知其不可为而为之' 的精神"，但没想到在西南 26 天的 "苦心的调度"，致使胡宗南 40 万大军完成战略转移，创造了 "历史上所未有的奇迹"。[③]13 日，蒋介石收到了西昌告急的电报，急令顾祝同解决刘文辉、邓锡侯 "叛军"。17 日，蒋氏父子均得悉毛泽东已于当日赴莫斯科，中苏友好联手对付帝国主义和一切反动派已成定局。万般无奈的蒋氏父子除了安慰陆续退台的高级将领与党政要员外，就是商讨如何防守海岛与党的改造问题。

　　12 月 24 日，圣诞节前夜，信奉基督教的蒋介石夫妇率领全家于上午 9 时 50 分，自台北往日月潭，住在幽静的涵碧楼。日月潭位于台湾中部南投县的丛山之中，是台岛最大的天然湖。因湖中岛北为日潭，岛南为月潭，以轮廓似日月而得名。这里群峰环绕，林木扶疏，湖光山色，相映成趣。夏季，这里是台湾中部的

---

　　① 《蒋 "总统" 经国先生言论著述汇编》，第 2 辑、第 697 页。
　　② 秦孝仪主编：《"总统" 蒋公大事长编初稿》，卷 7（下册），第 496 页。
　　③ 秦孝仪主编：《"总统" 蒋公大事长编初稿》，卷 7（下册），第 498 页。

避暑山庄。到了秋季，明月朗朗，静影沉璧，"双潭秋月"，更成为吸引天下游客的绝胜风景。蒋介石在到达日月潭的当日日记中写道：

"川滇局势险恶日甚，自觉部署指导，心力交瘁，虽成存败亡非所逆料，然反躬自问，上不愧对党国，下无负于部署，耿耿赤忱，聊用自慰也。"①

《日记》反映出蒋介石一方面为败亡而忧心忡忡，另一方面则认为国民党在大陆失败并不是他所为。圣诞节之日，据蒋经国记载：蒋氏父子散步于林中，回想西安被扣与此次大陆惨败，虽对前途表示绝望，但其极端固执的性格又使其要学德国军事家克劳塞维茨，从头做起。蒋介石在当日日记中写道：

"从前种种譬如昨日死，今后种种譬如今日生。""过去一年间，党务、政治、经济、军事、外交、教育，已彻底失败而绝望矣。如余仍能持志养气，贯彻到底，则应彻悟新事业、新历史，皆从今日做起。"②

经过涵碧楼反思，父子俩认识到，国民党在大陆失败，最首要的因素就是党的失败，党的失败的主要原因：一是党员和党的干部对"三民主义信仰的动摇"，二是由于国民党内部分歧矛盾所致。因此蒋介石在日记中又写道：

"近日独思党政军改革方针与着手之点甚切，此时若不能将现在的党彻底改造，决无法担负革命工作之效能也。"③

蒋经国也说："总裁一如总理当年，下定了'把革命事业从头做起'的决心，改造本党。"④

父子俩还认识到国军败得如此之惨，最主要的是军队纪纲败坏、军事制度未能健全建立，以及官兵对立与军民脱节。蒋介石曾沉痛地说："过去北洋军阀被打败是他们本身腐朽。"但在北伐后，"所有北洋军阀的毛病，我们的军队都已习染，不论在精神上、行动上，都渐次趋于腐化堕落"，"几乎与北洋的军队如出一辙"。⑤蒋经国也认为："我们的军队，思想不健全，精神便瓦解了，那就没有不失败的。大陆的沦陷，便是一个铁的例证。"因此父子二人均认为必须整军建制，"以求内部精纯，团结一致"。⑥

蒋氏父子从极端的反共立场出发，认为国民党丢失大陆是苏俄勾结中共"侵

① 秦孝仪主编：《"总统"蒋公大事长编初稿》，卷7（下册），第509页。
② 《蒋"总统"经国先生言论著述汇编》，第2辑，第702页。
③ 《蒋"总统"经国先生言论著述汇编》，第2辑，第702页。
④ 《蒋"总统"经国先生言论著述汇编》，第12辑，第504页。
⑤ 张其昀：《先"总统"蒋公全集》，第2卷，第1962页。
⑥ 秦孝仪主编：《"总统"蒋公大事长编初稿》，卷7（下册），第510页。

略"中国的结果。50 年代中期，蒋介石写了一本《苏俄在中国》，极尽攻击诬蔑之能事，蒋经国也曾为其父撰写了《反共抗俄基本论》的初稿。父子二人在"反共抗俄"观点上绝对一致。基于上述理念，蒋氏父子在 50 年代初期的台湾岛展开了一场规模宏大的"反共抗俄总动员运动"。按照蒋氏字典的解释，该运动的目的是建立"三民主义模范省"，使之成为"反攻大陆"的蓝本。然而海峡对岸毛泽东集结重兵，时刻准备"解放台湾"，蒋介石虽宣称建立了"海上长城"，但对于这些虚张声势有余、战斗力不足的乌合之众军队，根本无法抵抗人民解放军对台岛的凌厉攻势。

为了配合"反共抗俄总动员"，蒋经国无论在什么场合都大谈特谈：

"反共抗俄形势的发展，已进入了今天这最后决战阶段，国民革命的最后成败，当决定于这一场大战。""反共抗俄战争是国民革命的最后一战，这个战争是长期的、艰苦的。""这次战争的胜败，将要决定中国民族的存亡。"①

有人问："反共抗俄战是不是会失败呢？"

蒋经国答："绝对不会的。"因为"共产党占领了大陆，但失尽了整个民心，国民党丧失了整个大陆，却收回了全国的民心"。②

真不知蒋经国当时是如何反思的，谁都知晓，得人心者得天下，共产党能以弱小兵力战胜有外力支援、武装到牙齿的国民党，靠的就是全国民众的支持。蒋经国这样说只能说明他不愿意承认失败的根本原因在于蒋介石逆潮流发动的内战丧失了民心。

蒋经国还说，取得"反共抗俄"战争胜利是没有问题的，一方面是大陆内部民众反对中共与苏俄"侵略""拥护"国民党；一方面"台湾本身不但有优越的海空军，可以完全控制东南半壁，陆军可以消灭任何来犯的敌人，而内部的安定和进步，更是反攻大陆的雄厚基础"。再一方面，也是最重要的，"我们有一位从不屈服、从不失败的伟大领袖蒋'总统'，来领导我们从事这个神圣的战争"。③

听蒋经国的口气，好像"反攻大陆"胜利在即。然而就在 1950 年 5 月间，国民党守卫在海南、舟山的残兵败将相继退守台湾。接二连三的大撤退加剧了台湾社会的动荡。蒋介石为了安抚台岛民心，于 1950 年 5 月 16 日发表《为撤退海南、舟山国军告"全国"同胞书》，书中宣称撤退海南、舟山不是失败而是为了

---

① 《蒋"总统"经国先生言论著述汇编》，第 2 辑，第 457 页。
② 《蒋"总统"经国先生言论著述汇编》，第 2 辑，第 490 页。
③ 《蒋"总统"经国先生言论著述汇编》，第 2 辑，第 492 页。

集中兵力消灭中共。他还宣称：

"我现在先将政府当时所决定根本大计与步骤，明白报告大家：就是第一步要集中一切兵力，第二步巩固台湾及其卫星岛屿，第三步反攻整个大陆来拯救全国同胞，第四步复兴中华民国，建设三民主义独立自由的新中国。"①

为了给台湾军民"反攻"反共打气，蒋介石还开出了一张永远无法兑现的"反攻"时间表："现在我再将政府反攻大陆的计划，总括四句话对同胞们重说一遍，就是'1年准备，2年反攻，3年扫荡，5年成功'。"②

为替老父消愁与稳定社会情绪，蒋经国现身说法，发表了一封《由定海到台湾》的公开信称：

"这次全部国军从舟山撤退到台湾，放弃了最接近大陆的海陆空军根据地，这当然是一件大事，也是一个惊人的举动。老实讲，我的看法是同你一样的沉痛和难过。""人毕竟是有感情的动物，感情有时会支配行动的，但是在环境愈是恶劣的时候，愈需要高度的理智，并且要拿出理智来控制感情，用理智支配行动。""保卫台湾是国民革命成败的关键，这一仗一定要有百分之百的把握和准备，才能保证一定胜利。"③

蒋经国要求台湾各界咬紧牙关，"一心一意来从事于反共抗俄的大业"。他深信"不远的将来，台湾会有新的胜利环境和乐观现象产生出来"。"我们所争的不是一时的成败和利钝，我们所争的是国家千秋万世的大业"。④

为了"反共抗俄"，蒋经国真可谓是费尽心机。蒋介石对蒋经国的做法深表赞同，同时，父子二人均让夫人上前线慰劳国民党军。蒋经国还于5月份前往台南军中，官兵共饮血酒，并举行仪式，宣誓"效忠领袖，死守台湾，反攻大陆"。⑤

从6月到8月，蒋经国到处发表演讲，以鼓动反共、"反攻"。他称："胜利已大半握在我们手里了，我们该鼓起勇气，倾出我们最后心血，换取我们最后成功，打回大陆。"⑥他对陆军讲，要"团结奋斗，自力更生"。他对文艺界讲："今天诸位的共同使命，就是创造反共的文艺。"他还书告大陆同胞，要其配合国民

---

① 秦孝仪主编：《"总统"蒋公思想言论总集》，卷32，第265页。
② 秦孝仪主编：《"总统"蒋公思想言论总集》，卷32，第266页。
③ 《蒋"总统"经国先生言论著述汇编》，第2辑，第471—473页。
④ 《蒋"总统"经国先生言论著述汇编》，第2辑，第476页。
⑤ 《蒋"总统"经国先生言论著述汇编》，第2辑，第11页。
⑥ 《蒋"总统"经国先生言论著述汇编》，第2辑，第22页。

党军的"反攻"迎接胜利。他要求国民党军"效法郑成功，复兴中华民族"。[1]

稍稍了解历史的人都知道，如果没有朝鲜战争的爆发与美国对台湾的支持，蒋氏父子恐怕也难保台湾安全。江南对此评论说：

"失去海南、舟山，相当于割断台澎的手足，毛泽东的下一步，将是渡海攻台，90英里的台湾海峡，假使荷兰人300年前抵抗不了郑成功的海师，国军凭什么能'确保'呢？"[2]

江南这一评论的确精辟、深刻。

掌控特工

数十年来，蒋介石在中国大陆和台湾政治舞台上横扫一切政敌而自身不倒，靠的完全是军队和特工两个法宝。蒋介石深知特务工作的无形威力并不弱于军队的有形力量。况且在国民党兵败大陆之时，背叛蒋氏父子的，还是以特工人员为最少。因此，蒋介石退守台湾之后更加重视特务工作。

众所周知，蒋介石下野后，为了同李宗仁争权，从幕后走向前台，曾经组建了"总裁办公室"。该机构于8月1日正式在台北办公。"总裁办公室"下设"设计委员会"，该会之下又设9个组，其中第7组负责"掌理关于各项情报及资料之征集与处理"，组长为老牌军统特工唐纵。蒋氏父子自溪口辗转上海再辗转高雄后，曾召集各特务机关负责人和其嫡系在高雄开会，决定秘密成立一个名为"政治行动委员会"的核心组织，并决定唐纵、蒋经国、郑介民、毛人凤、叶秀峰、张镇、毛森、陶一姗、彭孟缉、魏大明等人为委员，以唐纵为召集人，负责筹组机构。"政治行动委员会"于同年8月20日在台北圆山正式成立，它的基本任务是："统一所有情报工作，并使之充实、强化。"[3]

众所周知，蒋介石为使蒋经国顺利升迁，不仅手令他出任"国防部总政治部"主任一职，还为他安排了另外两项重要职务：负责监督筹划情报业务和对大陆进行匪特活动的指挥派遣。

据孙家麒称："政治行动委员会"最初只有两个部门，一个是书记室，一个是石牌训练班。孙当时在书记室任秘书工作。1950年8月，国民党中央改造委员会成立时，唐纵出任该委员会第六组主任，"政治行动委员会"负责人一职便

---

① 《蒋"总统"经国先生言论著述汇编》，第2辑，第48页
② 江南：《蒋经国传》，第241页。
③ 孙家麒：《我所认识的蒋经国》，第20页，香港：大众生活出版社，1975年版。

由蒋经国接替。由于该机构缺少法治基础，后来即纳入"总统府机要室资料组"。[1]
蒋经国在一次对情治人员的讲话中指出："今天我要向各位同志谈一谈资料组的
情形，3 年来因为各位委员共同参加工作，共同决定重要问题，所以统一领导各
情报机关的工作尚无大错。"蒋经国还谦虚地说："资料组与各情报机构，与其说
是领导，不如说我们大家共同在一起奋斗，共同在一起学习，谈不上哪一个是领
导者，哪一个是被领导者，我们都是同志。"[2] 它虽然只是"总统府"机要室的一
个小小资料组，但其权威波及台湾党、政、军、特各部门，没有哪个机关不对它
另眼相看。

　　当时，"台湾情报工作委员会"归台湾"警备司令部"司令中将彭孟缉领导。
在将星云集的不足 3.6 万平方千米的台湾，中将在芸芸众将之中等于"芝麻酱"。
彭虽属黄埔系，但辈分不高，战功亦未有比陈之处。加之国民党退台之后，诸多
原中统、军统和军队情报机构人员，不听彭孟缉的调遣。对此，彭在谒见蒋介石
时，自谦德薄才浅，不堪肩此重任，务恳请另荐贤能来领导，以不负"领袖"嘱
望。蒋介石采纳了彭孟缉的建议，遂将"台湾情报工作委员会"交给蒋经国掌管。
同时对彭优遇有加，先升彭为"陆军"二级上将，继而由保安副司令登上台湾"参
谋总长"宝座，再任"陆军总司令"，又由"陆军总司令"再回升一级上将"参
谋总长"。

　　蒋经国接管了"台湾情报工作委员会"后，便将其置于他兼任的"总统府机
要室资料组"之下管理。他首先对国民党原有的情报机构进行了彻底的改造，以
便更好地指挥。经调整改造后的情治机构为：原"军统"改为保密局后调整为"国
防部情报局"，以对大陆情报搜集和布建反共工作站为主。原"中统"改为党通
局后因陈果夫病逝和陈立夫被逼赴美而被解散，原该机构情报人员分别编入当时
的国民党改造委员会中央第 6 组（现"海工会"）和另成立的"内政部调查局"（后
又改为"司法行政部"属下"司调局"；"司法行政部"改制为"法务部"，后又
称"发调局"）。"海工会"人马又分一部分到"大陆工作会"，负责海外侨区的调
查工作；"内调局""司调局"和"法调局"，负责岛内社会调查，防止经济犯罪、
贪污、漏税等。1954 年 6 月 15 日，"国防会议"第二次会议，决议增设"国家
安全局""国防总动员计划局""科学研究委员会"。同年 10 月，"国安局"正式

　　① 杨瑞春：《国特风云——中国国民党大陆工作密档（1950—1990）》，第 20 页，稻田出版
有限公司，2010 年版。

　　②《蒋经国先生对国军讲词选编》，第 437 页。

完成建制，资料组蜕变为"安全局"。①台湾"警总"和"宪兵"则负责对中共在台特工人员和"暴乱"的调查与防制。

　　与此同时，蒋介石为进一步扩大警、宪、特的权力，也为蒋经国在台出露头角，特于1950年1月27日，指示台湾"行政院"颁布了《反共保民总体战纲要》。《纲要》第一条规定："为贯彻反共保民国策、动员全国人力物力，实施总体战。"《纲要》第二条规定："反共保民总体战系综合军事战、政治战、经济战、民众战及'匪'后游击战，并推行兵农合一制度，以争取最后胜利。"《纲要》第四条规定：参加反共保民全体成员必须宣誓："我自己绝不'通匪'，并不容人'通匪'，如违此誓，愿受民众大会之制裁。"②

　　4月26日，蒋介石公布了修订的《惩治叛乱条例》。该《条例》扩大了惩处范围，加重了惩处标准，同时扩大了军、警、宪、特的权力。③

　　6月5日，蒋介石在"保安司令部"官兵大会上发表讲话，宣称台湾已完成"反共抗俄""反攻大陆"的军事准备，"问题在于政治工作是不是能够密切配合，例如维持治安、组织民众、实施动员，肃清'匪谍'等等工作，如能彻底执行，则必可使防卫的力量更为充实"。④

　　6月13日，蒋又下令颁布"戡乱时期检肃'匪谍'条例"。该条例规定：

　　（1）"发现'匪谍'或有'匪谍'嫌疑者，无论何人均应向当地政府或治安机关告密检举。"

　　（2）"人民居住处所有无'匪谍'潜伏，该管区保甲长或里邻长应随时严密清查。"

　　（3）"各机关、部队、学校、工厂或其他集体所有人员，应取具2人以上连保切结，如有发现'匪谍'潜伏，连保人与该管直属主管人员应受严厉处分。"

　　（4）"治安机关对于'匪谍'或有'匪谍'嫌疑者，应严密注意侦察，必要时得予逮捕。"⑤

　　上述"法令"的颁布实施，更使人人自危，生怕被扣上一顶红帽子坐班房。

　　为了进一步加强对情治机构的领导，蒋经国对情治机构的活动作进一步规

---

① 孙家麒：《我所认识的蒋经国》，第22页。
② 台湾《"中央"日报》，1950年1月28日。
③ 《"总统"府公报》，第250号，1950年4月29日。
④ 《"总统"府公报》，第250号，1950年4月29日。
⑤ 林纪东等：《新编六法参照法令判解全书》，第619页，台湾五南图书出版公司，1986年9月出版。

范。他规定：各情治单位各负其责，如各单位发现有不属于本机构权责范围的情报，可提供主管单位参考。初获线索的单位和他的谍报人员可在"考绩"方面获得"绩分"，甚至视原情报价值的大小颁奖。

与此同时，蒋经国还加强了对情报人员的训练，开办了"石牌训练班"。"石牌训练班"主要是召训高级情治人员，每期4周，前后共计8期，每期调训120人，约1000人。[①] 蒋经国将此项工作交给王升办理。蒋经国之所以交王升办理，一方面王升是蒋经国的嫡系干将，蒋经国对他特别信任；另一方面也因为王升没有涉及过情报工作，与情报单位没有渊源，可以客观地、持平地对待每一情治单位。

王升秉承蒋经国的意图，从改变情报人员的认识与气质入手，认为：

"一、确立情报人员的'国家'观念与民族观念，要求情报人员在一切作为中，要以国家利益为先，民族前途为重。激发受训人员高度的为'国家'尽忠、为民族尽孝之心，并进而激发其在工作上的责任感。

二、确立情报人员的人生观与价值观，将个人生死的问题看透。使情报人员了解，在各种任务的遂行中，之所以出生入死，冒险犯难，都在于此一意义与价值的追求。

三、因调训的对象都是情治各单位的重要干部，情报技术方面，各有所长，对中共的斗争，都有二三十年以上的经验，仅列出一部分的关系技术经验交换，不列为重点课程"。

王升要求情治人员：

"一、参训人员痛切检讨大陆失败的教训，在检讨中客观的认清敌我形势，与现实中的危殆，并在相互配合与合作中，谋求克敌制胜与生存发展。

二、参训人员在交换工作经验中，不仅使情报作为上有了相互的了解，而且彼此之间的感情道义，亦有所增进"。[②]

王升的这些理念的确是体现了蒋经国的意图，关于此点，可从蒋经国在石牌训练班的多次讲话中得到说明。

1950年6月29日，蒋经国宴请特工人员，要求他们不许"背叛领袖"，要"任劳任怨""忠于'国家'"。他还宣称，今后中共将会加强对台湾的情报工作，故要加强"反间谍工作"，又说："今后台湾的命运就决定于各情报机关同志手里。"

---

① 尼洛：《王升——险夷原不滞胸中》，第189—191页，世界文物出版社，1995年版。
② 尼洛：《王升——险夷原不滞胸中》，第191—192页，世界文物出版社，1995年版。

因此，大家一定要"团结合作，缜密结合，处心积虑，对付敌人"①。

1951 年 9 月 1 日，蒋经国在情报人员训练班上的讲话中指出：情报人员也存在着几种坏作风，即"摩擦倾轧""争功诿过""招摇撞骗""同流合污"。他还分析造成上述坏作风的原因是："派系观念和小组织倾向""近视的功利主义思想"；"不遵守保密原则""没有是非观念"。② 蒋经国认为这些坏作风已经对情治工作产生了坏的影响，因此必须改进。经请示蒋介石，得到明确的原则指示：

"今后我们一定要健全组织、统一领导、划分权责，严明赏罚，务求分工合作，各尽所能。这样，大家才能联系确实，运用灵活，共同完成艰巨的任务。"③

根据蒋介石的指示精神，蒋经国又对情治人员提出了克服坏作风的具体要求：

（1）必须抱着自我牺牲的决心；

（2）要具有公正廉明的态度；

（3）从事刻苦耐劳的工作；

（4）养成负责服从的习气；

（5）发扬互助合作的精神；

（6）养成谨慎保密的习惯。④

经"石牌训练班"整训，蒋经国真正控制了台湾的情治机构。以蒋经国的身份、地位来指挥，自然比彭孟缉得心应手。蒋经国的老部下孙家麒认为：就蒋经国控制下的情治机构权力而言，真可谓无所不包，权力无边，几乎等于一个小型的"行政院"。但"行政院"绝不敢指挥国民党。虽说"党权高于一切"，然而，蒋经国主管的特务机构却能够指挥国民党。正如他人所言："亲权高于党权。"在蒋经国指挥下，50 年代特务机构凭借台湾的"戒严"体制和蒋介石"保密防谍"的"尚方宝剑"，到处抓人杀人，制造了无数起冤狱。

诸如一位翻译工作者因译了美国著名作家马克·吐温的书，竟被当作马克思主义的宣传者而遭逮捕。

一名中学音乐教师在编辑教材时，因选用的民歌《读书郎》歌词中有"为了穷人要翻身"，的词句，竟被认为是"为敌张目"，书被查，人被逮捕。

---

① 《蒋"总统"经国先生言论著述汇编》，第 2 辑，第 20—22 页。
② 《蒋"总统"经国先生言论著述汇编》，第 2 辑，第 74—77 页。
③ 《蒋"总统"经国先生言论著述汇编》，第 2 辑，第 83 页。
④ 《蒋"总统"经国先生言论著述汇编》，第 2 辑，第 84—85 页。

蒋介石"复职"前后,蒋经国一手导演了数起轰动整个台湾的"共党间谍案":其中最为突出的就是"中共台湾省工委事件"。

抗日战争胜利后,中共中央决定派遣蔡孝乾(1908年出生于台湾省彰化县花坛乡,曾用名蔡乾、蔡前、杨明山,代号老郑)回台湾工作。1945年12月底决定成立"中共台湾省工作委员会",以蔡孝乾为省工委书记,省工委副书记兼组织部长是陈泽民,洪幼樵为委员。省工委作为地方组织分为南部、中部和北部,蔡孝乾领导北部、宣传部长洪幼樵领导中部、陈泽民领导北部,武装工作部长张志忠专管新竹地区。当时省工委隶属于华东局领导,主要任务是:发展台湾全省各地区之党的组织;对台湾同胞做秘密之政治宣传;蒐集台湾境内军事及政治之情报;利用关系策反思想上动摇之军政人员;准备建立台湾之地下武装。① 蔡孝乾、陈泽民、洪幼樵和张志忠被捕后,很快叛变,在国民党的威逼利诱下,4人联名发表了《告全省中共党员书》。《告全省中共党员书》一方面讲述了省工委到台湾建立工作的经过,阐述了全省党组织遭受破坏的始末:由于1949年8月台北成功中学党支部被破获,招致《光明报》被破获,引发台大法学院支部被破获,使党组织始终暴露在保密局的控制下。继之屏东支部和高雄钢铁支部也遭破坏。由于陈泽民的被捕叛变,高雄整个党组织均遭破坏。12月31日,张志忠在台北被捕叛变,导致蔡孝乾于1950年1月29日被捕,洪幼樵2月26日被捕。正是由于蔡孝乾等4人的被捕叛变使得全省党员绝大多数相继被捕,整个台湾省党组织基本被瓦解。另一方面,4名叛徒站在国民党的立场,检讨了工作失败的原因。最后,《告全省中共党员书》宣告:"自今日起,中共台湾省工委与全省党的组织已无存在的必要与可能,现在正式宣布解散。"②

1950年5月13日,蒋经国在台湾当局举行的中外记者招待会上宣布了中共台湾省工委被破获经过。同时,蒋经国还宣布了《台湾中共党员自首报道办法》。《办法》规定台湾中共党员自首要填写1份"脱离共党誓书":"余誓以至诚接受中央政府劝导,脱离中国共产党组织,坦白自首,交出一切组织关系,并停止一切组织及工作之活动,如有故违,愿受政府最严厉之处分。"③

国民党《"中央"日报》发表了以《迷途的警钟》为题的社论,宣称"读了蒋经国氏在政府发言人举行的中外记者招待会上的报告,及其书面发表的破获'共

---

① 台湾,《"中央"日报》,1950年5月14日。
② 台湾,《"中央"日报》,1950年5月14日。
③ 台湾,《"中央"日报》,1950年5月14日。

匪'在台领导机构经过，对于'共匪'政治进攻的了解，更增进一层。"社论指出："'共匪'在台湾的领导机构虽已破坏，当亦不免有若干漏网的残余，潜有行动。诉清残存的'共匪'，是政府的责任，也是每一个人的责任。"社论强调："政府在台湾，有着肃奸防谍的严密布置"，"绝不容许'共匪'组织存在。"①

受"中共台湾省工委事件"牵连的，就是轰动整个台岛的吴石案。吴石（1894—1950年），原名萃文，字虞薰，福建省闽侯县螺洲乡（今福州市仓山区螺洲镇）人，1916年毕业于保定陆军军官学校。1924年为国民革命军第四师处长，后任北伐军总参谋部作战科科长；1929年赴日本留学，回国任参谋本部第二厅处长；抗战中任第四战区参谋长、军政部主任参谋兼部长。1947年至1948年间，解放战争已由战略防御转入战略反攻。此时的吴石因不满蒋介石的独裁统治，开始倾向革命。1948年他参加了民联，与中共华东局直接建立联系，在淮海战役中，为中共地下组织提供了大量的机密情报。据由中共党史出版社出版、郑立所著《冷月无声——吴石传》披露：1948年底调任福州绥靖公署主任，在此之前，国民党国防部尚保存有500箱重要军事机要档案资料，"国防部长"白崇禧、参谋总长陈诚主张直运台湾。吴石却以福州有"进则返京容易，退则转台便捷"为理由，建议暂移福州。国民党当局采纳了他的意见。于是吴石派随从参谋王强等人率领警卫，将500余箱机要档案从南京押送抵达福州，保存在于山威公祠大殿内。吴石之所以要将这批机要档案转移到福州，原来他已得悉将出任福州绥靖公署副主任。他打算一旦时机成熟就在福州起义，将这批军事机要悉数献给中国人民解放军。1949年7月，吴石由福州经广州辗转到香港找到自己的挚友、中共地下党负责人吴仲禧，告知福建绥靖公署已经结束，他已被调任国民党"国防部参谋次长"，要到台湾去。吴仲禧曾请他考虑，到台湾去是否有把握？如果不去，也可就此留下，转赴解放区。吴石坚决表示："自己的决心已经下得太晚了，为人民做的事太少了，现在既然还有机会，个人风险算不了什么。为了避免嫌疑，他将携夫人王碧奎和两个儿女一同去台湾。留下大儿子韶成，大女儿兰成在大陆。"吴仲禧介绍老同事、原第四战区副参谋长陈宝仓中将随吴石去台，做吴的助手。

吴石抵台后，就任国民党"国防部"参谋次长。由于台湾的中共地下党组织遭到严重破坏，吴石无法通过地下组织将军事情报送给华东局。1949年10月25日，

---

① 台湾，《"中央"日报》，1950年5月14日。

解放军第三野战军十兵团在缺乏军事情报的情况下，攻打金门失利。同年 11 月，解放军攻打舟山群岛也受到重大损失。这两仗给人民解放军敲了警钟。"解放台湾"比原先预计的更加困难了。为尽快取回吴石掌握的重要军事情报，华东局于 1950 年 3 月决定派长期在上海、香港从事情报工作的女党员朱谌之（又名朱枫）赴台与吴石联系。朱谌之与吴石取得联系后，吴将《台湾战区战略防御图》《关于大陆失陷后组织全国游击武装的应变计划》等交予朱谌之，朱将情报传递到华东局情报部门。然而不幸的是，国民党保密局逮捕蔡孝乾时，蔡供出吴石提供重要的国防情报给中共联系人是华东局派出的朱谌之。为了使朱谌之顺利出岛，吴石冒险为朱谌之签发一张"特别通行证"，朱顺利抵达舟山群岛，后因蒋经国的特工部门严密搜查，朱枫在舟山被捕。当叛徒供出吴石中将与朱谌之一案有关时，蒋氏父子极端震惊，立即下令将吴石逮捕，在搜查其住宅时，查到他亲笔签发给朱谌之前往舟山的"特别通行证"。这一证件是蒋氏父子为吴石定"叛逆罪"的证据。受此案牵连的还有吴石的妻子王璧奎、国民党第 4 兵站总监中将陈宝仓，及陆军上校聂曦。

台湾当局对此案件说明如下：

"'国防部'前参谋次长吴石，福州人，年 54 岁，早年毕业于日本陆军大学，由连排长而升至陆军中将，38 年（1949）春，吴石由史政局调升福州绥署主任，经沪港赴台时，遇投共立委何遂介绍与中共华东局敌工部驻港负责人刘栋平发生联系，吴石于同年秋由榕来台，经港时又与刘栋平见面，并允到台代中共蒐集情报。旋吴石于同年 10 月由港抵台，因吴在港另由投共之吴仲禧从中怂恿，并告吴石以前第 4 兵站总监中将陈宝仓已早在台湾为中共工作，嘱吴到台与陈联络，陈可协助采集情报。吴石于同年 10 月由港抵台，与陈取得联系后，陈即供给我军防守部队番号等情报，交由吴石，吴石即以一部分情报，派聂曦持往香港，交付中共人员。迨 11 月底，刘栋平复派中共敌工部女共干朱谌之（又名陈太太）来台，专负与吴石联络传递情报之责，案情侦悉确情，派员先后将吴石、朱谌之及一干有关人犯依法逮捕，发交'国防部'组织高等军法会审，现已审讯明确，依法判决吴石、陈宝仓、聂曦、朱谌之（即陈太太）等 4 人死刑，呈奉最高当局核准，照判执行。"1950 年 6 月 10 日，吴石、陈宝仓、聂曦、朱谌之被台湾当局以"叛国罪"枪杀于台北马场町刑场。①1951 年 7 月，华东局向朱谌之家属颁发了革命烈士光荣证书。1973 年，经毛泽东、周恩来确认，华东局追认吴石将军

---

① 台湾，《"中央"日报》，1950 年 6 月 11 日。

为革命烈士。① 吴石夫人王碧奎一起被捕，判刑 9 年。后来获释出狱，定居于美国，她病逝后其子女将父母骨灰遗骸一起奉回大陆，合葬于京郊福田公墓。

与此同时，国民党内一些不满蒋介石搞独裁的人，也难幸免于难。如曾任浙江省主席的国民党上将陈仪，也被蒋介石父子以"勾结共党"罪判处死刑。陈仪，字公洽，浙江绍兴人，早年毕业于日本东京士官学校，曾任浙江省军事处长、国民革命军总司令部参议、浙江第 1 师师长、浙江省省长、国民政府军事委员、军政部兵工署长、军政部常务次长、政务次长、福建省政府主席、行政院秘书长、中央训练团教育长，抗战胜利后，出任台湾行政长官，对国民党一直忠心耿耿，被捕前是浙江省主席。陈仪思想发生变化，主要发生在出任台湾省行政长官期间，他参与了蒋介石镇压"二二八"事件，被轰下台。此事件对陈教育很大，他在后来主持浙江政务时，主张"在政治上效法东欧民主国家作风"。当蒋介石发动全面内战进攻解放区遭失败之后，陈仪公开著文抨击蒋介石的内战政策。北平和平解放后，陈仪曾向李济深派来的联系人表示，愿作傅作义第二。当陈仪联络多次得他接济栽培的汤恩伯时，被汤出卖，遭国民党特务逮捕。据台湾军事法庭陈仪"审判书"所云：

陈仪在浙江省主席任内"时与左倾分子接近，致受环境濡染，思想变迁。狃于中共局部和平之邪说，适徐蚌战役后，匪俄隔江对峙，阴谋发动和平攻势之际，被告于 38 年（1949）9 月 30 日，经以'紧缩军队机关''提高待遇''严肃军风纪''规定驻地''多建营房''减少征兵''停止防御工事'等事项，亲笔作书，致拱卫京畿之京沪杭警备总司令汤恩伯，劝其停止军事活动，并派外甥丁名楠持函面洽。汤以幼时受陈私惠甚深，虚与委蛇，佯允考虑。次日陈遹以电话催询究竟，经唐婉辞。越日，丁名楠偕同陈之旧属胡邦宪，仍持陈之手书，以'释放政治犯''保护区内武器军需物资''约定某地区在区外停止前进''依民主主义原则改变原有部队'"，以及给予相当职位等具体条件，"促汤实行"。② 汤恩伯背信弃义，将陈仪逮捕。杭州解放前夕，蒋介石没忘抨击、"背叛"他的陈仪，令特务将陈押到台湾关押。1950 年 6 月 18 日，蒋介石为标明"肃清匪谍"的决心，令"国防部高级军法合议庭"以"勾结共匪"罪判处陈仪死刑，当日执行。台湾《"中央"日报》还发表了题为《叛逆分子的下场》的社论。

蒋经国主持特工期间，还制造了王哲甫案、麻豆事件、桃园事件。

---

① 《红色女特工——朱枫》，载《名人传记》，1999 年第 4 期。
② 台湾，《"中央"日报》，1950 年 6 月 19 日。

　　王哲甫系台湾火柴公司总经理。该公司原在上海，国民党退台前迁往台湾，但公司董事长吴性栽留在大陆，并制作了一部叫作《"民国"40年》的影片。由于影片中对蒋氏父子有许多不恭之词，蒋经国便迁怒于留台的火柴公司，并于1950年初下令将王哲甫逮捕并处死刑。由于时任台湾省主席兼保安司令吴国桢的干涉，后改判7年徒刑。此案使蒋经国与吴国桢之间矛盾加深。

　　麻豆事件发生在1950年5月31日，台南麻豆镇深受群众拥护的原镇长谢瑞仁被台湾警方拘捕。其后支持谢瑞仁竞选的台湾地方人士35人相继被捕。警方于同年6月将这些人交台湾军法处，指控他们"阴谋以非法之方法颠覆政府并着手实施"。同年9月30日，该事件核心人物谢瑞仁、蔡国礼、张木火3人被判处死刑，有9人被判处无期徒刑，有18人被判处10至15年不等的有期徒刑，有6人被判处1年徒刑。直到1983年至1984年初，该事件中被判处无期徒刑的人才相继被减刑保释出狱。

　　桃园事件发生在1950年6月，台湾警方将台北桃园县台北电信局桃园收报台7名职员逮捕，其中林清良、赖凤潮与李涛泽3人以"传阅匪党文件书籍""意图以非法之方法颠覆政府并着手实施"的罪名处以死刑，徐文赞被判处无期徒刑，其余3人分别被判处10至15年有期徒刑。

　　翻开1950年的报纸，以"匪谍"案为题的报道，一周出现好几次。位于台北植物园附近的马场町，取代了过去南京雨花台的地位。对此江南在《蒋经国传》中评论说：

　　当局如是血腥遍野、肆无忌惮的原因，报复主义为其一，大陆丢了，他们又想腐蚀台湾，把这些人作为发泄的对象。肃清主义为其二，只要行动可疑，经人检举，一概列入危险分子，格杀勿论。报销主义为其三，彭孟缉领导的保安司令部保安处游查组，以抓人破案为升官发财的阶梯，持着经国的"尚方宝剑"，只达目的，不择手段。因而宁可错杀三千，决不留情一个。[1]

　　关于此点，蒋经国在1950年9月27日台湾"国防部"举行的记者招待会上发言得到进一步佐证："过去破获共谍案件，多数在破获其情报机构，但最重要的还是打破其地下组织，使其党员脱离组织而促使共党在台的组织瓦解。政府最近开始此种工作以来，已先后收获重大效果。"[2]

　　对于50年代初期台湾的屠杀政策与白色恐怖，岛内有两种截然相反的意见：

---

① 江南：《蒋经国传》，第235页。
② 台湾，《"中央"日报》，1950年9月28日。

国民党一些人士认为这是"经国的铁腕政策，为台湾存亡所必需"；岛内一些开明派以台湾省主席吴国桢为代表，对情治机构随便抓人杀人认为是"践踏人权"，与国民党宣传的民主自由大相径庭。

正当特务机构在台湾肆虐之际，蒋经国并未为因主宰情治机构而感到可喜。因为"领袖"长子充当特务头子，难免背后有人指指点点。故此，蒋经国迅速拟报成立"国家安全局"统辖之，使自己退居二线。蒋介石经慎重考虑后，批准了蒋经国的建议，于1954年恢复"国防会议"组织后，又于当年10月成立了"国家安全局"。1967年"国防会议"改为"国家安全会议"，"国安局"隶属于"国家安全会议"，并按美国中央情报局建制，调整该局内部组织与业务，成为"督导和协调"台湾各情治机构及治安机关业务的最高机构。

尽管蒋经国不直接掌管"国家安全局"，但其特殊身份与权威，使台湾情治部门仍成为他手中一颗小小的棋子。

主管军中政工

蒋经国真正在台湾崭露头角，是从他出任"总政治部主任"开始的。

恢复军中政工制度，也并非是蒋介石因人设事。他在"复职"前夕的一次讲话中，认为取消军中政工制度是国民党军在大陆失败的重要原因之一。他说：

"就制度言，我们所以失败，还是因为军队监察制度没有确立的结果"。"自从党代表制取消，政治部改成部队长的幕僚机关以后，军队的监察即无从实施；同时因为政工人员的不健全，故政训工作亦完全失败。我们国民党军初期所以设置党代表者，一方面在监察各级部队长贯彻革命主义，达成作战任务；另一方面在加强士兵政治认识，以充实其战斗力量，提高其战斗精神。北伐时期因为党代表能负起这双重的任务，所以革命军摧坚陷阵，所向无敌，后来由于各级部队长都受过党的教育，同时要求军队事权统一，乃将党代表制改为政工制。而这个制度实行之后，最大的缺点，就是各级部队长的工作，无人负责监察，尤其是作战成绩更无从判断其虚实……贪污腐败的现象，都发生出来。又由于政工人员本身程度的低落，对于主义的认识不够，于是官兵皆缺乏政治训练，对敌作战就意志薄弱战斗精神完全丧失；尤其是对民众则不知爱护联系，甚至恣意骚扰，以致军风纪荡然无存。这种没有灵魂的军队，自然非走上失败的道路不可。"[1]

---

[1]　秦孝仪主编：《"总统"蒋公思想言论总集》，卷23，第93页。

基于此，蒋介石提出：

"今天的重要问题，就是如何重建军队监察制度。""要构成一个公正无私的监察系统，要选择最积极优秀的干部来充任政工人员，务使命令贯彻，纪律严明。而要做到这一步，首先要从改革政工制度做起。""使全体官兵，皆能为主义而战，为党国而战，这样才能挽救现在的危局。"① 国民党中常会根据蒋介石的提议，于1950年2月开会决定恢复在军队中的党务。蒋介石复"总统"职后，加紧了政工改制工作。当时蒋介石采取了三个步骤：

第一步：统一军人思想。蒋介石最善于说教表演，他到处发表演讲，其中主要有：《革命魂》《军人魂》《民族正气》《汉奸必亡与侵略必败》等，肆意攻击共产党，鼓吹"杀身成仁""舍生取义"，其中心之点在于让官兵今后明确："为谁而战？""为何而战？"

第二步：组建"总政治部"与设立政工制度。此举有两个目的：一是为了反共需要，二是为了让蒋经国掌管军队做准备，公私兼顾，当然重后者。

对于蒋介石的这项军事改革，董显光评论说："士兵与军官之训练，在政治的意义上，尤有必要。在过去，中国的将领只要其部下忠于个人，而不使他们知道对其敌人作战之任何理由。这就是军阀制度所由产生之故。蒋'总统'却具大不相同的观念，要使官兵早日认识其所从事的政治目标。当然这些目标都是为着人民的福利。蒋'总统'认为士兵如果不知道为何而战，那他们就只是一种募兵，而募兵是不会成为优良士兵或斗士的。"

"中国军队中所建立之政治作战制度，其主要目的在激励军队的高度战斗精神。为达此目的，每一军官或士兵必须充分信仰三民主义，并具有为三民主义而不惜任何牺牲之坚决意志。"②

夏宗汉先生将蒋介石此举称之为是唐代的"监军制"的延续，他认为"监军制"也有其缺点：

"由工商管理学的观点去看，政工监军制度的弊病在为了减少兵变风险，而分散指挥官事权，因此减低了效率。如果行之过甚，则军队虽然忠字当头，没有兵变的危险，却也使指挥系统的效率降低，有碍克敌制胜。指挥官作业之最终目的在求胜，目标是战场上的敌人；政工监军之目的在肃反，其目标为军中内部的不稳分子。为了求胜，优秀的军事人才比较重要；为了肃反，政治热情分子比较

① 秦孝仪主编：《"总统"蒋公思想言论总集》，卷23，第94页。
② 董显光：《蒋"总统"传》，第622页。

受重视。"夏宗汉认为"两者往往难以兼顾"。①

"政工制度，虽由苏联红军的政委制衍变而来，却'性相近而习相远'，和中共比较，更差之远甚。"②

1950年3月21日，蒋经国被正式任命为"总政治部主任"，3月25日蒋经国与邓文仪完成交接仪式，正式走马上任。这对于一个没穿过几天军装的人来说，如果他不是蒋介石的儿子，是决然难以想象的事情。对此有许多人不满，周至柔就是其中的一个。周至柔是蒋介石的同乡，又是黄埔系的干将，时任"空军总司令"，官阶一级上将。当有人向周祝贺荣升一级上将时，他不以为然地说："现在连老百姓都可以当上将，我在沙场上拼了几十年才升了这么个一级上将，想想也没有什么可喜的。"蒋经国闻听此话后，除了对周不满之外，在"总政治部主任"任期内，极少穿将军服在公共场所露面。

蒋介石要蒋经国出任"总政治部主任"一职，本来是吃力不讨好的事，但蒋经国有蒋介石的尚方宝剑，加之蒋经国有参加共产党的经历和"吃苦耐劳"的作风，"国军"政工可谓是有声有色。

蒋经国到任之后，首先提出两个主张：一是消除吃空缺，二是军队不能滥用私人。为了使政工步入正轨，他要求从事政工的干部只"讲政治的责任，而不讲政治的欲望"。当部队风气稍有好转之际，蒋经国又将工作重点放在以下四个方面：

（1）肃清匪谍，转移风气，推行思想教育。

（2）严密军队组织，提高军中文化，推行克难运动。

（3）健全一切组织，推行实践制度，改善官兵生活。

（4）要求全体官兵把思想变成信仰，把信仰变成力量，要做到政治上永不屈服，在战场上永不投降。③

蒋经国出任"总政治部主任"后，据他自己后来称："个人自负责军队政工以来，深感责任重大，真是朝朝乾乾而夕惕惕，惟恐有失领袖和人民的期许。"

1950年4月1日，国民党军队正式实行政工改制。台湾军方当时提出了政工改革的六大目标：

（1）建立政治幕僚长制；

---

① 香港，《明报月刊》，1978年6月号。

② 江南：《蒋经国传》，第254页。

③ 钟声：《蒋"总统"经国先生》，第124页，台湾立坤出版社，1984年版。

（2）确立监察制度；

（3）加强保防工作；

（4）恢复军队党务；

（5）实行四大公开；

（6）革新政治训练。

六大目标的核心如蒋经国所说："唤醒军队的革命灵魂，恢复军队的革命信念，亦就是用三民主义思想，和国民革命传统的革命精神，来武装部队，强大部队和团结部队，使得全体官兵都能一心一德，服从最高领袖，共同奋斗，中兴国家。"

关于此点，还可从蒋经国 4 月 1 日写的两封信中得到说明。

一封信是蒋经国寄给了从事军队政工的人员，让他们明了"反共抗俄战争是国民革命的最后一战"，它"将要决定中国民族的存亡"。再次强调："最高领袖所决定的政工改制办法，它的重大任务，就是要加强海陆空军的力量，要恢复革命的精神，唤醒军队的灵魂。"他要求政工人员与军官"精诚合作""亲密合作"，发扬"坚决斗争的勇气"，"时时刻刻为士兵打算，为胜利着想，把过去的积习弊端，一扫而光"。[①] 同时他要求政工人员"一定要有钢铁一般的革命意志，高尚的革命人格，冒险犯难的革命精神和赴汤蹈火的牺牲决心，来从事这一光荣事业"。

另一封信是蒋经国寄给国民党军队士兵的，为驱散台湾上空的失败主义阴云，为坚定每个士兵的反共与"反攻"决心，蒋经国攻击共产党"卖国"，同苏俄签订了若干条约；要求台湾国民党士兵的父母、兄弟、亲戚、朋友，必须了解进行"反共抗俄"战争的意义。蒋还称国民党军"个个是英雄，人人是好汉"，要他们人人"一条心"，服从领袖，确保台湾，准备反攻，"冲破铁幕回家乡"，"来争取最后的光荣胜利"[②]。

蒋经国的政工改制方案与上述两封信发布后，立即在军中引起很大反响，褒者有之，贬者亦有之。不管官兵如何议论，蒋经国依然我行我素，首先推出了"四大公开"，以争取广大士兵对他的支持，所谓"四大公开"，即："人事公开""经费公开""意见公开""赏罚公开"。凡涉及人事、经费、意见和赏罚问题的，必须经过公开讨论，有士兵代表参加，部队长不得徇私。此举推展之后，加之有蒋介石的尚方宝剑，甚为有效，部队风气有所好转。

---

① 《蒋"总统"经国先生言论著述汇编》，第 2 辑，第 457—458 页。
② 《蒋"总统"经国先生言论著述汇编》，第 2 辑，第 459—460 页。

为了推进政战工作，蒋经国大力推展"克难运动"，并于 1951 年 1 月 1 日发表告"克难英雄"书，称赞他们"用自己的心血写下了光荣的历史，用精壮的双手开创了伟大的时代"。同时提出"向克难、研究、创造、发明的大道迈进"。①

1952 年，蒋经国又将"实践制度"与"克难运动"合并实施，称为"实践克难运动"，并将"心理克难""生活克难""工作克难""战斗克难"四大项目，作为本年度政治工作的重点。

1953 年，蒋经国决定"以消灭死角"为本年度军队政治工作的重点，要求官兵"人人在心理上、行为上都能做到贯彻始终、负责到底、言行合一、表里一致"。

蒋经国为使政治工作落到实处、避免浮躁、夸夸其谈和缺乏计划等特点，提出："今后的政治教育，一定要根据官兵程度，予以分级，首先拟定课程表，因程度的高低不同排定功课，各级政治课程大概可以这样分别：官佐方面，每月占 18 小时，从 2 月到 12 月，一年之中，合计 198 小时。教材由政治部分发，进度另定。士兵政治课时间，每月可占 24 小时，从 2 月到 12 月，一年之中，合计 264 小时。至于分级，甲级以完成高小初级教育为目标，乙级以完成初小四年级教育为目标，丙级以完成初小二年级为目标。""士兵课程中的必修课是国文、三民主义、领袖言行。"

蒋经国为此费尽心机并事必躬亲。尽管如此，蒋经国对自己的工作仍不满意。他在检讨 1950 年政治工作时，称自己存在以下六方面的缺点：

（1）"不注意组织系统，越级指挥"；

（2）"对事情只注意到发动，而缺少检查，更少考察结果"；

（3）"对各方面意见采取实施时，不能注意到时间、环境、干部等各项条件，常使好的办法得不到好的结果"；

（4）"主观太强，只凭自己的能力领导，而忽略组织的运用"；

（5）"胆大心不细，对许多工作不能耐心研究解决"；

（6）"对人事考核无制度观念，无意中造成若干错误"。②

蒋经国还提出"总政治部"工作也存在着四项缺点：

（1）"各单位本位观念太深，只注意到自己的业务，而忽略整体性的事业"；

（2）"拖延应付的官僚作风，仍然存在"；

---

① 《蒋"总统"经国先生言论著述汇编》，第 2 辑，第 505 页。

② 《蒋"总统"经国先生言论著述汇编》，第 2 辑，第 35 页。

（3）"不能主动，缺乏创造能力"；

（4）"对附属单位联系与指挥应加强，以后附属单位四字应改称业务单位，改变主从观念"。

直到1965年，蒋经国还在政工干校讲话时强调："检讨我们的政工，我可以用一句话来说，就是今天我们的政工，缺少了一种生命力，没有生命力，没有革命的生命力，没有充沛的生命力，我们今天政工制度，如果不再想个方法，来充实它，那我们以后可能将政工制度变成如同过去一样的，只有形式，而没有力量。"[1]

为改正上述缺点，蒋经国又提出了新的要求：

（1）"本部是军事机关，各同志无论在组织上、精神、生活上均应合乎军事要求"；

（2）"承办公文，必须注意简单迅速"；

（3）"要加紧对政治及本身业务的学习、工作"；

（4）"命令必须绝对服从，力求贯彻"。[2]

在1951年8月国民党军政工检讨会上，蒋经国宣称："政工的总路线是正确的"，并认为政治工作取得了很大成效：

（1）"官兵对为谁而战、为何而战的思想开始统一了"；

（2）"官兵的情感比过去更加融洽了"；

（3）"军民的关系比过去更加协调了"；

（4）"三军的合作精神比过去更加强固了"；

（5）"官兵的素质逐渐提高了"。[3]

20世纪60年代，蒋经国回想"总政治部主任"期间，自己"总是兢兢业业的"。认为"政工制度，建立起来，是我们部队里面的很大的一个成就，使得我们部队能够进步"。[4]

对蒋经国的做法，当时台湾社会舆论颇多好评。江南对此评论说："新制（政工）实施后，对军队的福利、纪律以及战斗力……有显著改善。"蒋经国的老部下、曾任台湾"政治行动委员会"秘书的孙家麒尽管与蒋经国背道相驰，但也对

---

① 《蒋"总统"经国先生言论著述汇编》，第5辑，第592页

② 《蒋"总统"经国先生言论著述汇编》，第2辑，第35—36页。

③ 《蒋"总统"经国先生言论著述汇编》，第2辑，第60页。

④ 《蒋"总统"经国先生言论著述汇编》，第5辑，第592页。

蒋经国主持的军队政工给予了肯定的评价：

"假使太子先生在他'总政治部'主任的第二任期届满之时，能够依法飘然引退，不再暗地里玩弄魔术手法，我们真要再为这位当年的'打虎英雄'大声喝彩，称赞他是重建国军的第一功臣。"①

尽管各方对蒋经国初度主管政工齐声喝彩，但问题也确实不少。如宣传工作不问对象，有千篇一律的"公式化毛病"；"四大公开过于消极，而且流于形式主义"；"克难运动逐渐趋向表面和敷衍塞责"。许多政工人员既不肯吃苦，又要挂羊头卖狗肉，有的人根本不把政治工作当回事，只把从事此项工作看成是"混饭吃""混官做"。这也是蒋经国始终"日夜不安"的原因所在。他归纳了蒋介石对政工人员的训示，提出4点要求："不计名利""不贪享受""不动私心""不争意气"。② 这对于一支"不知为谁而战、为何而战"的军队来说谈何容易。

蒋经国出任"总政治部主任"一职以来，还同陈诚联手，对习染所有北洋军阀毛病的国民党军队进行整顿工作。首先就是消除吃空额现象。众所周知，国民党军队中吃空额现象司空见惯。军队机构番号众多，有将无兵，有军无兵，几个人凑成一个军、一个师、一个旅番号的现象都存在。陈诚与蒋经国接手此项工作后，认为："在反共抗俄的斗争中，军事是最重要的一环。""38年及39年撤退来台的国军，因转战不息，损失惨重，我忠勇将士，可以说报国有心，作战乏力。在那种情形之下，我们要想达成保卫台湾和反攻大陆的要求，必须实行精兵政策，厉行军队整编，重建革命武力。"③

有鉴于此，陈诚当时严格规定，凡是来台的部队，必须先放下武器，然后按照指定地点登陆、行军、宿营。1949年10月，闽粤边区"剿共"总司令刘汝明部从厦门撤退来台时，不肯缴械，陈诚立即下令，限期徒手登陆，否则将船击沉。整编工作分为3期进行，据陈诚后来回忆：

第1期整编是在东南长官公署成立之前，"当时自京沪等处撤退来台及在台军事机关与部队计有：京沪杭警备总队、首都卫戍总部杭州警备部、淞沪防卫部第1及第7绥靖区司令部，第6、第8、第12、第13及第17各兵团司令部，第1及第9编练司令部，而作战部队则由第4军、第5军以至第123军等共计60余个军。以上各机关部队经第1次整编后（在淞沪撤退后），计高级指挥部队编

① 孙家麒：《我所认识的蒋经国》，第9页，香港：大众生活出版社，1975年9月版。
② 《蒋"总统"经国先生言论著述汇编》，第5辑，第595—596页。
③ 台湾，《"中央"日报》，1954年3月5日。

并为：江苏浙江绥靖总队，福州绥署厦门警备部，第6、第8、第12及第23兵团部，第13兵团部，第13兵团（当时留在粤赣边区），各部队则从60个军编并为21个军。

东南长官公署成立后，又举行第2次整编，将上述各高级指挥部隶属于长官公署，并改编为：福州绥署。舟山指挥部及防卫部，台湾防卫部，澎湖防卫部，厦门警卫部，第6第8第12及第22兵团部，而各部队则又从21个军编并为16个军。

金门战役后，复有第3次整编，更形精简，其隶属长官公署的机关仅有：舟山指挥部，台湾、金门2个防卫部，澎湖防守部，而各部队则更从16个军编并为11个军。

综上所述，时仅半载，凡经三度整编，所遭遇的困难可想而知，尤以人事之困难最大。所有部队经过三度整编后，其番号之被撤销或保留，悉以其战绩及实力为依据，机关与军部单位裁减以后，不独减少了指挥机构的层次，同时也节省了经费的浪费，而部队战力不独不受影响，反因而增强。陈诚还认为："盖以当时军队复杂的情形，确不免引起人民的恐惧与社会的不安，如不加以整编，恐不待敌之进攻，先已自就毁灭。因此使我不能不排除万难，以最大的决心来整编军队。"[1]

经此整顿，"老弱无能"的军官均被裁掉，同时撤销了各军事单位245个，其中包括高级军事指挥机构9个、陆军军师特种兵部队单位18个、海军机构79个、空军机构58个、联勤机构12个、教育机构6个。[2] 陈诚认为："这一阶段的整军工作，不仅加强了保卫台湾的实力，更为建军树立了坚强的基础。"[3] 陈诚还称："现在经过整编的军队，战斗力量增强，一个军可打共匪三军，这是有把握的。"明年要到南京去欢度"国庆"。[4]

台湾史学家吴相湘对此评论称："陈氏盱衡大局，深刻认识一切均须从头做起，尤须注意整理军队，第一步必须放下武器，然后从登陆行军、宿营以致分派各基地接受编训，均须接受严格约束，于是多年来企求之核实发饷制度乃确实树立，军中中饱截缺之积习乃彻底消除。陈氏多年努力的目标，不图竟于杂乱中完

[1]《陈诚先生回忆录》，第95页。
[2] 孙宅巍著：《陈诚晚年》，第222页。
[3] 台湾，《"中央"日报》，1950年3月5日。
[4] 何定藩编：《陈诚先生传》，资料辑录（台湾）。

成。"①

蒋经国在军中开展的另一项重要工作就是推展"军事主官任期制"。具体做法是：

（1）实行现职军官"假退役制度"。制度规定："依服役条例之所定，使所有现职军官，凡和于退役者均办理假退役。军官于办理假退役后，其身份及义务权利，与正式退役者同，但其待遇只与现役军官稍有差别。"蒋经国解读实行此一制度的初衷有三：一是"促进人士新陈代谢，提高军队素质，增强战斗力量"；二是"所有过剩军官，因非台湾本籍，不能回家谋生，转业亦不容易，而此等军官又尽属忠贞之士，政府对其生活，不能漠不关心"；三是出于"将来反攻，亦须使用"。②这种制度主要针对年高失势的将领。建立这一制度后，蒋经国又通过其父蒋介石，让四星上将阎锡山、徐永昌；三星上将何键、林蔚、朱绍良、杨爱源；中将加上将军衔的有孙震、杨森、罗卓英、李品仙、钱大钧、刘士毅；中将按上将待遇的有秦德纯、俞济时及谷正伦、陈继承、徐庭瑶、贺国光、刘汝明、韩德勤8名中将；甘登俊、刘树人等80名少将通通退出现役。

（2）建立"军事主官任期制"。1952年3月10日，"国防部"军事会议中通过建立军事主官任期制度一案，其中规定："参谋总长、陆海、空、勤各总司令以至师长、舰长、空军大队长、学校校长之职务任期，除各校校长定为3年之外，其余皆为2年，满任应即调职，但经最高统帅核准，得连任一次。"③此一制度在于使国民党军队"将不知兵，兵不知将"，高级将领不能在军队里从容培植个人势力。借此规定，蒋氏父子先后将孙立人、桂永清、王叔铭逼下原位。这项制度是美国军事顾问蔡斯与美籍华人顾问杨帝泽提出的。蒋介石认为此制度便于最高统帅驾驭军队，便同意了这一建议，并让蒋经国负责实施。此一制度成为蒋介石有效控制军队和维护在军中最高统帅地位的重要手段。

蒋经国认为：以上措施："是具有整体性、革命性、战斗性的。其目标在实践总统所号召的反共抗俄总动员。""国军过去进步是很快的，然而距离我们的理想尚远。以此为限，我们已经下定决心，在总统领导之下，贡献一切力量，克服一切困难，来实践上面所说的那许多改革措施，以求获得更大、更速的进步，完

①　孙宅巍著：《陈诚晚年》，第221页，浙江大学出版社，2012年版。
②　台湾《"中央"日报》，1952年3月13日。
③　台湾《"中央"日报》，1952年3月13日。

成总反攻的准备。达成反共抗俄总动员的要求。"①

对于蒋氏父子的上述举措，孙家麒抨击说：

"所谓'任期制度'也者，乃是蒋氏父子所玩的一套'政治魔术'，对于他们'所不喜欢或不需要的人，不必找任何理由或借口，可于任期届满时冠冕堂皇的炒其鱿鱼'；对于他们'所喜爱的人，可以使他继续连任，真正无法再连任时，又可以派往另一重要单位过渡两年，然后再卷土重来，依然有再来四年的机会'。"②

孙家麒此话虽尖刻，但也有一定道理。

（3）创办政工干校。在实施上面两个步骤的基础上，国民党当局规定：军队的各级军官一律经过军校培养和轮训，以造就出"效忠党国"和"领袖"的各种指挥人员。此项工作蒋介石也交给蒋经国去办理。谁都知晓，蒋介石在大陆时期通过创办黄埔军校笼络了大批人才，为他清除异己登上国民党大位起到了保驾护航的作用。今日蒋介石让蒋经国创办政工干校，也是希冀像他那样，使政工干校成为黄埔第二，通过实施军校教育制度培养自己的班底，为其顺利接班奠定坚实的基础。

众所周知，蒋经国在大陆时期并没有自己的班底，即使有也不过是他在赣南时期任行政专员、中央干校教育长时期的一些干部而已。然而这些干部既没有全部来台，其中又有远近亲疏之分，所以他掌握的那些机关及组织所需要的工作人员，远非他原有的那班人马所应付得了的，因此只好就地取材，借以弥补自己干部的不足。做过"政治行动委员会"秘书的孙家麒认为蒋经国退台后所形成的班底，大致来自七个方面：

（1）赣南系。这是蒋经国自苏联返国后任江西省第四区督察专员时，在赣州赤珠岭办的青年干部训练班毕业的第一批学员。这批学员与蒋经国相处时间最久，最受信任，尽管人数少，但势力最大。其中主要人物有：王升、江国栋和萧昌乐等。王升后来出任蒋经国主持的政工干校的第三任校长，曾官至国民党中常委，成为蒋经国的左膀右臂。江国栋也被安插进彭孟缉主持的"台湾情报工作委员会"任副主任委员，直接贯彻蒋经国的各项指令。萧昌乐曾升至"国府"大员的高位。

（2）干校系。这是中央干校毕业的一批学员。当时蒋经国任该校教育长，因而这批人就成了他的核心干部。此系统的主要人物有罗才荣、江海东、楚崧秋、

---

① 台湾《"中央"日报》，1952年3月13日。
② 孙家麒：《我所认识的蒋经国》，第11页。

李焕、陈元、包遵彭、蒋廉儒等人。在上述人物中，最发迹的是李焕，他靠着蒋经国，曾出任台湾"教育部长"和国民党中央秘书长等职。蒋经国去世后他又就任"行政院长"一职。由于李登辉极欲贯彻他的"台独"路线，李焕等大陆籍官员逐渐被清除出台湾政坛。

（3）政工系。这是蒋经国到台后任用的一批政工干部。这批干部主要以北投政工干校毕业生为主。

（4）特工系。这是蒋经国统一情治机构之后所接收的全部特工干部。其中包括原"军统"、"中统"、"二厅"、宪兵、保安、外事等许多特工系统。该系统属蒋经国势力系统的外围组织。

（5）党干系。这是蒋经国跻身党务工作时笼络的一批干部，人数不多，属外围性质。

（6）留俄系。此一系统均属于蒋经国的同学，资格虽老，但很少受到蒋经国的重视，算不上蒋经国势力系统的核心人物。

（7）其他。这些人不属于任何派系，没有任何背景，肯为蒋经国卖力，以求博取功名。这批人多为蒋经国势力系统的外围分子。当然，对于肯为蒋经国卖力的人物，蒋经国也予以特殊对待。例如张彝鼎，就属于这一系统的特殊人物。[1]

创办政工干校，蒋经国也交给他的得力干将王升主导。在创办过程中，也是历尽艰辛。尼洛撰写的《王升——险夷原不滞胸中》一书披露说：

"创办政工干部学校，在开始时，可以说仅是蒋经国、王升两个人的事情，意念起始于沙仑的成功阁，讨论也在成功阁边的小木屋里。但是，尽管意见沟通了，计划也草拟了，后面仍还有一条漫长的路：因为从公文程序上看，这一创校计划，在总政治部里，需要'会'得各组同意，才能签报主任，在国防部参谋本部里，需要'会'得各厅同意，才能签报总长，经总长核可，才能报请总统核定"。

"王升捧着公文，恭会总政治部内第一位长官时，就碰了钉子。这位将军，只将草案看了一半，就极其不屑地将它往地上一丢，而且大言不惭地教训王升说：'现在多么艰困，哪有力量办这样的学校！'王升不能与这位长官争辩，就只有忍气吞声，弯腰将被丢掉的草案从地上捡起来，用手弹掉灰尘，以示自己的心态。后来，建校计划是经由第一组组长王永树，在总政治部部务会议中提出来

---

[1]　孙家麒：《我所认识的蒋经国》，第56—59页。

的，由蒋经国正面肯定了它，各单位才不再有什么意见。蒋经国在会中交代：先成立'建校委员会'，而丢掉王升公文的那位将军，被请为建校委员之一，也算是'官场'现实中的反讽。"

总政治部内部通过了建校草案，接下来的是具文向主管全军教育的第五厅请求立案，王升又碰了第二个钉子。公文送到第五厅以后，一等、再等、三等，久久没有回音，王升只得亲自前往接洽。第五厅的承办人，是一位刘姓处长。有趣的是：这位与王升同乡的刘副处长，对王升却没有乡情之谊，两个人在阶级、职务上虽然相等，他也不让与他平起平坐。王升以有求于人恭谨的态度趋前，刘副处长则以业务权威的气势不理不睬。任凭王升站在一旁等他，等了20多分钟，自己却埋首于自己的文稿，分明摆架子给王升看的。等刘副处长看完了手中的公文，王升才开口说：'关于成立政工干校一案，阁下是否可以考虑？'刘副处长放下老花眼镜，坐在原位上用手指着王升的鼻子说：'你根本不懂编制！'"王升回答："就是因为我不懂编制，所以才恭立在阁下身旁，侍候阁下20分钟，向阁下讨教"。刘副处长又说："你们要办就办好了，教育经费是没有的。"王升怀疑地问："1块钱都没有吗？"对方肯定地答："1块钱都没有。"王升说："只要贵厅核准，没有钱，亦要办。"

"没有人能够想象得到，政工干部学校，在初始时期，是没有一分钱国防预算，就开始计划招生的，经过国防部核准建校后，第一年只列80多万，周至柔总长认为实在太少了，请示了蒋公，主动列为300万，在一切设备都谈不到的情形下一面招考第1期学生，一面还要开办中上级储训班及女青年训练班。而王升因为对政工干校催生，前后所碰的这两个钉子，也成为他个人的长期记忆。"[1]

1951年11月1日，政工干校第一期学生正式开课。蒋介石为该校规定的训导方针是：

"以笃信三民主义，服从最高领袖，忠党爱国，坚决反共抗俄之健全政治工作干部，使能参与陆海空各级部队……共同完成国民革命第三任务之使命为教育宗旨。"[2]

蒋经国以"自强忍耐，灭共复国"为题在开学典礼上发表讲话，强调：

"我们政工干部学校成立在革命最紧张最艰巨的阶段，就空间而论，它是成立在海岛上的台北，就时间而论，它是成立在反共抗俄的高潮之上。""政工干部

---

① 尼洛：《王升——险夷原不滞胸中》，第173—175页。

② 《国军政工史》，第1565页。

学校是培养部队的政治工作者，是革命的武装学校。在革命时期，第一就是革命武力。现在我们要培养有气魄的革命干部，造成强大无比革命无力，去打败凶狠无比的敌人，改造社会，复兴国家。""因此我们的干部必须具有旺盛的企图心，高度的创造力，才能克服这空前的艰苦和困难，本校今后就是要实实在在的求真求实，要就是要确实负起领袖所指示的革命实践的任务。所以在这里我要为学校提出一个教育方式，就是'克难、创造、牺牲、团结'。培养起压倒敌人的威风，具有'遇水架桥，逢山开路'的精神和毅力，具有'冲锋陷阵，忍辱负重'的牺牲精神，具有一切不怕，从容应变的沉着态度。"

蒋经国还要求所有学员做到：

1. "绝对性的信仰主义"

2. "无条件的服从领袖"

3. "不保留的自我牺牲"

4. "极严格的执行命令"①

蒋经国让王升在干校内专门为他设立了"总政治部主任"办公室，经常前往政工干校主持升旗、训话。就在开学后的第六天，蒋经国在周会上以"青年应有的认识"为题发表训话，强调"政工干校就是要集合国家的优秀青年，加以集体的训练造成中间的力量，因此每个人都必须要有立场有看法和有决心"。②蒋经国明确政工干校的干部绝不能成为某些人的工具。两天后，蒋经国又以"向领袖学习，跟领袖前进"为题发表训话，反复强调无条件地服从领袖，并要"自发自动，出自内心"。要服从领袖，必先信仰领袖，要信仰领袖，就要"认识领袖的思想、人格、学问、道德、远大的眼光、坚定的立场、凛然的气节和自然的风度"。蒋经国还强调："我们身为领袖的干部，一定要学习领袖的革命精神，要从下面几点去体念领袖的伟大"："一、平凡的日常生活：有规律，有条理，朴质敬严。二、高度的民族思想：继往开来。承前启后。三、坚强的革命意志：不屈服、不妥协、不动摇。四、忍辱负重的修养：艰苦刚毅，择善固执。五、奋斗到底的革命精神：冒险犯难，卓绝不移。"③

11 月 16 日、23 日、28 日，蒋经国分别在政工干校讲授《做人的意义和做事的道理》《俄帝侵华真相》和《"中华民国"的命运》。几乎每周、每月，蒋经

---

① 《蒋"总统"经国先生言论著述汇编》，第 2 辑，第 92—94 页。

② 《蒋"总统"经国先生言论著述汇编》，第 2 辑，第 96 页。

③ 《蒋"总统"经国先生言论著述汇编》，第 2 辑，第 107—110 页。

国都到政工干校训话。

通过该校的创办，蒋经国就像其父通过创办黄埔军校那样，网络了大批人才，的确使政工干校成为台湾的"黄埔军校"，门生遍布党政军各界，为日后蒋经国升迁起到了护航保驾的作用。

为了进一步培养自己的班底，蒋经国出任"总政治部主任"一职以后，考虑最多的是副手一职由谁充任。几经思考，他择定胡伟克和张彝鼎为副主任。蒋经国当时之所以选择胡伟克，主要是因为与胡伟克相识，两人关系不错。胡伟克原为杭州笕桥空军军官学校中将校长，他留德习空军，身材挺拔魁梧，服装一丝不苟。他是蒋介石下野后在笕桥机场结识蒋经国的。因年龄相近，二人谈得很投机，故成了蒋经国夹袋中的头面人物。蒋经国在考虑副主任人选时，胡伟克是第一人选。不久政工干校成立时，胡又奉命出任第一任校长职。胡在蒋的门下做副手，却忘了自己扮演的角色，把政工干校视为他的"黄埔"。这必然引起蒋经国的反感。由于蒋经国对胡很不放心，故经常前往政工干校主持升旗、训话。此举使胡伟克感到不快。胡是一个很霸气的人，他做空军学校校长时，规定他的座车经过营门时，卫兵必须敬礼。胡曾说："卫兵看到校长的车必须敬礼，即使校长不坐在车上，车上坐的是一条狗，也要敬礼。卫兵是对校长车敬礼，并不是对校长敬礼。"不仅如此，胡还对训导主任王升说："一个学校，校长总揽全权，现在设了校长室，又设一间主任室（指蒋经国的办公室），简直不合体制。王升，我警告你，你不要有眼不识泰山，藐视校长，用主任来压我，你赶快撤销主任室。"这番话被王升告知蒋经国，胡伟克被抛弃成为必然。胡只做了两年多的副主任和一个多学期的校长就被蒋经国赶下了台。不久，胡抑郁而死。

相反，张彝鼎做副主任时兢兢业业，唯命是从，故在蒋经国"总政治部主任"任期届满时，他把张彝鼎扶正。

有舆论说，张彝鼎接掌"总政治部主任"大权之后，为了报答蒋经国知遇之恩，每日除了下棋之外，不大过问部内公事，所有重要问题，仍旧由各主管人员直接向蒋经国汇报请示。蒋经国又把他的亲信蒋坚忍，由"陆军总司令部政治部"主任调为"总政治部"副主任，替他主持一切。直到两年之后，张的"守门"任务完成，才把蒋坚忍扶正。对"守门"有功的张彝鼎，将其调为"国防部"次长。

蒋经国上任之初，曾提出不能滥用私人。他曾说：这件事看起来很简单，但在政工改制开始的头两年，在旧观念和旧习气还没有改变过来的时候，仍不免受少数人的阻难，甚至有些人迁怒于政工制度本身，而不顾事实上的需要。然而，蒋经国为达到控制军权的目的，却将原"军统"宿将赵龙文插进"海军"，出任"政治部主任"。赵的主要任务就是打破桂永清一统的海派势力。赵不负众望，数月之后，已将"海军"13名将领的材料搞到手，结果13人中或撤、或免、或调，无一幸免。桂永清这位"陆军下海"的黄埔一期生，最后也被赶出了"海军"大门。

"空军"方面，"老虎将"王叔铭颇具权威，在他任"总司令"4年届满之时，升任"参谋总长"。殊不知这是蒋经国的调虎离山之计。后来王叔铭竟糊里糊涂以"粉红色间谍"嫌疑之累，被赶下了台，而由蒋氏父子的亲信彭孟缉升任"参谋总长"一职。

总之，蒋经国在军队的举措，为其革除弊端、改善风气与"保卫大台湾"起了一定作用。但也为蒋氏父子的军事独裁提供了有力的保障，并将军队"国家化"转为军队"蒋家化"。

步入党务决策圈

蒋介石不仅让蒋经国抓军、特大权，而且还乘国民党改造之机，让他步入党务决策圈，以便于抓党权。

蒋介石荣登"大宝"之后，立即着手国民党改造与重建工作。1950年7月26日，蒋介石向全党宣布了国民党改造方案，并称："这次本党改造，关系本党及国家前途极为重大。"宣称"今日国家所处的地位，比之民国13年还要危险，如果今天还不彻底改造只有等待灭亡，因此全党同志必须深切反省认识当前之危机，团结一致，彻底改造本党"。①

蒋介石父子何以在退台之初大刀阔斧地进行党务改造呢？

第一，他们认为国民党在大陆失败的主要因素是党的失败。蒋介石下野后父子二人不断探讨国民党在大陆失败的原因时就认为党务失败是失败的主因。在1952年10月召开的国民党七大上，蒋介石在政治报告中，非常沉痛地说：

"这次大陆反共军事悲惨的失败，并不是'共匪'有什么强大的力量足够打败我们国民革命军，完全是领导国民革命的本党组织瓦解，纪纲废弛，精神衰落，藩篱尽撤之所致。"②"戡乱失败的最后一步，还是在党的失败。"③

---

① 台北《"中央"日报》，1950年7月27日。
② 张其昀：《先"总统"蒋公全集》，第2卷，第2040页。
③ 张其昀：《先"总统"蒋公全集》，第2卷，第2247页。

蒋介石还认为：

"党的失败的主因，是在三民主义信仰的动摇"，是国民党内部"分歧矛盾"所致。[①] 如何克服上述缺点呢？蒋介石认为必须对国民党动大手术，来一番彻底的改造与重建。

第二，蒋介石认为国民党退台后，不仅组织涣散，且派系犹存。国民党内派系纷争由来已久。1927 年第一次国共合作破裂后，国民党政治的最大特征就是派系争斗。这些对立与争斗正如蒋介石所说："派系倾轧，组织崩溃，为党的致命伤"。[②] 蒋介石认为，如果让派系争斗的局面继续下去，"则党必归于毁灭，永无复兴的希望"。[③] 蒋介石这句从表面上看很有道理，他要清除内耗现象。但在讲这句话的时候，他又是含有私心的。因为蒋介石要借国民党改造之机，清除异己，使台湾真正成为清一色的蒋家天下。

第三，蒋介石欲寻找替罪羔羊。国民党在大陆的惨败，使国民党统治集团内部纷纷起来追究失败的责任。蒋介石说在大陆的失败首先是党的失败，自然党务失败的责任应由国民党总裁蒋介石来负。问题是无人敢指责蒋介石。蒋介石为了开脱失败的罪责，欲将党务失败的责任推到国民党中主管党务的陈果夫、陈立夫兄弟的头上。关于此点，可从陈立夫的会议中得到说明："政府迁台后，在生聚教训中，有一次在日月潭我向总裁建议说：'从本党历史看来，每次挫败后，急应把党改造一下，以期重振革命精神'。在建议时，我并坦言：'党未办好及一切缺失，最好把责任推给我两兄弟，将来改造后，我兄弟二人不必参加，庶几总裁可以重整旗鼓。"[④] 蒋介石对此未予置词。

蒋介石一方面仍让陈立夫主持会议讨论改造事宜，另一方面将党务失败的责任推给陈氏兄弟。当国民党元老们主张党的改造要合乎民主时，蒋介石勃然大怒："你们如果不要我来改造党，即只有下面几种办法：第一，就让本党无声无臭的如此下去；第二你们要给我权，大家要相信我，用民主方式改造是不对的，如你们不相信我来改造，我就不管了，由你们去办好了！""如果你们不相信我来改造，你们跟陈立夫去好了"。[⑤]

---

① 张其昀：《先"总统"蒋公全集》，第 2 卷，第 2247 页。
② 张其昀：《先"总统"蒋公全集》，第 2 卷，第 2104 页。
③ 张其昀：《先"总统"蒋公全集》，第 2 卷，第 2104 页。
④ 陈立夫著：《成败之鉴》，第 380 页，台湾正中书局，1994 年版。
⑤ 陈立夫著：《成败之鉴》，第 380 页。

第四，蒋介石要学孙中山改造国民党，使其获得新生。蒋介石在多次讲话中提到 1924 年孙中山改组国民党的成功。他在《为本党改造告全党同志书》中称：

"民国 13 年，总理在广州一隅，北有吴孙的压迫，东有陈逆的挟制，内受杨、刘所掣肘，总理仍不顾一切，毅然着手于党的改组。"今日一切条件都比那时好，"所望全党忠贞同志，抱定决心，集中意志，遵循总理的遗训，以实事求是的精神，研讨党的改造方案，郑重决定，切实进行，为革命复兴开辟光明坦荡的前途"。①

蒋介石在讲这段话时，忘了最重要的一件史实，那就是孙中山之所以改组国民党获得极大的成功，主要是由于共产国际与中国共产党对孙中山的支持与帮助。如果当时没有他们的支持与帮助，孙中山改组国民党必定要打折扣。

蒋经国在回顾历史时，也称其父效仿孙中山："总裁一如总理当年，下定了'把革命事业从头做起'的决心，改造本党。"②

第五，蒋介石认为：没有失败，很难清除党内败类。他在《为本党改造告全党同志书》中称：

"没有失败，党的改造也不会成功。""要知道，失败是严厉的淘汰，失败是坚强的锻炼；失败之中才有觉悟，失败之中才有奋发"。只有在失败之后，"党才能清除无耻的败类，团结忠贞的干部。也只有在失败以后，党才能检讨过去的错误，采取正确的路线。"③

蒋的这一观点与国民党惨败滋生的"忧患意识"相结合，形成了以蒋介石为核心的"改造派"，决心彻底改造国民党，并使其获得新生，以完成反共、"反攻复国"的"神圣使命"。随着朝鲜战争爆发后美国入侵朝鲜半岛与台湾海峡，使得中共暂时放弃"解放台湾"计划，从而使台湾国民党当局获得了喘息之机。蒋介石将这一时机称之为"正是改造本党，复兴国民革命，实现三民主义千载难逢的良机"。蒋氏父子抓住"良机"，对国民党进行了全方位的改造。

国民党改造是在其几十年历程中所遭遇的最大一次失败，即在丢失大陆退守台湾之初立足未稳的存亡关头进行的。

早在 1947 年 9 月国民党与三青团合并时，蒋介石就有改造国民党的构想。当时他认为国民党派系林立，组织混乱，"必须对党的组织，作根本的整理，而

①　张其昀主编：《先"总统"蒋公全集》，第 3 卷，第 3313 页。
②　《蒋"总统"经国先生言论著述汇编》，第 12 辑，第 504 页。
③　张其昀：《先"总统"蒋公全集》，第 3 卷，第 3314 页。

首先的一步，就是统一党团的组织"。① 随着国民党在各个战场的失利，蒋介石为挽救失败，于 1948 年 7 月国民党中央政治会议上正式提出"党务应彻底改进"。②国民党中常会根据蒋介石提议召开题为"创造党的新生，完成戡乱建国使命"的党务座谈会，后经国民党中常会第 160 次会议作出决议，推定马超俊等 15 人研议国民党党务革新方案。然那时蒋领导的反共战争正处激烈之时，无暇顾及国民党改造，蒋真正下决心改造国民党还是在下野返抵故里之后。他后来回忆说："当我在 38 年（1949 年）初离职退休，痛切反省之后，对'建党立国'的根本大计，'反共抗俄'基本政策，从个人的忏悔，同志的规劝，革命环境的剖析，……才确定了本党今后革命的方针。乃于 39 年（1950 年）7 月，向六届中央执监委员会提出本党改造方案，着手于党的改造。"③

另据蒋经国日记记载，蒋介石下野返抵故里后对蒋经国称："党应为政治之神经中枢与军队之灵魂，但过去……党政军三种干部互相冲突，党与军政分立，使党立于军政之外，乃至党的干部自相分裂。""要改正上述缺点，应拟定具体纲要实施才行。"④ 当时蒋介石特别强调组织与纪律的作用，同时强调"陶冶旧干部，训练新干部"。其原则是："以思想为结合""以工作为训练""以成绩为黜陟"。⑤

1949 年 1 月 29 日，蒋介石在召见亲信黄少谷时指出：就现状加以整顿，再图根本改革。又说"本党非彻底改造，断不能从事复兴革命工作"。⑥

蒋介石的上述说法，表明他改造国民党的决心很大，并开始研拟改造方案，注重组织与纪律。3 月 10 日，蒋介石同亲信袁守谦聚餐叙谈时，提出国民党改造分三阶段进行，即"整理""改造""新生"（整理现状、改造过渡、筹备新生）。⑦同时，蒋介石还提出改造过渡的办法，即组织一个非常委员会（该会为国民党"对于政治问题之解决机构，代行中央政治委员会之职权"。该会于 7 月 16 日在广州成立，蒋介石任主席，李宗仁任副主席）。3 月 19 日，蒋介石召见"总统府战略顾问"万耀煌时提出："党的中心组织应分：总务、财务、监察、人事、情

---

① 秦孝仪：《"总统"蒋公大事长篇初稿》，卷 6（下），第 534 页。
② 中国国民党第六届中央执委会常委会第 160 次会议记录，转引李云汉《中国国民党迁台前后的改造与创新》，载台湾《近代中国》，第 87 期。
③ 张其昀：《党史概要》补编，第 2065 页，"台湾"中央文物供应社，1956 年版。
④ 《蒋"总统"经国先生言论著述汇编》，第 12 辑，第 504 页。
⑤ 《蒋"总统"经国先生言论著述汇编》，第 12 辑，第 557 页。
⑥ 《蒋"总统"经国先生言论著述汇编》，第 2 辑，第 563 页。
⑦ 《蒋"总统"经国先生言论著述汇编》，第 2 辑，第 582 页。

报、行动、宣传、通信、设计研究、训练各组。"① 蒋介石在蒋经国草拟的《组织意见书》上批示，应注意下列几点："应谨严而不狭小，应切实而不求速效"；"组织应以干部自动发起，不能由领袖命令行事"；"青年运动之起点，在组训流亡学生"。② 同时，蒋介石认为蒋经国草拟的《重整革命之初步组织的意见书》可以采用。其间，国民党元老吴稚晖访蒋，双方谈及国民党改造一事，蒋决定设立"总裁办公室"。同时，蒋介石一面研究整党方案，一面研究毛泽东的《中国革命战争的战略问题》，以获取"统一战略思想"。③

7月1日，总裁办公室在台北成立，蒋介石决心进一步推动党务改革。7月8日，蒋介石亲自召开整理党务会议，讨论国民党改造方案。会上对国民党自身性质发生激烈争论，有人主张国民党应为民主政党。蒋介石对此说持相反意见，他认为国民党不应成为纯粹的"民主"政党，而应为"革命民主政党"，"革命"应为先。会议争论的结果，采纳了蒋介石的意见。蒋介石在会上还提出必须以"重新做起为要旨"，"以制度与人事为根本要图"。④ 很明显，蒋介石此时开始吸取在大陆的失败教训，开始"卧薪尝胆"了。

7月14日，蒋介石前往广州时携带了《本党改造纲要》《本党改造纲要实施程序》《本党改造筹备委员会组织规程》《本党现阶段政治主张》4个文件。7月18日，国民党中常会在中央非常委员会成立2天后召开第204次会议，讨论《中国国民党之改造方案》。蒋在此案说明中宣称："事务性之党部整理，形式上之党员登记，皆不足以振废起衰，必须对党的思想路线、社会基础、组织原则、领导方法以及党的作风，从根本上痛切反省，严厉检讨。"⑤ 此案通过后立即分发各级党部进行讨论。9月20日，蒋介石又在重庆发表《为本党改造告全党同志书》，书中宣称：

"我们这次著（着）手党的改造，在消极方面，要检讨过去的错误，反省自己的缺点。我们要把失败主义的毒素彻底肃清，要把派系倾轧的恶习痛切悔改，要把官僚主义的作风切实铲除。""在积极方面。我们首先要确定党的社会基础，和政策路线，并以此为根据，以决定党的组织原则和工作方向。"⑥

---

① 《蒋"总统"经国先生言论著述汇编》，第2辑，第585页。
② 《蒋"总统"经国先生言论著述汇编》，第2辑，第585页。
③ 《蒋"总统"经国先生言论著述汇编》，第2辑，第632页。
④ 《蒋"总统"经国先生言论著述汇编》，第2辑，第637页。
⑤ 蒋介石：《交议本党改造之说明》，第26页，"台湾"中央文物供应社，1956年5月版。
⑥ 张其昀：《先"总统"蒋公全集》，第3卷，第3313页。

上述改造案与蒋介石的《告全党同志书》，表明蒋的初衷是：（1）为了挽救国民党在大陆的失败，做最后5分钟的努力；（2）振兴国民党，为"反攻复国"作准备；（3）清除妨碍其独裁统治的各个派系。由于人民解放军的凌厉攻势，使国民党在大陆全面溃退，迫使国民党中央也于12月7日迁台办公。客观形势的急剧变化，不仅使国民党改造工作未能如期进行，而且连国民党中常会通过的改造方案，也必须加以重新检讨。

蒋介石父子在避居幽静的涵碧楼期间，"独思党政军改革方针与着手之点"。蒋介石认为："此时若不能将现在的党彻底改造，决无法担负革命工作之效能也。"12月30日至31日，蒋介石接连在涵碧楼召集陈立夫、黄少谷、谷正纲、陶希圣、郑彦棻等人，讨论国民党改造问题。蒋介石在会上宣称：

国民党若不立即进行改造，"则现在中央委员400余人之多，不仅见解分歧，无法统一意志，集中力量，以对共产国际进行革命"，且"无异自葬火坑，徒劳无功"。

他还认为：

"改造要旨，在涵雪全党过去之错误，彻底改正作风与领导方式，以改造革命风气；凡不能在行动生活与思想精神方面与共党斗争者，皆应自动退党。"[1]

其后，蒋介石加快了改造国民党的步伐。1950年3月，蒋介石在一次总理纪念周上，面对近2000名高中级干部演讲时，对国民党在大陆失败作了一次充满感情色彩的检讨。他讲话的要点是：要不惜牺牲感情与情面，虚心接受在大陆失败的教训，进行彻底改造：他本人将为"反攻复国"大业鞠躬尽瘁，争取最后胜利。听过蒋这次检讨的许多国民党干部都落下了眼泪。关于此点比较容易理解。20多年来，蒋介石一直是国民党的大独裁者，一贯以完人自居。如今能不顾脸面，当众认错，实属不易；况大家都亡命海外，同病相怜，他说的一番令人感动的真话，的确能起到笼络人心与鼓动作用。

在1月至3月之间，改造方案的细节仍在研拟之中。最终拟定了《本党改造纲要》与《本党改造之措施及程序》。会议讨论期间，蒋介石曾一度考虑更改国民党的名称。由于参与研讨的多数人对蒋的提议未表同意，蒋便打消了上述念头。会议对中央改造委员会成立之后，人选如何择定，现有中央执、监委员如何安排等问题存有明显的争议。至此，国民党改造工作暂时搁浅。

---

① 《蒋"总统"经国先生言论著述汇编》，第2辑，第702—703页。

朝鲜战争爆发后，美国放弃"袖手"政策，出兵朝鲜与台湾海峡，使蒋介石意外地从美国总统杜鲁门手获中得一张保险单。蒋氏父子见改造国民党时机已经成熟，遂将《中国国民党之改造案》修正后加以公布。①

1950 年 7 月 26 日，蒋介石在台北主持召开国民党中央执行委员会茶话会，到会委员计 150 人。蒋介石当众宣布：中国国民党中央改造委员会即将成立，该委员会由陈诚、蒋经国、张其昀、张道藩、谷正纲、郑彦棻、陈雪屏、胡健中、袁守谦、崔书琴、谷凤翔、曾虚白、萧自诚、沈昌焕、郭澄、连震东等 16 人组成。对于国民党改造委员会委员的人选，《"中央"日报》发表社论，宣称"这一名单可以一新耳目。这一次有半数以上新人，他们虽是知名之士，却不曾迈进政治的圈子，而且 16 位委员中，年逾 50 者只占五分之一，平均年龄不过 40 岁，也特别显得年力正壮。由这些年力正壮的新人，来负改造本党的新使命，其必能胜任愉快实毋庸置疑"。②

从国民党中央改造委员会的名单观之，基本上是反映了蒋介石权力的分配模式是以党政军为核心，任命自己嫡系出身的人。如陈诚、袁守谦是黄埔系统，代表军方及情治力量；张其昀、谷正纲等系党团出身，代表党务系统；胡健中、曾虚白、崔书琴是代表党的文宣系统；为了体现地方色彩，吸收了台籍的连震东。若是进一步观察，这些改造委员中不少人担任过蒋介石的秘书。换言之，基本上都是蒋介石的心腹。而大陆时期党政军界的显赫人物阎锡山、何应钦、孙科、翁文灏、朱家骅、白崇禧等一个也没有进入党务决策圈内，只是成了有名无实的"中央评议委员"。这些显赫一时的"党国中坚"、元老重臣、将军司令都被逼下马来，解除印绶、打入冷宫。此情真可谓新秀换旧人。

在这些人中有少数新面孔，最突出的要数年仅 40 岁，只有 12 年党龄的蒋经国。此一安排反映了蒋介石希冀传位于子的意图。随着年龄的增长，蒋介石的这种愿望越发迫切。大陆时期，由于派系错综复杂，蒋介石想把蒋经国摆在国民党决策圈内，尚需排除许多异己阻力。此刻亡命孤岛，又经过大动乱的淘汰清洗，因祸得福，再无须顾忌内部的倾轧与平衡，蒋介石说的话无人敢违。

1950 年 8 月 5 日，中国国民党中央改造委员会正式成立。上午 10 时，在台北中央党部举行就职宣誓典礼。参加典礼的除了 16 名中央改造委员外，还有中

---

① 《中国国民党改造之历史意义与时代使命——口述历史座谈会纪实》，载台湾《近代中国》，第 43 期。

② 台北，《"中央"日报》，1950 年 7 月 27 日。

央评议委员，中央常务委员、政治委员及各部"部长"等百余人。其中，大陆时期的显赫人物居正、于右任、邹鲁、阎锡山、张群、何应钦、王宠惠等也到场监誓。宣誓典礼由蒋介石主持，16 名中央改造委员神情庄重，面对蒋介石，高举右手宣誓："遵从总裁领导""竭智尽忠"，完成改造任务。如果背誓，甘愿"受党纪之严厉制裁"。蒋介石致训词，要求中央改造委员：要下"本党改组决心"，担负起"改造党政、改造国家的责任"，"从头做起"。① 至此，一场声势浩大的国民党改造运动在蒋氏父子的导演下在台岛拉开帷幕。

国民党改造运动大致分为三个发展阶段：

第一阶段：从 1949 年 1 月至 1950 年 7 月，是国民党改造运动的筹备阶段。

第二阶段：从 1950 年 8 月至 1952 年 4 月，是国民党改造运动的全面展开阶段。此一阶段的主要工作有三项：

（1）接管国民党中央执、监委员会职权，制定颁发改造的具体政策的规程。

（2）直接督导和控制各级党部改造委员会进行改造。

（3）发展组织，正式组建党部。

第三阶段：从 1952 年 5 月至 10 月，是国民党改造运动的完成阶段。此一阶段的重心工作是为国民党"七大"召开作准备。

国民党改造期间，蒋经国奉父命出任国民党中央改造委员会干部训练委员会"主任委员"一职。利用这一职权，蒋经国在新成立的"革命实践研究院"培训大批高级干部。受过培训的追随者，成为蒋经国日后接班的坚定拥护者，也是蒋经国"新政"的忠诚推行者。

在两年多的党务改造过程中，蒋氏父子最感得意的是组织整顿。根据规定：有"叛国通敌""跨党变节""毁纪反党""贪污渎职""生活腐化""放弃职守""信仰动摇"等行为者，均在整肃之列。② 同时，要求党员重新登记，以加强组织观念与对蒋氏父子的效忠。1951 年 1 月 23 日，蒋经国在军队政工会议上批评了"军队里不应该有党务工作"的论点，提出国民党是军队的"灵魂"与"生命"，强调不管是士兵与军官，只要是国民党员，"就应该无条件地服从党的组织，无条件地为党贡献自己的一切"。③ 当蒋氏父子宣布国民党改造结束时，又进行了极为大胆的"破旧"与"立新"。

① 台湾，《新生报》，1950 年 8 月 6 日。
② 中国国民党中央改造委员会编：《一年来工作报告》。
③ 《蒋"总统"经国先生言论著述汇编》，第 2 辑，第 40—42 页。

一方面，在国民党中央委员会之外，蒋氏父子宣布成立"中央评议委员会"，专门安置已经退居二线、交出权力、过去为国民党蒋介石集团出过大力的元老重臣何应钦、阎锡山、张群、吴稚晖、于右任等 48 人。从"中央评议委员会"的成立与人选上，可以看出蒋介石父子"破旧"的决心和彻底性。

另一方面，将中央委员会规模缩小，由原来 326 名中央执、监委员减少到 32 名中央委员；由 134 名中央候补执、监委员减少到 16 名，此举意在人少较好控制。在 48 名中央委员、候补委员中，又有不少新面孔。由此也可以看出蒋经国"立新"的决心与魄力。

对于国民党改造运动，各界褒贬不一。一说认为国民党经此改造获得了"新生"；① 一说认为"改造运动只是蒋氏父子篡党的一种手段。改造下来，乃是使国民党改造成蒋家党"。② 实事求是地讲，这两种说法均有偏激之处。由于国民党当时已病入膏肓，加之蒋氏父子怀有私心，国民党不可能得到彻底改造。但亦应看到，此番改造，的确整顿了国民党各级组织，完成了国民党各级组织的重建与上层权力的再分配，对于国民党退台初期的政局混乱，起到了一定的整治和稳定作用。从这个意义上讲，国民党改造成了存亡续绝、起死回生的转折点。

当然，蒋氏父子通过改造运动，将反对派统挤出决策圈，并将元老派的实权加以剥夺或削弱，在要害部门大量安插亲信。蒋介石还让蒋经国进入国民党中常会，终于建立起以蒋氏父子为核心的权力机构。此一局面的形成，也为蒋经国日后再度升迁和接班奠定了基础。

"救国团"领袖

蒋介石认为：国民党在大陆的最大失败，就是在"教育和文化"。并且认为："政治、军事、经济等项的失败，其影响无非一面和一时的，只有教育的失败，则其影响将及于整个民族。"③ 蒋介石认为：教育之所以失败，原因在于学校教育当局对学生的政治思想失控。他指责说：

"对于人生处世的意义和革命立国的道理，让教师们随意闲谈胡说"，"大专院校里充斥了共产主义的国际思想"或"自由主义的个人思想"，"国家观念和民

---

① 《中国国民党改造之历史意义与时代使命——口述历史座谈会纪实》，载台湾《近代中国》，第 43 期。

② 孙家麒：《我所认识的蒋经国》序。

③ 张其昀：《先"总统"蒋公全集》，第 2 卷，第 2163 页。

族意识几乎消失净尽”，三民主义和民主哲学招致“讽刺讥笑”和“破坏反对”，学校做了“中共‘城工’的大本营”，民主与科学的口号“成了仇视民族文化的口实”和“消灭我民众精神的手法”。①

蒋介石还说：

抗战胜利后，党团离开学校，中共乘虚而入，当时在学校的青年和教授们，几乎大半都做了中共的外围，成为中共的工具了。

蒋介石还认为：

教育的失败还在于国民党“缺乏健全的教育方针和教育政策”，“忽视了国家观念、民族思想和道德教育”。②

为防止重蹈大陆失败覆辙，蒋介石特别强调整顿教育，强化对教育的控制。当时，蒋介石提出：

“教育是救亡图存的教育”，“最急需的就是如何反共、如何复国的精神教育和生产教育，也就是道德教育和职业教育”。同时，蒋还提出“要建立以伦理、民主、科学的三民主义教育”。③

当国民党改造运动即将完成之际，蒋介石与其子蒋经国经过精心策划后，于1952年3月29日发表《告全国青年书》。《文告》宣称：

今天“是中国爱国青年为‘国家’争独立、为民族争生存、为人民自由的奋斗过程中，用生命热血写下的最光荣、最伟大的日子”。宣称“惟有团结，才有力量；亦惟有组织，才能团结，才能成功。”“但是经验告诉我们，没有正确的领导和坚强的组织，就不能使团结发挥有效的力量，走向成功的方向。中国青年以往的大结合，没有一次不是凭借着三民主义的正确领导前进的，完成的。今天是‘反共抗俄’‘复国建国’的时代，国民革命的任务，既有赖于我‘全国’青年，作更广大的结合，更坚强的组织，为了有效号召，并正确领导我‘全国’青年，……我现在已决定成立‘中国青年反共救国团’的正式组织，以适应爱国青年的共同要求，并将其纳入统一的组织之中”。④他号召所有的青年，“立志效法先烈无我无畏的革命典型，继承他们爱国救国的光荣历史和传统精神，积极行动

---

① 《革命文献》，第77辑，第86—87页。
② 《中华民国第四次教育年鉴》，第98页，台北中正书局，1976年版。
③ 张其昀：《先“总统”蒋公全集》，第2卷，第2232页。
④ 秦孝仪主编：《先“总统”蒋公思想言论总集》，卷33，第11—13页。

起来"加入"青年'反共救国'团"组织，完成中国青年救国建国的伟大事业。①

蒋介石在5年前解散了三民主义青年团，今日为何又想成立"中国青年反共救国团"呢？道理很简单，当年实行党团合并，是扩大蒋经国在国民党内的势力范围，今天重组"中国青年反共救国团"则是为了给蒋经国制造更大的施展抱负的舞台，扩大其在台湾社会的影响力，为其顺利接班搭桥铺路。

蒋经国与其父一样，也认为应该把青年组织起来，以适应"反攻复国"的需要。他认为：今天"反攻复国"的行动，如果没有青年起来，就不能成功，可是青年起来以后，如果没有组织去团结青年的力量，不能持久，最终还是全归失败。

"中国今天不是没有反共的支柱，更不是没有爱国的青年，但过去青年为什么对于国家没有贡献呢？我想这个问题就在于过去没有把爱国的青年组织起来，使他们团结成一个坚强无比的力量。"②

蒋氏父子的看法一致，组建"青年反共救国团"势在必行。

在"青年反共救国团"成立之前，蒋经国就于1950年4月9日筹组"中国青年反共抗俄联合会"。他对该会提出两点希望：一是以身作则，转移后方社会风气，劝告同胞提高警觉勿再骄奢淫逸，醉生梦死，否则他就不配活在台湾；二是尽一切力量，支援前方将士。希望在台青年尽所有力量想办法发动整个社会人士，参加一人一物慰劳前方将士运动。该会于1950年11月正式成立，并在各地设分会，创办了《奋斗周报》。该会成立后除了发起一人一物的劳军运动之外，就是宣传"反共抗俄"道理。"青年反共救国团"成立后，该会与之合并。

蒋介石提出组建"青年反共救国团"后，国民党中央改造委员会根据蒋的指令，拟定筹组原则12项，送请"行政院"核准后颁发。"行政院"转饬"国防部总政治部"负责筹组，并派蒋经国为主任，胡轨、谢东闵为副主任，负责在最短期内筹备完成。

"反共救国团"于1952年8月1日在复兴岗设立了筹备处，并拟定了各项编制与计划。为使工作计划切实实施，筹备会一方面召开各界青年座谈会以寻求支持，同时开始训练干部。9月份设立了指导委员会。"国防部"聘请张其昀、周至柔、郭寄峤、谷正纲、程天放、吴国桢、陈雪屏、沈昌焕、钱思亮、刘真、任陪道、蒋经国等12人为委员，并于1952年10月3日上午9时举行第一次团务指

①　秦孝仪主编：《先"总统"蒋公思想言论总集》，卷33，第14页。
②　钟声：《蒋"总统"经国先生》，第146—147页。

导委员会议，决定多项重要议案。至此，筹备工作大致完成。

1952 年 10 月 31 日，正值蒋介石 65 岁生日之际，由国民党中常委、"行政院长"陈诚主持的"中国青年反共救国团"成立仪式在台北中山堂举行。在成立仪式上，蒋介石到会致辞，他说：

"青年反共救国团"的成立，"在'反共抗俄'救国'救民'的大道上，由此更迈进了一步"。他强调："青年反共救国团"是一个"教育性的组织。""国家需要革命的青年，青年更需要革命的教育"。"在本团教育和训练的方针上，必须与国家的教育和文化政策密切配合；而每一个团员，必须在三民主义的最高指导原则及政府决策之下，加强革命信念……以担负'反共抗俄''救国救民'的责任"。他还强调"青年反共救国团"是一个"群众性的组织"。他要求"今后我们要从学校扩展到整个社会，无论机关、团体、工厂、农场，一定要联合青年，团结青年，来共同参加此一大时代反共抗俄的战斗"。他还规定"青年反共救国团"是一个"战斗性的组织"。他说："我们过去在大陆上的失败，是由于青年丧失了战斗精神，离开了战斗生活。我们领悟了这种惨痛的教训，必须提高战斗情绪，学习战斗技能，厉行劳动生活"，"以适应战时的需要"。①

蒋介石在讲话中，句句不离"反共抗俄"，时刻强调"反攻"。他成立该会的中心目的，就是使青年成为他"反攻大陆"的突击队。当然他还有密不告人的第二个目的：就是让蒋经国乘机网罗人才，培养班底，为其接班保驾护航。因此，蒋介石自兼团长，让蒋经国出任"中国青年反共救国团"主任一职。

蒋经国接受任命后，既有"唯我独尊"的意识，又有诚惶诚恐的感觉。他在成立大会上说：

"今天，'青年反共救国团'成立了，并且由本人负责，我自己感觉非常惶恐，过去所有什么责任交给我，都没有像这次感到恐慌，因为这个责任确是极重大而极紧要的，原因是过去办不好还可以再来，这次办不好再没有机会再来了。"因此办"救国团"，"只许成功，不许失败"。②

蒋经国还向新闻记者展示了"救国团"的团旗，并解释团徽图案的意义。其造型是以绿色为底，中为青天白日，两边横贯了三根红线：青天白日代表"国家"的灵魂，三民主义精神和"救国团"的中心思想；三根红线代表青年"勇敢""大无畏"与"牺牲精神"。红色表示青年的"热血与热情"，绿色象征青年"有活力、

---

①　台湾，《"中央"日报》，1952 年 11 月 1 日。

②　《蒋"总统"经国先生言论著述汇编》，第 2 辑，第 323 页。

有生气、永远青春、永不衰老、永不灰心与永远胜利"。他还说：今天大家团结在"救国团"的旗帜下，要擎着这面大旗，向大陆进军。

"青年反共救国团"在其组织章程中，确定其宗旨是：

"本团为遵照'总统''反共抗俄爱国青年大结合'的伟大昭示而成立的青年团'爱国'组织，在三民主义的最高原则指导之下，加强革命信念，增进革命知识、学习战斗技能，锻炼坚强体魄，为打倒苏俄帝国主义，彻底消灭'朱毛匪帮'，为争取'国家'独立自由，民族生存发展，为建设富强康乐的三民主义新中国而努力奋斗。"

确定以下八款为"救国团"所遵奉的信条：

（1）"信仰三民主义；"

（2）"拥护领袖；"

（3）"服从命令；"

（4）"严守纪律；"

（5）"自立自强；"

（6）"实践力行；"

（7）"互助合作；"

（8）"服务牺牲。"①

如果读者仔细研究一下，就会发现这八条纯粹是蒋介石讲话的翻版。它的实质就是要台湾青年为国民党蒋介石集团效命，接受"反共复国"的思想教育，成为国民党"反攻"的预备队。

蒋经国还为"救国团"规定了四大原则：

（1）打破"个人利害为结合要素"的自私观念，消灭"为满足个人政治欲望而用干部"的卑劣作风；

（2）打破士大夫观念与升官发财的思想，转移青年的权利争夺为对大自然的战斗；

（3）打破鄙视劳动的落伍观念，培养青年热爱劳动，手脑并用的习性，在劳动中创造，在创造中成功；

（4）打破盲从和依赖的苟安心理。我们反对排外和媚外，要以自立自强的精

——————————
① 台湾，《"中央"日报》，1952 年 10 月 4 日。

神，为"国家"开辟光明的前途。①

这四条冠冕堂皇，的确能够起到笼络人心的作用。

"中国青年反共救国团"于当日发布了《宣言》。《宣言》称：

"从今天起，中国青年的生命和革命领袖的生命，中国青年的前途和国家民族的前途，更密切地结合在一起。""我们的道路只有一条，'反共救国'，我们的目标只有一个，最后胜利。把我们的热、力、光集结在一起，就可以融化铁幕，驱散黑暗，消灭强敌；把我们血、汗、泪汇合在一起，就可以冲掉社会的渣滓，洗净人间的罪恶，雪尽国家的奇耻。为了救国，我们需要紧密的团结；为了胜利，我们需要统一的组织。反共救国团正是我们的大家庭、大学校、大本营"。《宣言》最后号召广大青年加入这个大家庭，进行所谓的"第三次大结合"，创造新的辉煌。②

"青年反共救国团"除团长与主任外，另设两个副主任，由胡轨和邓传楷担任。总部下设秘书室，由蒋的嫡系大将李焕任秘书，其权限超越两位副主任。秘书室之外，设5个组，分别管理组织、训练、文化、宣传、青年服务、青年活动及其他事务。5组之中，以一、二两组任务最重。同时，在每一县市，"救国团"设立一支队部，负责处理全县市有关事务，其下每一中学（有高中的学校）设一大队，再下为分队、小队，和军队组织差不多。

蒋经国根据过去在赣南时期和重庆时期与青年接触、工作的经验，开展适合青年特点的团的各项活动，从而使"救国团"既不失吸引力，又保持其反共性。

所谓"吸引力"，是指"救国会"在蒋经国的具体指导下开展多种活动：

（1）出版大量图书、杂志。"救国团"第二组负责文化宣传。该机构组织有幼狮出版公司、幼狮文艺、青年写作协会等。共出版各类图书、杂志几百万册。

（2）利用寒暑假举办登山、探险、滑翔、航海、潜水、游泳、野营、文艺、体育、自行车、家庭工艺、民族舞蹈、徒步环岛旅行等青年喜爱的活动。

（3）组织交通实况、化学肥料使用、山地教育、古史遗迹等应用科学考察队。

（4）组织昆虫和动物标本、风土、植物病虫害标本、海产生物等采集队。

（5）组织航海、童子军野营实习队、水利测量队、风土写作队。

（6）为女团员举办车绣、缝纫、刺绣、编织、造花、打字、会计、家政、应用文等短期训练班。

---

① 钟声：《蒋经国先生》，第153页。
② 台湾，《"中央"日报》，1952年11月1日。

（7）在总团部、支队部设立奖学金和助学金委员会，设立忠勇、仁爱、孝友、和平、救助、强身、勤俭、负责、礼节、博学等 12 种奖章，开展竞赛与奖励活动。

通过以上诸种活动，既满足了年轻人的好奇心和求知欲，又达到了掌握青年人心态、引导他们为"反共复国"总目标服务的目的。

所谓反共性，是指"救国团"始终把反共作为政治教育的核心。蒋经国在台北第一批"救国团"团员宣誓大会上，要求青年团员"应该和国军并肩作战，收复大陆，复兴'国家'"。他特别强调："'救国团'与教育，是一体两面。"他认为这句话还是不够彻底，"'救国团'与教育，根本就是一体的工作。"他认为首先应该注重"反共教育"。他说：

"所谓反共教育，就是要团结革命意志，发掘民族精神。只有如此，才能创造今天的时代，也才能挽救我们的'国家'。"[①]

蒋经国还强调要对"救国团"团员加强三民主义教育。他说：

"我们今后的教育应该要灌输革命性和民族性的思想"，尤其"三民主义，是我们教育的大道"。为加强反共教育和三民主义教育，蒋经国要求用"感化"来教育学生。他说："所谓感化，就是用感情来教化青年，没有'感情'就不能教化，但是我们今天学校里面却很少有感情。"

同时蒋经国要求"救国团"团员要对国民党充满感情，绝对服从国民党，实现"打倒共党"的目标。根据蒋经国指令，"救国团"出版社机构出版了《三民主义基本教材》《领袖（蒋介石）对青年的训示》《中国之命运教材》等书籍，强迫学生学习。对此，1954 年《自由中国》第 11 卷第 12 期刊登了一篇题为《抢救教育危机》的读者投书。投书谴责台湾教育当局与蒋经国负责的"救国团"，"假教育之名而行党化教育之实"，逼迫中学生"披星戴月""三更眠、五更起"，去背诵那些"连篇累牍，念之不尽、读之不竭"的"三民主义、总理遗教、总理训辞、青年救国团发下来的必读小册子"。该机构甚至强迫学生作《我对国民党的认识》之类的论文。文章呼吁"抢救教育危机"，"不能让青年在受教育的阶段就使他们对于民主制度有了全然歪曲的认识"。[②]假使蒋氏父子接受上述批评意见，恐怕日后台湾的民主制度要比现状好得多。

为进一步贯彻反共教育，1953 年 7 月 31 日，台湾"行政院"颁布了《台湾

---

① 钟声：《蒋经国先生》，第 149—150 页。

② 转引自茅家琦主编：《台湾 30 年》，河南人民出版社，1988 年版。

省高级中等学校及专科以上学校学生军训实施办法》，明确规定：凡是高中以上学校学生，一律接受在校军训。台湾国民党当局之所以特别重视中学生和专科生的军训，主要是出自于蒋经国的认知。蒋经国认为：

"学校里的军训，是我们救国团的基本工作，救国团所以成立，也就是因为政府研究讨论要如何来实施学校的军训，而感觉到必须有一个专门组织，来统一办理。所以才成立'中国青年反共救国团'，而军训也成为我们救国团的一项重要工作。我想大家要想办好这项重要的工作，一定先要有一个正确的认识。现在一般人的脑筋里面，总是感觉到军训就是上操、立正、稍息、打野外，这些不过是许许多多的军事动作而已。如果认为军训的意义是这样简单，那这种看法是错误的。"

"今天对于军训应有一个认识，就是说，军训的意义，即是如何来改造风气，我认为改造学校的风气，首先就是要变化学生的气质，为什么要变化气质呢？因为'反共复国'的事业，一定要有军事教育的精神，才能配合'反共复国'的需要。"①

"救国团"提出军训的口号是："学习战斗技能，充实战斗知识，培养冒险犯难精神，养成互助合作美德，树立守法习惯，锻炼坚强体魄和勇敢意志。"军训内容是："军事知识之传授，军事基本动作之训练，以生活管理军事化为重点，务求每一个在学青年了解军事精神的真谛。"

按照蒋经国的设想，台湾全体青年人在"救国团"领导下，都能成为军事"保卫台湾"的"反共青年军"。

在"救国团"主任位置上，蒋经国一干就是21年，自认为"建树"颇多，也多次受到其父的表扬。然而，对"救国团"工作却存在两种相反的评价。曾任"救国团"主任秘书、主任的李焕认为"救国团"具备十种精神：

（1）"革命救国"的精神；

（2）奉行主义的精神；

（3）坚忍不拔的精神；

（4）坚定立场的精神；

（5）研究创新的精神；

（6）热心服务的精神；

（7）亲切待人的精神；

① 《蒋"总统"经国先生言论著述汇编》，第3辑，第369页。

（8）和谐合作的精神；

（9）勤俭整洁的精神；

（10）奋斗向上的精神。[①]

李焕认为，正是这十种精神，才使得"救国团"充满活力、干劲、日新又新，"永远走在时代的前端"，并成为"反共复国"的骨干力量。

对于李焕的这一概括，蒋经国是十分欣赏的。他在不同场合发表多篇演说，对青年人提出新的要求：要"凌霜雪而弥劲"；要"永远奋斗前进"；要"绝不会向历史交白卷"；要"往下扎根，向上结果"。就在蒋经国辞去"救国团"主任一职的那天，他还宣称："我不会放弃帮助青年的心愿，今后愿意继续做'青年之友'，充任青年们求学、就业的顾问。"[②]

另一种观点来自蒋氏父子的背叛者、国民党元老雷震以及他在台湾主办的《自由中国》杂志，均认为"救国团"是"经国的黑市机构"，"是第二个三民主义青年团"，是"国民党的预备队"。就其性质而言，该杂志撰文称："这个组织的性质，表面上，虽有各不同的说法，但骨子里，是以所谓教育性、群众性以及战斗性为手段，而以政治性为目的。"这不过是"国民党内新兴的所谓某一派，利用国民党的招牌，所公开做的培植政治资本的工作而已"。[③]这里的"国民党内新兴的某一派"，自然是指蒋经国。文章公开要求撤销"救国团"。

《自由中国》还发表了题为《再论青年反共救国团撤销问题》的社论，除了重申"救国团"的成立破坏体制、浪费资金外，并提出撤销的两大理由：

一、"救国团"实施学校军训，浪费青年学生太多的时间和精力，妨碍了青年学生求学的机会；

二、"救国团"假冒研究之名，进而控制学校教育，控制青年学生的思想和精神，而遂其政治的特殊要求，使纯洁的青年学生成为一党一派争权夺利的工具和牺牲品。[④]

"救国团"尽管存在上述缺点，一些年轻人还是非常崇拜蒋经国。至于《自由中国》提出撤销"救国团"之说，不仅蒋氏父子不会撤销，当时主政的国民党当局也不会同意撤销。因为"救国团"是蒋经国通向"胜利之路"的桥梁。1972

---

① 陈三井：《蒋经国先生与中国青年反共救国团》。

② 钟声：《蒋经国先生》，第159页。

③ 转引自江南：《蒋经国传》，第258—259页。

④ 台湾，《自由中国》，第18卷，第11期。

年，蒋经国出任"阁揆"后，主任一职交给他的得力干将李焕。其后李元簇、宋时选、潘振球、李钟桂分别成为"救国团"的第三、四、五、六任掌门人。尽管后几位在任内竭尽全力，但总比不上蒋经国有声有色。蒋经国"继统"后，又将"救国团"改为"内政部"督导下的"社会运动团体"。尽管蒋经国早已作古，但"救国团"仍存在，由于2005年国共两党再度握手，"救国团"已经放弃了"反共"的初衷。

大陈撤退

众所周知，朝鲜战争爆发之前，中国共产党基于国内主要矛盾和使命，对退至台湾岛的国民党蒋介石集团的政策是：肃清国民党残余，武力"解放台湾"，尽早实现祖国统一。国民党蒋介石集团不甘心在大陆的失败，为了维持其独裁统治，奉行"反攻大陆"的政策。朝鲜战争爆发后，美国太平洋第七舰队入侵台湾海峡，以武力阻止人民解放军"解放台湾"。中国共产党基于"保家卫国"和履行国际主义义务，不得不改变原定向台湾进军的计划，集中全力抗美援朝。因此，武力"解放台湾"的任务被推迟。

朝鲜停战不久，作为华东军区司令员兼政委的陈毅，首先提出用5个军兵力攻击金门，并提出修建福建几个机场和鹰厦、福州铁路与厦门海堤。中央军委、毛泽东审慎考虑陈毅的提议后，当即予以批准。[①] 同时责令华东军区参谋长张爱萍组织福建前线指挥所。然而毛泽东在极短时间内改变了上述决定，要求暂缓攻打金门，提出应首先解放浙江沿海岛屿。毛泽东之所以很快改变决定，主要考虑到朝鲜停战后国际形势已不适于组织大规模渡海登陆作战。[②] 1953年12月，华东军区根据中央军委命令组建了浙江海防作战联合司令部。与此同时，中央军委确定了从小到大，逐岛进攻，由北向南打的解放沿海岛屿的方针。根据这一方针，浙江沿海大陈岛被选定为解放沿海岛屿的第一个目标。1954年1月，在张爱萍主持下，华东军区详细研拟了陆、海、空三军攻打大陈岛的计划，报经中央军委批准后，进入了战役准备阶段。

1954年日内瓦会议结束不久，毛泽东就向周恩来提出：我们在朝鲜停战后，没有及时提出"解放台湾"的任务是不妥的。现在若还不进行此项工作，我们将

---

① 《叶飞回忆录》，第628页。

② 《三军挥戈战东海》，第38页，解放军出版社，1986年版。

犯严重的政治错误。① 周恩来根据毛泽东指示，在一次会议讲话中指出："我们应不应该提出'解放台湾'的问题？我们早就提出过这个问题，现在提更是时候。"如果"我们不提出'解放台湾'，保持不了祖国的完整版图，我们就会犯错误，也对不住自己的祖先"。重提"解放台湾"，"我们主要对付蒋介石集团，也指责美国的侵略"。②

1954 年 7 月 23 日，《人民日报》根据毛泽东的指示精神，发表了题为《一定要"解放台湾"》的社论。7 月 24 日，《人民日报》又发表了题为《人民解放军的光荣任务》的社论，强调人民解放军今后的主要任务是："努力建设成为一支优良的现代化的革命军队，以保卫我国社会主义建设，防御帝国主义的侵略，"解放台湾"，消灭蒋介石残余匪帮的反革命势力。"中国人民解放军总司令朱德在建军节纪念大会上发表讲话，号召全国军民"为'解放台湾'，使台湾人民重回祖国怀抱，为祖国的完全统一和人民解放事业的彻底胜利而奋斗"。③ 8 月 3 日，《人民日报》又刊载了东北、华东、西南、中南四大军区部队纪念八一建军节之际宣示"为'解放台湾'而奋斗。"8 月 11 日，周恩来在中央人民政府第 33 次会议上作外交报告中，指出："'解放台湾'是我国人民光荣的历史任务。只有把台湾从蒋介石卖国贼的统治下解放出来，只有完成这个光荣任务，才能实现我们伟大祖国的完全统一。"④ 同日，中央人民政府作出决议，批准周恩来的报告，同时号召全国人民和中国人民解放军，"从各方面加强工作，为'解放台湾'，消灭蒋介石卖国集团、以最后完成我中国人民的神圣解放事业而奋斗。"⑤ 8 月 22 日，中国各民主党派各人民团体发表了《为"解放台湾"的联合宣言》。宣言称："台湾是中国领土不可分割的一部分"，"'解放台湾'……是中国的内政，绝不允许任何外国干涉。"⑥ 为了进一步突出台湾问题，人民解放军继 1953 年初小规模炮击金门后，于 1954 年 9 月 3 日、22 日，两次重炮轰击金门，引发世界瞩目。

炮击金门的作战规模虽不大，但在国际上却引起了巨大的震动，被西方舆论称之为"台海危机。"这场所谓的"台海危机"是怎样发生的呢？有舆论认为是人民解放军 9 月 3 日炮击金门引起的。笔者以为，如从表面上看，的确是 9 月 3

① 王炳南:《中美会谈九年回顾》，第 41—42 页、世界知识出版社，1985 年版。
② 《周恩来外交文选》，第 84 页，中央文献出版社，1990 年版。
③ 《人民日报》，1954 年 8 月 1 日。
④ 《人民日报》，1954 年 8 月 14 日。
⑤ 《人民日报》，1954 年 8 月 14 日。
⑥ 《人民日报》，1954 年 8 月 23 日。

日炮击金门引发了"台海危机"，但从深层分析，"台海危机"实质上是中美两国关系与国共两党斗争发展的必然结果。

第一，炮击金门是为了进一步制裁国民党军对大陆的军事骚扰与"反攻"。据不完全统计：从 1950 年初至 1954 年 8 月，蒋介石指使国民党军对大陆沿海地区与沿海岛屿偷袭 42 次，动用兵力近 13 万人。1950 年至 1953 年，仅浙江、福建两省，遭国民党军上千人乃至上万人规模的偷袭就达 5 次之多。从朝鲜战争爆发到 1955 年 9 月，台湾空军共出动飞机 3500 多批，6200 多架次，袭击和骚扰大陆地区。台湾海军在台湾海峡共劫夺各种船只 470 艘。基于国民党军对大陆各地的各种骚扰，中国人民解放军决定予以制裁。

第二，炮击金门是为了警告美国不要插手台湾事务，干涉中国内政。朝鲜战争爆发后，美国政府改变对台政策并侵入台湾海峡。为了确保美国在亚太地区利益与遏制共产主义在远东的发展，美国政府对新中国实行禁运与封锁，同时扶植曾被其遗弃的蒋介石集团，妄图利用台湾国民党"作为进攻中华人民共和国的工具"。[1]可以毫不夸张地说，蒋介石集团对大陆的军事骚扰、政治反攻、拦截商船，没有美国的支持与庇护是很难奏效的。

正是基于朝鲜停战后新中国国际地位的提高和美国与国民党当局的所作所为，才有了大陆"九三"炮击金门的行动。很显然这一行动是正义的，是为了维护国家主权和实现祖国完全统一所采取的必要手段与举措。

炮击金门的行动，使国民党蒋介石集团非常恐慌，一方面喧嚣誓死保卫金门马祖，一方面通过"外交部"向美国表达同美国签订一个共同防御条约的意图。与此同时，炮击金门也使美国政府受到极大震动，取代杜鲁门的艾森豪威尔入主白宫后，开始认真考虑与台湾蒋介石签订《共同防御条约》问题。艾森豪威尔同意与台湾当局"签约"，绝不是想帮助国民党守住这些岛屿，而是企图分裂中国，实施"遏制中国"的战略。蒋介石则企图通过与美"签约"将其拖入中国内战，以便火中取栗。美国人也不是没有考虑过同中国政府直接作战的问题，但因追随美国参加朝鲜战争的强国英、法、加、澳、新等此时都坚决反对因金门等沿海岛屿再与中国军队作战，加之美国国内的反战情绪，迫使美国不得不改变同中国军队再度直接作战的企图。在这种情形下，美国政府在人民解放军攻占一江山岛后，抛出了在台湾海峡"停火"的建议。

---

① 《人民日报》，1954 年 7 月 23 日。

1955年1月19日，艾森豪威尔在对记者的谈话中宣称要通过联合国"斡旋"，"来停止中国沿海的战斗"。美国关于"停火"的建议，目的有二：一是阻止人民解放军进攻金门；二是迫使蒋介石减少金、马驻军，甚至撤出金、马。美国此举的实质是：分离台湾，制造"两个中国"。美国的外交主要盟友英国紧跟其后，通过外交途径向中国政府"要求避免可能引起全面敌对行动的任何事件"，并称"如果局势紧张得到和缓"，金门、马祖等沿海岛屿"就可以得到和平和圆满的解决"。[①] 在美、英的策动下，新西兰向联合国安理会提交了一个提案，要求由安理会审议中国政府与台湾当局"在中国大陆沿岸某些岛屿地区的敌对行动"的建议。因此一提案将本属于中国内政的问题国际化，是在制造"两个中国"，所以理所当然地遭到了中国政府的反对与拒绝。

美国与新西兰关于台湾海峡"停火"的建议，不仅遭到中国政府的强力批驳，也遭到了国民党蒋介石的强烈反对。1955年2月8日，蒋介石在"国父纪念月"上发表长篇讲话，激烈抨击"停火"建议，鼓吹"两个中国"，其行为"荒谬绝伦"。还宣称要正告全世界人士："中华民国"人民和政府绝不容许任何人割裂我"中华民国"的领土！[②] 蒋介石宣称誓死守卫金、马，决心战至最后一人。

面对中共的严正立场与蒋介石的固执态度，美国在极端反共分子杜勒斯的煽动下，掀起一股要求对中国政府采取强硬措施的叫嚣。美国国会于1955年2月通过了《授权总统使用武装部队协防台湾有关地区案》。"台海危机"已达顶点。但美国政府又不愿被蒋介石拖进中国内战的泥沼之中，遂在答应蒋介石协防金、马的条件下，提出撤退大陈岛守军的建议。尽管蒋介石信誓旦旦确保金、马，但一江山岛被人民解放军占领之后，只用105榴弹炮即可控制大陈全岛，就连飞机也要在下大陈海湾降落，以免遭击落。在此局面下，蒋介石胸无良策，只好接受美国军方的建议，同意从大陈撤退。

蒋介石首先令"国防部"等部门拟定撤退大陈军民的"金刚计划"。其后又令二级上将、"国防会议副秘书长"蒋经国具体负责执行此一计划。

1955年1月27日，"国防部长"俞大维抵达大陈，和驻防大陈的守将刘廉一、行政专员沈之岳进行会商，决定设立大陈居民后撤指挥部，由沈之岳担任指挥官。该指挥部于1月28日正式成立，但在22日沈之岳已经通令岛内所有军民撤离大陈岛，俞大维迅即飞回台湾岛。29日，大陈岛还举行了疏散演习。据台湾

① 《中美关系资料选辑》，第2辑（下册），第169页。
② 秦孝仪主编：《先"总统"蒋公思想言论总集》，卷26，第263页。

当局对大陈岛居民进行统计，一说为大陈岛共有 18504 人，[1] 一说为 17132 人撤离大陈岛。后一说法是沈之岳在中外记者招待会上宣布的。[2]

一部分人受到国民党当局的恶意宣传，收拾行囊，准备撤离。绝大部分民众则是留恋故土，在刺刀的威逼之下，只好被迫告别家园。然而在《"中央"日报》随军记者刘毅夫的笔下，却说他同蒋经国一走上街头，群众就把他们围了起来，一位老婆婆说："主任啊！你来了我们安心啦，'总统'老人家好吧？""另一位 90 多岁的老人家，拉着他的孙儿，挤到蒋主任身边说：'主任带我们去台湾吧，我们都决定跟蒋'总统'走，我们不要共产党，"[3] 且不论 90 岁的老人能否挤进人群中央，仅凭这番话绝不是出自这位具有传统观念和不了解共产党的老者之口，倒完全像是国民党御用文人的语言。那么多"忠诚"于蒋介石的大员都纷纷离蒋而去，凭什么那么多老百姓偏要抛家离舍去追随自己都感到前途无望的蒋介石呢？在每一家门口上都写上了"我们出去，不久就要回来的"！但在记者笔下，却借用一位老者之口说："疏散不是撤退，到台湾是一个难得的机会，这里的几间破房子有什么了不得呢？"明明是悲怆的、仓皇无奈的远离家园，记者却宣称："社会秩序安定如常，民众个个笑逐颜开。"[4]

1 月 30 日，蒋经国飞抵大陈岛，开始执行撤退大陈的"金刚计划"。蒋经国此行的主要任务就是稳定部队士气，安定岛内民心。就在蒋经国飞抵大陈岛的当日，就对前线岛屿居民进行安抚。他对每一家大小都一一握手致意，并对他们的生活极为关怀。

2 月 2 日，蒋经国在大陈主持召开政工检讨会议，要求政工人员在紧急关头肩负起历史责任。他说："今天已到了非常紧急的关头。""我们政工人员对于战争的胜负，负有非常重大的责任。我们要有'不怕死'的精神和信心，然后才能达成领袖所赋予我们的任务，须知在最危险的时候，能够镇定如恒，是一个领导者应有的重要条件。我们政工人员在部队里一向是负有精神动员的责任，更应沉着坚定。尤其在这个危急时候，对政工人员无形是一个最实际的考验，也是一个最好的训练机会。"[5] 蒋经国之所以如是说，是因为他看到有政工人员不负责任。

---

① 台湾，《"中央"日报》，1950 年 2 月 7 日。
② 台湾，《联合报》，1955 年 2 月 9 日。
③ 刘毅夫：《大陈列岛军民完整撤退来台补记》，载《传记文学》，189—190 期。
④ 台湾，《"中央"日报》，1955 年 2 月 7 日。
⑤ 台湾，《"中央"日报》，1955 年 2 月 8 日。

关于此点，他在 2 月 24 日总结大陈撤退时特别提到："在大陈岛，有一天放警报，与很多人在码头上，中间有一个部队长，一个团级政治处主任，还有另外几个政工人员，听到紧急警报后，我左右一看，政工人员都不见了，我以为到什么地方去了，后来飞机到了头上，一位部队长与我讲：'我们还是到碉堡里去躲一下吧！一到碉堡里，在那角落里就是我们的几位政工同志。'"① 蒋经国认为："从这次大陈的移防来看，就得到一个结论，我们的政工并没有高度地发挥政工力量，最多只能算是做了帮助的工作与经常要做的工作而已，还是不够表现它的战斗性与革命性。"②

2 月 4 日晚，蒋经国心情沉痛地对随行人员说："我们反共复国，是一件大事，为了百年大计，一时的忍痛是不能避免的。"

2 月 6 日晚，蒋经国赴前线视察，看到一些前线国民党士兵睡在猫耳洞里说："我也去睡睡看。"刘毅夫对蒋说："人生最终也不过是睡这么一个洞啊！又何苦彼夺他争？"蒋说："我以前在俄国西伯利亚睡过的地方，还有比这更苦的。"当晚，蒋经国再至码头，为第一批撤退人员送行。同日，"国防部"发表公报称："政府为恐大陈地区之军眷、学生及无作战任务民众，在中共军机滥炸时遭受无谓损害，并使前方将士能安心作战起见，已将第二批军眷 214 人，学生 247 人及民众 77 人船运，于昨抵台，有关单位正做妥善安排中。"③

2 月 6 日，台湾当局发表声明，宣称："为适应抵抗国际共产集团侵略之新形势，决定重新部署外岛军事，将大陈岛屿之驻军转移使用于金门、马祖等重要岛屿，以集中兵力，增强台湾、澎湖及其外卫岛屿之防务。"同时声明美国决定与台湾当局"共同防卫"。④ 明明是无奈的撤退，却宣称适应"新形势"进行有计划的"部署"。

同日，美国国务院发表正式声明：根据台湾当局请求，美国政府依照 1955 年 1 月 29 日通过的国会决议，派遣第 7 舰队协助大陈岛军民撤退。2 月 5 日，第 7 舰队已经接到电令赴大陈。⑤

台湾当局还宣称："政府已经组成了'大陈地区反共义胞来台辅导委员会'，

---

① 《蒋"总统"经国先生言论著述汇编》，第 4 册，第 5 页。
② 《蒋"总统"经国先生言论著述汇编》，第 4 册，第 4 页。
③ 台湾，《联合报》，1955 年 2 月 3 日。
④ 台湾，《联合报》，1955 年 2 月 7 日。
⑤ 台湾，《联合报》，1955 年 2 月 7 日。

接待及辅导来自大陈地区的反共义胞。此一委员会系由内政部长王德溥、"台湾省"政府主席严家淦为召集人。""辅导会"准备将大陈居民安置在宜兰、花莲、台东、屏东、高雄地区。①

2月7日，在美军的护航下，第一批大陈驻军抵达台湾。事前，美国顾问团团长蔡斯专程飞抵大陈进行指导。

2月10日，蒋经国在临走之前，在大陈岛最后一次升起青天白日旗。当时参加升旗的有"海军副总司令"黎玉玺、美军顾问杨帝泽、沈之岳和记者刘毅夫等人。蒋经国在典礼中说："今天我们的心情是沉痛的，但我们坚决相信，在总统领导下，我们一定可以打回大陆，把这庄严美丽的国旗插在紫金山上。"升旗后告诉在场的每一个人："不要难过，不要失望，我们一定会打回来的！"②

2月9日，大陈岛居民14872人抵达台湾基隆港口，其后其他小岛居民陆续撤退来台。2月11日，蒋介石夫人宋美龄偕陈诚夫人谭祥等妇联会人士前往基隆慰问来台大陈的居民。

蒋介石曾多次发誓带领子弟兵打回大陆，但他的"反攻"梦早已被时空所击碎。蒋经国也多次发誓，要继承其父遗愿打回来，可蒋经国也于1988年1月逝去，他的上述誓言也成了历史的笑柄。

大陈撤退，为蒋介石叫嚣的"反攻大陆"蒙上了一层阴影。尽管蒋介石偕夫人宋美龄赴金门视察，安慰由大陈岛"转进"的子弟兵，还宣称誓死保卫金、马，但仍不能改变台岛民众"反攻无望"的心理。为此，蒋介石发表《为大陈撤退告海内外军民同胞书》，宣称：

大陈岛"孤悬于台湾基地250海里之外，以今日军事形势而言，其对我反攻基地之台湾防卫上，实已失去了其战略之价值，故我政府与美国协商后，决定将大陈之驻军重行部署，转移兵力，以增强我台、澎及其外卫岛屿之任务"。蒋介石宣称：为了"增强整个'反共复国'军事部署"，"适应新的战略，要保证我'反攻复国'战争的胜利，首先必须巩固台湾、澎湖，及屏障台、澎之金门、马祖等外围岛屿为第一要务，自不能以一岛一屿之得失，只争一时之短长，而置根本大计于不顾"。③

---

① 台湾，《联合报》，1955年2月7日。
② 台湾，《联合报》，1955年2月10日。
③ 台湾，《"中央"日报》，1955年2月8日。

金马之行

蒋经国认为金门、马祖是反共的前哨，为了展示他的极端反共立场，也受其父多次派遣经常赴金门、马祖巡视，特别是在"总政治部"主任任内，为建立新的政工体系，足迹遍及金、马每一个岛屿。在金、马之行中，给蒋经国留下印象最深的，莫过于1958年"八二三"炮战前后。

众所周知，1958年8月23日，台湾海峡两岸发生了国民党退台以来规模最大的一次炮战。此次战役不仅牵动着中美关系、台美关系的神经，而且令世界瞩目。对于"八二三"炮战的原因，众说纷纭，笔者以为，"八二三"炮战之所以发生，主要基于以下三点：

第一，炮击金门，是为了转移美国视线，以实际行动支援阿拉伯人民的反侵略斗争。大量历史资料显示："八二三"炮战的发生，与万里之遥发生的中东事件紧密相连。所谓中东事件是指1958年5月中旬，黎巴嫩人民举行反对夏蒙政府倒向美国的斗争。7月，伊拉克人民发动民族革命。7月15日，美国政府派遣海军陆战队，以"保卫黎巴嫩主权"为借口，在黎巴嫩首都贝鲁特登陆。2日后，美国军队借口帮助约旦政府稳定政局抵达安曼，其后海军陆战队又进占利比亚。美、英对黎巴嫩、约旦等国的武装干涉行径，激起了全世界爱好和平人民的强烈抗议，自然也招致了大力支持亚非民族解放运动的中国人民的反对。7月16日，中国政府发表声明，强烈谴责美、英行径，并要求美国军队撤出黎巴嫩。翌日，北京天安门广场50万人集会，会后举行示威游行，要求美国撤兵。正是上述背景，使中东事件成为"八二三炮战"的导火索。

第二，炮击金门，是为了警告美国和摸美国"协防台湾"与澎湖列岛底牌的意图。第一次"台海危机"之后，尽管中美之间仍在谈判之中，但美国始终没有放弃插手台湾事务、干涉中国内政的立场。1956年，美国加紧对台"经援"和"军援"。同时将顾问团扩编至2500人。1957年5月，美国又派遣"斗牛士"战术导弹部队进驻台湾。当中东事件发生后，美国于1958年7月15日宣布其远东地区陆海空军进入"戒备状态"，蒋介石乘机造势，于17日召见陈诚等人探讨国际局势，并于当日致电美国总统艾森豪威尔，支持美国在中东的行动。[①]8月4日，蒋介石在台北阳明山召开党政联席会议，讨论金、马作战问题。同日，台湾"外

---

① 台湾《"中央"日报》，1958年7月18日。

交部"与"国防部"发言人指出："中共为配合俄帝全面侵略，将在远东作新冒险；中共在台湾海峡对面的军事活动已增加。"①同日，美国援台的第一批 F-100D 型战斗机运抵台湾。6 日，美国第 7 舰队开始进行武力示威。蒋的"参谋总长"王叔铭以美国做靠山，宣称："准备迎敌。"同日，"国防部"宣布："台澎金马地区进入紧急备战状态。"面对美、蒋的一唱一和，毛泽东出于中国统一的需要，希冀通过有限的军事行动来摸清美国对新中国的战略意图，特别是美台"共同防御条约"的底牌如何。

第三，炮击金门希冀"惩罚国民党"。第一次台海危机结束之后，蒋介石不仅没有从金门、马祖等岛屿撤兵，反而加强经营。1956 年 6 月 27 日确定金、马为战地政务区，到 1958 年夏，有三分之一国民党陆军兵力都部署在这两个群岛上。蒋多次宣称："今日东南亚的金门，可比之如今日欧洲的西柏林及第二次世界大战期间的马尔达岛，这是一座反共的堡垒"，"如果金门失守，马祖亦势必难保"，而台湾的"堤防亦将崩溃"。②正是由于金、马地位的极端重要性，这个仅距大陆 3000 米的弹丸之地，便成为海峡两岸军事对峙的焦点。毛泽东主张炮击金门，就是要惩罚一下蒋介石，给他一个警告。

基于上述三个原因，历时 40 余天的金、厦炮空战于 8 月 23 日全面展开。

对于炮战的原因，曾在炮战前后几度奉父命往返金门的蒋经国，也有他的看法。蒋经国认为：

第一，"八二三"炮战是中共武力"解放台湾"政策的继续与和谈破产的必然结果。1958 年 10 月 17 日，蒋经国在对"总政治部"副处级以上干部的讲演中称："炮战的起因，则是由于我们 38 年（1949 年）撤退来台，继续'反共抗俄'，'共匪'则无日不想彻底毁灭我们，这才是真正的起因。至于说'共匪'今天想不想拿金门，这已经不是今天的问题，当年古宁头之役、大二担之役，'共匪'就是想拿金门，而今天所不同于以前的，仅仅是时间的不同，双方拥有武器数量质量的不同，战术方法运用的不同。""'共匪'无时不在企图用军事的力量来消灭我们"。但这一政策失败之后，"曾一度散布和谈，展开和谣攻势，但和谣攻势又归失败了，'共匪'乃一变而实行威胁，威胁不成功，8 月 23 日炮战随之而起"。③

基于上述认识，蒋经国奉父命于 8 月 10 日飞抵金门传达备战命令，并予以

① 台湾《"中央"日报》，1958 年 8 月 6 日。
② 王蓝等：《蒋"总统"与中国》，第 195 页。
③ 《蒋"总统"经国先生言论著述汇编》，第 4 辑，第 527—528 页。

打气。8月10日5时30分，蒋经国抵达金门国民党守军司令部会见胡琏，要胡加强"金门防务"。① 据蒋经国当日日记记载：其父预料"共军""在最近期内将进犯金门，故应提早完成隧道工程；并将所有弹药移藏于地下，从速加强炮兵阵地，多储粮食，注意饮水设备等"。② 蒋经国向胡琏传达完命令之后，随即到各小岛巡视，不断进行政治鼓动，并同官兵商讨"有关加强防务事项"。后又会见美军驻金门顾问组成员。当晚8时返抵台北。

8月11日，蒋经国又乘舰前往马祖。翌日，蒋经国抵达白犬岛，向岛上国民党官兵发表演说，转达蒋介石的指示。12日下午1时，蒋经国抵达马祖，参加军事汇报。当晚6时前往东引岛。13日6时登东引岛后举行军事会议。在岛上，蒋经国听到空袭警报，4架人民解放军空军战机飞临东引岛上空。当晚登舰返台。17日，蒋经国写给金、马"战斗营学员"的一封信中，谈到了他在当年夏天从马祖归来时的"随感录"，当时他写道：

"今年初夏，奉命从台湾西行视察闽、浙沿海各岛屿，有一天傍晚，在闽江口一个小岛的危岩上，极目远眺，眼看红日西沉，残留夕照，此情此景，面对着这由薄暮而沉沦于黄昏，再由黄昏而吞噬于黑暗的大陆，苍茫无际，真有'天涯沦落，海角飘零'之感！""我满怀悲愤，一似受创伤，痛如刀割，情绪激越，热血沸腾，寸心欲碎"。"当晚公毕，返航台湾，恰巧所乘坐的军舰，正是38年春领袖来台时侍节驶离大陆的'太康号'"。此际，"我心头并呈现那汹涌的风涛和破碎的河山，茫茫沧海，一叶孤舟，坐对一线微弱的灯光，遥念那祖国田园，江山依旧而景物全非，我沉浸在悲愤中，勾引起国破山河在的悲感和创痛"。③

蒋经国的"随感录"表明他不断激励国民党军与人民解放军对抗的极端反共立场，同时也说明他流落海岛对故土的眷恋之情。

8月18日，蒋经国又随其父乘舰由基隆前往马祖。翌日6时到达北竿岛，蒋介石在甲板上"观察马祖列岛之形势"。7时30分抵高登岛，在高登岛西北面最前线阵地，蒋介石用望远镜遥望大陆。此后，与高登岛官兵合影，并发表讲话称"要与阵地共存亡"，要"为'国家'雪耻复仇，要有牺牲之决心"。④ 后蒋氏父子至马祖岛，召集团长以上军官，一一点名，并对马祖岛的防务作了具体指示。

---

① 《蒋"总统"经国先生言论著述汇编》，第4辑，第741页。
② 《蒋"总统"经国先生言论著述汇编》，第4辑，第741页。
③ 《蒋"总统"经国先生言论著述汇编》，第4辑，第735页。
④ 《蒋"总统"经国先生言论著述汇编》，第4辑，第744页。

当晚 6 时 30 分，蒋氏父子登陆白犬岛慰问军官。是时太阳西落，光照大陆河山，蒋氏父子"遥念故乡"，无限感慨。当晚 8 时，蒋氏父子乘夜深人静时，乘舰离白犬岛前往金门岛。20 日 6 时，蒋氏父子抵料罗湾后由胡琏陪同视察工事。上午 10 时，蒋介石抵达小金门，在巡视阵地后，蒋又集营以上军官点名训话，再次宣称要"与阵地共存亡，即是与'国家'共存亡"。返抵大金门后，蒋介石召集团长以上军官点名训话说："为'国家'复兴而忍耻受辱，已有 10 年之久，今日是打胜仗的最好机会。复仇雪耻在今朝，金、马部队负有打第一次胜仗的任务，决心与牺牲是打胜仗的先决条件。"[1] 晚上聚餐会，蒋介石具体部署了防卫金门的作战方案。21 时，蒋氏父子乘机离金门返台。就在蒋氏父子离开金门 3 天后，毛泽东坐镇北戴河亲自指挥了震惊中外的"八二三"炮战。

第二，"八二三"炮战是中共看到中东战争美国无暇东顾，顺势夺取金门。蒋经国认为：8 月 3 日赫鲁晓夫与毛泽东在北京会谈，"发表公报的时候，正是中东最危险的时期，美军在黎巴嫩登陆，伊拉克动摇不定，当时我们总统看到赫毛公报发表的消息以后，就认定战争就要开始。"蒋经国认为："这是一个极明显的事实，赫毛认定中东危机日重，美国登陆黎巴嫩，乘此时在东方发动另一战争，美军在中东被牵制，必无法顾及远东问题，于是，自 8 月 3 日至 23 日之间，'共匪'一方面运输大量军火到厦门及附近地区，另一方面准备大量渡海船只，但是，'共匪'并没有准备大规模两栖登陆，他只准备一个礼拜至 10 天的时间炮击金门，他认为最多 10 天金门一定投降，等待金门部队屈服之后，他便登陆接收。"[2]

蒋介石对中共炮击金门的目的作了如下分析：

中共"对金门的挑衅行为，实在就是进犯台湾的序幕"。其目的"第一，当然是占领台湾，企图以战争威胁美国退出台湾海峡，即清算美国在亚洲的威信及其势力。第二，是要闯入联合国，以夺取'中华民国'的代表权。第三，是要取得五强之一的大国地位，羼入今后大国间的高层会议"[3]。

"八二三"炮战震惊了整个台湾岛，蒋介石在极度的惊恐中一方面命令俞大维向"美军'协防台湾'司令部"司令史慕德提出协防要求，另一方面又于 8 月 27 日和 9 月 4 日，两次致函美国总统艾森豪威尔，要求美国"协防台湾"。台湾"外交部长"黄少谷于炮战的第二天发表声明，指责"中共准备向自由世界开挑战"，

① 《蒋"总统"经国先生言论著述汇编》，第 4 辑，第 746 页。"
② 《蒋"总统"经国先生言论著述汇编》，第 4 辑，第 528—529 页。
③ 张其昀：《先"总统"蒋公全集》，第 3 卷，第 3940 页。

赞扬美国国务卿杜勒斯"认识正确"。①

"八二三"炮战还震惊了白宫的当权者们。就在炮战发生的当日，国务卿杜勒斯起草了致副国务卿赫特和助理国务卿罗伯逊的备忘录。杜勒斯判断：（1）如果中国炮击造成局势危险，可能需要第三国，亦即美国进行干预。（2）台湾对大陆的"反攻"活动，有利于国民党军士气，但对大局恐难有巨大的影响。（3）可能的话应把台湾局势交给安理会讨论。② 杜勒斯担心："假如金门失守，不管通过交战还是投降，那都将严重地影响福摩萨现政府的权威和军事力量。该岛将经受颠覆与军事行动，结果可能产生一个主张与共产党中国联合的政府；假如此种情况发生，将大大地破坏反共阵线，包括日本、大韩民国、泰国和越南；东南亚和其他政府，诸如印度尼西亚、马来亚、柬埔寨、老挝与缅甸，都将统统置于共产主义的影响之下；有着巨大工业潜力的日本将可能陷入中苏的轨道中，澳大利亚和新西兰将在战略上被孤立起来。"③

很显然，杜勒斯对中共炮击金门的意图不甚了解，同时把金门问题同美国在远东利益结合在一起，就形成了上述看法。在杜勒斯观点的影响下，艾森豪威尔亲自主持8月25日会议，决定准备承担台湾空防，提供护航，做好对中国大陆目标实施核打击的准备。2日后，艾森豪威尔在记者招待会上宣布美国将介入"台海危机"。9月3日，美国国防部亦发布声明：宣称美军已做好准备，威胁解放军不要进攻金门、马祖。翌日，艾森豪威尔又授权杜勒斯发表声明称："我们业已体察到确保金门和马祖与保卫台海已日益相关。"宣称要直接以武力介入金、马外岛，又称现在还未判定有此必要，如果总统"判断情势迫使必取此行动……将毫不犹豫作出这一决定"。④9月7日，美国海军根据艾、杜指令开始为国民党军队向金门送补给的船队提供护航。

面对美国的战争讹诈政策，中国共产党人表现出坚持原则的坚定性和政策的灵活性。一方面在9月4日艾、杜声明的同日，宣布中国领海宽度为12海里，一切外国飞机和军用船舶，未经中国政府的许可，不得进入中国领海及其领空，并向美国护航舰队发出警告。另一方面，周恩来于9月6日代表中国政府在强烈谴责美国的战争挑衅，同时宣布："现在美国政府又表示愿意通过和平谈判来解

① 台湾、《"中央"日报》，1958年8月25日。
② 资中筠：《美台关系40年》，第143页。
③ 《麦克米伦回忆录》，第4册，第538页，商务印书馆，1982年版。
④ 艾森豪威尔：《缔造和平——白宫岁月》（下），三联书店，1977年版，第331页。

决中美两国在中国台湾地区的争端。为了再一次进行维护和平的努力，中国政府准备恢复两国大使级会谈。"①

由于美国政府希冀从"战争边缘"政策转为"脱身"政策，因此一方面强调准备随时同中华人民共和国恢复大使级会谈；一方面再度抛出"停火说"；同时又压迫台湾当局让出金门、马祖，换取中国同意不对台、澎使用武力，以实现美国搞"两个中国"的图谋。

美国政府对台政策首先引起了蒋介石的激烈反弹。蒋令黄少谷、叶公超发表谈话称：美国与大陆中共谈判是十分不明智的，并宣称决不接受任何谈判中所涉及的关于台湾的安排。蒋介石也频频发表谈话，宣称不赞成华沙谈判，对它"不寄以任何希望"；反对"停火说"；还宣称他将不"考虑盟邦的态度如何"，"而瞻前顾后"。保卫金门战争到了"生死关头"，② 与此同时，蒋介石亲自乘机飞冈山，部署供给金门的计划。后蒋介石命蒋经国前去金门督战。9月15日零时30分，蒋经国乘军舰自马公岛前往金门。航行中蒋经国被从梦中唤醒，告知有鱼雷快艇偷袭，全舰进入戒备状态。当日晨8时20分，蒋经国在人民解放军的炮袭中登上金门岛。此间，蒋经国会晤胡琏，访问美军顾问组，视察阵地，传达蒋介石的守卫金门命令。16日，蒋经国返冈山，向蒋介石报告督战金门经过。

9月30日夜12时，蒋经国再奉父命乘舰向金门进发。10月1日晨靠近金门，因人民解放军炮袭金门猛烈，无法在料罗湾登陆，转至东海面登陆。登岛后，蒋经国首先向胡琏传达了蒋介石关于防卫金门的最新部署。同时，蒋经国巡视了装甲部队与"心战"指挥所，还放大气球系"国旗"飘向大陆。10月3日，蒋经国返抵台北。

10月21日，蒋经国再奉父命抵金门督战。据蒋经国当日日记记载：当飞机降落金门机场时，正逢人民解放军向金门炮击，机场四周纷纷落弹，蒋经国下飞机后赶紧躲进防空洞中，并在洞中召开紧急军事会议，研讨金门防卫问题。23日，蒋经国还对守岛官兵予以颁奖，并称："忠于党国而肯牺牲的人，即使不成名，亦已成了名；不怕死的人，即是死了，亦是没有死，并且是永远不会死的。"③

蒋经国还在一次讲话中宣称：

① 《人民日报》，1958年9月7日。
② 《蒋公全集》，第3册，第3924—3944页。
③ 《蒋"总统"经国先生言论著述汇编》，第4辑，第757页；台湾，黎明文化事业股份有限公司，1982年版。

"这次炮战，我们可以很显明的看出，我们是真正的站起来了！""这是我们在金门英勇作战中获得的具体成果"。中共在"八二三"炮战后，"采取新的方式，他要使得我海空军补给中断"从而"压迫我部队投降"。此间，"的确是我们很重要的关键"，"'总统'在共军封锁期间，决心不顾一切牺牲实行补给"。"这种补给的确是冒着敌人的炮火在进行"，"当时很多人讲，这种补给是不可能的"。"当然我们得承认这是牺牲，但是在当时敌人这样封锁我们的时候，我们不冒着牺牲去实行补给，就如此让敌人打下去，我们在国际上怎么能站得起来？我们的陆海空三军对全国人民如何交代？所以，这个补给是用血用肉去补给的，这是在战争历史上所没有的"。"这种补给的成功，是这次金门战争重要的关键"。①

蒋经国还说：

今天要负起更艰巨的责任，"要在目前的情况之下，使得我们的士气能持久，使得我们官兵能沉着，能体念到国家的困难，了解国际环境与反共的责任，能忍受艰难痛苦，发挥艰苦卓绝的精神。特别是关于'艰苦卓绝'四个字，我相信大家都能了解这其中的意义，但是我这次到金门去，才真正了解这四个字真正的深刻意义，我们今天是要强调这四个字"。②

辅导老兵就业

蛰居时期的蒋经国，不仅在党、军、特实权机构行走，而且还被蒋介石安插到"行政院国军退除役官兵就业辅导委员会"，出任"副主任""主任"一职，其目的是培养蒋经国的行政领导能力，便于全面接班。

众所周知，国民党兵败大陆时，蒋介石率领几十万"国军"退守台湾孤岛。尽管蒋介石退守台湾之后不断喧嚣"反攻大陆"，并多次提出"反攻"方案和时间表，但始终未能付诸实践。随着岁月的流逝，许多国民党军人成了胡子兵，到了退除役的年龄。但当时台湾社会还处在从混乱走向稳定的过程中，经济危机尚未完全消失，无法接纳大批从部队复员的"荣誉国民"，即"荣民"。为此，台湾国民党当局决定成立"国军退除役官兵就业辅导委员会"，归"行政院"领导。

1954 年 11 月，台湾当局公布了"行政院国军退除役官兵就业辅导委员会组织规程"，规定：该机构的职权是：解决退除役官兵的就业、保健、医疗、职业

---

① 1958 年 10 月 17 日蒋经国对国民党军政工人员的讲话，载《蒋"总统"经国先生言论著述汇编》，第 4 辑，第 527—530 页。

② 《蒋"总统"经国先生言论著述汇编》，第 4 辑，第 531 页。

训练及就业辅导、"法令"权益及优待、调查、检定、调配、养老救助、生活指导与管理及有关事项。《组织规程》规定该机构设委员若干人,"由'内政''国防''财政''教育''经济''交通'各部次长1人,'国防部'总政治部主任及'国防部'其他各有关单位之主管,台湾省主席,及省政府各有关单位之主管兼任之"。"本会设主任委员1人,由台湾省政府主席兼任之。设副主任委员2人,1由'国防部'总政治部主任兼任之,1由主任委员遴选之"。①

时任台湾"省主席"的严家淦出任"国军退除役官兵就业辅导委员会主任",蒋经国出任"副主任"。严家淦因台省事务繁忙,无力过问"辅导会"事务,实际工作均由蒋经国负责。该机构还设秘书室及多处。蒋经国到"辅导会"报到时,其父为使儿子有更深的社会基础,嘱其"你必须好好地照顾退除役官兵,就像照顾自己的家人一样!"。②实事求是地讲,蒋经国对这项工作是非常认真的,也是兢兢业业和充满了感情的。关于此点可从蒋经国多次在"辅导会"的讲话中得到说明。

蒋经国在多种场合说:"只要我有饭吃,他们就有饭吃。只要我还有一口饭吃,我就把这口饭先给他们吃。"此话一出,立即赢得全体"荣民"的喝彩。为了展示行政方面的能力,蒋经国在"辅导会"副主任任期内,绞尽脑汁,为退役的国民党各级官兵开设了屏东隘寮农场、喜义大埔农场、宜兰三星农场、花莲寿丰农场、彰化二水农场。后又为老年退除役官兵设置屏东、花莲、台南、新竹等处的"荣家"。

1956年4月,蒋经国扶正,更是全力投入工作。上任初期,蒋经国就揭示了六大工作精神:

(1)"诚恳实在的服务;"

(2)"任劳任怨的负责;"

(3)"公正无私的办事;"

(4)"冒险犯难的创业;"

(5)"日新又新的求进;"

(6)"如兄如弟的亲爱。"

1956年5月4日,蒋经国在对全体同仁的讲话中,首先揭示了"辅导会"的工作目标:"辅导会工作的成功或失败,可以影响'国防'的力量和建军的工作,

---

① 台湾,《"总统府"公报》,第550号,第2页。

② 《蒋"总统"经国先生言论著述汇编》,第5辑,第685页。

而与社会的安定，息息相关，希望全体同仁要把辅导会工作作为有意义的'事业'去做。"基于"辅导会"工作的极端重要性，蒋经国要求每一个工作人员"都拿出'赤胆忠心'的热忱来报效'国家'"，"'大慈大悲'的心肠来为一般退除役官兵服务"。"辅导会"工作不仅是一种普通的事业，而更是一种伟大艰巨的事业。蒋经国同时在检讨了"辅导会"成立以来所存在的缺点的基础上，强调工作人员"要培养新作风"："严守岗位，崇法务实，养成廉洁自持、不推诿、不敷衍的新作风"。①

同年8月28日，蒋经国对"辅导会"干训班第1期学员讲话中直接提出工作中的缺点，一是"退除役官兵的安顿工作，没有做好"；二是工作"死气沉沉，没有生气"；三是最重要之点在于"缺少责任感"。蒋经国强调：这些老兵"对国家都有过贡献，我们必须来照顾他们安顿他们"。他还指出："退除役官兵的工作，公事公办是办不了的，必须要拿出你的良心来才可以做好。"②

9月4日，蒋经国以《切切实实做事 清清白白做人》为题，对"辅导会"工作人员讲授如何把工作做好："一、要使老弱荣民定居乐业。二、残废荣民要有地方修养。三、有病痛的荣民有地方医疗。四、有能力的荣民，有地方工作。"③在另一个场合，蒋经国说："我们今天宣布安定荣民的工作目标：人人有饭吃，人人有屋住，人人有衣穿，有病的有治疗，有能力的有工作做，老年的人有地方终养，这几点一定要做到。"④蒋经国认为工作还有需要检讨和改进的方面。就其缺点而言，蒋经国认为："第一，解决问题不够彻底。第二，公文表报太多。第三，研究问题不够深入。第四，处理问题，过于迟缓。第五，各单位协调精神不够。"⑤怎样解决这些问题呢？蒋经国认为"建立制度"、"协调合作"、强化"工作纪律"、加强"责任"。蒋经国提出："凡是能够解决的问题，你自己就要去解决"；"凡是你今天能够解决的问题，不要等到明天！""当面能够解决的问题，就不要用公文"。⑥

对于如何使退除役官兵安居乐业，蒋经国在同年11月1日的讲话中，要求工作人员"重人情""重时间""重效果""重需要""重是非"。蒋经国认为"如都

---

① 《蒋"总统"经国先生言论著述汇编》，第4辑，第139—141页。
② 《蒋"总统"经国先生言论著述汇编》，第4辑，第159—163页。
③ 《蒋"总统"经国先生言论著述汇编》，第4辑，第168页。
④ 《蒋"总统"经国先生言论著述汇编》，第4辑，第404页。
⑤ 《蒋"总统"经国先生言论著述汇编》，第4辑，第405页。
⑥ 《蒋"总统"经国先生言论著述汇编》，第4辑，第171—174页。

能把握这五个要点，那么什么困难，都可能解决的"。①1957 年 12 月 19 日，蒋经国在讲到"辅导会"工作原则时，认为"第一，保障荣民生活，提高军队士气。第二，促进生产建设，增加国家经济"。②

蒋经国不仅要求别人做到，他自己也身体力行。他多次到"荣民"中间进行调查访问，尽量为"荣民"排忧解难。有舆论说：

"每当台风过境之后，经国先生总不忘'荣民'在高山、在峻岭、在原野、在农场……亲自到各地慰问，带给'荣民'们无限的惊喜，于是'荣民'们围绕着他团团转，经国先生也不忘记拍拍'荣民'们的肩膀，提提'荣民'们的胳膊，鼓励荣民们勇往迈进，吃苦耐劳，努力增产，享受安和乐利的生活，以娱晚年。"

蒋经国主持"辅导会"期间，有两大工程为几十万退除役官兵和台湾社会所称道。一是修建了"荣民医院"；二是兴建了中部横贯公路。特别是兴建中部横贯公路，从勘察、设计到施工，蒋经国始终亲临现场指导。对于兴建中部横贯公路，蒋经国说：

"台湾什么都很好，只有一条中央山脉从南到北盘踞在那里，使东部和西部的人没有直接交通，形成天然障碍。我们决心要征服它，修筑公路，打通中央山脉。"

对于蒋经国建议开辟横贯公路，各界议论纷纷。有人后来回忆说："如果没有大胆的设想，就不会有在中央山脉开辟横贯公路的计划；如果没有人勇敢地走这中央山脉，就不会有横贯公路的实现。"他认为使中部横贯公路得以自计划转化成开辟行动，并如期完工的人，就是蒋经国。

的确，在公路开工之前，设计定出北、中、南三线。1955 年 6 月，蒋经国亲自率队勘察中线，后因此线路地质不佳作罢。同年决定开辟北线，为使工程进展顺利，蒋经国再率队翻山越岭勘察一次。1956 年 7 月，蒋经国头戴军帽，上穿布夹克，下穿军裤，率领公路局长林则彬及年轻工程师等 10 余人组成一支探险队，作最后一次勘测。此次行程长达 3 个月之久，给蒋经国和同行的人都留下了极为深刻的印象。蒋经国后来回忆说：

"这次旅程近似探险。进入山的深处，没有人烟，只有鸟啼兽迹，前人没有给我们留下足印，只有对准方向，往高处爬，越过高山，又降到谷底，再爬高，再前进。我们和刺骨的寒风搏斗，无惧于毒蛇与蜂蜇的困扰，披荆斩棘。最大的

① 《蒋"总统"经国先生言论著述汇编》，第 4 辑，第 197—198 页。
② 《蒋"总统"经国先生言论著述汇编》，第 4 辑，第 404 页。

难处是通过悬崖峭壁，手攀着藤，脚踩着地，半步或一步地往前移，一不小心，失手或失足，掉下去粉身碎骨，绝无生还。须在迈开脚步之前，必须踩在坚实的土地上，站稳住脚，才算跨进一步。就这样，我们终于完成了戡测全线的工作，也终于胜利地征服了这条蛮横的山脉。"

"从这次旅程中，我悟出了一个道理：只要脚踏实地，稳步迈进，没有不能克服的困难，也没有不能达到的目的。"

林则彬回忆说：

"经国先生两次亲自率队踏勘路线，翻山越岭，走断崖峭壁，乘坐横索吊筐过河，渡索桥，在峰峦起伏、林木蔽天，长达近 300 千米无人地带的原始森林中，风餐露宿。""1956 年 6 至 7 月，那次踏勘一共走了 90 天，所经路线的艰险，连随队背东西的山胞，都不敢再走回头路。""那一年我们在山里替经国先生过生日，大家用大玻璃杯喝黄酒，好多山地居民跑来，大家围着火堆跳舞唱歌，经国先生也高兴地唱了一首满江红。"

经过 3 年零 10 个月的苦战，全长 348 千米的中部横贯公路终于全线完工并于 1960 年 5 月通车。通车之日，蒋氏父子非常兴奋，蒋介石特颁词以表彰蒋经国和工程工作人员。蒋介石的颁词是：

"这条公路由于全体工作人员将近 4 年的辛勤努力，得以顺利告成，此不仅使我国交通史上的重大里程碑，也是建设台湾成为三民主义模范省的辉煌事迹之一。"

"这次参加开路的工作人员，以大无畏的勇气与大自然相搏斗，终日出入于高山深谷，丛林密菁之间，沐雨栉风，胼手胝足，其艰苦卓绝的毅力，与冒险犯难的精神，殊足令人敬佩！今天我要特别提出的，是参加筑路的国军退除役官兵，和一部分现役战士，始终是施工的主力。他们抱着在战场上牺牲奋斗的决心来参加工作，完成使命。""他们的精神，必将随着这条公路的畅通，而永垂不朽。"①

陈诚高度赞扬了这项工程，认为"一方面是蒋主任委员主持策划，发挥了过人的智慧与毅力；一方面是参加施工的退除役官兵和工程人员克难创造冒险犯难的成果"。台湾省主席周至柔宣称："这条公路为本省的经济与人口的发展，开拓

---

① 台湾、《"中央"日报》，1960 年 5 月 10 日。

了一条新的途径。"①

江南认为蒋经国修建横贯公路耗费巨资，并搭上了 100 多条"荣民"的生命，"殊无必要"。②

实事求是地分析，开辟横贯公路，的确是蒋经国担任八载"辅导会"主任期间最明显的政绩。从蒋经国掌管特工、党务与"总政治部"与"救国团"事务相比，开辟横贯公路是蒋经国在蛰居时期干得最实在，也是为台湾社会舆论所称道的一件大好事。1973 年 1 月 18 日，蒋经国在对"行政院国军退除役官兵 1973 年辅导会议"全体人员讲话时也认为：

"本人在 20 多年来，为'国家'担任各部门的工作，但真正检讨起来，以在'辅导会'这段期间，无论在精神上、在情绪上，可说是最愉快的，也是最实际的一部门工作。因此常常怀念同'荣民'们相处的那一段愉快的往事。"③

就是从经济效益角度看，随着台湾社会的迅速发展，它的价值也愈益明显。

对蒋经国在"辅导会"的"佳绩"，台湾当局作过统计：自"辅导会"成立至蒋经国病逝，所安置的"荣民"总数 35.458 万人，其中安置就业的有 21.85 万人。就医的有 28.45 万人，就养的有 10.62 万人，就学的 0.56 万人。在 13 家"荣民之家"就养的"荣民"有 7.36 万人，在 14 所"荣民"医院住院就医的"荣民"有 1.01 万人。就学的都能各有所长，独立成家；就业的则有 0.25 万人毕业于大专院校，"出国"留学的有 3000 余人，获硕士学位者 200 余人，获博士学位者 20 余人。

实事求是地讲，"辅导会"为老兵解决了不少问题，但也有许多问题没能够解决。蒋经国在世时都承认："今天一般'荣民'的生活还是很苦，许多地方还不尽理想，荣民的许多困难，还没有为他们解决。"1964 年 7 月 1 日，蒋经国写给"荣民"的一封信中，两处表现出对"荣民"的歉疚："检讨过去，发现了许多地方还是不理想；尤其是很多可做而应该做的事，还没有做，不少可以做得更好的工作，也没有能做。这些，都使我的内心深处充满了不安和歉咎。""今天在我心中最为系念和最感内疚的，就是尚有许多自谋生活的退除役官兵没有得到妥善的安置。"④

---

① 台湾，《"中央"日报》，1960 年 5 月 10 日。
② 江南：《蒋经国传》，第 358 页。
③ 《蒋"总统"经国先生言论著述汇编》，第 8 辑，第 98 页。
④ 《蒋"总统"经国先生言论著述汇编》，第 5 辑，第 685—687 页。

1987 年，台湾当局同意台湾民众赴大陆探亲，不能不说是蒋经国主要是出自于对老兵的关怀与多方考虑。最为可悲的是，一些老兵 40 年的积蓄竟然凑不够赴大陆的路费，只有在得到社会各界的赞助之后才能勉强成行。

充任"国防部长"

受军官任期制度制约，蒋经国于 1954 年 9 月从"总政治部主任"岗位调为"国防会议副秘书长"。10 年后，蒋经国再度回到"国防部"，以"行政院政务委员"身份兼任"国防部副部长"。10 年间，蒋经国虽未任军职，但对军队的影响时时刻刻存在。就在他离任"总政治部主任"岗位的第二年，还为国民党军队提出十大竞赛任务。

蒋经国任"国防部副部长"时，他的顶头上司是他的儿女亲家、导弹专家俞大维（蒋经国的女儿蒋孝章嫁给了俞大维的儿子俞扬和）。俞大维有颈部淋巴腺肿瘤的病史，虽经医治消失，但必须经常检查。据港报载，俞大维很会做官，在蒋经国任职"国防部副部长"期间，俞到美国检查身体的时间总是有意延长。"国防部"内的事，包括到"立法院"备询、内部开会、处理公务等，尽量多让蒋经国去做。当然，蒋经国决定的事，俞在事后没有不认同的。

1965 年 1 月 14 日，台湾"行政院"进行局部改组，更换 3 位"部长"，其中之一就是"国防部长"。尽管蒋介石想让蒋经国全面历练与接班，但没有其他人的配合与保驾护航，也是有一定困难的。蒋经国能够顺利出任"国防部长"一职，除了俞大维的鼎力举荐之外，"行政院长"严家淦的举荐也非常关键。在"行政院"局部调整时，严家淦对俞大维进行高度赞扬的同时，也对蒋经国给予了高度评价：

"'国防部'俞大维部长担任部长职务，已历 10 年之久，他对国家的贡献很多。他过去为'国家'兵工建设，树立了坚强的基础；在'交通部长'任内促进了交通事业的科学化；在任'国防部长'期中，对于制度的建立，人士的改进，训练的加强，装备的更新，都有莫大的建树，尤其他常常地到前线视察，与士兵共甘苦，更鼓舞了士气。近几年来，因为他经施行手术后，神经受损，致左耳重听，并患有糖尿病，他曾一再表示，他的年龄已 68 岁，不能担负繁剧，他保荐由蒋经国副部长接任其职务。我们都知道蒋副部长过去在国家最难中，担负了最艰巨的工作，而近几年来，他主持军中的政治作战，及国军退除役官兵的辅导就业工作等，在副部长任内，曾协助部长有许多重要的兴革，对'国家'有很大的建树和贡献。为了能使俞大维部长今后为'国家'继续贡献他的智能，所以仍请他留任行政委员的职务。"①

接掌"国防部"，就等于彻底掌握了台湾的最高军事权力，开始名正言顺地主持军事会议、调整人事、主持校阅、演习及各军校开学、毕业典礼等。

1月18日，蒋经国正式就职"国防部长"之前，就在"国防部"例行会议上，以《以历史情感和理想 开拓"国家"前途》为题发表讲话，要求"国防部"所有工作人员明确其"所负的责任，以'国家'的立场来说，应比政府任何其他单位都更为重要，今天全国各阶层人民最大的寄望，都在于反攻大路，光复'国土'；而这些工作正是需要我们'国防部'来完成的。换句话来说，这就是我们每位的责任"。同时要求同仁"把一生的生命贡献'国家'，效忠领袖，不计艰苦，不计困难，坚强地干下去"，"一心一意的为着'反攻大陆'而努力"。②

蒋经国全面主军后，有两项工作最为突出，一是率先提出部队实行"三实"作风；二是认真贯彻蒋介石发起的"勿忘在莒"运动。

所谓"三实"，即结实、诚实、踏实。蒋经国宣称：

"我深入基层部队，只要看士兵读得最多、最喜欢读的是什么书，然后我便知道他们所受的教育以及他们的思想观念是否结实。"

"一个人发自内心地忠于自己、忠于自己的上官、忠于自己的军队、忠于自己的国家，这便是诚实。"

"踏实就是脚踏实地的。不要虚报，不要好大喜功，做一个是一个，做一件了一件，有始有终地做，做得彻底。"③

"国防部"举行"三实会议"，蒋经国在会上发表讲话称：

"不论是结实、是诚实、是踏实，最主要的还是诚实；就是去除杂念，摆脱外务，专心一意，自动自发地放在工作上。"

在改善部队风气的同时，蒋经国又在1965年3月8日提出"国防"施政要点：

（1）"构成严密坚固的台澎金马防线"；

（2）"准备一股强大的机动打击兵力"；

（3）"加强有力量、有权威的政治作战与情报作战"；

（4）"巩固台湾省兵员动员的基础"；

---

① 台湾，《"中央"日报》，1965年1月15日。

② 《蒋"总统"经国先生言论著述汇编》，第5辑，第502—505页。

③ 钟声：《蒋"总统"经国先生》第194页。

（5）"扩充我们自己的兵工建设"；

（6）"从事原子能的研究发展"；

（7）"扩充对大陆以及大陆的抗暴运动"；

（8）"改善军人生活"；

（9）"培养革命实践军风"。①

蒋经国的"国防"施政中心仍是在贯彻其父鼓吹的"反攻大陆"，贯彻蒋介石发起的"勿忘在莒"运动就是在这一背景下发生的。

众所周知，早在 20 世纪 50 年代初，蒋介石就成立了"光复大陆设计研究委员会"，研究并设计出 1000 多种"反攻"方案，还提出了"1 年准备，2 年反攻，3 年扫荡，5 年成功"的时间表。② 随着大陆政权的稳定与经济建设的飞速发展和两次"台海危机"，"反攻无望"已经成为台湾各界的共识，《自由中国》杂志1957 年 7 月发表社论，强力质疑"反攻大陆"的可能性。但在进入 60 年代以来，蒋介石不断鼓噪"反攻大陆"，宣称："一旦反攻大陆，我们预期少则 3 年，最多5 年内，完成我们底定全国的任务。"③

国民党蒋介石为什么在进入 60 年代年后大肆叫嚣"反攻大陆"呢？为什么又认为"目前正是进攻中国大陆的良好时机"呢？

第一，是蒋介石错误估计了大陆的形势所致。蒋介石宣称大陆中共正处于"公社失败、工业倒闭，俄援不继，灾荒饥饿，空前未有的毁灭恐怖的当口；亦就是天灾人祸，交相煎破的当口"。④ 蒋介石还认为"中共部队的效忠精神已愈来愈糟"；大陆民众对"中共政权"已到"不可忍受的程度"，"大多数中国人民，热切盼望我'反攻大陆'，推翻'匪伪'政权"。加之国民党游击队分批进入内陆，"已在各地分别进行建立基地"，认为"应该反攻大陆的时候到了"。同时提出"如果我们没有利用共党目前的弱点"，就会造成"可怕的错误"。⑤

第二，蒋介石企图利用中苏之间的意见分歧展开对大陆的进攻。50 年代末60 年代初，中苏两党之间的确矛盾重重，争论不断。蒋介石过去攻击"中共政权"是苏联卵翼下的"汉奸政府"，御用工具；现在他又认为中苏之间的矛盾已

①《蒋"总统"经国先生言论著述汇编》，第 5 辑、第 515—517 页。

②《"总统"蒋公思想言论总集》，卷 32、第 266 页。

③ 张其昀：《先"总统"蒋公全集》，第 3 卷、第 3998 页。

④ 张其昀：《先"总统"蒋公全集》，第 3 卷、第 2771 页。

⑤ 张其昀：《先"总统"蒋公全集》，第 3 卷、第 4006 页。

经成为他"反攻大陆"的有利时机。蒋介石在答记者问时宣称：如果国民党"反攻大陆"，"苏俄将不会援助中共"。"中共与苏俄之间的分裂，已成为国民党光复大陆造成一适当的机会"。①

第三，企图在台海造势，拖住美国。进入 60 年后，台美之间的蜜月关系结束。美国为了从台湾海峡脱身，重新考虑对华政策，企图松动同中国大陆的关系。特别是肯尼迪入主白官后，正在悄悄地改变对华政策。蒋介石之所以在两度"海峡危机"之后，再度点起海峡战火，其目的就是企图通过台海局势出现一定程度的紧张，牢牢拖住美国，同时借机试探一下美国对台"反攻大陆"的真实立场究竟如何，还可在政治上造成一定的声势，配合自身的经济发展成就，引起国际上的瞩目。

正是基于上述三个原因，蒋介石认为 1962 年至 1963 年是他"反攻"的"决定年""胜利年"。②谁都知晓，蒋介石的性格是明知其不能为也要为。为实施"反攻"战略，台湾"立法院"根据蒋介石的旨意于 1962 年 4 月 27 日通过了《"国防"临时特别捐征收条例》，并成立了"反攻行动委员会"。与此同时蒋经国在北投开办的政工干校全力配合"反攻"，临时开设战地政务班，为未来登上大陆培训党政干部；政工部门要求士兵明确"为谁而战"，要有献身精神，并在每一个士兵的鞋上和皮带上都刻有"光复大陆"的字样。按蒋氏父子最初部署，是派军队"反攻"，后改变主意，由情报机构派遣特工人员偷袭大陆。据时任台湾情报局督察室主任的谷正文在 1990 年承认，从 1961 年至 1965 年 4 年间，台湾共派出 1800 余名武装特工人员，最后生还的还不到三分之一。③

一次次"反攻"失败，并未使蒋氏父子甘心，父子俩为了重新鼓起国民党军官兵的"反攻"勇气，遂于 1964 年 12 月 20 日发起了"毋忘在莒"运动，梦想田单复齐故事重演。

何谓"毋忘在莒"呢？蒋介石称："最近金、马前线官兵，效法 2200 年前，田单在莒县和即墨，纠合军民，忍辱负重，牺牲奋斗，百折不回，卒能驱逐敌人，恢复其齐国的精神，发起了'毋忘在莒'运动。本来在四十一年（1952 年），我为了勉励前线军民，殷忧启圣，雪耻'复国'，曾经以'毋忘在莒'四字，题名于金门太武山上，作为将来反攻复国胜利，使我全体战友和人民，毋忘今日在

---

① 张其昀：《先"总统"蒋公全集》，第 3 卷，第 4005 页。
② 张其昀：《先"总统"蒋公全集》，第 3 卷，第 4007 页。
③ 台湾，《联合报》，1990 年 7 月 8 日。

台、澎、金、马的军民，共患难，同生死的千古不磨的纪念。这在今天反攻复国前夕，由前线官兵来推动'毋忘在莒'的民族复兴运动，不仅最足以显示我们前线军民的革命精神，和革命志节，而且也必能在军中、在学校、在乡村、在社会的每一角落、每一军民，掀起举国一致的心理革新、精神动员，人人走向战斗的新行动和新气象。其实，这亦就是我对大家所常常勉励的'团结奋斗，雪耻复国'八个字的意义。"①

蒋介石为了将这一运动推展至社会的每一个角落，明令公布了《毋忘在莒运动实施纲要》。台湾军事当局还归结出"毋忘在莒"的六种精神："坚韧不拔""团结奋斗""研究发展""以寡击众""防谍欺敌""军民合作"。为了进一步配合"毋忘在莒"运动，国民党召开军中文艺大会，蒋介石亲自到会致辞，强调"文艺是战斗的精神武器，而我们所需要的，就是战斗的文艺"。他还给大会提出了今后军中文艺运动推行的十二项要领：

第一，是发扬民族仁爱的精神；

第二，是复兴革命武德的精神；

第三，是激励慷慨奋斗的精神；

第四，是发扬合众互助的精神；

第五，是实践言行一致的精神；

第六，是鼓舞乐观无畏的精神；

第七，是激发冒险创造的精神；

第八，是奖进积极负责的精神；

第九，是提高求精求是的精神；

第十，是强固雪耻的精神；

第十一，是砥砺献身殉国的精神；

第十二，是培育成功成仁的精神。②

蒋经国主导的"退除役官兵就业辅导委员会"举行第九次扩大会议业务汇报，会议"总决议文"中的四点，第一点就是"推行'毋忘在莒'运动，发挥'勿忘在莒'精神"。强调："'勿忘在莒'运动，旨在因应革命形势，开创'复国'机运。""记取田单复齐的历史教训，效法田单复齐的坚忍不拔，以寡击众的毅力和精神，贯注到我们的思想、观念、工作以及生活各方面去，并以诚心、爱心、耐

---

① 张其昀：《先"总统"蒋公全集》，第 3 卷，第 2871—2872 页。

② 《"总统"蒋公思想言论总集》，卷 28，第 403—404 页。

心、恒心、信心为基础。万众一心，群策群力，发挥潜力，增强效能，蔚为中兴复国的新气象。"①

　　为了更好地推进"毋忘在莒"运动，蒋经国在陆海空"三军"中举办了"毋忘在莒"干部讲习班，所有干部都要进行轮训。蒋经国每期班都要做专题讲演。在3月8日的"国防部"会议上，蒋经国强调："我们今天推行'毋忘在莒'运动，大家要知道'毋忘在莒'不是一个口号，也不是一个形式，而是一种精神作用。"②

　　3月11日，蒋经国在陆军"毋忘在莒"干部讲习班上指出："我们今天推行这'毋忘在莒'运动，最重要的，还是给我们自己个人在不同的工作岗位不同的工作环境中，来改造我们的工作，我们不要等待，不要等待任何人来替我们解决问题，问题是要我们自己来解决，也可以说'毋忘在莒'运动，是个尽心竭力的运动，尽心，是尽到你自己的心，这个心是怎么样呢？就是如何打败敌人，竭力，就是你自己能够用的力量全用出来。""'毋忘在莒'运动，就是要为了光复大陆"。③

　　1968年4月15日，是蒋经国59岁生日。就在这一天，蒋介石于4月14日从日月潭给他寄来一封信称：

"经儿：

　　明日为你50晋9诞辰，明年即为花甲之年，因你公忙，未能同在一处相祝，时用怀念。近日在潭上研究陆象山（九渊）与朱晦庵（熹）二先生学术同异之点，尤其对其'无极而太极'之说不同之意见，尚未能获得结论，故不敢下断语，然以现在太空探测所得之经验解之，则太空乃无极之说近似也……余所重者，王阳明知行合一说，即出于陆象山简易之法，教人以发明其本心为始事，此心有力，然后可以应天地万物之变也。"④

　　早在大陆30年代，蒋介石就非常推崇王阳明。他所宣称的"力行"哲学，就是对王阳明的"知行合一"与孙中山的"知难行易"思想的演绎和解读。他到台湾之后，又将所居草山改为阳明山，以示对王阳明的尊崇。与此同时，他又在草山创立了"革命实践研究院"，提倡"实践"运动。就此点而言，是当年"力行"哲学的翻版。

---

① 台湾，《"中央"日报》，1965年2月18日。
② 《蒋"总统"经国先生言论著述汇编》，第5辑，第523页。
③ 《蒋"总统"经国先生言论著述汇编》，第5辑，第546页。
④ 《蒋"总统"经国先生言论著述汇编》，第10辑，第603—604页。

　　蒋介石写这封信的目的，就是要教会蒋经国用什么哲学理念去"齐家治国平天下"，完成他"反共复国"的使命。蒋经国对父亲的良苦用心心领神会，他说：

　　"父亲对王学的研究，进而发为事功，重要的是贯彻了行的道理。特别是将阳明的致良知学说，和国父知难行易学说发明贯通，说明'知行合一'的良知学说，是与国父知难行易的学说不惟不相反，而且是相辅而行的，亦惟有致'知难行易'的良知，才能实现知难行易的学说"。①

　　尽管父子二人都懂得知行合一与知难行易说，正是基于这一观念，蒋氏父子在"反攻"问题上才有如此的坚持。

　　蒋经国在"国防部长"任内，与其父亲不同之处：巡视时不让你有任何准备，这种作风使蒋经国可以看到事情的真相，也使各级首脑不敢懈怠。港报对此评论说：蒋经国做"国防部长"时期，是三军风纪最好的时期。

　　蒋经国在"国防部长"任职期满之际，又于 1969 年调任为"行政院副院长"，在接班道路上又往前迈进了一步。

---

　　① 《蒋"总统"经国先生言论著述汇编》，第 10 辑，第 601 页。

第三章　主政台湾

20 世纪 70 年代初，国际风云骤变，台湾在遭受"外交"大溃决与金融危机和世界石油危机的双重冲击下，任命蒋经国出任"阁揆"。更感觉受命于危难之际，上台伊始，蒋经国出于稳定台湾社会，维持国民党在台湾统治与树立自身新形象的考量，大力倡导革新运动，推展行政革新与社会革新，给台湾社会带来一股清新之气，博得了台湾社会广泛的好评，从而也宣告了"蒋经国时代"的来临。

清除接班障碍

让蒋经国顺利接班，是蒋介石的既定方针。为了实现这一既定方针，蒋介石煞费苦心、千方百计地清除蒋经国的接班障碍。先是利用国民党改造赶走陈氏兄弟，继之以贪腐之名将吴国桢放逐海外，以所谓"兵变"囚禁孙立人，以侮辱领袖之名将雷震下狱，最后连一向忠诚的陈诚也中箭落马。至此蒋经国的接班障碍一一被清除。

首先是利用国民党改造将"二陈"清除出国民党的权力核心。蒋介石同"二陈"叔叔陈其美有过命之交，对"二陈"有知遇之恩，为什么一到台湾就拿陈氏兄弟开刀呢？依笔者之见，一是蒋介石为其在大陆失败特别是党务失败寻找替罪羔羊；二是出于陈氏兄弟对蒋家有背叛迹象的惩罚；三是通过牺牲"二陈"换取蒋经国掌握党务部门；四是时任"行政院长"的陈诚与陈氏兄弟过从颇深。正是在上述背景下，蒋介石、蒋经国联手陈诚在"消除派系观念"的口号下，将"二陈"踢出了国民党的权力中心。陈果夫于 1951 年 8 月 25 日病逝台北；陈立夫借1950 年 8 月出席"世界道德重整会议"之机，经瑞士流亡美国，养鸡度日，一去就是 18 年之多。颇为令人不可思议的是，陈立夫曾几度收到台湾当局要他返台的电报：一封是"总统府军务局长"俞济时以陈父病为由，要他回台一叙；一次是国民党中央党部秘书长张厉生发电报给陈，请他辅佐；再就是蒋经国在金、马炮战后致函陈立夫，坚邀回台，"共谋国是"，但都遭到陈立夫婉拒。19 年间蒋经国奉父命实际上给陈立夫共写了 27 封信，而这些信又充满了兄弟之情。

1961 年 2 月，陈立夫父病危，陈匆忙返台。当陈抵台北机场时，逼陈离台的"副总统"陈诚居然亲到机场迎接他。陈立夫回到寓所后发表书面讲话，宣称："立夫'出国'已逾 10 载，退思补过，蛰居美国乡间，绝不耳闻政治。在此期间，对于留在'国内'之家父，未克稍尽侍奉之责。此番病起仓促，曾一度十分危险……正拟设法赶归侍疾，乃蒙'总统'先赐电召，当即遵命兼程'返国'……如家父病体幸得告痊，仍拟与内即行返美。""今日下机时，承'陈副总统'与诸亲友远道冒雨来接，不胜感激。"

1966 年秋，蒋经国再度写信给陈立夫，真诚邀请陈立夫回台定居。信函称："今年适逢家父 80 寿辰，准备好好庆祝一番，亲朋故旧能济济一堂，也算图个圆满。"① 陈立夫考虑再三，决定接受蒋氏父子的邀请回台参加蒋介石 80 寿诞。据陈立夫回忆："我乃'返国'为蒋公祝寿，并以印好的第一本《四书道贯》献给蒋公作为寿礼。蒋公复要求我做'国家安全会议'委员，也经由我婉谢。"②

蒋之所以一再电邀陈立夫返台，是希冀张道藩辞去"立法院长"职后由陈立夫接替这一职务或出任台湾当局驻日本"大使"，为其"反共复国"大业分担责任。陈在台湾期间曾 3 次受到蒋的召见，对于蒋氏父子的坚留，陈立夫只应允暂且留台观察，对其出处按下不提。有人说，陈立夫不马上复出是他的聪明之处，因为台湾仍有一股潜在的反 CC 势力的暗流。如果贸然出山，将会铸成第二次大错。当陈立夫料理好其父丧事后，又悄然返美。直到 1968 年 4 月，陈立夫夫妇才在台北定居，蒋氏父子安排他担任"总统府资政"、国民党中央评议委员、"中华文化复兴运动推行委员会"副会长、孔孟学会理事长等职。

1988 年 1 月 13 日，蒋经国病逝，陈立夫送给蒋经国的挽联是："于私为弟兄，于公为同志，一木大厦独撑，继志函烈，死而后已；在国为柱石，在党为干成，千秋功业初奠，含辛茹苦，民不能忘。"③

清除"二陈"之后，蒋介石父子又将眼光投向了吴国桢。吴国桢是个留美派，获普林斯顿大学博士学位。返国后，吴氏历任国民党中宣部副部长、汉口市市长、重庆市市长和上海市市长等要职，是国民党官场中红得发紫的人物。直到吴国桢被逐出台岛之后，他也一直认为在大陆时期没有比蒋先生待他最好的人

① 张学继、张雅蕙：《陈立夫大传》，第 613 页，团结出版社，2004 年版。
② 陈立夫：《成败之鉴》，（下），第 395 页。
③ 张学继、张雅蕙：《陈立夫大传》，第 672 页。

了。蒋介石之所以器重吴国桢，一方面是由于吴毕业于美国，国民党退守台湾之初，最为突出的问题是争取美援。1949 年 12 月 15 日，尚未复"总统"职的蒋介石便以台岛最高行政长官的身份任命吴国桢为台湾"省主席"。对此，吴氏大惑不解。因为陈诚掌管台湾省大印不足一年，没有功劳亦有苦劳，且在吴上任省主席不久前，陈诚曾约谈吴国桢，要他屈就台湾省"政府秘书长"一职，遭吴婉谢。吴对蒋坦率地说："陈诚将军不是做得很好吗？最好由俞大维担任"。蒋也毫不隐讳地回称："你很恰当，我要你今后全力争取美援。"另一方面由于吴从不结党营私，对蒋绝对忠诚。

蒋介石父子之所以清除吴国桢，据吴国桢自己称：蒋先生为了经国的缘故。只要稍微了解国民党高层政争的人，都知道吴国桢与蒋经国的矛盾，并非源于台湾，而是始自上海。当然，吴氏与蒋经国之间背景、思想与训练完全不同，这也是使双方裂痕扩大的原因。早在 1948 年 8 月，蒋经国上海"打老虎"时期，就与吴国桢结怨。因蒋经国手法严厉、急切而导致效果不佳，演变成"只拍苍蝇"不打"老虎"的局面。时任上海市市长的吴国桢除了不同意蒋经国的做法之外，市长权力被架空，亦使吴颇为不悦。蒋经国与吴的矛盾就此发端。退守台湾之后，蒋经国奉父命独揽了整个台湾岛的安全、情报与特务系统大权。吴国桢任职台湾"省主席"期间，最不能容忍的就是蒋经国所豢养的特务打手的横行、猖狂。当时吴就曾对蒋介石说：这种状况非改革不可，任何机构不通过保安司令部，不得随意抓人，逮捕后 14 天，一定要释放或起诉。由于吴的主张与蒋经国当时的所作所为势同水火，故二人的矛盾日渐激化。吴与蒋经国之间的矛盾还有经费问题。对于蒋经国领导的许多不在编机关、特务组织预算外的经费要求与请托，吴往往不客气地予以拒绝。吴后来告诉蒋氏父子的另一反对派雷震说："我只是采用消极行动，不发给经费，所以蒋经国恨死我了。"

吴国桢遭蒋排斥亦有他恃宠而骄、过高地估计了蒋介石对他的"信任"的成分在内。他后来竟天真地向蒋介石进言："如钧座厚爱经国兄，则不应使其主持特务，盖无论其是否仗势越权，必将成为人民仇恨的焦点。"[1]

吴国桢的上述进言使蒋介石产生了除掉吴的念头，加之美台关系已经好转，吴国桢的使命已经完成。有鉴于此，吴国桢认为在台湾是不能再待下去了，遂于1953 年 4 月向蒋介石请辞台湾"省主席"一职。蒋介石毫不犹豫批准了吴国桢的

---

[1] 吴国桢：《上"总统"书》，1954 年 6 月。

辞呈。吴国桢的去职，又为蒋经国接班清除了一个障碍。

正当吴国桢案在台岛余波未尽之际，又突发了所谓孙立人"兵变"案。从事后调查来看，孙立人"兵变"案纯属子虚乌有。蒋介石之所以制造这一案件，主要原因有三：

第一，是蒋经国与孙立人之间冲突的必然结果。众所周知，孙立人一向主张"军队国家化"，与国民党军队政工组织有矛盾。早在他留美学习期间，对政治就无兴趣。抗战期间，他在一次会上说："我不管什么党不党，一个军人能为国家为民族尽一份力量就行了。"当他升任"陆军总司令"一职后，他就用其职务抵制蒋经国政治工作的开展。恰逢此时美军顾问团团长蔡斯对国民党军队政工制度也表示不满。但蔡氏有"美援"支票签字权，蒋氏父子也无奈他何，因而就迁怒到孙的头上，认为他假外人自重。

第二，根本原因是孙立人与美国人搞在一起所致。美国在国民党丢失大陆前，为了使台湾控制在自己手中，就企图寻找取蒋而代之的人选，先是看中了时任台湾省主席的陈诚，由于陈诚和蒋介石的特殊关系，美国人只好作罢。后来又看中了孙立人。美国驻华大使馆参事莫成德在1949年3月上旬致电国务院声称："我们所需要的是一个能力强、做事脚踏实地的人，不必听命蒋介石，亦毋须服从李宗仁的联合政府，而专为台湾谋福利。孙立人的经验也许不足，但其他条件却甚适合。"1949年5月，莫成德返美述职时，又向艾奇逊提出孙立人主持台政以及美国长期租赁台澎海空军基地的建议，并以此两点作为经援台湾的条件。与此同时，美国远东事务助理鲁斯克酝酿赴台直接找孙立人，探其有无"救台湾"的计划。后鲁斯克请其过去的上司莫里尔赴台，这是美国官方首次当面向孙立人试探反蒋的可能性。当时孙除了发发牢骚之外，并未对美国的试探做出正面回应。当鲁斯克试探孙立人之际，美国驻台"大使馆"代办斯特朗和前美国驻台总领事克伦兹于1949年12月抵台北。克伦兹与孙接触后称：如果他同意控制"国民政府"则美国"将会彻底支持他"。孙拒绝了克氏的游说。与美国国务院插手台湾事务同时，麦克阿瑟对台湾问题倍感兴趣，他曾派部下访台，劝蒋将权力交与吴国桢，并离开台湾。但蒋未接受麦氏的建议。1950年2月11日，麦氏又派一架专机到台湾将孙立人接到日本，孙立人呈报陈诚核准后到日与麦氏长谈。麦氏要求孙立人负起"保卫台湾"的责任，他会尽量提供军援与经费。孙返台后将会谈情形报告陈诚，并请陈呈报蒋介石。孙立人后来虽辩称是麦克阿瑟主动邀请他赴日，但孙的东京之行的确加剧了蒋氏父子对他的猜忌。

1953 年 1 月 17 日，蒋介石在日记中写道："陆军总部对我党政军联合作战训练组训练向蔡斯告密，此为其主官最不忠实之所为，不胜痛愤。"[①] 同年，蒋介石还认为："吴国桢、孙立人之飞扬跋扈，挟外凌上。"[②] 事发前一年，蒋介石对孙立人同美国顾问团的关系已经深恶痛绝，他在日记中写道："立人勾结麦唐纳，挟外自重，图谋地位，对军中党务与防共组织泄露之于麦，以此为挟制政府之资料，殊为痛心。蔡斯竟来函责难，其势汹涌。"[③]

第三，孙立人并非是黄埔嫡系，又与黄埔系结怨，从而激怒了蒋介石。香港台湾问题专家李达先生认为：孙立人之所以遭此命运，是他忽略了国民党军方主流派在政治上的实力，尤其是在他得势之时，与黄埔系疏远与矛盾是他一大致命伤。更重要的是他不仅与黄埔系作对，而且还犯了一个致命的错误，轻视政战系统的工作，与小蒋为敌。

对于孙立人的"反叛"行为，蒋氏父子了如指掌，只是碍于美国压力让他高官照做。朝鲜战争爆发后，美国"协防台湾"已成事实，美援亦滚滚而来，随着台、美"共同防御条约"的签订，蒋氏父子再无后顾之忧，故在驱逐吴国桢之后，拿孙立人开刀以清除异己。此刻美国人对蒋氏父子此举已无可奈何，孙立人遂成为美国对台阴谋策略下的最大牺牲品。

清除吴国桢和孙立人后，雷震和他的《自由中国》成为蒋介石连任"总统"和蒋经国接班的最大障碍。

雷震，字儆寰，浙江长兴人，1897 年生。1916 年中学毕业后赴日本留学，此间由戴季陶和张继正介绍加入孙中山领导的中华革命党。回国后担任国民政府法制局编审、大学教授等职。1931 年后从学术界进入政界，曾先后担任国民参政会秘书长、国民大会副秘书长、行政院政务委员等职。国民党败退台湾后，他先后任"总统府国策顾问""中央银行监事""大陆灾胞救济总会监事"，以及《自由中国》半月刊杂志发行人。

从雷震的经历看，他是一个忠实的国民党员，有人称雷是"恨铁不成钢"的国民党人。国民党败退台湾前夕，雷和"自由主义大师"胡适、王世杰、杭立武等人商讨办报事宜。胡适提议刊物名称叫《自由中国》，仿当年法国戴高乐的《自由法国》之意；雷则主张办报扰乱解放区人心。由于国民党在大陆的迅速崩溃，

---

① 《蒋介石日记》(手稿本)，1953 年 1 月 17 日，"上星期反省录"。
② 《蒋介石日记》(手稿本)，1953 年，"本年度总反省录"。
③ 《蒋介石日记》(手稿本)，1954 年 1 月 31 日，"上星期反省录"。

雷震等人什么也没有来得及办就随蒋氏父子撤离大陆。到台湾后，雷、胡继续酝酿筹办刊物。《自由中国》于 1949 年 11 月 20 日在台创刊，其宗旨是支持和督促国民党当局"走向进步，以抵抗中共，早日反攻大陆"。

蒋介石父子之所以同雷震矛盾激化到非抓他下狱不可的地步，主要由于以下几点原因：

第一，攻击蒋经国的政工制与特务统治。早在 20 世纪 50 年代初期，雷震与蒋氏父子争斗便愈益显现。1951 年 1 月，雷震与洪兰友在香港拉拢各党派及民主人士时，青年党左舜生与李璜等一见雷、洪二人，就大骂蒋氏父子不该违反现行"宪法"规定，在所有军队里，以及持有枪杆子的宪兵和警察里设立国民党支部之事，认为这种做法本身与过去军阀和大陆时代国民党一样，采用苏俄的"以党治国"，不想依照"宪法"实行民主政治，建设民主国家。这完全是家天下的政治，终有一天要失败的。雷、洪二人返台后，正值国民党改造时期，蒋氏父子让雷汇报香港之行，雷如实汇报，蒋经国认为这是雷震的主张。当 3 月 29 日雷与蒋经国同去圆山"忠烈祠"时，蒋经国气势汹汹地对雷说："你为什么反对在军队设立党部之事，这是反动分子，是共产党同路人之所为。"1951 年 6 月 1 日，《自由中国》发表了《政府不可诱民入罪》的社论，指责蒋经国、彭孟缉指挥特务蓄意制造经济犯罪，设下陷阱让老百姓上当。刊物出版后被台湾情治部门全数扣押，还扬言要抓雷震坐牢，后经台湾省主席吴国桢干预才使事态平息。由于雷继续在该刊发表反对蒋介石独裁统治的文章，致使蒋氏父子对雷怀恨在心。1954年 12 月 16 日，《自由中国》又将批评的矛头直指蒋经国领导的"救国团"，发表了《抢救教育危机》的读者投书。文章主要抨击台湾教育当局与蒋经国主持的"救国团"[①]。蒋介石读过这篇文章之后"勃然大怒"，认为雷的做法已经背叛了国民党，故在 12 天后亲自下令开除雷震的国民党籍。

第二，攻击蒋介石的"反攻"论。众所周知，从 1949 年 12 月 10 日蒋介石兵败退台至 1975 年 4 月 5 日他梦断台湾孤岛，其间整整 26 年，他始终念念不忘的就是"反攻大陆"。蒋介石每年都要发表四次文告（新年、"青年节"、"双十节"、"台湾光复节"），总是重申：今年是"反攻大陆"的"决定年""关键年"，明年是"反攻大陆"的"胜利年"。雷震认为，蒋介石的"反攻"神话是"弊害横生"，故在《自由中国》发表了"反攻无望"的社论。蒋介石阅此社论后对雷大为不满，

---

① 《雷震回忆录》，第 358—359 页，香港，70 年的杂志社，1978 年版。

认为他处处与当局唱反调，雷、蒋矛盾不断升级。

第三，反对蒋介石独裁与连任"总统"。按照国民党在大陆时期颁布的《"中华民国"宪法》规定："总统副总统之任期为6年，连选得连任一次。"如果再度连任，即属"违法"行为。蒋介石在连任一届"总统"后，以种种理由希冀再度连任"总统"。有人提出修"宪"，蒋介石不同意，最后有人提议：通过大法官会议作成解释决议，以台湾现有"国大代表"人数为计算标准，修订"动员戡乱时期临时条款"为"动员戡乱时期总统副总统得连选连任，不受宪法第47条连任一次之限制"。这样一改，既坚持不"修宪"，又使蒋介石连任不"违宪"，而且还可做"终身总统"，又能为蒋经国顺利接班保驾护航。雷对此气愤异常，遂在同年1月出版的《自由中国》第21卷1期刊载了一篇题为《欣幸中的疑虑》的文章。文章明确表示反对蒋介石再度连任"总统"。6月16日，该刊又发表了《蒋"总统"不会作错了决定吧！》的文章，再度阐明了上述看法。当"国大"一届三次会议即将召开之际，《自由中国》更连篇累牍地发表反对蒋介石再度连任"总统"的文章，如傅正的《护宪乎？毁宪乎？》、曹德宣的《拥护蒋"总统"继续领导而不赞同连任》、杨金虎的《岂容御用大法官滥用解释权！》、雷震的《敬向国大代表同仁说几句话》和左舜生的《我们对毁宪策动者的警告》等文。由于蒋介石尚未对雷震等人采取行动，雷震等人被一时胜利冲昏了头脑。他们低估了蒋介石，高估了美国人对台湾的影响力，竟开始调查选举情况，揭发国民党违法选举的黑幕等。这可触怒了蒋介石，他决心搬掉《自由中国》这块妨碍他实行愚民政策的绊脚石。

第四，展开成立反对党活动。雷震在1957年时就曾考虑组建反对党问题。雷的主张得到旅居美国的胡适的鼎力支持。当年《自由中国》以《今日问题》为总标题发表的一系列社论中，曾专论反对党问题。同年5月，郭国基、杨金虎、吴三连等台籍人士针对国民党操纵选举诸种弊政，召开选举检讨座谈会，并提出筹组"中国地方自治研究会"的结社申请。这一申请得到雷震的支持。由于"自治研究会"有反对党倾向，国民党断然决定禁止成立。当时蒋氏父子禁止成立的理由是："戒严"时期，此举有违"非常时期人民团体组织法"。对于蒋介石的专断行径，雷震等人一面著文予以批评，一面加快了组党的行动步伐。1958年春，《自由中国》刊文公开提出：必须创立新党，始能解决台湾面临的任何重大问题。按照雷震的最初设计，即将组织的新党是一个"不希望取得政权的在野党"。它所代表的是台湾自由主义知识分子和中小资产阶级的利益。其奋斗目标是：向国民党独裁挑战，扩大人民的自由，裁减军事费用，对大陆不施军事攻击，为台湾人民争取应有的政治权利等。雷希望由胡适出任党魁，他自己做秘书长负责实际工作。胡适则主张由雷震出面组党，他全力支持，并提议新党定名为"中国民主党"。1960年《自由中国》发表七论反对党的文章，宣称："民主政治是今天的普遍要求，但没有健全的政党政治就不会有健全的民主，没有强大的反对党也不会有健全的政党政治。"6月26日，雷震宣布李万居、郭雨新和他本人为新党发言人；雷震、李万居、夏涛声、吴三连、郭雨新、齐世英、郭国基、黄玉娇等17人为召集委员，由雷任新党秘书长，做实际领导工作。该党设常设委员会，由李万居任主席，并决定在9月底正式成立新党。8月28日，雷震正式宣布，新党党名就叫"中国民主党"。9月1日，"选举改进座谈会"发表紧急声明，宣称"我们郑重声明我们组织新党，系基于爱国心切，不能坐视因国民党的'一党专制'，过分集中政治权力而误人误国"。同时《声明》抨击国民党当局对组党活动千方百计地破坏，并强调新党的组成，是任何干扰所不能阻止的。①

蒋氏父子闻此消息后勃然大怒，令国民党三大党报《"中央"日报》《中华日报》《新生报》对雷震等人的组党活动予以反击，并宣称：组建新党是配合共产党"统战"，"造成台湾混乱"的"颠覆阴谋"。为了扼杀"中国民主党"，蒋介石于9月4日亲自下令将雷震等人逮捕。同时遭逮捕的还有《自由中国》副主编傅正、经理马之肃、会计刘子英3人，罪名是"煽动叛乱"。当天，国民党宣传部门公布了《自由中国》"涉嫌违法言论摘要"，给《自由中国》定下六条罪状：

"（1）倡导反攻无望；（2）主张美国干涉我国内政；（3）煽动军队愤恨政府；（4）为"共匪"做统战宣传；（5）挑拨本省人与大陆来台同胞间的感情；（6）鼓励人民反抗政府流血革命"。②

9月13日，美国西海岸记者访问蒋介石时问及雷震被捕原因，蒋称：雷震发行的《自由中国》"刊登的文章，对共匪是有利的"。他说："已有匪谍在该刊幕后活动，逮捕雷震当然是有法律依据的。"蒋介石还表示："这件事与雷震筹组反对党的事无关，任何人可以自由地在台湾从事政治活动。但是绝对不可参加颠覆的活动。"③

蒋经国顺利接班的最后一个障碍在蒋介石心中就是陈诚。按说陈诚是蒋介石

① 台湾，《自由中国》，23卷，第5期，1960年9月1日。
② 台湾，《联合报》，1960年9月5日。
③ 《雷震回忆录》，第19页。

的得力干将，早在北伐之初就深得蒋介石信任，10 年内战时期为蒋介石反共战争效尽犬马之劳，官阶一升再升，成为黄埔系中爬升得最高的一位。蒋介石之所以特别器重陈诚，除了他是黄埔系、浙江人和对蒋介石绝对忠诚之外，陈还不贪污、家教严谨。这两点就国民党在大陆时代及迁台初期的官僚而观，百中不得其一。正因为如此，陈诚退台后依然能官运亨通，先是出任台湾"省主席"，后又由他出掌"行政院"。1954 年 3 月召开的"国大"一届二次会议上，蒋介石推荐陈诚当上了"副总统"。1957 年国民党"八大"召开时，决定恢复副总裁，又由蒋介石提名，陈诚出任国民党副总裁，同时仍兼"副总统""行政院长"等要职。1960 年陈诚再度当选"副总统"。就陈诚当时在台地位而言，真可谓一人之下万人之上，红透半边天。

港台舆论盛传陈诚将接蒋介石的班。蒋经国的老部下孙家麒认为陈诚接班的说法不妥。他认为：第一，陈诚虽是"副总统""副总裁"，但并无实际力量；第二，陈诚缺乏玩弄政治魔术的能量与缺乏一个有力的政治集团；第三，陈的年龄虽比蒋介石年轻 10 多岁，但他的健康情形，反而较蒋介石更差，也可能衰老得更快。而蒋经国恰恰相反，在这三方面都比他优越得多。孙氏认为接班者必为蒋经国。[1]

不能不承认孙家麒的分析颇有一定道理。蒋介石既要传位于子，又非常倚重陈诚，的确使他左右为难。但在皇权余波未尽的中国，传位于子唯此为大，加之陈诚与蒋经国的矛盾越来越激化，使蒋介石与陈诚之间也出现了摩擦。摩擦集中在以下几点：

第一，组建"救国团"之争。为了使"反攻大陆"成功，蒋介石不惜动用一切人力物力，成立"救国团"就是其中的一项重要举措。然而此举却遭到三青团创始者陈诚的强烈反对，他的理由是：应记取在抗战胜利后国民党内分裂为党团两大势力，不顾党之将亡，恶斗不休，搞得天下大乱的教训，不要再为个人势力的成长而另外弄一个"小国民党"。双方争论许久不得要领，后来蒋介石派其爱将张其昀前来说服陈诚，但陈诚仍坚持原主张不让步，其结果蒋介石干脆硬派陈诚前去主持"救国团"成立仪式，才使这一争论暂告一段落。

第二，人事安排之争。陈诚第一次"组阁"时，外界就曾盛传"内阁"人事任用问题失和。俞鸿钧遭弹劾后，陈诚重新"组阁"，在"教育部长"人选上蒋、

---

① 孙家麒：《我所认识的蒋经国》，第 4—5 页。

陈再度发生"摩擦"。俞鸿钧"内阁"时的"教育部长"是蒋介石的同乡张其昀，蒋希望陈诚"组阁"时仍聘用张，但陈诚不肯，他认为"教育部长"必须德高望重，而此一职务最好由曾任北大校长的梅贻琦出任。经此周折，蒋、陈矛盾进一步加深。

第三，再度连任之争。在蒋介石再度连任问题上，《自由中国》反对最为激烈，许多知名人士对雷震等人的观点也表示支持。而这些人多与陈诚关系密切。所以拥蒋的人认为陈诚与《自由中国》串通一气，阻止蒋介石连任。此种说法未免牵强，但又不能说一点道理没有。陈诚极力谋得知识界的好感，其目的也在为传承服务。然而当《临时条款》赋予"戡乱时期""总统"无限期连任机会之后，陈诚在接班之战上打了一个大败仗。

基于以上原因，陈诚自 1950 年以来三度出任"行政院长"，多次向蒋介石提出辞呈，尽管陈诚辞职的原因是多方面的，但陈诚与蒋氏父子之间的摩擦总是处于主导地位。有鉴于此，陈诚于 1963 年因病请辞"行政院长"一职。蒋介石冠冕堂皇，故不准辞职，给假休养一月，其职由"副院长"王云五暂代。一月假期届满之后，蒋又准假两月。后因 9 月中旬台北发生风灾，陈诚结束休假，勉强视事，但未打消辞意。同年 11 月国民党九大召开之际，蒋介石在会上提出"提拔新进"，实则是在逼陈诚交权。陈诚很乖巧，他再度提出辞职问题，蒋答应了他的要求。表面上看，陈诚是请辞，实则是蒋介石逼陈让位。对于陈诚辞职，外界评论颇多。美联社电讯陈诚下台另有原因，江南称陈诚"上焉者，处处要请示蒋先生，下焉者，要向经国低头"；"陈军人本质，一向发号施令，且以果断闻名，处此尴尬境遇，内心苦闷，盖可想及"。[①]

1964 年 9 月 3 日起，陈诚突然连续腹泻，服药后不见效果，体重不断下降。经医生诊治，确定陈诚患了肝癌。医生奉蒋介石与宋美龄嘱托，在陈诚官邸设立了设备齐全的临时病房，对陈诚进行 24 小时监护。后因治疗得当，病情暂时稳定下来。进入 1965 年以后，陈诚健康每况愈下，至 2 月 27 日，陈诚已进入半昏迷状态。1965 年 3 月 2 日，台湾"中央社"播发了陈诚病危的公告，称：

"陈诚副总统曾因十二指肠溃疡，而于民国 37 年于上海施行手术，在手术时发现肝脏有中等度硬化现象。"后"副总统食量突呈异常之增加"，"发生持续性病变、疲乏以及出汗诸症状，但尚无肝病之症状"，后又发肝脏肿大，"增殖甚

---

① 江南：《蒋经国传》，第 398 页。

速"，"经施行肝脏穿刺术，获得小片肝组织作显微镜检查，其结果仍支持肝癌之诊断"。①

3月3日，陈诚已经不能进食，他屏退医师、护士之后，召长子陈履安至身前，口授遗言三条：

（1）"希望同志们一心一德，在总裁领导之下，完成国民革命大业；（2）不要消极，地不分东西南北，人不分男女老幼，全国军民共此患难；（3）党存俱存，务求内部团结，前途大有可为"。②

推敲陈诚遗言，不知是他的疏忽，还是故意如此，三条66个字中，竟未出现"反攻"与"反共"的字眼。陈诚病逝，对蒋氏父子而言既悲且欣慰。悲的是从此蒋家又少了一位"忠臣"，故此，蒋氏父子为陈诚大办丧事，其规模是当时台湾最大的一次。蒋介石送的挽联是："光复志节已至最后奋斗关头，那堪吊此国殇，果有数耶！革命事业尚在共同完成阶段，竟忍夺我元辅，岂无天乎？"蒋经国送的挽联是："30年导师中殂，忧国不忧身，少长皆令照肝胆；千万里疆土待复，为河亦为岳，涕洟原许负弓旌。"公祭之日，蒋经国最早到达灵堂。据台报载：当陈诚病逝那天，蒋经国整日侍候在侧，茶饭不进。在陈的遗体旁，他曾对记者沉重地说："陈副总统的逝世，在国家和党来说，是无可补偿的重大损失。在我个人来说，尤其是失去追随了近30年的导师。"③3天后，蒋经国在"国防部"会议讲话中强调：陈诚是"一位艰苦卓绝、典型的革命军人、政治家、教育家"，"是'国家'、本党以及国民革命军无可补偿的重大损失"。"辞公已经去世了，但是，他的事业、他的言行、他的意志、他的精神，始终是烙印在我们每一个官兵的心里"。④

蒋氏父子也有欣慰的一面，蒋经国接班道路上的障碍终于自然消除，今后再也不用为传子部署大伤脑筋。

选择过渡人物

陈诚病逝后，蒋经国接班的格局已定，但马上继任"副总统"，威望尚显不够。1966年2月在台北召开的一届四次"国大"，中心之点就是蒋介石选择过渡人物，为蒋经国全面接班奠定基础的会议。至于"总统"人选台岛已不作第二人

---

① 台湾，《"中央"日报》，1965年3月3日。

② 台湾，《"中央"日报》，1965年3月6日。

③ 孙宅巍：《陈诚晚年》，第291页。

④ 《蒋"总统"经国先生言论著述汇编》，第5辑，第507页。

之想，尽管蒋介石年届 80 岁，依他的执政理念，他是不会放弃"总统"职位的。在大会开幕式上，蒋介石宣称自己无法完成"反共复国"的使命，希望大会"谋猷筹划，另选贤能，共进嘉谟"。① 在 3 月 7 日召开的国民党九届三中全会上，蒋介石又故作姿态，宣称："在提名之前，我曾经考虑到，今后 6 年期间，反攻复国业务，经纬万端，中正自知力绌才短，无以胜任，尤其是财政、经济方面，更非中正所长。"但最终又以战斗兵的身份接受党的征召，作了第四届"总统"候选人。

"总统"人选择定之后，"副总统"人选至关重要，因为它关系到传子部署能否得以顺利贯彻。陈诚病逝后，"副总统"职位一直虚悬。当一届四次"国大"来临之际，台湾舆论界一直认为"副总统"人选不外是张群、孙科、何应钦 3 人之中必有其一。台湾舆论界何以揣测是此 3 人呢？其主要原因是根据《"中华民国"宪法》规定所致。"副总统"必须是一个"才德"兼备的人，而张、孙、何均具备此种条件。然而蒋介石的人事安排历来高深莫测，国民党召开九届三中全会时，蒋介石在开幕词中宣称要提拔新进人才，后又说"副总统"候选人年龄宜在六七十岁之间。蒋的这一暗示表明："副总统"人选应在张、孙、何之外选择，因张已 79 岁，何 78 岁，孙也已 76 岁。最后蒋介石提名时任"行政院长"的严家淦为"副总统"候选人。

严家淦是怎样的人呢？严是江苏吴县人，1905 年出生在一个书香门第的家庭，4 岁即会吟诗，早年毕业于圣约翰大学，攻读理论化学。1931 年任京沪、沪杭甬铁路管理局材料处长，1938 年任福建省建设厅长，后调任省财政厅厅长，首创田赋征实制度，向全国推行。1945 年 12 月，调任台湾行政长官公署交通处长、财政处长，兼台湾银行董事长等职。

严在政治上崭露头角是在到台湾之后。他担任"财政厅长"期间，曾主持币制改革，发行新台币稳定台湾的金融财政，开始受到蒋介石的赏识青睐。因当时台湾需要大量"美援"物资来维持经济稳定，严受命筹组"行政院美援运用委员会"，由于运用"美援"得当，后升任"经济部长"兼"美援运用委员会"副主任，不久任"财政部长"。1954 年，严出任台湾"省主席"。蒋介石之所以看中严，不仅仅是由于严的才干，因为像严这样"经理型"的政治人物，在台并不是都能像他那样飞黄腾达的。蒋最喜欢严的两大长处：一是严没有自己的班底，不擅拉帮

---

① 台湾，《"中央"日报》，1966 年 2 月 20 日。

结派；二是严没有权力欲，为人颇圆融通达。严本人就曾说过："凡事应该退一步想，易地而处。我们不能希望每个人的性情、思想、意见完全相同。如果人人能退一步想，易地而处，那么一切事情都会有愉快的结果。"①

对于严家淦的为人，江南评论说：

"充其量他只是个循规蹈矩的政客，无条件服从的 YESMAN。""好人，不是好官；是好公民，不是好公仆。""严没有野心，没有班底，庸庸碌碌，是汉献帝型，也是林森型。天时、地利、人和，使严因缘际会，扶摇直上。"②

正是由于这两点，使严不可能造成对蒋经国接班的威胁。因此，蒋介石在严家淦助选演讲中大加赞扬。蒋说：

"来台之初，我派陈前副总统主持省政，实行三七五减租，成为日后平均地权的关键。保持币制信用，俞鸿钧先生贡献至大，而严家淦先生当时是俞先生最得力的帮手。严家淦担任台湾省政府主席，养成守法习惯，实行地方自治，他做得很成功。过去16年，他所表现的经验、能力、学识、智识，充分地证明他有资格担任副总统而不会失职。我经过再三斟酌研究，决定提名他做我的副手"。③

蒋介石的助选演讲在后来选举中发挥了极大的作用，许多国民党元老听了蒋的这番话投了严的票。然而由于严在3月10日才获提名，拉票的时间极短，故在大会发出1417张选票中，严得782票，得票率仅为55.2%。在开票过程中，由于严始终未能脱颖而出，使主持开票仪式的于斌坐立不安，他翻阅了《"总统"、"副总统"选举投票及开票办法》，和属下研究废票鉴定标准。于害怕不能过半数，故主张放松废票标准，以免举行第二次投票。但于的说法立即遭到翟宗涛等人的驳斥，认为如果严得票不过半数，就应该举行第二次投票。这场争论直到严以极微弱多数票当选才告结束。

严家淦当选后发表谈话称："本人'承国民大会'选举为'副总统'，非常感激，也非常惶恐。自当服从'总统'，勤慎努力，尽忠职守。在今后6年之中，当以爱国的身心为'国家'奉献，为人民服务。"④

对于严家淦当选为"副总统"，外界评论颇多。香港舆论界认为：严家淦是"行宪以来第一位文人出身的副总统，与亚洲各国比较，他的当选有不平凡的意

① 香港，《新闻天地》，第946期。
② 江南：《蒋经国传》，第401—402页。
③ 香港，《新闻天地》，第946期。
④ 台湾，《"中央"日报》，1966年3月22日。

义存在，是台湾民主政治向前大迈一步的里程碑，也是蒋介石在廓清暮气、起用新人的大手笔下，拔擢的一位政坛彗星"。笔者以为这种说法未免言过其实。明眼人都看得出，蒋介石提拔严的真正用意不是加速台湾民主进程，而是为其传位于子进一步奠定基础。关于这一点，严家淦体会最深。在他继陈诚"组阁"后，先是任命蒋经国为"国防部"副部长，后又升任"国防部长"，让其放手历练。严当"副总统"之后，又将"行政院"副院长一职交与蒋经国，当严 1972 年连任"副总统"后，索性辞掉"行政院长"一职，由蒋经国"组阁"，使蒋经国成了名副其实的党政军核心人物，成为蒋介石的准接班人。

出任"阁揆"

蒋经国出任"阁揆"之际，时逢联大驱蒋、尼克松访问北京所引发的台湾"外交"大溃决。此时的台湾当局逐渐丧失"国际人格"，出于极端困境中。基于此，说蒋经国受命于危难之际绝不过分。

蒋经国出任"阁揆"时首先遭遇的是联大驱蒋。众所周知，自中华人民共和国成立之日起，便发生了偏安台岛的国民党当局与大陆中华人民共和国之间在联合国谁具合法代表权的斗争。在中华人民共和国成立之前，国民党当局代表中国出席联合国大会是合法的。随着国民党兵败退台与新中国的建立，国民党当局已经沦为一个地方政府，失去了代表整个中国的资格。从这个意义上讲，中国在"联大"的代表权应属于中华人民共和国，而不是台湾当局。然而，美国人无理阻挠中华人民共和国恢复在联大的合法席位，继续让台湾当局的代表占据中国在联合国的席位。为了恢复中华人民共和国在"联大"的合法席位，中国政府领导人经过多方努力，加之中国国际地位的不断提高，同时也由于国际上主持正义的国家和人民的不懈奋斗，终于在第 25 届"联大"在对阿尔巴尼亚等国关于恢复中华人民共和国在"联大"一切合法权利的提案表决时，出现了 5l 票对 49 票的过半数赞成的结果。

1971 年 10 月 25 日，联合国第 26 届大会就中国代表权案进行表决，会议以 76 票赞成、35 票反对、17 票弃权、3 票缺席通过了阿尔巴尼亚等国提案，恢复中华人民共和国在联合国的一切合法权利，并立即将蒋介石集团的代表从联合国的一切机构中驱逐出去。当这一决定公之于众时，会议大厅里响起了热烈的欢呼声，有人甚至跳起舞来。连美国驻"联大"代表也不得不承认："任何人都不能回避这样一个事实——刚刚投票的结果实际上确实代表着大多数联合国会员国的看法。"

在国际局势发展越来越不利于台湾国民党当局的情形下，蒋介石于 1971 年 6 月 15 日发表了《我们"国家"的立场和"国民"的精神》的讲话，宣称：

"古人常言：'天下之事在乎人为，决不可以一时之波澜，遂自毁其壮志'……如果今天看到某些国家短视近利，违反理性，蔑视正义，奢言和平而实在葬送和平的作为，吾人即为其所激怒，或为其所沮丧，甚至为其所胁迫，而不能'持其志勿暴其气'，那就正是在'自毁其壮志'！只要大家能够庄敬自强，处变不惊，慎谋能断，'坚持国家及国民独立不挠之精神'，亦就是斗志不斗气，那就没有经不起的考验，冲不破的难关。"①

台湾当局尽管做了被逐出的准备，但在被逐出之前仍做困兽之斗，派出了以"外交部长"周书楷为首的 40 多人的代表团，声言"为维护代表权，准备背水一战"。10 月 8 日，周书楷在联大发表演讲，宣称："我们必须承认，近年来，联合国已经大大损失了它的声望与影响力——正当联合国的效用面临考验的关头，我们这个组织之中竟有人提出主张，让一个明目张胆要摧毁联合国，使其不能维护和平的政权，来篡夺一向维护宪章忠诚不贰的"中华民国"，实在是令人痛心。""全世界的人民都在仰望期待已久的和平与安全，而以此寄望于我们所代表的各国政府。因此，我们必须掬诚保证，大家共同努力于此项崇高艰巨的大业，务使宪章的理想与目标，成为具体的事实。我们更希望本届大会切不能向暴力低头，以致自取羞辱。"②

蒋介石为避免尴尬局面出现，遂令"外交部长"周书楷率台湾当局出席"联大"代表团悄悄退出"联大"会场。10 月 27 日，蒋介石发表了《为联合国通过非法决议告"全国"同胞书》，书中略云：

"本届联合国大会自毁宪章的宗旨与原则，置公理正义于不顾，可耻的向邪恶低头，卑怯的向暴力屈膝，则当年'我国'所参与艰辛缔造的联合国，今天业已成为罪恶的渊薮。""对于本届大会所通过此项违反宪章规定的非法决议"，"绝不承认其有任何效力"。

"我们'国家'的命运不操在联合国，而操在我们自己手中"。我们"对于主权的行使，绝不受任何外来的干扰；无论国际形势发生任何变化，我们将不惜任何牺牲，从事不屈不挠的奋斗，绝对不动摇、不妥协"。③

① 张其昀：《先"总统"蒋公全集》，第 3 卷，第 3097 页。
② 台湾《联合报》，1971 年 10 月 9 日。
③ 张其昀：《先"总统"蒋公全集》，第 3 卷，第 3757—3758 页。

在 1972 年的元旦文告中，蒋介石再度泄愤：

"我们去年自动的退出联合国，绝不是孤立于世界，而正是坚持宪章，确保汉贼不两立的立场，决不与卑鄙丑恶者同流合污，为这个怯懦的世界，维护公理，伸张正义。""我们不怕孤立，而且也不会孤立！""我们今天虽然退出了联合国，却仍然屹立不摇，抱持其创始联合国的精神宗旨，自立于世界！由此乃愈见我们创始联合国的历史和贡献，是永远不容许抹杀磨灭的！"①

1975 年 3 月，宋美龄也附和其夫言论，发表了《不要说它，但是我们要说》的文章，宣称："联合国一批会员国，乃可以听任感情驱使……采取集体行动，再度嘲弄联合国。我们不得不承认，我们极为成功地敲响了这个国际和平组织的丧钟。"

然而事情不仅仅如此，继联大驱蒋案之后，"不幸事件"接连发生，几乎一夜之间，有 20 多个国家与台湾当局断"交"，转而承认中华人民共和国。截止到 1973 年 2 月，仅有 39 个国家与地区同台湾当局保持"外交"关系。就连蒋介石一再声称"庄敬自强""处变不惊"，此刻也不得不承认，这是国民党"迁台以来的最大挫折"。

一波未平，一波又起。就在联大驱蒋与"外交"溃决困扰台湾当局之时，尼克松宣布访问北京又在台岛掀起波澜，使整个社会人心惶惶。

美国是朝鲜战争爆发后台湾当局的密友，台湾当局"外交"政策的重心就是拉住美国。当尼克松力图改变中美关系之时，蒋经国多方游说美国朝野人士，企图阻止尼克松改变中美关系。尼克松不愧为一个具有战略眼光的政治家，他不为蒋经国的花言巧语所动，继续推展他改变中美关系的战略构想，并采取了一连串的友善行动。这些行动有：

（1）美国国务院于 1969 年 7 月 21 日宣布：六类美国人可以观光身份访问中国大陆；

（2）准许美国海外分公司经由第三国和中国进行非战略性物资的贸易；

（3）美国反对提供一中队 F-4D 型飞机给台湾当局。同时尼克松下令美国第七舰队停止巡逻台湾海峡；

（4）恢复美国同中国的华沙会谈；

（5）秘密派遣基辛格赴中国大陆访问。

---

① 秦孝仪主编：《"总统"蒋公思想言论总集》，卷 34，第 265 页。

对于尼克松的上述举措，蒋介石非常不满意。当美国第七舰队停止巡逻台湾海峡之后，台湾当局对此提出质问，美国则以"经济困难"答之，台湾方面指责这是遁词。对于美中华沙会谈，台湾当局表示严重抗议。对于尼克松访问北京一事，蒋介石当时一无所知，直到 1971 年 7 月 15 日，尼克松宣布其北京之行决定的前 20 分钟，台湾当局驻美国"大使"沈剑虹才从国务卿罗杰斯给他的电话中得知。沈与台湾当局最初听到尼克松准备访问北京的反应是，"这件事实在令人震惊"，"有几分钟时间我震惊得说不出话来，我简直不相信方才听到的话是真的"。沈还在其《使美八年纪要》中称"台北方面对这消息最初的反应也是觉得难以置信"。①

7 月 16 日，台湾当局深感"台美"关系"绝不会与以前一样了"。在极端愤怒的情形之下，蒋介石指使"外交部次长"杨西昆约见美国驻台"大使"马康卫，向他提出强烈抗议，并称尼克松的举动是"最不友好的行动"，"必然会造成严重的后果"。同时蒋介石还指示沈剑虹向美国国务院提出抗议。其后，蒋介石亲自主持国民党中常会，专门讨论尼克松访问中国大陆问题，提出要斗智不斗气，要坚定反共的信心与决心，不动摇、不妥协，自强自立。

当尼克松于 1972 年 2 月 21 日访问北京之际，正值台湾召开一届"国大"五次会议，会议对尼克松北京之行发表声明称，"戡乱反共国策"绝不改变，不承认中美间任何协议。中美《上海公报》发表后，蒋介石又指使"行政院"就《上海公报》发表声明，称此公报协议无效，并要台湾各界庄敬自强，对"反攻复国"应具充分信心。同时蒋介石电令沈剑虹会晤尼克松，当面澄清《上海公报》未提台美"共同防御条约"所引起的不安。蒋此时心情坏到了极点，他非常感慨地对部下说：从此以后，我们要比以前更依靠自己。

尼克松称他的北京之行，是"改变世界的一周"，它不仅造成"台美"关系的江河日下，而且给台湾当局以致命的一击。

正当台湾处于风雨飘摇之际，"国民大会"一届五次会议在台北召开。86 岁高龄的蒋介石在一番推托之后，五度登上"总统"宝座。连任"副总统"的严家淦，为报蒋介石的"知遇之恩"，立即请辞"行政院长"职，并推举蒋经国为"行政院长"继任人选，宣称"此自为政府当前最适切亦需要之举措"。此举正中蒋下怀，自思来日无多，遂推长子蒋经国出任"行政院长"。一届五次"国大"召开期间，一些"国大代表"秉承蒋介石旨意，联名上书蒋介石，吁请提名蒋经国

① 沈剑虹：《使美八年纪要》，第 60—61 页，世界知识出版社，1983 年 8 月版。

出任"行政院长"。

1972年5月17日，国民党中常会举行会议，讨论蒋介石交议的严家淦"内阁"总辞职案，并讨论新的"行政院长"人选。会议作出4项决议，其中第三项是：

"蒋经国同志，忠诚宏毅，早岁经历地方行政，并从事中央党政，已著忧勤。近年主持国防建设，充沛三军战力；出任行政院副院长，从容肆应世局；而综绾财经，留心工农福祉；领导青年，培植国家新锐，尤深为国人所寄望与推崇，当此大敌未靖之际，信如严家淦同志所推举，蒋经国同志确为今日主持国家行政最理想之人选。中央常会谨一致吁请总裁不以内举之微嫌，废国家复兴之至计，允即征召蒋经国同志出任行政院院长。"①

国民党中常会决议正合蒋介石意愿。其实中常会是奉蒋介石令行事，这样他就可以"举亲不避嫌"了。5月20日，蒋介石正式提名蒋经国出任"行政院长"。按照一般程序：新任"总统"就职前，前任"行政院长""副院长""政务委员会"及各"部会"主管人员先行辞职，由新任"总统"任命"行政院长"，并咨请"立法院"同意，另送请国民党中常会同意，"行政院长"必须为中国国民党党员。蒋介石交"立法院"的咨文是这样写的：

"'行政院长'严家淦，恳请辞职，已勉循所请，予以照准。兹拟以蒋经国继任'行政院长'，蒋员坚忍刚毅，有守有为，历任军政要职，于政治、军事、财经各项设施，多所建树，其于'行政院副院长'任内，襄助院长处理院务，贡献良多，以之任为'行政院长'，必能胜任愉快，爰依宪法第55条第一项之规定，提请贵院同意，以便任命。"②

"立法院"接到蒋介石的咨文后，于5月26日举行"院会"，会议由"立法院长"倪文亚主持。会中推定发票及监票委员后，旋即于上午9时25分开始投票，11时30分终止，随即进行开票。开票结果，计发票408张，蒋获同意票381张，得票率达93.8%，为所谓"行宪"以来"立法院"对"行政院长"行使同意权投票得票率最高的一次。倪文亚即宣告"院会"决议："同意蒋经国为'行政院长'。"同时，倪文亚即席致辞称：

"此次'总统'顺应舆情，提名蒋经国先生为'行政院长'，得到本院同仁最高的同意票，出任宪法所赋予的'国家'最高行政机关首长的大责重任。本人愿

---

① 台湾，《"中央"日报》，1972年5月18日。
② 台湾，《"中央"日报》，1972年5月21日。

借此光荣机会，代表本院全体同仁，敬致祝贺之忱，并祝福蒋院长经国先生健康愉快胜利成功。"①

当日，蒋介石宣布蒋经国为"行政院长"。

其后，台湾"国大""监察院"及各级社团、机构，均纷纷致电蒋经国祝贺，称其必能"开创新局，再造中兴"。美国总统尼克松与议员也电贺蒋经国"荣膺新职"。

蒋经国接到委任状后发表谈话称："经国自知学识短浅，经验有限，本不敢承担如此重大的行政责任"，因此"内心实在非常惶恐"。② 也有舆论称：蒋经国曾表白他决不做"行政院长"的理由是："我绝不愿意因为我去做'行政院长'，而伤害领袖一生的德威，让人家误以为，领袖培植他自己的儿子。"

蒋经国这番话未免太牵强，明明要做，偏说不愿，谁都认为是父传子，家天下，台湾当局却偏说是民意。当然，从最终的结果看，选蒋经国出任"阁揆"是正确的。时至今日，台湾还没有哪一位政治领袖在声望上能超越蒋经国的。对于出任"阁揆"，蒋经国是充满了信心的，他称"个人稍可自信的，就是必当抱持一片赤忱，与我海内外同胞，坚持共同的信心，集中共同的力量，脚踏实地，埋头苦干"。

6月1日，台湾当局举行"行政院长"交接典礼，由"总统府资政"张群监交。严家淦致辞称：

"我主持'行政院'八年半来，总算没有太大的差错，而在若干方面有小小的推动，是由于'总统'的领导，以及各方面给予的支持与指教而获得的。对'行政院'有关单位的同仁，'总统府'、其他各院以及海内外同胞给予的支持，敬此致谢。'行政院'还有很多工作尚未完成，尤其是'复国建国'的工作尚待努力，深信今后在蒋'院长'的领导下，必能更进一步的推动'国家'建设。蒋'院长'的智慧、才能、魄力、坚忍的毅力，以及谋过处事，待人接物，均有其独到之处，是别人所不及的。全国行政工作，有蒋'院长'的领导，一定能把复兴基地建设号，而'复国建国'的工作，也一定能完成。"③

蒋经国致辞称：

"首先要对过去3年来在'副院长'任内，严'副总统'给予的爱护与指导，

① 台湾，《"中央"日报》，1972年5月27日。
② 《蒋"总统"经国先生言论著述汇编》，第8辑，第247页。
③ 台湾，《"中央"日报》，1950年6月2日。

衷心表示谢意。今天'国家'多难，大敌当前，国耻未雪，'共匪'未灭，行政院全体同仁，当一心一德，尽心尽力，稳扎稳打，脚踏实地地来为国效命，为民服务。"蒋经国强调他"一无所有，所有的是与'国家'共存亡，与民众共甘苦之心"；"一无所求，所求的是台澎金马基地的巩固，'反共复国'大业的胜利成功"。

蒋介石在蒋经国走马上任之际，送他"逆水行舟"4字，还对蒋经国作了5点指示：

（1）"要注重内部团结"，"自己的同志不可分彼此，干部不可分亲疏新旧，同时要信任自己的同志，多听取同志的意见，并且要一视同仁地培植同志。但是不可对某一部分同志有所偏心、偏听、偏信、偏袒，而且为了团结应当放弃自己的成见，为了团结应当不计个人的利害，也就是说要使我们同志的精神和思想一致，意志和力量集中，这是促成内部团结最重要的条件"；

（2）"一切要坚持'反共复国'的政策到底"；

（3）"要重视民众的利益"；

（4）"强化现代化的组织"；

（5）"要加强领导的功能"。①

为了不辜负蒋介石的期望，把台湾建成"反共复国"的基地，蒋经国上台伊始立即发表施政方针称：

"经国自当根据这些已有的成就，遵循'国家利益为本，民众利益为先'的原则，为'国家'效命，为民众服务。我们要以动员战斗，来充实'国防'力量；以安定繁荣，来增进民众生活；以求新求行，来改造社会风气；以新速实简，来提高行政效率，并要在行政各部门积极的培养青年新血轮，使在政治上发生并形成新陈代谢的作用，为了这些，政府与民众，就必须确立共同的想法、看法和做法，向共同的目标，做共同的努力。"只有这样，才能完成"总统所昭示的'国民革命再北伐，中华民国再统一'的时代使命"。②

蒋经国发表施政演说时，慷慨激昂，确想轰轰烈烈地大干一场。对于蒋经国出任"行政院长"，台湾一些文人墨客纷纷捧场并寄予厚望。陶百川的一段话显现出台湾各界对蒋经国期盼甚殷。陶说："蒋经国先生在此时此地出任'行政院长'，可说是受命于危急存亡之秋，不仅要安内攘外，简直须旋乾转坤。任务的

① 《蒋"总统"经国先生言论著述汇编》，第8辑，第563—570页。
② 《蒋"总统"经国先生言论著述汇编》，第8辑，第248—249页。

艰巨，恐非一般人所能想象。"①

推展"本土化"

"本土化"一词，最初是美国学者在分析台湾特殊的政治、历史发展趋势时使用的。对美国学者来说，他们在使用"本土化""台湾化"两个概念时，所指含义基本上是一致的，就是广大台籍人士在政治上的参与，而且他们更多使用"台湾化"而不是"本土化"。

有文章对大陆学者关于"本土化"问题的研究进行梳理，认为主要有两种不同意见，一种观点认为"本土化"就是"台湾化"；另一种观点则认为这两个概念同中有异，异中有同，但"本土化"可以涵盖"台湾化"。至今对"本土化"没有一个确切的定义。以笔者之见，综合学界的观点，"本土化"有广义和狭义之分：就广义而言，"本土化"是指本土上自然融合的文化，含有"改流归土"之意；就狭义而言，"本土化"是指以台湾为发展中心的意识观念和做法，含有"根植台湾，对抗大陆"之意。一般理解有两层含义：一是指政权机关，增加台籍人士的比例；二是就台湾与大陆关系而言，加强对台湾的认识，以台湾发展为中心。从实质上讲，"本土化"政策就是"台湾化"。

在"本土化"政策的起始时间上，也存在着两种观点，一种观点认为始于蒋介石据台初期，其证据就是 1949 年 1 月 11 日蒋介石给陈诚的电报，在电文中，蒋告诫陈要"多方引用台湾学识较优，资望素高的人士参加政府"，并应"特别培植台湾有为之青年与组训"，"收揽人心，安定地方。"②另一种观点则认为始于 70 年代，是蒋经国实施"革新保台"政策的一个重要组成部分。

的确，因"二二八"事件，国民党当局与台湾各界之间存在着积怨。出于大陆兵败与思考未来安身立命之所在的考量，蒋介石于 1949 年 1 月 3 日电陈"为何不速就职，若在迟滞，则夜长梦多，全盘计划，完全破败也"。③为了稳定台湾社会，才有了蒋介石 11 日的电报。11 日电报的主旨是为了化解因"二二八"事件所造成的民怨和稳定台湾社会。陈诚在"组阁"时，连震东出任"内政部长"，成为台籍人士中的第一位"部长"。自此形成惯例，"内政部"由台籍人士掌管。直到 1961 年 11 月召开的国民党八届四中全会上，才有两名台籍人士进入中央

---

① 陶百川：《廉能之治与志士之气》，载《联合报》，1972 年 5 月 28 日。
② 秦孝仪主编：《"总统"蒋公思想言论总集》，卷 37，第 382 页。
③ 《陈诚回忆录》（下册），第 485 页。

委员会。上述现象表明在最初的国民党"政权"结构中，对台籍人士的限制是相当严格的，尽管吸收了若干台籍人士参政，但从总体上看，台籍人士参政非常有限，象征意义大于实际意义。从这个意义上讲，本土化政策此时并未形成。

本土化政策形成应为 70 年代的蒋经国时期。蒋经国为什么要推展"本土化"政策呢？以笔者之见：

第一，是为了化解省籍矛盾。所谓省籍矛盾是指因不同省籍之间利益分配不均所造成的政治和社会矛盾。这种现象是台湾政治生活中所特有的，从其最初以地域为基础而产生的省籍差别到后来的由省籍而衍生出的族群差别，以及与台湾政治民主化运动和住民自决相联系后，省籍（族群）问题从原先的由自然地理划分而产生的差异问题发展成为一个错综复杂的政治问题，深刻影响着当前台湾政局和两岸关系的发展。谁都知晓，台湾本来就是一个移民社会，除了极少部分约占台湾人口的 2% 之外，绝大部分人到来自大陆，大陆早期移民的后代被称为本省人，约占台湾人口的 74%，台湾光复后，特别是 1949 年前后随国民党统治集团迁台的人员及其后代被称为外省人，约占总人口的 12% 左右。台湾学者认为早在清代时期，台湾新旧移民之间就因为语言隔阂和经济、政治博弈冲突而产生了省籍矛盾。[①]

省籍问题是国民党退台后政治舞台上斗争的一个焦点。早在国民党退台初期，台湾本土人甚至一些在岛内知名度较高之人，参政的机会也很少，无论是"中央政府"，还是台湾"省政府"要职，基本是由去台的大陆籍国民党要人担任。台湾"省主席"一职直到 1972 年 23 年间，竟无一台湾人出任。

对此，1987 年 3 月 10 日时任民进党籍"立委"的吴淑珍，在"立法院"揭露了国民党排斥台湾人，制造省籍矛盾的六点事实：

其一，3 个"中央民意"机构中，近 1300 名代表，台湾籍仅占 220 多人，约 17%，这与台湾人口的 85% 悬殊。

其二，国民党中央委员会从（1957—1987 年）五届中央（常务）委员 243 人，其中台籍 33 人，占 13.6%。

其三，以列名"立法院"通讯录当中"中央政府"各机关首次长通讯处中约 150 名政府高级首长做统计，其中台籍 21 人，占 14%。

其四，目前（指 1987 年）中将以上"将军"约 350 人，台籍不超过 5 人，

---

① 尹章义：《从唐山·半山联合治台到福佬沙文主义》，载《台湾史研讨会论文集》，第 3 集，第 305 页，1991 年 4 月版。

占 4.3%。

其五，仅以平民化的情治机关"警政署"为例，三线一星警正以上（即各县市"警察局长"以上）高级警官全台湾150人，其中台籍11人，占7.3%。特务机构在权力核心是最隐秘的一环，台人出任高级首长的比例应该更低。

其六，在教育界，28所公私立大学院校，仅7位校长是台籍，占25%，其中5位是私立，也就是说在15所公立院校中，台籍2位，仅占13.3%。①

不管吴淑珍后来如何，她当时讲的的确是事实。省籍矛盾的确是存在的，加之当时一些反国民党势力的挑拨，使得省籍矛盾愈演愈烈。正是基于上述事实，蒋经国决心推展本土化政策。

第二，是为了因应岛内外的复杂局势，坚持"革新保台"。联大驱蒋与尼克松访华、"台日"断"交"使台湾处于风雨飘摇之中。如何应对这一复杂局势，就成为蒋经国政策的核心所在。随着台湾经济的迅速发展与社会结构的变迁，形成了一个中产阶级。经济地位的提升必然在政治上有所要求，地方中产阶级的上层人士产生了越来越强烈的参政要求。特别是在1970年保钓运动中涌现出来的"革新保台"派，他们多数是出身于官僚世家的中青年学者，也有一部分是地方持不同政见者，他们崇拜美国民主政治，反对国民党军事专制，也反对"台独"势力，主张和国民党统治集团中的开明派合作，推进台湾的政治改革。蒋经国出任"阁揆"后，面对台湾社会矛盾发展、国民党出现政治危机的局面，为了应变求存，开始在政治上作出一些调整，推行"革新保台""在台生根"的路线。因此，调整权力结构，扩大国民党的经济基础，提出通过推行年轻化、"本土化"政策，大量起用和提拔台籍青年才俊和有"地方基础"的台籍官僚，使国民党政权开始由大陆籍官僚资产阶级为主转为同台湾大资产阶级联合的政权。

第三，为了改变其父统治时期上层官员老化的状态。蒋介石为了维持其长期统治所造成的"万年国代"现象，必然使得岛内上层官员老化现象十分严重。由于上层官员老化，引发进取精神太差，同时又与以蒋经国为首的"革新保台"派矛盾重重。为了清除国民党元老派对自身统治的影响，也为了进一步实施其父的"反共复国"大业，他才提出了吸收"省籍菁英"的口号，并在"组阁"时大胆地起用新人。

基于以上认识，蒋经国出任"阁揆"后，在组"阁"时，立刻展现出新人新

① 户张东夫：《蒋经国的改革·台湾解严前后》，第9页，香港广角镜出版社，1988年2月版。

政的特点。在他的新"内阁"成员名单中，大胆地起用了不少新人：

"行政院副院长"：徐庆钟

"行政院政务委员"：叶公超、连震东、俞国华、李连春、周书楷、郭澄、李登辉

"内政部长"：林金生

"外交部长"：沈昌焕

"国防部长"：陈大庆

"财政部长"：李国鼎

"教育部长"：蒋彦士

"司法部长"：王任远

"经济部长"：孙运璿

"交通部长"：高玉树

"蒙藏委员会委员长"：崔垂信

"侨务委员会委员长"：毛松年

"行政院秘书长"：费骅

"行政院主计长"：周宏涛

"行政院国军退除役官兵辅导委员会主任"：赵聚钰

台湾"省主席"：谢东闵

《联合报》对于新的"内阁"名单评论道："第一是如我们所期望的，这次的人事调整幅度较大，而同时及于台湾'省政府'及台北市政府，有力地象征了我们所说的'新阶段的行政院'的意义；第二是进一步起用与征召了本省籍俊彦，担任'国家'重要政务。如'副院长''内政部长''交通部长'、台湾'省主席'、台北市政府，都是当前'国家'行政的重要据点。现概由本省籍人士出任，固是恢宏地方志士之气，共赴'国难'之道……台湾'省政府'由省籍人士首任'主席'，尤可激发本省同胞为桑梓服务，提供贡献；第三是'新阁'人士不少由地方出任中央要职者，如高玉树、林金生、李登辉、张丰绪氏都是'政府'拔擢长才的行动。尤其张丰绪氏由一县之长而跃任台北市市长，更见'政府'破格起用人才的至意，也反映了蒋'院长'的求新求行决心与魄力。"[①]

《蒋经国传》作者江南对蒋经国"内阁"也发表评论称："'新阁'不仅阵容新，

---

① 台湾，《联合报》，1972 年 5 月 30 日。

气象新，活力也新，平均年龄 61.8 岁。"①

　　蒋经国何以在一上台便在人事安排上一反以往老官员轮流坐庄的办法，提拔青年才俊呢？据笔者观察：一是秉承蒋介石在"总统"就职时宣称："要集结才俊新锐，并不断裁成才俊新锐"的意志；② 二是进入 70 年代之后，随着"蒋经国时代"来临与台湾遭遇了国际政治、经济的新困境，受革新保台派影响的蒋经国遂生偏安心态，积极推展"革新保台"路线。为使上述路线得以贯彻执行，蒋经国必然起用地方人士参政。正是在此种形势之下，徐庆钟成为第一位台籍副"阁揆"，谢东闵成为第一位台籍"省主席"，一批台籍人士连震东、李连春、李登辉、林金生、高玉树等先后在"行政院"中任要职。至 1976 年国民党十一大时，27 名国民党中常委中，有 9 名台籍人士，占 33%。与此同时，每次的"立法委员""监察委员""国大代表"增额选举中选出的委员与代表，绝大多数都是台籍人。

　　可见，本土化政策是在 70 年代台湾特殊的政治环境下出现的。曾经做过蒋经国"总统府秘书长"的张祖怡回忆说："蒋经国从来未说过'本土化'这三个字，但他一致被认为台湾政治发展历史上'本土化'工程的创造者。蒋经国虽然从未使用过'本土化'的词句，但他公开说过：'我也是台湾人'，却透露出浓厚的本土味。蒋经国从未以'本土化'来标榜他的任何政策宣示，但他的一切施政作为都处处显示本土倾向。"③

　　进入 80 年代后，国民党"政权"本土化倾向更加明显。特别是到了蒋经国晚年，更加刻意推进本土化政策，并同政治革新结合，初步筹划了他死后的台湾权力格局，把台籍人放在较为重要的地位。

　　关于此点可从后来国民党十二届三中全会选出的 31 名中常委的比例中得到说明。31 名常委中有 14 人是台籍人士，占全体常委的 45%。除"副总统"由李登辉担任外，"司法院长""监察院长""行政院副院长""内政部长""法务部长""交通部长"台湾"省主席"、台北、高雄市长均由台籍人士担任。中央党部一个副秘书长、两个工作会主任、四个副主任及台北、高雄两市党部主委均由台籍人士担任。至于县市一级以下基层党政主管，则几乎是清一色的台籍人。

　　由于蒋经国推展的本土化政策迎合了一部分台籍人参政的要求，对缓解尖锐

①　江南：《蒋经国传》，第 428 页。
②　台湾，《"中央"日报》，1972 年 5 月 21 日。
③　张祖怡著：《蒋经国晚年身影》，第 167—168 页，台北天下远见出版股份有限公司，2009 年版。

的省籍矛盾有积极的意义，也获得了众多台籍人士的喝彩。

当然应该看到，蒋经国虽大力推展"本土化"政策，但在具体做法上，始终坚持以"大陆人为主轴，台湾本省人为辅"的原则。对台籍人士开放地方政权，"中央政权"只开放次要部门，要害部门严加控制。这种状况直到 1986 年后才稍有改变。蒋经国这样做，既表现出与其父统治手法有很大的不同，也带有无奈的因素。关于此点可从蒋经国答记者问中得到说明。记者问："阁下认为是否需要更多的台湾人士在政府机构中服务？"蒋经国答称："至于台湾省籍人士参与政治，我认为，大家不分省籍，都是中国人，国家选用人才，是只考虑其能力，而非省籍。"① 蒋经国之子蒋孝武在一次答记者问时也称："基本上讲，我觉得这是没有办法的事情"；"省籍的考虑，我相信有必然性"。

台湾有人将"本土化"与"台独"绑在一起，甚至认为："本土化"便是"台独"的前奏。② 其实，蒋经国推行"本土化"政策，只是从中国国民党在台湾长治久安的角度出发的。他始终坚持反"台独"的立场，关于此点，可从以下几次讲话中得到说明：

1979 年 12 月 10 日，蒋经国在中国国民党十一届四中全会上开幕词中谈到"现阶段本党的基本政策"时指出："认定'台湾独立'是背叛国家民族的意识与行为，绝不容许其滋长蔓延。台湾命运与中华民族的复兴是不可分的。过去如此，今日如此，将来为大陆重光的中兴圣地更是如此。因此，所谓'台独'的主张和行动，决不见容于任何爱国的中国人，那不仅是忘本忘祖，不认识台湾与中国的历史、地理文化和血缘关系"，"必须清除"。③

1980 年 6 月 9 日，蒋经国针对 1980 年"美丽岛事件"的军法大审判宣称："至于一些违背民族历史文化渊源、忘却了血缘关联的所谓'台独'思想，无疑的，当然更不容于任何爱国的中国人。"④

1981 年 1 月 12 日，蒋经国在国民党军军事会议上讲到"对台独问题应有的认识"时指出："今天只有中国问题，实际上并无所谓'台独'问题。"在这里，蒋经国将"台独"问题的产生归咎于中国共产党"利用一小撮无知的野心分子所

---

① 《蒋"总统"经国先生言论著述汇编》，第 8 辑，第 627 页。
② 张祖怡著：《蒋经国晚年身影》，第 175 页。
③ 《蒋"总统"经国先生言论著述汇编》，第 12 辑，第 192—193 页。
④ 《蒋"总统"经国先生言论著述汇编》，第 13 辑，第 30—31 页。

造出来的"①，这完全是本末倒置、颠倒黑白的说法。

与蒋经国推展"本土化"政策相比较，尽管李登辉多次宣称"我是台湾人，也是中国人"，但在他执政后所推展的"本土化"政策与蒋经国存有明显的差异。李登辉有他的原则，即"以台湾人为主轴，大陆人为辅"。其突出表现是他所主持的国民党十三届一中全会亡选出的 31 名中常委中，台籍人士 16 人，加上李登辉，已占到常委数的 55%，首次突破了半数。其后在"行政院"改组与"宪政改革"中，权力机构与"国会"中，绝大部分是台籍人掌权，"总统""副总统"与"行政院长"均为台籍，改变了蒋经国的权力架构。可以肯定地说，李登辉打着推展蒋经国本土化的旗号，以培植个人势力，扩张权势。尽管李登辉一再声称他从来没有想过要造成"强人政治"的局面，但事实表明，他绝不是一个无野心之人，更不会满足于做一个"虚位元首"。为巩固自己的权力地位，摆脱受制于人的局面，必然会千方百计地培植个人亲信，形成自己的班底。几年来，李登辉打着提拔新进的旗号，对国民党第三代全面开放权力。同时依靠美国的支持，逐步削弱大陆籍传统势力，相继把一大批大陆籍的国民党元老政要挤出决策圈，实现了权力和平转移，并形成了他的"强势领袖"和"党政一元化领导中心"的地位。由此可见，蒋经国推展"本土化"政策，只是"台人治台"策略的运用，而李登辉则将"本土化"作为一种战略来考量；蒋经国推展"本土化"时还念念不忘"反共复国"，而李登辉则一再鼓吹"一国两府""双重承认"和"新台湾人主义""台湾生命共同体"等奇谈怪论，最终抛出了"两国论"的"台独"主张；蒋经国推展"本土化"政策在很大程度上化解了省籍矛盾，而李登辉推展"本土化"的结果是使台湾政坛政出多门，一片混乱，"台独"势力猖獗，最终使国民党丢掉了地方执政权。总之，李登辉对蒋经国大力倡导并推展的"本土化"政策有了实质性的改变。

行政革新

纵观蒋经国的一生，其政治举措无不充满了革新色彩，特别是在他主台之后，出于稳定国民党在台统治与树立自身新形象的考虑，也出于"向历史交代"的责任感，不断推展革新措施。"行政革新"就是他上台后的第一个举措。

推展"行政革新"，的确不是蒋经国的发明，但他搞得的确有声有色，比其

---

① 《蒋"总统"经国先生言论著述汇编》，第 13 辑，第 124 页。

父蒋介石更高明。早在 1966 年 12 月 19 日，蒋介石在台湾"革命实践研究院"
行政革新研讨会上提出："要使行政革新，成为我们全面革新、贞下启元的先导，
成为我们新生新运的转折点和出发点。"①

蒋介石是在倡导党务革新的基础上提出行政革新。在他看来，国民党最严重
的问题，"就是处处显示出一种衰老滞钝的现象"。而"政府"机构同党一样，处
于松懈拖沓，人事"老大当退不退"，工作上抱残守缺，被动敷衍，各级官吏"循
情尔惠，擅作威福者"大有人在，不但不能便民，而且还要去劳民、搅民。因此，
必须首先推展行政革新，"最主要的就是要建立考核的责任制度，确立为国尽职，
为民服务的廉能政治，并由小而大，图难于易，致力于从头做起的三民主义的政
治建设，以树立反攻复国的基础"②。说到底，蒋介石希冀通过行政革新提高工作
效率，来克服国民党行政机构的弊端，建立所谓廉能政治，以确保"反攻复国"
的成功。

1967 年，蒋氏父子经过仔细研究之后，提出了十大革新要项：

（1）革新党务；

（2）变化气质；

（3）发展科学；

（4）改进教育；

（5）发展经济；

（6）整顿人事；

（7）革新行政；

（8）办事要领；

（9）研究发展；

（10）注意统计。③

从上述革新要项中看到，蒋氏父子将党务革新放在第一位，将行政革新放在
第七位，行政革新为先导变成了党务革新为先导。之所以如此，说到底是台湾当
局的以党领政的体制所致。

1969 年 1 月 8 日，蒋介石在国民党中常会上以《全面革新的精神、行动和
准据》为题，提出："当以党的革新为中心，从政治、外交、财经、军事、社会、

---

① 张其昀：《先"总统"蒋公全集》，第 3 卷，第 2920 页。
② 张其昀：《先"总统"蒋公全集》，第 3 卷，第 2917 页。
③ 张其昀：《先"总统"蒋公全集》，第 3 卷，第 2967 页。

文教……进行全面深入的、持久的革新。"①

在同年 3 月 29 日召开的国民党十大上，蒋介石又主持通过了《政治革新要项案》，该案在强调以党的革新，带动政治的革新与社会的革新的同时，规定革新要项为：

（1）刷新政风；

（2）厉行"法治"；

（3）健全机构；

（4）改进人事；

（5）加强研究发展。②

由上可见，蒋介石推展行政革新的目的有三：一是为革除弊端，维持国民党在台湾长治久安；二是出于反共的需要，他一直宣称革新的最终目的是为了奠定"反共复国"的基础；三是树立蒋氏父子的新形象。当然，蒋介石还有一层不能公之于众的苦心，就是通过推展革新活动将蒋经国推上政治舞台的最前方，为其顺利接班奠定基础。蒋经国深知其父的良苦用心，他在上台伊始，就接过其父的革新旗帜，在台岛大张旗鼓地搞起了革新运动。经过几年努力，到他"组阁"之前，蒋经国"新政"的成果表现为：

（1）放宽言论尺度，允许并鼓励青年人问政，开放校园运动；

（2）将为民服务作为党务革新与行政革新的重要内容；

（3）在人事制度方面，起用青年才俊，推展本土化政策；

（4）实施"中央民意代表增补选"案，缓解"法统危机"；

（5）发展经济与教育，促进经济腾飞。

经过整顿，国民党内与各机关存在的诸种弊端均有所克服，这对于配合当局发展与改善自身形象，起到了一定积极的作用。但此一整顿，还仅仅限于调整与修补，并未对旧的体制做大手术，台湾经济的起飞与社会结构的变化，使得原有的旧体制很难适应新的发展形势，台湾当局仍面临着新的、更大的挑战。

1972 年 6 月 1 日，蒋经国就任"行政院长"当日，在首次院会讲话中提出了"平凡、平淡、平实"的 6 字方针。他说：

"经国今天愿意拿'平凡''平淡''平实'三句话奉告各位先生，并共同勉励。'平凡'就是做人平凡；'平淡'就是对名利看得平淡；'平实'就是做事力求平

---

① 张其昀：《先"总统"蒋公全集》，第 3 卷，第 3007 页。

② 《革命文献》，第 77 辑，第 298—300 页，台湾，"中央"文物供应社，1978 年版。

实。"① 蒋经国同时强调："个人突出的时代已过去，任何个人或少数人，不可能完成任何伟大的事业。"因此必须发扬"团队精神"，认为"团队精神的能否充分发挥，是今后成败的关键"。蒋经国要求"行政院"今后立即展开两项工作：一是"法律规章的清查整理"；二是"立即清积案"。②

对于蒋经国主持召开的第一次院会，《中国时报》对此评论道："新阁在第一次院会中即能有此作为，确已令人由耳目一新之感。""我们深信新阁对于如何革故鼎新、振衰起靡，必以成竹在胸，而目前与院会的决定，不过开始的第一步。蒋院长在此首次'行政院'院会中，以做人要平凡、处名利要平淡、做事要平实勖勉全体阁员，并谓与其有头无尾地做一百件工作，莫如彻底而实在地做好一件工作。此数语，既充分显示新阁的性质。"③

有记者问蒋经国："你的政治构想是什么？"

蒋经国答称政治构想是：

"第一是不需要任何报酬而奉献自己心力、智慧、爱护自己'国家'，爱护自己同胞；其次就是诚恳，我们有错误，就是错误；有不对的地方，就是不对的，从来不掩盖错误，任何错误发现后，不对的地方，立即改进，但是，每一个案子发现后，'政府'会马上办理，过去如此，今天如此，以后也会如此。"

"我们'政府'没有别的，最重要的是说到哪里做到哪里，怎么样讲，就怎么做，从来不欺骗民众一丝一毫，如果欺骗民众的话，就不是一个真正的'政府'，真正的'政府'是要'政府'守信用，所以爱护自己的'国家'，爱自己的民众，守信用，讲道义，这是我们：'中华民国政府'的政治道德的标准，以这个标准为基础，今后将朝此方面继续努力，发展我们的事业和开展我们的光明前途。""此外，我们还要强调公平、公正、公开，这不是只有选举时才强调的，而是要在任何一件事，都朝此方向去做。"

6月8日，蒋经国提出行政革新的10条要求：

（1）"为节省国家财力，用诸于各项必要建设，各级政府除已经正式列入预算表外，均应停止建筑办公房舍"。

（2）"各种公共工程之开工与完工，可以公共方式行之，不必举行任何典礼仪式"。

---

① 台湾，《"中央"日报》，1972年6月2日。
② 台湾，《"中央"日报》，1972年6月2日。
③ 台湾，《中国时报》，1972年6月3日。

（3）"各级政府机关派员出国考察或参加国际性会议，必须事前有周详之计划，其所派人员并以具有各类专长，精通外文为主要要求"。

（4）"各级机关应不作不必要之视察，如确有必要，则视察人员到达视察地区，不得接受任何招待，被视察之机关、学校、团体亦不得迎送，或张贴标语，或召开欢迎会等。尤其不可指派学生参加欢迎欢送"。

（5）"各部会首长以及全体行政人员，除参加政府所规定之正式宴会，以及招待外宾所必须者外，一律不得设宴招待宾客，并谢绝应酬"。

（6）"公务人员于婚丧喜庆，除有亲戚关系或深交者外，不得滥发喜帖及讣告"。

（7）"各级行政人员一律不得进出夜总会、舞厅、歌厅、酒吧、酒家等场所，各级主管应监督所属人员切实遵照办理，如有违反规定者，应从严处分"。

（8）"各级首长主管均应谢绝各界剪彩，揭幕等之邀请"。

（9）"各机关预算内所规定之加班费、出差费，除必要加班出差外，不得假借名目移作其他用途，但各机关首长对各机关学校公教人员之福利，应妥善办理"。

（10）"在日常处理公务方面，人人要能切实负责，自己能予解决之问题应即自行解决，今日能予办完之事应即今日办完，不必召开的会议不开，凡要开的会议事前必有充分准备，会后必有结果。不办不切实际、没有效果，以及不必要之公文，凡属应该办的必须办得彻底，追踪到底。向上级提供意见是每位工作人员之权利，接纳部属意见是每位主管的义务"。①

这10项指示是蒋经国经过一周的审慎考量才提出来的。平心而论，这10项指示的确切中台湾行政部门的要害。谁都知晓，长期以来，台湾的政治风气存在着严重的问题：行政效率低下，公务人员上班时间喝茶聊天、看报纸、去市场买菜，假名义出差等，不一而足。蒋经国将这些不正之风概括为行政人员的7种偏差：

（1）"口是心非的虚伪作风"；

（2）"假公济私的自私作风"；

（3）"高高在上的命令作风"；

（4）"瞒上欺下的小人作风"；

（5）"各自为政的本位作风"；

---

① 《蒋"总统"经国先生言论著述汇编》，第8辑，第313—314页。

（6）"利用特权的违法作风"；

（7）"贪图享受的腐败作风"。①

蒋经国认为，上述歪风邪气不铲除，行政效率就无法提高，民众对政府的信心就无法恢复，"反共复国"也无法进行。

透视蒋经国行政革新的心路历程，可以看出以下几个特点：

其一，旨在使行政人员养成好的工作与生活习惯。蒋经国称他提出10项指示绝不是"对公务人员生活和行为的消极约束"，而是具有积极意义的。这10项指示的目的，"在使公务人员的生活言行和工作态度能符合现代化的标准，使公务人员养成多读书、勤进修，并利用公余时间从事锻炼体格的生活习惯"。只有公务人员的生活现代化，才能促使"国民"生活现代化，才能"建立一个现代化的'国家'"②。蒋经国认为："作为一个现代行政工作人员，必须具有为民服务的高度热忱与爱心，践履笃实的效率观念，强烈的荣誉心和责任感，奋发向上的创新进取，以及我仍愿再加强的互助合作的团体精神。"③他在另一次讲话中要求行政人员，要"能从思想观念、生活行动、工作态度各方面去腐生新，一本爱心与热诚，确实尽到'为民服务'的'公仆'责任"。④

其二，革除贪污、腐败、整饬政风，建立一个"为'国'效命，为民服务"的"政府"，为国民党树立一个清新的形象。关于此点可从蒋经国的多次讲话中得到说明。1972年9月29日，蒋经国在"立法院"会议上作口头报告，题目就是"树立为'国'效命，为民服务的现代'政府'"。报告中称行政革新的目标就是："促使我们的各级行政机构，迈向有效率、负责任、明是非、辨善恶，而成为一个廉能的'政府'。"⑤又说：在内政上，"以行政革新为先务，以为民造福为目标，建立廉能和诚实的'政府'"⑥。同年12月11日，蒋经国又在"行政院"所属各机关讲述"建造为'国'效命为民服务的'政府'"。蒋经国之所以大讲特讲建立"为'国'效命，为民服务"的廉能"政府"，主要是官员中贪污腐败现象严重，受到各界的批评，加之官员老化，观念陈旧与保守，很难适应新形势的需要，更不适应蒋经国推展革新路线的要求。因此蒋经国要求各级行政机关"健全

---

① 台湾，《民主潮》，1977年10月号。
② 《蒋"总统"经国先生言论著述汇编》，第8辑，第20页。
③ 《蒋"总统"经国先生言论著述汇编》，第8辑，第57页。
④ 《蒋"总统"经国先生言论著述汇编》，第8辑，第507页。
⑤ 《蒋"总统"经国先生言论著述汇编》，第8辑，第484页。
⑥ 《蒋"总统"经国先生言论著述汇编》，第8辑，第484页。

组织功能，革新工作方法，严格讲求效率，清理'法规'与积案，彻底改革公文处理，切实做到亲民便民，完全破除所谓'衙门'的作风"①；另一方面蒋经国要求"从严惩贪污，整饬政风，清除害群之马"②。他还特别强调："我们断不容许再有任何败类，来败坏政治风气，损害'政府'威信。"③他说他要将"严惩贪污官吏，肃清害群之马"的行动贯彻到底。

蒋介石曾在20世纪60年代中期提倡过建立廉能"政府"，但当时也不过是口号与宣传而已，因主导者不坚决和缺乏有力的措施，廉能"政府"只能成为纸上谈兵。蒋经国与其父在作风上有所不同，加之他正处于年富力强时期，行动果断，态度严厉坚定，确使行政革新收到一定成效。

其三，推展行政革新的最高准则是贯彻"反攻复国"大计。蒋介石是个极端的反共分子，对于此点，蒋经国学得惟妙惟肖。他在出任"阁揆"两周之际在"立法院"发表施政报告称：行政革新的诸项举措有一个最高准则，为"'复国建国'大业所必需"④。如果说蒋经国的行政革新就其理念与实践较蒋介石有其深度的话，而在反共问题上，父子俩当时的意见是百分之百的一样。

蒋经国认为只要锲而不舍，行政革新就会有好的结果。当然他也认为行政革新"是一项长期性、连续性、全面性的工作，很多事情非一朝一夕之间所能立竿见影，而需要持续不断的努力，深入普遍的推行，方能见到功效"⑤。翌年2月23日，蒋经国在"立法院"作口头施政报告时，认为推展行政革新以来，机关中"已有一股清新的气息"。但他也认为"距离理想的境地还是很远"。⑥

为了配合行政革新的推展，蒋经国又在1973年3月6日提出8点社会革新事项，呼吁社会各界共同推动，以扭转江河日下的社会腐败风气。这8项主张是：

（1）"要节约，不浪费"。"在此'国家'危难的时刻，'国民'都应杜绝奢靡，培养社会善良风气"；

（2）"不要漏税，不要逃税，要养成准时缴税，如数缴纳税的优良习惯"；

（3）"要遵守交通规则，帮助'政府'整顿交通秩序"；

（4）"要尊重公共秩序，注意环境卫生"；

---

① 《蒋"总统"经国先生言论著述汇编》，第8辑，第507页。
② 《蒋"总统"经国先生言论著述汇编》，第8辑，第507页。
③ 《蒋"总统"经国先生言论著述汇编》，第8辑，第484页。
④ 《蒋"总统"经国先生言论著述汇编》，第8辑，第475页。
⑤ 《蒋"总统"经国先生言论著述汇编》，第8辑，第82页。
⑥ 《蒋"总统"经国先生言论著述汇编》，第8辑，第507页。

（5）"要守法，不行贿"；

（6）"凡有钱的人，要投资从事生产，不可投机扰乱社会"；

（7）"家家做到守望相助，人人都能互相照顾"；

（8）"大家要注意青少年的犯罪，设法预防"。①

蒋经国提出社会革新的意图是使政治清明，如"一泓清水，明净透彻"。"公务员以干干净净的公务员为荣"；"'政府'必须维护我们的社会成为一片干干净净，有朝气，有生机的乐土，确保我们的'国家'能挺立漫天风雨的国际社会中"。

对于社会革新，蒋经国称不要搞什么运动，而是要"'政府'机关切切实实去领导推行"。他指出：

"'不逃税漏税'一项，需要由'财政部'加强查缉，并且对逃漏税捐和走私者予以严厉惩处，查获走私的商船初次予以警告，再犯就要重创，三犯以上的可予停航处分，才能收到效果。关于'遵守交通规则'，希望'交通部'及'内政部警政署'督导省市警察机构严格执行，各种交通规则愈简单愈好，必须使民众每一个人都能一目了然。"②

为进一步贯彻革新要项，蒋经国反复强调：谁如果违反了规定，都必须从重惩罚。他宣称："这并非沽名钓誉，而是基于吾人尽忠'爱国'的良知良能，不忍见到'国家'被大吃大喝带来大灾大难。"

"行政院"颁布10项革新要求实施后的第一年，据台湾有关方面统计，由警察机关查获涉足夜总会、舞厅、酒吧、酒家等非正当娱乐场所的公务人员，属于"行政院"所属各机构者共有926人，而违反规定宴客应邀剪彩、铺张浪费、滥发喜帖或讣告，经议处的30人。其中有几个案子是蒋经国亲自督导，震动全岛。

一个是轰动岛内的香蕉案。此案发生在蒋经国出任"副院长"之后。该案主角是高雄青果社理事会主席吴振瑞。吴氏在该社成立20周年之际大搞庆祝活动，并送来宾与内部人员真金果盘，形似礼品，实则是贿赂与侵占。经查处，此案件涉及到"外贸会"主委、中央银行总裁徐柏园。蒋经国得知事实真相后，立即下令撤了徐的官职。

另一案件是王正谊案。王正谊是"行政院人事局局长"，兼"中央公务人员购置住宅辅助委员会"主委。官职大小在其次，关键在于此人是蒋经国祖母王太

---

① 《蒋"总统"经国先生言论著述汇编》，第8辑，第265—266页。

② 《蒋"总统"经国先生言论著述汇编》，第8辑，第372页。

夫人的侄孙，是蒋家的至亲，论辈分，他与蒋经国是表兄弟。他利用与蒋家的这种特殊关系，在士林外双溪中央社区工程中营私舞弊，竟贪污公款合美金13.75万元。此案又如当年毛邦初案再现。

蒋经国毕竟不是蒋介石，当王正谊案披露于报端后，为表明他铁面无私与革除贪污的决心，立即令沈之岳将王收押侦办。经过三次庭训，王正谊被判处无期徒刑。

此案结局大快人心，报界对蒋经国此举颇多颂扬，蒋经国在岛内的声望也随之提高。

与此同时，台湾当局在蒋经国指导之下，还查处了海关副税务司兼稽查主任白庆国。白氏因贪污数额巨大，手段恶劣，为严肃"法纪"，判白死刑。此一宣判震动全岛，开国民党退台以来惩处贪污案件最严厉的先例。高雄市长杨金虎因贪污不仅丢掉乌纱帽，而且被判处5年徒刑，杨妻被重判刑期10年。还有一参事，为其子完婚，大办筵席，当时条文规定，公务员办席10桌不算违规，其人大办筵席已大大超过规定，不合公务员婚丧节约原则，被记两次大过并免职。

蒋经国上台伊始，雷厉风行，确有赣南作风。为进一步杜绝因经济迅速发展后出现的行政官员贪污盛行现象，特修订"贪污治罪条例"，对贪污受贿行为予以严厉制裁。在大举革除贪污的同时，蒋经国还令各级党政首脑辞去所有的兼职，以专心政务，并以身作则。同时要求各级组织机构厉行节约，促进物价稳定。根据蒋经国指示，台湾"省政府"还于1973年8月12日专门发出"厉行节约杜绝浪费"的通令。

对于革新行政，扭转社会风气，蒋经国矢志不渝，他认为"操之在己，成之在己"，故此，尽管成效甚微，革新措施仍屡屡出台。蒋经国对革新进展情况了然在胸，但也看到改革并非一蹴而就，"奢侈浪费的社会风气依然未改，须有正本清流之道。社会风气靡烂，对人心的腐蚀最大，少数人酒肉征逐，一席万金，甚至订包座观光旅馆之餐厅举行喜庆宴会，不仅是过分的浪费，也会使人心竞尚浮华虚荣，因而丧失了勤朴和战斗的精神，这是极甚警惕的社会问题。"

当然亦应看到，由于蒋经国一上台，便在人事革新之后，又推出行政与社会革新，不仅使台湾当局的保守、僵化形象有所改善，而且使当时台湾当局遭遇的"外交"大溃决与石油危机导引的经济危机均有所缓解。这些举措，为蒋经国再度升迁和巩固其统治打下了坚实的基础。

向下扎根

蒋经国在台湾有"民粹派"领袖之称。有人作过统计，蒋在"行政院长"任内，足迹遍及台湾地区 161 个乡镇村落，在他任"总统"的最初 4 年里，前后下乡 197 次，与民众在一起的日子多达 155 天。他在就任"行政院长"后的第一次院会上指出："希望各级行政首长今后不要多在电视上报纸上出现"，而"要深入民间，深入问题，在问题上求得彻底的个别的解决"①。1973 年 1 月 19 日，蒋经国向新当选的台湾县市长讲话时，以《向下扎根》为题，提出："今后县市长应该拿出良心，下乡'扎根'，真正为老百姓工作。"他还说："一切施政要向下看，针对老百姓的需要，为老百姓解决问题。"② 在这里，蒋经国明确提出了"向下扎根"的理念。

同年 2 月 23 日，蒋经国在"立法院"作口头施政报告时，题目就是《向上发展向下扎根》。蒋在报告中称："'国家'建设是永无止境的奋斗历程，在往上看、向前进，以求获得更大发展的同时，又需扎得深、站得稳，才能无畏任何冲突与考验。"他提出向下扎根的目标，就是"要把'国家'建设的基础奠立在磐石之上，使这基础更为稳固"。"今天我们就正要使'建国'要图在基层生根，为全民造福"③。如何向下扎根呢，蒋经国提出的具体做法是：

（1）加强"国民教育"；

（2）实施"地方自治"；

（3）加强"地方建设"，蒋经国认为此项举措是"为民造福最有效的途径，也是最现实的扎根工作"。

（4）增进"社会福利安全"。④

蒋经国之所以提倡各级首脑应向下扎根，主要基于三点考虑：

一是要确实改正国民党各级官吏高高在上，不关心民众疾苦的官僚主义作风。蒋在讲到向下扎根的具体做法时，强调"政府施政"不仅要为民众兴利，也要为民众除害。⑤ 而官僚主义则是当时最大的公害之一。二是使台湾建设"三民主义模范省"建立在坚实的基础之上。三是真心为台湾老百姓谋福利。他在多次

---

① 《蒋"总统"经国先生言论著述汇编》，第 8 辑、第 310 页。
② 《蒋"总统"经国先生言论著述汇编》，第 8 辑、第 104 页。
③ 《蒋"总统"经国先生言论著述汇编》，第 8 辑、第 504 页。
④ 《蒋"总统"经国先生言论著述汇编》，第 8 辑、第 505—506 页。
⑤ 《蒋"总统"经国先生言论著述汇编》，第 8 辑、第 506 页。

讲话中都强调"树立亲民爱民的风气",要"与民众的愿望相结合,以民众的利益为依归,为民众提供最好的服务"。他经常说的一句话是"和民众在一起",他还说,"乡村、深山、海滨是我最高兴去的地方,和民众在一起,谈话欢聚,乃是我所要追求的乐观"。他曾在日记中写道:"春节时,气候炎热如夏,使余担心中南部的幼苗可能发生虫患,而现在则又奇寒,早晚尤甚,恐受伤害。余不以之释怀。数月后是台风季节,奈何?余明知忧虑无补于事,但内心仍有此种感觉。"①对此,台湾一位学者曾说:"这种平民化的风格,在古今中外的领导人物中,甚为少见,在身居高位的政治人物中,我们可以发现关心人民福祉的,也可发现在民间走动,表现出亲民姿态的,然而,却甚少见到最高级的行政首长,能经年累月,不顾寒暑,跑遍大街小巷,与一般民众,不论其职业、身份、年龄、性别,相处融洽无间……关心其生活、起居、收入等无微不至,而且回到办公室后,立刻以实际行动,为其解决大小实际问题。"②也有舆论称蒋经国下乡访贫问苦这一套是做假,不过沽名钓誉而已。笔者以为前一种说法确有一些吹捧之嫌,后一种说法又确实与事实不符。蒋经国的确希望为老百姓谋福利,以争得台湾社会各界对国民党当局的支持。

对于蒋经国向下扎根思想形成的根源,漆高儒认为是蒋经国在受教育的过程中,接受了严格的家教与中国固有伦理与文化的熏陶,使他萌生了强烈的责任感,这种责任感驱使他抱病之身仍在处理要务,使其终年劳碌地利用周末假期深入民间。③笔者以为漆高儒的分析有欠公道,蒋经国向下扎根思想的形成,主要是受了两方面的影响:一是他从小留学苏联,接受了共产主义教育,并成为一名共产党人,长期在苏联基层工作,深受共产党群众路线与深入基层工作方法的熏陶。他回国后在赣南工作期间,就表现出平民作风。出任"阁揆"后,更关心民间疾苦。二是他开始接受国民党在大陆失败的教训,注意"政府"同群众间的关系,注意解决民众中存在的问题。如果看不到这一点,就无法理解蒋经国的行为。

① 漆高儒:《蒋经国的一生》,第146页,台湾传记文学出版社,1991年版。
② 漆高儒:《蒋经国的一生》,第139页。
③ 漆高儒:《蒋经国的一生》,第140页。

第四章 "经济奇迹"

蒋经国虽擅长政治，但在其任内台湾经济实现腾飞，并使台湾从一个农业社会转型为工业社会，成为亚洲东部的发达地区之一，其指导经济建设的功劳不可埋没。蒋经国靠什么法宝取得了他父亲几十年都不曾创造的"经济奇迹"呢？

"台湾经验"

蒋经国病逝后，台湾舆论将他称之为"大时代、大担当、大作为"之人，盛赞他在"执政"时期的两大政绩："恢宏民主宪政，创造经济奇迹。"特别是对蒋经国的经济领导才能，各方推崇备至。郑竹园在纪念蒋经国的文章中称：

"38 年来，台湾最大的成就，莫过于经济建设的成功，使台湾由一落后的农业地区，蜕变一高度工业化的社会"。"台湾经济起飞，虽自 1965 年开始，但经济之持续成长，对外贸易的大幅上升，人民生活的显著改善，却是经国先生出任'行政院长'后才实现的。经国先生非经济专家，但具备英明领袖的特质，故能领导经济建设。"[1]

台湾经济专家李国鼎也宣称蒋经国"创造举世闻名的台湾经济奇迹"。

20 世纪 70 年代末台湾实现经济腾飞，有目共睹，但对于经济腾飞的原因，则众说纷纭。据蒋经国自己在 1985 年 11 月 11 日答《读者文摘》巡回编辑芮德时宣称：台湾经济发展成功的基本原因是：

（1）"我们崇尚自由民主，坚守'宪政'体制，'政府'与人民相互信任，和谐团结，提供了民主而安定的政治环境"；

（2）"在计划性自由经济政策下，鼓励私人企业，激发人民勤劳的工作意愿，与企业家进取的创新精神"；

（3）"教育机会人人平等，实施普及而良好的教育制度，并致力科技发展，

---

① 郑竹园：《蒋故"总统"对国家的杰出贡献》，载《历史巨人的遗爱——蒋故"总统"经国先生纪念专辑》。

提高了人民的生产力"；

（4）"贯彻均富政策，缩小贫富差距，增进社会福利，提升生活品质，建立了公平而和谐的社会。"①

后来，蒋经国将这四条称之为"台湾经验"。他还在多种场合大讲特讲用"三民主义统一中国"，用"台湾经验"改变大陆的生活方式与社会制度。国民党要员李焕、俞国华秉承蒋经国意旨提出"经济登陆，政治反攻"。所谓"经济登陆，政治反攻"就是指"台湾经验"。接替台湾领导人大位的李登辉在没有成为"台独"分子之前，也学着蒋经国的腔调，大肆宣称用"台湾经验"推展大陆。在李氏字典中，"台湾经验"的内容为：

（1）"教育普及，使'国家'建设不缺少管理人才，使社会建设不落后"；

（2）"'政府'与民间都重视知识分子，知识分子能在各行各业发挥他的能力"；

（3）"由于'土地改革'成功，农业生产力提高，农民收入增加，奠定经济发展基础"；

（4）"'政府'制定正确的策略，以农业为基础，促进工商业成长，工商业发达之后回报农业，使农村生活富裕安定"；

（5）"经济发展与民主政治并重，人人能够生活得既富足，又有尊严。"②

李登辉还称：

"充实台湾经验，使它更具有说服力，更能为全体中国人所接受，而作为未来整个中国建设发展的模式。"③"我们将把这个台湾经验带返大陆，进而达成建立自由、民主、均富国家的最终目标。"④

无论是蒋经国的宣示，还是李登辉的一再鼓吹，都表明他们希冀将"台湾经验"推展大陆，并以此作为反制邓小平倡导的"一国两制"的一张王牌，而且具有明显的"政治反攻"色彩。这是他们以攻为守策略的重要组成部分，其根本目的与当年蒋介石宣称的建设"三民主义模范省"没有什么两样，都是为了维持国民党在台湾的长期统治，企图用"台湾模式"改变大陆社会制度。殊不知在大陆改革开放之初，台湾GDP差不多相当于大陆的一半，经过几十年的改革开放，两岸之间的差距越拉越大，台湾的经济发展缓慢与政治乱象日益显现，"台湾经

① 《蒋"总统"经国先生言论著述汇编》，第15辑，第410页。
② 《香港时报》，1991年12月29日。
③ 《"中央"日报》，1992年1月12日。
④ 《"中央"日报》，1992年5月21日。

验"已经完全被"中国模式"所取代。

蒋经国之所以在台湾地区领导人中的声望遥遥领先，最重要之点还在于经济快速发展。这一快速发展的确给大陆经济发展以有价值的启示。研究台湾经济之所以能在60—70年代得到迅猛发展，笔者以为主要是由于以下几点：

其一，由于日据时期台湾经济具有一定的基础，为台湾经济的进一步发展准备了客观条件。日本统治台湾时期，为适应其对外发动侵略战争的需要，在工农业上投入了较多的资金和技术，使发电、钢铁、机械、化学、金属等工业逐渐增长，运输、交通、通讯、金融事业也很发达。农业也有所发展。台湾光复时，国民党当局从日本人手中接收工厂达5969家，其中较有规模的企业就有775家。台湾舆论认为："到1945年，台湾社会的资本主义生产关系和生产力的发展程度，比之当时仍处在半封建半资本主义的中国大陆社会要'进步'多了。"[1] 就连蒋介石都承认："我初到台湾，参观了日月潭的水利工程"，"参观了入山的铁路工程和林场的管理，觉得日本以蕞尔小国，竟能称雄世界，实非偶然"。认为日本在台湾的诸项工程是非中国大陆工程可比。[2]

其二，国民党从大陆撤退时，带走了大量黄金、工业设备和技术及管理人员。这些财富、资产与人才在台湾经济起飞中发挥了相当重要的作用。今日看来，这些钱在大陆和台湾都算不了什么，但对于当时重蹈大陆通货膨胀覆辙的台湾社会而言，的确至关重要。另据台湾经济学家王作荣先生在《我们如何创造了经济奇迹？》一书中所称：国民党从大陆运来的设备、资产占到四分之一强，"对当时台湾的经济稳定与经济发展贡献"极大。"一直到今天为止仍是台湾最主要的工业及最主要的出口工业的纺织业，当时几乎全为大陆资本"。另据后来成为台湾"经济部长"的李国鼎和陈本在所著《我国经济发展策略总论》中称："工业先进国家的主要资本不是其生产设备，而是由实地试验结果所积累起来的知识，以及人民有效运用这些知识的能力。"此说的确有一定道理，国民党撤退时带走的高级技术人员、经营管理人员，对台湾"经济起飞"起了不可估量的作用。前台湾国民党中央副主席、前"行政院长"郝柏村在一次记者招待会上也承认：假定1949年蒋介石"没有带着60万的军队（后来多变为劳工）到台湾来，以及大陆上的杰出人才，以及几百万两黄金到台湾来，今日的台湾又是什么样的台湾"[3]？

① 许登源：《"二二八"前夕的台湾经济》，载《台湾与世界》，1987年4月号。
② 张其昀：《先"总统"蒋公全集》，第2卷，第1944—1945页。
③ 《台湾时报》，1989年11月27日。

其三，美国的经济援助是台湾经济起飞的一个重要筹码。据统计，从1951年到1968年间，台湾接受美国经援共计14.822亿美元。60年代中期美援停止后，又以贷款方式贷给台湾几十亿美元。对于美援在台湾经济中的作用，何保山在《台湾的经济发展》一书中说："要是1950年美援尚未来到，就很难想象台湾如何能够摆脱严重的失去控制的通货膨胀和随之而来的社会和政治动乱。"曾任"行政院美援运用委员会"的"副主任委员""台湾工业之父"尹仲容称：

"美援的适时抵达，正如对垂危病人注射强心剂"。"假如没有这笔美援，仅凭我们自己的经济力量，还不能达到目前的水准。换句话说，我们的成长率不是全凭我们经济内部的成长力量所产生的"。[1]

王作荣称"美援"及时到达"挽狂澜于既倒"；严演存称"美援"是"雪中送炭"；李国鼎也称"美援"在台湾经济发展中"有其不可磨灭的贡献"。

其四，有利的国际环境亦是台湾经济起飞的一个不可忽视的因素。第二次世界大战之后，世界资本主义经济进入了一个稳定的发展时期，发达国家在新技术日新月异的环境之下，将发展重点移向与高科技有关的新兴产业部门。与此同时，发达国家高工资与落后国家低工资的差别通过产品成本影响到商品的国际竞争能力，从而导致发达国家向落后地区转移落后产业，以利用落后地区廉价劳动力创造廉价商品。台湾当局正是抓住了这种世界性经济结构大变动，注意吸收发达国家淘汰下来的落后产业，以使其经济纳入到国际经济体系中去，寻找更大的市场。加之美国发动侵越战争，台湾积极争取越南之美援到台湾采购物资，使台湾捞到不少实惠。对此，李国鼎评论说：台湾的"对越输出因越战而繁荣一时，对台湾美援停止后的外汇调度、产业发展及推广贸易有相当大的贡献，就促进输出而言，若干产品的对越输出，亦奠定其进入国际市场的基础"。[2]

其五，蒋介石与蒋经国吸取在大陆失败的教训，并采取了比较正确的经济发展策略，是台湾经济起飞的主观原因。前四条是台湾经济能够"起飞"的客观原因，第五条则是台湾"经济起飞"的主观原因。按照事物发展的一般规律，外因是事物发展变化的条件，内因则是事物发展变化的根据，外因是通过内因而起作用的。尽管台湾状况有其特殊性，但在探讨其"经济起飞"原因时，亦不应忽视其主观因素。国民党退台初期，为了抑制通货膨胀，避免重蹈大陆失败的覆辙，曾经大刀阔斧地改革币制、调整利率、改革土地制度，制定了"以稳定经济为

---

[1]　尹仲容：《台湾经济10年来的发展之检讨与展望》，第287页。

[2]　李国鼎、陈本在：《我国经济发展策略总论》，第33页。

先"、"农工均衡发展"、实施"进口替代"的经济发展战略。经过 10 年努力，终于使台湾经济得到初步发展，为 60 年代经济起飞奠定了基础。进入 60 年代之后，蒋氏父子在军事失利、"反攻"无望的情形之下，开始全力经营台湾的经济建设，制定了外向型经济为主的"出口导向"经济战略，使台湾经济得到迅猛发展，并成为东南亚地区经济发展的一条"小龙"。70 年代，面对世界能源危机与金融危机，蒋经国决定继续贯彻"出口导向"的经济发展战略。为解决交通拥挤、原料不足等问题，蒋经国毅然决定发展重化工业，实施"十大建设"与"十二大建设"。进入 80 年代之后，为了配合"政治革新"求生存路线的贯彻实施，蒋经国在经济上采取了"科技导向"新战略，制定了"以稳定经济为主"、产业结构升级的发展策略，使台湾经济在困境中取得了相当成效。

其六，台湾教育的普及也为经济起飞起到了巨大的杠杆作用。早在日据时代，台湾教育即已有初步发展。但在殖民主义统治之下的民族教育事业是不可能得到真正发展的。当时的台湾社会还是以农业为主的自然经济结构，这种状况也不可能促使教育事业有较快的发展。国民党退守台湾之初，因政治上要求偏安台岛与经济发展的需要，以及人民的迫切要求，台湾当局又在普及小学教育的基础上，将"国民教育"延长为 9 年，并采取了限制高中、发展高级职业教育、大办专科教育学校的政策。随着台湾中等教育普及，劳动力素质大大提高，而劳动力素质的提高，对经济增长具有明显作用：一方面使经济增长率大大高于就业增长率；另一方面使劳动生产力的增长率高于就业人数的增长率。由于蒋氏父子高度重视教育，不断强调教育须与国家建设紧密结合，为"国家"造就有用人才，[①] 从而使教育在台湾经济发展中发挥了至关重要的基础作用，

以上六方面是台湾经济迅速发展的主要原因。同时亦应看到，台湾经济虽有迅速发展，但其以加工出口为主体的岛型经济，其致命的弱点在于对外依赖性较强，发展主控权操于外人之手，如遇世界性经济危机，台湾经济不可避免地会受到极大的打击。这一点，对于刚刚从计划经济体制迈向市场经济体制的大陆来说，也是需要从中吸取教训的。

发展经济新举措

20 世纪 70 年代初，台湾遭遇到三次国际风暴的袭击：一次是 1971 年因美

---

① 《蒋"总统"经国先生言论著述汇编》，第 11 辑，第 430—431 页。

元贬值而引起的国际金融危机；一次是 1972 年国际谷物因前苏联农业歉收，在美国大量采购引发的谷物价格大波动；再一次是 1973 年 10 月第四次中东战争引发的石油危机。三次国际风暴使正处在发展中的台湾经济遭受了沉重打击。

其一，物价飞涨。1972 年底至 1974 年 2 月，消费价格竟上升了 66.5%，整个 70 年代都处在物价的剧烈变动之中。

其二，外贸出现逆差。由于石油危机和世界发达国家贸易保护主义抬头，使 60 年代以来一直处于对外贸易顺差转变为贸易逆差，到 1974 年贸易逆差已达 13.27 亿美元。

其三，经济增长率下降，失业率增加。1974 年经济增长率由 1972 年的 13.31% 降至 1.12%。伴随经济不景气，大批企业倒闭或裁减人员，使失业率逐年上升。

其四，由于国际经济风暴的冲击，还引发了台湾经济本身存在的诸种问题。例如：基本建设与工业发展不能配合，造成发展瓶颈；台湾资源有限，岛内市场狭小，使经济发展受制、依附于国际市场；发展以资本和技术密集型为主的重工业同技术劳力欠缺形成新瓶颈；农业出现滑坡；等等。

面对因国际经济风暴所造成的严重经济衰退，蒋经国不断召集财经人士多次研讨对策。蒋经国还指定由中央银行总裁、"财政部长"、"经济部长"、"主计长"与"行政院秘书长"成立 5 人财经小组，对稳定物价进行协商，草拟稳定经济方案。在蒋经国看来，经济建设发展与稳定应同时并重，唯有稳定，才能提供良好的发展基础，唯有发展，才能促成全面的稳定繁荣。关于此点，蒋经国在 1974 年 1 月 26 日对台湾同胞的谈话中指出："自 60 年底（指 1971 年）以来，国际货币制度动荡不已，美元先后贬值两次，加上世界性的农作物歉收，物资匮乏，导致国际物价高涨。面对这一巨大冲击，我们深深感到，充裕物资，稳定物价，实为安定社会秩序，维持经济成长，增进国民福祉的首要课题。"[1] 他还认为：如仅求稳定而忽视发展，则经济成长必受阻碍，只顾发展而忽略稳定性，则发展本身必不安定，容易导致不良的后果。在蒋经国领导下，台湾当局采取了"在稳定中求发展"的策略，并制订各种调整方案，以稳定来求得经济的发展。当时蒋经国新出台的对策是：

第一，控制物价，抑制通货膨胀，稳定人心。如何控制物价，抑制通货膨

———————
[1]《蒋"总统"经国先生言论著述汇编》，第 8 辑，第 299 页。

胀？经历 1948 年上海打虎的蒋经国，对稳定物价有深刻的教训。基于此，蒋经国指示各有关单位，必须稳定民生必需品如食米、面粉、肉类、蔬菜、食油等的价格；同时指示各有关单位立即展开调查，如囤积居奇、抬高物价者，应即从严惩处。1973 年 3 月 6 日，蒋经国在"立法院"接受质询时，提出了控制物价的 9 项办法：

（1）确保财政收支平衡；

（2）控制通货发行；

（3）调整进口货品，同时照顾出口；

（4）力求供需平衡；

（5）降低民生必需品进口关税；

（6）当局对进口民生必需品予以补贴；

（7）改革运销，减少中间环节；

（8）消除物价上涨人为因素；

（9）改进国际贸易结构，建立世界性销售网。[1]

同年 6 月 28 日，蒋经国又颁布了稳定物价的 11 项措施，在 9 项办法的基础上，进一步提出提高利率、调整汇率、延缓基建、实行物价管理等。蒋经国说："这 11 项措施原是为了面对紧急需要所采行的，目的是要阻挡国际物价上涨的汹涌波涛，不让这个浪潮妨碍我们经济发展环境，以致影响到我们人民的生活。"蒋经国认为"这 11 项措施在政策上是绝对正确的"。[2]然而，通过实施上述措施，并未达到预期目的，物价上涨趋势也未减弱。9 月 25 日，蒋经国在"立法院"作口头施政报告，进一步强调：

"稳定物价是安定社会秩序、维持经济成长、以改进人民生活的主要前提。""我们处理物价的基本方针，是在研析刺激物价的各种因素与衡量物价波动所产生的影响，亦即从'因''果'两方面加以通盘考虑与彻底检讨，而后出之以审慎的态度、果断的决心、明快的行动，针对各种情势，以谋各种问题的次第解决，和民生需要的整体改善！"

"在政策性措施上，我们的着眼点是：以充裕民生必需品之供应为第一优先；以扶植农工增加生产为根本之途；以调节金融与改进运销为主要手段；以消除人

---

① 张山克：《台湾问题大事记》，第 409 页，华文出版社，1988 年版。

② 《蒋"总统"经国先生言论著述汇编》，第 8 辑，第 401 页。

为操纵因素为辅助措施。"①

如何抑制住这狂涨的物价，台湾"行政院"经过紧急磋商，于1974年1月26日通过了《稳定当前经济措施方案》。在方案实施前，蒋经国就此案发表谈话称："经国以负责的态度，沉重的心情，也怀着无限的希望"向民众宣布这一方案。该案的具体内容是：

其一，经济方面目标："要在稳定物价，并在安定中求发展，而在此国际经济动荡多变之时，欲求安定，并以应付能源短缺及国际性通货膨胀之冲击，充裕物资，调节市场需求，并节约消费为首要。"具体措施为：

（1）提高油价，限制石油供应；

（2）节约用电，调整电费；

（3）调整交通运输费；

（4）稳定物价。

其二，财政金融目标："要从积极方面充裕财政以支援发展，消极方面防止通货膨胀以协助稳定。"具体措施为：

（1）提高酒价，提高地价，涨价归公，以增加税收；

（2）发行建设公债，以支援建设重大工程；

（3）提高储蓄存款利率4%，以吸收存款，减少货币供给量增加。

其三，限建措施。

蒋经国宣称此案在制订时，已经过"广泛的讨论，深入的研究"，既考虑到了"政府"的利益，也照顾到了大众生活的利益，同时也注意到军公教人员的福利。推展此方案的目标，就是稳定物价，"在安定中保持经济的持续成长，并在成长中调和社会大众的经济利益"。②

当然，蒋经国也承认"这一方案的实施是不得已的"。同时强调该法案的四个原则："（1）巩固经济发展的基础；（2）保持国家财政的健全；（3）照顾大众生活的利益；（4）增进军公教人员的福利。这是全案的精神，也是方案中所订一切措施的出发点。"③

为了进一步贯彻蒋经国的指示和稳定经济，台湾"经济部长"孙运璇1月31日在"立法院"报告经济措施时强调："（1）去年美元贬值，农业歉收，当局采

① 《蒋"总统"经国先生言论著述汇编》，第8辑，第521—522页。
② 《蒋"总统"经国先生言论著述汇编》，第8辑，第304页。
③ 《蒋"总统"经国先生言论著述汇编》，第8辑，第596页。

取平价供应小麦与黄豆措施。（2）去年油价飞涨，今年调整油价，此非一时之措施，而是长期的政策，油价上涨是长期趋势，必从长计议。（3）提升油价以高收入者多负担，低收入者少负担为原则。（4）油价配合经济发展，促进节约能源与抑制消费，回收资金，紧缩信用。"16日，孙运璇又提出经济施政重点："发展外贸，稳定物价，协助业者克服困难；全力开发台湾的油气资源，扩大与阿拉伯国家友好，增加岛内煤炭开采，向能源多元化转变，指出能源紧张是世界性的，长期性的，当局已做好充分准备，业者应与当局密切配合。必须扩大出口，出口可以转移危机，大力扩充公共设施，辅导中小企业扩大输出。"①

《稳定当前经济措施方案》实施的结果，在抑制通货膨胀方面取得预期效果。由于该案采取对各种价格一次性涨足办法，消除了消费者预期涨价的心理，也消除了中间商人囤积居奇的情况，使物价一反节节上升的趋势，而出现先涨、续稳、后下跌的现象。物价虽然得到控制，但经济停滞状况并未得到改善，1974年经济增长率降到1.12%。应该说这是蒋经国主政时期经济成长率的最低点。有鉴于此，其后，蒋经国又主持讨论并颁布了《14项财经措施》和《改善投资环境实施要点》等案，以期进一步刺激经济的发展。

第二，推展第一期6年经建计划。台湾在推展6年经建计划之前，曾推行6期4年计划。1953年，蒋介石、陈诚为发展台湾经济，制定了第一期4年经建计划，其目标在扩大工农业生产能力，对内要求稳定经济，对外要求改善国际收支状况。当这一计划目标得以初步实现之后，台湾当局又于1957年实施第二期4年计划，其目的在于开发资源，增加农业生产，加速工矿事业的发展，扩大出口，平衡国际收支。当蒋、陈将主要精力投入经济建设后，为配合外向型经济发展战略，又开始实施第三、四、五期4年计划。第三期4年计划目标是改善投资环境，开拓国际市场，调整经济结构。第四期4年计划的主要目标是促进经济现代化，维持经济稳定增长，促进高技术工业发展。第五期4年计划主要目标在于增加投资，提高生产技术和管理水平，进一步改造经济结构；同时大力发展加工出口工业，改善国际投资环境，增加外贸收入。

上述诸项计划的实施，使台湾经济发生了根本性的变化：完成了农业经济向工业经济的转变；内向型经济转变为外向型经济；纺织业、电子电器工业发展尤为突出。在此基础上，蒋经国主持制定了1973—1976年第六期4年经建计划，

---

① 张山克：《台湾问题大事记》，第427—428页。

其目标是促进重工业发展。由于世界石油危机爆发，台湾对外型经济存在的弱点充分暴露出来，故被迫停止了第六期 4 年经建计划。经过审慎研究，蒋经国主持制定的第一期 6 年经建计划（1976—1981 年）开始出台。该计划的主要内容是：

（1）农业机械化；

（2）建筑海边堤防；

（3）林业精密化；

（4）交通现代化；

（5）扩充大众福利；

（6）推动"国民"住宅建设；

（7）制造现代武器；

（8）加强社会建设；

（9）开发广大山区；

（10）大量扩充对外贸易；

（11）提高"国民"个人的收入；

（12）开发海域及地下能源。①

蒋经国推展 6 年经建计划的主要目的是："改善经济结构，促进经济现代化，积极开发经济资源，厚植发展潜力，加强经济应变能力。在计划期间将完成 102 项重要建设，并推动其他新的建设；加强各部门之间的配合，促进经济与社会建设之平衡发展，在稳定中力求经济之成长；增加就业机会，改善生活环境，提高生活素质，建立均富安和之社会，增进全民之福祉。"②

蒋经国还认为该计划包括 3 项特质：

其一，"它是今后 6 年我们'国家'建设的总体计划。"是"在谋求经济繁荣的同时，带动教育革新与社会进步，期使全面的'国家'建设获得均衡发展整体进步"。

其二，"它是促使我们经济升段的计划。"新的 6 年计划，着重于经济结构的快速转变。我们将使岛内"工业从轻工业稳健地转变为重工业和精密工业，从以劳力密集的工业转变为以资本与技术密集的工业形态"。同时，"我们也将倾力促进农业生产的现代化"。

其三，"它是我们改善民生、造福全民的均富计划。""政府的责任，不仅要

---

① 《蒋"总统"经国先生言论著述汇编》，第 9 辑，第 560 页。
② 《蒋"总统"经国先生言论著述汇编》，第 10 辑，第 439—440 页。

使所有'国民'获得衣、食、住、行物质生活的方便与富足，也将致力为国民开拓精神生活的更高领域。"

蒋经国还预言：今后6年的经济增长率，平均每年实质增加7.5%。其中农业成长率，6年平均为2.5%，制造业成长平均每年可达9.5%，电力平均每年增加8.3%，运输通信营运量平均每年增加日8.9%，外贸总值包括商品及劳务在内，至1981年，预期进口以每年平均成长率为10.6%，出口每年平均成长率12.2%，按固定币值计算约可达到233亿美元，并将略有出超。随着经济繁荣，台湾"国民"所得至1981年，人均年均将由700美元增至1300余美元。①

如何推展6年经济计划呢？蒋经国提出4项工作重点：

其一，在工业方面，"着重于发展重化工业和精密工业，并将积极进行海陆能源与各种资源的探勘开发"；

其二，在农业方面，"以加速农村建设，积极推动农民机械化，增加农民所得，改善农民生活环境与提高粮食增产为主要目标"；

其三，在交通建设方面，"计划在高速公路、北回铁路、铁路电气化、桃园机场和台中港与苏澳港等工程完成之后，赓续兴建各种配合工程及其他运输通讯设施"；

其四，在社会建设方面，"将在省市各地辟建卫星市镇，兴建22万余户的'国民'住宅，普遍加强农村、山地、滨海区域医疗卫生服务。提高'国民'营养，改造'国民'旅游育乐设施，促进'国民'就业，使'国民'生活在实质上获得大幅改善"。②

蒋经国称：新的6年经建计划是台湾经济脱胎换骨的经建计划，要求各级组织抱定"只许成功，不许失败"的决心，创造美好的未来。

由于该项计划是在国际政治、经济形势对台湾十分不利的情况下制定的，所定指标均不高，随着世界经济的复苏，头3年的经建计划有较快的发展，有几项指标大大超过原计划指标。这样，原计划就失去了对经济的指导意义，故台湾当局对后3年计划进行修订和调整，但修订的计划实际只执行了一年就停止了。总体而言，第一期6年经建计划不是一个很成功的计划。直到蒋经国病逝3年后，台湾当局才推出了第二期6年经建计划。此项计划的目标是："重建经济社会秩序，谋求全面平衡发展"，以解决社会脱序和经济失衡问题。该项计划是台湾当局在20世纪90年代的一项重点工程。

① 《蒋"总统"经国先生言论著述汇编》，第10辑，第439—441页。
② 《蒋"总统"经国先生言论著述汇编》，第10辑，第441页。

第三，推动产业结构升级。为了尽快摆脱国际金融风暴和石油危机对台湾造成的经济困境，台湾当局于 70 年代提出了"工业升级"的口号。

所谓"工业升级"，是将台湾现有的劳动密集型工业升级为资本和技术密集型工业，将台湾初级、简单的、低层次的、附加价值小而能源消耗大的加工装配工业，升级到高级的、复杂的、多层次的、附加价值大而能源消耗小的高级加工装配工业。通过"工业升级"，改变台湾经济结构，建立新的经济增长机制。

台湾当局之所以在 70 年代提出"工业升级"的口号，主要是台湾经济面临着两个先天不足：一是能源和资源极度匮乏，二是省内市场极其狭小。从 60 年代开始，台湾及时地抓住有利的世界经济形势，充分利用其充沛、廉价而又具有较高教育水平和素质的劳动力资源，以低廉的工资，迅速建立起了以出口为导向的劳力密集型工业。由于世界金融风暴和石油危机的冲击，致使劳力密集型工业的优势面临着新的严重问题：外部遭到工业国家贸易保护主义压力，发展中国家迅速崛起，以及大陆经济体制改革的冲击；内部传统劳动密集工业失去优势，原有的经济"法规"与制度陈旧过时。特别是在两岸关系上，由于蒋经国坚持僵硬的"三不"政策（不接触、不谈判、不妥协），严重妨碍了台湾经济的发展。上述状况促使台湾当局意识到，台湾经济要想继续发展，唯一的出路在于必须改变工业结构，提高技术水平。正是在这一背景下，台湾当局提出了"工业升级"的口号。即在其力求保证台湾经济优势、拖延和谈统一的总体目标下，确定了新的经济发展策略：以稳定经济为主，产业结构升级。

众所周知，台湾推动产于结构转型，主要有 3 次：第一次在 60 年之前，是以农业为主的经济转向工业，但以发展劳动力密集型的工业为主；第二次是自劳动力密集型的产业转向资本密集型的重化工业；第三次是自重化工业转向技术密集型产业。后两次的产业结构转型均在蒋经国任内的策划与推动，并取得显著成效。

1977 年 9 月 23 日，蒋经国在"立法院"作报告时就指出：

"现在台湾经济已经进入一个新的阶段，即劳力密集的工业，已不能作为今天工业的基础；必须进入到高级的技术、资本密集的工业，我们的经济才有希望。"[1]

1980 年 3 月 18 日，蒋经国在财经会谈中称：

---

[1] 《蒋"总统"经国先生言论著述汇编》，第 11 辑，第 486 页。

"为因应未来国际市场激烈竞争"，奠定台湾对外贸易基础，"建立高级及精密工业，已订为我工业发展之既定方向"。①

同年7月15日，蒋经国在财经会谈中进一步强调：

目前台湾经济"正在迈向新的境界，必须注意到全面发展的计划性与整体性，致力引进新的科技知识、革新管理方法、更新生产事业机器设备、培养专业人才，来提高行政效率和生产力，改进各种生产品与服务之品质。在此方面，必须大家发挥高度智慧，并吸取先进国家经验，集思广益，群策群力"。②

为配合"工业升级"发展战略的推行，台湾当局制定了明确的产业政策和具体发展计划。其产业政策的主要内容是：根据两大（产业关联性大、市场潜力大）、两高（技术密集度高、附加价值高）、两低（能源系数低、污染程度低）的原则，选定消费性电子、资讯、自动化设备、新材料、生物工程等五大类产业作为主导产业，提高其在工业中的比重，逐步实现产业结构的升级。对传统产业，则着重于在现有基础上进行更新改造，以提高生产技术和产品档次，改善经营管理为主要目标。

与此同时，台湾当局特别注意提高生产技术与产品档次，因为这是工业升级的关键环节。由于台湾以中小企业为主，企业的技术与产品开发能力普遍薄弱，台湾当局便承担起了这方面的主要工作。其具体做法如下：（1）充分发挥官方骨干科研机构的作用，对重大产业科技项目进行专率研究开发；（2）实行产、官、学结合，协助企业进行技术和产品开发；（3）积极引进外国先进技术；（4）兴办科学工业园区，作为发展高科技工业的基地和样板。

进入20世纪80年代以后，伴随着世界性科技革命和产业结构调整的升级，全球各国掀起了一股兴办科技园区的热潮。其目的是希望自己国家和地区的产业能快速进入高新技术产业发展的行列。蒋经国也认为推进技术密集型产业的发展最有效的措施之一就是建立科学工业园区，这将对精密工业发展"有重大的推动助力"。其后，蒋经国不断强调发展技术密集型工业，认为除了积极引进外国先进技术外，还要加强企业管理，只有这样才能更好地发挥技术，"而技术与管理的改进，人才最为重要，亟应加强培育与训练"。③

1979年7月27日，台湾当局根据蒋经国的指示制定并通过了《科学工业园

---

① 《蒋"总统"经国先生言论著述汇编》，第13辑，第397页。
② 《蒋"总统"经国先生言论著述汇编》，第13辑，第421页。
③ 《蒋"总统"经国先生言论著述汇编》，第13辑，第435页。

区设置管理条例》。《条例》共 36 条，规定："为引进高级技术工业及科学技术人才，以激励国内工业技术之研究创新，并促进高级技术工业之发展"，决定"设置科学工业园区"。"本条例所称科学工业，系指经核准在园区内创设制造及研究发展该机技术工业产品之事业"；"本条例所称园区事业，系指科学工业及配合其产销而经核准在园区内设立之储运、包装、修配、机器设备租赁以及提供科学工业管理或技术上咨询及服务之事业"。《条例》还规定"行政院国家科学委员会设置园区指导委员会，负监督、指导及决定政策之责"。[①]由上可见，科技工业园区，就是旨在引进高科技和高级人才，把科研和生产相结合，研究和制造高级工业产品，推动工业技术的发展。

1980 年 7 月，台湾当局又制定了《科学工业园区管理组织条例》。同年 9 月，台湾当局在新竹建立了科学工业园区。新竹科学工业园区位于新竹市近郊，距离台北 70 公里。周边有"中央大学理学院""中正理学院""交通部电讯研究所""中山科学研究所"等高校及研究机构；"清华大学""交通大学"与"工业技术研究院"则位于园区范围之内。新竹科学工业园区的设立不仅有利于产学研，而且反映了台湾产业结构正在由劳动密集型向技术密集型转变。

蒋经国对此极为重视，他指出：新竹科学工业园的设立是台湾"科技发展一个新的起点，必须把握时机，按照计划积极推行，希望'政府'各有关部门密切配合，充分协调，务使该园区原有构想能够顺利展开，达到预期目标"。[②]

为了推动工业升级，台湾当局还建立了中心卫星工厂制度。此举是"经济部长"赵耀东提议的。1980 年 11 月，时任"中钢公司"董事长的赵耀东率团参观日本"丰田"和"日产"两家大汽车公司完善的中心卫星工厂体系时，就大为赞赏。1981 年 12 月，赵耀东出任"经济部长"后一再呼吁建立"中心卫星工厂制度"。1983 年 9 月 19 日，赵耀东在国民党中常会发言时强调：（1）要求培养工业伦理，抛弃老式的观念与方法；（2）积极发展策略性工业；（3）加速工业升级；（4）原料工业必须发展到经济规模。[③]台湾当局接受了赵耀东的提议，9 月 24 日，台湾"经济部"提出建立"卫星工厂"体系的办法：将卫星工厂分为三类：生产大批零组件供应中心工厂组装；生产中间产品供下游工厂；固定工厂支持大贸易商。具体办法：（1）融资支持；（2）提供中长期低利贷款；（3）培训技术与管理

---

①　《台湾省政府公报》1979 年秋字，第 42 期，第 2—5 页。

②　《蒋"总统"经国先生言论著述汇编》，第 13 辑，第 421 页。

③　张山克：《台湾问题大事记》，第 649 页。

人才，提供设厂用地；（4）建立外销仓储业；（5）向中心场推荐卫星厂。

所谓中心卫星工厂制度，就是以最终装配厂或基本原料生产厂为核心（即中心工厂），结合其零组件制造厂或下游加工厂（即卫星工厂），并使之有计划地密切配合，共同经营和管理，共同推动技术进步和提高产品质量，从而形成一个相互依存、产销密切配合的金字塔形的生产体系。[1]

台湾推行的中心卫星工厂制度是模仿美国 ITT 公司、日本丰田、松下公司和德国西门子公司的产业组织体系建立的。台湾当局在《建立中心卫星工厂制度方案》中将各种企业分为装配厂、特用材料加工、专业贸易商三大类，以期将这一制度推广到家电、塑胶、制衣、机械等各个行业中去，以联营合作代替合并，形成大规模企业集团，从而带动整体的工业升级。

总体而言，推动工业升级，建立新竹科学工业园区和建立与中心卫星工厂制度的推展，还是适合台湾经济发展状况的，也使台湾经济结构与经济效益均发生了明显的变化。科学工业园区从 1980 年 10 月 30 日第一家工厂—美国"王安电脑公司"到 1986 年，共有 64 家，其中开业者 53 家，产品上市者 45 家。但工业升级与建立科学工业园区也存在不少问题，诸如外商投资热情不如预料的高；许多厂商是为了捞取投资优惠待遇而迁入园内或争取成中心卫星工厂；园内与卫星工厂有些产品成本偏高，质量欠佳，在国际上竞争力不强。台湾经济虽然仍在发展，但导致工业升级所需要的条件却仍然没有根本性的变化。有鉴于此，台湾工业升级任重道远。

第四，"国际化、自由化、制度化"方针的提出。

进入 80 年代之后，台湾经济发展更为艰难，为摆脱困境，推进工业升级和经济发展，台湾经济界一些有识之士率先提出"国际化、自由化、制度化"的构想。早在 1982 年 7 月 15 日，台湾"行政院"即通过了《提高我"国"在远东地区经贸地位方案要点》，该方案规定：（1）放宽出入境限制，简化手续。（2）改善出入境办法。（3）积极筹办"世界贸易中心"。（4）建立高雄、台中两海运储运中心。（5）增辟国际航空线。（6）筹办国际旅客免税商店。（7）筹办海外金融中心。（8）筹办"自由贸易中心"。[2]

1983 年 2 月 8 日，"行政院长"孙运璇谈及台湾正在从事的八项现代化建设时提出了"三中心一区"的经济发展构想，即建立世界贸易中心、仓储和转运中

---

[1] 茅家琦主编：《80 年代的台湾》，河南人民出版社，1991 年版。

[2] 张山克：《台湾问题大事记》，第 617 页。

心、筹办海外金融服务中心，建立综合自由贸易区。①

1984年蒋经国连任"总统"后，提名俞国华出任"行政院长"，原"行政院长"孙运璇因患脑溢血出任"总统府资政"。6月11日，俞国华在"行政院"作"施政报告"时明确提出"自由化、国际化、制度化"的"三化"路线，称之为"台湾经济发展未来的目标"。②

台湾当时多数人认为蒋经国的"财经政策是采取政府管制与干预的经济体制，以公权力介入市场和用政府策略进行计划性的经济发展"。这一政策曾经受到学界的批评。蒋经国对于"三化"路线是反对还是支持呢？蒋经国的秘书张祖诒说："蒋经国的性格，基本上没有故步自封的缺点，而是具有积极进取、改革维新的倾向。他认识到市场导向和价格机制终必是经济发展的趋势，所以他十分重视学者专家的研究和他们提出的兴革意见，在不影响稳定成长的基础上，顺应趋势，逐步采纳自由化走向的许多政策措施。"③1984年11月6日，蒋经国主持财经会谈时要求"行政院"妥慎拟订未来经建计划，朝着"自由化、国际化、制度化"方向前进。这是台湾最高当局第一次明确提出"自由化、国际化、制度化"，作为经济发展的基本指导方针。④

1985年台湾当局还专门成立了为期6个月的"经济革新委员会"，就"三化"方针研拟各种方案。1986年2月13日，台湾"行政院"根据蒋经国的指令原则通过了"经革会"提出的《经济革新方案》。《方案》规定：（1）降低关税促进贸易自由化和以财税措施支持外贸。关税平均税率到1991年降到15%—20%，2000年降到10%以下。（2）除涉及到岛内安全和社会安定，国民健康的物资外一律开放进口，确实实行保护工业产品，采取管制以外的措施，以关税调节。（3）不限制进口物资采购地区，出口物资除配额外不限制地区。（4）简化行政手续，改进进出口检验工作，成立财团法人组织负责商检。（5）取消产销商之间免税待遇差别。（6）准许设立开拓市场准备金。（7）扩大建立海外金融机构。（8）"外交部"负责与贸易国家达成双边投资保障协定。（9）加速完成海外投资保险办法的制定。（10）简化华人、外人出入境手续。（11）实施72小时入境免签证办法。⑤

---

① 张山克：《台湾问题大事记》，第634页。
② 张山克：《台湾问题大事记》，第671页。
③ 张祖诒：《蒋经国晚年身影》，第86—87页。
④ 张山克：《台湾问题大事记》，第685页。
⑤ 张山克：《台湾问题大事记》，第723—724页。

1986年3月31日，蒋经国主导下的中国国民党十二届三中全会在台北召开。会议确定经济建设的方针是："力求在安定中加速经济发展，全力推动14项建设，提升农业精致化改善产业结构，促进工业升级，导引服务业现代化；调和劳资关系，力行均富政策；强化经济金融纪律，实现经济贸易的自由化、国际化和制度化。"① 很显然，"三化"被规定为现阶段台湾经济发展的最高政策指导方针，以配合政治革新的推展。

所谓"自由化、国际化、制度化"，其具体内容为：所谓自由化："就是尊重市场价格机能，减少不必要的行政干预，使市场机制在经济运行中发挥主导作用"；所谓国际化："就是将台湾经济纳入国际经济体系，扩大经济活动空间，开放内部市场，促进内外经济、科技、文化交流，增强对外活动的实质关系"；所谓制度化：就是"制定一套合理的法规，用法制调节控制经济运行"。②

由上可见，"三化"方针的基本点可以概括为16个字：开放市场，减少干预，分散贸易，健全法制。其核心是自由化。

台湾当局为什么极力推行"三化"方针？它对经济结构调整、工业升级有何作用？对台湾经济今后发展有什么影响？关于这一点，俞国华曾反复强调，实行"三化"方针的目的在于"加速工业升级"。与台湾过去的经济政策相比，"三化"方针显著的特点是开放市场、降低保护、自由竞争。

为了贯彻这一新的经济指导方针，蒋经国主导下的"行政院"推出了多项具体措施：

（1）黄金买卖自由化；

（2）外汇出入自由化；

（3）利率自由化；

（4）汇率自由化；

（5）金融机构设置自由化；

（6）降低关税，开放台湾岛内市场；

（7）开放外资对台湾及台湾对外投资的限制；

（8）扩大海外经济合作；

（9）全面检讨过去"法令""法规"是否有违"三化"方针精神；

（10）成立专门研究与考核推进自由化、国际化、制度化之机构。

---

① 李云汉：《中国国民党史述》，第5编，第302—304页，中国国民党党史会，1994年版。

② 茅家琦主编：《80年代的台湾》，第141页。

上述诸项措施的推展，使"三化"方针得以初步贯彻。一是进一步吸引了侨外资到台进行直接没资；二是带动了民间投资意愿的回升；三是扩大了与国外企业的技术合作；四是开放了大批商品进口，强化了市场竞争；五是分散了贸易地区，减轻了对美国市场的依赖。特别是从高关税保护政策走向自由开放政策，这是台湾当局经济决策上的重大转折。这对于减少贸易摩擦起到了积极的作用。当然亦应看到，"三化"方针的推展，也给台湾经济带来了新的冲击：制度化远远跟不上自由化与国际化的发展；外国资本与台湾官营资本、私人资本冲突加剧，台湾私人资本与官营资本矛盾日甚。这些冲突与矛盾解决不好，就可能引发台湾社会动荡，导致新的经济危机。

第五，倡导"均富"的财政理念。在发展台湾经济的过程中，蒋经国始终秉持"均富"的财政理念。之所以如此，一是蒋经国始终深信"不患寡而患不均"的治国之道。1973 年 11 月 12 日蒋经国在中国国民党十届四中全会口头报告中指出："我们的社建工作，是以我国传统的仁政为基础，本着伦理、民主、科学的原则，依据大同社会的理想，采取各项有关的措施，以逐步建立一个'均富''安和''乐利'的福利社会。"[①] 二是他在积极努力地贯彻中山先生民生主义理念。他在 1972 年 6 月 13 日列席"立法院"的施政报告中强调：感于"奠定社会安宁，增进人民福利"，"建设之首要在民生，更是国父遗教的昭示，因此政府必当尽力贯彻经社建设计划的继续执行"。[②] 在 1973 年 2 月 23 日列席"立法院"的施政报告中强调："第六期 4 年经建计划，从今天开始执行，我们将贯彻两项重要原则，那就是'提高国民的生活水准'，和'缩短贫富之间的差距'。"[③] 在 1973 年 9 月 25 日列席"立法院"的施政报告中强调："均富是安和的前景，安和是均富的结果，两者相辅相成，构成我们现阶段社会建设的基本纲领。""当前政府推动的若干重要措施，诸如加速农村建设、健全都市发展、增进劳工福利、开创青年前途、确立法制观念等等，其着眼点都在于此"。[④] 在中国国民党十届四中全会口头报告中，蒋经国强调："改善人民生活与厚积'国家'潜力，是我们推动经济建设的中心目标。我们经济建设的基本方针，是导源于民生主义的崇高理想，一'养民'为

① 《蒋"总统"经国先生言论著述汇编》，第 8 辑，第 551 页。
② 《蒋"总统"经国先生言论著述汇编》，第 8 辑，第 473 页。
③ 《蒋"总统"经国先生言论著述汇编》，第 8 辑，第 501 页。
④ 《蒋"总统"经国先生言论著述汇编》，第 8 辑，第 526 页。

第一要义。① 三是基于他的平民思想。"有人做过统计：从 1972 年到 1988 年，台湾人均 GDP 平均每年增加率高达 16.6%，但因"政府"采取"均中求富，富中求均"的财政政策和社会福利政策，同期间国民所有的分配以五等分位比较最高和最低的差距，始终保持在 4.5 倍以下，被国际间誉为足以傲世的一项指标。②

十大建设

有舆论称："蒋经国在他主政期间，展现大气魄，大担当，为'国家'建设深耕，为经济发展起步，立下扎实基础，为政绩留下最佳纪录，无疑是他全力推动。为国人称道，也为国际称颂的所谓'十项重要建设'。"③

尽管此说过于牵强，但不能不承认十大建设在台湾工业升级和经济发展中的作用。为了加深对蒋经国推展的十大建设有深刻的了解，必须对蒋经国在此问题上的心路历程进行一番考察。

1973 年 11 月 12 日，蒋经国在中国国民党十届四中全会上谈到今后经济建设政策时指出："第一，要保持在安定中求发展：今年经济成长率可以超过 10%，明年到底怎样一个成长率，还要作进一步的研究，不过我们在安定之中求经济发展的原则绝对不变。第二，我们在未来 5 年中间，要为经济建设奠定一个重工业和基本建设的基础。就经济发展的理论和史实来看，任何一个国家，如果本身没有重工业和基本建设的基础，经济发展一定会受到影响和滞碍，所以发展重工业是促使经济高度发展的基本条件。""经国个人一向不愿意用'经济起飞'这个字眼，'经济起飞'究竟飞到哪里去？飞不好会迷失道路，甚至会掉下来的。因为今天不重在经济的起飞，而重在如何巩固经济的基础，才是首要的问题，这是和整个经济发展有密切关联的。要巩固经济的基础，即以发展重工业和基本建设为前提，有一件事也许本次全会可以记录下来，作为行政院的一个考验、一个考核，就是未来 5 年之中，政府除了一般的经济建设之外，有九项重大的工程设施：第一项完成南北高速公路；第二项要完成台中港；第三项要完成东北的北回铁路；第四项要完成苏澳港；第五项要完成石油化学工业建设；第六项要建立大钢厂；第七项要建立高雄的大造船厂；第八项要完成铁路电气化；第九项要兴建桃园国际机场。"这些计划今天提出来简单的报告，当九项工程完成之时，"可以奠定一

---

① 《蒋"总统"经国先生言论著述汇编》，第 8 辑，第 546 页。
② 张祖诒：《蒋经国晚年身影》，第 86 页。
③ 张祖诒：《蒋经国晚年身影》，第 93 页。

个重工业的初步的基础"。①

这是蒋经国在公开场合讲十大建设。同年12月25日，蒋经国在"国大"年会上正式宣布了这项重要决定：

"'政府'已下定决心，以5年为限，列入管制，克服困难，加速完成南北高速公路、桃园国际机场、台中港、苏澳港、北回铁路、铁路电气化、大钢厂、大造船厂和石油化学等九项建设，来强固我们的经济基础，稳健我们的经济发展。"②

1974年9月，蒋经国在"立法院"作施政报告时，又加上核能发电，共十项建设。开展十项建设的根本目的，是为了配合台湾岛改造计划，也为了建立现代化物质技术基础，改变以轻工业为主的经济结构，提高能源和原材料的自给水平，减轻对外依赖程度。70年代是台湾经济结构的转型时期，十大建设就担起了脱胎换骨的重任。

由于十大建设开始实施时，正巧碰上国际物价大幅上涨，当时有许多人认为该项计划对经济、对物价都具有很大的危险性，认为不能实施如此庞大的计划。蒋经国听到这种意见后毅然表示："现在不做，将来就会后悔。"当十大建设开始筹划推动时，困难重重是可想而知的，当时主要有三个难题：人力问题、技术问题、财力问题。对于这些难题，蒋经国总是争取全力解决。1974年2月，蒋经国在"立法院"作报告时，提出做到经费、人事、奖励、意见四大公开，以推动十大建设。

十大建设期间，蒋经国多次到工地视察、督导。

据台报载：台中港第一期工程从开工到完工，蒋经国冒着烈日飞沙、寒风骤雨，先后巡视12次，并参加传递石头的行动。

中钢建厂，有3年零4个月之久，其间，蒋经国巡视工地15次。1977年7月25日，台风在台南登陆，中钢高炉濒临断电断水、铁水将凝、炉体将毁的险境。蒋经国得知此信息后一日数电，询问情况，直到渡过了危机。

北回铁路修筑前，蒋经国特别指示："北回铁路的兴建，对于台湾省东部的建设，及苏澳港的功能，均极有裨益，且可使台湾全岛的经济活动，联系更为密切，意义极为重大，但开工典礼务宜从简，如果地方上的民众拟盛大庆祝，亦宜婉劝其基于节约及务实的观点，不必铺张，俟将来竣工典礼时，再以适当的方式

① 《蒋"总统"经国先生言论著述汇编》，第8辑，第576—577页。
② 《蒋"总统"经国先生言论著述汇编》，第8辑，第202页。

来表示庆祝的心情。此一铁路经过崇山峻岭，工程设计必须配合地质条件，慎重行事。"

台湾舆论称："经国先生的苦心和参与，是10项建设顺利完成的主要因素。"用今天的眼光来看，蒋经国当时下决心开展十大建设的做法是正确的，虽然冒了点风险，但其作用正如蒋经国自己所宣称的：

"十项建设的进行，在经济不景气期间，产生了无比的积极作用，不但刺激了各种相关事业的生产，也吸收了大量的'国民'就业，大大冲淡了经济呆滞的严重性。"[①] 十大建设不仅为台湾培养了大批工程技术人员，也为台湾经济的进一步发展建成了赖以实现的基础设施。

蒋经国的秘书张祖诒评论说："十项建设涵盖公共基本设施及改变工业结构的重要生产事业，基本目的在于奠定经济发展的稳固基础，其所投入的资金、人力、物力等规模之庞大，史无前例。因之无论在兴建期间暨在工程完成后，对台湾经济所发生之影响，自然重大而广泛。"[②]

当十大建设即将竣工之际，蒋经国在1977年9月"立法院"会议上宣称：十大建设的完成，对台湾现代化只是一个奠基的过程，为求台湾经济的进一步开发，决定开展十二项建设，其中部分是十项建设工程的延续与扩充，部分是新的计划，其涵盖范围比十项建设更广泛。具体包括：

（1）完成台湾环岛铁路网；

（2）新建东西横贯公路3条；

（3）延长高速公路至屏东；

（4）扩建中钢公司第二期工程；

（5）继续兴建核能发电2、3两厂；

（6）完成台中港第二、三期工程；

（7）开发新市镇，广建"国民"住宅（平均每年2.5万户）；

（8）加速改善重要农田排水系统；

（9）修建台湾西岸海堤工程及全岛重要河堤工程；

（10）拓建由屏东至鹅鼻道路为4县高级公路；

（11）设置农业机械化基金，促进农业全面机械化；

① 《蒋"总统"经国先生言论著述汇编》，第10辑，第461页。

② 张祖诒：《蒋经国晚年身影》，第95—96页。

（12）建立每一县市文化中心，包括图书馆、博物馆、音乐厅。①

十二项建设预计总投资多达约新台币 4000 亿元。蒋经国宣称：十二项建设完成之后，不仅使台湾经济再上一个台阶，而且能够完成"反攻复国"任务。②蒋经国主政时期台湾经济的飞速发展不仅拉抬了他本人的声望，也为他成为下届国民党"总统"竞选候选人提供了坚实的基础；同时也给蒋经国增加了喧嚣"反攻"的底气。然而令蒋经国没有想到的是，他在莫斯科中山大学留学时的老同学邓小平在大陆主政后，悄悄地拉开了改革开放的帷幕。两岸之间一场以统一为目标的心理与发展的较量就此展开。

加速推进农村建设

20 世纪 50 年代初，台湾同大陆一样，均是以农业为主体的社会。农业在台湾经济发展中曾占有很重要的地位，不仅解决了国民党退台之初面临的生机问题，稳定了台湾社会，而且为工业发展提供了大量资金、劳动力与市场，奠定了台湾"经济起飞"的基础。随着台湾"土地改革"的完成与经济起飞，台湾已经完成了从农业社会向工业社会过渡。到 70 年代蒋经国主政时，台湾工业生产总值已大大超过了农业生产总值。台湾由农业社会迈向工业社会，这是历史的进步。然而就在历史进步中，农业"功成身退"，逐步进入停滞期，在整体经济中，越来越处于相当次要的地位。农业开始呈现出滑坡趋势的具体表现：

（1）农业生产率下降；

（2）粮食自给率下降，尤其是杂粮几乎全部依赖进口；

（3）农业在对外贸易中的作用大为减少。

造成台湾农业滑坡的原因是复杂的，主要是：（1）农业劳动力大量外流与不断老化；（2）农场面积小，人均耕地减少；（3）农民收入偏低，以兼业收入维持生存；（4）农产品价格偏低，农业生产成本偏高。这些因素影响了农民的生产积极性，从而导致农业不断衰退。

针对农业危机局面，作为建设台湾"三民主义模范省"的领航人蒋经国，多次发表讲话，不断提出新的对策，以调动农民的生产积极性，更大地发挥农业在经济转型中的作用。在台湾历任"阁揆"之中，蒋经国是最为重视农业、农村和农民的国民党领袖。如果他的父亲在大陆时期像蒋经国那样重视农民问题，也不

① 《蒋"总统"经国先生言论著述汇编》，第 11 辑，第 475 页。
② 《蒋"总统"经国先生言论著述汇编》，第 11 辑，第 488 页。

会失去农民的支持，国民党蒋介石集团在大陆也不会败得那样快那样惨。

首先，蒋经国认识到农业在经济发展与转型中的重要地位与作用。他在 1972 年 9 月 27 日台湾省农业建设座谈会上指出：

"农业是我们经济发展的重要环节，也是社会安定的基础。"近年来岛内"工业成长快速，固然值得欣慰，但相对比较之下，农业生产利润微薄，农业成长迟缓，显示了农民所得偏低，实不容我们忽视；'政府'为促进今后农业发展，加速农村建设"①。

1972 年 11 月 25 日，蒋经国视察金门后在"经合会"提出："农业是我们经济发展的重要环节，也是社会安定的基础。"强调"加速农村建设是今后政府最重要优先的工作之一"。②

1973 年 10 月 5 日，蒋经国在一次讲话中提出"农业在经济建设迈向工业化途径中，仍占重大分量"。"政府对农工商各业的发展，是从整个国家建设的现实着眼，务求其均衡而不偏废"。③

1974 年 11 月 19 日，蒋经国对台湾"农村联合复兴委员会"成员讲话时，提出"农业健全是经济稳定的基础"。④

1975 年 2 月 4 日，蒋经国在庆祝台湾"农民节"大会上的讲话中，指出"农业是国家经济的基础，没有农业，国家经济就没有基础"。⑤

既然农业在经济发展中有如此重要的作用，那么，如何防止农业下滑，并使农业在未来经济发展中发挥更大的作用呢？蒋经国在出任"阁揆"后不到四个月，就提出一定要提高农民所得，强调"为促进农业生产的现代化，提高农民所得，政府决定除了全力推动农业改进方案，积极辅导改进农业生产技术，增进农作物的产量之外，已开办农业机械化专案贷款，并尽量设法减轻农民各项不必要或不合理的负担，以提高农民的收益和生产兴趣。同时，中央和地方政府将协同策划推动一项全面性的难处建设工作，来普遍改善农民的生活水准"。⑥

与此同时，蒋经国于 1972 年 9 月大刀阔斧地提出"加速农村建设"的九项措施：

① 《蒋"总统"经国先生言论著述汇编》，第 8 辑，第 317 页。
② 《蒋"总统"经国先生言论著述汇编》，第 8 辑，第 317—320 页。
③ 《蒋"总统"经国先生言论著述汇编》，第 8 辑，第 277 页。
④ 《蒋"总统"经国先生言论著述汇编》，第 9 辑，第 43 页。
⑤ 《蒋"总统"经国先生言论著述汇编》，第 9 辑，第 79 页。
⑥ 《蒋"总统"经国先生言论著述汇编》，第 8 辑，第 486 页。

（1）废除肥料换谷制度（肥料换谷制度是台湾当局60年代实行的一种农业政策。此举意在控制粮食来源，实行强制性的以化肥配销，高价卖出，低价买进，以换取农民手中的稻谷。每年以这种办法换来的稻谷占稻谷征购数的一半以上。农民深受其害，对此十分不满。1970年7月，台湾国民党省党部提出为增加农民收入，应废止肥料换谷制度。蒋经国当政后，权衡利弊，毅然下决心废除这一阻碍农业生产发展的政策。1973年1月1日，台湾当局正式宣布废止肥料换谷办法。李登辉在蒋经国病逝后的《百日追思感言》中，对蒋经国此举有如下的记述："1974年，登辉时任'行政院政务委员'，有关农业经济问题，经常要向院长经国先生报告，有一次提及肥料换谷办法取消后仍有人建议恢复时，经国先生当即坚决地说：'以前的办法，实在对农民不方便，假如恢复，岂不是又要增加农民的不便。'他对农民发自内心的关切令人感动"）；

（2）取消田赋附征教育费，以减轻农民负担；

（3）放宽农贷条件，便利农村资金融通；

（4）改革农产运销制度；

（5）加强农村公共投资；

（6）加速推广综合技术栽培；

（7）倡设农业生产专业区；

（8）加强农业试验研究与推广工作；

（9）鼓励农村地区设立工厂。①

蒋经国宣布的这9项措施，是融合农业与农村发展的综合性计划，兼具经济、社会与政治建设等多元目标。最后，蒋经国提出：

加速农村建设是今后最重要优先的工作之一。同时提出要动员全岛各级机构和民众的力量，帮助推行这一新的运动，并使这一运动像以前"土地改革"一样圆满成功。②

在蒋经国看来，农民在体力和精神上的负担，比任何行业的人都沉重，每当农民插秧、收割时，他总要抽出一点时间，到各处去看看耕作的情形。他曾在日记中写道：

"春节时，气候炎热如夏，使余担心中南部的幼苗可能发生虫患；而现在则又奇寒，早晚尤甚，恐受霜害。余不能为之释怀。数月后又是台风季节，奈何？

---

① 《蒋"总统"经国先生言论著述汇编》，第8辑，第317—319页。
② 《蒋"总统"经国先生言论著述汇编》，第8辑，第320—321页。

余明知忧虑无补于事，但内心终有此种感觉。"

在蒋经国督导之下，推进农业生产建设遂在全岛展开。同年 11 月 8 日，国民党中常委会议修改 4 年经济建设计划，规定建设重点之一为推进农业现代化。1973 年 1 月 17 日，国民党中常会通过"行政院"所提《以新台币 20 亿元加速农村建设特别预算案》。同年 5 月，"行政院"公布实施"稻谷最低收购价格"政策。该项政策规定：在市场谷价低于最低收购价格时，"政府"无限制收购，使稻谷不致因盛产而跌价。同年 9 月，蒋经国主持下的"行政院"颁布了"农业发展条例"。该"条例"的主要内容计七项：

（1）筹设农业发展基金，除拨款外发动民间筹款；

（2）设置农业政策咨询机构；

（3）有效利用现有农地；

（4）继续开发农地；

（5）改善农业生产机构；

（6）改善农产运销系统及价格；

（7）促进适应农业发展的农业金融体系的建立。

1974 年，台湾当局设立"粮食平准基金"，在每年财政预算中编制 1 亿美元左右的基金，以稻谷成本加 20% 利润为依据订定保证价格收购农民的稻谷。设立"粮食平准基金"的目的是：鼓励农业生产，掌握粮源，避免粮食的匮乏；稳定粮价，以保障农民的收益。截止到 1979 年 2 月底，"粮食平准基金"实施 5 年多，其运用额度达新台币 188 亿余元，达到了鼓励生产、增加粮食的目的。蒋经国此举的负面影响是：各地粮库爆满，收购资金不足，后将上述政策改为余粮收购。实施限量收购之后，又出现了无法稳定的粮价问题。蒋经国在一次讲话中，除了强调"继续采取有效措施，彻底改善农民生活"外，还宣称绝不让"谷贱伤农"，也不让"米贵伤民"。

1975 年 3 月 6 日，台湾"农复会"宣布再次降低农贷利率，信用贷款年息由 14.5% 降为 13.75%。同年 11 月 1 日，台湾农业金融决策机构通过《加速农村建设贷款扩大办法》，以解决农业生产资金严重不足的问题。1977 年 6 月 5 日，台湾当局又提出在未来 5 年间向农业投资 564 亿元，促进农业现代化、机械化。1978 年，蒋经国当选"总统"后，指示"行政院长"孙运璇，加强对农业的投入。同年 10 月，"行政院"通过了"加速改善偏远地区居民生活计划"，包括七项重点。同时计划拨款 2.6 亿元，用以改善偏远地区的居民生活。其后，"行政院"又于同

年12月7日通过了《提高农民所得，加强农村建设方案》。该案决定3年内投资
250亿元，主要用于：

（1）改善农业经营；

（2）提高农业生产力；

（3）加强产销联系，维持农产品合理价格；

（4）加强农业资源的规划与利用；

（5）加强农业试验研究；

（6）加强农村福利设施。①

此案推行的结果，成效明显。据"行政院"主计处调查报告，台湾地区平均
每户农家所得，由1979年的15.78万元提高为21.97万元，增加率达39.2%，极
具成效。当然，与城市家庭收入相比，农村收入还是偏低。农村与城市收入差距
未见缩小，故蒋经国在讲话中多次强调"缩短贫富差距"。

1974年5月12日，蒋经国在致农友的一封公开信中写道：

"政府对于农民的生活非常关心，所以如何使得农民生活负担能够减轻，一
直是政府的施政重点。""今后我们还要继续加强来做，总要减轻农民的负担，增
加农民的收益，使得大家能够过更好的更丰足的生活。"②1977年9月14日，蒋
经国要求有关部门，"设法提高农民所得，并改善农村公共设施和农民生活环
境"。③同年10月20日，蒋经国主持"行政院"会议，核定降低田赋征实标准，
使农民无须再缴纳今年第二期田赋，实际减轻了农民10亿元以上的负担。1979
年6月12日，蒋经国主持财经会议，指示财经单位，在5年内改善农村居住条
件与生活环境。要求"农发会"（"行政院"于1979年1月25日决定"农业复兴
委员会"改名为"农业发展委员会"）加强工作，"提高农民收益，改善农民生活"，
"维护农民利益"，"必须缩短贫富差距"。④1980年7月23日，蒋经国主持国民
党中常会，要求必须全力贯彻改善农民生活、提高农业生产、加速农村建设的基
本方针。并就农地重划、农产品运销、改进农业技术、加强农业研究试验工作、
增辟产业道路及加强医疗设施等，分别作了指示，责成有关人员切实实施。⑤1982

---

① 张山克：《台湾问题大事记》，第514页。

② 《蒋"总统"经国先生言论著述汇编》，第9辑，第574页。

③ 《蒋"总统"经国先生言论著述汇编》，第11辑，第345页。

④ 《蒋"总统"经国先生言论著述汇编》，第12辑，第359页。

⑤ 《蒋"总统"经国先生言论著述汇编》，第13辑，第301页。

年 4 月 1 日，"行政院"又根据蒋经国指示，正式颁布了"加强基层建设，提高农民所得方案纲要"，其纲要中心内容是：改善农村生产与生活条件，安定农村生活；提高农村公共设施水准，缩小城乡贫富差距，平衡城乡发展。

蒋经国上述指令得到贯彻之后，自 1973 年至 1987 年底，台湾当局用于农业发展与农村建设的经费将近 1000 亿元新台币，从而使农业每年产值增加 150 亿元，农民收入与生活得到了相应的改善。当然，城乡的贫富差距并未得到改变，蒋经国的"均富"理想也未真正得到实现。

与此同时，蒋经国为了进一步调动农民的积极性，又在台湾推展第二次"土地改革"。众所周知，国民党退台之初，为解决生机问题，曾经在台推展"土地改革运动"，实施"三七五减""公地放领"与"耕者有其田"政策，基本上消灭了封建势力，促进了农业发展与工业经济的恢复，为台湾后来经济的发展奠定了良好的基础。将两次"土地改革"加以比较，可以看到，第一次"土改"的目的是对土地权进行重新分配，实施"耕者有其田"。而第二次"土地改革"的目的是解决农业经营管理问题，将土地化零为整，其实质是淡化小农经济，扶植农业资本主义。这一做法，一方面使一部分小自耕农放弃经营权而转为雇佣劳动者；另一方面，使另一部分"大农"扩大耕地面积和经营规模，促进农业从小生产向社会化大生产转变，为发展台湾农村的资本主义经济创造条件。台湾社会舆论对第二次"土地改革"评论各异，有人撰文反对这次"土地改革"，认为此举是把农民从农村连根拔起的"离农措施"，它彻底违背了孙中山"耕者有其田"的理想。但从现代农业的角度考量，农地重划具有一定的积极意义。然而事实是第二次"土地改革"并不能改变台湾小自耕农经济的实质。所以，它未能使处在滑坡状态的农业真正摆脱困境。

以上是笔者对蒋经国时期的经济政策进行的初步考察，实事求是地讲，台湾能够实现经济起飞，与蒋经国推行的上述政策是紧密相关的。应当说，就总体而言，这些政策是蒋经国在实践中不断总结出来的，基本上是符合台湾实际情况的。这也是至今蒋经国仍然有那么高的支持率的重要原因之一。当然，台湾经济发展到今天并不如人意，一方面是当时蒋经国也并未从根本上解决台湾的经济发展问题，一方面是台湾社会内部"独派"因素作怪，致使台湾当局的经济政策与两岸政策总是多方掣肘，内部纷争导致台湾经济始终处在停滞不前的状态。

对于蒋经国执政时期的经济成就，海内外舆论给予了很高的评价。美国《纽约时报》窦奠安发表评论称："台湾的经济行情一直到 1974 年世界经济因高油价而出现萧条为止，平均年增长率为 10%，已经减缓了蒋院长应付国际地位降低和"北京威胁"的难题。这个海岛发现，即使没有'外交'承认，仍然能从事商业往来和维持非官方的关系。生活水准的提高，人民感激。油价提升，出口减少，使得 1974 年的经济增长降到零点，但是，台湾的应对能力，比别的国家强得多。"[①] 岛内也有舆论将蒋经国的经济成就与唐代的"贞观之治"相媲美，称为"经国之治"。蒋经国对此引以为豪，如本章开头的蒋经国对《读者文摘》巡回记者芮德所谈。蒋经国的论点是将台湾经济发展所取得的成就，归功于他贯彻孙中山三民主义的结果，是同他开创的"政治民主"新局面相辅相成的。对此也有不同说法，作家江南先生称："经国掌舵，经济上可得满分，殆无疑问。于民主'宪政'的推行、人权的保障、言论自由的开放，则差强人意，某些方面，勉强及格，某些方面欲进又退，出现开倒车的现象。"[②]

---

① 转引自江南：《蒋经国传》，第 433 页。
② 江南：《蒋经国传》，第 433 页。

第五章 "外交"心路与受挫

20 世纪 70 年代，国际风云骤变，台湾遭遇联大驱蒋、尼克松访问北京、"台日"交恶与"美台断交"的一连串"外交"冲击，使刚刚登上"阁揆"宝座的蒋经国，全力谋划在夹缝中求生存的"外交"战略。

五度访美

尽管蒋经国不太喜欢美国，但在他一生中的"外交"履历上，美国是他出访最多的国家之一。美国人也不太偏爱蒋经国，但蒋经国五度出访美国大多出自于美国的邀请。是什么原因促使蒋经国五度访美呢？

蒋经国第一次访美是在 1953 年 9 月。蒋氏父子兵败大陆退台之初，出于偏安台岛考虑，不计美国弃蒋前嫌，在"外交"上实施"一边倒"政策，再度投入美国的怀抱。美国出于朝鲜战争与亚太地区利益的考量，由弃蒋、弃台政策转变为再度扶蒋保台政策。美国对台政策 180 度大转弯的根本原因就在于 1950 年爆发的朝鲜战争。杜鲁门错误地认为：此次朝鲜战争爆发，不仅是南北朝鲜之间的冲突，而且也是苏联用突然袭击方式公然向美国势力范围挑战的行动，是苏联发动第三次世界大战的第一步。杜鲁门从其错误判断出发，认为苏联下一个攻击目标是欧洲或中东，因此必须进入战备状态，立即在朝鲜迎击挑战并加强全球防务。同时他还认为：苏联已从朝鲜向美国开刀，如果中国大陆乘机攻占台湾，日本就很难保。其结果，美国在西太平洋的防御圈就有崩溃的危险。基于此，美国决定尽快控制台湾，稳住亚洲阵脚。美国出兵台湾使蒋介石从杜鲁门手中获得了一张保险单。

朝鲜战争使美国改变弃蒋政策，艾森豪威尔入主白宫取代杜鲁门后，美蒋关系再度进入蜜月时期。蒋介石不失时机地向艾森豪威尔提出签订"美台共同防御条约"问题，美国也想进一步摸清蒋介石的真实意图，遂向蒋经国发出邀请，以商讨加强台、美军事合作问题。关于此点，可从台湾当局驻美国"大使"顾维钧接到属下蒋荫恩的报告中得到说明："他从国务院新闻官员了解到这次邀请蒋经国访美是为了让他看看美国，并观察他有何反应——他是否欣赏和理解美国的民主生活，以及是否愿意应用于中国。其用心如果有希望的话，为他在委员长年迈或逝世后接班做准备。"① 经蒋介石批准，蒋经国以"国防部总政治部主任"名义于 9 月 11 日赴美考察，随同考察的有"总统府秘书长"沈锜。蒋经国访美也有他自己的目的，据蒋纬国对顾维钧称："通过这次察看美国办事方式和苏联的不同。"②

此次蒋经国赴美访问是他 5 次赴美时间最长的一次，达 1 个多月。此间，蒋经国参观了军事、交通、工业、农业、教育和文化等 6 个部门，同时访问过各阶层美国人民的家庭生活。所到过的重要地方，有华盛顿、纽约、旧金山、芝加哥、洛杉矶、底特律、布佛洛、得克萨斯城、盐湖城、萨克拉门托、拉斯维加斯，以及 7 个军事训练基地。对于蒋经国赴美安全问题，美国政府和台湾当局驻美国"大使馆"高度重视。就在蒋经国赴美的当天，美国海军少将梅乐思获得情报：称有人企图在食物中放毒谋害蒋经国将军。③ 有鉴于此，美国对蒋经国加强了安保工作。29 日，蒋经国受到了美国总统艾森豪威尔的接见。蒋经国首先向艾森豪威尔总统转交了蒋介石致美国总统的信件，然后又将艾森豪威尔的大作《欧洲十字军》的中文译本奉送给他，艾森豪威尔非常高兴，还让陪蒋经国翻译的顾维钧将《欧洲十字军》一书上蒋介石写的中文题词念给他听。艾森豪威尔也向蒋经国询问了"美援"使用情况。对于国民党在大陆失败军队退守缅甸问题，艾森豪威尔让蒋经国向蒋介石转达："要尽一切可能把中国军队撤出缅甸。"他说："有一个时期美国曾提供援助以使这些部队能留在那里；但情况已经改变，缅甸急切希望把这些部队遣返台湾，以不使共产党人有任何借口把缅甸置于其控制之下。目前他不愿看到缅甸落入共产党之手，倘若中国政府更撤出全部军队，那将使美国摆脱困境。"蒋经国说他已经接到台湾方面报告："这些部队将撤出缅甸。"④

蒋经国曾专程赴纽约去拜会了一向亲台的战时盟军司令麦克阿瑟将军。此时的麦克阿瑟已经辞去了侵朝"联合国军总司令"之职。麦氏同蒋经国谈起了中国问题，他非常错误地认为，"中共"统治大陆"是人类的大悲剧，历史的大不幸"。

---

① 《顾维钧回忆录》(缩编)，第 1181 页，中华书局，1997 年版。
② 《顾维钧回忆录》(缩编)，第 1174 页，中华书局，1997 年版。
③ 《顾维钧回忆录》(缩编)，第 1174 页，中华书局，1997 年版。
④ 《顾维钧回忆录》(缩编)，第 1175 页，中华书局，1997 年版。

但是他确信中共必定灭亡，同时苏俄侵略的"野心必然日甚一日，它的侵略目标不只是亚洲，同时也指向欧洲，而以美国为其第一号敌人"。麦氏一方面要求台美联手打败共同敌人，一方面宣称蒋介石集团"一定可以反攻回去"。①

在美国考察之间，蒋经国还拜会了魏德迈将军。魏德迈1944年曾经接替史迪威出任盟军中国战区参谋长及驻中国美军指挥官，在中国任职对弥补史迪威造成的与蒋介石的隔阂大有裨益。1947年7月，他奉美国国务卿乔治·卡特利特·马歇尔命为特使到中国进行调查。他当时负有双重使命："让中国人知道他们必须证明美援不会被浪费；同时说服华府必须提供此一援助。"

蒋介石以及其他国府高层官员对于魏德迈之来华在起初显然是抱着很高的期望，认为是象征美国对华政策转变的契机，随之而来的将是大量的军经援助。随着调查团考察行动的展开，这份期望很快就转变成失望与不满，8月19日，魏德迈完成在中国的考察行程。当天，蒋介石与其长谈6个小时，就政治、军事、党务等有关问题广泛交换意见，但未触及美国之世界与远东政策或中美具体合作办法。8月22日，魏德迈面对蒋介石、宋美龄等60多人演讲时，严厉批评国民党的腐败无能，并希望国民党振作。在给政府写的在第二次中国之行的报告时，魏德迈进一步揭露了国民政府的种种弊端与无能，并得出两年之内"中共"军队将取得最终胜利的结论。此时的魏德迈虽已退休，但他仍充任一家制造公司的董事长，同时非常关心世局发展。当他与蒋经国谈到台湾海峡两岸关系时，提出8点看法：

（1）没有必胜（作者指"反攻大陆"）把握时，不要轻举妄动；

（2）所谓必胜把握，即是登陆后就能扩展阵地，被驱下海或只能守住滩头阵地都不行；

（3）应着重游击战及宣传战，尽量把大陆搞乱，等减少其抵抗力后再登陆；

（4）如台湾当局派"空军总司令"周至柔和"陆军总司令"孙立人来美，我可以助台湾当局"反攻大陆"，我相信孙立人能办此事；

（5）我曾于昨夜同"副总统"尼克松谈两小时，认为蒋公（指蒋介石）应倡导组织亚洲联盟，其性质可师法北大西洋公约组织，但必须包括日本在内；

（6）经国先生前日说明台湾善用美援，极好，因为可以使美国人知道台湾并不是永久的负担；

① 《蒋"总统"经国先生言论著述汇编》，第5辑，第660页。

（7）日本情势不佳，9000万人的国家，没有原料，没有市场，所以急欲与中国大陆通商，但一经通商，中共即可藉以稳定内部；

（8）英、法、澳、纽、加等国，都在逼美国同意中华人民共和国加入联合国，使美国甚难应付，结论是蒋公虽有内外各种压力，但仍应避免采取任何冲动的步骤，因为如果再失败，即不能保持他的领袖地位。

蒋经国答称：他会注意到这一点，但深觉士兵渐老，而中共控制大陆日渐稳定，所以还是希望能早日"反攻大陆"。

蒋经国在拜会国务卿杜勒斯时，颇令蒋尴尬。杜勒斯告诉蒋经国，他听了一些美国驻台代表说：蒋将军的手段"有点厉害"。陪同蒋经国拜会杜勒斯并充当翻译的沈锜可能是怕蒋经国听了不高兴，没有把这句话翻译给蒋经国。据陪见的美国台湾处处长马康卫记载，当时的气氛曾有"短暂的沉寂"。杜勒斯虽不懂中文，但刹那的沉默，显然使他意识到沈锜没有把这句话译给蒋经国听，于是他把这句话又重复了一遍，而且明言所谓"有点厉害"是指蒋经国在处理安全事务上的手段。杜勒斯还称，他希望蒋先生在美国实地考察后，可以看到不需用厉害的办法，也可达到同样的目的。杜氏还说：美国也须对付颠覆和忠不忠贞的问题，但总以不侵犯到嫌疑者的基本人权及合法权利为原则。

这样一来，沈锜只好硬着头皮照翻译了。但蒋经国听了这段话后，只是喃喃自语，以几乎听不到的声音说他知道了。

陪同蒋经国的台湾当局驻美"大使"顾维钧，到底是经验丰富的"外交家"，他已感到当时凝重的气氛，立即插话说：旧金山、纽约、华盛顿等地的华侨，可能也听说过蒋将军以"厉害"著称的故事，但这次蒋氏访美，出席华侨的欢宴，所表现的温文尔雅、彬彬君子的气质以及坦诚友好的态度，深使侨胞们感动、折服，因此在美华侨对蒋氏的印象，已与从前大不相同。顾维钧此语一出，杜氏立即示意等候在外的摄影记者进入室内拍照，至此，因翻译带来的一点小风波立即平息。

很显然，杜勒斯说这番话是有意的，这与美国邀蒋访问有直接关系。美国人一方面想了解蒋介石在台、美关系上的真实意图，另一方面企图通过蒋经国影响蒋介石，以美国的所谓"民主"来代替蒋介石的独裁专制统治。

10月2日，蒋经国在美国国务院为他举行的宴会上，以《为自由民主奋斗到底》为题致答词。蒋经国称："当我接到贵国国务院和国防部邀约的信，要我来此作一次访问的时候，内心就觉得至为愉快，到了贵国之后，贵国政府有关部门又为我安排了一个非常妥当，而又设想周到的参观程序，使我收获良多，在我看了贵国社会各方面的情形以后，个人更感觉到无限的兴奋。"蒋经国强调指出："我们自己承认在大陆上失败了，但是我们被共党打败的，只是过去的军队，而不是我们追求真理的信心，我们目前丧失的，不过是土地；至于为'国家'民族生存而奋斗到底的，不但没有丧失，反而愈挫愈强。"① 美国副总统尼克松对蒋经国的演讲甚为欣赏，在致辞时称蒋经国是中国"伟大民族之代表"。

访美期间，蒋经国要求拜见美国前总统胡佛，这一要求在10月8日得以实现。继之，顾维钧建议蒋经国拜见杜鲁门，但令顾维钧没有想到的是，蒋经国断然拒绝。顾维钧对此讲了三条理由来说服蒋经国：

第一，蒋经国访问的都是共和党领袖，"虽然由于政府是代表全体人民的，因而访问政府领导人不会起误解，但对不任公职的共和党领袖进行访问，可能在一些人，特别是民主党人的思想上引起问题。因此设法访问杜鲁门，可避免这种问题，而且表明对两党领袖一视同仁"。

第二，作为台湾方面的政策，访问杜鲁门也是"明智的"。因为共和党只作为多数党，在众议院是微弱的多数，在参议院只多一票，而且还不可靠。再者，"1954年国会选举结果尚难断定，一个民主党国会不是不可能，因为艾森豪威尔之以绝对多数当选，是由于他个人的名望。工人。知识分子、农民和达城市居民仍然拥护民主党"。

第三，有关"中国院外活动集团"的调查，在参议院莫尔斯的压力下，可能仍将进行。顾维钧认为这个情况和左派分子为了使美国人民对我们的同情取向冷淡，有可能宣传蒋经国在访问美国领导人物方面的明显区别对待，使我们有必要表示出访问杜鲁门的愿望，加以防止。顾维钧认为："如果蒋经国未曾访问20多年以前担任'总统'的胡佛，他就无须访问不到一年前担任'总统'的杜鲁门。"顾维钧还告诉蒋经国，"杜鲁门是民主党的真正领袖，而且首先提出援华军事计划并派军事顾问团赴台北的正是杜鲁门"。②

无论顾维钧怎样陈述，蒋经国就是不为所动。蒋经国之所以不愿意访问杜鲁门，根本原因是蒋介石对杜鲁门有很深的成见。当年宋美龄赴美请求美援最终吃了闭门羹，并且策动桂系取蒋而代之。1949年8月又发表了落井下石的《中美关系白皮书》，抛弃了蒋介石集团。正是这一原因使两蒋对杜鲁门耿耿于怀。加之

---

① 《蒋"总统"经国先生言论著述汇编》，第3辑，第395—396页。
② 《顾维钧回忆录》（缩编），第1181—1182页，中华书局，1997年版。

蒋介石事先没有授权蒋经国拜访杜鲁门。蒋经国虽然回绝了顾维钧，但他又说需要请示委员长。10月15日，蒋经国还是拜会了杜鲁门，双方都很满意。

美国人的苦心总算没有白费，蒋经国在10月20日离美返台后，曾接受"美国之音"记者的访问，在问到精神教育问题时，蒋经国答称：

"在美国军队里的精神教育，是着重于国家、荣誉和责任三点。并且经常告诉官兵们为谁而战？为何而战？""美国和中国的军队，虽然因为历史、环境和条件的不同，各有其不同的组织和方法"，"但是，精神教育的目的，是相同的，那就是：提高士气，击败敌人"。

当记者问到除了军事范围以外，在美国印象最深刻的是什么时，蒋经国答称："除了军事范围以外，美国所给我最深刻的印象，是政治上的民主作风，社会上的守法精神，以及人民生活上的自由和快乐，我参观了这么多地方以后，最使我感到兴趣的，是许多设备完善的幼稚园，在这里，我不但可以看到美国富强的今天，更可看到美国人民幸福的将来。"①

蒋经国认为参观美国后，"更比以前确信最后的胜利将是我们的"。美国人听了蒋经国这番表白之后，总算对他有点放心了。

10年之后，也就是1963年9月6日，蒋经国应美国国务院邀请，以"行政院政务委员"身份二度赴美访问。此际，"台美"关系的蜜月时代结束了。肯尼迪入主白宫后，在对华政策上表现出极大的灵活性。对于"台美"关系的前景，蒋介石忧心忡忡，由于他曾声称在"光复大陆"前决不出台，因此，协调台、美关系的重任，便落在上阵还须父子兵的蒋经国头上。美国方面也深感老蒋风烛残年，陈诚体弱多病，为进一步深入了解台湾的未来掌舵人，国务院才向蒋经国再度发出邀请。

蒋经国二度访美期间，曾于11日同肯尼迪总统作长达75分钟的长谈，此次长谈内容未见报端。蒋经国在接受记者采访时，念念不忘蒋介石的"反攻"神话，多次宣称台湾当局有决心和信心"反攻大陆"。美国报刊称蒋为"高度精明强干而绝对诚实民主的领导人物"。

9月14日，蒋经国会晤了美国政府所有外交及军事方面负责最高决策的首脑：国务卿腊斯克、国防部长麦克纳马拉、副国务卿哈里曼、国务院主管远东事务的助理国务卿希斯曼、中央情报局局长麦孔，以及国务院和国防部情报部门的主管。

---

① 《蒋"总统"经国先生言论著述汇编》，第3辑，第405页。

蒋经国还特意专程到纽约去看望麦克阿瑟。在两人会谈时，麦氏询问蒋经国台湾"收复大陆"的计划，并提供了很多的意见。最后他告诉蒋经国："蒋'总统'一定会重回大陆的。"[1] 令麦克阿瑟做梦也没有想到是，蒋介石父子早已作古，至今也没能够回大陆。

翌年 4 月 10 日，麦克阿瑟病逝，蒋经国特发表《永不熄灭的明灯》一文来纪念他。

蒋经国第三次访美是在 1965 年 9 月。此次美国之行是应美国国防部长麦克纳马拉之邀，以"国防部长"身份赴美考察军事。此间正值越南战争激战正酣之际。美国新闻界对蒋经国有浓厚兴趣，频繁造访。当时美国新闻界最关心的一个问题是：台湾当局在越南战争中采取什么态度？蒋经国对此宣称：

台湾"派遣军队前往越南，可能不是我们协助解决越南问题的最佳途径"；台湾"将继续给予越南技术和经济援助，并提供心战顾问"。[2]

访美期间，蒋经国大谈"反攻复国"。他告诉美国人说："我们'反攻复国'"，不仅是台湾的需要，"也是美国以及全世界的需要"。他还应美国《时代》《生活》与《幸福》杂志发行人亨利鲁斯之邀，至纽约会晤，并在席间发表《何以必须拿起武器？》的演说。蒋经国谈了三个问题：

第一，台湾"是否准备'收复'大陆？"蒋经国的答复是肯定的。他认为台湾不仅"握有战斗武器，更拥有'全国'同胞的归心"。

第二，台湾"是否有意发动一项大规模的战争，并将美国牵入战争中"。蒋的回答是否定的。他提出"在'反攻'行动中，我们需要美国给予精神上和物质上的支援"，并不需美国军队参战。"如果美军直接参与战斗，反而可能引起国际的干涉，而使战争扩大"。

第三，台湾的政策"是否可与美国的政策相配合"。蒋经国的回答是肯定的，他要求美国与台湾"在政策上和行动上，密切配合，齐一步骤，才能迅速有效地解决问题"。

蒋经国还认为"台美"双方对若干问题的看法，已较过去"更为接近"，"甚至有的是完全一致的"。美国对台态度"较以往任何时期更明朗"，对中共的态度，"亦较以往任何时期更坚定"。[3]

---

① 《蒋"总统"经国先生言论著述汇编》，第 5 辑，第 661 页
② 《蒋"总统"经国先生言论著述汇编》，第 6 辑，第 647 页。
③ 《蒋"总统"经国先生言论著述汇编》，第 6 辑，第 653—655 页。

访美期间，蒋经国在多次谈话中谈及 1964 年大陆第一颗原子弹爆炸成功对台湾所造成的威胁。他在 9 月 22 日谈话中称：中共的核子能力，不仅威胁"台湾堡垒"，"亦且威胁美国"。扫除这些核子设施，不仅是台湾的一个主要责任，而且也是美国与"自由世界"的责任。[①] 蒋经国在美还参观了休斯敦的太空中心、战略空军司令部、洲际飞弹基地及美国最大的飞弹天帝 6 号。他说只有美国拥有强大的武力，"才能够维持今天的世界和平"[②]。9 月 22 日，蒋经国与麦克纳马拉就第三次访美发表"联合声明"。"联合声明"称：两人就亚洲局势与越南局势举行会商，麦克纳马拉对台湾支援与支持表示欢迎，并称将对台湾继续提供军事援助，意在是台湾当局"加强其本身与自由世界对抗中共在台湾地区威胁的防卫力量"。[③]

蒋经国第四次访美时间是 1969 年 3 月 30 日。这是唯一的一次不是美方邀请，而是作为"总统"特使身份赴美参加前总统艾森豪威尔的葬礼。按常规，蒋介石本人应该出席艾森豪威尔的葬礼，一是台湾当局与美国关系十分"友好"；二是 1960 年艾森豪威尔做总统时曾经造访过台湾，而且是放蒋出笼的美国"总统"，在某种意义上讲对台湾和蒋介石"有恩"。蒋介石之所以没有赴美前去参加艾森豪威尔葬礼，而是让蒋经国代劳，主要是台、美之间在"反攻大陆"问题上出现了严重的分歧，特别是美国对台政策发生了逆转，让蒋介石感到非常不快。加之自己已是 83 岁高龄，身体又不是很好，故没有亲自前往。3 月 30 日，蒋经国飞往美国的当天，台湾"行政院"通令全台湾今日下半旗一天，以示哀悼艾森豪威尔。31 日，蒋经国拜会尼克松；翌日又于国务卿罗杰斯进行 20 分钟会谈。4 月 3 日，蒋经国飞返台北。蒋经国之所以匆匆返台，主要是中国国民党第十次代表大会于 3 月 29 日在台北举行。

蒋经国五度访美是在 1970 年 4 月 16 日至 28 日。蒋此次赴美的中心任务就是搞清楚美国人对中国大陆的真实意图与阻止中国大陆同美国之间的往来和复交。如前所述，进入 60 年代之后，"台美"蜜月时代已经结束，继肯尼迪之后，约翰逊对华政策又有新的改变，即一方面宣称美国忠于对"中华民国政府"的义务，但同时"期待着有一天"能同中国大陆恢复关系。同年 5 月 28 日，美国宣布从 1965 年 6 月 30 日停止对台经援，改为贷款。种种迹象表明：约翰逊政府已

① 《蒋"总统"经国先生言论著述汇编》，第 6 辑，第 641 页。
② 《蒋"总统"经国先生言论著述汇编》，第 6 辑，第 641 页。
③ 《蒋"总统"经国先生言论著述汇编》，第 6 辑，第 635 页。

欲着手改善同中国大陆的关系。

对于江河日下的"台美"关系，蒋介石心急如焚，他在1964年4月5日接见美联社记者时，向约翰逊提出警告：美国如果退出东南亚，世界局势将不可想象。同时强调：中共"以美国为第一号敌人，美应多听取反共人士之意见，利用匪俄分裂之良机，消除亚洲祸乱根源"。①

蒋介石的警告并未能终止美国"联华制苏"的战略构想。真正使"台美"关系发生重大转折则是在尼克松入主白宫之后。从其全球战略和扼制苏联角度考虑，尼克松竞选总统成功后在1969年1月20日的就职言中称："我们寻求一个开放的世界"，在这个开放的世界里，"国家无论大小，它们的人民都不生活在愤怒的孤立状态之中"。12天后，尼克松向基辛格表示："应鼓励政府探索以中国人改善关系的可能性。"②

1970年2月，尼克松政府提出了第一个外交政策报告说："从长远来说，如果没有这个拥有7亿多人民的国家出力量，要建立稳定和持久的国际秩序是不可设想的。"③同年2月10日，中美两国大使在中国驻波兰大使馆举行会谈。美国大使首先宣读一份事先拟就的稿子，称美国政府愿意同中国改善关系，并表示美国愿派代表去北京同中国领导人直接讨论或在华盛顿接待中国代表。尼克松还对记者宣称他要到中国大陆去。

对于尼克松的构想，蒋氏父子感到疑惑与"相当忧虑"，进而决定派蒋经国赴美参访，其意图如时任台湾当局"外交部"次长沈剑虹在《使美8年纪要》一书中所言：

一是台湾当局"急于知道的是，美国政府在与北平代表举行的华沙双边会谈中打算做何种让步？"。所谓拟议中的"和平共存协定"内容都包含什么。

二是台湾当局明确要求美国"重申保证"台湾当局在联合国包括安理会的合法席位。

三是如果大陆中共再次攻打福建沿海的金门、马祖，美国政府到底能对台湾"提供多少援助"。尼克松是否会像艾森豪威尔"信守台湾决议案"。

四是要求美国政府回答如何处理在美国日益嚣张的"台独"问题，以及"为

① 秦孝仪主编：《"总统"蒋公大事长编初稿》，卷8，第110页。
② 苏格：《美国对华政策与台湾问题》，第360页，世界知识出版社，1998年版。
③ 亨利·基辛格：《白宫岁月》，第339页，世界知识出版社，1980年版。

保卫台湾所需更新的军事装备"。①

蒋经国五度访美受到华盛顿的隆重接待，诚如后来台湾当局驻美"大使"沈剑虹所说，这可能是尼克松同蒋氏父子的一种"道别方式"。蒋经国为了不虚此行，一下飞机就发表演说称："相信在谒晤尼克松总统，并拜访贵国朝野人士之后，不论是对中美双方有关问题之商榷，与对国际局势的一般讨论，都将使本人此次深受其益。"②

尽管蒋经国一再暗示，但在同国务卿务罗杰斯、副国务卿詹姆森、助理国务卿格林等3个小时会谈和同尼克松的75分钟会谈中，蒋经国一直未感到"深受其益"。蒋经国仍不甘心，除了攻击大陆、重弹反共老调之外，在华盛顿的4天里，始终强调台、美关系的重要性。他宣称：

"始终对贵国朝野，抱持其钦佩、尊重与合作之热忱，愿贵我'两国'在长远的友谊基础上，在鲜明的正义立场上，愈益紧密合作。"蒋经国强调"多年的传统友谊，和忠诚的盟邦关系"。台、美之间，"不仅理想一致，而且利害一致。双方作为长期的友邦和盟邦，也就是长期的保卫和平的伙伴，必能为维护人类正义自由的信念，而分担责任"。"台美""有着共同条约的联系，'自由中国'的武器系统来自美国，贵的军事顾问协助我们训练尤其使'中国'武装部队趋向现代化。美国的经济援助对'贵国'报纸有时所称'台湾经济奇迹'大有贡献"。"在道义上讲"，"台美"关系显示，"尽管世局错综复杂，'两国'始终互相信守诺言；在物质上说，'中华民国'有60万军队"，可随时支援"台美""在远东的'自由'目标。让我坦白地说，共党不可能继续，除非美国领导的'自由世界'，给予它新的生机"。③

上述蒋经国带有煽动性的讲话，的确打动了美国一些官员和院外集团成员，但美国官方并未认可。尼克松总统在蒋经国阐述自己的主张时，"只是很有礼貌地倾听，未作任何承诺"。与此相适应，尼克松也同蒋经国长谈"台美"间的传统友谊，不讲其下一步作何打算，更明确表示拒绝与蒋经国一起发表联合声明。

当新闻界追问蒋经国与尼克松总统会谈情况时，蒋经国只得回答："与美国首长的会谈，都是就国际局势作一般性普遍而广泛的交换意见，谈不到有何具体协议。"又说："苦难中也是欢乐的，在黑暗中也有光明，我们一定可以克服一切

① 沈剑虹：《使美8年纪要》，第44—46页，世界知识出版社，1983年版。
② 《蒋"总统"经国先生言论著述汇编》，第7辑，第535页。
③ 《蒋"总统"经国先生言论著述汇编》，第7辑，第537—545页。

困难，获得成功。"对于这种自我解嘲的语言，多年从事新闻工作的记者们当然了然在胸。

五度访美中间，给蒋经国留下深刻记忆的莫过于他一生中唯一的遇刺事件。此事件发生在 4 月 24 日蒋经国前往美国纽约布拉萨饭店出席工商协进会的午餐演讲会途中。刺杀凶手是"台独联盟"的两名成员郑自才与黄文雄。郑、黄两人何以要刺杀身为"行政院副院长"的蒋经国呢？据郑自才后来回忆：

"当时'台独联盟'的声音很难传达出去，而蒋经国当时任'行政院副院长'并且负责台湾的情治系统，'台独联盟'认为如果行刺蒋经国，对台湾'独立运动'的宣传将会有帮助。"

经过两个礼拜的策划，郑自才委托当时"台独联盟"负责海外事务的陈荣成购枪，并与其前妻黄晴美之兄黄文雄负责实际行动。

4 月 24 日 12 时 10 分，当蒋经国离开下榻的庞尔旅社，前往布拉萨饭店时，正值交通十分拥挤，又遇"台独联盟"在饭店前组成示威团进行抗议活动，行进非常缓慢。蒋经国所乘轿车一抵布拉萨饭店门口，即由美国国务院派遣随同的两名安全官左右护驾，另外纽约市警察局的两名便衣警察亦紧跟其后。据当时目击者称：

当蒋经国走上台阶正要进入正门之际，手持枪械的黄文雄从正门两侧的大理石柱后迅速闪出，冲过警卫群，正欲举枪射击时，跟随在蒋经国身后的便衣警探之一亨利·苏尼兹将黄文雄拉住，并立即向另一便衣警探叫道："注意，这人手上有枪。"两人随后扭成一团。[1]

尽管刺杀行动遭此破坏，但黄文雄此时仍一边与警探格斗，一边举起手枪瞄准蒋经国扣动扳机。此时蒋经国惊慌失措地急急闪入扇形转门内，子弹因而也就射入了正在转动的两扇玻璃折门间。当黄文雄极力挣脱拉扯，欲进入酒店再发射第二枪时，一名警卫立即用脚顶住旋转门，黄文雄亦被制服，但不甘心地高喊："像我一样的人站出来吧！"

此时郑自才见黄行刺失败，亦不顾自身安危，及时冲入欲营救黄文雄，却不料警卫以警棍狠狠地击向其头部，致使其眼镜被打碎，血流如注，至此郑自才高叫："我要看医生。"黄、郑二人在警卫的群殴下，终被制服。

刺杀事件发生后，蒋经国死里逃生，他进入大厅后先说的话是："有人受伤

------

[1] 香港：《新闻天地》，1970 年 5 月 9 日。

吗？""如果这两个年轻人要求见我，我会接见他。"在演讲时，蒋经国只是用了"外面有风有雨"来说明刚才的谋杀事件。

陪同蒋经国访问美国的蒋彦士回忆说：

"犹忆经公'总统'在'行政院副院长'任内，应邀访美，彦士亦忝为随员之一。这次在纽约布来萨酒店参加酒会，曾遇到刺客，在推动旋转门进入酒店大厅时，身后即响起了枪声。而经公'总统'神色自若，未稍回顾地大家一同由大厅步入电梯，直至酒会场地，对美国一群工商界领导人士谈话并演讲。在场的人员，莫不佩服其处变不惊的镇定。"①

尽管美国国内枪击事件层出不穷，但在外交活动中却不多见刺杀事件。刺杀蒋经国使美国难以下台，为此尼克松立即致电慰问，表示"至感遗憾"，"美国及本人闻悉此事，异常震惊，谨代表美国政府及人民致最忠诚之歉意"。

当台湾方面得知刺杀蒋经国未果讯息后，转惊为喜。5月1日，蒋经国结束美国之行，经东京返台时，蒋介石派其党政军要员到机场迎接归来的蒋经国。连极少在台北露面的蒋方良也破例前来迎接夫君，两人拥抱于台北机场。

蒋介石一面为蒋经国压惊，一面令警方彻查此案。经查：黄文雄系台湾政大新闻系毕业，1964年赴美国康乃尔大学就读。刺案发生后，黄、郑二人被以蓄意谋杀罪嫌移送"法办"。"台独联盟"虽聘请律师打官司，但郑、黄二人认为聘请律师打官司的目的，只是想澄清"台独联盟"并非暴力恐怖团体，并未替俩被告的涉案辩护，在愤慨之余，决定弃保抗议。

1971年，郑、黄二人经纽约地方法院判处有罪，在择期判刑时，二人决意分头逃亡，郑自才在友人协助下由美赴瑞士，再转往瑞典，并在同年获瑞典当局政治庇护，黄文雄自此下落不明。翌年，郑自才突遭瑞典当局逮捕，美国要求引渡，同年9月，郑被送往美国服刑。因飞美途中郑自才绝食进入昏迷状态，飞机飞往英国，英国当局以非法入境名义收押了9个月。1973年4月，英国将郑自才送往美国，8月间，美国纽约州高等法院判处郑自才5年徒刑，并发监执行。

五度访美，蒋经国并未能阻止中美关系的正常接触与发展。尽管在蒋经国之后又有"行政院长"严家淦奉蒋介石之命赴美力争，但也未能奏效。就在"联大"驱蒋案通过236天之后，台湾驻美"大使"沈剑虹接到罗杰斯电话通知，尼克松总统将于1972年初访问北京。当沈剑虹与台北方面获知此讯息后均相当震惊。

---

① 转引自漆高儒：《蒋经国传》，第129页，国际文化公司，2012年版。

沈剑虹称：

"有几分钟时间我震惊得说不出话来。我简直不能相信方才听到的话是真的。我想打电话给台北方面，不巧的是美国这边的越洋电话接线生们那天正在罢工。我正草拟电稿时，电话又响了。这次是台北'外交部'杨西昆'次长'打来的，问我是否从美国政府人士那里，听到有关基辛格秘密访问北平的消息。台北方面的人士刚刚听到新闻快报，要我证实他们听到的消息是否正确。像我一样，台北方面对这消息最初反应也是觉得难以置信。"①

7 月 16 日，蒋氏父子深感"台美"关系"绝不会与以前一样了"。在极端愤怒的情绪下，蒋介石指使杨西昆约见美国驻台"大使"马康卫，向他提出强烈抗议，并称尼克松的举措是"最不友好的行为"，必然会造成严重的后果。同时，蒋介石还指示沈剑虹向美国国务院提出抗议。② 沈剑虹在拜会美国主管东亚和太平洋事务的助理国务卿格林时，向他转述了台北方面是如何"愤怒、困惑和震惊"。格林答称：尼克松的行动目的在于缓和东南亚的紧张局势。同时宣称：许多国家人民对于尼克松的行动，初步反应似乎都很良好，还声称美国政府不会"牺牲任何友邦"。③

然而抗议行动也未能阻止住尼克松的北京之行。1972 年 2 月 21 日，与中国大陆隔绝 23 年之久的美国终于被迫承认了中华人民共和国的客观存在，总统尼克松与中国巨人毛泽东两双大手紧紧握在一起。其后，经中美双方领导人磋商，达成了《上海公报》。《上海公报》在台湾问题上的表述是：

"美国认识到，在台湾海峡两边所有中国人都认为只有一个中国，台湾是中国的一部分。美国政府对这一立场不提出异议。"

美国此一立场否定了多年来"台湾地位未定说"；同时，《上海公报》还提出中美关系应实现正常化。此点进一步指明"台美"关系未来的性质。蒋氏父子最害怕的事情终于要发生了，他当时指使"外交部"就《上海公报》于 2 月 28 日发表声明，称此公报协议无效，要台湾各界庄敬自强，对"反攻复国"应具有充分信心。④ 蒋介石还指使台湾当局以"政府"名义发表声明，宣称："此次美国总统尼克松一反若干年来美国政府对中共的严正立场，前往访问中共，并与周恩来

① 沈剑虹：《使美 8 年纪要》，第 60—61 页。
② 沈剑虹：《使美 8 年纪要》，第 61—62 页。
③ 沈剑虹：《使美 8 年纪要》，第 62 页。
④ 台湾，《"中央"日报》，1972 年 2 月 29 日。

发表《联合公报》，迁就中共的勒索，在许多问题上多所让步，适与34年前英首相张伯伦在慕尼黑与纳粹签订协定之举如出一辙。"宣称战争惨剧"将在亚洲重演"。声明重申了"外交部"的观点。声明最后宣称："非推翻中共暴力统治，不足以建立真正的世界和平。'中华民国'将以自力继续负起此一神圣使命。至于美与中共所达成的协议，很可能不久就变成一张废纸。"[1] 与此同时，蒋介石电令沈剑虹会晤尼克松，当面澄清《上海公报》未提"台美"《共同防御条约》所引起的不安。尼克松对沈剑虹保证，"美国决心遵守对'中华民国'的承诺"。这正是蒋介石所需要的。翌日，沈剑虹返台向蒋介石汇报会晤尼克松情形，蒋介石听后感慨地说："今后，我们必须比从前更要依靠自己。"[2]

尼克松称他的北京之行是"改变世界的一周"。加之联大驱蒋案，给了台湾当局以致命一击，不仅造成"台美"关系的江河日下，还使20多个国家几乎一夜之间同台湾当局"断交"，转而承认中华人民共和国。截至1973年2月，仅有39个国家与地区同台湾当局保持"外交"关系。

大骂田中

正当台湾当局处于"外交"绝境之际，蒋介石的另一"忠实外交盟友"日本，又于1972年9月29日同中华人民共和国发表联合公报，宣布结束两国间的不正常状态，恢复正式外交关系。中日恢复邦交是继尼克松改变对华政策和联大驱蒋案后对蒋经国新"内阁"的又一沉重打击。

众所周知：自"台日"1952年签订"和约"以来，"台日"之间始终风波迭起，未见平稳。本来，按吉田原来构想是同中国大陆单独媾和，后来在美国的高压政策与日本国内亲蒋势力施压影响下，吉田改变初衷，同台湾签订"和约"。日本当局这种妥协行为理所当然地伤害了中国人民的感情，因而受到了中国政府与日本进步人士的严厉谴责；日本工商界出于发展对华贸易的需要，也迫切要求改变不公正的对华政策。就在"台日""和约"签订后不久，日本参议员高良富等3人应中国国际贸易促进会的邀请，于1952年6月赴大陆谈判并签订了第一次中日民间贸易协议。同年12月，促进日中贸易议员联盟宣告成立，此后，中日两国民间友好往来日渐增多。

蒋介石眼见中日两国民间的频繁交往，害怕日后"台日""邦交"断裂，遂

---

[1] 《香港时报》，1972年3月1日。
[2] 沈剑虹：《使美8年纪要》，第93页。

向日本发出警告。蒋的警告产生了一定效用，1957 年 2 月亲蒋的岸信介组阁后，推行亲美、亲台政策，阻挠中日民间贸易往来。同年 6 月，岸信介抵台访问，在同蒋介石谈话时宣称：日本的外交方针是尊重"中华民国"的意见，"不承认中共政权"，并公然煽动蒋介石"反攻大陆"。① 因岸信介的外交方针违反了日本大多数国民的意愿，遂遭到社会舆论的抨击。1960 年 7 月，岸信介在一片反对声中倒台。

岸信介倒台之后，池田勇人出任阁揆，他恢复了中日民间贸易交往。但池田内阁在对华政策上未能超越吉田所规定的界限，中日两国间的关系没有实质性的发展。1964 年，佐藤荣作出任日本首相，他积极推行亲美反共政策，制造"两个中国"，支持"台独"。更有甚者，佐藤竟异想天开地将台湾划入日本的"防卫范围"。

尼克松访华后，日本朝野大为震惊，因为佐藤内阁一直跟在美国屁股后面敌视中国，第 26 届联大召开时，又追随美国阻挠恢复中国的合法席位。此刻，美国却在悄悄地同中国大陆改善关系，跟自己的盟友连个招呼都不打，这使佐藤政府受到社会舆论的冲击，在一片责难声中，佐藤内阁倒台，田中角荣出任日本首相。

田中一上台就开始打中国牌，他在就职演说中宣布把实现中日邦交正常化作为新成立内阁的首要任务，并宣称"日中邦交正常化的时机已经十分成熟"。

田中的就职演说震怒了蒋氏父子。1972 年 7 月 20 日，蒋经国接见日本驻台湾当局"大使"宇山厚，强调台湾对日本同中共的"严正立场"。"外交部长"沈昌焕针对日本同大陆中共"国交正常化"的谈话予以严正警告，要求日本"明辨是非"，"不要为中共政治阴谋所乘"。② 7 月 25 日，台湾当局驻日本"大使"彭孟缉约见日本外相大平正芳，告以反对日本与大陆中共"国交正常化"。8 月 2 日，国民党中央秘书长张宝树自韩国返台途经日本时，奉蒋令劝说日本政要"变更意图"。

8 月 8 日，蒋经国发表谈话，严正谴责日本政府的背信弃义，并警告日本政府："停止一切损害'两国邦交'与危害亚太地区和平安全之行动，以免造成历史上之重大错误。"③ 9 月 11 日，台湾 8000 多大专院校教授联名发表反对日本与中国大陆"国交正常化"的宣言。9 月 16 日，蒋经国再度发表谈话，宣称台湾当局虽然同意日本政府派遣特使来台，但其基本立场仍然坚决反对大陆中共与日本

---

① 台湾，《"中央"日报》，1957 年 6 月 4 日。

② 秦孝仪主编：《"总统"蒋公大事长编初稿》，卷 8，第 178 页。

③ 《蒋"总统"经国先生言论著述汇编》，第 8 辑，第 251 页。

"国交正常化"。同时，蒋经国强调：

"我们政府经过审慎周密的筹划，已制订了妥适的因应计划和步骤，只要我们本着'国家第一'的最高原则，依照既定的政策去执行，相信必可突破难关。当前最需要的是'全国'军民在总统的领导之下，更紧密、更坚强地团结起来，勇往直前奋斗到底。"①

9月19日，蒋经国在接见日本特使椎名悦三郎时进一步强调："台日"之间的一切关系，是以1952年"在台北签订的对日和约为依据，这个合约是日本军阀发动侵华战争失败的结果"。蒋经国一面指责日本政府"背信弃义"，一面警告日本政府必须重视"台日和约"尊严与保持日本的国际信用。今后"台日"关系的"继续维系"，"必须以这个合约为基础"，如果日本现政府要破坏此一基础，则"台日"之间以及亚太地区由此所发生的任何不幸后果，"自应由日本现政府完全负责任"。台湾当局"自有保留采取任何必要行动的权力"。②

台湾当局的警告并没有能够阻挡住日本政府同中国大陆"邦交"正常化的步伐。6天后，日本首相田中角荣还是坐在毛泽东、周恩来的会客室里，坦诚地回顾与展望了日中关系，签署了中日"邦交"正常化的联合声明。9月29日，大平正芳外相表示，从即日起"日台条约"正式失效。

中日"邦交"正常化又给了危难之际"组阁"的蒋经国重重一击。极端愤怒的蒋经国当日在"立法院"作口头施政报告无奈地说：

自从"台日"关系恶化以来，我们对日基本态度是："第一，尽力维持中日'两国'的'邦交'与'中日和平条约'；第二，一旦日本背信忘义，造成与我们决裂的情势，我们要日本政府负起'断交'的责任，以及由此而产生的任何不幸后果。"

蒋经国还宣称：大陆中共不能代表中国，所有日本政府与大陆中共在谈判中作成的任何协议，"都属非法无效"。③

蒋经国强调：

"今后不论世局如何乖变，环境如何险恶，'国家'的存亡，民族的绝续，主要关键，仍在我们自身的努力！为操指'国家'命运，改造内外情势，提出'政府'举措应把握4个方向：

（1）"在内政上，以行政革新为先务，以为民造福为目标，建立廉能和诚实

---

① 《蒋"总统"经国先生言论著述汇编》，第8辑，第253页。
② 《蒋"总统"经国先生言论著述汇编》，第8辑，第255—256页。
③ 《蒋"总统"经国先生言论著述汇编》，第8辑，第490页。

的政府"。

（2）"在'外交'上，坚守基本'国策'与反共立场，坚持站在民主集团一边，本独立自主与平等互惠的原则，掌握机势，审慎应因，以谋总体'外交'的展开"。

（3）"在'国防'上，循现代建军路线，充实国军战力，强化作战准备，以巩固'国防'，保障安全，担负起'反共复国'的神圣任务"。

（4）"在经济上，以策进农工商业的繁荣发展，与提高'国民'生活水准为奋斗目标，本自立自强的精神，达成经济的加速成长与稳定"。①

当天，"外交部长"沈昌焕代表台湾当局发表声明，谴责日本"罔顾条约义务之背信忘义行为"，并且声明"断绝与日本的外交关系，日本政府应付完全责任"。沈昌焕指出："所有由田中政府片面背弃'中日和平条约'，勾结中共'匪伪'政权，所产生之一切行为，凡属损及'中华民国政府'合法地位、领土主权及一切合法权益者，均属非法无效。其由此所引起之严重后果，亦均应由日本政府负完全责任。"②

台湾当局驻美"大使"认为"台日"断"交"的确给台湾社会"造成极大的震荡"和"伤害"，认为是日本"以怨报德"。无论台湾当局怎样抗议，怎样否定中日两国之间签订的建交联合声明，都无法改变"台日"断"交"这一铁定的历史事实。

"实质'外交'"

面对国际人格逐步丧失的"外交"颓势，为了在国际夹缝中求生存，蒋经国多次召集智囊研讨对策，以摆脱"外交"困境。

1972年2月4日，在尼克松访问北京之前，"外交部长"周书楷抛出了"弹性'外交'"的方案。他说"弹性'外交'"意即凡是对台"无敌意的'国家'，均愿与之加强联系，同时，并将以经济、财政、贸易、教育、文化等配合'外交'的推展"。

同年6月13日，蒋经国在"立法院"作施政报告时就"外交"方针作如下说明：

"对外应本独立自主精神，以修明的内政建设为后盾，积极发挥总体外交的功能，审时度势，把握重点，综合运用政治、经济、文化、科技各种力量，配合

---

① 《蒋"总统"经国先生言论著述汇编》，第8辑，第490—491页。

② 沈剑虹：《使美8年纪要》，第102页。

'外交'作战需要，致力推进各种国际合作，加强我与各国友好关系。"①

基于中美之间关系的重大变化和"台日"之间出现的摩擦，蒋经国已经认识到严重的"外交"困局，故提出了"总体'外交'"的战略考量。

众所周知，台湾当局自退台以来的外交政策，经历了"刚性'外交'""实质'外交'"和"弹性'外交'"几个阶段。笔者以为，50年代国民党退台初期之70年代中期是"刚性'外交'"阶段。所谓"刚性'外交'"是指台湾国民党当局在"汉贼不两立"和"反共复国"的理念指导下，在对外政策上强力阻止其承认新中国，凡是与大陆"中共政权"建交的交叉"国家"立即与之断绝"邦交"。"刚性'外交'"有两个突出特点：一是坚持"一个中国"；二是坚持极端的反共政策。此一特点在海峡两岸国共两党的联合国代表权之争中表现得尤为突出。50年代初，蒋介石一方面坚决反对"两个中国"和"一中一台"的政策，反对"台独"；另一方面强调"反攻大陆"和"反共复国"，宣称如果有"国家"与大陆政权建交，立刻与之断"交"。"外交部长"叶公超奉蒋介石令宣称："如联合国允许中共以任何方式参加联合国，'我国'必须立即退出，以表明……汉贼不两立的基本立场。"26届联大召开前后，美国与日本曾经提出一个"双重代表权"案，既"确认中华人民共和国之代表权利"，并建议其为安理会5个常任理事国之一，又"确认'中华民国'继续代表的权利"。美国和日本的目的就是企图在联大推行"两个中国"方案。蒋介石强力反对"双重代表权"方案，时任"行政院长"的严家淦当时宣布，对美国等国的"所谓复合双重代表权案"，表示"不赞成"。②

随着国际局势的演变与新中国的不断强大，台湾当局的"刚性'外交'"走进了死胡同。应对岛内外局势的演变，台湾当局将"刚性'外交'"政策做了一定调整，其主要方向为：一、尽最大努力，维护住与台湾有"邦交"国家的双边关系，尤其着重加强与美国之间的关系；二、运用各种力量向对外关系的多方面发展，如在经济、文化、商务等方面拓展活动，借以摆脱困境；三、继续坚持反共立场，不同任何社会主义国家做任何接触。这些原则，特别是其中第二项，为过渡到下阶段的"实质'外交'"开辟了道路。③

1972年9月29日，蒋经国在"立法院"宣称：

① 《蒋"总统"经国先生言论著述汇编》，第8辑，第472页。
② 《"中华民国"史事纪要》（1971年10—12月），第241页，台湾"中华民国"史料研究中心，1974年版。
③ 余子道：《台湾当局"弹性'外交'"评析》，《复旦学报》社会科学版，1992年第4期。

　　"我们'外交'的基本政策，是继续维持并加强与各国现存的'外交'关系；至于对与我虽无'外交'关系而保持友善的国家，我也将积极与其保留各种方式的联系。"①

　　周书楷的"弹性'外交'"之说，表明台湾当局为挽救"外交"颓势正在转变其"外交"方针。蒋经国的上述宣示则表明在众多国家与台湾当局"断交"之后，台湾将更多地与之注重发展实质关系。关于此点，蒋经国在1973年"立法院"院会上的演说得到进一步证明。蒋经国宣称要"发愤图强开创'外交'新局"。如何开创"外交"新局呢？

　　"当前我们'外交'的基本方针是遵守国际义务"，"所要努力的重点，是在发愤图强，开创外交的新局面，增进既存睦谊，并扩大我与反共和非共国家间的实质关系"。

　　在这里，蒋经国首次提出了建立"实质关系"的主张，作为新的"外交"方针的重点。他还指出：

　　"为了扩大国际交往"，"将继续透过政治、经济、贸易、文化、科技等各方面的相互交流"，"尽力推展双边及多边关系"，重点加强台、美合作。②

　　在"外交"方针的运用上，蒋经国提出要采取灵活多样的形式，以尽快摆脱困境。同年11月12日，蒋经国在国民党十届四中全会的口头报告中进一步强调：

　　"要冲破'外交'的包围，打开孤立的局面，我们的方针就是要不断地扩充多边的关系，也不断地增强和我们没有'邦交''国家'的外交关系，同时更要珍惜和我们有外交关系的许多'国家'的友谊，这也就是要让我们'国家'能够继续向国际政治中发展，这是一种因应特殊形式的'外交'方式。"③

　　在另一报告中，蒋经国提出当前开拓"外交"工作领域的重点是："汇集总体'外交'的力量，发挥多角联系功能，透过政治、经济、文化与科技交流等各种方式，在国际间不断推展双边与多边关系"。④

　　同一年，蒋经国提出"外交"政策三原则：

　　（1）"尽最大的努力，维持我与友好'国家'双边关系"，尤其要加强台美间的盟邦关系；

---

① 《蒋"总统"经国先生言论著述汇编》，第8辑，第488页。
② 《蒋"总统"经国先生言论著述汇编》，第8辑，第519页。
③ 《蒋"总统"经国先生言论著述汇编》，第8辑，第574页。
④ 《蒋"总统"经国先生言论著述汇编》，第8辑，第593页。

（2）"运用各种的力量向多方面发展，来建立务实关系，发展多方面的关系"；

（3）"不管今日如何变化，在'外交'上，我们始终坚立于'民主'阵营，不和任何共产'国家'作任何接触。"①

1975 年初，为进一步推展"实质'外交'"与反共需要，蒋经国将其"外交"思想概括为 5 条：

（1）"坚决维护'民主自由'的立场，一本独立自主原则，掌握国际形势变化，积极推展'革命外交'，以突破艰难开创机运"；

（2）"团结反共力量，维护国际正义与和平；促进国际间联合行动，揭发并粉碎共党国际'统战阴谋'；扩大对外宣传，增进各国对我多方面之认识"；

（3）"巩固并加强我与各友邦间双边关系，并推进与我无'邦交''国家'之经贸、文化、技术合作等务实关系，以增进其对我之了解及友好"；

（4）"积极参加各种国际组织及活动并辅导民间团体及个人参加，以策进国际间一般性之交流与合作"；

（5）"强化'外交'阵容，培植'外交'人才，加强驻外文经新闻科技等机构之联系协调，发挥'总体外交'功能"。②

以上是蒋经国主台初期在"外交"方针上的心路历程，他从没有讲过"实质'外交'"，他口中始终强调的是"总体'外交'"。透视蒋经国的"总体'外交'"，其实质与"实质'外交'"有明显的近似之处。所谓"实质'外交'"就是在没有正式"外交"关系和官方地位的前提下，以经济为后盾，发挥"总体'外交'"能力，通过民间的、非官方的形式，拓展双边或多边的贸易、文化、科技、体育及军事政治等项关系。很显然，蒋经国的"总体'外交'"政策的重点是"经济'外交'"，即以经济实力作基础，把发展经贸关系作为推行其"实质'外交'"最主要的手段。

实际上，"实质'外交'"方针是美国俄亥俄州立托来多大学政治学教授冉伯恭率先提出的。1972 年，基于台湾当局所处的"外交"困局冉伯恭向台湾当局建言，主张"全民外交"以策应"日台""美台"断交后的关系，即"发展非官方的国民'外交'，维持及扩充实质外交关系"。冉的建议获得台湾舆论界的好评和台湾当局的赞许。在 1979 年第二次"国建会"上，冉伯恭将其所说的"全民'外交'"概括为"实

① 《蒋"总统"经国先生言论著述汇编》，第 9 辑，第 398 页。
② 《蒋"总统"经国先生言论著述汇编》，第 9 辑，第 443 页。

质‘外交'"。① 此后,"实质‘外交'"逐渐成为台湾外交的方针与工作重点。台湾"外交部长"朱抚松说:"为了反击中共孤立我们的阴谋,破除困境,我们自(‘民国')60年代以来,积极推动实质‘外交'。"② 很显然,"实质‘外交'"是台湾国民党当局为了挽救"外交"颓势求生存的无奈之举。

尽管台湾"外交"处于颓势,但蒋经国对未来还是充满了信心。他不断给部下打气,要他们经得起挫折,不要寄希望在"且夕之间使国际形势改观",要提高警觉,随时应付可能发生的种种重大变化。经台湾当局大力推展,到70年代末,台湾除与20多个国家保持"外交"关系之外,又同30多个"无邦交"国家建立了各种机构或办事处,同时参加各种国际组织近300个。

事实表明:"实质‘外交'"是台湾当局处于"外交"困境中在国际社会中求生存的一种主要模式。它的实施在一定程度上摆脱了"外交"困境,并使台湾经济得到发展。但由于它不具备国际法的保证和正式"外交"的权利义务,所以有很大的局限性与不稳定性,特别是在国际形势发生变化,或是双边利害冲突达到一定程度之时,便会受到相当大的困扰,所建立的实质关系也易遭到破坏。在蒋经国执政后期,为进一步摆脱孤立处境,他的"外交"政策更趋灵活,曾提出以现实化、弹性化的策略,发展同世界各国的关系,即运用"经济利益结合政治利益之谋略",采取非传统、非官方、非正式的"外交"方式,重点发展同与大陆建交的国家的实质关系,也即所谓"实质‘外交'"。

李登辉上台后,台湾当局的"外交"政策有了实质性的变化。就在1988年2月,李登辉首次答记者问时宣称:台湾"外交"要注意实利,不图虚名,强调实施重返国际社会的"外交计划"。1988年7月召开的国民党"十三大"上,李登辉进一步宣称要提升和突破以"实质‘外交'"为主的对外关系,全力推行所谓"弹性‘外交'"。

李登辉"弹性‘外交'"的具体做法是:利用其经贸方面的某些优势展开银弹攻势和"金元‘外交'";抛出"一国两府"主张,着力强化"两个政府实体"的对等性,以图造成双重承认的事实;以美、台关系为蓝本,提升与无"邦交"国家相互关系的官方化、政治化程度,将实质关系向高层次推展;把"外交"策略的运用和"大陆政策"的调整相结合,以"弹性‘内交'"带动"弹性‘外交'",以"国家人格"提升"国际人格",加强与大陆在国际间的抗争。

---

① 刘峰:《台湾的"实质外交"》,载《台湾研究集刊》,1986年第3期。
② 台湾,《"中央"日报》,1986年3月31日。

　　将李登辉的"弹性'外交'"与蒋经国的"实质'外交'"政策相比较,二者既有共同之处,又有不同之点。

　　共同之处:均是台湾当局在国际处境十分孤立的情况下,运用经贸实力,采取灵活、务实的"外交"手法,以"拓展国际生存空间"。

　　不同之处在于:蒋经国与其父在"外交"上的理念基础是:在"一个中国"的原则下,与无"邦交"国家发展以经贸为主的关系。凡与中国大陆建交的国家,台湾当局均与之"断交",凡中国大陆参加的官方性国际组织,台湾当局均退出,或"留而不与会"。而"弹性'外交'"的理念基础是:在背离"一个中国"的原则下,与无"邦交"国家发展半官方或官方关系,甚至不惜以银弹、金元、双重承认,来建立"外交"关系。李登辉的"弹性'外交'"比蒋经国的"实质'外交'"不仅更具进攻色彩,而且企图在国际上突破现有的以非官方关系为主的"外交格局",在"一个中国"的口号掩护之下,谋求台湾"独立的国际人格,走上与大陆分而两立"的道路,最终实现其"台独"的政治主张。

"台美"断"交"的冲击

　　当蒋经国推展"实质'外交'"之际,刚刚登上"总统"宝座还不满一年的蒋经国又遭遇到了台、美"断交"的沉重打击。

　　国民党退守台湾之后,其"外交"政策有相当长的一段时间极力维持两个基本目标,即维持在联合国的席位与发展同美国的关系。1954年12月"台美""共同防御条约"签订后,后一个目标变得尤为重要。

　　联大驱蒋案后,两项基本目标只剩下一个。尼克松北京之行给"美台"关系蒙上了一层阴影,"断交"只是个时间问题。虽然尼克松因水门事件引咎辞职,但中美关系正常化的车轮并未因此而停顿。福特入主白宫后强调继续尼克松的外交政策,在台湾问题上废除了1955年通过的"台湾决议案"。卡特当选总统后,中美关系正常化的步伐大大加快了。尽管美国民主共和两党基本趋向于"中美关系"正常化,但由于亲台势力的影响,美国有相当一部分人不同意同台湾当局断绝"外交"关系。关于此点可从1976年美国大选的竞选纲领中得到说明。共和党的纲领宣称:"美国政府与中华人民共和国关系正常化之际,应继续支持我们的友邦'中华民国'及其1600万人民的自由和独立","美国将履行对其的各项承诺,例如'中华民国'的'共同防御条约'"。而民主党则主张"在台湾前途和平解决的范围内"尽早走向与中华人民共和国的"关系正常化"。①

卡特当选总统后，与国务卿万斯商讨美国未来政策时，一致认为中美关系正常化是美国的"主要目标之一"，但他们也认识到在此问题上要谨慎，要妥善处理好台湾问题。国家安全顾问布热津斯基建议推展中美关系要重申尼克松总统对中国人民所做的五点承诺：

"（1）我们承认中国方面关于只有一个中国，台湾是中国的一部分的立场。（2）我们将不支持台湾'独立运动'。（3）在我们离开台湾时，我们将保证不让日本进入台湾取代我们。（4）我们将欢迎和平解决台湾问题，而不支持台湾针对中华人民共和国的任何军事行动。（5）我们希望美中关系正常化，并设法促其实现。"②

卡特总统虽然同意布热津斯基的主张，但是国务卿万斯却表示异议。一方面万斯强调中美建交的时机还不够成熟，另一方面他强调中美关系正常化后美国在台湾问题上应坚持以下三点：

（1）保留与台湾的非官方关系，包括向台湾提供"审慎选择的防御武器"；（2）强力反对关于美国应当废除"台美""共同防御条约"的建议；应当按照条约条款的规定，提前1年通知台湾；（3）美国必须向中国方面讲清楚，美国关心的是用和平方式"解决台湾"问题。中国人必须放弃以武力"解放台湾"的言论。③

尽管万斯与布热津斯基的观点有异，但卡特是支持布热津斯基的。最终卡特授权布热津斯基赴北京商谈中美关系正常化问题。1978年5月20日，就在蒋经国就任"行宪"以来第六届"总统"之日，布热津斯基踏上了赴北京的行程。事前，台湾当局曾要求美国更改日期，可美方宣称：这只是巧合，并表示遗憾，对台湾当局指责美方采取了"极不友善行动"之类的话充耳不闻。对此，台湾当局只有愤愤不平而已。

在中美建交谈判过程中，美国企图让中方接受以下三点：

（1）宣布关系正常化时，我们准备单方面发表关于台湾的未来应和平解决的声明，请中国方面不要加以反驳；（2）我们将在非官方基础上同台湾保持经济、文化等一系列关系；（3）我们应能向台湾继续出售武器。④

① 转引自苏格：《美国对华政策与台湾问题》，第403页。
② 兹比格涅夫·布热津斯基：《实力与原则：1977—1981年国家安全顾问回忆录》，第230—231页，世界知识出版社，1980年版。
③ 塞勒斯·万斯：《困难的抉择——美国对外政策的危机时代》，第77—78页，北京，中国对外翻译出版公司，1987年版。
④ 兹比格涅夫·布热津斯基：《实力与原则：1977—1981年国家安全顾问回忆录》，第260页。

而中方的原则立场是：

（1）台湾问题是阻碍中美两国关系正常化的关键问题，这个问题是美国政府派兵侵占中国领土台湾、干涉中国内政造成的，"解铃还须系铃人"；

（2）要实现中美关系正常化，美国必须履行断交、撤军、废约三原则；

（3）在实现中美关系正常化后，美国同台湾之间可以继续保持民间来往，美国还可以在台湾设立民间机构，但美国不应继续向台湾出售武器；

（4）"解放"台湾是中国的内政，别国无权干涉。[①]

中美关系正常化谈判期间，台湾当局驻美"大使"沈剑虹曾多次要求会见美国总统与国务卿等人，但均遭美方拖延。后来美国派副国务卿见沈，指责他想制造事端。此刻，沈剑虹的心情坏极了，他曾愤愤地说："不管我们感受如何，卡特政府显然已经决定降低与'中华民国'的关系。"

1978 年 12 月 15 日，是"台美"关系史上最黯淡的一日。当晚 9 时，美国总统卡特出现在电视屏幕上，他首先宣读了美国将与中华人民共和国在 1979 年 1 月 1 日建立外交关系的联合公报，然后就此问题发表声明。声明指出："台美"之间也将在 1 月 1 日结束"外交"关系，终止 1954 年"台美"签订的"共同防御条约"；同时准备在 4 个月内从台湾撤出美国余留的军事人员。这表明美方终于接受了中方提出的"断交""废约""撤军"的三条件，扫除了两国建交的全部障碍。

"台美""断交"，蒋经国早有预感，但在此时"断交"，他感到是"晴天霹雳"。更使蒋经国恼火的是，事先对此竟一无所知。法国与台"断交"前，戴高乐事先还派特使赴台说明。日本也于 1972 年 9 月派高级特使告知蒋氏父子，而今身为"友邦"的美国竟然在卡特宣布这一消息前 7 小时才通知他，这不能不使蒋经国恼火。当美国驻台"大使"昂格尔深夜敲响蒋经国大门、将上述消息告知蒋经国时，他当即表示"强烈抗议"，认为如此重大事情，事先概不商量，竟仅在宣布前几小时告知，是"不可能想象的"。

12 月 16 日晨，国民党中常会召开紧急会议，讨论"台美""断交"后的对策。上午 10 时蒋经国发表声明称：

"美国决定与'共匪'伪政权建立外交关系，不仅严重损害'中华民国'政府及人民之权益，且将对整个自由世界产生严重之影响，其因此所引起之一切后

① 韩念龙主编：《当代中国外交》，第 229 页，中国社会出版社，1995 年版。

果，均应完全由美国政府负完全责任。""数年来美国政府曾一再重申其对'中华民国'维持'外交'关系，并信守条约承诺之保证，而今竟背信弃约，此后自将难以取信于任何'自由国家'。"

声明最后指出："今后自当更加沉着镇定，积极努力，并呼吁全国同胞与政府通力合作，一心一德，团结奋斗，共渡此一难关。"[1]

当日，蒋经国又发表谈话称：

"今天大家心头都十分沉重，美'匪'决定进一步勾结，建立所谓'外交关系'的消息，各位都已经知道了。对于这件不幸的事情，政府为了维护中美人民的长期友谊和两国间的共同利益，曾在过去几年间，尽一切努力，忍辱负重地予以劝阻。而今美国政府不顾道义和信守……竟片面决定断绝对我'外交'关系，我们已经声明一切后果应完全由美方负责。"

"在此'国家'遭逢重大困难的时刻，我首先要为'全国'同胞指出：这正是我中华儿女为了自身安全与幸福，为了'国家'前途与人类正义，拿出最大决心与力量的时候。""经国一定以个人自己所有的一切，和同胞们共患难、同生死，来克服最后这个难关，来求得胜利。"[2]

当晚，蒋经国发表电视讲话，宣布三项紧急处置：军、警、宪、特进入全面戒备；保持经济稳定；停止"中央民意代表"选举。

12月18—19日，中国国民党召开十一届三中全会，讨论"台美""断交"问题，蒋经国主持会议并以《精诚团结，肝胆相照》为题发表讲话。蒋经国宣称：

"今天由于美国背信毁约，与'匪''建交'，增加了我们正在奋斗之中的困难，这是我们国民革命奋斗史上一次强烈的变化和重大的挫折。"

"自从总裁逝世以来，经国先后蒙本党同志和全体同胞付托以党务国计的重任，却未能在'外交'上开展新局，反而遭到今天的挫折，个人内心深深感到惭愧歉疚，无以对总裁在天之灵，无以对同志同胞付托之重。不过经国绝不会因而稍挫锐志，绝不会因而摇撼此心，相反的，还要追随各位先进，相与同志同胞，更加惕厉奋发，来扭转、来改变形势，使我们的党我们的'国家'再开新局，更加进步，更加壮大，因之今天面对当前'外交'上的冲击，我们更要视之为再接再厉转危为安的关键。"[3]

① 《蒋"总统"经国先生言论著述汇编》，第12辑，第251—252页。
② 《蒋"总统"经国先生言论著述汇编》，第12辑，第247—249页。
③ 《蒋"总统"经国先生言论著述汇编》，第12辑，第51—52页。

12月24日，蒋经国提出"以非常的决心，非常的行动"，来扭转台、美"断交"对台湾权益构成重大的损害的变局与严重的危机。他重申依"动员戡乱时期临时条款"第一项规定对"总统"的授权，采取三项紧急处分：

（1）"军事单位采取全面加强戒备之必要措施"；

（2）"'行政院经济建设委员会'会同'财政部''经济部''交通部'采取维持经济稳定及持续发展之必要措施"；

（3）"正在进行中之增额'中央民意代表'选举延期举行，即日停止一切竞选活动"。①

12月27日，蒋经国指示今后党务工作应面对台、美"断交"与中共十一届三中全会以"祖国统一"取代"解放台湾"的现实，要"加倍地提高警觉，坚忍团结，自强奋斗，以开创更光明的前途"②。

"台美""断交"消息传出后，台湾各界呈现一片慌乱之状。许多人走上街头，焚烧美国驻台机构的汽车、星条旗。当美国与台商讨"断交"后事宜的克里斯托弗代表团抵台时，许多青年在松山机场的街道上，"阻止代表团座车前进，抛掷番茄、鸡蛋及泥土，有些更激动的青年甚至用木棍打车上的玻璃"。

台湾官员们更是惶惶不可终日。台湾当局驻美"大使"沈剑虹对"台美'"断交"既感突然，又想不通，他说：

"身为驻美'大使'，我不禁自问，到底做错了什么？在阻止关系中断方面，我有没有该做而未做之事？我是否已竭尽所能？国内的同胞会不会谅解？我们的'国家'究竟为了什么，竟然要受如此无情的打击？究竟美国希望从这次行动中得到什么好处？"③

卡特发表中美建交广播的第二天上午，沈剑虹召开"使馆"人员紧急会议，"每个人的表情都很沮丧"。沈剑虹打气说：虽然"台美""外交关系即将终止，其余关系会继续存在。除了共同防御条约（无疑是最终要的一个条约）以外，其他59种条约和协定仍将有效，可以保证文化和商务关系的持续"。④然而沈的打气并未奏效，沈剑虹于12月29日悻悻地摘下了台湾当局驻美国"大使馆"的铜牌，并将馆址以10万美元的价格出售给美国一院外活动集团，然后怀着极其凄

---

① 《蒋"总统"经国先生言论著述汇编》，第12辑，第59—60页。

② 《蒋"总统"经国先生言论着述汇编》，第12辑，第337页。

③ 沈剑虹：《使美8年纪要》，第191页。

④ 沈剑虹：《使美8年纪要》，第191页。

凉的心情踏上了归途。"外交部长"沈昌焕也因"台美""断交"引咎辞职。

"台美"正式"断交"之前，双方就"断交"事宜进行谈判。台湾当局的态度是：继续维持官方关系，美国则坚持只能维持非官方关系。因双方观念差距太远，最初并未达成协议。12月30日，蒋经国在接见美国谈判代表团时提出维持"台美"关系的5项原则：

（1）持续不变；

（2）事实基础；

（3）安全保障；

（4）妥定"法律"；

（5）"政府"关系。①

蒋经国宣称这5项原则是"今后处理同美国关系的基本立场"②，并要美国代表团能向美国人民和政府忠实转达。1979年1月2日，蒋经国在回答美国《纽约时报》记者卡姆提问时，对美国进行多方指责。

"台美""断交"使蒋经国吞下了这枚苦果，他哀叹道：美国此举是对"国府最沉重的打击"。

"与台湾关系法"

"台美""断交"后双方如何维持关系成为"台美"首脑间颇为头痛的问题。卡特在"台美""断交"声明与电视讲话中强调没有官方往来的关系，蒋经国则企图以5项原则作为美台关系的基本立场，事实上仍要求保持官方关系。当然，这一点美国人是绝对不会答应的。美国驻台"大使"安克志在12月16日晨已向蒋经国转述了美国关于"台美"关系的立场。安克志的谈话要点是：

（1）"台美""断交"后，还将与台湾保留"实质"与"人民"之间的关系；

（2）双边关系将以"非官方"的机构来协调；

（3）除"共同防御条约"之外的现有双边条约将继续有效；

（4）美国政府将继续有选择性地出售防御性武器给台湾；

（5）美国将派代表团赴台湾洽商双边新关系的框架。③

当安克志将蒋经国的抗议汇报给美国总统卡特之后，卡特向蒋经国发了一封

---

① 《蒋"总统"经国先生言论著述汇编》，第12辑，第253页
② 《蒋"总统"经国先生言论著述汇编》，第12辑，第255页。
③ 台湾，《"中央"日报》，1978年12月17日。

慰问电称:

"安克志'大使'已将与阁下早些时候的谈话报告本人。本人对于阁下此时的感受自然能够理解。本人愿重申:美国在为维持台湾居民的和平、繁荣和福祉而建立新安排方面将随时准备进行充分的合作。"①

12月23日,美国国务院为安抚台湾当局,作出5项保证:

(1)美国仍认为台湾有"国际人格"身份;

(2)美国没有承认中共对台湾拥有主权;

(3)美国继续在台湾保持"外交"以外的全面关系;

(4)美国与台湾关系的基础,仍是原有的58项"条约",美国将就此另行立法;

(5)美国将以新的交流形式来取代原有"外交"代表机构。②

这5项保证反映出卡特政府打算在新形势下同台湾保持关系的基本构思。

如前所言,12月28日,"台美"双方开始谈判。谈判一开始就发生了严重对立。克里斯托弗进一步重申了美国的立场。而台湾当局强调的中心则是要求美方承认台湾当局在台、澎、金、马地区的"法理"与"事实"的存在及法律地位。美方自然不会接受这一立场。

12月30日,卡特总统发表一项备忘录,说明未来"台美"关系5项原则:

(1)"目前有权同台湾执行或实施计划、交易或其他关系和有权执行或实施同台湾有关的计划、交易或其他关系的部门和机构。"

(2)"美国和台湾之间现有的国际协议和安排将继续有效。"

(3)各部门解释法律、规定和命令中"提到任何其他国家、政府或类似实体的条款"时,"应把台湾包括在内"。

(4)"在执行和实施同台湾人民的计划、交易和其他关系时,将由一个法人形式的非官方机构来代表美国人民的利益。"

(5)"上述指令将适用于政府所有部门和机构并由这些部门和机构执行。"③

卡特的5项原则充满了二元色彩,既承认中华人民共和国是中国唯一合法的政府,同台湾保持非官方关系,回绝蒋经国提出的"政府关系",又提出美国与台湾协议继续有效和承认台湾为一政治实体,这是对中美建交协议的一种公然践

---

① 郭传玺主编:《中国国民党台湾40年史纲》,第290页,中国文史出版社,1993年版。

② 资中筠主编:《战后美国外交史》,第817页,世界知识出版社,1994年版。

③ 冬梅:《中美关系资料选编》,第147页,时事出版社,1982年版。

踏与倒退。

1月8日至2月26日，美、台在华盛顿就未来关系举行了17次会谈。1月10日，美国政府通知台方，美国未来在台湾的非官方机构为美国在台协会。该协会总部设在华盛顿，在台湾设立分会。美国同时要求台湾成立与之相对应的机构（2月15日，台湾当局正式宣布"北美事务协调委员会"成立）。尽管台湾当局当时并未同意美国的做法，但美国国务院还是单方行事，在哥伦比亚特区依法注册组建了"美国在台协会"，其性质是民间的非营利性组织。

1月26日，美国国务院秉承卡特旨意，向国会提交了一份"台湾授权法案"，内容主要是涉及中美建交后美国用何种方式处理与台湾的关系。此间卡特与国会议员之间在一些问题上剑拔弩张，为了呼应国会关于对台湾安全的承诺，卡特在2月9日的记者招待会上说：

"如果灾难真的发生在中国和其他任何国家……我们将重新评估我们与他们的关系。但这是总统经常性的责任。我们已经保护了我们在一个积极而有建设的基础上继续保持与台湾的贸易、文化、防御关系的能力，如果我们觉得台湾面临不必要的危险，没有任何东西可以阻止国会和总统采取行动，我们可以在台湾和中国大陆之间部署太平洋舰队，而且也没有任何东西可以防止未来国会和总统决定参战，如果他们选择这样做来保卫台湾人民，或这个世界上其他一些我们有义务保卫的国家和人民的话。所以我们仍然有绝对的灵活性来处理各种发生的事情。"①

有舆论称此一讲话是卡特关于拟对华政策所发表的言论中最强硬的一次。他自己说完也感到有些不妥，故在2月12日一次记者招待会上作了"纠偏"表态：

"我不会接受国会的任何决议或对立法的修正，如果它们与我们对中国政府所作的承诺相抵触的话，而这些承诺是我们与中国的新的正常的关系的基础。我认为，任何决议和修正案，如果走得那么远，以至向台湾提供防卫承诺，都是不能被接受的。"②

经过几度美国国会修正，该法案在同年3月29日完成全部立法程序，4月10日卡特总统签署并公布了该法，这就是著名的"与台湾关系法"。卡特在签署该法案时的声明中称：

"我今天签署众议院决议第2479号，即'与台湾关系法'，使之成为法律。这项立法将帮助美国人民和台湾人民在没有官方的政府代表和没有外交关系的情

---

① 转引自陶文钊：《中美关系史》，下卷，第74页，上海人民出版社，2004年版。
② 转引自陶文钊：《中美关系史》，下卷，第75页。

况下，保持商务、文化和其他关系。""这项法令是与我们在与中华人民共和国关系正常化时所取得的谅解相一致的……我期待着在今后数年中深化和扩大美中关系，以造福于我们两国人民和世界和平。"①

"与台湾关系法"共 18 项条款，其中最关键的条款是：

一是美国对台湾安全的承诺。该法第二条指出：

"美国决定同中华人民共和国建立外交关系是基于台湾的前途将通过和平方式决定这样的期望"；"认为以非和平方式包括抵制或禁运来决定台湾前途的任何努力，是对西太平洋地区的和平和安全的威胁，并为美国严重关切之事"；"向台湾提供防御性武器"；"使美国保持抵御会危及台湾人民的安全或社会、经济制度的任何诉诸武力的行为或其他强制形式的能力"。

该法第三条规定：

"美国将向台湾提供使其能保持足够自卫能力所需数量的防御物资和防御服务"；"总统和国会应完全根据他们对台湾的需要的判断并依照法律程序来决定这类防御物资和服务的性质和数量。对台湾防御需要作出的这类决定应包括美国军事当局为了向总统和国会提出建议所作出的估计"；"总统将对台湾人民的安全或社会、经济制度的任何威胁并由此而产生的对美国利益所造成的任何危险迅速通知国会。总统和国会应依照宪法程序决定美国应付任何这类危险的适当行动"。

二是关于台湾的国际地位，该法第四条"法律的适用或国际协定"规定：

"不存在外交关系或承认不应影响美国法律对台湾的适用……凡当美国法律提及或涉及外国和其他民族、国家、政府或类似实体时，上述各词含义中应包括台湾，此类法律亦应适用于台湾"；"国会批准美国同到 1979 年 1 月 1 日止被它承认为中华民国的台湾治理当局所签订的并在 1978 年 12 月 31 日有效的一切条约和其他国际协定（包括多边公约）依然继续有效，除非和直到按照法律予以终止"；"本法的任何内容不得解释为支持把台湾从任何国际金融机构或任何其他国际组织中排斥或驱逐出去的依据"。②

透视"与台湾关系法"，它粗暴地干涉中国内政，对中国的利益构成了极大的伤害。

第一，"与台湾关系法"违反了国际法的基本准则。从国际法的观点讲，国际法与国内法所规定的关系是不同的，"国内法规定一个国家统治下的个人之间

---

① 转引自陶文钊：《中美关系史》，下卷，第 76 页。

② 《美台关系重要资料选编》，第 167—170 页，时事出版社，1997 年版。

的关系，以及国家和个人之间的关系"；而"国际法则规定国家和国家之间的关系"。因此从这个意义上讲，"与台湾关系法"作为美国的国内法，其本身没有理由、更没有权利规范与不属于美国主权范围的台湾的关系。该法不仅在美国立法史上十分罕见，而且其以国内法形式规定与属于别国领土主权的地区之关系，更是世界少有。

"与台湾关系法"宣称："西太平洋地区和平与稳定，涉及美国的政治、安全与经济利益，且为国际间所关切之事"；"美国与中国之间建立外交关系之决策，乃是基于一项期望，即是台湾之未来，将以和平手段决定之"；"认定任何以和平以外之手段，决定台湾之未来之努力，包括抵制及禁运在内，均对于西太平洋地区之威胁，且为美国所严重关切"。维持国际和平与安全固然是当代国际社会公认的准则，但它不能用来剥夺国际法赋予的一个主权国家所享有的最基本的权利。"与台湾关系法"的条文显然旨在约束中华人民共和国，要求其承担放弃用武力捍卫祖国领土完整的权利与责任，而按照美国的愿望和利益行事。尊重国家主权和领土、互不干涉内政，是现代国际社会的重要原则。"与台湾关系法"恰恰违反了这一国际原则。

第二，"与台湾关系法"严重违背了建交公报精神。建交公报声明，美国承认只有一个中国，台湾是中国的一部分，中华人民共和国政府是中国唯一合法政府。然而"与台湾关系法"第四条（乙）项第一款却规定"凡当美国法律提及或涉及外国和其他民族、国家、政府或类似实体时，上述各词含义中应包括台湾，此类法律亦适用于台湾"。法案多处将台湾实际上视为一个"独立"的"政治实体"，同时对台湾驻美人员赋予"外交豁免与特权"。很显然，"与台湾关系法"在继续坚持"两个中国"或"一中一台"的立场，这就为台湾问题的最终解决设置了新的障碍。

建交公报声明，双方都要维护"亚洲和世界的和平事业"。然而"与台湾关系法"明确规定"向台湾提供防御性武器"。向台提供"使其能保持足够自卫能力所需数量的防御物资和防御服务"。"总统和国会完全根据他们对台湾的需要的判断并依照法律程序来决定这类防御物资和服务的性质和数量"。很显然，美国此举企图使台湾海峡两岸长期维持"不战不和不统"的局面，事实上起到长期分离两岸的目的。中国政府对美国军售问题曾多次向美国政府提出严正交涉，声明这是侵犯中国主权、干涉中国内政的行为，这种行为对中国统一进程的阻碍作用是显而易见的。

对于美国这种干涉中国内政、分裂中国的行为，中国政府表示了极大的愤慨。4月19日，邓小平在会见美国参议院外事委员会访华团时表示：中国对美国国会"通过的'与台湾关系法'是不满意的"。"与台湾关系法"的最本质的一个问题，就是"实际上不承认只有一个中国，法案的许多条款还是要保护台湾"，说这是美国的利益，还说要卖军火给台湾。一旦台湾有事，美国还要干预。因此，"这个法案实际上否定了中美关系正常化的政治基础"。①4月28日，中国外交部正式向美国驻华使馆提出抗议照会，阐明中方立场。照会称："'与台湾关系法'实质上是蓄意继续把台湾当作'国家'，把台湾当局当作'政府'，它的许多条款都违反了中美建交公报的原则。"照会表示，中国政府反对"两个中国""一中一台"的立场是坚定不移的。如果美国方面在台湾问题上不恪守两国建交协议，而怀有继续干涉中国内政的图谋，这只会给中美关系造成损害，对中美任何一方都不会带来好处。②

蒋经国在谈到"与台湾关系法"时宣称：他非常珍惜"'与台湾关系法'中所表达的美国友谊"。他仍认为美国为"自由世界"之领导力量，仍愿意促进"台美"间"各方面之友好合作"。当然蒋经国也认识到"此一法案的实际价值与成败，端视美国政府是否充分诚意作建设性地执行而定"。③

"八一七公报"

中美建交后，中国、美国以及台湾地区角色定位虽然得到初步解决，但对台军售问题始终没有得到解决。众所周知，美国对台军售问题始自于20世纪50年代，在中美关系正常化之前，美国向地区出售军火不是问题。但是中美关系正常化后，美国既承认中华人民共和国是中国唯一合法政府时，又要对台军售，自然就成了中美之间斗争的焦点。

尼克松时期，美国政府虽然同中国政府签订了《上海公报》，但在台湾问题上始终奉行一种"双轨政策"，"继续向台湾出售防御性武器"。例如：1972年11月，美国售台2艘"古比"级潜艇，这是核潜艇出现之前的最新式潜艇；1973年2月21日，美国政府授权美国诺思罗普公司与台湾合作生产350架F-5E战斗机；1973年4月18日，台湾又得到美国三艘驱逐舰。福特执政时期，美国政界和学

① 《邓小平年谱（1975—1997）》（上），第507—508页，中央文献出版社，2004年版。
② 转引自韩念龙主编：《当代中国外交》，第232页。
③ 《蒋"总统"经国先生言论著述汇编》，第12辑，第460页。

术界的一些专家建议美国政府，将中国允许美国继续向台湾出售武器作为中美关系正常化的先决条件。在美国人看来，应该通过向台湾出售武器来加强台湾的自身军事能力，抵御可能来自大陆的军事威胁；从长远观点看，台湾能够在军事上依靠自身力量也符合美国的利益。基于此，美国对台军售不断加强，总额从 1973 年的 1.8 亿美元增加到 1976 年的 3.87 亿美元。

就台湾而言，一个众所周知的事实，如果没有美国的"保护"，恐怕台湾早就被解放了。"台美""断交"的确对台湾当局是一个绝大的打击，从蒋经国上述的衰叹中已经得到说明。但台湾方面亟须购买美国的武器与军事装备。用台湾当局"外交"官沈剑虹的话说：台湾需要这些武器的目的是：（1）不让中共空军在台湾海峡取得制空权；（2）阻止中共舰队渡海登陆；（3）中共部队一旦在台湾登陆或空降后，在其尚未巩固阵地之前予以歼灭。[①]

1977 年 1 月，卡特执政后一方面认为加速中美关系正常化有利于远东地区的稳定和在全球范围内同苏联的竞争；另一方面也不愿意放弃台湾。基于此，卡特考量的中心点是："如何同中华人民共和国建立外交关系和确保在台湾的中国人过和平的生活。"他宣称："我不需要别人提醒我们在改善同中国关系的同时不能背弃我们对台湾安全所承担的义务。"[②]

在卡特政府内部，有两人对对华政策有重大影响：一是国务卿万斯，一是总统国家安全事务助理布热津斯基。国务卿万斯对卡特的后一点作了进一步发挥。他在 1977 年 4 月 15 日给卡特的一份备忘录中强调："就正常化本身而言，我认为在与北京建立外交关系问题上我们不应当过于勉强，以至损害了台湾人民的福利和安全。"既然决心不损害台湾的安全，那么美国就不能简单地接受中国提出的正常化三条件。万斯强调：正常化后美国与台湾关系的中心问题是应当保留与台北的非官方关系，包括向台湾提供"审慎选择的防御性武器"。万斯解释了这样做的理由：（1）国会强烈地感到美国应当继续帮助台湾进行防卫，这是国会同意关系正常化的必须接受的条件；（2）不损害台湾人民的福利和安全是美国政府道义上的义务；（3）要使其他国家保持对美国政府的信任，则必须维持美台军备供应关系。最后，万斯提出了美国要求中国答应的三个条件：（1）不应该提"废除""台美"防御条约，而应该是"终止"条约，并提前一年通知台湾；（2）中国必须放弃武力"解放台湾"的言论；（3）关系正常化后，美国同台湾继续保持

① 沈剑虹：《使美 8 年纪要》，第 213 页。

② 吉米·卡特著：《忠于信仰：一位美国总统的回忆录》，第 174 页，新华出版社，1985 年版。

军备供应关系。万斯非常明了对中国人来说，同意这三个条件是极其困难的，尤其是第三条。但他仍坚持卡特政府在讨论对内政策时必须声明并坚持这些立场。①

1977 年 8 月 22 日，美国国务卿万斯对中国进行访问时，突出强调上述观点，特别是在售台武器上。因此这次访问后来被舆论称之为是中美关系一次失败的倒退。24 日，邓小平在会见万斯时强调："你们这个方案，集中起来是两个问题。第一，你们实际上要我们承担不用武力'解放台湾'的义务，实际上还是干涉中国的内政。第二，你们提出不挂牌子的大使馆，实际上是'倒联络处'的翻版。"并明确表示不能同意美方的方案。②李先念在同年 10 月的一次讲话中也指出："如果美国一定要表达台湾问题应该和平解决，要在关系正常化以后向台湾出售武器，那就是干涉中国的内政。"③

随着 1978 年美苏关系的进一步恶化，加之布热津斯基特别热衷于中美关系正常化，他的提案最终被卡特接受。1978 年 5 月布热津斯基访问中国时，一方面强烈地表达了中美建交的愿望，另一方面也曾提及对台军售问题。为了表明美国对建交是有诚意的，6 月 30 日，美国宣布，不向台湾出售 60 架 F-4 鬼怪式战斗机，这是台湾当局一直要求提供的飞机。11 月 6 日，又拒绝台湾提出的购买先进的喷气式战斗机的要求，代之以 48 架 F-5E 战斗机。双方建交谈判过程中，对台军售问题仍然是争论的焦点。中方明确表示：实现中美关系正常化后，美国同台湾之间可以继续保持民间来往，但不应该继续向台湾出售武器。12 月 13 日，邓小平在同美国驻北京联络处主任伍德科克谈及美方起草的新的联合公报草案时指出：

"'台美'条约既然是一年后终止，那么一年之内是否仍然有效呢？""在'终止'期以前一年里，美国不应该再向台湾出售武器。希望伍德科克先生能够理解对台军售问题是何等重要""对台出售武器会破坏中国和平统一。如果美国向台湾地区出售大量武器，蒋经国就会把尾巴翘得高高的，这只会增加冲突的危险性"。④

15 日，邓小平听取伍德科克关于中美关系正常化后美国保留向台湾地区出售防御性武器的权利时指出：

"中美建交后，希望美国政府慎重处理同台湾的关系，不要影响中国采取最

① 赛·万斯著：《困难的抉择：美国对外政策的危急年代》，第 76 页。
② 《邓小平年谱（1975—1997）》（上），第 188 页，中央文献出版社，2004 年版。
③ 《人民日报》，1977 年 10 月 14 日。
④ 《邓小平年谱（1975—1979）》（上），第 452 页。

合理的方法和平解决台湾问题。如果美国继续向台湾出售武器，从长远讲，将会对中国以和平的方式解决台湾回归祖国的问题设置障碍，最终只能导致武力解决。在实现中国和平统一方面，美国可以尽相当的力量，至少不要起相反的作用。"①

12 月 16 日，在中美建交公报公布的当天，中国方面又公开宣布："美方在谈判中曾提到在正常化后美方将继续有限度地向台湾地区出售防御性的武器。对此，我们是坚决不能同意的。在谈判中，中国多次地明确表明了我们的态度。我们认为，在两国关系正常化后，美方继续向台湾出售武器，这不符合两国关系正常化的原则，不利于和平解决台湾问题，对亚太地区的安全和稳定也将产生不利影响。"②

由于中国政府的据理力争，卡特政府在 1979 年没有向台湾地区出售新的武器。但在 1980 年之后，卡特政府又开始在对台军售问题上蠢蠢欲动。有鉴于此，1980 年 1 月 5 日《人民日报》刊文称：中国政府反对在中美建交后美国继续向台湾出售武器的立场。

1980 年 11 月，里根当选美国总统，台湾当局对他抱有极大的期望，幻想在他任内能使"台美"关系升级。台湾国民党当局之所以对里根抱有极大的期望，主要是基于：

其一，里根力主对台出售武器，并主张与台湾重建"官方关系"。在里根竞选总统的过程中，作为共和党的保守派领袖，里根在 1976 年争取共和党总统候选人时，就以反对中美关系正常化作为他的政纲之一。1980 年初，里根在竞选初期特别攻击卡特的对华政策，并宣称："如果当选，我比世界上任何事情都更想发出的一个信息是，不会再有台湾，不会再有越南，美国政府不会再出卖朋友和盟友了。"他还宣称如果当选，他将支持重建与台湾的"官方关系"，他还继续称台湾为"中华民国"。后来又宣称：会把"非官方的"美国在台协会改为"官方性质的联络处"，它将使"台美"之间的关系回到"政府与政府之间的关系"。③

其二，里根不仅是台湾当局的老朋友，而且与蒋经国的反共理念相同。里根很少出国，但他却在 1978 年 4 月准备竞选时，把台湾之行当做一次重要的访问。里根任总统初期，在处理"台美"关系上试图以"与台湾关系法"为依据，最大

① 《邓小平年谱（1975—1997）》（上），第 452—453 页。
② 《人民日报》，1978 年 12 月 17 日。
③ 陶文钊：《中美关系史》，下卷，第 99—100 页。

限度地发展与台湾的非官方关系。特别是在对台军售问题上，里根意欲有所突破。正是由于里根的亲台行为，升高了台湾当局对美国政府的期待。1981 年 7 月 15 日，蒋经国在国民党中常会上谈到"台美"关系时，对里根大加赞赏说：

"从里根总统就职以后的言论与行动来观察，他有理想、有原则，也有道德勇气。他在思想上是反共的。"他相信"台美"间的关系"必将随时间逐步改进"。①

9 月 17 日与 18 日，蒋经国在答外国记者问及"台美"关系时，再度赞扬里根，并称：鉴于"台美"关系"奠基于互利之上，双方互信业已逐渐恢复"，他深信未来"台美"关系"可望逐渐改善"②。他还希望里根"能遵守他所说的改进'两国'关系的话，并履行台湾关系法案的条款"。③

蒋经国的上述讲话对里根政府既是期望，又是施压。对于里根竞选期间的对台军售主张与同台湾建立"官方"关系之说，中国政府给予坚决的回击。1980 年 8 月 19 日，《人民日报》发表短评文章：《不要错打算盘》，批判里根在台湾问题上的主张，认为他是错打了算盘。8 月 28 日，《人民日报》发表评论员文章"里根想把中美关系引向哪里"。10 月 9 日，《人民日报》又发表《不明智的行动》一文，批判"美国在台协会"同台湾当局在美国的"北美事务协调委员会"签署的关于"双方派驻对方的机构和人员享受外交特权和豁免权"，宣称"外交特权和豁免权，是国与国政府间关系中官方代表机构和人员所享有的一种权利"，而"台美"之间不存在这种关系。与此同时，8 月 20 至 23 日，里根的竞选搭档布什和里根的两位助手来华访问时，外交部长黄华严正指出："任何从中美关系现状倒退的言行，都将损害建立中美关系的政治基础，损害中美两国人民的根本利益"。邓小平对里根的行为也严厉批评说："我们对里根先生最近一个时期发表的一些政见和共和党的执政纲领感到不安。不管你们哪个党执政，都涉及到中美关系是停滞、前进还是后退这样一个根本性的问题。我们历来阐述的观点是，中美关系是全球战略的一个组成部分，这是一个关键性的问题，其他问题不能代替。"

他请布什向里根转达中国政府的四点立场：

"（1）中国政府希望中美关系发展，不应该停滞，更不应该后退。任何从中美建交公报后退的言论和行动，中国政府都坚决反对。（2）不管美国 1980 年大选后哪一个党执政，中国政府评价和判断美国政府的战略决策和对外政策都将把

---

① 《蒋"总统"经国先生言论著述汇编》，第 13 辑，第 355 页。
② 《蒋"总统"经国先生言论著述汇编》，第 13 辑，第 507—508 页。
③ 《蒋"总统"经国先生言论著述汇编》，第 13 辑，第 363 页。

对中国的政策视为最重要的标志之一。（3）如果共和党竞选纲领中对中国政策部分（其中包括对台湾的政策）和里根先生最近发表的有关言论，真的付诸实施的话，这只能导致中美关系的后退，连停滞都不可能。（4）如果以为中国有求于美国，以致一旦美国共和党竞选纲领中的对华政策和里根先生发表的有关言论成为美国政府政策付诸实行，中国也只好吞下，别无选择，那完全是妄想。他还特别强调："这是一个很严肃的问题，所以，我把话说清楚，把这几点写成文字交给你，请转告里根先生"。①

中国政府的警告并未使里根政策有所变化，他在8月25日居然宣称："虽然我觉得正常化本身是一个合理的政策选择，但正常化的一个条件应当是保留在台湾的联络处，其地位等同于我们早先在北京建立的联络处。我不想像卡特那样假装，我们现在与台湾的关系是非官方的。""不允许我们的代表以公平和有尊严的方式会见台湾的官员是荒谬的，也不是《与台湾关系法》所要求的"。②

里根上台后，一方面对苏联实行强硬政策，另一方面声称要"充分实施"《与台湾关系法》，扬言向台湾地区出售性能有所提高的武器。里根的这些言行引发了中美建交以来两国关系的第一次危机，爆发点就在于FX战机的销售问题。FX系列战机是美国80年代开始研制、使用并向盟国销售的系列战机，台湾方面自卡特政府时期就要求购买该战机，由于卡特政府实行"联华抗苏"战略，没有批准向台湾地区出售，而是代之以技术水平相差很多的F-5E战机。里根政府为了换取中国对美国向台湾地区出售武器的认可，声称美国政府表示愿意根据具体情况向中国提供军民"两用"高技术产品。

为了进一步表明中国政府反对美国对台军售，1981年1月4日，邓小平接见美国参议院共和党副领袖史蒂文斯和共和党少数民族委员会主席陈香梅时，批评了美国政府和一些报刊的四种错误观点："第一种观点，认为中国很弱很穷，装备落后，所以中国是无足轻重的"；"第二种观点，说中国现在有求于美国，而美国无求于中国"；"第三种观点，认为如果美国政府对苏联采取强硬政策，像台湾这样的问题，中国可以吞下去"；"第四种观点，认为中国政府信奉的意识形态旨在摧毁类似美国这样的政府"。邓小平特别强调了"台湾问题对中美关系的重要性"，指出："如果真的出现这样的情况，由于台湾问题迫使中美关系倒退的话，中国不会吞下去。"邓小平还指出，"我们真诚地希望中美关系不但不要停滞，而

---

① 《邓小平年谱（1975—1997）》（上），第667—668页。
② 《美台关系重要资料选编》，第197页。

且要发展。""我们对竞选期间和就任以前的言论是很注意的，但我们对这些言论做某种理解。我们重视的是美国新政府上任后采取的行动"。①

与此同时，中国政府针对荷兰政府不顾多次警告批准向台湾地区出售潜艇一事，断然决定将中荷外交关系降为代办级。《人民日报》发表评论员文章，强调"我们决不容忍任何国家搞'两个中国'或'一中一台'的阴谋，也绝不容忍任何同中国正式建交的国家向台湾地区出售武器。我国政府在台湾问题上的立场是坚定不移的，任何人以为中国政府和中国人民会拿原则作交易，那就大错特错了"。②美国官员认为这是对美国的警告。

6月中旬，美国国务卿黑格访问中国，希冀通过转让技术包括某些防御性武器来换取美国对台军售。对此，中国外交部发言人发表声明：我们已多次声明，我们宁可不要美国的武器，也绝不同意美国继续干涉我国内政，出售武器给台湾。如美国竟然不顾我一再坚决反对，继续卖武器给台湾，势必作出强烈反应。③6月13日，邓小平出席中共中央政治局常委扩大会议，讨论中美关系问题。邓小平指出："对美国一定要有最坏的打算。不要怕中美关系倒退，更不要怕停滞"；"对美国向台湾出售武器，我们不能含糊其词"。④6月16日，邓小平会见黑格时指出："摆在我们面前最敏感的问题还是美国向台湾地区出售武器。现在台湾海峡形势很平静，有什么必要不断向台湾地区出售武器？这样的问题涉及到中国最大的政策之一，就是要统一祖国，使台湾回归祖国。我们真心诚意地希望我们两国的关系不但不要停止在现阶段的水平上，而且要发展，这对全球战略有益。"邓小平警告黑格：中国政府是有耐性的，但耐性是有限度的。如果美国走得太远，中美关系可能踏步不前，甚至后退。⑤

1981年12月31日，《人民日报》发表评论员文章：《中国坚决反对外国向台湾出售武器》；1982年3月2日，新华社发表评论员文章："中美关系发展的关键时刻"；7月12日，《人民日报》发表《历史的倒车开不得》的短评："如果按照里根声称的政策，美国和台湾建立'官方关系'，这就意味着中美两国关系正常化的原则基础被彻底破坏，中美关系将倒退到两国人民都不愿看到的状态。至

① 《邓小平文选》，第2卷，第376—378页，人民出版社，1994年版。
② 《人民日报》，1981年1月20日。
③ 《人民日报》，1981年6月11日。
④ 《邓小平年谱（1975—1997）》（下），第748页。
⑤ 《邓小平年谱（1975—1997）》（下），第748—749页。

于那种主张恢复美国在台湾驻军、恢复美台'共同防御条约'的荒谬言论，那更是对中国内政明目张胆的干涉。"此间，中美双方就售台武器问题从 1981 年至 1982 年上半年进行了长期接触与谈判，但谈判问题依然进展不大。1982 年 2 月中旬，邓小平在接受《瞭望》周刊采访时直率地表示，中国"没有回旋的余地"，"实在不行，关系就倒退吧！""那有什么了不起？""我看中华民族还是存在的"。他警告说："现在我们等着瞧。我们对可能发生的任何情况都已经做好了准备。"由于中国政府的强力坚持，里根政府于 1982 年 5 月派副总统布什到中国进行访问。5 月 8 日，邓小平会见布什时指出：

"中美之间的中心问题是美国向台湾出售武器的问题，它是检验中美关系稳固性的准则。这个问题解决好了，才可建立相互信任的关系。两国关系只有在相互信任的基础上，才能发展。""美国领导人要承诺，在一定时期内逐步减少，直到完全终止向台湾地区出售武器。至于承诺的方式，可以商量，公报的措辞可以研究。但我们一定要达成谅解或协议"。"如果美国政府无限期地长期向台湾地区出售武器，实际上是给台湾提供保护伞"。①

6 月 1 日，邓小平在会见美国参议院多数党领袖小霍华德·贝克时再度重申了中国政府在美国对台军售的立场，告诫美国人在涉及国家主权和利益的问题上，中国"没有回旋余地"。希望"美国政府，特别是里根总统采取明智立场，比较早地比较快地处理这个问题"。②

中美就军售问题谈判期间，台湾当局特别关注。1982 年 4 月 10 日，蒋经国召集多人开会，研究里根总统带来的口信："重申信守台湾关系法，并保证'中华民国'拒绝与中共谈判，不会影响中美关系。"③4 天后，蒋经国指示郝柏村，对于"军售案，军方不在大众传播方面做任何评论，一切是保持沉默"。④5 月 11 日，台湾"外交部"次长钱复约见美国在台协会台北办事处处长李洁明，一方面表达了对军售问题的严重关切，一方面提出五点具体要求："一、美应立即逐项履行对我军售承诺。二、美国无权损害我国的主权和管辖权。三、尽速就布什大陆之行对我提供简报。四、明确向我保证不对中共再作让步，不同意中共所提军售的

---

① 《邓小平年谱（1975—1997）》（下），第 822—823 页。

② 《邓小平年谱（1975—1997）》（下），第 825 页。

③ 郝柏村：《郝总长日记中的经国先生晚年》，第 45 页，天下文化出版股份有限公司，1995 年版。

④ 郝柏村：《郝总长日记中的经国先生晚年》，第 46 页。

时间、数量与种类设限的要求。五、盼美方切勿再做任何与中共对台统战相唱和的措施。"①

7月14日，李洁明同钱复到七海官邸面见蒋经国，李洁明当即向蒋经国宣读里根的书面讯息：有关军售问题有三项："一、美方已准备于华府在台协会与我军方代表在适当时间检讨台湾当前军事需求，并将就上年8月25日所决定的整批军品售予是否与我国当前军事需要相符问题进行检讨，会期为2至3日。二、在1982年8月底以前，美将正式通知国会有关与我延长合作生产F-5E战机案，俾使合作生产不致中断。三、美国由西德所购的66架F104G战机中，23架将于8月底前运交我方"。美方要求台湾方面切实保密。与此同时，李洁明还告知在中共与美方谈判中的美方六点基本立场："一、美方无意对台湾的军售上设定结束期限。二、美国不拟同意中共的要求，就对台军售一事与其事先咨商。三、美无意扮演任何台湾与中共间调解人的角色。四、美将不同意修改'台湾关系法'。五、美不能支持中共对台湾的主权主张。六、中共从未在任何时刻要求美国对台湾施加压力与中共进行和谈，美国亦无意如此做，因为这是中国人自己的事，应由中国人依其自由意愿自行解决。美国曾公开或私下里向中共表示，美国所唯一关心的，是此问题必须以和平方式解决"。②

蒋经国听完里根的"六项保证"指出："里根总统保证无意对我军售设定结束期限最为重要，此项政策不能受中共限制"。"美想与中共获得妥协是颇困难的，因为中共现在的立场变本加厉，根本反对任何的售予，连一根螺丝钉也要反对"。"美不宜与中共发表联合公报，因为这将予人以双方业就台湾问题做了一项共同决定的印象，在台湾一定会引起严重的后果。过去上海公报与建交公报均对我产生重大打击，如在发表另一联合公报，则其打击将与上两次同样严重。美国不如与中共各自表明本身立场，亦可达到相同的目的"。③7月17日，蒋经国召集相关人员讨论中美联合公报问题。认为发表公报已经难以避免。在会上，蒋经国作了六点指示：

"一、美与中共如发表'上海2号公报'，对我将有伤害，故去信里根总统劝阻。

① 钱复：《钱复回忆录》，卷2，第211—212页，台湾，天下远见出版股份有限公司，2005年版。
② 钱复：《钱复回忆录》，卷2，第214—215页。
③ 钱复：《钱复回忆录》，卷2，第216—217页。

二、美已准备降低与中共关系，吾人不应讲话，以免被人说是我们破坏的。

三、倘美与中共发表公报，'外交部'预拟针对各种可能行动发表声明。

四、自己加强'国防'力量是自己的事，现有武器要充分发挥威力，要多方寻求武器来源。

五、30年来一切危机都靠团结化解，相信自己的'国民'，一切问题在自己，危机可带来转机。

六、平时当战时，战时当平时。"①

尽管台湾当局进行不断阻挠与游说，最终出于现实利益考量，里根最终于1982年1月6日决定不出售FX战机给台湾。8月17日，中美两国政府就美国售台武器问题达成协议，这就是著名的《八一七公报》。《公报》共9条，其中最主要条款是第六条：

"美国政府声明，它不寻求执行一项长期向台湾出售武器的政策，它向台湾地区出售的武器在性能和数量上将不超过中美建交后近几年供应的水平，它准备逐步减少它对台湾的武器出售，并经过一段时间导致最后的解决。在作这样的声明时，美国承认中国关于彻底解决这一问题的一贯立场。"②

里根在《公报》公布当日发表声明称："公报中所阐明的政策同《与台湾关系法》是完全一致的，军售将根据《与台湾关系法》得以继续。"此后又多次表示，美国对台湾的政策"没有改变"，"我们的台湾朋友将继续得到他们为自卫所需要的一切"。③

实际上，在《公报》发表之前，李洁明于8月16日通过钱复要求见蒋经国，告知《公报》的主要内容。钱复收到蒋经国三点指示："一、我对联合公报坚决反对。二、里根的六点保证最好由美方自行发表。三、F-5E延长合作生产案应立即通知国会。"④《公报》发表当晚，蒋经国在七海官邸召集高级决策人员，就《八一七公报》商讨对策。最后决定以"外交部"名义发表声明，宣称"现在，美国政府已错误地把中国共产党骗人的'和平意图'当作真诚和有意义的了，从而答应其要求，对向'中华民国'出售武器的性能和数量加以限制，这违背了'与

① 郝柏村：《郝总长日记中的经国先生晚年》，第46页。
② 《人民日报》，1982年8月18日。
③ 陶文钊：《中美关系史》（下卷），第131页。
④ 钱复：《钱复回忆录》，卷2，第221页。

台湾关系法'的精神实质，我们对此深表遗憾。"①

8月18日，蒋经国在国民党中常会上就《八一七公报》发表谈话称："美'匪'之间在8月17日发表了所谓《联合公报》，'外交部'对此已经严正地表明了政府的坚确立场。""在此时刻，本党坚定革命的志节，集中海内外的力量，以贯彻我们'反攻复国'的基本国策。深望'全国'同胞、全党同志，不但绝对不为'共匪'的'和平'统战烟幕所眩惑，绝对不为一时的国际情势所困扰；并能满怀民族的自信心，发挥革命的道德勇气，加深忧患意识，摒除一切私见，更加团结惕厉"。②

钱复在回忆录中认为："《八一七公报》是一项重要文件，如果切实执行，对'我国'将极为不利，我就是被指定要使这项文件名存实亡的人。"③

从以上可以看出，《八一七公报》同《上海公报》和《建交公报》一样，成为推进中美关系的纲领性文件，从某种程度而言，对美国售台武器起到了一定的限制作用，因此该《公报》也成为此后中美之间处理美国售台武器问题的重要法律依据。当然美国人玩弄文字游戏，以老大自居，不信守承诺，必然导致《公报》内容不能真正落实到位。从美国与他国交往的经验看，美国考虑问题历来是从自身利益出发的，他们是绝对不会完全遵守《八一七公报》的规定的，后来对台军售的事实就说明了这一点。邓小平在《公报》发表的前一天会见美国驻华大使恒安石时指出："一、公报只是一个良好的新的开端，但重要的还要看今后美国的实际行动。二、关于台湾问题，这完全是中国的内政。三、中国重视中美关系，愿意为两国关系的健康发展与美方一起做出努力。"邓小平指出："在两国关系问题上存在这一片乌云，这就是《与台湾关系法》，希望美国能正视这个问题。"④

8月18日，《人民日报》发表社论《严守协议 排除障碍》指出："中美联合公报的发表，打开了两国在美国向台湾出售武器问题上的僵局，但是这并不意味着问题已经完全解决。笼罩在中美关系上的乌云还没有全部扫除。美国做了几点承诺，它今后究竟怎样行动，还有待观察。我们希望美国政府切实履行自己的诺言，实实在在而不是敷敷衍衍地减少对台湾的武器出售，并且像美国自己承诺的

① ［美］约翰·霍尔德里奇：《1945年以来美中外交关系正常化》，上海译文出版社，1997年6月版，第293页。

② 《蒋"总统"经国先生言论著述汇编》，第14辑，149页。

③ 钱复：《钱复回忆录》，卷2，第225页。

④ 中共中央文献研究室编：《邓小平年谱（1975—1997）》（下），第840页。

那样，尽一切努力，采取措施，创造条件，以使这个问题在日彻底解决，而不是以任何借口使这个问题拖延不决。"10月10日，《人民日报》发表短评："履行中美联合公报不得有先决条件。"本来，《八一七公报》是中美之间为解决历史遗留问题所达成的一种妥协。然而，遗憾的是里根政府根本没有认识到中国政府对这一问题的重视，致使对台军售问题始终没能得到根本解决，当然里根时期的中美关系也不可能得到根本的改善。

第六章　子承父业

自蒋经国出任"阁揆"之日起，便宣告了蒋经国时代的来临。1975 年蒋介石病逝后，"副总统"严家淦虽继任"总统"，但台湾党、政、军、特实权却已经神奇般地移到蒋经国的手中。

丧父

进入 20 世纪 70 年代之后，台湾孤岛更给人一种凄凉之感。1971 年 10 月，26 届联大通过驱"蒋案"。此后美国总统尼克松访问中国大陆、日本首相田中角荣紧步尼克松后尘，踏上了中国大陆进行友好访问，这股冲击波使整个台岛处在动荡与不安之中。

在上述一连串的打击之下，年届 86 岁高龄的蒋介石终于被打倒了。由于蒋介石长时期的军旅生涯，体质较好，很少生病。但到了晚年，却病魔缠身。据蒋介石医疗小组报告：

自 1962 年春起，蒋介石小便不畅，经医诊查后，断为前列腺肥大症，这是一般老人的常见病。据台报载：宋美龄曾提出要蒋介石到美国去做手术，宋认为美国医生的医术高明。蒋介石也认为美国医生医术的确比台北医生医术高明，但又认为美国有人要把他赶下台，这些人必要时可能对他实施暗杀计划，因此他表示不愿去美国求医。蒋经国从来唯乃父的决定为决定，加之他与继母宋美龄的"恩怨"，也不同意宋的提议，认为宁可花钱延聘美国名医，也不能前往美国。最后，蒋介石于当年 3 月在台北荣民总院接受了外籍泌尿外科专家手术。不料，手术后发生尿道炎、便血、尿道狭窄等并发症，此后经医生悉心治疗，各并发症渐次痊愈。以后数年间，因慢性前列腺炎经常发作，岁经医治，但无法根除。[①]

1972 年 6 月，蒋介石刚刚就任第五届"总统"后一个月，因慢性前列腺炎

---

① 《"总统"蒋公哀思录》，第 131 页，转引自《"中华民国"史实纪要》，1975 年 1—4 月，第 842—843 页。

复发，深感体力不支，医生建议多休息，蒋介石只好移住阳明山官邸。因山中气候变化无常，蒋介石于 7 月中旬得了感冒。7 月 22 日蒋介石突发高烧，因感冒转成肺炎，左右肺下端全被浸润，右胸膜腔有积水。经医疗当局决定，成立一个医疗小组，其中包括肺科、心脏科、肾脏科、传染病科、神经科及营养科各专门医师，随时讨论病情及制定医疗方针。肺炎虽经医治好转，当尚未痊愈，医疗小组建议蒋介石到荣民总院接受治疗。蒋介石接受了医生建议，于 8 月 6 日住进荣民总院。

1972 年 8 月 6 日至 1973 年 12 月 22 日，蒋介石一直住在荣民总院接受治疗，病情虽有好转，但体温尚未恢复正常，时有低烧，经诊治仍是肺炎作祟。9 月 15 日，经检查仍是前列腺炎复发，经医疗小组实施新的治疗方案，蒋介石病状全部消失，体温也恢复正常。此后一年间，因年事已高小病时有发生，但无大碍。经医疗小组研商，蒋介石出院回士林官邸休养。此间蒋介石宣布避不见客，实则基本处于退休状态。尽管他仍挂着"总统"的招牌，但工作基本由"副总统"严家淦与长子蒋经国处理，遇到重大问题与棘手之事，严、蒋二人总是至蒋介石病榻前请示、汇报。1973 年 7 月，台湾报刊登载了一张蒋介石与其孙子蒋孝勇夫妇新婚合影的照片。在蒋病中刊载此照片是有其深刻用意的：其一是说蒋介石健康如昔；其二是辟蒋介石已秘密引退、宋美龄卷款存往美国的"谣言"。此后，据台报舆论称：蒋介石每天到花园散步，并与其长子蒋经国讨论政情。

1973 年 2 月 22 日蒋介石回到士林官邸后因心情愉快，身体恢复较快，但困扰他的仍是前列腺炎。1974 年 2 月 1 日，蒋介石因感冒再度发高烧转成肺炎，后经医治病情减轻但未根治。11 月 27 日，蒋介石的慢性前列腺炎复发，同时发现膀胱内出血，脉搏增快。虽经医治稍有好转但身体大受打击。1975 年 1 月 9 日，蒋介石突发心脏病，经抢救恢复正常。此后蒋介石身体一日不如一日。[1]

尽管蒋介石一再喧嚣"反攻复国"，但响应者越来越少，加之病入膏肓，声音越来越弱。1974 年 8 月，台湾当局被迫宣称：因蒋介石健康状况不佳，减少政治活动。同年 10 月 31 日蒋介石的寿辰时，台湾当局制作"蒋'总统'万岁"徽章供公众佩带。当天又用巨型气球向大陆空投一千万张蒋介石照片。据统计：1974 年共向大陆投蒋介石照片 1.8 亿张之多。台湾当局这种做法无非是换得蒋介石的欢心而已。经各方努力，蒋介石在这段时间病情稍有好转。然而好景不长，

---

[1]　《"总统"蒋公哀思录》，第 132—137 页，转引自《"中华民国"史实纪要》，1975 年 1—4 月，第 843—846 页。

就在这一年 12 月，蒋介石再度因患感冒而转肺炎。因蒋长期服用抗生素，以致细菌抵抗药性增加，治疗颇为费事。

1975 年 1 月初，蒋病情仍无好转，高烧不退。蒋经国每日至少 3 次前往探病，蒋介石抓住蒋经国的手良久，语言甚低。蒋经国见父病状无起色，深感不安，"夜不成眠"。1 月 9 日夜间，蒋介石在睡眠中发生缺氧症，经急救转危为安。此后，蒋介石病情稳定，日渐好转，实际是回光返照。旧历新年之际，蒋经国见父病好转，又东奔西走，视察各项工作。①

2 月下旬，蒋介石病情渐危，说话声音微弱，蒋经国见状极想辞职回家侍父。3 月 26 日晚，蒋介石病情又呈变化，经 3 个多小时急救才见好转。蒋介石醒来后深感来日无多，令蒋经国召"五院"院长来士林官邸听蒋介石口授遗嘱。蒋授完遗嘱后，病情忽好忽坏，蒋府上下愁云一片。②

1975 年 4 月 5 日，蒋介石病情再度恶化。据蒋经国当晚日记记载："忆晨向父亲请安之时，父亲已起身坐于轮椅，见儿至，父亲面带笑容，儿心甚安。因儿已久未见父亲笑容矣。父亲并问及清明节以及张伯苓先生百岁诞辰之事。当儿辞退时，父嘱曰：'你应好好多休息。'儿聆此言心中忽然有说不出的感触。谁知这就是对儿之最后叮咛。余竟日有不安之感。傍晚再探父病情形，似无变化，惟觉得烦躁。6 时许，稍事休息，8 时半三探父病，时已开始恶化，在睡眠中心脏微弱，开始停止呼吸，经数小时之急救无效。"③

另据荣民总医院蒋介石病情医疗小组报告说：

4 月 5 日，蒋介石突感腹部不适，泌尿系统失灵。医生认为蒋介石的心脏功能欠佳。傍晚 8 时 15 分，蒋介石的病情极度恶化。医生发现蒋的脉搏突然转慢，于是急用电话通知蒋经国。当蒋经国赶到时，蒋的心跳已不规则，血压下降，情形甚危。当即医生施行人工呼吸，乃至运用药物和电极直接刺入心肌，刺激心脏跳动，心脏与呼吸恢复正常。但 4—5 分钟后，心脏再度停止跳动。11 时 50 分，蒋介石双目瞳孔放大，经抢救无效，统治中国大陆 22 年之久、又在台湾偏安 26 年的蒋介石终于撒手西归，享年 89 岁。在蒋介石弥留之际，宋美龄与长子蒋经国和孙子蒋孝武、蒋孝勇均服侍在侧。

蒋介石去世之时，台湾当局党政军要员在接到蒋病危通知后，于当夜赶到士

① 《蒋"总统"经国先生言论著述汇编》，第 9 辑，第 655—656 页。
② 《蒋"总统"经国先生言论著述汇编》，第 9 辑，第 670 页。
③ 《蒋"总统"经国先生言论著述汇编》，第 9 辑，第 671 页。

林官邸，并在此举行了在蒋介石遗嘱上签字的仪式。首先是由蒋夫人宋美龄签，继之由"副总统"严家淦签。当"行政院长"蒋经国在其父遗嘱上签字时，"双手发抖，已不成书"。其后，"立法院长"倪文亚、"司法院长"田炯锦、"考试院长"杨亮功、"监察院长"余俊贤诸人都颤抖着提起笔在遗嘱上签了字。

对于蒋介石遗体存放地，国民党中央在蒋介石病逝后作出决定："总裁灵体，奉厝慈湖，将来随国军凯旋，奉安大陆，这是表明本党同志及全国军民同胞，决心遵奉总裁'光复大陆国土'之遗嘱，具有反攻必胜的信心。""我们……自应加倍努力，准备反攻，预期'匪'酋授首，河山重光，奉安总裁于南京中山陵畔，以上慰总裁在天之灵"。[1] 蒋经国以长子身份同宋美龄商量治丧有关事宜，决定按照国民党中央决议办理：暂厝蒋介石灵柩于台北市南 60 公里处的慈湖湖畔（慈湖背依草岑山，湖水终年碧绿清澈，风景秀美，宛如江南蒋介石的故乡浙江奉化市的溪口镇。60 年代初，蒋介石途经此地时，便看中了这块风水宝地，他在这里修建了一座中国四合院式的"行宫"，起名"慈湖"。蒋介石生前常来此小住，并嘱咐在他死后灵柩暂厝此地），"以待来日光复大陆，再奉安于南京紫金山"，以达成蒋介石"心愿"[2]。

蒋介石病逝后 2 小时零 10 分，"行政院"于 4 月 6 日晨 2 时发布经主治医师签字的医疗报告及蒋介石遗嘱。对于蒋的遗嘱，各方褒贬不一，为供读者评判，笔者全文抄录如下：

"自余束发以来，即追随总理革命，无时不以耶稣基督与总理信徒自居，无日不为扫除三民主义之障碍，建设民主宪政之国家，艰苦奋斗。近 20 余年来，自由基地，日益精实壮大，并不断对'大陆共产邪恶'，展开政治作战，反共复国大业，方期日新月盛，全国军民，全党同志，绝不可因余之不起，而怀忧丧志！务望一致精诚团结，服膺本党与政府领导，奉主义为无形之总理，以复国为共同之目标。而中正之精神，自必与我同志同胞，长相左右。实践三民主义，'光复大陆国土'，复兴民族文化，坚守民主阵容，为余毕生之志事，实亦即海内外军民同胞一致的革命职志与战斗决心。惟愿愈益坚此百忍，奋励自强，非达成国民革命之责任，绝不中止！矢勤矢勇，毋怠毋忽。"[3]

① 张宝树在 4 月 28 日召开的国民党中央临时全体会议上报告蒋介石逝世经过，载台湾《"中央"日报》，1975 年 4 月 29 日。

② 《蒋"总统"经国先生言论著述汇编》，第 9 辑，第 621 页。

③ 秦孝仪主编：《"总统"蒋公思想言论总集》，卷 35，第 292 页。

4月6日7时，国民党中常会召开临时会议，决定三项：

（1）"全党同志，敬谨接受总裁遗嘱，且愿全国军民，共同以反攻复国之决心，团结奋斗，完成总裁遗志，亦即实行三民主义，'光复大陆国土'，复兴民族文化，坚守民主阵容，誓达目的，毋怠毋忽，谨此决议"。①

1976年11月中国国民党十一大召开时，又通过了《全党奉行总裁遗嘱决议文》，宣称："我们誓言，坚决奉行总裁遗嘱——实践三民主义，'光复大陆'国土，复兴民族文化，坚守民主阵容，以此为全党党员革命的职志与战斗的决心。承担并完成艰苦的革命任务，以上慰总裁在天之灵。"②

在十一大重新修订的《中国国民党党章》中，蒋介石遗命纳入党章，以使国民党员"遵行"。修订党章云："总裁遗嘱所示：'实践三民主义'，'光复大陆国土'，'复兴民族文化'，'坚守民主阵容'四大革命任务，为总裁毕生的志事，全党同志自应奉为共同的革命职志与战斗决心，努力贯彻实现，故本草案拟予纳入总纲第二条，期以相互勉行，并使革命民主政党之含义更为具体而明显。"③

（2）"至望蒋经国同志深为古人墨绖之义"，对其"予以慰留"。蒋经国于其父病逝第二天使以从政主管官员身份向国民党中央提出辞呈：

"经国不孝，侍奉无状，遂致总裁心疾猝发，遽尔崩殂，五内摧裂，已不复能治理政事，伏恳中央委员会矜念此孤臣孽子之微忠，准予解除行政院一切职务，是所至祷。"④

国民党中常会对蒋经国的辞呈决议如下：

"'行政院'院长蒋经国同志，以总裁崩殂，恳辞'行政院'院长职务一节，中央常会咸以国家内遭大变，外毁横逆……革命之事功未竟……至望蒋经国同志深维古人墨绖之义，勉承艰大，共竭其效死勿去这忠尽，即所以笃其锡类不匮之孝思。"⑤

蒋经国对国民党中常会"效死勿去"之议，发表谈话称："敢不衔哀受命，墨绖从事，期毋负于全党同志与'全国'军民之督望。"⑥

---

① 台湾，《青年战士报》，1975年4月7日。
② 《革命文献》，第77辑，第322页。
③ 《革命文献》，第77辑，第325页。
④ 《蒋"总统"经国先生言论著述汇编》，第9辑，第257页。
⑤ 《蒋"总统"经国先生言论著述汇编》，第9辑，第258页。
⑥ 《蒋"总统"经国先生言论著述汇编》，第9辑，第257页。

（3）依《"中华民国"宪法》第49条之规定，推举严家淦继任"总统"。①

4月6日凌晨2时，蒋介石遗体由士林官邸移至荣民总院。翌日，允许民众瞻仰蒋介石遗容。在蒋介石灵堂四周插了88根白蜡烛，正中供奉着蒋介石的巨幅遗像及遗嘱。灵前有5个用素菊缀成的十字架，正中一个为宋美龄的，上款书："介兄夫君"，下款书"美龄敬挽"。

上午11时，严家淦宣誓就任"总统"。严家淦的誓词是："于谨以至诚，向'全国'人民宣誓，余必遵守'宪法'，尽忠职务，增进人民福祉，保卫'国家'，无负'国民'付托，如违誓言，愿受'国家'严厉之制裁，瑾誓"。严家淦在就职后发表谈话称："家淦唯有与'全国'军民同胞，奋力自强，力行伟大的遗训，继承未竟的志业，竟智尽忠，驰驱效命。"②

严家淦就职后立即颁布了第一道命令：特派倪文亚等21位大员敬谨治丧。特派倪文亚、田炯锦、杨亮功、余俊贤、张群、何应钦、陈立夫、王云五、于斌、徐庆钟、郑彦棻、黄少谷、谷正纲、薛岳、张宝树、陈启天、孙亚夫、林金生、沈昌焕、高魁元、赖名汤21名大员组成治丧委员会。③

同时续颁命令：

（1）"'全国'军、公、教人员应缀佩丧章一个月"。

（2）"'全国'各部队、机关、学校、军舰及驻外使馆等应自即日起下半旗志哀30日"。

（3）"各要塞、部队及军舰应自升旗时起至降旗时止，每隔半小时鸣放礼炮"。

（4）"'全国'各娱乐场所，应停止娱乐一个月"（后调整为4月17日终止）。④

4月6日下午，中国国民党中常会再度集会，决定三点：

（1）"自7日起在'国父纪念馆'大厅设置灵堂，供台北市民追悼蒋'总统'英灵"。

（2）"台湾全省各县市、乡镇普设灵堂，悬挂蒋'总统'遗像，供各地民众追悼，各机关部队及驻外机构亦比照办理"。

（3）"'总统'蒋先生灵前，由中央常委轮流担任护灵"。⑤

---

① 台湾，《青年战士报》，1975年4月7日。
② 《"总统"府公报》第2869号，1975年4月7日。
③ 《"总统"府公报》第2869号，1975年4月7日。
④ 《"总统"府公报》第2869号，1975年4月7日。
⑤ 台湾，《青年战士报》，1975年4月7日。

蒋介石病逝后，台湾当局开动一切宣传机器以示对蒋介石死亡的"隆重哀悼"。从4月6日至17日蒋介石大殓的次日，台湾的报纸将平日红色套版改为一律黑色的版面，几乎全部篇幅都用在有关蒋介石这个主题上。字典上一切美好的字眼几乎都用尽了，台湾新闻界使出浑身的解数，尽最大努力对蒋介石的公共形象加以最后的神化、圣化、完美化。蒋介石的死亡被称作"崩殂"，他的坟墓被称为"陵寝"。吴一舟：《蒋"总统"的一生》宣称：在蒋介石病逝时"淡水海外东北角上突然出现一个金红色的巨球，四周围绕着五彩祥云，迤逦划过天空，不旋踵的电光闪闪，巨雷惊蛰，紧接着大雨倾盆而下"。蒋经国在日记中也称蒋介石病逝时"天发雷电，继之以倾盆大雨，正是所谓风云异色，天地同哀"。①这在实际上是不折不扣地把蒋介石当作了封建帝王。

台湾新闻界除了再次神化蒋介石之外，同时也透露出台湾统治阶层的一种彷徨无主、失望沮丧，甚至是歇斯底里的情绪，借一位退伍老兵的口，《"中央"日报》报道说："我一直期望着'总统'蒋公能带我们回去，现在他老人家竟然先走了。"借钱穆之口，《"中央"日报》告台湾民众"不要有惊慌之心"，"必须镇定和团结"，并多次重复被人引为笑柄的所谓蒋介石的格言："处变不惊，庄敬自强。"

借何应钦之口，《"中央"日报》要台湾民众："遵奉蒋公的遗志，拥护政府暨严总统、蒋院长，与我们全国同胞团结一致。相信蒋公的精神一定是永远与我们常相左右，我们也将必能在蒋公的精神与我们政府的领导下，实现蒋公的遗志，达成'反共复国建国'的最后成功。"

按照历史定律，任何一位当政者病逝后，围绕着权力继承问题，必然有一番争论与争斗。这种状况在蒋介石病逝后也依然存在。老的一代因蒋介石在世时不好发作，蒋一死，已无人再能约束他们，他们不会买蒋经国的账。对于老一代此时此刻的心境，蒋经国最明白不过了。经过蒋介石几十年的培养，蒋经国羽毛日渐丰满。蒋介石病逝时，尽管严家淦依"宪法"就任"总统"职，但国民党统治体制是以党领政，党权高于一切。严家淦"继统"，并未解决权力继承问题。蒋经国为顺利继承父位，接连抛出了几个撒手锏。

首先采取以退为进策略。此一策略就是蒋经国在其父病逝后第二天凌晨向国民党中常会提出的辞呈。江南称蒋经国此举纯系荒唐，并藐视新"总统"。此一评论未免苛刻与牵强。一是蒋经国是国民党员，作为"执政"党的一员理应如此；

---

①《蒋"总统"经国先生言论著述汇编》，第9辑，第620页。

二是 6 日凌晨严家淦还未就职"总统"。从后来蒋经国与严家淦的关系看，两个人处得非常不错。

其次，借父丧压先朝老臣。在蒋介石病逝后，蒋经国利用其父的偶像地位，作出至孝感人的样子，一方面"悲哀跪哭，昏迷不醒"；一方面抱病夜宿灵堂。报刊登出他"长跪致哀"的照片，又登出"求忠臣于孝子之门"的阿谀之言，并推论说："由于蒋'院长'的克尽孝道，我们更感到'国家'信托得人，他所领导的'政府'，必然是一个大有为的'政府'。"

蒋经国深感自己地位还不够固若金汤，故要报纸刊登他的旧作《我的父亲》，还拿出蒋介石给他写的一些字幅交给报纸发表。凡此种种，无非是想借他父亲的声威压服先朝老臣。同时，他为争取民心，每天早晨去中山纪念馆向瞻吊其父的老百姓致谢。

再次，策动军界对他宣誓效忠。"国防部长"高魁元、"参谋总长"宋长志均系蒋经国的亲信，在蒋介石病逝后，高、宋二人明确对蒋经国效忠。同时与情治机构协同，严密注视社会动态，使蒋介石病逝后台湾初呈的混乱局面与不安定情绪得以稳定下来。蒋经国对军事将领互调，更显现出他统御的艺术。其中政工系的首领王升，追随蒋经国多年，此际将他升为"总政治部主任"，原主任罗友伦也属蒋经国嫡系，调任联勤总司令。擅离职守的台湾警备司令尹俊被撤职，换上了蒋系人马汪敬煦。尹被撤职纯系他个人所为。1975 年初，蒋经国曾亲自召见他，让他在蒋介石卧病期间忠于职守，以防发生不测事件。然他辜负蒋经国厚望，蒋介石病逝之际，士林官邸与"行政院长"办公室有关人士遍找不到尹氏的踪影，连尹的夫人也不知道他去向何方，以致被蒋经国赶下台。

经过蒋经国多方努力，终于如愿以偿。

4 月 9 日，蒋介石灵柩移至"国父纪念馆"。移灵前，蒋经国亲自为其父穿衣服，按照乡例，给其父穿了 7 条裤子、7 件内衣，包括长袍马褂。遗体贴身包着丝绵、黑裤、黑皮鞋。胸佩大红采玉勋章，左右两旁佩带国光勋章、青天白日勋章。蒋介石最喜读的《三民主义》《圣经》《荒漠甘泉》和《唐诗》四部书也被宋美龄放在灵柩之中。另有毡帽、小帽各一顶，手套一副，手帕一块，手杖一支。这些都是蒋介石晚年平日常用之物。一切料理就绪之后，才由荣民总院移灵至"国父纪念馆"。移灵时，由于蒋经国在蒋介石遗体前一次又一次地"长跪致哀"，并把照片登在报纸上，于是，他手下的一批人也就纷纷上行下效，率领他们自己的手下人在灵堂或路边跪祭蒋介石。为了证明蒋介石得到台籍民众的拥护，《"中央"日报》刊登了"省政府主席"谢东闵率各县市长长跪蒋介石灵前泣悼的照片。

4月11日，严家淦颁布《奉行故"总统"蒋公遗嘱令》，号召："我'全国'海内外同胞，敬谨接受，实践笃行，协力同心，竭忠尽分，势必戡平'匪'乱，完成'国民'革命大业。"①

4月12日，国民党中央发表了《告大陆同胞书》，宣称："愿在此重申我们的坚决誓言：绝对履行蒋"总统"对大陆所有曾经宣誓的一切号召和承诺，尤其是在今年元旦书告中昭示的三民主义是必须贯彻的，民族文化是不容毁灭的，7亿同胞是一定要援出于'共匪'血腥火热之外的"；"以及历史昭示对大陆军民与共军共干起义来归的'三项保证''六大自由''四大原则''十条规约'，和对'中共'陆、海、空军官兵起义来归的优待办法；这些我们都保证继续奉行，贯彻实践"。②

台湾当局出于何种心态要发表这一《告大陆同胞书》，《中国时报》发表了一篇《把安慰和希望带给大陆同胞》的文章居然宣称："自从我伟大民族救星蒋公逝世以来"，"全国民众以及海外侨胞的哀伤悲恸，真足以动天地而泣鬼神，非笔墨所能形容"。"我们特别赞佩中国国民党中央委员会适时发表告大陆同胞书，把我们的行动和决心，坦白亲切地表达出来"。③看来，这位作者真的不了解大陆民众对蒋介石之死的态度，从而把他的态度强加给了大陆民众，自然也就赞佩国民党中央此举。

据台湾当局公布：蒋介石灵堂开放的5天之中，前往瞻仰的人数超过250万人。④

4月16日是蒋介石的大殓日，8时5分仪式开始。严家淦主祭。8时8分45秒，蒋介石灵柩的棺盖放在7尺铜棺之上。之后，由张群、何应钦、陈立夫、薛岳、谷正纲、黄少谷、黄杰、谢东闵8位中国国民党中央评议委员、中央常务委员将一面青天白日旗覆盖在灵柩之上。接着，严家淦与"五院"院长、"行政院"副院长徐庆钟、"总统府资政"王云五、"光复大陆设计委员会"副主任于斌等在灵柩上覆盖了青天白日满地红"国旗"。然后，严家淦恭读祭文。

礼毕后，台湾当局还怕蒋介石不能升"天堂"，又在蒋介石的大殓日，以基

① 《"总统府"公报》，第2871号，1975年4月11日。
② 台北，"中央社"，1975年4月12日电。
③ 台北，《中国时报》，1975年4月14日。
④ 台湾，《"中央"日报》，1975年4月15日。

督教仪式行之。牧师周联华为蒋介石主持了追思礼拜与安灵礼。

蒋经国对参加蒋介石丧礼的人员表示答谢说：

"'先君'崩逝，野祭巷哭，敬礼致哀，悲恸之深刻，与虔诚之厚意，令人万分感动。经国遽遭大变，哀恸逾恒，无法踵谢，唯有奉行遗命，鞠躬尽瘁，以报答'我国'同胞之至诚与厚望。"[①]

此次蒋介石丧葬排场之大，实为古今中外所少有。

丧事已毕，国民党中央常委会于 1975 年 4 月 18 日决议：定于 4 月 28 日召开第十届中央委员会临时全体会议，决定党的领导核心。

4 月 28 日，中央委员会临时全体会议在阳明山中山楼举行，与会人员为国民党中央委员、中央评议委员、候补中央委员、中央各单位正副主管及各省党部主任委员。会议由刚刚继任"总统"的严家淦主持。会议议题主要有三项："一、建立党的领导中心。二、确立本党今后努力的方向。三、宣示我们'反共复国'的决策绝不改变的决心。尤以第一案，实为遂行二、三两项关键之所在"。[②]

严家淦等 20 位常委联名在会上提出："今总裁不幸逝世，本党中央之领导，亟须力谋强固，以肆应瞬息万变的国际局势与共产'匪'党之奸谋诡计。家淦等特根据党章之精神与本党中央之往例，建议中央委员会设主席 1 人，并为常务委员会之主席，一致公推蒋常务委员经国担任，即日召开中央委员会全体会议予以决定，以适应当前之迫切需要。"[③]

中央委员刘季洪等 74 名委员联名提案，建议：（1）特请大会决议，保留本党党章"总裁"一章，以示"哀敬"与"永恒之纪念"；（2）建议大会将总裁遗嘱交付中央常务委员会；（3）建议大会于中央委员会，总揽全般党务，并公推蒋经国同志担任。[④]

会议主要讨论上述两个提案。作为元老派首领的何应钦发言称："国家与本党不幸，总裁逝世，中枢与本党中央顿失领导，在当前国际形势瞬息万变，亚洲赤祸弥漫的时期，必须有迅速妥善的决定，以巩固'国家'与党的领导中心。现在'总统'职位，已经由严'总统'依法继任，本党最高的领导人，也自应依照事实的需要，迅速推定，以巩固本党的领导中心，此一领导人的职称，本会赞同

---

① 《蒋"总统"经国先生言论著述汇编》，第 9 辑，第 626 页。
② 台湾，《"中央"日报》，1975 年 4 月 28 日。
③ 台湾，《"中央"日报》，1975 年 4 月 29 日。
④ 台湾，《"中央"日报》，1975 年 4 月 29 日。

严常务委员等，以及中央委员刘季洪等的意见，应该定为本党中央委员会主席，总裁职称保留于党章之内，作为对总裁的永久崇敬与纪念。"

"关于本党领导人的人选问题……必须本党有全党倾服、内外归心的强有力的领导者"。"本席拥护……推举蒋经国同志担任党中央委员会主席"。"因为蒋同志具备了坚忍强毅的领导能力和充沛的革命精神，尤其是他这两年担任'行政院长'卓越的政绩，获得海内外'全国'同胞，以及国际友人的一致支持和赞佩，由蒋经国同志领导本党，必能使党的力量坚实强大，'反共复国'的使命得以早日完成。"[1]

何应钦的说法与严家淦、刘季洪的提案基本相符，故为会议所接受。会议做出四项决议：

（1）将党章第五章"总裁"一章保留，作为本党"永恒之纪念"，俟第十一次全国代表大会举行时，再行修改党章。

（2）根据本党党章之精神与本党中央之往例，建议中央委员会设主席1人，并为常务委员会之主席，总揽全般党务，以适应现阶段革命形势之要求，实属迫切之需要。并公推蒋经国同志担任。第十一次全国代表大会时，当再行提请追认，并修改党章。

（3）中央委员会设主席1职，蒋经国同志实为最适当之人选，亦为全党同志一致之公意，决议"一致通过"，并希蒋经国同志，勉承艰大，益坚百忍，领导全党，早日完成总裁"达成'国民'革命之责任"的遗命。

（4）全党同志应奉总裁遗嘱为共同的革命职志与战斗决心，采取积极的、具体的、有计划的行动，分别就政治、军事、外交、经济、文化、社会各方面厘定具体方案，立即付出实施。[2]

会议发表了《宣言》，宣称要"巩固革命领导中心"、坚持"反攻国策决不改变"、"坚守民主阵容力求自主自强"。[3]

对于蒋经国当选中国国民党主席，《"中央"日报》发表《历史性的时刻与历史性的决定》一文，对"最适当人选"作了三点解读：

第一，"因为他是信仰三民主义最诚笃、力行主义亦最有成绩的国民党人。他亲承总裁蒋公的革命心传，数十年如一日，因能成就其恢宏的革命志节与卓越的

---

① 《何应钦将军925纪事长编》，第1410页。
② 《革命文献》，第77辑，第347页。
③ 台湾，《"中央"日报》，1975年4月29日。

政治才能。今天贯彻总裁遗嘱，乃我全党'一致的革命职志与战斗决心'；而经国先生正是继志承烈，最能领导我们达成这一历史任务的有力保证"。

第二，"经国先生是革命民主时期属于群众的政治领袖。他自效命党国以来，首自江西赣县县长做起，以后的工作，无论在党、在政、在军，他始终无一事离开群众，更无一刻不与青年一代生活、工作和战斗在一起。尤其在主持'行政院'的近3年来，以平凡、平淡、平实的作风，为国效命，为民服务；坚毅以处横逆，沉着以应纷繁，更无一事不是为'国家'最高利益，为'国民'最大福祉而着力、而用心，政绩斐然，举世同钦；用能深入民心，为中外仰望。他今日所得'斯人不出，奈苍生何'的声誉与地位，实乃多年来宵旰忧勤、公忠报国、向下扎根所得到的结果"。

第三，"经国先生又是一位纯诚自然、平易朴实，而最重团队精神的人"。他"始终本着总裁的训示：'以国家兴亡为己任，置个人生死于度外'，真正做到生死安危，决非所计，毁誉得失，更何萦心。他那种刚健沉毅，木讷近仁的修养和操持，正代表着我们总理、总裁一脉传承的青天白日的党人精神，同时亦铸造了他一贯忽视小我、成全大我的服务典型"。

文章最后指出："在这历史性的时刻，全党同志能为'全国'同胞推选这样一位坚贞卓绝、众望所归的人，作为党的继起领导者，我们不仅为党的领导中心得人而庆幸，更为我苦难的祖国与纷扰的世界，而深庆的人。"①

会后，中国国民党中央委员会秘书长张宝树赶往慈湖，向守灵的蒋经国报告会议决议。蒋经国听完报告后"至感惶恐不安，自觉才浅德薄，何敢任此重责，徘徊于灵堂，一夜未眠。读锡俊所赠'艺海微澜'一书，略资解释"。②

5月5日，蒋经国守灵满一月后返回台北。决心"而今而后，只有挑起重担步步走向前"。③在6日的日记中，蒋经国写到"开始工作了，前途艰险，是意料中事，要以死里求生的精神，来为国尽忠，为党牺牲，为民服务，以此自勉勉人"。④

5月7日，蒋经国首次以中国国民党主席的身份主持中央常务委员会第420次会议。蒋经国在讲话中从党的历史与现实、从实现党的主义与同志奋斗几个方面阐述治党理念："总理与总裁之精神，实与本党同志血肉相连，而本党之革命

① 台湾，《"中央"日报》，1975年4月29日。
② 《蒋"总统"经国先生言论著述汇编》，第9辑，第636页。
③ 《蒋"总统"经国先生言论著述汇编》，第9辑，第648页。
④ 《蒋"总统"经国先生言论著述汇编》，第9辑，第679页。

历史与主义，更为同志精诚血性激励之所自。……世局之动荡混沌，愈见我复兴基地之安定进步；凡此皆为中兴复国之契机。经国承同志付托之重，亦即受同志责望之深，深望党中同志，督教其所不及，以共同致力于总裁'益坚百忍，奋力自强，非达成国民革命之责任绝不终止'之遗命，恢宏本党历史，实现本党主义；经国誓当'以国家兴亡为己任，置个人生死于度外'，开诚布公，坚守原则，千磨百劫，益励此心。"①

5月13日，蒋经国在中央党部单位主管会报中以"团结、牺牲、责任"为题发表演讲。这篇讲话是蒋经国当选党主席后全面治党理念的宣示。

其一，蒋经国强调了国民党在台湾建设中的地位与作用。蒋经国宣称："党是'国民'革命的命脉，决定我们民族的兴亡，国家的成败"；"本党是一个负有历史任务的革命组织"。

其二，蒋经国强调既要坚守孙中山与蒋介石治党治国的原则，又要采取灵活的政策与做法。他提出："本党有三个不变的原则，第一是行三民主义，贯彻总理和总裁的主张，第二是本党的体制，永远是一个革命民主政党；第三是现阶段的政策，要反共到底，争取'复国建国'的成功。""在三个不变的原则下，我们可以在观念上、作法上、态度上，继续研究、改进，来精进党务工作，来强大党的力量"。

其三，强调党的群众基础与"三种观念"。蒋经国指出："党要成为有群众基础的党，就要深入群众，在群众中生存，在群众中生活，在群众中发展。"强调要注意三种观念："第一，不要滥用权力，使人惧怕；第二，不要吸收仅为私人利益，不为实行主义、服务'国家'而入党的党员；第三，要时刻警惕，本党是负有革命责任的政党，不是一个施小恩小惠的普通团体。"

其四，论证了党同"政府"的关系。蒋经国强调："执政党只从事决策，不必代替政府去做。党是以设计、考核来领导，亦即以党领军的领导方式。"

其五，强调加强干部训练。"干部的训练，也是一项重要的工作。组织和训练是不可分的，从训练中可以发现新的干部，在组织中可以淘汰不尽职的干部，所以训练工作是吸收人才、陶冶人才，而组织工作是运用人才、考核人才。"

其六，提出今后工作的三原则："事不落空，人不空闲，钱不浪费。"蒋经国认为："这三个原则，可以促成党在精简的要求下，推进自己的工作。"②

6月10日，在中央党部以"开大门，走大路，担大任，成大业"为题发表演

① 《蒋"总统"经国先生言论著述汇编》，第9辑，第97—98页。
② 《蒋"总统"经国先生言论著述汇编》，第9辑，第99—102页。

讲。他说：如何实践总裁遗训？"个人以为就是要从党的再建设、党的再革新、党的更进一步奋斗做起"。蒋经国强调："本党是革命民主政党，为了达成革命的要求，必须结合群众的力量，巩固党的组织，同时应本民主精神，顺应时代潮流，维护人性尊严，坚守民主阵容，完成国家现代化建设，使党真正成为时代化的政党。"①

同天，蒋经国在一次讲话中提出党务工作者"在加强精神武装方面，应该做到八项信条"。这：八项信条是："一、不参加应酬。二、不向政府机关介绍私人。三、不浪费公币。四、不向人请托说情，也不接受请托说情。五、不经营商业。六、不虚报，不做假。七、不送礼，不受礼。八、不假公济私，不营私舞弊。"②蒋经国还强调："党的力量是建筑在党员的信仰上"，是"建筑在民众的向心力上"。"党的领导根本就是贡献，而不是权力"。③

11月24日和12月24日，蒋经国在两次讲话中突出强调中国国民党的特质。④

1976年4月12日和9月11日，蒋经国两次发表《告大陆同胞书》，攻击天安门事件与毛泽东病逝，号召大陆民众反共，并称一切反共的人士都是"本党的精神党员"。⑤

1976年7月20日，蒋经国在国民党中央党务工作会议上，希望党务干部都来做"民众的公仆"，公仆就是"服务员"。强调做"一个忠心耿耿的服务员""一个主持正义的服务员""一个勤劳不懈的服务员"。⑥

1976年11月12日，中国国民党第十一次全国代表大会在台北阳明山中山楼召开。这次会议是蒋介石去世后召开的第一次代表大会，是进一步巩固蒋经国在国民党内权力基础的会议。大会出席代表821人，列席代表416人。蒋经国主持大会开幕式并以《提振党德，恢宏党规》为题致辞。在开幕词中，蒋经国首先说明召开本次会议的意义："今天是总理111岁诞辰，今年又正值总裁90诞辰，本党举行第十一次全国代表大会。这次大会，是在世界局势动荡，'共匪'内讧最激烈的时刻举行，是在我们国家建设一天比一天快速，反攻复国时机一天比一天接近的时刻举行，特别是在上承历史文化的血脉，下开民族生命的新机，命运

---

① 《蒋"总统"经国先生言论著述汇编》，第9辑，第106—107页。
② 《蒋"总统"经国先生言论著述汇编》，第9辑，第119—120页。
③ 《蒋"总统"经国先生言论著述汇编》，第9辑，第122页。
④ 李云汉：《中国国民党史述》，第4编，第515—517页。
⑤ 《蒋"总统"经国先生言论著述汇编》，第10辑，第629页。
⑥ 《蒋"总统"经国先生言论著述汇编》，第10辑，第108页。

决定于自身的关头举行，这次会议可说是本党面对世局、面对国人、面对革命责任、面对国家复兴的时候，奋斗在奋斗的一次会议。"① 在会议召开之前，蒋经国就对本次会议召开作过指示"本次大会，应以'冒险犯难，奋发图强，反共必胜、建国必成'四大精神与信念为目标"。②

11月13日，蒋经国作大会政治报告。在报告中蒋经国以蒋介石遗训"实践三民主义，'光复大陆国土'，复兴民族文化，坚守民主阵容"为报告基调，宣称要完成"总理总裁的遗志大业，'复国建国'，自然要奉主义为无形之总理，奉遗训为无形之总裁"。"国民"革命取得胜利，国民党所能凭借的只能是"领袖""党魂"和"三民主义"。③

蒋经国与蒋介石一样，站在极端的反共立场上，不断对大陆进行攻击说：中国共产党是"凶顽首恶""反动逆流"，企图"假美国人之手"借刀杀人，"以抵制苏俄"。说中国共产党要消灭的第一是"中华民国"，第二是美国。他表示与中共"除开阵前枪弹的接触，绝对没有另外的结束"。他还认为"今天解决问题的唯一途径，是中美两国，联合亚太地区国家，来争取并确保世界今后的和平"。④

如何确保基地安全和推进经济建设呢？蒋经国在报告中强调了"基地建设和备战"。他说："基地建设"的原则是"一切作为""必须切合民众的利益和需要"；"必须切合'复国建国'计划的遂行"。在政治建设方面，"我们的基本态度是主张把政策、计划、作为、作法"，公之于众，"容忍不违反'国策'的异议"，"乐意听到民众的责难"。在民生建设方面，我们的作为"是以总理'建设之首要在民生'为前提，以总裁'均富'的指引为目标"，"于富中求均，于均中求富"，均富"同时并举"。蒋经国还强调文化、心理、社会建设和"国防"建设。⑤

本次大会通过了以下几项决议案：

第一，追认第十届国民党中央委员会临时全体会议通过的"保留本党党章所载总裁一章藉申哀敬并为永久之纪念"及"中央委员会设主席一人并为常务委员会之主席综揽全般党务"两案。

第二，通过全党奉行总裁遗嘱决议文。该案指出"总裁继承总理领导'国民'

---

① 《蒋"总统"经国先生言论著述汇编》，第10辑，第125页。

② 台湾，《"中央"日报》，1976年11月6日。

③ 《革命文献》，第77辑，第356—357页。

④ 《革命文献》，第77辑，第358—362页。

⑤ 《革命文献》，第77辑，第365—367页。

革命，凡 50 年，东征、北伐、'剿匪'、抗日，先后完成了每一重大历史阶段的辉煌胜利"。"'我们誓言'坚决奉行总裁遗嘱——实践三民主义，'光复大陆国土'，复兴民族文化，坚守民主阵容。以此为全党党员革命的职志与战斗的决心。承担并完成艰巨的革命任务，以上慰总裁在天之灵"。①

第三，推选蒋经国为国民党中央主席。会议对蒋经国予以高度评价："去年 4 月，本党总裁溘然逝世，当时国际局势瞬息万变，反共斗争益趋激烈，经本党第十届中央委员会临时全体会议推举蒋经国同志为中央委员会主席，蒋经国同志以'为党牺牲、为国尽忠、为民服务'的精神，继续领导全党奋斗，并郑重宣示：'中华民国'宪法所指定的国体，'反共复国'的总目标，伸张国际正义维护世界和平的志事，以及不与'共匪'妥协的立场，绝不改变，使全世界认识'中华民国'庄严的国格，使海内外全中国人民认识自己立国的精神，于是我们在危机震撼之中，仍复不断团结，繁荣发展。"②

至此，国民党最高领导人职称三易其名，由"总理""总裁"演变为"主席"，由个人集权体制开始过渡到委员制，为日后台湾政治民主奠定了基础。蒋经国当选国民党中央主席是意料中事，除了其父的精心栽培之外，也有蒋经国本人的努力。

第四，修正国民党党章。11 月 15 日，国民党十一大第五次会议通过了国民党中央委员会修改党章提议案。提案宣称本次大会是在蒋介石去世之后，"具有承先启后、继往开来之历史性意义，故党章之修订，宜因应当前革命环境需要，以发扬党的传统精神，严密党的组织体制，扩展党的社会基础，贯彻党的政治任务为主旨"。新修订的要点是：一是保留"总裁"一章以作永久纪念；二是"总裁遗命纳入党章使全党同志一致遵行"；三是"本党设主席一人，综揽全党党务"；四是"总纲各条文补充修订，以显示时代精神"；五是"增列精神党员扩大党在敌后地区的革命号召"；六是"因应需要配合修订评议委员产生方式及职权"；七是"增订并修正小组有关条文，强调小组功能"；八是"明定干部任务并鼓励党员义务为党服务"。③

第五，会议制定了《中国国民党政纲》，通过了《强化党的建设案》《加强三民主义教育功能案》和《"反共复国"行动纲领案》。制定《中国国民党政纲》是

---

① 《革命文献》，第 77 辑，第 322 页。
② 《革命文献》，第 77 辑，第 319—320 页。
③ 《革命文献》，第 77 辑，第 324—328 页。

大会的中心议题之一，该案分为总纲、建设复兴基地、结合海外力量、"光复大陆国土"四部分。"总纲"四条，为基本精神所在。一是将蒋介石遗嘱作为国民党"奋斗的精神使命"；二是"坚决维护'中华民国''宪法'所制定的国体，贯彻'反共复国'的总目标"；三是"启发新机活力，有益'反共复国'大业"；四是"加强发展国家建设，厚积导变制胜战力"。① 在《强化党的建设案》中，强调建设重点"强化组织领导，发挥战斗功能""加强思想武装，展开文化作战""巩固社会基础""运行党政关系""展开海外对'匪'作战"导发大陆变局，开拓反攻机运。② 在《加强三民主义教育功能案》中，强调现阶段加强三民主义教育功能的重要原则："中心任务——弘扬三民主义，复兴中华文化，贯彻反共'国策'"；"基本要求——须与现代学术相结合、与实际政治相结合、与'国民'生活相结合"；"实施要领——以党员训练为中心，以学校教育为重点，以全民实践为目标"。③

大会选举严家淦等 130 人为中央委员，选举洪寿南等 65 人为候补中央委员。蒋经国提名并经大会通过宋美龄、张群等 184 人为中央评议委员，宋美龄等 11人为中央评议委员主席团主席。

11 月 19 日，国民党十一届一中全会在台北召开，蒋经国提名严家淦等 22 人为国民党中常委，秘书长张宝树，副秘书长陈奇禄、徐晴岚、肖继宗。

中国国民党十一大是在蒋介石病逝后召开的一次重要会议。这次会议确立并稳固了蒋经国在国民党内的统治地位。这次会议在继续坚持蒋介石"反共复国"的立场与路线同时，也采取了一些与蒋介石做法不同的地方。一方面强调实施本土化政策，在 195 名中央委员和候补中央委员中，台籍人士有 38 人；另一方面蒋经国在闭幕式讲话中突出强调务实作风，他"希望全体同志，要时刻督导我，勉励我，使我不犯错误"；"希望对我个人，不要讲什么'英明''拥护''伟大''导师'之类的颂词，在地方党部也不要讲"。他还说"中国国民党只有两位领袖，没有第三位"。④ 以国民党十一大为标志，台湾进入了"蒋经国时代"。

承继大统

根据国民党的理论，党国一体化。当蒋经国当选党魁后，必然考虑"总统"

---

① 李云汉：《中国国民党史述》，第四编，第 526 页。
② 《革命文献》，第 77 辑，第 334—337 页。
③ 《革命文献》，第 77 辑，第 338 页。
④ 《蒋"总统"经国先生言论著述汇编》，第 10 辑，第 137 页。

问题。其实，蒋经国身为国民党中央主席兼任"行政院长"，党政大权归于一身，"总统"严家淦不过是虚位以待。据台报载，下面一个小故事很能说明问题。

一天，"行政院长"蒋经国有一件事要亲自找严家淦商量，于是先由"行政院"秘书打电话给"总统府"秘书：蒋"院长"有事想到"总统府"看"总统"，请您向"总统"请示一下，过半小时"总统"是否有时间接见蒋"院长"？严家淦的秘书说：我马上去请示"总统"立即给你回话。过不久，严的秘书打电话到"行政院"，"总统"说他有事要出去，"行政院"的秘书听到这一句话先是一愕，接着听下去就完全不同了，"总统"说他出去后顺道到"行政院"看蒋"院长"，时间最多也是半小时，请转达蒋"院长"。①

罗浩对此评论道："在严家淦担任'总统'的3年中，除了扮演'宪法'上的'国家元首'角色外，对于重大决策决定，莫不与蒋经国先生密切协商，共谋解决之道，使政治体系的动作，并不因权位的名实不符而有龃龉之感，这也是严家淦政治艺术高明之处。"

江南则认为："严家淦，过渡人物，他当'总统'没有人意外……反正，'中华民国'的'宪法'，不伦不类，既是'总统制'，也是'责任内阁制'，好像扑克牌上的老K那样上下一体，经国做'行政院长'，自然是'内阁制'，'总统'是苏州的红漆马桶。等经国扶正，'内阁'无权，恢复'总统制'。"②

当一届六次"国民大会"来临之际，严家淦于1977年12月14日非常恳切地以国民党中常委的身份给国民党中央秘书长张宝树写了一封信，信中写道："家淦盱衡革命情势，深感愈接近最后成功，困难愈多，冲击愈大，非有坚忍、弘毅与睿智之革命领导，实不足以克服重重险阻，达成'反共复国'之艰巨任务。"

"本党主席及'行政院'院长蒋经国同志追随总裁力行总理遗教达40年，志节坚贞，勋绩卓昭者；尤以出任本党主席及'行政院院长'以来，主持'国家'大计，实践本党政策，推行重大建设，顺应国际变局，操虑忠纯，群情悦服，其朴实平易，勤政亲民，更为'国内外'一致推崇。蒋主席经国同志乃本党提名为第六任'总统'候选人之最适当人选。"③

对于严家淦的推荐书，蒋经国表示谦让，遂两次请国民党元老劝严家淦继续

① 刘雍熙：《蒋经国在台30年》，第162页，台湾，大联印刷公司，1985年版。
② 江南：《蒋经国》，第459页。
③ 台湾，《"中央"日报》，1978年1月8日。

留任。但严的回答十分简单："当然经国先生担任了"，坚决表示放弃竞选"总统"。严家淦何以态度坚决地放弃"总统"竞选而举荐蒋经国呢？据笔者分析，严的动机是：

（1）顺水推舟，落得做一个识时务者为俊杰的人；

（2）感恩图报，即报蒋介石对他的知遇之恩；

（3）知难而退，免得承担以后的政治风险；

（4）为了国民党的利益考虑。

严家淦的自动让位与举荐，使蒋经国处于十分微妙的地位。1978 年 1 月 7 日，国民党中常会举行临时会议，同意严家淦建议，决议向十一届二中全会提案，提名蒋经国为第六任"总统"候选人。国民党中常会的决议文是："第一届'国民大会'第六次会议即将依法召集，选举'中华民国'第六任'总统''副总统'，本党依照政党政治常轨，应提名同志为'总统''副总统'候选人。中央常务委员会严'总统'家淦同志顷致函中央常务委员会，建议请中央常务委员会提名本党主席'行政院长'蒋经国同志为第六任'总统'本党候选人。"① 会议认为："鉴于当前革命情势与'国家'处境，诚有赖蒋主席经国出任艰巨，借以团结众志，共纾国难。中央常务委员会为掌握历史关键，开拓'国家'前途，谨同意严'总统'家淦同志之前议，一致决议向第十一届中央委员会第二次全体会议提案，请提名蒋主席经国同志为第六任'总统'候选人，并请其向全会提名'副总统'本党候选人，以负全党同志与'全国'同胞之殷切期望。"同时向严家淦表示敬意："严'总统'家淦同志自膺任'副总统'以来，弼佐'总统'蒋公，匡辅'国政'，献替至多，及至继任'总统'，领导群伦，民胞物兴，雍容教化，众皆瞻依。其履谦信道，壹以'国家'民族前途为重之纯诚，尤为全党同志所钦佩，中央常务委员会特深致崇高之敬意。"② 同时，国民党中央评委会主席团集会通过决议，建议即将召开的二中全会，提名蒋经国为第六任"总统"候选人。

1978 年 2 月 14 日，国民党十一届二中全会在台北阳明山开幕，会议由蒋经国主持，主要讨论第六任正、副"总统"候选人问题。出席会议人员以起立方式通过蒋经国为第六任"总统"候选人。全会结束时，蒋经国发表讲话称："经国承全会厚爱督责，征召……第六任'总统'本党候选人……经国谨以临深履薄的心情，提出个人的感受和感激的至诚。""经国今后责任加重，自更当殚精竭虑……

---

① 台湾，《"中央"日报》，1978 年 1 月 8 日。

② 台湾，《"中央"日报》，1978 年 1 月 8 日。

为党尽忠，为国效命，为民服务，奉献一切"。①

对于严家淦提名蒋经国为"总统"候选人，蒋经国也表示感激之情。他在3月17日"国大代表"餐会中赞扬严家淦说："严'总统'多年以来，辅助'总统'蒋公，后来继任'总统'，主持国政，盛情隆勋。'全国'同胞莫不崇敬，经国个人尤其多年来在严'总统'的指导之下，受益很多。而严'总统'谦德冲怀……提名经国为'中华民国'第六任'总统'执政党候选人……经国对此深深感到惶恐。""以经国个人的才德，何敢仰望严'总统'的盛德大业，又何以能承担如此重责大任"。②

既然如此，蒋经国为何又接受了严的推荐呢？据蒋经国自己称：余"再三思虑，以为当此'国家'民族多难之秋，个人决不能自外于革命的责任。同时内心也怀有一种恳切的期望，如果得到'国民大会'代表先生的支持和督勉，自足以共济时艰，所以经国毅然接受党的征召"。③"我接受中国国民党提名竞选第六任'总统'，是以战斗兵的身份，接受作战命令"，"作战只有服从"。④蒋经国既要当"总统"，还要唱高调，这与当年乃父在台重登"大宝"有何区别？

蒋经国在赞扬严家淦的同时，制定并通过了"卸任'总统'礼遇条例"。"内政部"在《卸任"总统"礼遇条例草案》中指出："'总统'为'国家'元首，地位崇高，职责繁巨，功在'国家'，卸任之后，'国家'理应给予优遇，以申崇敬。经会商各有关机关后，拟具该草案"。《草案》规定卸任"总统"享有8项礼遇：

（1）依现任"总统"月俸按月致送终身俸；

（2）邀请参加"国家大典"；

（3）供应处理事务之秘书人员；

（4）供应必要之安全护卫；

（5）供应房舍设备及座车；

（6）供应保健医护；

（7）免费寄递国内邮件；

（8）卸任时由政府一次补助处理必要事务之费用。⑤

① 《蒋"总统"经国先生言论著述汇编》，第11辑，第108页。
② 《蒋"总统"经国先生言论著述汇编》，第11辑，第118页。
③ 《蒋"总统"经国先生言论著述汇编》，第11辑，第118页。
④ 《蒋"总统"经国先生言论著述汇编》，第11辑，第112页。
⑤ 台湾，《"中央"日报》，1978年1月20日。

由此礼遇可见蒋经国对严家淦的厚待与感激之情。不仅如此，严家淦卸任后，蒋经国对他一如既往，仍委以重任，由严家淦主持党内若干重要会议，并就重大决策征询严家淦的意见。1978 年 7 月，蒋经国核定由严家淦继续担任"中华文化复兴运动"推行委员会会长。同年 10 月，国民党中常会决定以严家淦为召集人，成立由 7 名常委组成的提名审核小组，负责对参加增额"国大代表""立法委员"党籍候选人审核、提名。1979 年，严家淦还被推为台湾"故宫博物院"管理委员会主任委员。1986 年 4 月，严家淦担任国民党中常会 12 人小组召集人，对"政治革新"要务进行研议。当严家淦在家中度过 80 岁生日时，蒋经国亲往住所祝贺。还在严家淦寿辰前夕，蒋就派"'总统府'秘书长"沈昌焕代表他致赠寿屏，寿屏上的祝词为："穆穆君子，邦家之光；智隆学富，勋盛德彰；百川来汇，五岳在望；以壁仁寿，山高水长。"

严家淦对蒋氏父子还是很有感情的。他称赞蒋介石为"一人之庆，世界赖之"，"一位世所罕见的伟人"。对蒋经国他也很尊敬，1988 年 1 月当他获悉蒋经国突逝的消息后，相当惊愕，悲恸不已。那几天因心情沉重，十分难过，饮食也觉无味。同年国民党"十三大"上，严家淦当选为国民党中央评委会主席团主席。

严家淦晚年体虚多病。1986 年 9 月严家淦患脑溢血病，经 72 小时抢救后才恢复知觉。进入 90 年代后，几乎卧病在床，足不出户，行动及语言均有严重障碍，且无法辨认外人。1992 年 9 月 7 日，严家淦再度发生脑溢血，病情危急，后虽得到控制，但仍以胃管灌食，意识昏迷。同月严家淦再度中风，且感染发烧，一度病危。在医疗小组精心治疗下，病情虽有好转，但从此再未出过病房。

1986 年严家淦住院期间，台湾政坛要人不断前往探视，蒋经国也亲往探视，并嘱医护人员妥为照顾。李登辉、郝柏村、谢东闵、黄少谷、俞国华等人也先后前往探病。

1993 年 12 月 24 日晚 10 时，严家淦因心脏衰竭，病情转危，经急救无效而病逝于台北荣民总医院。

蒋经国在获"总统"候选人提名后，提名台籍出身的谢东闵为"副总统"候选人。在人才济济的台湾政坛中，蒋经国何以会选中谢东闵呢？这里还需追溯一下谢东闵的历史。谢东闵，字求生，1907 年出生于台湾省彰化县。台中第一中学毕业后去上海，考入东关大学法学院。翌年转入广州中山大学法学院政治系，1931 年毕业后留校任日语教师。抗战期间任香港战时邮电检查处日文部主任《广西日报》电讯室主任、国民党中央直属台湾党部执行委员兼宣传科长。1945 年台湾光复后返台任高雄接管委员会主任、高雄县长。同年出席国民党六大，为六大唯一的台籍代表。1946 年任台湾行政长官公署民政处副处长，兼任台湾省合作金库理事长。1947 年任台湾省教育厅副厅长，兼台湾省党部执行委员。1950 年出任国民党台湾省改造委员会委员。1952 年任台湾《新生报》发行人，兼任"救国团副主任"。1954 年出任台湾"省政府"委员兼秘书长。1957 年至 1963 年出任台湾"省议会副议长""议长"，1972 年当选为台湾"省主席"。

　　谢东闵历任公职达 30 多年，尤其在"省议会"前后达 15 年，地方行政经验极为丰富。蒋经国之所以选中他，除了他的地方行政经验之外，很重要的原因是他与蒋经国有着深厚的关系。据蒋经国称："我在重庆时就认识谢东闵同志，到了台湾我们共同创设'中国青年反共救国团'，后来两个虽在不同的岗位工作，但一直是要好的朋友、同志。""谢东闵同志具有不忧不惧的'革命'精神，非常忠党爱国"，"为'国'做了许多贡献"。①

　　正因为与蒋经国有浓厚关系和蒋经国的赏识，谢东闵才官运亨通，从台湾"省主席"到被提名为"副总统"候选人。据台报载，蒋经国提名谢为"副总统"还有一段小小的插曲。蒋经国在接受严家淦提名后，"副总统"候选人的名单一直未见公布。由于蒋经国一直不动声色，使得大家对蒋经国将要提名什么人来做他的竞选伙伴，产生了许多的幻想和猜测。若干有希望或满怀憧憬而自认有可能的人，更是急如热锅上的蚂蚁，等待"鸿鹄之将至"。但谁也没想到，蒋经国在国民党十一届二中全会前夕，约谢东闵在士林园艺试验所见面，然后吩咐侍从人员离去，边散步边请这位"求生兄"（求生是谢东闵的别号，蒋经国对长辈或同辈的人，仍沿袭蒋介石的礼数，只称人的号不直叫名字）出任"副总统"候选人，第二天此信息见诸报端。

　　对于蒋经国提名谢东闵为"副总统"候选人的用意，江南评论颇为深刻、切中要害："由谢东闵担任'副总统'，对外，改变观瞻，杜绝海外'台独'分子攻击国民党专政的口实；对内，国民党政权正走革新之路，逐渐将统治权移台籍人士，削弱新生代夺权的号召。"② 蒋经国此举充分显示其用人弹性，就连党外领袖康宁祥也说："小蒋用人确有一套。"

　　2 月 19 日，"国民大会"一届六次会议如期在台北召开。会议期间，蒋经国亲自宴请国民党籍"国大代表"，向他们保证说："我和谢东闵同志如获当选，一

---

　　① 《蒋"总统"经国先生言论著述汇编》，第 11 辑，第 112 页。

　　② 江南：《蒋经国》，第 459 页。

定尽心竭力，把一切时间，以至生命，奉献给'国家'。"①

3月21日，大会进行"总统"选举，蒋经国以1184票当选为"总统"。当蒋经国得知此信息后，便于当日下午4时偕夫人及次子蒋孝武赴慈湖蒋介石陵寝谒祭，以感谢先父的刻意栽培。翌日，蒋经国以国民党中央主席的身份，在国民党中常会上发表谈话称："我们今天必须很冷静、很坚定、很沉着，体认这不是一个足以庆祝的时候，因为大敌当前，'国'难当头，我们必须要脚踏实地，埋头苦干，用自己的血汗，来完成总裁遗留下来的使命，以慰'国人'的殷切期望。""经国个人除血忱生命以外，再没有什么可以贡献给党'国'的"。"当选之后，自觉除'宪法'规定的礼仪之外，个人的一切生活、行动、观念等等，都仍然是一介平民。个人在党、在'国'，一向是以一个党员和一个平民而自居；而且始终就是以这种心情和至诚，来为革命事业奉献一切"。②

3月25日，蒋经国在接受"总统"当选证书后发表谈话称："经国在敬谨接受当选证书之时，并以郑重、严肃、坚定和感谢的态度表示，在……宣誓就职之后，谨当遵循'宪法'，贯彻'国策'，牺牲奉献，服务全民，为实践三民主义，'光复大陆国土'，复兴民族文化，坚守民主阵容，而全力奋斗。"③

5月20日，遵循程序，蒋经国宣誓就任"总统"职，并发表讲话称："经国服务公职以来，无时无刻不是以民族大义、革命责任和国家荣誉，作为自己效命致力的目标和志事，经国此后在'全国'同胞的信任和督策之下，必当奋我精诚，竭我智能。"④

宣誓后，蒋经国发表致词：强调今后"'复国建国'共同的行动方向，就是要充实'国家'力量，增进'国民'生活，扩大'宪政'功能，确立廉能政治，以实践三民主义，'光复大陆国土'"。⑤

至此，蒋经国终于成为台湾"总统"。从1938年初从政，到1978年当选"总统"，蒋经国整整奋斗了40年。有舆论说：蒋经国当选"总统"并非是"老总统"之子，而是他的施政风格与成就。有人对蒋经国"行政院长"6年内的施政成就概括为三方面："第一是信守原则，坚持立场"。1972年蒋经国出任"行

---

① 《蒋"总统"经国先生言论著述汇编》，第11辑，第111页。
② 台湾，《"中央"日报》，1978年3月23日。
③ 《蒋"总统"经国先生言论著述汇编》，第11辑，第253页。
④ 《蒋"总统"经国先生言论著述汇编》，第11辑，第135页。
⑤ 《"总统"府公报》，第3358号，第2—3页，1978年5月22日。

政院长"之初，正当台湾当局退出联合国之后，国际姑息逆流泛滥，社会人心惶惑。"蒋主席在立法院 50 会期提出施政报告，宣示我政府坚守不变的四大原则：（一）宪法所制定的国体绝不改变。（二）'反共复国'总目标绝不改变。（三）'中华民国'永远站在民主阵营的一边，为伸张正义公理、维护世界和平的职志绝不改变。（四）对'共匪'叛乱集团绝不妥协的坚定立场绝不改变"。"第二是奋斗创造，勇猛精进。杰出的政治领袖不仅要有伟大的理想，更需有剑及履及的行动"。蒋经国推行"十大建设"，并限期完成，又提出"十二项建设"，"这种勇于创造的定力与慧见，正是中兴复国最需要的动力"。"第三是勤政亲民，尊崇法治"。蒋经国"时时以服务人民为念"，"深入民众，关切民生，沟通民意，尊崇法治，使我们在举世滔滔之时，能享受自由民主、安和乐利的幸福"。[1]

何应钦在 1 月 7 日讨论"总统"候选人时称：他完全同意严家淦的提议，并提出了蒋经国为"最适当的人选"的三条理由：

"第一，民主国家通例，'国家元首'或政治领导人，均由执政党领袖或党魁担任。盖如此乃能使'国家'政务目标一致，事权集中，运用灵活，适应'国家'情势实际需求。"

"第二，'总统'为国家三军统帅，负有排除'国家'危害的重任。动员戡乱时期，更须统帅权的行使。目前反共战争的内涵和公算，都已到了极为复杂的境界，随时都可能发生突然的变化，一遇紧急情况，'总统'便须断然行使其紧急权力。在当前如此紧要时期，执政党的领导权必须与'国家元首'统帅权合而为一，才能适应战时的紧急需要。"

"第三，就'国家'当前对蒋主席经国同志领导的迫切需要而论，除了严常务委员函中所述而外，我要请各位常务委员对本党两项历史性的重要决议文，加以注意。"何应钦讲的两个重要决议文：一是国民党十届临时中央委员会全体会议推举蒋经国担任中央委员会主席的决议；二是国民党十一大选举蒋经国为国民党主席的决议。[2]

蒋经国与其他人相比的确有过人之处，特别是在死后的 2007 年，台湾《中国时报》的调研结果，得票率居然比其父和李登辉、陈水扁 3 人相加，还多 1 倍，可见其影响力。但如果他不是蒋介石的儿子，就一定能当台湾的最高领导人吗？

---

① 　钟声：《蒋"总统"经国先生》，第 239 页。

② 　台湾，《"中央"日报》，1978 年 1 月 8 日。

构建新班底

蒋经国接掌"总统"大权之后，念念不忘乃父的教诲，又于4月5日蒋介石病逝3周年之际，发表《风木孝思》的专文，以示继承父志。文中称："父亲尝以为孝莫大于尊敬，其次曰不辱，所谓尊亲，谓发扬光大吾祖先黄帝之遗绪；所谓不辱，谓当勿贻吾父母以陨越之羞。""今后我只有牺牲奉献之心，为国为党奋斗，朝着'发扬光大吾祖先黄帝遗绪'的目标奋斗。"[①]

然而在做法上，蒋经国的确比蒋介石统治时期开明。早在中国国民党十一大代表大会上，蒋经国就宣称："中国国民党只有两位领袖，没有第三位。一是总理；二是总裁。此外大家都是党员同志，都是总理、总裁的信徒！我个人仅是中国国民党的一位党员，一个革命队伍中的战斗兵，对党国前辈，以晚辈自居，对全体同志，以弟兄同志自居；唯愿追随我们党国先进，唯愿与全党同志共患难，同生死，尽革命应尽之责任。"[②]

蒋经国在就职"总统"当日，他向主管宣传的负责人发布了下列三点指示：

第一，"今后不希望再有'蒋经国时代'这一类名词出现在报纸杂志之上。他认为今天是一个民主的时代，不应再有个人英雄主义的色彩，如果真有'时代'的话，只有群众的时代，而没有个人的时代。"

第二，"今后不希望称呼他为'领袖'。他认为国民党只有两位领袖，一是孙中山先生，一是已故的蒋介石总裁。除了他们两人之外，没有人可以再被称为领袖，他个人只是一个普通的党员，一个普通的'国民'，只愿以党员以'国民'的身份，与全体同志及'全国'同胞一起，共同奋斗。"

第三，"今后不希望有'万岁'的口号出现。他认为只有'国家'民族的万岁，只有三民主义及国民党的万岁，没有个人的万岁。"[③]

在用人路线上，蒋经国续推展"本土化"政策，不仅起用谢东闵出任"副总统"，而且大力选拔省籍才俊，为自己的统治增添新的民主广告牌。具体做法是：

（1）为提高台籍人士的政治地位，进行舆论宣传，"台人治台"就是在这种背景下提出来的。此举客观缓解了省籍矛盾，但为"台独"势力活动提供了政治舞台；

① 《蒋"总统"经国先生言论著述汇编》，第11辑，第590页。
② 《蒋"总统"经国先生言论著述汇编》，第10辑，第137页。
③ 香港，《星岛日报》，1978年5月31日。

（2）提拔大批台籍人士问政、参政；

（3）全力发展台籍人士入党。国民党退台之初，其党员成分主要是大陆籍人士，台籍人士所占比重很小。蒋经国为贯彻"向下扎根，向上发展"的方针，遂在台籍人士中全力发展党员。据统计：在261万国民党党员中，台籍党员已占到80%以上。国民党成分构成的根本变化表明：这个曾经是全国性的政党已经蜕变为地域性政党。

就重用台籍人士而论，蒋经国突破了其父的惯用手法，从而赢得了台籍人士的喝彩。但也有人对蒋经国此举予以指责：

台籍人士参政往往处于高权不重要的地位，即"只有执行权，没有决策权"。而且职务大多是配角性质，"从'副总统'到'行政''立法''司法''考试''监察'5院'副院长'，一律由省籍人士出任，很难令人相信是一种巧合而非刻意的安排"。"维系政权的两大基石——军事与经济，台湾政客至今无缘窥其堂奥"。

此一说法实属事实。"行政院长"一职任命大陆籍的孙运璇，"副院长"任命台籍出身的邱创焕，按省籍平衡，一正一副。江南就此项任命发表评论称："万一经国任内病故，谢东闵接任'总统'，不过是另一位严家淦，实权操在孙运璇手里。"①

江南这一说法原指蒋经国的主观意图，并非等于客观实际。蒋经国后来死在任上，当时"台籍"出身的"副总统"李登辉接替"总统"一职。"行政院长"虽是大陆籍出身的俞国华，但李登辉没有成为严家淦第二，俞国华也没有成为蒋经国第二，反而被挤出决策圈。其后，随着李焕、郝柏村下台与连战上台，蒋经国的"台人制台"变成了真正的"台人治台"。当然这是后话。孙运璇出任"行政院长"，除了他的政绩之外，也与蒋经国同他的深厚关系有关。

孙运璇，号曜光，1913年出生在山东省蓬莱县。1934年毕业于哈尔滨大学电机系，随即参加陇海铁路连云港发电厂建厂工作。1937年参加经济部资源委员会，出任工程师，被派往湖南主持湘江电厂建设，时年仅24岁。1942年底，他被资源委员会选派赴美国田纳西河流域开发局工作3年。1946年5月，孙又被派往台湾，出任台湾区电力监理兼接收委员。后出任台湾电力公司机电处长，1950年升任协理兼总工程师。1962年4月又被委以台湾电力总公司总经理的重任。在任台电总经理期间，蒋介石长孙蒋孝文到台电任职，多蒙孙运璇的照顾与栽培，

---

①　江南：《蒋经国》，第460页。

使蒋经国对孙尤为感激。1967 年，蒋经国通过其父将孙提拔为"交通部长"。作为没有任何背景的孙运璿，如果没有蒋氏父子的提拔，出任此职是非常困难的。同年孙运璿再度高升，被蒋介石提名为国民党中常委。1969 年 10 月孙又转任"经济部长"。当蒋经国"继统"之后，念念不忘孙对蒋孝文的恩泽，与他对蒋家的绝对忠诚，要他出面"组阁"。1978 年 5 月 24 日，蒋经国以国民党中央主席身份对新任"行政院长"提名发表谈话称：

"新任'行政院长'孙运璿之获得提名，系在衡酌'国家'需要，并经过多方面的深思熟虑之后，才作的决定"。"孙运璿先生历年来对'国家'的贡献很多，表现也非常杰出，尤其是在他任职台电总工程师任内，孙运璿先生经常是上高山、到海边，凡是有电厂的地方，都有他的足迹出现，这种精神令人感佩！此后在交通及经济两部首长任内，对'国家'经济的发展，贡献更大，所花费的心血，也较以往为更多。""孙运璿先生在'立法院'历次的报告或答复质询中，对'立法委员'态度的诚恳负责，更是一件尽人皆知的事实，也由于此种态度的影响，常使他能在不知不觉之间，既完成了困难的任务，并达成贯彻'政府'决策的目的"。[①]

有了蒋经国对孙运璿的推荐说明，"立法院"自然不敢怠慢，通过此一提名是意料中事。5 月 26 日，孙运璿就任"行政院长"。为了报答蒋经国的知遇之恩，孙运璿上任后的第一件事，是按蒋经国的择人标准，于 5 月 29 日公布了他的"内阁"名单：

"'行政院'副院长"：徐庆钟

"政务委员"：俞国华、李国鼎、高玉树、陈奇禄、张丰绪、费骅、周宏涛。

"内政部长"：邱创焕

"外交部长"：沈昌焕

"国防部长"：高魁元

"财政部长"：张继正

"教育部长"：朱汇森

"司法部长"：李元簇

"经济部长"：张光世

"交通部长"：林金生

---

① 《蒋"总统"经国先生言论著述汇编》，第 11 辑，第 257—258 页。

"蒙藏委员会委员长"：崔垂言

"侨务委员会委员长"：毛松年

"'行政院'秘书长"：马纪壮

台湾"省主席"：林洋港

台北市市长：李登辉

6月1日，孙运璇正式就任"行政院长"一职，并发表谈话称："'行政院'今后的工作方向、工作精神和工作方法，要切实遵循蒋'总统'的提示，以民众之苦为苦，以民众之乐为乐，使责任、道德、良知、热诚，结合成为'服务的行政'的新境界。"孙运璇还宣称将继续推动蒋经国首倡的行政革新，以提高工作效率，层层负责，纠正偏差，加强考核，不辜负蒋经国对他的期望。①

6月13日，孙运璇在"立法院"作施政报告称：强调行政革新首应具有正确观念，公务人员服务民众，应奉公守法，具有牺牲奉献精神，洁身自爱，今后公务人员有违10项革新要求，其单位主管及人事主管负连带责任，期能裨益政治及社会风气。②

孙运璇的上述讲话颇受蒋经国的赏识。台报对孙运璇任职6年的绩效评论说："不仅顺利地克服了内外环境的挑战，且表现政通人和的和谐气氛，于是焉，政治声望与日俱增。在中常会的排名逐届上升，隐然成为'后蒋经国时代'的领袖人物。"

蒋经国"继统"前后在政治舞台上的另一施政杰作，就是"中央民意机构"代表增补选举。

众所周知，随着中华人民共和国宣告成立，"中华民国"成了历史名词。但蒋家小朝廷偏安台岛之后，不甘心失败，死抱住伪"法统"不放。1950年3月7日，蒋介石操纵随他逃台的伪"国大"，擅自在台重登"大宝"。蒋介石虽复"总统"职，但即使按伪"宪法"规定，也未能从根本上解决"法统"问题。因为即使按照"'中华民国'宪法"第47条规定："总统"任期6年；第29条规定："国民大会"于每届"总统"任满前90日集会。蒋介石充任"行宪"以来首届"总统"于1948年5月20日。按照时间推算，第二届"国民大会"应于1954年2月19日召开，选出第二届"总统"。然而台湾当局的政令不出台、澎、金、马，又如何能召开第二届"国民大会"呢？若仅从台岛选出第二届"国大代表"，又怎么

---

① 台湾，《"中央"日报》，1978年6月2日。

② 台湾，《"中央"日报》，1978年6月14日。

能代表整个"中华民国"呢？蒋介石又怎能当"中华民国"的"总统"呢？

既然"反攻大陆"无望，第二届"国大"何日召开就成了未知数。如此一来，跟随蒋介石到台的"国大代表""立法委员""监察委员"，从6年一任或3年一任改为终身制，开创了"中央民意代表"得以无限期延长的先例。

然而，随着时间的推移，"民代"死亡现象日渐升高。就"国大代表"而言，随蒋介石退台的计1642人，到70年代时已死亡近500人；"立法委员"第一届代表773人，随蒋介石退台者计545人，到70年代已死亡或因其他原因只剩下300余人。"监察委员"180人中随蒋介石退台的只有104人，20年后只剩下40余人。加之台湾经济发展对政治的冲击，使台湾各界与后台老板美国均希望蒋经国改变其父的独裁统治，建立适应经济发展需要的类似西方的民主制度。客观现实逼迫蒋经国开始向"中央民意机构"实施输血工程，其方法是办理增、补选"民意代表"。当然就蒋经国的主观构想是既"要给中央民意代表机构灌注新的活力，扩大其代表性；另方面要着眼于'中华民国'宪政体制的传承，维护'国家'的'法统'"。①

所谓增选，是指原选区人口增加而多设"民意代表"名额。按规定每增加50万人增1名"国大代表"名额，每增加100万人增1名"立法委员"名额，"监察委员"每省5名，直辖市2名。

所谓补选，仅限于"国大代表"，因"国大代表"任期未到，只有某正式代表死去，才可以新人递补。"立、监委员"任期已到，因特定环境无限期延长，代表死后只能办增选而不能补选。

蒋氏父子推展的第一次"中央民意代表"增补选案始于1969年末。当年10月，蒋氏父子根据台湾人口推算出补选"国大代表"15名，增选"立法委员"11名，增选"监察委员"2名，共计28名。因名额太少，缓解不了"法统"危机的紧迫压力，故在蒋经国登上"阁揆"的宝座之后，立即修订"动员戡乱时期临时条款"。经蒋经国一改，"中央民意代表"大幅度增加："国大代表"53名，"立法委员"51名，"监察委员"15名，共计119名。为了办好此次选举，蒋经国特制定增额"中央民意代表"选举办法，规定增额"国大代表""监察委员"每6年改选一次，增额"立法委员"每3年改选一次。还规定台、澎、金、马地区的"国大代表""立法委员"直接选举；"监察委员"由台湾"省议会"及台北市议会议

---

① 张祖怡著：《蒋经国晚年身影》，第224—225页。

员间接选举；侨居岛外地区的"立法委员""监察委员"由"总统"遴选（所谓"总统"遴选实则就是指派）。1972年底，"中央民意代表"增补选案得以贯彻。

蒋经国称此举使台湾"民主法治的实践又向前迈进了一大步"，是"强化中央民意机构，巩固民主'宪政'基础所采行的一项大政，其意义无比重大"。

自1972年12月至1989年12月，"国大代表""监察委员"已改选两次，"立法委员"已改选5次，但仍未从根本上解决问题。1986年国民党中常会成立12人小组研讨"政治革新"方案，其重要内容之一就是如何充实"中央民意机构"问题。1988年11月17日，"行政院"又通过了"第一届'资深中央民意代表'自愿退职条例"，规定"资深中央民意代表"自愿申请退职。另对患重病不能胜任职务连续达1年以上，或非因公居留外国逾半年以上者视为自愿退职。此举是李登辉继蒋经国病逝后向非省籍势力抛出的第一个撒手锏，不仅使台籍人士大批登堂入室，而且随着"'宪政'改革"在台湾的完成，台湾统治阶层几乎成了清一色的台籍人士的天下。这种状况大概是蒋经国始料不及的。

蒋经国为了显示与其父统治手法的不同，还对反对势力采取了比较宽松的政策，一方面对一些反对国民党的人士不再一味投进监狱，而是将其放逐到岛外去；同时，蒋经国执政之初，一度以青年之友的姿态，鼓励青年人问政议政。在蒋经国授意下，国民党中央秘书长张宝树曾两次主持召开青年人"国是"座谈会，让与会青年人畅所欲言。蒋经国此举赢得了各方的好评，台湾《中国时报》与《联合报》称蒋经国的倡议"针对今日时弊，有极高的价值"，宣称要造成青年"做时代梦"的气候。

受蒋经国的鼓动，台湾10年政治冰峰期后默默成长起来的新一代知识分子，增强了问政勇气，他们组织起来集体加入已在台湾社会颇有名气的《大学杂志》编委会，将该杂志改造为政治性刊物，以反映青年人的政治诉求。

这一部分人就是所谓的革新保台派，也成为党外势力的中坚。他们拥护蒋经国，但也抨击台湾当局的弊政，企图借蒋经国之力创造一个新台湾。蒋经国支持他们，是借青年人之力造就一个"新政"的局面，同时利用知识分子求新求变的热情，对元老派施压，以迫他们交权。由于蒋经国不能完全接受青年知识分子的意见，故使其与革新保台派之间矛盾滋生，终于引发了《大学杂志》集团的瓦解与《美丽岛》案的发生。关于此点，后面将详加论述。

中坜风波

在蒋经国承继父业前后，岛内曾发生两次震动全岛的大事件：一个是 1977 年的中坜事件；一个是《美丽岛》案，发生在 1979 年。后一事件是前一事件的继续与发展，两大事件对蒋经国统治影响颇大。

中坜事件是由于台湾选举中国民党的地方机构舞弊案引起的。对于台湾的选举，外界评论颇多，许多人认为：国民党虽在每次选举中都标榜"公正、开明、民主、守法"，但其大量的舞弊事实仍不断被揭露出来。蒋经国对此也很恼火，他在任"行政院长"期间，对选举问题作过不少指示，诸如："国民党之重要干部，应有廓然大公的胸襟，对所有当选人一视同仁以共谋全民及'党国'之福祉进步。"又说："我全体党员，不可惟我独尊，自以为是，参加地方公职选举，应绝对服从党的命令。"国民党地方公职人员是否遵守了蒋经国关于选举的指示呢？中坜事件的发生是一个最好的说明。

中坜事件发生在 1977 年 11 月的地方选举中，此次选举包括台湾"省议员"、台北"议员"、各县市长、县市"议员"、乡镇长等 1318 个职位的五项选举。该事件的主角是竞选台北桃园县长职位的许信良。当时竞选此一职位的除许之外，还有欧宪瑜。

许信良，1943 年出生在中坜镇，是台籍人，父亲是个贫穷的农户。在读完小学、中学之后，他考取了台湾政治大学政治系。他之所以要考台湾政治大学政治系，一是因为他自称从小就对政治有兴趣，在读高中时："我觉得农村的许多问题必须透过政治途径去解决，当时就决定以后要念政治。"[①] 二是因为政大在台湾被誉为国民党党校，是为国民党培养专业党工及党籍学者的摇篮。在大学时代许信良加入了国民党，由于他聪明过人，大学毕业后又考入了政大政治研究所。研究生学习期间，他得到了学校及党部的刻意栽培，获硕士学位后，即进入国民党中央社当记者。1967 年至 1969 年间，受蒋经国蓄势待发准备接班之赐，被国民党选派至英国爱丁堡大学深造。返台后，经国民党党部安排，到负责组织、训练、选举动员的中央委员会一组工作，成为国民党专任党工的骨干。1970 年底，许信良加盟《大学杂志》，与人撰写了《台湾社会力的分析》《国是诤言》《国是九论》等文章，曾名噪于一时。因许有海外学人的资历，对选举有独到的见解，

---

① 叶明等：《台湾十大政治要案》，第 138 页。

被蒋经国嫡系李焕所赏识，于 1972 年 9 月以组工会干事身份，被提名为第五届"省议员"候选人。许以一个名不见经传的小人物获得提名竞选"省议员"，使国民党许多人为之哗然，但因推举者是组织部长李焕，反对声浪稍微收敛。许信良在获得提名后，研究历次选举，认为传统型选举忽略了新生代，而 35 岁以下选民则占全体选民的四分之一，因此他将眼光投向了新生代选民，最后获得 7.7 万多张票，以最高票当选。

当选"省议员"之后，许信良很快成为新闻焦点人物。他深谙制造事端让官员难以下台之道，故而遭忌，"省府"官员与省党部对许的行为也表不满。1975 年他又因反对学生平安保险赔价太低问题不接受党部协调，省党部决定施以党纪处分。后来，国民党中央下令省党部主委梁永章，撤销处分，改成申诫。有人认为当时下令的人是李焕，的确李焕与梁永章按照蒋经国的设计，准备将许培养成第三梯队。他能当选"省议员"，其功也在李、梁二人，因为台湾公职人员竞选，皆由国民党包办而来，即必为党政双方所辅选而出。所谓辅选，即不仅为国民党所提名，而且为国民党党政双方用一切似正规而非法的力量来辅助他竞选，以期必得。

对许处分之事虽因李焕袒护而从轻发落，但许与国民党之间已经产生了无法弥合的裂痕。两年后，许根据他对台湾社会及"省议员"的观察，写成了《风雨之声》一书。该书把他同届的"省议员"分为世家、财阀、公教人员、职业政客四种类型，一一点名批判。他还在该书的结尾处说：这些"怪风毒雨"，势必演成"烈风暴雨"，"必然至沉没"。此书一出，造成轩然大波，许多被他点名的"议员"愤怒异常，联名提案，谴责许以"诽谤同仁，毁损会誉而标榜自己以能事"。本年度时逢 5 项地方公职选举，国民党省党部不再提名许信良竞选。当选举日期临近之际，许提出竞选桃园县长，台湾省党部主任王唯农大为震惊，他仰承上级旨意，亲自派员去做许的工作，让他放弃竞选，许对王的做法也深感不满，决定违纪竞选，但此举又不为国民党所允许，遂宣布退出国民党，以无党籍身份同国民党提名的调查局长沈之岳的爱将欧宪瑜竞选。1978 年许信良谈及脱党竞选时说："我根本不把脱党看成一件严重的事。我这样的人，对党没有强烈的依赖心或归属感，也可以说，我的党性不强，我认为政党只不过是一种政治团体。"他认为自己的行为是"脱党救党"："他们有许多的错误，脱党的事例也许可迫使那些错误呈现，迫使他们反省。这次有这么多的党员违纪脱党竞选，国民党的提名制度至少会谋求进步"。许信良还宣称：他虽然被开除出党，但心中一直没有党和非党之分，还在不知不觉中以为自己是国民党党员。但在若干年后，希望国民党在地球上消失。①

国民党地方当局为了压许信良，发动各级选举机关，使用非法手段。许信良则采取开放式的选举对策，他把竞选办事处开放给民众自由出入，并大肆批判国民党，农民、工人、学生闻风而至，使许信良声势大振。双方剑拔弩张，火药味十足，投票前一日，双方竞选队伍已发生冲突。

11 月 19 日投票日，设在桃园县中坜镇 213 号投票所内，国民党籍监选主任竟公开舞弊，当场被群众抓获，押送到中坜警察分局。此时，各地舞弊消息传来，支持许信良的一万多群众愤怒了，他们抗议国民党地方当局在桃园县中坜镇的舞弊现象，包围了警察局，并用石块袭击了警察局的门窗、玻璃。群众还愤怒地焚烧了警察开来的镇暴车。晚 7 时，群众冲进警察分局办公室，捣毁室内设施，最后一把火烧了警察分局。据统计，在整个事件过程中，共烧毁 8 辆警车、60 辆摩托车。

由于党外人士 5 人竞选，只有 1 人落选，所以在中坜事件发生之后，国民党当局极为震动。由于此事件是地方当局选举舞弊造成的，也是国民党多年来统治所造成的积怨的一次总爆发，加之"总统"大选在即，蒋经国不愿看到登基之日的中坜场面，故对军警下令不准开枪杀人，以免事态扩大。事后，蒋经国就此次地方选举发表谈话，宣称此次选举使各候选人都能发表政见，选举公平合理，对于新选出的公职人员不论是否国民党员，都将一本至公。对于中坜事件，蒋经国称：

"要切切实实、公公正正地调查及'依法'处理，绝对不可徇私偏袒或蒙上欺下。""现在'国民'的水准均有足够判断是非曲直的能力，因此，中坜选票纠纷事件尤其需要慎重，务须使全体'国民'对于'政府'往后的处理，完全满意。"②为了防止类似中坜事件发生，蒋经国一面挥泪斩马谡，免去了他的得力助手李焕的职务；另一方面，提请各机构在日后选举中必须提高国民党提名人的素质，挑选学历高、劣迹少、最得选民支持的国民党员做候选人。

对于中坜事件爆发的原因，有舆论认为是党外势力在蒋介石 26 年专制统治结束与台湾经济发展和蒋经国新的统治时期所进行的一种挑战。事件爆发的直接原因：一是党外势力通过国民党体系参政无门；二是国民党独裁统治恶劣；三是国民党基层组织运转失调；四是社会民众怀疑选举的公平性；五是党外候选人的

---

① 叶明等：《台湾十大政治要案》，第 139 页。

② 《蒋"总统"经国先生言论著述汇编》，第 11 辑，第 223 页。

作风适应了民众求新求变的心理。①

对于中坜事件与蒋经国的处理办法，作家江南评论说："中坜事件肇因于提名制度有偏差，党工干部，只图私利，私而害公，选举过程中，利用各种严苛的条文'法规'和非法手段，压制党外候选人，所以闯下大祸。国民党在沉痛教训之余，不得不采取措施，挽回颓势，因而，奠定未来比较公平选战的基础。"②

中坜事件刚刚平息，蒋经国登上"总统"宝座，其声望如日中天之际，在高雄又突发了震动岛内外的《美丽岛》案。

《美丽岛》案

受到中坜事件的极大鼓舞，党外势力在沉寂了多年之后，又开始在台湾的政治舞台上跃跃欲试。蒋经国为了表明比其父更开明和民主，因此在当上台湾最高领导人的第二年3月，宣布解除对杂志的禁令。率先登场的党外人士主办的杂志是康宁祥主办的《八十年代》。康宁祥是党外势力中的"温和派"，他主张循序渐进，以理性的斗争方式达到参政议政的目的。而以黄信介为首的激进派则坚持"街头运动"的斗争方式进行参政议政。《美丽岛》杂志就是在这一背景下诞生的。

《美丽岛》是1979年6月由著名党外人士、"立法委员"黄信介、施明德等人创办的杂志。对于杂志名称，据后来出任民进党主席的姚嘉文称：

《美丽岛》杂志最初申请时是以《圣国》杂志申请的，圣国取意为神圣的地方。未被同意，再以《台湾风云》申请，被认为有作风作雨之意，亦未被同意。再以《美岛》申请，被认为有美国之岛之意，同时倒念为'倒霉'之同音字，也未经同意，最后才用《美丽岛》，核准应该不会有问题。"③

《美丽岛》与《八十年代》相比，有两大鲜明特点：

其一，言论激烈。黄信介等人利用该杂志对国民党的种种弊端予以猛烈抨击，并与党外著名人士康宁祥、江春男（司马文武）创办的《八十年代》相呼应，给国民党、蒋经国统治以极大威胁。例如1979年6月18日，黄信介在《美丽岛》创刊词中以《共同来推动新生代政治运动》为题，宣称：

"今年是决定我们未来道路和命运的关键时刻"。"台美""断交宣告国民党政

---

① 叶明等：《台湾十大政治要案》，第143—145页。
② 江南：《蒋经国传》，第458页，中国友谊出版公司，1984年版。
③ 陈世宏、周琇环主编：《组党运动——战后台湾民主运动史料汇编（二）》，第172—173页，台湾，"国史馆"，2000年版。

府 30 年来'外交'政策的全面破产，它使国民党政府面临统治台湾 30 年来最大的政治危机"。"我们受人民大众高昂的参政意愿和热情的鼓舞，坚信民主是这个时代的潮流，挡也挡不住！所以毅然创办《美丽岛》杂志来推动新生代政治运动"。"30 年来，国民党以禁忌、神话隐蔽我们'国家'社会的许许多多的问题，扼杀了我们政治的生机，阻碍了社会的进步。因此，我们认为在这个波澜壮阔的新世代到来之前，我们必须彻底从禁忌、神话中解脱出来，深入、广泛地反省、挖掘、思考我们'国家'社会的种种问题，这有赖于一个新生代政治运动的蓬勃推展"。《美丽岛》杂志的目标，就是要推动新生代政治运动。我们将提供广大的园地给所有不愿意让禁忌、神话、权势束缚，而愿意站在自己的土地上讲话的同胞，共同来耕耘这美丽之岛"。①

9 月 25 日。"立委"费希平、黄信介、康宁祥联合提出质询，主张国民党应该以开阔的胸襟接纳意识形态不同的政党出现，引导党外人士走入民主体系，以建立民主政制。随后"立委"许世贤向"行政院"质询称："政党之新设，人民之渴望，而且对现代化民主政治有益，并无损害或不妥之处，此乃民主政治之真实表现，以共同为'国家'前途分忧。""行政院长"孙运璇则答称：

"'我国'宪法第一条明定'中华民国基于三民主义，为民有、民治、民享之民主共和国'。今天又值动员戡乱时期，在此非常期间，凡与三民主义不同意识形态的政党，自非当前'国策'所允许。"②

10 月 12 日，"立委"费希平针对孙运璇两次组党问题的答复表示不满，再度提出质询。孙运璇有意避开能不能组党的问题，强调"目前的政治参与已有充分的机会和途径"。

11 月 13 日，台湾政大教授叶启政在"国建会"政治组分组讨论会上，建议当局将社会力量纳入政党政治之轨道，以作公平的参与和竞争。他指出："我国社会由于经济的繁荣、教育的普及，已呈现出多元化社会的格局，但在政治上则仍属于一党政治，一党长期执政易造成权力的滥用，甚或以少数人的意见代表公意之情况，基于此，为满足政治多元化的需求，'我国'应制定政党法，将社会势力纳入政党政治之常轨，社会势力不纳入轨道，易于产生暴力，值得注意。""我们不能动辄以 30 年前在大陆的经验来'以不变应万变'。建议在制定政

---

① 陈世宏、周琇环主编：《组党运动——战后台湾民主运动史料汇编（二）》，第 199—201 页，台湾，"国史馆"，2000 年版。

② 台湾，《"立法院"公报》，68 卷，79 期，会议记录，第 44 页。

党法时，可规定一个政党在选举中得票在某一水准以下者应予解散，以加重政党之责任"。① 张旭成、陈继盛、白秀雄均作上述意见之表示。

由上可见在高雄事件之前，台湾一些反对台湾当局的人士言辞之激烈，直指国民党的"一党专制"，主张实行政党政治。

其二，声势浩大。《美丽岛》杂志社务委员在创刊时就有61人，3个月后增加到91人，几乎囊括了台湾所有党外知名人士，并在高雄、台中、南投、屏东等地区设立了11个办事处，杂志发行量多达十几万册。与此同时，该杂志社还举办茶话会、座谈会及火把游行等活动14次，参加人数少则几百人，多则上万人，并获得了许多知识分子的同情。围绕《美丽岛》杂志，实际上形成了一个政团组织。也正是由于这一点，国民党当局对《美丽岛》杂志社恨之入骨，必欲除之。《美丽岛》案也正是在这一背景下发生的。

该案发生前，双方紧张气氛已经不断加剧。早在1978年12月16日中美两国宣布建交当天，蒋经国就发布紧急处分令：鉴于"美匪建交"，"当前'国家'面临非常情况"，"中央民意代表"增额选举，延期举行，即日起停止一切竞选活动。② 台湾"增额中央民意代表选举总事务所"主任委员邱创焕12月16日发表谈话，要求选民和候选人"共体时艰，遵照蒋'总统'昭示，与政府合作，一心一德，团结奋斗，共同维护复兴基地的安定与繁荣"。同日，"总选所"于16日下午召开第四次临时委员会议，作出五点决议：

"（一）公告本年增额中央民意代表选举延期举行，即日停止一切竞选活动。

（二）凡准予登记并经公告之增额'国民大会'代表及立法委员候选人即准予登记之'监察委员'候选人，其资格不因选举延期而受影响。

（三）各候选人竞选标语和海报，即日起由候选人自行拆除，或由台北市政府、台湾省、福建省各县市政府分别加以清除。

（四）已编造之选举人名册，由各户政主管机关暂行保管。

（五）选举票未付印者，停止付印，已付印者，由台北市政府、台湾省各县市政府、福建省金门、连江两县政府妥为封存。"③

与此同时，黄信介等24人联合对选举延期发表声明，认为当局处理不当，强调："任何不当的应变的措施或主张，都是不正常心理所造成的，我们担心这

---

① 陈世宏、周琇环主编：《组党运动——战后台湾民主运动史料汇编（二）》，第212—213页。
② 台湾，《联合报》，1978年12月17日。
③ 台湾，《联合报》，1978年12月17日。

些将可能产生摧毁性的结果。"提出只有从速恢复选举活动，"才能突破困局"。①

12月25日，党外人士发表"国是声明"，指出他们是"一群献身于政治改革，爱国、爱乡的党外人士"。在不正常的政治环境下，他们的努力"一再被歧视、诋毁和丑化"。强调"我们的基本立场"：

"第一，坚决拥护民主'宪政'，我们深信'宪法'是民主法治的纲维；反对任何党派以任何手法和口实毁败'宪政'精神。我们坚信厉行民主'宪政'是对抗专制、挽救'国族'命脉的唯一途径。

第二，反对暴力、热爱和平，我们深信任何暴力行为，不管作为手段和目的，都缺乏道德基础。但是我们向往的和平，是在人权、法治照耀下的和平，绝非屈辱与丑陋现状下的沉默，或庇护特权、罔顾'国家'利益、人民权益的坟墓般的宁静。"

党外人士呼吁依据"宪法"规定，彻底实现：

1. 全面改选中央民意代表。

2. 颁布省县自治通则，实施地方自治，省及直辖市长民选。

3. 确立"司法"独立，法官超出党派独立审判。

4. 军队国家化，军人超出党派之外，效忠"国家"。

5. 确保学术独立及言论、讲学、著作、出版之自由。

6. 解除戒严令，恢复民主政治正常功能，保障人民集会结社自由；非现役军人不受军法审判。

7. 尊重人格尊严，保障人身自由，禁止刑求、非法逮捕和囚禁，禁止侵犯民宅和破坏隐私权。

党外人士再度申明抗争的目标是："我们反对任何强权支配其他'国家'人民的命运，我们坚决主张台湾的命运应有1700万人民来决定。"②

尽管有党外人士的反对与抗争，台湾当局仍不为所动，蒋经国于1979年1月18日发布"总统"令："选举延期举行期间，仍由增额中央民代继续行使职权。"③

1月21日，台湾"警总"以"涉嫌叛乱""知谍不报"罪将前高雄县长、党外知名人士余登发和其子余瑞言逮捕，指控"共谍"吴春发策动余氏父子叛乱。

① 李福钟、程玉凤主编：《国会改造——战后台湾民主运动史料汇编（六）》，第123页。
② 李福钟、程玉凤主编：《国会改造——战后台湾民主运动史料汇编（六）》，第124—127页。
③ 台湾，《"总统府"公报》，第3461号，1979年1月19日。

对此，党外人士非常气愤，为抗议逮捕余氏父子，林义雄、许信良、黄顺兴、陈菊、曾正仪、陈婉真、陈鼓应、姚嘉文、王拓、陈允中、张俊宏、邱连辉、杨青矗、施明德等多人在22日在高雄桥头镇集会游行抗议。同时发表《为余登发父子被捕告全国同胞书》，宣称："这种军事统治与特务统治倾向的加强，以及政治迫害的手段，都是我们绝对无法容忍，而坚决反对到底的！"坚决要求国民党当局立即释放余氏父子。① 事后，黄信介等党外势力领袖在台北康宁祥宅讨论营救行动。23日，康宁祥、姚嘉文、张俊宏、黄友仁、吕秀莲前往台湾"警总"进行交涉，还发表了《上总统书》。1月30日和2月14日，党外人士两度聚集高雄凤山黄友仁县长公馆。第一次集会众人原欲再次游行，后因协商而取消，但仍印制传单散发；第二次集会则举办演讲，并散发译自"国际人权协会"的报告。而1月23日于康宅成立的"关心委员会"，经讨论后，决定扩大并更名为"台湾人权委员会"，是党外的组织化获得进一步发展。

高雄桥头镇集会游行抗议是国民党退台后爆发的第一次公开政治性示威。标志着党外运动进入了一个新阶段。

对此，《民众日报》1月23日刊文称："许信良、陈鼓应等人在高雄游行，是有意将'叛乱案件'转移为'政治案件'以作进一步污蔑政府的借口。"时任台湾"省主席"的林洋港对许信良参加慰问余氏父子发出威胁，以其在桃园县长任内擅离职守将向"监察院"报告，要求予以惩戒。4月20日，台湾"监察院"对许信良以"违法选举""擅离职守""非法游行"等罪名予以弹劾，给予桃园县长许信良休职处分。② 100多名党外人士纷纷前往桃园县慰问许信良，并散发抗议声明。

为了有效地遏止党外活动，台湾当局实行高压政策，进行了一连串的审判与逮捕。1月24日，台湾"警总"军事法庭开始审判吴春发案。3月9日，台湾"警总"军事法庭开始审判余登发案。70多位中外记者到庭采访。余瑞言保外就医。4月16日，台湾"警总"军事法庭判处吴春发死刑，林晓荣无期徒刑，余登发有期徒刑8年。③ 8月8日拘捕了《潮流》杂志关系人陈博文、杨裕荣，该杂志总编陈婉真在美访问得此讯息后，就地举行绝食抗议，在种种压力下，台湾当局被迫

① 陈世宏、张建隆：《从党外助选团到党外总部——战后台湾民主运动史料汇编（三）》，第308页。
② 台湾，《"中央"日报》，1979年4月21日。
③ 台湾，《"中央"日报》，1979年4月17日。

释放了 2 人。8 月 13 日和 9 月 4 日相继逮捕党外人士洪志良、张化民。10 月 3 日拘审著名民族主义作家陈映真、李庆荣。10 月 18 日《美丽岛》杂志社台中服务处主任吴哲朗被逮捕。一连串的逮捕行动使国民党当局同党外人士的矛盾更为激化。

11 月 30 日，《美丽岛》杂志社及台湾人权委员会申请于 12 月 10 日在高雄扶轮公园举行集会，纪念世界人权日。国民党对《美丽岛》杂志社的要求不予批准，但对亲国民党的台湾人权协会举办纪念会要求予以批准，并在各大报纸以显要地位报道此一消息，使党外人士深感不平。12 月 1 日，一群流氓打手袭击了《美丽岛》杂志社社长黄信介的住宅。12 月 6 日，"行政院长"孙运璿又突以"台美""断交"一周年为题发表演说予以恫吓，宣称："今后任何企图破坏安定团结，制造纷扰，堕入'敌人统战陷阱'或为'敌人'制造可乘之机的行为，'政府'决然'依法'处置，不稍宽容。"①

在此情形下，《美丽岛》杂志社研究仍决定按原计划在高雄举行集会，集会前为防止流氓、特务捣乱，特准备了几十根棍棒，并派出宣传车在高雄市号召群众参加 12 月 10 日的人权纪念日活动。对此，《美丽岛》杂志负责人之一的吕秀莲回忆说：

"虽然租借场地的申请未获批准，然而适逢屏东服务处发生斧头袭击事件，施明德便决定活动照常举行，又为避免再遭暴力骚扰时无从防卫反抗，便开会讨论对策，最后决定：

（1）大家分头合作，购买火把、木棍、绳索、灭火器，并准备扩音器，租借车辆，作为大会演讲游行之用。

（2）人权日大会非办不可，并且持火把和标语游行市区，然后择适当地点演讲。

（3）9 日下午宣传车在高雄展开宣传工作，预告活动消息。

（4）高雄与屏东义工编为安全组，维持现场秩序，防止破坏分子攻击。"

"在 10 日晚上活动正式开始以前，准备工作大致底定。制作的标语有：'立即大赦政治犯、恢复全面改选、人人经济平等、废除戒严令、还我言论自由、停止压榨老农'"。同时也决定呼喊的口号包括："反对非法捉人""抗议残酷刑求""反对特务政治""反对一党专政""人人经济平等""争取人权""争取自由""争取民主""民主万岁""人权万岁""台湾人万岁"等。另外还准备了"咱要出头

---

① 台湾，《"中央"日报》，1979 年 12 月 7 日。

天""免惊"两首歌曲录音带，和代表党外人的土黄、砖红、草绿三色彩带，以及火把 200 支，木棍 100 支。①

12 月 10 日下午 6 时，黄信介亲至高雄主持集会，高雄南部警备司令亲到车站迎接，并向黄表示："人权大会可准在原地点举行。"实际上警察已将扶轮公园包围。黄信介得知此事后，临时决定集会改在尚无军警戒备的中山路大圆环附近举行。但当队伍到达时，大圆环已被军警封锁，队伍被困在圆环。此时群情激昂，黄信介、姚嘉文、张俊宏、吕秀莲等纷纷登台发表演说，要求国民党当局取消"戒严令"，群众则高呼"打倒特务统治""反对国民党专政"等口号。黄信介等人要求会场四周军警撤离遭拒绝。集会结束后，举行游行，宪兵、军警奉命阻止，游行群众以火把向军警攻击，双方发生冲突。10 时 20 分，宪兵开始镇压，施放催泪弹，群众渐被驱散，直至次日凌晨 2 时 30 分，双方撤离，高雄开始恢复平静。

高雄事件发生当晚，蒋经国得知讯息后，立即前往中央党部，坐镇指挥。据张祖怡回忆说："他的态度是政府厉行民主宪政的决心绝不改变，对于暴力触法行为，指示当地宪警应全力维护治安和秩序，但不得携带武器，并要坚守'骂不还口，打不还手'的命令，也就是不要造成流血事件。"②

《美丽岛》案发生后次日，国民党开动一切宣传机器，宣称警察"骂不还口，打不还手"，并称黄信介等人是"有组织、有计划的、有预谋的"进行"叛乱"，发动社会团体予以声讨。12 月 12 日，蒋经国亲自慰问在高雄事件中受伤的军警人员。与此同时，蒋经国对此重大事件作出重大决定：

一、为首的肇事暴民必须绳之以法，接受法律的制裁，治以应得之罪。

二、尽早恢复因为"中美断交"而延期举行的增额中央民意代表选举。③

《美丽岛》杂志社的诸位负责人一方面感觉"事件经过并不单纯"；另一方面请托吴三连老先生出面协调。同时举行记者会，说明事件经过，并散发"国际人权事件备忘录"、与"告全国同胞书"。④

13 日，台湾当局"警总"查封《美丽岛》杂志社。14 日，台湾"立法院"

---

① 李文：《纵横 50 年——吕秀莲前传》，第 145—146 页，台北，时报文化出版企业股份有限公司，1996 年版。
② 张祖怡著：《蒋经国晚年身影》，第 163 页。
③ 张祖怡著：《蒋经国晚年身影》，第 164 页。
④ 李文：《纵横 50 年——吕秀莲前传》，第 165 页。

批准"警总"以涉嫌"叛乱罪"逮捕"立法委员"黄信介。19 日宣布给《美丽岛》杂志社停刊 1 年处分,逮捕张俊宏、姚嘉文、王拓、陈菊、周平德、苏秋镇、吕秀莲、林义雄等人,并宣布施明德在逃并发出通缉令(22 日"警总"悬赏 100 万元追捕施明德,1980 年 1 月 8 日施明德被捕)。20 日,"行政院长"孙运璇宣称将对高雄事件秉公处理,"依法"解决。

1980 年 3 月 18 日,"美丽岛"事件亦称高雄事件"涉嫌叛乱"案在新店警备司令部军法处第一次开庭审理,8 名案犯为:黄信介、施明德、姚嘉文、张俊宏、林义雄、林弘宣、吕秀莲、陈菊。军事检察官蔡腾雄在起诉书中指控案犯的罪行是:

第一,黄信介指使洪志良赴大陆"匪区"洽商鳗鱼苗生意,意图牟取暴利,并拟以所得利润充实叛乱活动经费;与"匪"进行勾结,阴谋促成"统一"。

第二,被告与叛乱组织"台湾独立联盟"进行勾结,共谋叛乱。

第三,他们"意图根据暴力的原则,策动叛乱颠覆政府"。

第四,被告"共同设立《美丽岛》杂志社,发展组织,以合法掩护非法,举办各项活动"。

第五,他们从事颠覆活动,策动高雄暴力事件,具体行为有:策动暴力、纠合暴徒、指使暴徒殴打宪警等。[1]

1980 年 4 月 18 日,台湾军事法庭作出判决:判决施明德无期徒刑,黄信介 14 年徒刑,张俊宏、姚嘉文、林义雄、陈菊、吕秀莲等 12 年徒刑,各褫夺公权 10 年。同时 8 名被告的全部财产,除各酌留其家属必需生活费外,均予没收。[2]

审判期间,林义雄母亲及一女儿惨遭暗杀,凶手至今没有查出。

国民党当局对党外人士的大逮捕与镇压政策,在岛内外引起强烈反响。

首先是被捕者的家属们同一些未被捕的党外人士组团环岛慰问,并派出代表分别会见去台访问的女作家陈若曦、美国国会众议员代表团成员和美国在台协会理事长丁大卫等人,争取他们的支持,同当局展开斗争。非国民党籍"立法委员"、党外知名人士康宁祥 1 月 20 日在"立法院"向国民党当局提出一份题为《为我们的民主前途请命》的书面质询。康指出:对于高雄事件"'政府'必须正确而深入地了解其复杂的背景","几年来的观察却发现社会上残存着随时能被引爆的暴戾之气",这个责任应由国民党人士、国民党和大众传播工具共同负责。康

① 叶明等:《台湾十大政治要案》,第 173 页。
② 台湾,《"中央"日报》,1980 年 4 月 19 日。

还要台湾当局"哀矜勿喜","忠厚留余","为台湾以及中国未来的前途，表现最大的政治智慧"，以免"'政府'扩大打击面的怨气，不知几代以后才能消失"。康还提出6点具体建议，包括要求对"未直接而积极参与高雄事件的人，应尽早结束侦讯，交保释放"；"其他嫌犯尽早审判，不能借故整肃"等。① 康宁祥的质询，是《美丽岛》案发生以来党外人士首次向当局作出的强烈反映。

与此同时，美国《新闻周刊》发表梅林达·刘所写的题为《台湾：接连不断打击反动派》的文章，指责此事件是"几年来台湾进行的几次最大的政治镇压之一"。该文称：其实，"反对派的政纲并没有什么刺激性"。与该刊相呼应，美国加利福尼亚大学伯克利分校和斯坦福大学约50名教授写信给蒋经国，抗议对持不同政见者的大规模逮捕。

新华社也于1月27日播发了《台湾当局利用高雄事件进行大逮捕大迫害》新闻稿。蒋经国在海内外舆论的压力下，于1月3日作出下列指示：

"高雄暴力案件的发生非常不幸，这是一桩'法律'案件，对于涉嫌分子自应'依法'秉公处理，尤其对于首、从应明确区分，毋枉毋纵。在高雄的暴力案件发生后，'政府'一定'依法'处理，今后不会影响我们推动'民主法治'的既定政策及决心。'民主法治'之路，是我们一定要走的路。"②

此外，当局为缓解外界对处理《美丽岛》的压力，不得不采取一些措施，如准许部分被捕者同家属通信，派国民党中央政策委员会副秘书长关中接见被捕家属代表；对个别参与高雄事件的人员予以宽恕，以拉拢分化等。

中坜事件与《美丽岛》案都是继"2·28事件"以来台湾地方势力反抗国民党统治的重大事件，它的发生对80年代台湾政坛影响颇大。如果将两事作一比较，就可发现：前一事件远较后一事件为重，台湾当局并未动用武力，《美丽岛》事件则未发展到与警方冲突的地步，但却遭到了镇压。台湾当局为何对两事件采取迥然不同的态度呢？

第一，中坜事件是突发的、地方性的反对国民党选举的舞弊事件。而《美丽岛》杂志是由党外知名人士黄信介、施明德等人创办的，旨在反对国民党独裁统治，抨击当局各种弊端，既对推进台湾民主化进程有一定积极意义，又对"台独"行为有所鼓励。关于此点可从时任"警备总司令"的汪敬煦的"访谈录"中得到说明："美丽岛事件后，我和被捕的美丽岛人士有所接触，给我的印象是，他们

---

① 新华社，香港分社，1980年2月4日电。
② 台湾，《"中央"日报》，1980年1月4日。

之间的想法虽不一致，但有一点却相当雷同，那就是痛恨国民党。仔细分析，他们痛恨国民党的理由，又不尽相同。有的是因坐牢的缘故，有些原是国民党干部，自认怀才不遇，而走向反对阵营。""当时反对国民党主要是一种风气问题，其次才是'台独'问题"。[1] 正是基于《美丽岛》杂志已经给国民党当局以极大的威胁，而且带有"台独"倾向，故国民党当局必欲除之。

第二，国民党当局认为党外人士要求取消"戒严令"，开放"党禁""报禁"的主张带有组党倾向，故对《美丽岛》杂志社组织的游行活动坚决予以镇压，并逮捕组织游行的头面人物，判以重刑。关于此点，李云汉在《中国国民党史述》一书中称《美丽岛》名为杂志社，实则为变相的政治组织，设立各县市的分社办事处，实际就是变相组织的分支机构。从 1979 年 10 月起，彼等到中南部各地举办串联活动，结合地方暴民，聚众叫嚣，公然向法律挑战"。[2]

第三，是蒋经国强化自己统治所采取的一个下马威。"中坜事件"发生时，正处在"总统"大选之前，蒋经国不愿看到登基之日的不愉快场面，故对"中坜事件"采取忍让态度。《美丽岛》案则发生在蒋坐上"总统"宝座之后，如果对党外势力的挑战与组党倾向不坚决镇压，就很难使国民党统治得以延续。

《美丽岛》案遭到镇压后，由保钓运动燃起的政治热情再度冷却了。但这种冷却是暂时的，随着岛内多元化倾向的发展和世界民主潮流的发展，国民党"一党专制"的局面面临严重挑战，当局愈来愈难以平息知识界与党外势力对当局高压政策的不满情绪。进入 80 年代之后，党外势力再度发展，创办刊物，突破禁令，反对国民党的高压政策。

重登大宝

1984 年，6 年一度的"总统"大选又将在台岛展开。按照惯例，各党派在选举前须选出本党候选人，以便竞选。同年 2 月 15 日，国民党召开十二届二中全会，主要任务是推举本党"总统"候选人。会议由蒋经国主持，通过了以严家淦为首的二中全会主席团提名蒋经国连任本党"总统"候选人的建议。在接受提名之前，蒋经国又谦让一番，宣称：

"在 6 年以前，经国接受党的征召，'国民大会'的选举，和全体同胞的托付，承担重任，职责未尽百一，自省内疚，日切于心，今天原不敢再度接受提名，复

① 李云汉：《中国国民党试述》，第 4 编，第 560—561 页。
② 李云汉：《中国国民党试述》，第 4 编，第 560 页。

承大任。但是当此总理、总裁的志业未竟，本党革命任务的大责方殷，'国家'民族的命运贞下启元之际，经国身受全党同志的督责，在革命洪炉之中，敢不仰仗同志的光和热，以一个战士兵接受号令的心情，再赴艰巨……担负起本党对'国家'对同胞神圣庄严的责任。"①

对于此次"总统"选举的人选，社会上均不做第二人想，因为在国民党十二届二中全会之前，社会上已由国民党亲蒋人士掀起了蒋经国应当再度连任的热潮。

早在蒋经国当选"总统"5周年之际，"内政部长"林洋港就发表谈话，盛赞蒋经国的功绩。台湾"省主席"李登辉也指出："5年来，我们'国家'虽曾遭到'中美断交'、石油危机，以及世界经济不景气的困扰，但由于蒋'总统'睿智的领导，使我们举'国'团结一致，确实做到'处变不惊，慎谋能断'，不但渡过了各种难关，而且使我们的社会经济'创造了中国历史上空前未有的繁荣进步'。"②

台湾"省议长"高育仁代表全省选民，恭请蒋经国"以'国家'前途为重，俯顺海内外一致敦请竞选连任的舆情"。台北市市长许水德、高雄市"议长"也都纷纷发表谈话，要求蒋经国接受全民征召，继续连任，早日完成"三民主义统一中国"的大业。

在强大的舆论宣传下，又有谁不自量力去争当"总统"候选人呢？此次会议还通过了蒋经国提名李登辉为"副总统"候选人的建议。在蒋经国这一建议未出台之前，党内对"副总统"人选，猜测颇多，社会各界也颇关注。当时"行政院长"孙运璇，任职6年期间，形象颇佳，声望鼎盛，不少人猜测他是接任谢东闵的最佳人选。但更多的人则认为"副总统"一职仍会由本省籍政要继任。持这种观点的人认为：台籍人士在政坛上已占一定的比例，且省市"议会"几为台籍人士的天下，国民党政权欲与本土结合，不能再囊括一切重要职任，方能使民间建立信心。

在诸多台籍政要中，林洋港、邱创焕和李登辉是一般认为最可能获选的3个人物，其中李登辉是学者从政，邱创焕与林洋港都有相当的资历与行政经验，邱创焕早年做"铨叙部"司长、省社会处长、"政务委员"、"内政部长"，也任过国民党机构工会主任、中央党部副秘书长，又曾兼任"救国团主任"，党团资历甚

———————

① 《蒋"总统"经国先生言论著述汇编》，第15辑，第9—10页。

② 钟声：《蒋"总统"经国先生》，第326页。

丰。而林洋港也有县党部主任和县长、厅长、省市首脑的党政资历。李登辉出身于偏僻小镇的菜农与矿工之家。孩提时代,李登辉最大的兴趣就是翻阅书本。闭塞的乡村环境,并未影响他好学上进的追求。18 岁那年,李考入台湾师范大学前身的台北高等学校。毕业后前往日本京都帝国大学深造,1945 年台湾光复后,转回台湾大学农业经济系就读。毕业后留校任教。1952 年他考上公费留学生,到美国依阿华大学深造,仍主攻农业经济,翌年学成返台。

返台初期,他出任农林厅经济分析股长一职。后再次获得赴美深造的机会,并获取了美国康乃尔大学农经博士学位。李的博士论文长达 400 页,研究台湾自 1945 年至 1960 年农业的转型与互动,提出了台湾农业在不久的将来,劳动力、土地、资源、生产都将臻于极限,农业促进工业已至功成身退的地步,相反地已到了工业回馈农业的时代。李的这篇博士论文,获得美国农经协会论文奖,使得一向默默无闻的李登辉开始出现在台湾的报纸上,并引起了国民党高层的注意,通往权力核心的道路正在他脚下延伸。返台后他回到"农复会"担任组长。此间,时逢蒋经国多次下乡访贫问苦,作为农经专家的李登辉多次随同前往,给蒋经国留下了极深的印象。

1972 年,蒋经国出任"阁揆",李登辉在毫无准备的情况,被蒋提名为"政务委员",是台湾最年轻的一位"阁员",年仅 49 岁。此后,李便官运亨通,1978 年出任台北市市长,1979 年当选为国民党中央常务委员,1981 年出任台湾"省主席"。此次"副总统"提名,李登辉能在林洋港、邱创焕三强之中脱颖而出,使众人颇感意外。李登辉在哪些方面深得蒋经国欣赏呢?作家江南认为:

"李登辉出身技术官僚,且自美康乃尔大学取得高级学位,容易取得华盛顿的好感。其次,李具严家淦的长处,唯唯诺诺,便于蒋过世后,集体领导和新权力架构的推行。"[①]

李登辉之所以能够成为蒋经国接班人,据笔者研究,主要原因有四:

第一,是蒋经国为了化解省籍矛盾,推行本土化政策的结果。如前所言,省籍问题是国民党退台后政治舞台上斗争的一个焦点。进入 80 年代后,国民党"政权本土化"倾向更加明显。特别是到了蒋经国晚年,更加刻意推进"本土化政策",并同政治革新结合,初步筹划了他死后的台湾权力格局,把台籍人放在较为重要的地位。由于蒋经国推展的"本土化"政策迎合了一部分台籍人参政的要

---

① 江南:《蒋经国》,第 477 页。

求，对缓解尖锐的省籍矛盾具有积极的意义。

第二，是李登辉的专长和学历背景所致。李登辉最大长处是美国康乃尔大学农经博士，是研究台湾农业的专家，是蒋经国当时最需要的人才。李登辉返台后适逢蒋经国多次下乡访贫问苦，作为农经专家的李登辉多次随同前往，给蒋经国留下了极深的印象。1984年台湾正、副"总统"选举提名时，李登辉能脱颖而出。

第三，李登辉当时表现出为政比较廉洁，善于体察民情，不拉帮结派。当然，上述观点主要指的是李登辉上台前。众所周知，李登辉貌似性格内向，表现出政治无野心。据台报载：李登辉最为蒋经国所放心的是，他没有太大的政治野心。李登辉就曾说过，他一生最大的愿望是当个牧师，政治并非他所好。按照常理去推断，做牧师的人是不会有政治野心的，在事实上也不尽然。同时，李登辉当时不像谢东闵（台湾前"副总统"）等人那样拉帮结派，他是一个独立的技术官僚型政客。也正是由于这一点，使他在政坛上没有太明显的敌人。

第四，蒋经国认为岛内上层官员老化现象十分严重，进取精神太差，又与以蒋经国为首的革新保台派矛盾重重。为了同国民党元老派作斗争，也为了实现其父"反共复国"的大业，他才提出了吸收"省籍菁英"的口号，并在"组阁"时大胆地起用台籍新人。

正因为蒋经国此举深得台籍人士的赏识，所以获得了众多台籍人士的喝彩。对于蒋经国选择李登辉作为副手，研究者们众说纷纭。李登辉在1990年3月7日国民党中常会上宣称蒋经国有"知人之明"。[①]而南史华在《谁在骗来骗去？》一文中则指出："李登辉原来是一个小人物，只因被没有眼光的蒋经国看上，因缘际会，做了蒋王朝的接班人。"[②]侯立朝在《李登辉"总统"论——台湾新希望的破灭》中也认为蒋经国是"知人不明"。[③]的确，蒋经国选择李登辉是他一生中最大的败笔之一。蒋孝勇说："父亲到了晚年最烦恼的事就在用人。"蒋孝勇也谈到了"崔苔菁"即"本土化政策"，他说："先祖和父亲用人最大的不一样，在于祖父时代用人对于省籍的考虑上，没有父亲来得这么迫切需要。"对于李登辉能够脱颖而出，蒋孝勇说："那时候可以选择的没有几人，台面上就是李登辉、林

①　侯立朝：《李登辉"总统"论——台湾新希望的破灭》，第33页，台湾，博学出版社，1990年版。

②　福蜀涛编：《开除李登辉》第41页，台湾海峡学术印行，2001年版。

③　侯立朝：《李登辉"总统"论——台湾新希望的破灭》，第32页。

洋港、邱创焕，谢东闵因为年纪大了，必须考虑世界观瞻。父亲选择了李先生，因为他是最没有人事包袱、没有派系色彩的，而且，他还有美国的博士学历，这是个综合性的考量。其他如林洋港、邱创焕先生，他们的地方色彩蛮重的，父亲最不喜欢搞小圈圈，所以才做这样的决定。那时也可以说，不是父亲一人的决定，而是所有的长辈、大佬们如孙运璇先生、黄少谷先生的集思广益，大家都认为，李登辉先生是最好的选择。"对于李登辉年轻时参加过共产党外围组织"读书会"的往事，蒋孝勇不以为然，但"选择一个人担任更高层职务时，这就不得不去多加考虑了"。蒋孝勇记得，当所有高层人事案几乎已经定案时，中央党部秘书长张宝树报告蒋经国说李登辉参加过"读书会"。蒋孝勇说：如果蒋经国知道此事比较早，说不定今日发展的结果又有另一番面貌。"但我想可能李登辉先生自己也清楚，他在跟司马辽太郎谈话的时候，提到我父亲，他说'蒋经国先生是否让我当他的接班人，这一点并不明确'。这句话讲得很有意思，很多事他心里有数"。蒋孝勇还说："父亲在思考接班人选时，对自己的身体是充满信心的，每个礼拜仍然上山下海到处跑。所以，如果说李先生就是被选择的最终对象，我想也还是一个问号。"蒋孝勇说蒋经国原先觉得适当的接棒人选是当时的"行政院长"孙运璇。就蒋经国而言，政治方面的左右手是"行政院长"，"副总统"则是位尊而权不重。就在蒋经国选择李登辉不久，孙运璇于1984年2月24日中风。"孙先生这么一病，整个人事布局就全被打乱了。像接替他的俞国华先生，就不一定是很适当的人选"。"'国运'如此——孙运璇先生生病、父亲早过世了半年，否则的话就不至于是今天的局面"。国民党十三全大会原定1988年7月召开，但蒋经国想提前到5月，那时就是因为警觉到自己的身体状况已经不行了，"父亲那时希望尽速完成整个权力结构的调整。如果父亲能撑到5—6月的话，在人事上就会完成他的布局，这不是马后炮，因为我在父亲身边，我清楚父亲会交代"。蒋孝勇强调：当年蒋经国的构想就是党政分开以求制衡，而且已经考虑设置党的副主席，哪晓得自己先走了一步。至于党有谁来接班，他说："绝对不是李（登辉）先生，也不是陈履安；李焕来讲，是有那个期待。""那个时候父亲考虑的就是郝柏村先生，让他当副主席；但是因为郝先生的军职问题而迟迟没解决"。当然，蒋经国让郝柏村当副主席并没有和郝讲，他怕别人说军人干政之类的话，直到蒋经国过世，这个结他也没有打开。①

①　王力行、汪士淳：《蒋孝勇的最后告白》，第125—131页。

蒋孝勇讲的也有一定道理，但有些是揣测之言。的确，蒋经国也不是圣人，在李登辉野心还没有暴露的情形下，他不可能做到明察秋毫。

1984 年 3 月 21—22 日，"国民大会"一届七次会议投票选举"总统""副总统"。蒋经国得票 1012 票，李登辉得票 873 票，均过半数当选。

蒋经国继任"总统"之后发表谈话称："谨当秉承'宪法'及大会赋予之职责，为国效命，为民服务，为达成以'三民主义统一中国'的神圣使命而全力以赴。"①

3 月 25 日，蒋经国在"国民大会"一届七次会议闭幕式上发表讲话称：为"创造光明的前途"，愿再次郑重申明：

（1）"确信力行民主法治，是'复国建国'的康庄大道；维护'宪法'、贯彻'宪政'，是击溃'共产暴政'、重光大陆的主要凭借和力量"；

（2）"确认三民主义统一中国，是全体中国人民的公意，是扫荡马列邪说的利器，也是中国致富致强的唯一出路和必然归趋向"；

（3）"确保复兴基地安全，巩固团结，壮大'国家'建设，充实反共战力，是自立自强的基础，是实现一切目标的前提"。②

5 月 20 日，蒋经国在就任第七届"总统"的就职典礼上，提出今后施政"当在'国家'利益第一、民众福祉为先"的一贯方针下，更致力于发挥几个中心目标：

（1）"强化民主'宪政'功能，沟通民众意愿，结合全国才智，集思广益，同舟共济，促进全民团结"；

（2）"加深操危虑患的意识，树立坚忍图成的理念，用自立自强的共信，提振民族自尊，达到复兴之路"；

（3）"以确保安定为基础，吸取新观念与新做法，追求更高更有效率的革新进步"；

（4）"以勇于任事，勇于担当的精神，对'国家'、民族，负起历史责任，做到一个积极行动的、始终负责的政府"；

（5）"以伸张伦理、维护纪律、提升道德、改善风气，来建立更有秩序的法治社会"。③

① 《蒋"总统"经国先生言论著述汇编》，第 15 辑，第 176 页。
② 《蒋"总统"经国先生言论著述汇编》，第 15 辑，第 18 页。
③ 《蒋"总统"经国先生言论著述汇编》，第 15 辑，第 26—27 页。

蒋经国还宣称要为台湾"开拓出一条光明大道"。①

在人事安排上，蒋经国大刀阔斧，重组班底，使人有惊心动魄之感。"行政院长"一职至关重要，蒋经国提名与蒋家渊源甚深的俞国华出任。俞家与蒋家是同乡，均居浙江奉化。早年俞国华父亲俞镇臣（又名俞作屏）曾与蒋介石一起在浙江奉化县城内凤麓、龙津两堂读书时结为校友。后来俞镇臣曾到广东找蒋介石，蒋介石委他为海山场场主任，不久又提升为淡水县长，1924 年死在任上；此时俞国华仅 10 岁。在蒋介石抚养下，俞国华同蒋经国、周宏涛先后考入燕京大学，1934 年毕业于清华大学政治系，不久被蒋介石物色为身边的机要秘书。西安事变时，俞国华与蒋介石一起被羁禁，可谓是经风雨共患难。抗战期间的 1943 年 11 月下旬，俞国华与新闻部长董显光一起曾随蒋介石、宋美龄参加开罗会议，后又随蒋介石夫妇访印度。俞国华一直极受蒋介石宠信与青睐。

蒋介石为把俞国华培养成财经专才，以便将来取代孔祥熙、宋子文，早在 1944 年把他送到美国哈佛大学攻读经济学，两年后转往英国伦敦政治经济研究院研究财经专业，获得学士学位。从 1947 年至 1955 年，俞出任国际复兴开发银行及国际货币基金会副执行董事。1957 年俞被召回台湾，先后任"中央信托局局长""中国银行董事长"。1967 年又出任"财政部长"，两年后升任"行政院政务委员"并接替徐柏园的中央银行总裁职。蒋介石病逝后，俞国华的升迁未受影响。1977 年，蒋经国将"行政院"财经小组和经济设计委员会合并成立跨"部会"的经济建设委员会，同年 12 月，由俞国华兼任主任委员；他同时还是国民党中央委员会文化经济专业管理委员会主任委员及财务委员会主任委员，是台湾财经金融界的第一号大亨，成为名副其实擅长理财的台湾财经大总管及蒋氏家族的"财房先生"，在台湾财政金融界被尊为"俞老总"。1978 年 5 月 20 日，蒋经国任"总统"后，翌年经蒋经国圈定俞为国民党中央常委，从而进入国民党的决策核心。孙运璇因病辞去"行政院长"职之后，俞国华于 1984 年 5 月出任台湾"行政院长"。俞在就任"阁揆"时，蒋经国对与会者介绍说：余"经过审慎考虑，提名俞国华同志为'行政院长'。俞同志谨身笃志，有守有为，50 年来献身革命，其长处即是无论在任何工作岗位上，都能尽忠职守，达成任务"。②

据台报载，经过精心安排，蒋经国已将他的班底平均配置在 5 个运作性的系统之中：

---

① 《蒋"总统"经国先生言论著述汇编》，第 15 辑，第 27 页。
② 《蒋"总统"经国先生言论著述汇编》，第 15 辑，第 180 页。

（1）政务系统——以俞国华为主，以李焕、马纪壮为辅，以林洋港为搭配，新生代的陈履安、钱复、魏镛、施启扬、吴伯雄、章孝严等为选拔对象。

（2）党务系统——以马树礼为主，以宋时选、白万祥为辅，以赵自齐、郭哲、肖昌乐为搭配，以新生代的马英九、宋楚瑜等人为选拔对象。马英九、宋楚瑜等人又随时可能转入政务系统，独当一面。

（3）军事系统——以郝柏村为主，以蒋纬国、邹坚、张国英、蒋仲苓为辅，以黄埔系元老何应钦、黄杰、袁守谦为重镇，以"国防部长"宋长志为搭配，并以陈守山、许历农、宋心濂为选拔对象。

（4）情治系统——以汪敬煦为主，以翁文维为辅，以陈守山为搭配，而以汪道渊、沈昌焕为权力核心中代表发言的重镇。

（5）财经方面——亦以俞国华为主，以李国鼎、张继正、赵耀东、周宏涛为辅，以新生代的钱纯、王章清、王昭明、肖万长等为选拔对象。

台籍菁英分别按比例列入五大系统之中。如果将其抽出单独审视的话，则是：以李登辉为主，以林洋港为辅，以邱创焕、吴伯雄、连战、施启扬、许水德、高育仁、张建邦、苏南成、许新枝等为选拔对象。

第七章 "三民主义统一中国"

中华人民共和国宣告成立与蒋介石国民党集团兵败大陆退守台湾，台湾海峡两岸即处在严重的对峙状态之中。美国入侵台湾海峡与台美"共同防御条约"的签订，最终使海峡两岸对峙格局得以形成。以毛泽东为代表的中国共产党人为了实现祖国统一，早在新中国成立之际就提出了"一定要解放台湾"的口号。[①] 以蒋介石为代表的台湾国民党当局不甘心其失败，提出了"反攻大陆"的口号，并开出了"1 年准备，2 年反攻，3 年扫荡，5 年成功"[②] 的一张永远无法兑现的政治支票。蒋经国主政后谨遵父命，重弹"反攻复国"是"基本国策"的老调。然而，随着中美正式建交与邓小平"一国两制"战略构想的提出，蒋经国的思路也发生了变化，从武力"反攻大陆"的陈年思维中升华到"三民主义统一中国"的主张，海峡两岸出现了祖国统一的新契机。

"一国两制"冲击波

中国要统一，中国一定能够统一。这不仅是台湾海峡两岸人民的多年愿望，也是国共两党的共同要求。但如何实现统一，国共两党却存有歧见，两岸民众亦有不同看法。

众所周知，海峡两岸关系的松动是从中国共产党改变对台政策开始的。1977年邓小平复出后，为了使中国社会主义建设有一个宽松的外部环境，就反复筹划着如何解决祖国统一问题。1978 年 12 月召开的中国共产党十一届三中全会摆脱了"左"的影响，在国共两党与海峡两岸关系上采取了务实的做法。十一届三中全会公报谈及中美关系时指出："随着中美关系正常化，我国神圣领土台湾回到祖国怀抱、实践统一大业的前景，已经进一步摆在我们的面前。"

---

① 《人民日报》，1949 年 9 月 4 日。

② 1950 年 5 月 10 日蒋介石《为撤退海南、舟山告全国同胞书》，载张其昀：《先"总统"蒋公全集》，第 3 卷，第 3303 页。

　　1979 年 1 月 1 日，中美正式建交，消除了解决台湾问题的最大国际障碍。"台美""断交"之后，台湾海峡两岸的斗争形势已由以中美之间斗争为主，转变为主要是中国内部之间的矛盾。为此，为了进一步贯彻中国共产党十一届三中全会公报精神，全国人大常委会于 1979 年 1 月 1 日发表了《告台湾同胞书》，郑重宣布台湾回归祖国、实现国家统一的大政方针，其要点是：

　　第一，指出两岸分离使"民族、国家和人民都受到了巨大损失"，要求尽快结束"这种令人痛心的局面"。同时指出台湾同祖国的分离是"人为的，是违反我们民族的利益和愿望的"，提出不应回避现在摆在我们大家面前的"统一祖国这样一个关系全民族前途的重大任务"。

　　第二，强调在解决台湾问题时，一定要考虑台湾的实际情况，"尊重台湾现状和台湾各界人士的意见，采取合情合理的政策和办法，不使台湾人民蒙受损失"。

　　第三，提出"我们寄希望于 1700 万台湾人民，也寄希望于台湾当局"，并肯定"台湾当局一贯坚持一个中国的立场，反对'台湾独立'，这就是我们共同的立场，合作的基础"。

　　第四，明确提出"首先应当通过中华人民共和国政府和台湾当局之间的商谈结束这种军事对峙状态，以便为双方的任何一种范围的交往接触创造必要的前提和安全的环境"。

　　第五，提出"双方尽快实现通航通邮"，"发展贸易，互通有无，进行经济交流"（"三通"的最初提法）。[①]

　　《告台湾同胞书》提出了结束两岸分裂状态，实现祖国和平统一的设想和主张，表达了中国共产党和中国政府对台湾回归祖国的大政方针、基本立场和基本态度。值得注意的是，《告台湾同胞书》中没有再使用"解放台湾"的提法，而是强调指出："一定要考虑现实情况，完成祖国统一的大业。"[②]《告台湾同胞书》的发表，标志着中国共产党对台政策的真正改变，并为"一国两制"科学构想的提出奠定了基础。

　　"一国两制、和平统一"科学构想是中国共产党在新时期的对台政策，在其形成过程中，邓小平的贡献最大。

　　就在全国人大常委会《告台湾同胞书》发表的当日，邓小平在全国政协座谈会上的讲话中明确提出："今天把台湾归回祖国、完成祖国统一的大业提到具体

[①] 《人民日报》，1979 年 1 月 1 日。

[②] 《一个国家两种制度》，第 1 辑，中国文史出版社，1988 年版，第 21 页。

的日程上来了。"①

国防部长徐向前也于当日命令福建前线部队，"从今日起停止对大金门、小金门、大担、二担等岛屿的炮击"。②至此，台湾海峡两岸结束了隔海炮战的局面，开始了祖国和平统一的新时期。

邓小平在考虑解决台湾问题时，是非常注意尊重台湾现实的。同年1月2日，邓小平在会见美国众议院访华团时指出："我们尊重台湾的现实，我们允许包括美、日在内的各国同台湾继续保持民间贸易、商务、投资等关系，但'中华民国'的旗子总要降下来才行。我们不允许有什么'两个中国'。"邓小平还指出："统一祖国，这是全中国人民的夙愿。"但是，"我们不再用'解放台湾'这个提法了，只要台湾回归祖国，我们将尊重那里的现实和现行制度"。③同年1月30日，邓小平在美中友协和全美华人协会奉行的招待会上的讲话中指出："一定考虑台湾的现实，重视台湾人民的意见，实行台湾合理的政策。"④同年10月18日和12月6日，邓小平分别会见日本朝日新闻社社长渡边诚毅和日本首相大平正芳时指出："我们提出台湾的社会制度不变，可以继续保持着资本主义生活方式，包括它的军队！⑤台湾与外国的民间关系不变，包括我国在台湾的投资、民间交往照旧。"台湾作为一个地方政府，可以拥有自己的防卫力量，军事力量。条件只有一条，那就是，台湾作为中国不可分割的一部分。⑥

这是邓小平首次提出统一后台湾的社会制度问题。由此可见，中共和平解决台湾问题的方针由"和平解放"到"和平统一"，绝不仅仅是提法上的改变，而是遵循实事求是的思想路线，以中华民族的最高利益为出发点，在考虑到台湾现状和台湾人民切身利益的基础上所做出的重大战略调整。这一转变说明：中国共产党在新的历史时期，对台湾的社会制度及其在中华民族社会发展进程中的地位和作用，都有了新的认识和估计，并以此为基点提出了和平解决台湾问题的新对策。从这个意义上说，中国共产党在新时期关于"和平统一"大政方针的提出，是探索和平统一祖国道路上的一次历史性的飞跃。

在和平统一祖国的大政方针基础上，中国共产党自20世纪80年代开始又进

① 《人民日报》，1979年1月2日。
② 《人民日报》，1979年1月1日
③ 《人民日报》，1979年1月3日。
④ 《人民日报》，1979年1月31日。
⑤ 香港，《大公报》，1979年10月21日。
⑥ 《邓小平建设有中国特色社会主义的论述摘编》，第306页

一步提出了"一国两制"的科学构想，把和平解决台湾问题的政策上升到了理论高度。

1980 提 1 月 1 日，邓小平在全国政协举行的新年茶话会上指出：在 80 年代中，要把台湾回归祖国，完成祖国统一大业始终放在重要日程上。《告台湾同胞书》宣告的大政方针不是权宜之计，非统战攻势，而是从民族利益出发，考虑现实条件。希望蒋经国能审时度势，打破顾虑，顺应历史潮流。①

1981 年 9 月 30 日，全国人大常委会委员长叶剑英向新华社记者发表谈话，代表中国政府提出关于台湾回归祖国，实行和平统一的 9 条方针，主要内容是：

"为尽早结束中华民族陷入分裂的不幸局面，我们建议举行中国共产党和中国国民党两党对等谈判，实行第三次合作"；"国家统一后，台湾可作为特别行政区，享有高度的自治权，并可保留军队"；"台湾现行社会、经济制度不变，生活方式不变"；台湾当局与各界代表人士可"参与国家管理"；两岸"互通音讯、亲人团聚，增进了解"；欢迎各界人士到大陆投资、定居，"保证妥善安排，不受歧视"②

1982 年 1 月 11 日，邓小平在接见海外朋友时，第一次把中共中央关于和平统一祖国的构想概括为"一国两制"。他说："九条"是以叶剑英委员长名义提出来的，实际上就是"一个国家，两种制度"。③

1983 年 6 月 26 日，邓小平在会见美国新泽西州西东大学教授杨力宇时，详细谈到了大陆和台湾统一的 6 条设想。即："祖国统一后，台湾特别行政区可以有自己的独立性，可以实行同大陆不同的制度。司法独立，终审权不须到北京。台湾还可以有自己的军队，只是不能构成对大陆的威胁。大陆不派人驻台，不仅军队不去，行政人员也不去。台湾的党政军等系统，都由台湾自己来管。中央政府还要给台湾留出名额。"④

与此同时，时任中共中央总书记的胡耀邦也十分关注祖国统一问题：他在1981 年 10 月 9 日首都各界纪念辛亥革命 70 周年大会上的讲话中首先提出"中国和世界的形势已发生了很大的变化。尽快结束台湾同祖国大陆分离的要求，已成为日益高涨而不可抗拒的历史潮流"。胡耀邦愿以共产党负责人的身份，"邀

---

① 《人民日报》，1980 年 1 月 2 日。
② 《人民日报》，1981 年 10 月 1 日。
③ 中共中央文献研究室、中央电视台：《邓小平》，第 237 页，中央文献出版社，1997 年 1 月版。
④ 《邓小平文选》，第 3 卷，第 30—31 页，人民出版社，1993 年版。

请蒋经国先生、谢东闵先生、孙运璇先生、蒋彦士先生、高魁元先生、蒋纬国先生、林洋港先生，邀请宋美龄女士、严家淦先生、张群先生、何应钦先生、陈立夫先生、黄杰先生、张学良先生，以及其他各位先生……亲自来大陆和故乡看一看"。胡耀邦还说：国共两党在历史上有过两次合作，但都破裂了，责任不在中国共产党，我们不想算旧账，让过去的一切都过去吧。①

胡耀邦还告诉蒋经国，不仅一再修葺中山陵，而且奉化茔墓也修复一新，其他国民党高级官员的家属都得到了妥善的安置。1982 年 1 月 15 日，胡耀邦在一次讲话中，指出统一战线包括"去台人员在大陆的亲属"。

1981 年 12 月 31 日，人大常委会副委员长、国务院侨务办公室主任、全国侨联名誉主席廖承志发表广播讲话，强调"我们无限怀念台湾的骨肉同胞。祖国统一，亲人聚首，这是全国人民、包括台湾同胞和海外侨胞的共同心愿"。②

1982 年 7 月 24 日，廖承志先生亲自致函蒋经国，信中与蒋经国重叙友情"咫尺之隔，竟成海天之遥。南京匆匆一晤，瞬逾 36 载，往事历历在目。惟长年未通音讯，此诚憾事"。廖承志迅即指出："3 年以来，我党一再倡议贵我两党举行谈判，同捐前嫌，共竟祖国统一大业。惟弟一再声言'不接触、不谈判、不妥协'，余期期以为不可。"告诫他不要被外人"巧言令色"，"当断不断，必受其乱"。放弃所谓"投降""吃亏""上当"之说。建议蒋经国"试为贵党计，如能依时顺势，负起历史责任，毅然和谈，达成国家统一，则两党长期共存，互相监督，共图振兴中华之大业"。信的最后针对蒋经国有"切望父灵能回到家园与先人同在"之语，提出蒋介石的灵柩在"统一之后，即当迁安故土，或奉化，或南京，或庐山，以了吾弟孝心"。③（查证蒋经国讲话，没有直接对于廖承志来信的回应，只是在当年 10 月 10 日蒋经国在"双十节"的祝词中，宣称"'民国'70 年代必将是三民主义统一中国的年代"；并认为"三民主义统一中国是当前海内外全体中国人一致祈求的愿望，也是'民国'70 年代每一个中国人所要担负的使命"④。倒是宋美龄于 8 月 17 日，给廖承志回了一封信，宣称："余阅及世侄电函，本可一笑置之"，但她认为蒋经国做法是正确的："经国主政，负有对我'中华民国'赓续之职责，故其一在声言'不接触、不谈判、不妥协'，乃是表达我'中华民国'、

---

①《人民日报》，1981 年 10 月 10 日。

②《人民日报》，1982 年 1 月 1 日。

③《人民日报》，1982 年 7 月 25 日。

④《蒋"总统"经国先生言论著述汇编》，第 15 辑，第 37—38 页。

中华民族及中国国民党浩然正气使之然也。"她还批评廖承志背叛蒋记三民主义，并建议廖承志能够参加孙中山所开创的民国大业 [①])。

上述事实表明：中共十一届三中全会以来，对台政策较之以前发生了根本性的变化：

第一，由"一定要解放台湾"转变为"和平统一，一国两制"。自新中国成立至中共十一届三中全会之前，中共一直使用"一定要解放台湾"的口号，三中全会后提出"和平统一，一国两制"的方针，这就在实际上不仅承认国民党统治台湾的现实，而且承诺在台湾与大陆和平统一后，同样尊重这一现实，与台湾当局长期合作。

第二，由"愿意同台湾当局协商和平解放"转变为建议举行两党、两岸"平等谈判，共同完成祖国统一大业"。按原来构想，以和平方式解决台湾问题后，要按大陆方式进行社会民主改革，最后在台湾实行社会主义制度，因此谈判对象是台湾地方当局。邓小平对此次平等谈判解释为：不是中央与地方谈判，"不是我吃掉你，也不是你吃掉我，我们希望国共两党共同完成民族统一"。

1995年1月31日，江泽民在《为促进祖国统一大业完成而继续奋斗》的讲话中，进一步提出："在和平统一谈判的过程中，可以吸收两岸各党派、团体有代表性的人士参加。"江泽民之所以改变国共谈判的说法，是因为随岛内形势发展，当时台湾已出现70多个政党与若干政团，民进党大有夺权之势，国民党已不可能一手遮天。如仍以国民党为谈判对象，不仅不能反映岛内民意，而且不利于台湾未来的发展。将两党谈判改为两岸谈判，不仅符合海峡两岸关系的现状，而且具有前瞻性。至于谈判的名义，经过两岸共同协商，必将会找到"双方都认为合适的办法"。

第三，确立了以国家民族利益为最高原则解决两党和两岸关系问题。这就充分表现了中国共产党人以民族大义为重，主动捐弃两党前嫌，以尽快实现祖国统一的真诚愿望。

中共对台政策何以会发生如此深刻的变化呢？据笔者研究：

从主观上讲，是中国经济建设发展的需要。中共十一届三中全会总结了建国20多年来的经验教训，提出将"工作重点转移到以经济建设为中心的社会主义现代化建设上来"，并重提实现"四个现代化"口号。1982年9月召开的中共十二

---

①　石玉民：《从敌对到握手——两岸关系60年全扫描》，第253页，灵活文化事业有限公司，2012年版。

大又提出在 20 世纪末实现工农业总产值翻两番的宏伟计划。要实现上述目标，就必须有一个安定的环境。要创造一个安定的和平环境，就必须将对台的武力解决政策改为和平解决，逐渐消除两岸的敌对情绪，共同携手为振兴中华而努力。

从客观上讲，是国民党自身形象与美国对华政策均有所变化。就国民党而言，自退守台湾以来，不断反省在大陆失败的原因与教训，并且苦心经营，使台湾经济进入起飞阶段。经济状况的改善与民众生活的提高，使国民党在民众心目中的形象有所改善。最重要之点还在于国民党始终坚持一个中国原则与反对"台独"及其分裂活动。与此同时，美国对华政策的改变与美台"断交"也为和平解决台湾问题创造了有利的条件。

由上可见，"一国两制"构想萌芽于中共十一届三中全会前后，基本形成于 1981 年 9 月至 1983 年 6 月间，进一步系统化、理论化于 1984 年后。"一国两制"构想的基本内容，以及提出这一构想的背景条件、依据、前景、意义等，在邓小平会见外国客人和港澳同胞的一系列谈话中和其他有关历史文献中得到精辟阐述。"一国两制"构想的基本原则，在中华人民共和国香港特别行政区基本法和澳门特别行政区基本法中得到具体体现。"一国两制"构想的伟大意义，已经为越来越多的海内外中华儿女和国际上有识之士所认识。

"一国两制"的前提是祖国统一，主体是社会主义，立足点是和平解决台湾、香港、澳门问题，其实施具有长期性、稳定性、合法性。这一构想坚持了一个中国的原则立场，坚持用和平方式解决台、港、澳问题，充分尊重历史和现实，尽可能照顾有关方面利益，符合中华民族的根本利益和祖国统一的历史潮流，有利于早日实现祖国统一大业，也有利于保持台、港、澳地区的繁荣稳定和继续发展，具有重大的历史意义和广泛的现实基础。

从一般意义上说，"一国两制"是指根据宪法的规定，在一个统一的国家内，实行两种不同的政治、经济和社会制度，谁也不吃掉谁，相互尊重，共同繁荣。作为中国特色社会主义理论重要组成部分的"一国两制"构想，则有其特定的科学含义。"具体说，就是在中华人民共和国内，十亿人口的大陆实行社会主义制度，香港、台湾实行资本主义制度"。[1] 大陆实行的社会主义制度和台湾、香港、澳门实行的资本主义制度，将在相当长的一段时间内和平共处，互不伤害，互不吃掉对方，互相沟通和交流，共同促进祖国的繁荣富强。"一国两制"构想具有

---

① 《邓小平文选》，第 3 卷，第 58 页。

以下四个基本点：

其一，一个中国。世界上只有一个中国，台湾是中国不可分割的一部分，这是举世公认的事实，也是和平解决台湾问题的前提。实行"一国两制"就是要坚持一个中国原则，"问题的核心是祖国统一"。[①]国家的领土主权是不可分割的，必须完全统一。中华人民共和国中央人民政府拥有国家主权，是唯一能够在国际上代表中国的合法政府。统一后的台湾、香港、澳门地区分别作为特别行政区，根据宪法和法律的规定，可以享有其他地区没有而为自己所特有的除国家主权以外的诸多自治权力，包括行政管理权、地方财政权、立法权、独立的司法权和终审权，以及很大的外事权，并可以以统一国家的一个地区的名义，同其他国家和地区保持和发展双边经济关系、进行文化等方面的交往，参加各种民间及国际组织等。台湾特别行政区还可拥有自己的军队，但"条件是不能损害统一的国家的利益"。[②]统一是个大前提。这几个享有充分自治权的特别行政区必须是统一的中华人民共和国的组成部分，是中华人民共和国中央政府管辖之下的地方政府，不带有任何政治实体性质，不能行使国家主权，不能实行所谓的"完全自治"或"一国两府"。否则"就是'两个中国'，而不是一个中国"，[③]就是走向分裂，而不是迈向统一。总之，"制度可以不同，但在国际上代表中国的，只能是中华人民共和国"。[④]

其二，两制并存。"在一个中国的前提下，大陆的社会主义制度和台湾的资本主义制度，实行长期共存，共同发展，谁也不吃掉谁。"[⑤]中央的这种考虑主要是基于照顾台湾的现状和台湾同胞的实际利益。这将是统一后的中国国家体制的一大特色和重要创造。当然，"一国两制"的主体是社会主义。在统一的国家内，社会主义制度和资本主义制度并存，但有主体与非主体之分。即：实行社会主义制度的大陆地区是中华人民共和国的主体部分，行使国家权力职能；继续实行资本主义制度的台湾、香港、澳门地区是中国的特别行政区，行使地方政府的权力职能。也就是说，"两制"中的社会主义是主体，资本主义是非主体。这不是任何人主观意志决定的，而是近现代中国历史发展的必然。100多年来的实践证明，

---

① 《邓小平文选》，第3卷，第30页。

② 《邓小平文选》，第3卷，第30页。

③ 《邓小平文选》，第3卷，第30页。

④ 《邓小平文选》，第3卷，第30页。

⑤ 国务院台办、新闻办：《台湾问题与中国的统一》，载《人民日报》，1993年8月31日。

使中国摆脱半殖民地半封建社会的屈辱地位的不是其他什么主义,而是社会主义。只有社会主义才能救中国和发展中国。拥有13亿人口的大陆在长期奋斗中走上了社会主义道路,并正在卓有成效地进行现代化建设,社会主义制度理所当然地成为"一国两制"的主体。台湾、香港、澳门经济比较发达,但人口约占大陆人口的2%,面积约占大陆面积的3%,显然,无论它们怎样发展,也绝对不可能在全国经济中占主导地位,不可能改变中国的社会主义性质。它们现行的资本主义制度不可能成为"一国两制"的主体。总之,必须"确定整个国家的主体是社会主义"[1],"是有中国特色的社会主义制度"。[2] 正因为中国共产党坚持建设中国特色的社会主义,"所以才制定'一国两制'的政策,才可以允许两种制度存在",[3]才有利于保持台湾、香港、澳门地区的繁荣稳定和实现祖国的和平统一。

其三,高度自治。"统一后,台湾将成为特别行政区。它不同于中国其他一般省区,享有高度的自治权。它拥有在台湾的行政管理权、'立法权'、独立的司法权和终审权;党、政、军、经、财等事宜都自行管理;可以同外国签订商务、文化等协定,享有一定的外事权;有自己的军队,大陆不派军队也不派行政人员驻台。特别行政区政府和台湾各界的代表人士还可以出任国家政权机构的领导职务,参与全国事务的管理"。[4]

实行两制并存、高度自治,并非是权宜之计,而是一个长期的战略方针。从这个意义上讲,"一国两制"的实施具有长期性、稳定性、合法性。在统一主权的社会主义中国,"允许一些特殊地区搞资本主义,不是搞一段时间,而是搞几十年、成百年"。[5] 这是"一国两制"的不可或缺的一个方面。具体说,就是允许统一后的台湾、香港、澳门特别行政区继续实行资本主义制度,使其在50年以至更长的时间里与大陆实行的社会主义制度和平共处、互不伤害、互相促进、共同发展。这种做法并非突发奇想,而是与大陆实行的改革开放政策和三步走的经济发展战略相一致的。在50年以至更长的时间里,允许台湾、香港、澳门地区继续实行资本主义制度,不仅有利于保持这些地区的繁荣稳定,也将对大陆的社会主义现代化建设起有益的补充作用。50年以至更长时间里,中国实现了现代化,

① 《邓小平文选》,第3卷,第219页。

② 《邓小平文选》,第3卷,第218页。

③ 《邓小平文选》,第3卷,第217页,人民出版社,1993年版。

④ 国务院台办、新闻办:《台湾问题与中国的统一》,载《人民日报》,1993年8月31日。

⑤ 《邓小平文选》,第3卷,第219页。

成为中等发达国家，台湾、香港、澳门地区在整个国家经济上的比重更小了，"一国两制"就更没有变的理由。"如果有什么要变，一定是变得更好"，更有利于台湾、香港、澳门地区的发展，而不会损害这些地区人民的利益。① 这一原则已载入国家宪法和有关基本法，受到宪法和法律的保障，具有长期性、稳定性、合法性。因此，即使在实行不同制度的地区之间，或在中央人民政府和特别行政区政府之间出现了矛盾和纷争，也将在不损害国家和民族根本利益的前提下，通过法律程序来解决，而不是诉诸武力，以保证大陆地区和特别行政区的和平、稳定、繁荣和发展。

其四，和平谈判。"通过接触谈判，以和平方式实现国家统一，是全体中国人的共同心愿。两岸都是中国人，如果因为中国的主权和领土完整被分裂，兵戎相见，骨肉相残，对两岸的同胞都是极其不幸的。和平统一，有利于全民族的大团结，有利于台湾社会经济的稳定和发展，有利于全中国的振兴和富强"。②

"一国两制"构想的立足点是通过和平方式"解决台湾"、香港和澳门问题。"世界上一系列争端都面临着用和平方式解决还是用非和平方式来解决的问题"。③ 台湾问题同香港问题、澳门问题的性质不同，却都同样存在一个用什么方式来解决的问题，是战争手段还是和平方式？"一国两制"构想的立足点正是在于通过有关方面的和平谈判，通过允许统一后的台湾、香港、澳门地区保持其原有政治、经济和社会制度，来求得台、港、澳问题的和平解决。"这样能向人民交代，局势可以稳定，并且是长期稳定，也不伤害哪一方"。④ 当然，这里强调用和平方式解决台湾、香港和澳门问题，与不承诺不采取非和平手段的解决方式并不相悖。实际上，不承诺不采取非和平手段的解决方式，正是为了更好地促进和平谈判的解决方式。其理由：一是涉及国家主权，不能对任何外国承诺不采取非和平手段的解决方式。二是避免自缚手脚，防止一旦发生不利于祖国统一的紧急情况时出现无能为力的被动局面。

以上四点是"一国两制、和平统一"战略构想的科学内涵。中共中央在制定这一战略构想的过程中，用"一国两制"的方式解决台湾问题不容任何外国势力插手。

① 《邓小平文选》，第3卷，第73页。
② 国务院台办、新闻办：《台湾问题与中国的统一》，载《人民日报》，1993年8月31日。
③ 《邓小平文选》，第3卷，第59页。
④ 《邓小平文选》，第3卷，第49页。

　　台湾自古就是中国不可分割的一部分，近几十年来同大陆的分离是人为的。尽快结束海峡两岸的分离状态，完成祖国统一大业，是包括台湾同胞在内的全中国人民的神圣职责。台湾问题与香港问题、澳门问题不同，不是恢复行使主权，问题而是实现和平统一问题，这是中国政府的一贯立场。用什么方式解决台湾问题，完全是中国内政，任何外来的干涉阴谋都是中国人民所坚决反对的，也是注定不能得逞的。中国政府坚持用和平方式解决台湾问题，但不能放弃用非和平的方式统一台湾，也绝不向任何外国作不对台湾行使武力的承诺。总之，实现海峡两岸的和平统一需要两岸的执政党、其他党派、社会团体、各界人士和全体中国人的共同努力，"但万万不可让外国插手，那样只能意味着中国还未独立，后患无穷"。①

　　"一国两制"构想清晰地勾画出了和平统一祖国的最佳蓝图，开辟了积极稳妥地解决台、港、澳问题，实现祖国和平统一的可行途径。

　　中国共产党人关于和平统一祖国的方针提出之后，立即在台、港、澳地区和海外华侨中引起了强烈的反响，但是，作为台湾当局最高决策者的蒋经国，对上述问题的回应却令海内外有识之士大失所望。

"三不政策"出台

　　当全国人大常委会《告台湾同胞书》刚刚发表之际，立即遭到蒋经国的强烈反弹。当日，一位台湾当局发言人根据蒋经国的旨意发表谈话称：

　　"我们在任何情况下都绝不会同中国共产党进行任何形式的谈判，我们过去的经验已使我们有了足够教训，无论如何不能相信共产党人。""只有在中国大陆的人民摆脱共产主义时，我们才会坐下来同任何人谈判。"②

　　按照台湾当局这位发言人的论调推论，蒋经国不仅企图将第三次国共和谈的大门紧紧关闭，又将皮球踢回了北京。

　　1月2日，蒋经国在接受法国记者采访时答称：

　　"在任何情况下，'中华民国'绝不会与'中共政权'谈判，也不会与共产主义妥协。"③

---

　　① 《邓小平文选》，第3卷，第31页。
　　② 合众国际社台北，1979年1月1日电，载《一个国家两种制度》，第2辑，第1页，中国文史出版社，1987年版。
　　③ 《蒋"总统"经国先生言论著述汇编》，第12辑，第415页。

1月3日，蒋经国在国民党中常会上，针对全国人大常委会发表的《告台湾同胞书》宣称：

"国人必须提高警觉，洞悉共党'统战伎俩'。共党最近在达成与美建交的野心之后，又处心积虑地对我发动'统战'，诸如提出'祖国统一'的口号，广播暂停炮战。都是恶毒的故作姿态，'国人'应冷静地不予理会。""共党的'统战'居心……我们绝不能信，也不能上当。"①

1月4日，蒋经国在回答德国《明镜周刊》驻香港特派员德萨尼提问时指出："与共产党谈和，无异'与虎谋皮'，应认清共党赤化世界的目标从未改变，其所为'和解''谈判'，都只是为了达到这个目标所使用的不同手法。""为了保障台湾的安全，为了恢复中国大陆8亿人民的自由与权益，我们决尽一切力量，反共到底，绝不与'共匪'谈判。"②

时隔一周后，国民党《"中央"日报》发表社论，题目就是《我们为何不与中共谈判？》。"社论"学着蒋经国的腔调，宣称：北京正在不断对外播送"和平幻曲"，推销"和平膏药"，其目的是"在美苏超级大国的强势之下"，"伪装"和平，争取时间，"以延缓对它的攻势"，并"希图由劣势转为优势"。而且在中共与美建交后，"更可藉和平之掩护来破坏远东太平洋的反共团结，彻底离间中美关系并妄图以此瓦解我士气民心"。

由此可见，在大陆全国人大常委会《告台湾同胞书》发表当月，台湾当局就已经提出了"不妥协、不谈判、不接触"的"三不政策"。

同年1月11日，时任"行政院长"的孙运璇秉承蒋经国的旨意，就《告台湾同胞书》发表所谓的"严正声明"。"声明"宣称：

"自去年12月16日美国与'共匪'宣布建交之后，'共匪'透过它的统战工具"伪"全国人民代表大会常务委员会"发表《告台湾同胞书》，"提出了终止炮击金门，扬言与我通邮通航通商，还表示要和我谈判。这些行动，很明显的，是'共匪'想利用美国与'共匪'建交后，世人不满美国政府背信弃约的错误政策，故意放出'和平'的谣言，来迷惑美国人民，欺骗美国国会和舆论界，企图软化他们支持'中华民国'的意愿，破坏台湾海峡和亚太地区的安定与和平。特别是要松弛我们的战志，影响我们的民心士气，乃至于为它未来的军事行动创造有利的条件"。

1月29日，孙运璇在答美联社记者问时，宣称台湾回归祖国的条件是："唯有

---

① 台湾，《中国时报》，1979年1月4日。

② 《蒋"总统"经国先生言论著述汇编》，第12辑，第422页。

在全中国人民的自由意志受到尊重时，台湾与大陆始能统一。"同时，孙运璇在讲话中放弃了武力"反攻大陆"的政策，宣称："我们从不认为可以用武力解决问题。"①

2月5日，孙运璇再度宣称："要格外提高警觉，加强保密防谍戒备，随时粉碎敌人的一切诡计阴谋。"他宣称："我们与中共之间，绝无谈判妥协的余地，我们有坚定立场绝不会上中共的圈套。"②

2月15日，蒋经国就台湾当局在美国设立新机构发表谈话，其中向美国人表示：台湾国民党当局"'反共复国'的基本国策永远不会改变"。③

4月17日，蒋经国在答复美国柯普莱新闻社特派员凯瑞所提问题时宣称："我们的立场，是绝不与中共谈判，也不与中共发生任何接触。"④

至此，蒋经国和台湾国民党当局已经明确无误地提出了"不妥协、不谈判、不接触"的所谓"三不政策"。也有舆论说，4月4日，蒋经国在国民党的一次内部会议上直接讲了"不接触、不谈判、不妥协"。

1979年12月10日，国民党十一届四中全会在台北召开。针对《告台湾同胞书》，蒋经国《以全民炽热反共意志再造中华》为题到会致辞。文中宣称"共产主义已彻底失败"，攻击四个现代化是中共的"谎言与妄想"，中共的和谈是"统战阴谋"，因此"我们绝不与'共匪'谈判，绝不与'共匪'妥协，任何情况绝不改变我们的立场"。⑤至此，蒋经国的"不妥协、不接触、不谈判"的"三不政策"最终得以形成。

根据"三不政策"，台湾国民党当局在岛内严禁民众讨论和平统一问题，同时不准许外国商船往返与大陆与台湾之间进行直接贸易。蒋经国之所以顽固坚持"不妥协、不接触、不谈判"的立场，主要是基于他对"一国两制"构想的误解和对国共几十年交往的错误理解。当然，最根本的是他头脑中根深蒂固的反共思维方式与历史包袱。关于此点后面将做进一步分析。

"三民主义统一中国"

邓小平提出用"一国两制"的方式实现祖国统一，对蒋经国的政治理念形成

---

① 台湾，《工商日报》，1979年1月30日。

② 台湾，《"中央"日报》，1979年2月6日。

③ 台湾，《"总统府"公报》，第3477号，1979年2月23日。

④ 《蒋"总统"经国先生言论著述汇编》，第12辑，第442页。

⑤ 《蒋"总统"经国先生言论著述汇编》，第12辑，第187页。

了极大的冲击。尽管蒋经国对中国共产党和邓小平的统一主张千方百计地加以攻击，但也不能不让他对中国的统一模式进行了深入思考："许多年来，实施萦绕在国人心中的思考、探索或讨论的一个问题，就是中国的前途。经国也和大家一样，常常在想：中国将有怎样的未来？应该要走怎样的方向和道路？如何才能使我们的'国家'长治久安？如何能使我同胞永享自由幸福？又如何能对世界尽其贡献？这些都是整个中国的问题。"①经过深思熟虑，蒋经国得出的结论是："中国必须统一，但必须统一在三民主义之下。"②

蒋经国为什么特别强调中国"必须统一在三民主义之下"？

众所周知，三民主义学说是中国国民党总理孙中山先生创立的，是中国资产阶级民主革命的理论和纲领，它反映和代表了那个时代的要求和历史发展的趋向，是当时中国一切革命者所信奉的最先进的革命学说。孙中山先生最伟大之贡献就在于晚年将旧三民主义发展成为新三民主义，而新三民主义的最大特征就在于接受了中国共产党反帝反封建的革命纲领，制定了联俄联共扶助农工的三大政策。正是新三民主义成为国共两党两次合作的政治纲领，成就了推翻北洋军阀反动统治和打败日本帝国主义的利器。正因为如此，中国共产党领袖毛泽东在孙中山诞辰90周年时强调，孙中山"在政治思想方面留给我们许多有益的东西"。③

孙中山病逝与国共两党关系破裂后，出现了形形色色的三民主义，最为著名名的就是戴季陶的三民主义和蒋介石的三民主义。蒋记三民主义是戴季陶的三民主义的翻版，故对戴季陶的三民主义做一说明。孙中山病逝后召开的国民党一届三中全会上，戴季陶作为《中国国民党接受总理遗嘱宣言》起草执笔人，宣称"吾党全体一致奉行总理之遗教，不得有所独创"。同时又建议"建立以纯正的三民主义"为中心思想的国民党"最高原则"。④然而在1925年6—7月，对孙中山三民主义"不得有所独创"言犹在耳，戴季陶就以孙中山秘书的身份发表了《孙文主义之哲学的基础》（1945年版易名为《三民主义之哲学基础》）和《国民革命与中国国民党》2本小册子，对孙中山的三民主义进行所谓全面阐发，从而形成了"戴季陶主义"。戴季陶在《孙文主义之哲学的基础》一文中，将孙中山三民主义之哲学基础定位为"民生哲学"，又做一"民生哲学系统表"，以表解方式，将

---

① 《蒋"总统"经国先生言论著述汇编》，第15辑，第88页。
② 《蒋"总统"经国先生言论著述汇编》，第15辑，第97页。
③ 《毛泽东文集》，第7卷，第156页，人民出版社，1999年版。
④ 肖继宗：《革命文献》第69辑，第134页，中央文物供应社，1996年版。

民生哲学与中国"正统"思想联为一体。他反对马克思主义的阶级斗争学说,认为"马克思的唯物史观,能够说明阶级斗争的社会革命,不能说明各阶级为革命而联合的国民革命。中山先生的民生哲学,不但是可以说明各阶级为革命而联合的国民革命,并且把一切的革命历史,都在这一个原则下面,解释出来"。在《国民革命与中国国民党》一文中,强调中国国民党未来发展必须坚持"独占性、排他性、统一性、支配性"和"共信不立,互信不生;互信不生,团结不固;团结不固,不能生存"。戴季陶号召"爱中华民国的中国国民党员,三民主义的信徒团结起来"。① 很显然,戴季陶主义是以唯心主义的民主哲学为理论基础,以反对阶级斗争、反对孙中山三大政策为主要内容的资产阶级右派理论。这一理论继承了国民党中自由派、西山会议派等右派衣钵,打着孙中山三民主义旗号来反对中国共产党,反对用马克思主义指导中国革命,反对新民主主义革命,从而成为蒋介石、汪精卫叛变革命的理论基础和国民党执政后的重要理论依据。

所谓蒋记"三民主义"是与"戴季陶主义"一脉相承的。随着蒋介石在国民党内统治地位的逐渐巩固,他便以孙中山最忠实继承人和最虔诚信徒的面目出现,在"戴季陶主义"的基础上对三民主义作了进一步阐释。一是独揽对孙中山三民主义的解释权。在《中国建设之途径》一文中,蒋介石指出国内有许多理论或主义"都不合于中国建设之用"。"就是同在三民主义之下,还有许多理论,自己任意解释","使得我们四万万同胞无所适从,不知究竟是怎么一回事,究竟是听哪一种说法好"。② 1929年3月5日,蒋介石在开幕词中宣称:"党内的根本弱点,是思想不统一,因为思想不统一,所以意志也就不能一致。因为意志不能一致,所以行动就不统一,团结就不坚固。因为行动不统一,团结不坚固,于是党的纠纷,都是从党员思想不统一而发生。"进而蒋介石批评党内许多人"把总理手创的三民主义置之脑后,他们不根据三民主义去发挥本党的革命理论,而离开三民主义,自己任意发挥个人主观的见解,致使党内理论分歧,思想复杂"。③ 基于此,国民党三大宣言接受了蒋介石的上述分析:"今日党员之所以思想分歧意志摇惑者,乃因其个人昧于党之理论,而为曲解;离于党之意志,而存奢望,党固不任其咎也。"会议要求:"党之理论,本以总理之遗教为理论;党之意志,亦以总理

---

① 李云汉:《中国国民党史述》,第2编,第659—660页,台湾,近代中国出版社,1994年版。

② 《"总统"蒋公思想言论总集》,卷10,第322页。

③ 《"总统"蒋公思想言论总集》,卷10,第378-379页。

之遗教为意志；不容丝毫假借"。① 自此，蒋介石独揽了对孙中山三民主义的解释权。二是蒋介石将孙中山三民主义确立为国家最高根本法。1929 年 3 月 21 日国民党三大："确定总理所著三民主义、五权宪法、建国方略、建国大纲及地方自治开始实行法，为训政时期'中华民国'最高之根本法。"② 这是对孙中山遗教的公开篡改，因为在孙中山《遗嘱》中："务须依照余所著《建国方略》《建国大纲》《三民主义》及《第一次全国代表大会宣言》，继续努力，以求贯彻。"很显然，《第一次全国代表大会宣言》被抽掉了。三是蒋介石在将孙中山描述为中国儒家道德的集大成者的同时，也将三民主义与儒家伦理道德融为一体。1931 年 1 月 19 日，蒋介石在教育部的一次演讲中指出："总理主义的中心及其发生的所在，戴季陶同志在他著的孙文主义之哲学的基础上说'中山先生的思想，完全是中国的正统思想，就是继承尧舜以至孔孟而中绝的仁义道德的思想。在这一点，我们可以承认，中山先生是两千年以来中绝的中国道德文化的复活'。"③ "总理的三民主义的基本精神，就是中国固有历史文化的结晶，和民族美德的遗传，亦即是民族的精神，和国家的灵魂之所在"。"总理就是中国固有道德、继往开来的大圣"。④ 因此蒋介石的结论是：三民主义"渊源于中国正统的政治思想和伦理思想"。⑤

谁都知晓，中山先生的三民主义一方面是承继了中国优秀的传统文化，同时更多地来源于西方的民主主义理念。蒋介石将三民主义儒家化的目的就是为其独裁统治服务的。对于三民主义的哲学基础，蒋介石将它概括为"民生哲学"。⑥ 他的结论是："三民主义是以我国固有的'天下为公'的伦理思想与政治思想做基础的。"⑦ 后来他又将中山先生在认识客观事物中的"先行后知"的唯物主义因素，同王阳明的"知行合一"说与"致良知"生拉硬扯到一起，将"行"字注入了唯心主义因素，为他所极力鼓吹的"力行哲学"寻找理论根据。对于三民主义的基本内容，一方面蒋介石原原本本地讲述其内涵，另一方面则是又将其简单地概括为"感情、法纪、理性"，即"民族主义本乎情，民权主义本乎法，民生仁义本

① 肖继宗:《革命文献》，第 69 辑，第 206 页。
② 肖继宗:《革命文献》，第 76 辑，第 77 页。
③ 《"总统"蒋公思想言论总集》，卷 10，第 450—451 页。
④ 《"总统"蒋公思想言论总集》，卷 12，第 352 页。
⑤ 《"总统"蒋公思想言论总集》，卷 3，第 141 页。
⑥ 《"总统"蒋公思想言论总集》，卷 3，第 140 页。
⑦ 《"总统"蒋公思想言论总集》，卷 3，第 142 页。

乎理"。① 实事求是地讲，这是对孙中山三民主义基本思想的歪曲，是对孙中山民族主义精神和民主革命精神的极大抹杀。对于实施三民主义革命的原动力，蒋介石将其解读为"智、仁、勇"3个字，合拢来说就是一个"诚"字，在"智、仁、勇"中，"仁"是核心就是"博爱"，即"忠、孝、仁、爱、信、义、和、平"八德。② 蒋介石这样解读的目的就是使部下对其独裁统治更加效忠，其结果使三民主义成了他政治统治的工具。

由上可见，蒋介石极力鼓吹的三民主义，不仅被儒化，而且其民族主义精神和民主革命精神也被抹杀，其结果成了其专制独裁手段与工具。早在民主革命时期，中国共产党就对蒋介石实行的三民主义做过系统的分析和比较，明确指出蒋介石的三民主义是"伪三民主义，或半三民主义"。

蒋经国主政后，与其父一样，高举三民主义大旗，以"正统"自居。与其父不同的是，尽管他仍然宣称"反共复国"的老调，但他放弃了武力"反攻大陆"的幻想，希冀通过高唱"三民主义统一中国"主张来反制大陆邓小平的"一国两制"战略构想。关于此点可从下面的实施中得到说明。

1976年11月，在中国国民党第十一次代表大会上的政治报告中，蒋经国谈到国民革命的凭据时强调了"领袖""党魂"和"主义"的作用，认为"在领袖、党魂的感召之下，我们还有一个重要的凭据，就是三民主义"。③ 他认为解决中国问题的唯一途径，就是"台美"联合亚太地区国家，争取并确保世界今后的和平。而只有击败"中共暴政"，"重建一个三民主义的中国"，才能确保亚太地区的和平正义。④ 蒋经国讲这番话时，大陆"文革"刚刚结束，改革开放还没有进行，对台政策还没有任何松动。从这个意义上讲，这只是蒋经国继承蒋介石遗志的政治宣言，还没有从武力"反攻大陆"的阴影下走出来，还没有形成"三民主义统一中国"的构想。

1979年11月24日，蒋经国在建党85周年以《从中国国民党历史看国民革命前途》的专文中，重弹其父的三民主义理念老调。他说："中国人要的是以'忠孝、仁爱、信义、和平'为精神的文化传统，发扬这种文化精神的就是三民主

---

① 《"总统"蒋公思想言论总集》，卷3，第143页。
② 《"总统"蒋公思想言论总集》，卷3，第144页。
③ 秦孝仪主编：《革命文献》，第77辑，第357页。
④ 秦孝仪主编：《革命文献》，第77辑，第362—363页。

义。"①在这里蒋经国同其父一样将三民主义与中国儒家文化画了等号。蒋经国讲到如何把握中兴才识的标准时指出："把每一种新知识，都和三民主义联系，都用三民主义的观点去辨别，这样自己才能有最佳的抉择。"因此蒋经国要求中国的知识分子"要把三民主义中华文化作为自己思想行为的基础"，"要做一个为三民主义中华文化栽根的人"。又说中华文化是"思想源头"，三民主义是"信仰中心"。②

1979年12月10日，蒋经国第一次明确提出了"以三民主义统一中国"的主张。③蒋经国之所以在此时提出这一主张，以笔者之见：

第一，是为了对抗邓小平的"一国两制"主张的一个遁词。在蒋经国的多次讲话中，都强调邓小平"不断对我们推出统战阴谋"，"是共产主义濒临崩溃边缘所耍的花招，企图以'开放'的假象，来掩饰它的失败和罪状，来混淆国际间的视听和观察，更企图在我内部制造分化，进行颠覆"。他还错误地认为大陆30年历史发展足以证明"共产主义已经彻底失败"，重提"四个现代化是谎言是妄想"。④有鉴于此，蒋经国认为：

"我们的反共，是三民主义对共产主义的斗争，是两种完全不同的思想方式与生活方式的斗争，实际上也就是我们'救国'救民与'共匪'祸国殃民的斗争，根本就没有和解妥协的可能。何况如今共产主义在中国大陆已经走入死巷，胜败之势也已十分明显。所以我们不与'共匪'谈判妥协，乃是粉碎它的统战诡计最有效的办法，也是加速'共匪'溃亡最有力的回击。"⑤

第二，醉心于三民主义在台湾基地建设中所取得的成就。蒋经国认为：中国必须统一，究竟统一在共产主义还是三民主义的制度和生活方式下？他认为事实已经证明："三民主义在'复兴'基地的建设已经成功"，"中国的真正统一，便是'光复大陆'，实行三民主义。"⑥在他看来，"三民主义建设在复兴基地的成果与经验，已很具体地确立了民主法治的宪政基础，繁荣均富的经济制度、安和乐利的社会模式"。⑦基于此，他还提出当前台湾的中心任务之一就是"以'复兴'

① 《蒋"总统"经国先生言论著述汇编》，第12辑，第509页。
② 《蒋"总统"经国先生言论著述汇编》，第12辑，第511—512页。
③ 《蒋"总统"经国先生言论著述汇编》，第12辑，第198页。
④ 《蒋"总统"经国先生言论著述汇编》，第12辑，第182—183页。
⑤ 《蒋"总统"经国先生言论著述汇编》，第12辑，第187页。
⑥ 《蒋"总统"经国先生言论著述汇编》，第12辑，第199页。
⑦ 《蒋"总统"经国先生言论著述汇编》，第12辑，第181页。

基地三民主义建设的成果和经验，展开政治登陆，继之以各种行动"，摧毁大陆政权。[①] 会议根据蒋经国的讲话精神，策定四中全会的中心议题为"加强三民主义策进'光复大陆'"，加强台湾建设。蒋介石鼓吹"反攻大陆"已经成了历史笑柄，而蒋经国也在宣传一种政治神话。

第三，是为了因应中美关系正常化的一种对策。美国政府一方面与中国政府建交，另一方面又不愿意放弃台湾，故而在建交不久就抛出了《与台湾关系法》，要求中国大陆承诺对台湾实行和平解决。当然美国政府也宣称要遏制台湾当局对大陆的军事行动。随着蒋介石病逝与武力"反攻大陆"政策的破产，蒋经国最终放弃了武力统一，进而主张"以三民主义统一中国"。此一主张既适应了美国对台湾的要求，同时又消除了台湾社会对武力"反攻大陆"政策的逆反心理。

针对"反统战"需要，蒋经国又策划成立了"反统战"小组临时编组"固国小组"。该组织人员由"国家安全局""国防部""外交部""警备总部""行政院新闻局"、中国国民党文化工作会各机构抽调20人组成。内设行政、计划、资料3个组，设主任秘书总管一切。

"固国小组"成立后的头一个"动作"，就是组织台湾中影公司拍摄了取名《我们为何不与中共和平谈判？》的7部系列影片。由于该片政治色彩太浓，主题与民众愿望相反，所以上座率极低。其后一年多，台湾一些官方、民间的电影公司，不断筹拍以"文化大革命"为题材的影片，企图用文艺宣传的形式来渲染大陆形势的"不稳定"，进行其"反统战"活动。据台湾报纸报道，计划开拍或已经上映的这类电影有：《皇天厚土》《丹尼尔的故事》《古宁头大战》《玻璃房子里的女人江青》《叛谋》《红唇》《假如我是真的》《上海社会档案》《没有打完的战争》，等等。上述影片的共同特点就是试图把国民党当局的反共、"反统战"意图灌输给观众。国民党喉舌《"中央"日报》1980年8月11日社论承认《古宁头大战》影片的拍摄，包含有"反统战"动机。该片导演宣称：这是"属'国策'宣传之一的任务"。其余电影的主要宣传内容均是渲染"文化大革命"时的一些错误，夸大和丑化大陆最近几年主动揭露出来的某些问题，同时宣传台海两岸仍继续存在着军事对峙的紧张情势。国民党中央文工会主任周应龙称，台湾推出《皇》片，"极具反共教育价值"。《"中央"日报》的一篇影评还告诫党外人士，不要高呼"解除戒严"或"共产党不会来"等口号，那是别有用心，唯恐不乱。

---

① 《蒋"总统"经国先生言论著述汇编》，第12辑，第190页。

　　此间，民社党主席蒋匀田借出岛访问之机，到大陆进行访问，曾受到叶剑英的热情接见。蒋经国对此十分不满，"固国小组"对民社党施加压力。1979年8月8日，台湾民社党被迫宣布：蒋匀田访问大陆纯系个人行动，与该党无关。同月16日，该党宣布开除蒋匀田党籍，解除其主席职务，抨击其前往大陆的言行违反反共基本"国策"。[①]

　　1980年1月29日，蒋经国召见他的得力干将王升。蒋对王说："固国小组"在"反统战"上不够积极。"现我们要展开全面性的对敌斗争"，"固国小组"由你负责。[②]

　　蒋经国之所以将此大权交予王升，主要目的是提拔政战系统势力，使之成为蒋介石的"黄埔系"。如前所言，对于王升，蒋经国始终作为准嫡系加以培养。退台初期，王升出任"总政治部"第一副组长。政工干校成立后，先后任教育长、校长。王任校长后，一面担任行政工作，一面讲授"领袖言行"课程，要学生无条件地服从领袖，为领袖生，为领袖死，甚至说："领袖给你官做，你要服从，不给你官做，也要服从。"为了酬劳王升对蒋家的忠心不贰，蒋经国又提拔他出任"总政治部副主任"。此间，王升利用蒋经国的权势与地位，控制了特务、政工实权，人称"毛人凤第二"。蒋介石病逝后，蒋经国又提拔王升为"总政战部主任"，晋升陆军二级上将，成为台湾知名度最高的军人之一。中坜事件后，随着台湾政治气氛的日渐紧张，加上国民党内保守势力的支持，以王升为首的政战系统成为一股相当强大的政治集团。1979年国民党召开十一届四中全会时，王升不仅跻身于国民党中常委行列，参与权力核心的决策，而且其政战系统的梁孝煌也接管国民党组工会主任。自此，政战系统在国民党内势力大增。

　　对于蒋经国委以的"固国小组"负责人，王升事先毫无心理准备，加之直觉这一任务不是他的能力、身份、地位、声望所能承担的，因而对蒋交代的任务从不曾说一个"不"字的王升对蒋坚定地说：

　　"这个任务太大了，绝非我的才学所能负荷，请主席重新考虑。"

　　蒋经国："我考虑过了。"

　　王升绕了圈子再度推卸说：

　　"如果主席认为我应该参与这项工作，请主席遴选一位资深望重的先进负责，我来协助他。"

---

① 张山克：《台湾问题大事记》，第536—537页。
② 尼洛：《王升——险夷原不滞胸中》，第362页。

蒋经国重复说："我考虑过了。你是中央常委，就可以负起这项责任。"

王升在情急之中改口称蒋经国教育长说：

"报告教育长，你知道我的个性，对于任何事情都不敢马虎，以我的能力，工作不一定成功，以我的个性，最后可能造成身败名裂。我个人的失败倒无所谓，但是，我是你的学生，有丝毫的过失，都会连累到你，甚至有人会批评你用人不当，用私人。"

蒋经国再度重复一句："我考虑过了。"

蒋连说三句"我考虑过了"，使王升无法拒绝，最后表示说：

"主席既然决定，自当服从。我个人希望，将这个小组置于中央党部秘书长之下，成为一个业务性的工作室，一切由蒋秘书长彦士先生向主席报告与请示。"

蒋经国不耐烦地说："你们去商量好了。"①

王升走马上任后立即进行两项变动：

一是"固国小组"办公地点由"国安局"招待所搬到信义路黎明文化公司大楼 11 楼，场地比以前大了两倍。

二是改"固国小组"为"刘少康办公室"。

王升在任职演说中称：

"我们这个小组，是'反统战'小组。从'统战''反统战'的现实中看，可以很明显地看出，中共是攻，我们是守。""我们'反统战'的防线是什么呢？'总统'说了：'不妥协、不接触、不谈判'，而如何守住这道防线？就是我们小组的任务。但所有的兵家都知道，最好的防御是攻击，如果我们仅凭消极的意念来守，恐怕是很危险，我们必须抓住对方致命的弱点，不断发动攻势作战，将'敌人'的力量削弱到最低限度，才会让我们守得稳，守得住。"

王升要求部下：

"要以不计个人成败，不计个人毁誉，决心牺牲奉献的精神，来从事这项战斗，期能打赢这场战争。"②

王升还对"刘少康办公室"的性质、位置与工作方式作了说明：

"我们小组的位置，是中央党部秘书长办公室下面的一个特业幕僚群，要向秘书长提出的，是'反统战'的意见、计划、方案。我们不办业务，不对外发公

---

① 尼洛：《王升——险夷原不滞胸中》，第 362—363 页。
② 尼洛：《王升——险夷原不滞胸中》，第 366—367 页。

文，也不用印信。我们要着力的，是研读资料，观察现象，与提供智慧。"①

"刘少康办公室"组成后，王升首先成立基地、海外、大陆三个研究会，聘请专家、学人参加，贡献"反统战"意见。同时每天上午7时到8时坚持早餐会报。会报分为研究会报、决策会报、地区会报、高层会报。研究会报每周一次，由王升主持，研究"敌情"与对策，及拟定各种计划与方案。决策会报每周一次，由国民党中央秘书长蒋彦士主持，在中央党部举行，各有关单位主管参加，协调及通过各项呈报的计划方案。地区会报（基地、海外、大陆）由各地区负责人主持，每两周一次。高层会报由"行政院长"孙运璇主持，每月一次，听取报告及指导工作方针。王升规定：所有重大计划、方案经蒋彦士审阅后，呈请蒋经国核夺，再以中央党部名义分请各部门执行。

透视"刘少康办公室"的工作，主要有以下几项：

在台湾本岛，王升主持下的"刘少康办公室"，举行10万人升旗典礼，以树立"自立自强"信心，增进反共凝聚力；大搞反共全民联战；进行精神文化的动员。根据王升腹案，"反统战"还必须配合肃贪与端正社会风气，改变"政府"在人民心目中的形象，以争取民心。

在海外，王升的工作重点是：要求各单位所派遣海外人员，建立统一指挥的"对敌斗争小组"，以强化海外"反统战"工作。

大陆工作方面，王升加强大陆问题研究，成立心理作战会报，扩大对大陆的广播与空飘。

尽管王升的"刘少康办公室"特别卖力地进行"反统战"，但岛内响应者并不多，且遭到各界人士，特别是来自党内反对势力的强烈反弹，"刘少康办公室"于1983年7月结束，王升被调离。至于王升被调离与"刘少康办公室"结束的原因，后面将述及。

基于岛内一些党外人士对台湾当局所作所为，蒋经国愤愤地说："而今竟有少数无视'国家'前途、置社会责任于不顾的人，不但不知同舟共济，却还千方百计，乘'国家'之危，反来危害'国家'的团结安定；也在挖空心思，破坏政府与民众的关系，削弱'国家'的力量，能不痛心？这些人虽然是极少数，但其心术和行为，实在极为卑劣，实在要被国人所共弃。"②为了回击大陆中共的所谓"统战"，为了平息岛内的反对之声，蒋经国于1980年6月9日发表了《"国家"

① 尼洛：《王升——险夷原不滞胸中》，第367页。
② 《蒋"总统"经国先生言论著述汇编》，第13辑，第26页。

的基本立场和精神》的讲话，将"以三民主义来统一中国"公之于众。同时宣称"三民主义统一中国，是使中国成为自由、和平、强大的现代化'国家'唯一可行的道路"。① 蒋经国错误地认为：大陆"共产制度已经破产"，正在出现"从南到北、从东到西不可抗拒的反共浪潮"。"要解决大陆同胞的苦难"，唯一可行的就是"用三民主义来统一中国"。②

1981 年 3 月 29 日中国国民党于台北召开了第十二次代表大会。蒋经国亲自主持会议，并致开幕词称：

"本次大会的主题，在于肯定 70 年代乃是三民主义胜利的年代，是'重光'大陆的年代。因之大会的各个研究议题，都是环绕着以三民主义统一中国为中心。"③

对于本次党代会为什么坚持"以三民主义统一中国为中心？"蒋经国认为：

第一，"综观近代思想潮流，唯有三民主义博大精深，天下为公，既不偏左，亦不偏右，真正为人类指出一个新的方向。也唯有三民主义才能掌握'历史之舵'，拨乱反正，无任何力量可与对抗。""20 世纪乃是三民主义的世纪，今后的世界也必将是三民主义光辉照耀的世界。"④

第二，大陆共产主义的失败与台湾三民主义建设的成功决定必须"以三民主义统一中国"为中心。蒋经国认为大陆和台湾两个相同的 31 年中，台湾由于"实践三民主义，发扬中华文化，力行民主'宪政'，繁荣'国民'经济，因之，家家丰衣足食，人人安居乐业，树立了一个和谐的、开放的、进步的社会模式，不但适合中国人的生活需要，符合中国人的文化精神，也给中国人开拓了希望的道路，为中国前途描绘出一幅光明的远景"。⑤ 会议通过的《贯彻以三民主义"统一中国"案》也宣称"共产主义祸中国"，国民党在台澎金马复兴基地"三民主义建设的成就，即为大陆重光后，国家建设的蓝图"。"由三民主义建设的成就和经验，体认今日我们的出路，就只有贯彻三民主义'光复大陆'，才能'救国'，才'能统一中国'"。⑥

第三，中国国民党进行"国民革命"的最后一项任务就是救同胞于水火。蒋

① 《蒋"总统"经国先生言论著述汇编》，第 13 辑，第 24 页。
② 《蒋"总统"经国先生言论著述汇编》，第 13 辑，第 31—32 页。
③ 《蒋"总统"经国先生言论著述汇编》，第 13 辑，第 148 页。
④ 《蒋"总统"经国先生言论著述汇编》，第 13 辑，第 160—161 页。
⑤ 《蒋"总统"经国先生言论著述汇编》，第 13 辑，第 154 页。
⑥ 台湾，《"中央"日报》，1981 年 4 月 3 日。

经国宣称："继北伐统一之后，再一次以三民主义'统一中国'，全面实现民主'宪政'，这无疑的也就是本党国民革命所要完成的最后一个任务。"①

为了实现这一目标，蒋经国煞有介事地对如何统一作出了具体的部署：

在政治上，蒋经国声称要贯彻"宪政"，厉行"法制"，加强地方基层建设，做到"人民有权，'政府'有能"。

在经济上，蒋经国声称要"全力推动经济发展"，"提高'国民'所得，实现均富理想"。

在思想文化方面，蒋经国提出"发扬民族精神，提振'国民'道德"；但最重要的任务，"是把三民主义的思想重新在大陆播种，把三民主义建设的实证经验推向大陆，使大陆同胞人心一齐归向三民主义"②。为此，蒋经国特指示国民党中央秘书长蒋彦士，研编三民主义多种版本向大陆发行。当时，国民党中央秘书处将约60万字的三民主义加以浓缩，编成"中国的光明大道——三民主义"。此外还编印了"三民主义精编本""三民主义光辉照耀大陆"等小册子偷偷运往大陆。

在组织上，蒋经国指示成立"三民主义统一中国大同盟"。该会于1982年10月21日正式成立。何应钦、李璜、王世宪、吴三连、陈立夫、马星野、谷正纲、陈启天、蒋彦士、孙治平、高玉树、罗光、罗云平、徐孝等组成主席团。年届94岁高龄的国民党元老何应钦出任"三民主义'统一中国'大同盟主席"。该组织还通过"统一中国"的三大原则是：

（1）中共必须放弃共产主义，实行三民主义；

（2）中共必须放弃无产阶级专政，实行民有、民治、民享；

（3）中共必须放弃马列毛主义，统一在中华文化精神之下。③

何应钦退台后曾闭门反省，远离权力中心。此际，蒋经国把"光复大陆"设计方案的历史重任交与他，他的确有受宠若惊之感。同年11月12日，由何应钦主持"三民主义统一中国大同盟"发起的万民参加升旗典礼。11月18日，何应钦又主持了该盟常委会第一次会议，讨论该盟的组织与编制。翌年2月4日，何应钦在该盟研究工作委员会第一次会议致辞称：

"'三民主义统一中国运动'，是一个长期持续性的政治运动，大陆一日未'光复'，此一运动绝不中止，为达成此一任务，最重要的，是要集中智慧，积极从

① 《蒋"总统"经国先生言论著述汇编》，第13辑，第151页。
② 《蒋"总统"经国先生言论著述汇编》，第13辑，第158—159页。
③ 台湾，《"中央"日报》，1982年10月22日。

事以'三民主义统一中国'学术理论的研究与行动作为的具体策划",更要"不断地设计出因时因地制宜的多元化的工作方法,使'三民主义统一中国'运动的种子,在海内外,在大陆地区生根、发芽、开花、结果。"①

2月7日,何应钦向大陆发表广播,号召大陆"响应三民主义'统一中国'运动"。②

3月23日,何应钦在主持该盟推行委员会常委会临时会议上称:

"应钦今年已经94岁,本来不愿再担负如此的重任,但因各位的鼎力相助,更蒙当局的殷殷嘱托,乃勉强应命。既然接受任务,便要负责认真,推行大同盟的工作,以不负各界付托之重。今后要摆脱其他一切琐事,全力推行以'三民主义统一中国运动',不达目的,绝不中止。"③

为加强"三民主义'统一中国'"的号召力,何应钦还抱病仿照《打倒列强》歌,撰写了"三民主义统一中国大同盟歌"的歌词:

"三民主义,平等自由,耕者有其田,政治民主,民生均富,制度最进步。"

"三民主义,'统一中国',中华民族,团结奋斗。三民主义,'统一中国',中华民族,永享自由。"④

何应钦对歌词加以说明:全部歌词以四字句为主,分为两部分:前一部分六句,表达三民主义的优越性和它的成就。以"平等自由"一句综括民族主义的要旨,以"政治民主"一句综括民权主义的要旨,以"耕者有其田"和"民生均富"两句,综括民生主义的要旨,然后用蒋介石的"制度最进步"一句,将前半部分作一结束。歌词后半部分,以"三民主义,'统一中国',中华民族,团结奋斗"四句,强烈地表达出"三民主义统一中国大同盟"的理想与任务,并且警醒"国人",要争取统一的胜利,必须团结奋斗。最后四句:"三民主义,'统一中国',中华民族,永享自由",是显示"三民主义统一中国"的最终目的。

3月29日,何应钦在一次茶会上宣称:"应钦……以94岁的老兵,仍然担负起为'国家'统一而战斗的重任,自信在中外古今历史上……我还算是第一人。"⑤可惜,何应钦未能达成他的"宏愿",就去见他的老朋友蒋介石了。

---

① 《何应钦将军九五纪事长编》,第1603页。
② 《何应钦将军九五纪事长编》,第1604页。
③ 《何应钦将军九五纪事长编》,第1609页。
④ 《何应钦将军九五纪事长编》,第1610页。
⑤ 《何应钦将军九五纪事长编》,第1611页。

国民党十二大根据蒋经国在开幕词中定下的基调，通过了"贯彻以'三民主义统一中国'案"。会后，蒋经国多次宣称：绝不与中共谈判、接触，不与大陆实行"三通"，"不论人家如何批评，这一基本立场不能改变"。

上述事实表明：从1979年元旦《告台湾同胞书》发表至1981年国民党十二大召开，蒋经国与台湾当局并未从台湾的实际环境出发，为其政治前途开创一条新路，而是坚持了一条"绝不谈判、绝不接触、绝不妥协"的"反共拒和"的"三民主义统一中国"路线。

蒋经国为何死死抱住过去的僵硬立场不放呢？透视蒋经国的内心世界，他之所以如此，一是因为台湾有美国的支持。尽管"台美"已经"断交"，但美国又通过了《与台湾关系法》，继续支持台湾当局与大陆对抗。二是蒋经国最大的王牌并不是美国，而是发达的、被国际社会称之为"亚洲四小龙"的"台湾经济"。他认为"台湾经济"可以同大陆中共比输赢。三是蒋经国的历史包袱太重，现实顾虑太多。关于此点，是指蒋经国错误地吸取历史教训，不相信中共第三次国共合作的主张，他一直把中共和谈诚意看作是"统战阴谋"。

就历史上两次国共合作而言，国共第一次合作时，中国正处在大风暴的前夜，为了彻底推翻帝国主义与封建军阀在中国的统治，必须联合一切革命阶级与党派，方能完成中国革命的根本任务。就当时共产党而言，刚刚成立3年，力量的确非常弱小，又时逢京汉铁路工人大罢工的失败，需要与别的阶级与党派联合，才能得以顺利发展，完成既定任务。就当时中国国民党的实际状况看，它的力量虽比中共强大，在民众中不失为一面革命旗帜，但由于它是一个松散的政治联盟，内部争权夺利，又逢陈炯明叛变，给孙中山与国民党以沉重的打击，致使当时孙中山与国民党正处于绝望之中，急需别人的帮助与合作，才能重振雄风。也正是由于双方都需要援手，两党才走到了一起。在中共的帮助下，孙中山先生重新解释了三民主义，接受了中共反帝反封建的纲领，并确定了联俄联共扶助农工的三大政策，从而使国民党获得了新生。也正因为有两党的合作，才有北伐的胜利与国共两党势力的迅猛发展。非常遗憾的是在帝国主义的拉拢下，蒋介石、汪精卫相继叛变革命，致使第一次国共合作破裂而告终。

也正是第一次国共合作破裂，首先造成国共两党之间长达10年之久的血战。连年不断的"剿共"战争第一次种下了两党之间仇恨的种子。其次，国共两党分裂并未使国民党自身得到好处，得到的是四分五裂，派系纷争的白热化状态。而当时具有相当实力的四派军阀在帝国主义的分裂剥削政策下展开长期的混战。至此，国民党右派的分裂行径将中国拖入了内战的深渊。战争造成了对中国经济的深度破坏，阻碍中国生产力的发展，给中华民族和中国人民带来了无穷的灾难。再次，国民党右派的分裂行径的最大恶果是招致了日寇趁机入侵中国。而国民党当时奉行"攘外必先安内"的国策，在客观上进一步纵容了日寇对中国的入侵。毛泽东在《新民主主义论》一文中回顾国共两党内战史时指出："'剿共'4年（1927年至1931年的'九一八'）之后，就已经剿出一个'满洲国'，再加6年，至1937年，就把一个日本帝国主义'剿进中国本部来了'。"[1]

第二次国共合作是在抗日的基础上产生的。日本帝国主义的步步入侵，使中日民族矛盾上升为主要矛盾，华北危急，中华民族危急。"保卫华北"，"保卫中华民族"成为一切中华儿女的头等重要大事。肩负民族希望的中国共产党人率先喊出了"停止内战，一致抗日"的号召，得到了全体国人的拥护。中国国民党出于维护自身统治与民族尊严，被迫放弃了"攘外必先安内"政策，国共两党再度走到了一起，实现了第二次国共合作。合作期间，尽管两党也有过若干次的碰撞，但两党的斗争大方向始终对准日本帝国主义。经过八年艰苦卓绝的抗日战争，国共两党与中国人民终于迎来了打败日本侵略者的辉煌壮举，从而书写了中华民族反侵略斗争历史的崭新篇章。

非常遗憾的是，当时的中国国民党人并没有记取十年内战的历史教训，在国共两党合力打败日本侵略者创造历史的辉煌之后，没有合力建国，振兴中华民族，而是出于极端的反共情结与阶级本性，置全国人民要求和平、重建家园的美好愿望与世界舆论于不顾，悍然向代表中国人民根本利益的中国共产党发动了战争。就当时中国的实际情形而论，作为中国执政党的中国国民党，其力量远远超过了中国共产党的力量。如果国民党能够遵从全国人民要求和平的愿望，坚持孙中山的联共政策，接受中共长期合作的主张，放弃内战与独裁政策，建立包括共产党人参加的联合政府，就可以避免内战的悲剧，其前途是光明的。然而国民党再度挑起内战，带给人民的不仅仅是灾难，同时也从反面教育了人民，使人民进一步认清了国民党的本质，并同中共一起对国民党逆历史潮流而动的行径展开了殊死的斗争。历史是公正的，顺乎潮流者生，逆乎潮流者亡。得民心者得天下，使民心者失天下。国共两党内战的最终结果是国民党在自己发动的内战中败北。国民党退守台湾后，利用台湾海峡的天然屏障，在美国的保护伞下，开始了海峡

---

[1] 《毛泽东选集》，第3卷，第682页，人民出版社，1991年版。

两岸国共两党的长期对峙时期。

由上可见，中共两次主张国共合作，都是从民族利益出发的。

再就"一国两制"战略构想而言，它不仅顺应了时代的要求，符合全体中国人民的心愿，而且也体现了大陆与台湾人民的根本利益。因此一提出便受到海内外人士的好评。由于蒋经国的立场所致，才将中共的满腔诚意当作"阴谋"。当然亦应看到蒋经国政策的某些变化，这突出表现在统一中国的问题上，强调要用"三民主义"而不是用武力实现统一。蒋经国何以不再提"武力反攻"呢？据孙运璿1981年解释称："一方面是因为这在国际上会产生副作用；另一方面是强调这个口号可能会引起人民的反感。"尽管此举出于被迫，但是他愿意通过和平方法来实现祖国的统一，在和平道路上总算迈出了重要的一步。

由于蒋经国的"三不政策"与"三民主义'统一中国'"主张与两岸民众要求甚远，因此立即受到海内外舆论的抨击，纷纷要求蒋经国改变"三不政策"，实行新的"大陆政策"。

来自海峡对岸的讯息是：

1981年4月14日《人民日报》刊登了民革中央主席王昆仑先生的文章，他严肃指出：蒋经国的主张是"以三民主义统一之名，行反共拒和分裂之实"。

1982年9月7日，时任中共中央总书记胡耀邦在中共十二大报告中再度强调：两岸人民携手合作，"完成祖国统一的神圣使命"，是"全国同胞的共同要求，是历史发展的必然归宿，任何党派和个人都无法抗拒"。敦促台湾国民党当局"审时度势，以国家前途民族大义为重，不要执迷不悟，及早举行国共两党的谈判，共同促进祖国和平统一大业的实现"。①

1983年12月25日，中共中央政治局常委陈云在谈到祖国统一问题时说："现在我们两边虽然吵架，但都坚持只有一个中国，反对'台湾独立'的立场，在这一点上我们两边是一致的。"至于如何统一，"照我们的意见就是用一个国名，一个首都来'统'，其余都可以维持现状不变，就是说既不要用大陆的社会主义去'统'，也不要用台湾的现行制度来'统'，我们认为这是最现实的，是从实际出发的办法。""用三民主义'统一中国'我看不现实，国民党在大陆推行三民主义几十年，结果并不理想。我们搞社会主义只搞了30年，不仅解决了10亿人口的吃饭穿衣问题，而且使人民的生活水平有了明显的提高。""所以国家统一以后大

---

① 《人民日报》，1982年9月8日。

陆还是搞社会主义，台湾的现行制度也可以继续搞下去，我们并不反对。"①

邓小平在同杨力宇谈话时也称：所谓"三民主义统一中国"，这不现实。

原蒋经国的老部下、国民党特赦人员蔡省三先生在国民党"十二大"闭幕后不久发表专文，抨击蒋经国"三民主义统一中国论"是"两大两小"。所谓"两大两小"，就是：其一"偏见大，容量小"；其二是"夸口大，能量小"。

所谓"偏见大，容量小"，试看他们对于隔离了30多年的千万老百姓，要通一封家书都不允许。而要依照他们的偏见，把家书一概列入"统战阴谋"，"其背情悖理，无视民意，莫此为甚"。蒋经国主持的"十二大"所坚持的，"实质是极其褊狭的'一党独裁路线'"。

所谓"夸口大，能量小"，是说蒋经国喧嚣要消灭"中共政权，统一中国"，而且声称要以三民主义统一世界。显然这是蒋经国"大大脱离实际的虚夸，也仅仅是口头鼓噪而已"。就整个力量对比而言，"优势远在大陆一边，遑论'称雄'世界"。"台湾国民党果真有力量打，他们早就挥戈北上了。然而30多年来，他们只能反复搬弄由'反攻大陆'而化缩为'反共复国'的'心战'。这在国民党诸公来说，确是无可奈何的事实。"最后，蔡省三奉劝他的老上级切莫错过了与中共谈判的绝好时机。②

在台湾岛内，各界有识之士均反对"三不政策"，主张"三通"。对蒋经国的"三民主义统一中国论"也表示了怀疑与不满。台湾《薪火周刊》1985年7月29日刊文称："国民党口口声声'三民主义统一中国'，但是三民主义在台湾都未完全实施，竟然还大言不惭说什么三民主义是统一中国最有力的武器。说这么一席令人脸红的话，实在很不得体。"

统一之声

中国共产党提出"一国两制"构想与蒋经国抛出"三民主义统一中国"论后，台湾岛内讨论统一问题者日渐增多，据海峡两岸学者统计，提出统一方案或模式的已达近百种之多。有的接近"一国两制"，有的属于非"一国两制"模式。为使读者对岛内和海外的统一模式有所了解，下面作些梗概介绍：

（1）"大陆主体"类。这种模式是主张用大陆的社会主义制度取代台湾的资

---

① 《一个国家两种制度》，第1辑，第240—241页。
② 《从国民党十二大谈到中国统一问题——蔡省三先生访问记》，载香港，《动向》，1981年第4期。

本主义制度。在这一模式中有三种论点较有特色：

其一，台湾统派王晓波曾提出"改良性'一国两制'"。该论点的理论根据是"不完全继承法"，主张共同商定新国号，将"一国两制"列入新拟定的"宪法"中，由"国大"通过后实施，在联合国，两岸共组"代表团"，"共享一席"，有关各方的外交事务由各自的代表共同表决。①

其二，"一国两制七区论"是吕明灿于 1993 年 8 月提出的。这里的"一国"指一个中央政府；"两制"是以全民所有制为基础的经济与以私有制为基础的资本主义经济；"七区"为经济特区、沿海经济开发区、海南省、香港、澳门、台湾、中国大陆内地的地区等 7 个协作区。认为"一国两制"的实行，应以此一协作区的发展为主。②

其三，"中国和平统一方案"是由黄兴智于 1979 年 12 月提出的。该案主张在中华人民共和国内设置"台湾人民民主自治区"，国旗仍为五星红旗，外加"满地红一圈"。自治区内设"总统"一人，选举产生；军队仍由"总统"统帅，原"大使"一律改为领事馆；自治区侨民同时持国家和自治区护照。③

（2）"台湾模式"类。这类模式除了蒋经国的"三民主义统一中国"与蒋经国、郝柏村的"一国两制"之外，还有"台湾发展模式"，是杨国枢于 1987 年 7 月 11 日提出的。最具代表性的是郭华伦、刘恒修于 1979 年 11 月提出的"台湾模式"、杨力宇于 1982 年 4 月提出的"台湾经验"。此类模式的共同特点是用"台湾模式""统一中国"，实际上是蒋经国"三民主义统一中国论"的翻版。

（3）"一国两府"类。这类模式颇多，基本上是"两个中国"或"一中一台论"，是李登辉执政后台湾当局现行大陆政策的基本内涵。这类模式中最具代表性的有以下几种：

其一，林钰祥于 1989 年 3 月提出的"一个国家，两个对等政府"，即"一国两府"④。这是林钰祥在台湾"立法院"质询时提出的，这种模式与德国模式近似。德国模式是指 1972 年民主德国与联邦德国签订基本条约，承认各自主权行使范围，尊重对方之内政与外交事务之独立自主。时任"行政院长"的俞国华答询时表示：此意见可以作"外交"及大陆政策研究的参考。其后，林氏与吴淑珍分别

---

① 李家泉：《李登辉主政台湾之后》，第 244 页，中国言实出版社，1997 年 2 月版。
② 台湾，《联合报》，1983 年 8 月 1 日。
③ 香港，《广角镜》，1979 年 12 月号。
④ 台湾，《联合报》，1989 年 4 月 22 日。

就"一国两府"向"外交部长"连战质询。连战称"一个中国两个对等政府"的构想，是一项很实际的观点，并称他已对此一问题的内涵加以研究充实。连战还称："对等政府"不同于中共所提的"一国两制"，所谓两制只有共产主义制度及香港殖民地制度，这都已过时，不合中国人所需，我们要坚持的是"自由、民主、均富社会制度"。连战还称：当局"绝不承认中共是代表中国的唯一合法政府"，台湾有"充分参与联合国的权利"①。李登辉对这一主张是默认的，但由于此一主张提出后遭到海峡两岸有识之士的抨击，台湾当局又极力否认这一政策，但在其认知上，便未放弃这一主张。

其二，"一国两地区论"。这一主张是台湾当局继"一国两府"之后抛出的对抗"一国两制"的又一新策略。其全称是："一个'中华民国'下的台湾地区和大陆地区。"

其三，"一国两府四区论"。这是台湾"陆委会"于1993年3月提出的。该主张强调"一国"虚悬主格，使"一个中国"成为仅具象征意义的国家概念；"两府"指大陆与台湾"两个政府"；"四区"指大陆、台湾、香港、澳门。② 这种论点类同于"一国两府""一国两地区"。

其四，"一国两治论"。这一主张是由台湾"清华大学"理学院院长沈君山于1983年12月提出的。沈说：自邓小平提出"一国两制"构想之后，台湾当局除了斥责以外，很少去谈。他宣称在研究邓小平"一国两制"构想的基础上的见解是：未来台湾与大陆的关系，一个值得考虑的方式是共享主权，分拥治权。简言之，"一国两治论"。在一个象征性的国家主权之下，实行不同制度的两个地区，各拥有独立的治权。沈君山还于1985年提出"一国两体论"，前后两个主张近似。

除了上述论点外，还有钟树楠于1985年9月提出的"一个中国两个代表论"，陶百川于1987年10月提出的"两国两制论"，陈庆于1987年提出的"两制一国论"，丘宏达、高英茂于1988年8月提出的"双体制国家论"，高资敏于1989年3月提出的"两个中国论"，尤清于1989年4月提出的"一国两权论"，张亚中于1991年4月提出的"一中两国论"，郑竹园于1992年6月提出的"一国两府两制论"，杨力宇于1995年4月提出的"一国两岸论"。这些主张尽管说法各异，但在当时历史条件下，其实质都与"两个中国"或"一中一台"的主张相近，都是为了抵制邓小平的"一国两制"构想。这些主张今天看来，在事实上既

① 台湾《联合报》，1989年4月22日。
② 台湾《联合报》，1993年5月25日。

有有利于祖国和平统一的一面，又有混淆视听、不利于两党商讨祖国和平统一的一面。

（4）"联邦制"类与"邦联制"类。所谓"联邦制"是指由若干享有独立权限的成员国（或邦、州）联合组成的国家结构形式、国家的整体和各组成部分之间的联邦制度。在联邦国家中，除全联邦的宪法、法律和国家机构系统外，还有各成员国的宪法、法律和国家机构系统。各成员都具有独立国家的特征。其国民具有双重国籍。所谓"邦联制"是两个以上主权国家为共同目的而建立的国家联盟或同盟；邦联不是国家主体，本身没有最高立法机关和行政机关，也没有统一军队、赋税、预算、国籍等。它强调的是各国的独立权，实际是一种松散的国家联盟，不具有真正国家性质。其主要机关是联邦议会，由各成员国派遣代表或首脑参加，共同协商有关重大的问题，其决议须经有关成员国批准方能生效。随着国家经济与政治进一步集中发展和统一，原来的邦联国家先后改变成为联盟国家。在台湾，鼓吹这两种主张的大有人在，其中最具代表性的有以下几种：

其一，"大中华国协论"。台湾东海大学校长梅可望指出：海内外大多数的中国人都同意中国应统一，因为这是历史的潮流，是中华民族感情融和的表现。今天两岸问题的症结是：双方都无法提出能让彼此接受、让彼此都有一点回旋余地的办法来。他还认为：两岸都"不能期待立即统一，而是要循序渐进"。应先仿英国协模式，建立一个"大中华国协"，其以下有三个正式会员："台湾、大陆和新加坡，由三地区中国人组成的政府，在国协中都是完整的政治实体。"其后，世界上华人所构成、人数在5万以上的团体，可以成为次列席会员，例如香港、澳门、马来西亚的马华公会，美国的中华总公所等。如此一来，可把全世界的中国人结合在这个组织之下。在此大前提下，3个主要会员必须尊重彼此的政治独立与主权完整。最后以30年至50年为期，以民意测验的方式，"决定一个适合于所有中国人政体，中国于焉统一"①。很显然，梅先生有点痴人说梦，他的主张实质上是"三个中国论"。

其二，"联邦共和制"。这一主张由姜敬宽于1984年4月提出，其内容是：主张"地方自治"，"用民主方式组成联邦（或联省）政府，分层负责，促进人民的基本自由发展，普及教育，建立合情合理的政治经济制度"。②

其三，周洪钧于1994年3月提出了"新联邦制"。"新联邦制"的主要内容是：

① 台湾，《远见》，1988年2月号。
② 香港，《中报月刊》，1988年6月号。

将中国分成四个新联邦制成员：大陆、台湾、香港、澳门。分三个层次：第一层是大陆，为新联邦中央政府所在地，也是新联邦国家最主要部分；第二层次是台湾，可保留原有的政经制度；第三层次是香港和澳门，作为新联邦的成员直属第一层次。①

在联邦与邦联制中，费希平于 1984 年 7 月提出"大中国邦联"；魏镛于 1987 年 10 月提出"多体制国家"模式，后改为"多体系国家论"；高英茂于 1988 年 3 月提出的"先邦联，后联邦制"。上述论点虽冠以"中华""大华""中国"等名称，实则全是空的，很难在中国实行。

在诸多统一模式中，还有"经济模式""文化统一模式""奥运模式""一中一台模式"。其中侯立朝先生的"民主统一中国论"与陈立夫的"三民主义文化统一中国论"颇引人瞩目。侯立朝先生说：统一，既不是共产党统一国民党，也不是国民党统一共产党，而是由中国人统一中国即"民主统一"。统一的方式是国民会议，统一的基本思想是孙文主义。他还两次写信给国民党中央秘书长李焕，请其转达蒋经国，希蒋效仿中山先生当年空手北上精神，主动到大陆协商国民会议的召开，加速推动大陆政治的民主化进程。侯先生还绞尽脑汁为蒋经国民主北上在技术程序上设计了两种方案。第一种方案是由蒋经国直接宣布北上，测试中共的反应。第二种方案先派代表协商，安排北上以及协商的基本原则。前一种是直接突破，有震撼力！后一种是循序突破，有稳定力。不论采取哪一种方式，"都是一个十赢不输的方案"，只要起步就赢。侯先生还曾直接给蒋经国写信，提出民主北上整个行动的重点是：

（1）协商国共两党共同遵行孙中山先生的建国路线；

（2）以召开国民会议来议定中国统一问题；

（3）用 200 亿外汇贷给大陆人民作为私营企业资本；

（4）在国民会议未召开之前的过渡时期，实行人民交谊、经济交流、体育互访、学生互换等先期活动；

（5）由国共两党先表现两党政治的可行，并全面开放大陆的政治活动和民主选举。②

侯立朝的建议并未被蒋经国采纳。蒋经国病逝不久，国民党元老胡秋原也在"立法院"提出了《当前中国根本问题——民主统一》构想。他认为："我观察世

① 台湾，《海峡评论》，第 39 期。
② 台湾，《中华杂志》，1987 年 2 月号。

界及两岸形势，我愈相信中国人必须在本世纪终结以前完成民主统一、和平建国的基础。"胡秋原的理由是："首先，美俄两霸内心都不愿中国统一。然他们正在均感疲惫之时……其次，在抗战一代尚未完全过去之时，对于统一仍有最具热心支持的力量。最后，台湾现在经济上仍有优势，随着时间的推移，优势将日益丧失，到了被迫统一，就很惨了。"胡秋原不仅提出主张，而且身体力行，于1988年9月赴大陆参访，成为台湾第一个参访大陆的公职人员，并且公开与大陆领导人和民主党派领导人会面，商谈祖国统一大计。台湾国民党当局对于胡秋原的言行基于严厉处罚，于1988年9月21日开除胡秋原的党籍。但胡秋原无所畏惧，并于9月26日在新疆乌鲁木齐发表声明称："对于今日台湾国民党当局对秋原大陆之行之处理，甚感惋惜。想蒋故'总统'介石先生、蒋故主席经国先生在世，断不会有此事发生。"①

1988年7月，国民党元老、89岁高龄的陈立夫先生在国民党十三大向国民党中常会提出一项"以三民主义文化统一中国，建立共信"的提案。提案坚持"一个中国"与反对分裂的主张，坚持"文化统一中国论"。陈还认为"谋求统一必先建立共信"，此话不无道理。陈认为"中华文化为建立共信的最佳条件"。陈立夫这段话从表面看也没什么错，问题是陈立夫口中的"中国文化"就是儒家文化，换句话说，陈的"文化统一论"实际上是蒋经国"三民主义统一中国论"的翻版。江泽民对台八项政治主张中提出中华五千年灿烂文化"始终是维系全体中国人的精神纽带，也是实现和平统一的一个重要基础"。但江泽民所指的中国文化绝不仅仅是儒家文化，100多年来中国有志之士所追求的现代文明，特别是中国特色社会主义文化，已经成为中华文化的重要有机组成部分。

陈立夫还石破天惊地提出"共同成立国家实业计划推行委员会"，合作发展大陆经济，并将台湾1988年初累计的767亿美元的外汇存底中，拿出50亿至100亿美元，向大陆提供长期低息贷款。②这种经援大陆的主张一提出，台湾"朝野"为之震动。台湾《新新闻》周刊发表了陈杰夫的《反共老人要做联共先锋》的专文。尽管陈的提案未被台湾当局所接受，但它的震撼力是空前的，它反映了台湾人民包括国民党元老派盼望中国统一的心愿，表明祖国统一的潮流不可阻挡。

以上诸种方案的提出，进一步表明中国共产党人"一国两制"科学构想的影

---

① 张漱菡：《胡秋原传》，第1172页，台湾，皇冠出版社，1988年版。
② 张学继、张雅蕙：《陈立夫大传》，第662页，团结出版社，2004年版。

响力，表明台湾多数人还是赞成中国统一的，还在为祖国统一出谋献策。但从多数模式的内涵看，还存在着明显的缺点。展望中国统一未来，希望台湾当局在香港、澳门已经回归的基础上，两岸以平等的态度共谋祖国统一的有效路径，尽早完成祖国统一，实现中华民族伟大复兴的中国梦。

华航货机事件

尽管蒋经国念念不忘"三不政策"，口口声声宣称"三民主义'统一中国'"，也未放弃极端的反共立场，但在国际大势所趋和两岸关系新变化的情势下，台湾当局对大陆政策也开始出现了若明若暗的松动迹象，国民党对中共的敌意也有所缓和。关于此点可从以下历史事实中得到说明：

第一，从蒋经国的言行看。蒋经国在 1982 年 10 月 8 日回答美国新闻周刊香港分社主任罗伟林时，尽管尚未放弃他的极端的反共立场，但在大陆的称谓上也发生了变化：称大陆为"中共"或"共党"。① 尽管"匪伪"字眼还能偶尔看到，但越来越少。在 1982 年 11 月 14 日回答《费加罗》杂志时，将"匪首邓小平"也改称"邓小平"。② 1984 年 5 月 20 日蒋经国连任"总统"就职演说时，一方面重复其父蒋介石的"庄敬自强，处变不惊，慎谋能断"老调，一方面强调经国定当本着"有所为、有所不为"和"有所变、有所不变"的秉持，来为"三民主义统一中国""开辟出一条光明大道"。③ 这同蒋经国以往的"绝不改变"形成了一个鲜明对比。与此相关联的是，5 月 21 日，《"中央"日报》发表社论，宣称：大陆全面启动改革开放，"经济上空前大胆地提出了容纳自由经济理念的提高效率追求利润的主张，政治上更进一步提出容许'一个国家，两种制度'的构想，作为新的统战策略。我们当然不能相信共产党任何统战的滥调，然而不能不承认两个基本事实：其一是共产党的做法正在缩短我们与他们之间的制度差距；其二是中共统战策略虽不能影响在台湾的中国人，对外国人和海外华人却不能说全无作用。这两个事实对我们的现状都有负面的影响，不可听其发展，以不闻不问的鸵鸟政策，坐视形势向不利的方向转移。"社论发表在蒋经国就职讲话之后，说明蒋经国的"三不政策"不能不有所改变。1987 年 5 月 6 日，大兴安岭发生大火灾。蒋经国看了新闻报道后倍感痛心。他说："这次火灾是整个中华民族的不幸，不

---

① 《蒋"总统"经国先生言论著述汇编》，第 14 辑，第 275—277 页。
② 《蒋"总统"经国先生言论著述汇编》，第 14 辑，第 283—285 页。
③ 《蒋"总统"经国先生言论著述汇编》，第 15 辑，第 27 页。

能进行讽刺和挖苦"。并且发出号召："无论是谁，如有灭火的方法，请提出来。"

此外在"国旗""国号"问题上，蒋经国也有所让步。例如"亚行模式"（台湾称为"亚银模式"）。众所周知，在台湾当局拥有会籍的少数官方国际组织中，亚洲开发银行是唯一比较有影响的国际组织。1983年初，中国政府要求加入亚洲开发银行组织。美国人基于中美两国三个公报精神，自然不好反对。1月23日《华盛顿邮报》报道了美国国务卿舒尔茨支持中国政府加入亚行。同时要求台湾当局以某种非政府组织形式参加亚行。台湾当局闻此事后高度重视，"中央银行"总裁俞国华致函亚行总裁藤冈真佐夫，提出了3点要求：

"一、'我国'是亚银创始会员国，依会章忠实履行各项义务。

二、亚银不是联合国的专门机构，而是政府间的国际金融组织，'我国'当年参加认股也是依照政府有效治理的台澎金马地区为基础。

三、亚银会章规定会员国如不履行义务可予停止会籍，此外别无其他排除会员的规定，'我国'有充分理由继续担任亚银的会员国。"①

基于俞国华的3点要求，亚行组织并没有排除台湾当局的会籍。1985年初，亚银总裁藤冈真佐夫赴大陆访问，中国政府仍然要求台湾当局采奥运模式称"中华台北"。经过一年多的斗争，海峡两岸在亚行名称上仍有巨大分歧。1986年2月，该会理事会决定接纳中华人民共和国政府为委员，并要求台湾当局改名为"中国台北"。台湾当局则要求中华人民共和国政府改名为"中国北京"，这一要求遭到拒绝。1986年3月19日，国民党中常会举行会议，"外交部长"朱抚松与"总统府秘书长"沈昌焕分别对亚行年会作说明，强调亚行会籍案实为中共"一国两制""统战"态度的一部分，并认为英、美、日的态度是在"帮助中共统战"。认为若"接受更名留在亚银即可恢复各国际组织席位，是办不到的事"。从上述立场出发，台湾当局改变了过去"中共参加，自己退出"的做法，采取了"不退出、不接受、不参加"的"新三不政策"，没有出席第19届、20届亚行年会。1988年4月28—30日，21届亚行年会在菲律宾首都马尼拉召开。台湾当局改变策略，派"央行总裁"张继正参会。在会上，张继正等人还耍一点小花样，据钱复回忆：参会台湾团员"每人都胸戴'国旗章'，并以胶布将胸牌上的亚银擅改的名称贴盖，至于桌位名牌旁，则放置抗议牌。张总裁在演说时也对亚银擅改我国名称表示抗议。中共代表团则针对上述情形散发书面声明，指我团违反亚银与中共谅解

_____

① 钱复：《钱复回忆录》（下），第539页。

备忘录"。①1989 年 4 月 6 日，台湾当局宣布决定派国民党中常委、"财政部长"郭婉容率团参加在北京举行的第 22 届亚行理事会年会。中国台北代表团全体成员佩戴"中国台北"字牌出席会议。台湾当局派代表参加在北京举行的亚行年会，是海峡两岸关系发展中的一个历史性突破。

尽管上述变化并不太大，但它足以表明蒋经国的"三不政策"正在发生动摇，对中共和大陆的敌意也在减弱。正是在上述背景下，1987 年 8 月 8 日，《自立晚报》在第三版上刊登了一幅邓小平在北戴河游泳的照片，照片宽 8.5 厘米，高 7.5 厘米，并有说明与标题，标题是《老邓水中秀》。这在过去是绝对不可能的。

第二，从国民党大陆工作委员会主委白万祥 1981 年 7 月的讲话看。白万祥宣称：国民党中央已经决定对大陆称谓作出了新的决定，有三点新变化：其一，对共产党领导人"直称其姓名"；其二，"在海外，国际之间，则循一般国际惯例称为'中共''中共政权'"；其三，"对大陆心战和宣传上，无论图书、文字、音乐均称其为'中共'，亦有称为'邓小平先生''华国锋先生'的，对中共军队则称为'中国军队官兵们'，而无不妥字眼使之受到伤害"。② 与此相关联的是，"国防部总政战部主任"王升也强调：对大陆的工作要扬弃以往的讽刺、谩骂的方式，而采用"以教代讽，以劝代骂"。③ 从此，台湾报刊中的"匪""伪"字眼逐渐退出历史舞台。

第三，从 2 位台湾"行政院长"孙运璇、俞国华的讲话看。1982 年 7 月，"行政院长"孙运璇在"国建会"上针对"偏安自保"说大加抨击："偏安不能自保，分裂必得灭亡"。1984 年 2 月，孙运璇在一次记者会上表示："只要在平等立场上进行"，台湾同胞可以在国际会议、运动比赛以及文化生活中与大陆同胞交往。尽管孙运璇的反共立场也没有改变，但上述讲话表明对中共的敌意正在减弱。同年 2 月 24 日，孙运璇因脑溢血住院，后台湾"行政院"改组，"经建会"主委俞国华出任"行政院长"。俞国华在一次讲话中说："台湾并没有拒绝谈判，只有不愿意在不平等的地位上、在受压力的情况下进行关系到'国家'命运前途的谈判"。这是台湾最高当局明确地表示了对"三不政策"的松动。

上述迹象进一步表明蒋经国与台湾当局对国共两党和谈及中国统一问题，比 1979 年至 1981 年时前进了一步，尽管时有倒退，但这些微小变化的确令每一位

① 钱复：《钱复回忆录》（下），第 559 页。
② 台湾，《中国时报》，1981 年 7 月 17 日。
③ 台湾，《中国时报》，1981 年 7 月 18 日。

炎黄子孙感到欣慰。

正当蒋经国尚未从陈年的牛角尖中钻出来之际，突发了震撼两岸的华航货机事件。此一事件的突发，从某种意义上讲，真正开始动摇了蒋经国的反共立场与"三不政策"，迫使蒋经国不得不调整其大陆政策，从而为国共两党与两岸接触开创了契机。

华航货机事件的原委是：1986年5月3日下午3时10分，一架台湾中华航空公司（简称"华航"）的波音747F（编号B198号）货机，从曼谷飞往香港途中，该机机长王锡爵将飞机转航大陆，降落在广东白云机场，同机抵达大陆的还有副驾驶员董光兴、机械师邱明志2人及货物22万磅。王锡爵本人要求在大陆定居，和家人团聚。

就在华航货机抵达广州当日，中国民用航空局迅速作出反应，给华航发电，电文如下：

台北

中华航空公司：

你公司的波音747货机一架于5月3日15时10分飞抵广州白云机场。机长王锡爵要求在大陆定居。我局邀请你们尽早派人来北京同我局商谈有关飞机、货物和机组其他成员的处理问题。请用电报挂号22101CAXTCN或电话（北京）558861同我局联系。

中国民用航空局①

华航货机事件的突发，立即在台湾岛内引起强烈反响。据台报称：就在事发当晚，华航董事长乌钺连忙向台湾"交通部长"连战报告事件经过，并请示处理意见。连战在电话中至少有一两分钟无言对答，乌钺还以为电话出了毛病，连喊："喂！""喂！"喊了十余声才听到连战的声音："怎么会发生这事！怎么会发生这事！"接着电话就被挂断了。"交通部"政务次长朱登皋，闻此讯息后连说："糟糕！不幸！"连战绞尽脑汁苦思，实无上策，一面命朱登皋尽快发一声明，华航货机事件与"政府"无关，将由华航通过第三者处理；并上报"行政院长"俞国华和"总统府秘书长"沈昌焕。俞、沈见事体太大，不敢怠慢，急忙呈报蒋经国。而连战、朱登皋、乌钺更是彻夜未眠，研商处理办法。实际上，蒋经国当天就闻知此事，心情极其沉重。5月4日，蒋经国召见郝柏村，谈及华航货

① 《人民日报》，1986年5月4日。

机事件，蒋与郝都想不通，王锡爵过去是优秀 U2 飞行员，为什么要"叛逃"呢？蒋经国认为：大陆中共必然会利用此事件进行"统战"。郝柏村认为华航今后经营必须改革。[①]

就当时蒋经国与连战等人的心态而言，他们非常害怕华航货机事件被中共借机"统战"，难以招架；又怕处理不好，会失去民心，自毁形象。但事情总是要处理的，于是由蒋经国拍板定案：坚决执行"三不政策"，不与中共直接接触与谈判，以免造成两党谈判的印象。但民间则采取"不回避、不退让、不妥协"政策，"华航"为民营事业，似非政府的官方机构，"必要时恐应出面谈判"。[②]为此，台湾当局决定委托香港国泰航空公司全权处理。此外，还委请英国保险公司索机，通过国际红十字会索人。从第二天起，蒋经国指示各大机构大肆报道此一决定，并通过各种媒介，多次宣传：绝不与中共谈判，要华航依国际惯例，迅即向大陆索人、机、货物。

针对台湾当局的上述决定，中国民航局于 5 月 11 日再次致电华航重申：

"贵公司这架飞机的机长王锡爵先生希望在祖国大陆定居，董光兴、邱明志两位先生表示愿意回台湾。我们的态度十分明确：飞机、货物及愿回台湾的董光兴、邱明志两人都交还台湾，请贵公司派人来商谈并办理具体交接事宜。"

我们早已申明，这纯属两个民航公司之间的业务性商谈，并不涉及政治问题。既然是交谈，就应由当事双方直接地、负责地办妥交接事宜，以确保飞机和愿回台湾的人员安全返回台北。

因此，还是请你们派人来商谈解决为好，不必经过第三者，如果你们觉得到北京来不方便，那么你们认为什么地方合适，也可以提出来商量。

我们这一要求是合情合理的，是对贵公司的处境困难作了充分考虑后提出的。如贵公司仍不愿来办理接收事宜，则人和货机之所以不能迅速返回台湾，责不在我，望贵公司三思。我们再次吁请贵公司速作决断，并尽快答复我们。[③]

面对大陆合情合理的要求，台湾华航立即召开会议，反复研讨对策。12 日，台湾"交通部"民航局长刘德敏举行记者招待会，表示："此一事件是单纯的民航事件，不牵涉到任何政治问题，因此，基本上应由华航自行处理。"他还强调："华航为一民营公司，其透过可能途径要求对方交还人及货物的举措，自当由该

① 《郝"总长"日记中的经国先生晚年》，第 302 页。
② 《郝"总长"日记中的经国先生晚年》，第 303 页。
③ 海峡两岸关系协会：《两岸对话与谈判重要文献选编》，第 60 页，九州出版社，2008 年版。

公司自行处理。"同日，蒋经国指定 12 名国民党中常委成立研究规划小组，进行细节讨论。在 12 日前的几次讨论中，对该事件的处理意见相当不一致。元老派持顽固立场，坚称不与大陆中共谈判。而少壮派则倾向于"把索要人机与政治分开"，主张与大陆谈判。在他们看来，国民党的这些教条，多年来经过党外的挞伐挑战，早已成为名存实亡的政治笑话。因此，与其让国民党这样苟延残喘下去，倒不如举行谈判让岛内外的对手都措手不及。经过 12 日台湾最高决策机构的紧急磋商，出人意料地于 5 月 13 日经华航宣布，"基于人道立场"，决定由该公司驻港分公司代表在香港与中航洽谈。华航再次宣布：此为"纯属单一飞行事件"，华航与"政府"没有关系。同日，"行政院新闻局局长"张京育重申"不与中共接触的立场与政策不变"。① 台湾文宣部门动用各种宣传工具，宣称华航这一决定纯为救人，纯粹是一项权宜措施，绝不致因影响及改变"政府"有与中共接触的政策立场。

台湾当局何以在事件发生 10 天之后改变初衷，打破"三不政策"让华航与中航谈判呢？其原因主要有四个方面：

其一，台湾当局不合情理的僵硬立场与强硬态度和做法，引起了台湾社会各界的不满。台湾的一些"立法委员"纷纷质询台湾当局，要求改变"三不政策"，采取灵活措施，解决货机问题。台湾学者要求当局"态度不要那么强硬"，应安排华航与中航在香港谈判。

台湾媒体纷纷发表文章，说王锡爵"冒险投父尽孝"，暴露了台湾当局"三不政策"阻碍两岸民众"实行孝道"，"势必日益造成有形无形的反抗，随时都会有可能突发意外的变故"。

其二，台湾党外势力乘海峡两岸在华航货机事件上陷入僵局之际，欲打"中共牌"，私下酝酿组织民间代表团前往北京交涉归还华航人机的计划。此举令台湾当局深感不安。

其三，美国方面对此事件表示了极大的"关注"。事件发生后，美国方面相当重视两岸的反应。台湾方面不时暗示美国方面不要介入此事件。但多种迹象表明：美国正通过有关管道影响英国，要英国多方面支持、协助两岸谈判。当台湾当局得知此讯息后相当震惊，担心美国介入此事会对中共有利，而使台湾当局更被动。

---

① 张山克：《台湾问题大事记》，第 734 页。

其四，大陆有理有节的处事态度迫使台湾当局最终作出由华航出面谈判的决定。据香港《信报》载："台北突然改变对北京的顽固立场，几乎在一夜之间变得更合理，相信只有蒋经国才有正确的答案。"另据香港《快报》载：华航一位高级职员向该报透露，蒋经国参与了华航与中航谈判的"策划工作"，包括细微部分。香港《中报》也说：蒋之所以决定同中航进行谈判，主要是由于他发现拖下去对台湾当局非常不利：

"第一，王锡爵'投奔亲情'，早已动摇了'国府'的心防，如果再由中共将人机送回，台湾人民会对中共更增好感，对'国府'更增恶感。第二，'三通'的问题早晚必须解决，1997年后华航要在香港续飞，必与中共民航局谈判，与其拖到那时情况更难预测，不如利用岛内外一致赞成'三通'的热潮，趁机予以突破。第三，谈判可以顺便解决'国府'内部权力斗争及蒋经国个人的评价问题。"

蒋经国作出决定之后，中航与华航通过香港国泰航空公司商定：于5月17日在香港举行商谈。中航派出的代表是民航局香港办事处经理张瑞普、民航局国际司副司长卢瑞龄及民航局北京管理局总工程师刘远藩。华航派出的代表是华航香港分公司经理钟费荣、副经理陈勋伟及华航总公司企划处长陈思锦。从17日至20日，双方经商谈，全部达成协议，签署了会谈纪要与说明交接程序及有关事宜的附件。整个商谈气氛融洽，华航方面认为"气氛还可以"。在第一次会谈中，中航代表就明确指出："对具体细节有不同意见是自然的事情，但相信我们兄弟之间没有不可解决的问题。"最后双方签署的会谈纪要如下：

1986年5月3日，中华航空公司B198号波音747货机由曼谷飞往香港途中在广州白云机场降落。中国民航说明，对机上3名机组人员按照他们各自的意愿作出了妥善安排，并对该机采取了必要的保护措施，对机上货物尽可能作了妥善保管。

1986年5月17日至20日，中国民航代表和中华航空公司代表在香港就交接上述货机、机组人员和货物的事宜进行了业务性商谈，并达成了协议。根据中华航空公司的要求，中国民航同意于5月24日以前在香港具体办理上述飞机、2名机组人员董光兴、邱明志和货物的交接手续。该飞机在香港着陆后，由双方参加会谈的代表各3人及记录各1人在机上立即办理交接手续、签署交接书，飞机着陆后有关地面安全保障事宜由中华航空公司负责解决。①

————————
① 《人民日报》，1986年5月21日。

会谈纪要签署后，中国民航局代表张瑞普对记者发表谈话称：

"这次商谈为海峡两岸同胞所共同关注。我们很高兴，我们双方没有辜负他们的期望。这次商谈，双方完全处于平等地位，互相尊重，互相谅解，在融洽友好的气氛中，终于取得了圆满的结果。事实证明，我们同胞兄弟之间的确是没有不可解决的问题。"①

5月23日，双方代表在香港启德机场顺利完成了货机、两名机员及货物交接手续。双方签署交接书后，中航向华航递交了3份材料：两名机组人员的健康证明书、货机上的货物清单、飞机维护工作清单。至此，华航货机事件全部处理完毕。

中航与华航谈判的圆满成功，在岛内外引起的反响比事件本身发生更为强烈。美国《华盛顿邮报》将此事件商谈成功列为头条国际新闻；《纽约时报》也以半版篇幅发表报道与评论。美国舆论普遍认为：两航谈判是国共两党的"首次正式接触"，"首次直接会谈"。日本《东京新闻》发表评论称：此次事件是台湾海峡两岸关系"一举向前发展的划时代事件"。泰国《中华日报》则称：两航谈判成功，"为今后解决类似非政治性问题创下了先例"，"将成为大陆和台湾寻求和解过程中的里程碑而载入史册"。也有外电称"两航"能够坐下来谈判，一方面表明蒋经国"三不政策"的破产，另一方面也表明中共"对台工作取得巨大进展"，是"北京宣传上的一大胜利"。

在台湾岛内，许多报刊、学者，包括台湾国民党籍"立法委员"，普遍认为两航谈判"具有高度政治性"，是对两岸关系发展的重大突破。台湾《中华杂志》6月1日发表题为《论党内外沟通与华航员机归来——"国事"之转机与我们进一步的期望》，认为"这一突破已经创下了一个先例"，"自然会有深远的影响"。《中国时报》也指出：两航谈判"显然是一项重大的突破"。"立法委员"谢学贤认为当局不必否认谈判意义："'政府'发言过于紧缩，往往会掉进自己的圈套而无法解释。"沈君山则声称："此一事绝不是孤立事件，亦非纯属民间事件，全世界都把它视政治问题。"就连国民党在美的四大金刚之一的邱宏达也感慨地说："就中共而言，此次谈判已使其成功地突破'中华民国'所坚持的不接触原则；并为其步步为营的'统战'技术，扫除了初步障碍。"

港报接连以醒目标题发表评论，诸如《历史性洽谈，轰动世界》《石破天惊，

---

① 《人民日报》，1986年5月21日。

国共谈判》《37年暌隔，一飞冲藩篱，双方互让一步，天堑忽变通途》《历史性对话揭幕》《开拓沟通先例》《标志两岸历史新页》，等等。这些评论如《中报》载文称："两航谈判就其影响而言，显然具有高度的政治含义，说它是历史性的重大事件绝不为过。""它标志着国共两党及两岸关系的一个新起点"，"象征了阴霾笼罩下的国共关系已显现新曙光"。

海内外舆论认为蒋经国在处理两岸关系问题上比过去前进了一大步，并要求蒋经国与台湾当局"在更多层面有所突破"，应重估并打破"三不政策"。党外"立法委员"江鹏坚对记者宣称：国民党"三不政策"中，最难坚持的是"不接触"，"目前已出现探亲、通信、学术交流等方面的接触，导致政策与实际间出现矛盾"。"如今'政府'决定由华航在香港与中共民航当局进行洽谈，看起来是小步，但事实上在政策的转变上，却是一大步。"谢学贤说："'政府'能允许华航与中共民航进行洽谈，已显'政府'有充分信心，对中共明显的'统战'有所回应，希望以后在更多层面有所突破。"学者熊玠也不得不承认："'政府'如仍坚持以往的'三不政策'，将陷入死胡同。"他认为两岸接触应延伸，并希望今后政治问题也能同样采用谈判方式解决。

也有些报刊和学者认为：在两航谈判中，台湾受到严重冲击。《联合报》一篇社论称："中共已逼迫我们与他们作了一次正式的、面对面的谈判"，使台湾受到了"严重的冲击"，并带来了一系列的后遗症。由于两航的浓厚特殊性质，很可能加强海内外同胞对"三不政策"所谓"弹性运用的要求或预期"。大家会不期然地联想到："如果发生性质类似的事件，华航的先例是否适用援用。"

由于海内舆论对两航谈判的高度重视与强烈反响，也引起了蒋经国的极大警觉，他令有关部门展开对此次谈判事件反响的民意调查。经调查显示：有15%的民众对华航货机事件的谈判结果表示不满意，有42%的民众认为当局虽仍坚持"三不政策"，但在实际做法上比以前更具弹性。

蒋经国害怕此一事态发展下去会造成后遗症，遂令部下进行"消毒"工作。国民党中央根据蒋经国的指示，于1986年5月30日发表了《我们对华航货机事件应有的认识》的党内文件。文件一再宣称：华航货机事件是"一特殊的、单一的事件"。华航参与谈判是"一单纯的救难措施，也是单纯的个案，不具任何政治意义，也与'政府'既定政策无关"。该文件还宣称：

"华航"货机事件的谈判，虽已达到要求的目的，"但这却不能视为是华航的胜利"，"我们必须警觉中共所以在这次洽商中一再降低姿态的原因"。"可以预见的是，中共必将利用这一机会，持续不断地制造中共与我之间已经开始接触、谈判、妥协的假象，事实上，这也正是中共在对外展露妩媚的笑容背后所藏的利刃。"因此，"国民党中央委员会希望全体国民党员洞察中共这一阴谋"，一定要"坚守国家基本反共立场"。同时强调："不接触、不谈判、不妥协的政策不变。"①

　　"两航"谈判虽然是一起偶然事件，但它的确对两岸关系产生了极其深刻的影响。第一，"两航"谈判是国共两党处于两岸隔绝状态之下的首次商谈，成为日后两岸之间一系列商谈的开端。第二，"两航"谈判虽然属于民间和事务性的商谈，但谈判双方都得到了两岸当局的授权，由此说明尽管蒋经国仍然不断喧嚣"三不政策"，但其"三不政策"从根基上已经开始动摇，并开启了两岸民间商谈的先声。第三，"两航"谈判也为两岸商谈创造了一种模式，即"华航模式"。这一模式就是通过平等友好协商，在相互尊重、彼此谅解的基础上，就事论事，合情合理地考虑对方要求、妥善处理两岸之间的纠纷。

---

① 陈崇龙、谢俊主编：《海峡两岸关系大事记》，第276页，中共党史出版社，1993年版。

第八章　传子构想的夭折

中国是一个有几千年皇权统治传统的国家，虽然封建王朝早已被推翻，但皇权主义观念仍在中国有相当的市场。蒋介石与蒋经国父子俩都是中国传统的伦理思想培养出来的。尽管蒋经国比其父开明，但在他的思想深处，也同其父一样，很难摆脱皇权主义观念的束缚。昔日有蒋介石传位于子，今日蒋经国在接班人问题上也有企图效仿乃父传位于子的做法，特别是在进入 80 年代之后，蒋经国身体恰似动荡的台湾政局一样，力渐不支。自 1982 年 2 月以来，台湾各界一直关注蒋经国的后事问题，蒋经国也预感自己身体状况日趋衰弱，开始把接班问题作为首要问题来考量。

传子构想

对于蒋经国是否有传子之说，海内外众说风云。首先是美国《基督教箴言报》在 20 世纪 80 年代初就刊载了孙梦承的《后蒋经国时代的权力组合》一文，提出了蒋经国的继承问题。该文称：美国研究台湾政治的著名学者康乃利夫在 1981 年 6 月前访台时，"直言不讳地指出台湾已面临领导层的权力继承问题。他并不担心未来领导素质，而是忧虑权力的分配问题。自 1980 年以来，蒋经国先生的身体欠佳，台湾领导层的继承问题就成为国际研究台湾问题学者的切实关心课题。最早是康乃利夫在《岛屿中国》一书中提到，接着科柏、张侠女士、白鲁恂等学者都有相关的论文发表，做各种不同情况的预测。至于台湾内部由于传统观念的制约，加上长期权威统治的影响，使最高当局的身体情况成为言论的禁忌。朝野人士讳莫如深。直到徐策先生在《纵横》杂志上打开僵局，以一篇《谁是蒋经国的接班人？》才开启了讨论继承'继承问题'之门。此后政论杂志风起云涌，多在此问题上大做文章。可是，直到这时仍然没有人敢于直说谁是蒋的继承者。因为谁都清楚，自蒋介石在世的最后几年起，蒋家人继承接班就已经成为定不可移的旧律。因此，坊间的猜测是，蒋家人继承蒋家的执政权仍然可能性极大，问题就在于从蒋家现在的三兄弟中来看，蒋孝文、蒋孝武和蒋孝勇，他们当中谁可以继承父位呢？这简直就是一个不可思议的'未知数'，因为他们3人中没有1人可以与他们的父亲蒋经国媲美"。① 该文对于蒋经国传位于谁没有明说。

80年代中期，香港杂志刊文直接点出蒋经国企图传位于子。1984年3月在香港出版的《广角镜》以《蒋经国的既定方针是传子》为题，刊载了香港特约记者秦凯风在台湾的新闻稿。新闻稿指出：

"现从相关种种迹象表明，台北政坛已经到了权力嬗变与承接的关键时刻。所以，除了统筹全局的经国先生，因其成竹在胸、智珠在握，丝毫不动声色之外，党政高层的相关人士，大抵都处于焦急的等待之中。而关心这一问题的政治观察家们，也不断揣测或摸索最新的消息。整个台北的政治气候，似乎已经到了'山雨欲来风满楼'的悬宕意味。这两年来，经国先生的身体开始出现危险的信号，不时有官邸人员传出经国先生身边增加医护人员的小道信息，因此整个国民党中央的高层权力结构，也开始逐步向'接班'的方向缓缓蠕动之中。似乎蒋经国'交班于子嗣'一说，也成了不争之事实。先是经国先生政躬违和的消息，引至国人莫大的关注，然后就是5人紧急处理小组的组成。正因其病况，例必召开的执政党全会才一再延顺。而长期追随经国先生的王升将军的外放，激起了一连串的政坛变动，无不让人们联想到国民党权力和蒋氏家族将来的兴衰，因此从中可以看到台湾政权的更嬗已经迫在眉睫"。"经国先生的接班安排之所以会形成这样满城风雨的情势，是因为这一问题，不仅攸关台湾政局未来的发展走向，而且亦以1800万居民的福祉息息相关；因为目前所有有望夺取政权的要人，在下一阶段权力核心系统内的进退出处，均将随目前最高当局对权力接班的通盘考虑而趋于明朗。正因为接班问题的重要性无与伦比，在蒋经国的安排上也煞费苦心。在等待中的民众心理，不免随之愈感好奇。""目前，经国先生的交班计划已经眉目渐显，而且可以坦率地说，经国先生将来的交班计划，总体与他故去的父亲蒋介石先生如出一辙。就是，蒋家的政权仍然要交给他的3个儿子来继承和掌握"。②

江南事件发生后，蒋经国两度表白蒋家人不会继任"总统"。但一些媒体就是不相信，台湾《观察台》杂志就刊出了笔名"小钢炮"的文章：《蒋经国想瞒天过海，蒋孝勇才是蒋家的真正后主》。该文称：

---

① 美国，《基督教箴言报》，1981年5月7日。
② 转引自窦应泰：《最后的蒋家——蒋经国传承计划夭折记》，第6—7页，团结出版社，2014年版。

　　"蒋经国先生敢当着美国记者和民进党之面保证他的权柄不传蒋氏后人，听起来有些信誓旦旦。似乎蒋家人不能继任已成定局，可是明眼人还是从他的话里看到了隐藏在幕后的玄机。那就是在蒋孝文和蒋孝武昆仲双双成为政坛'死虎'之后，后面另有一个最大的隐藏者，他就是蒋经国先生的三子蒋孝勇。近几年来，蒋经国身上的包袱实在太重了，甚至有点让人担心他无法完成国民党交班继任的大业"。他身上沉重的包袱主要是因为"他必须保持已故去蒋介石的政治衣钵——那就是蒋经国也绝不可能轻易把蒋介石用数十年打下来的江山，轻易交给与蒋家毫无历史渊源的政客。前些时有人在传说，蒋经国已经看中了一个台湾籍的政客作为他的接班人，这个人就是李登辉。可是，这种猜测其实是不可靠的，任何人都相信这样一个事实，蒋经国是一个忠信之人，他不可能背叛其父蒋介石行事的宗旨。那就是，蒋家的江山必须要留在蒋家人的手里。"①

　　对于上述几种说法，台湾当局及一些学者一直持否认态度，认为蒋经国晚年在接班人问题上的构想是集体接班。曾任国民党中央副主席、"行政院长"的郝伯村在答记者问时称：经国先生"强调要靠制度，没有强调说是要由哪一个人来接班，哪一个人合适，这方面我看不出来。他似乎没有选择接班人的意思。如果说有的话，总统人选，他是曾经寄望孙运璇。但问题是，他没有一个整体备案的计划，孙先生一病，整个就乱了，没有一个备胎"。郝伯村还说："党方面，他曾一度要设副主席，当时副主席显然不是'副总统'，后来也没有设。他想用制度，但我们的制度非常靠不住，是因人而异的。"② 郝伯村的话也不能说一点道理没有。但台湾也有些学者持"传子"之说。大陆学者对此既有"捕风捉影"之说，又有学者认为郝伯村的说法混淆了蒋经国的本意与最终结果之间的关系。从蒋经国的最初构想看，坊间传他在接掌国民党中央主席与"总统"大位之后，其既定方针是传位于子。而蒋经国对此绝对不会一无所知，但始终没有否认，只是在江南命案搞得台湾政局沸沸扬扬的情况下，才在1985年宣称蒋家人不会选下一届"总统"。有鉴于此，有学者认为从两蒋对第三代态度的蛛丝马迹看，有传位于第三代的迹象。

　　为了搞清事情原委，笔者以为有必要搞清蒋氏家族第三代的基本情况。就蒋氏家族而言，蒋介石是第一代。第二代指蒋经国、蒋纬国兄弟俩。尽管蒋纬国不

---

　　① 台湾，《观察台》，1986年3月5日。

　　② 郝伯村：《郝"总长"日记中的经过先生晚年》，第409页，台湾天下文化出版股份有限公司，1995年版。

是蒋介石的亲生儿子，但他已经过继给蒋介石。第三代系指蒋氏兄弟的子女辈。

蒋经国与蒋方良夫妇膝下共有三子一女，即长子蒋孝文、长女蒋孝章、次子蒋孝武、三子蒋孝勇。三男一女的文、章、武、勇均为蒋介石所赐。此外还有蒋经国与章亚若生下的一对孪生兄弟章孝严、章孝慈，因姓章，当时难以列入蒋氏家族之后。不过在蒋经国病逝之后，兄弟二人已自将身份公开，章孝慈于1996年病逝，章孝严专程赴大陆认祖归宗，正式改姓蒋。

在蒋氏三兄弟中，蒋孝文不仅是长子，而且是最吸引人的一位。蒋孝文生于1935年12月4日。他长得英俊洒脱，极获宋美龄喜爱。由于他生长在"天下第一家"，自幼受到太多人的逢迎、恭维、纵容以至拍马奉承，加上一些清客、副官、侍卫等的引诱包围，致使他未能像正常人一样生长。由于他是蒋家长孙，蒋家对他的期望太高。蒋氏父子退守台湾后，遂送他到陆军军官学校训练，想把他培养成一名像阿爷一样的军事强人。但蒋孝文却非常不喜欢这种严格的军事教育，所以接受训练不久，即赴美留学，在旧金山攻读管理方面课程。在美学习期间，蒋孝文学业不精，却在拼命追求同在美国学习的徐乃锦。关于蒋孝文与徐乃锦后来的结合，还有一段小小的插曲。

徐乃锦是民主革命先烈徐锡麟的孙女，与蒋孝文一起长大，但小时性格并不合，只不过是普通朋友而已，蒋孝文在美留学时巧遇在美读书的徐乃锦，故发生恋情。消息传回岛内，蒋经国欣喜不已，但徐家却反对这门亲事，害怕日后蒋孝文闹婚变。在此情形下，蒋经国却颇为大度，亲自提一篮水果去徐家求亲，致使徐家不好再反对。据台刊载，蒋经国之所以为长子婚事不惜屈尊，主要是蒋经国看到其长子玩心太重，像一匹脱缰野马，而徐乃锦则是一位坚强、勇敢的女性，蒋认为她将来必能协助蒋孝文创大业。从这个意义上讲，蒋、徐的结合有点像当年蒋介石与宋美龄的结合。

台报舆论认为蒋介石与蒋经国在刻意栽培蒋孝文问题上是达成共识的。关于此点可从下列事实中得到说明：

一是蒋孝文在美国酗酒超车官司问题上，足见将经国对蒋孝文的高度栽培。蒋孝文喜欢飙车，他在美留学期间无视美国法律，把美国当成了台北，于1960年1月23日在加州酗酒飙车时，被美国警察开了罚单。但蒋孝文根本不把此事当回事，结果接到法院传票。美国法官在明知蒋孝文身份的情况下，坚持要求追究蒋孝文的法律责任。台湾当局驻旧金山总领事孙碧奇经调解无果后，无奈地向"外交部"发电称：

"蒋孝文于上月 23 日在奥克兰驰车过速，被交通警察截获。给予通知，嘱于今日出庭。职应孝文之请，事前先洽奥克兰市长协助，经其洽商主管法官费雪未获免究。今晨职偕该市府执行秘书向法官解释，请其从宽发落。该法官执法甚严，坚持因孝文行驶过速，每小时达 80 英里，照章应使监禁 5 日之处分。职再三恳求，告以孝文身份，并持有'外交'护照，经美驻华'大使馆'给予外交签证，如被严厉处分，则报纸刊登，影响之巨。可授亲共人士以恶意宣传资料。进而影响'中美邦交'，乃联合反共阵营等语。法官最后允诺缓庭一个星期，以待确定孝文是否确有外交官身份，再行定夺。查孝文虽持外交护照及签证，但美国移民局只承认其学生身份，而美国国务院'外交'名册上亦无此名，照章则无'外交'豁免权。除非我给予正式的'外交'官职衔，方可以要求豁免。经将此事电话驻美'大使馆'许大使（绍昌）商酌，据复此事颇有困难，尚待研究。"①

台湾"外交部"未敢将此事上报给蒋经国，但蒋经国从英文报纸上获知此事后相当棘手。宋美龄最喜欢蒋孝文，她得知此事后立即电令"外交部长"黄少谷过问此事。黄少谷电令台湾当局驻美"大使"馆"公使"朱抚松，朱抚松告知黄少谷美国法院知道蒋孝文的身份，而且明确告知不能豁免。蒋经国得之后给蒋孝文写了一封快信：

"孙总领事碧奇兄请转孝文：

余对此事焦虑万分，经多方考虑，此时不宜提出'外交'豁免权问题。并应予遵守美国法令，依照规定处理。切勿意气用事，否则必更将被人利用，扩大影响。其后果是不堪设想。事已至此，惟有以忍辱负重之态度处之。一切应尊叶大使之决定，就近商洽孙领事与舅公办理。其他问题，俟此案结束以后，再作处理。务必遵照此意办理为要。父示。"②

与此同时，蒋经国又给台湾当局前"外交部长"、现任台湾当局驻美国"大使"叶公超写了一封信：

"公超先生大鉴：

犬子孝文在奥克兰驰轩过速，被当地法院传托。照章将受监禁 5 日之处分。此事虽小，恐将被人利用扩大制造政治事件，恳请先生鼎力设法，妥为处理。

① 转引自窦应泰：《最后的蒋家——蒋经国传承计划夭折记》，第 42—43 页，团结出版社，2014 年版。
② 转引自窦应泰：《最后的蒋家——蒋经国传承计划夭折记》，第 44—45 页，团结出版社，2014 年版。

不敢对小儿有所庇护，实为国誉计不得已而作此请求也。敬请大安。晚经国敬叩。"①

就在蒋经国给叶公超写信的同时，"外交部长"黄少谷也给叶公超发了一个特急公函：

"叶大使公超先生鉴：

关于孝文事，经国兄至为忧虑，昨晚今午部署与书楷（'外交部'常务副部长周书楷）、功权（'外交部'美洲司帮办夏功权）及弟长谈，现在唯有采纳许公使（台湾驻美国公使许少昌）所提办法，有使馆函美国国务院转法官盼能以缴销执照及缴纳罚金代替监禁处分。如法官坚执判处监禁，也盼能办到无限期缓刑。如法官不准判缓刑，不知能否及宜否上诉。盖照绍昌所言，孝文须对奥克兰法院放弃抗辩，即放弃抗辩，不知在宣判后能否上诉，即能上诉，其影响所及是否较接受处分更糟？又如法官不缓刑，我方复不能上诉，是否可以向法官示意拟自动离境而避免监禁。总望能避免监禁也。凡此均请兄等决策处理。至感至感。"②

以"外交部长"之尊屈求于驻美"公使"，在台湾历史上极为罕见。许绍昌第二天就去见美国礼宾司司长布坎南，布坎南以国务院名义给奥克兰地方法院法官费雪称："中国留学生蒋孝文先生系'中华民国'总统蒋介石将军的嗣孙。此次蒋孝文因超速行驶触及我们法律，理应依法惩治。但因'中华民国'与我国的国情有所不同，因此该国对我方处理此案时表现出的过分强硬，亦难免生出种种歧义。查蒋孝文虽无外交豁免权，但我方仍需从国际形势加以考虑，如你院能够在法律允许条件下优于处理此案，至为感谢！"③布坎南怎么也没有想到，费雪竟不买国务院高官的帐，还将此事透露给报社，以显示其客观公正的形象。后经台湾"外交"部门的多方努力，蒋孝文监禁3日，缓刑2年。有舆论说这个结果显系"外交部长"叶公超努力不够，致使叶的"外交部长"一职不久被黄少谷所取代。

蒋孝文由美返台后，曾担任过桃园县党部主委、台电台北两区营业处主任等职。在台电任职期间，蒋孝文深得台电总经理孙运璇的多方照顾。有人认为孙运璇后来深得蒋经国信任和提拔，是与对蒋孝文的照顾有关。正当蒋孝文在蒋经国

① 转引自窦应泰：《最后的蒋家——蒋经国传承计划夭折记》，第46页，团结出版社，2014年版。

② 转引自窦应泰：《最后的蒋家——蒋经国传承计划夭折记》，第46页，团结出版社，2014年版。

③ 转引自窦应泰：《最后的蒋家——蒋经国传承计划夭折记》，第47页，团结出版社，2014年版。

刻意栽培下准备大展宏图之际，却不料患了一场大病，此病情一直处于保密状态。据见过生病后的蒋孝文的人称：从外表看起来，他与常人无异，只是谈起话来，经常无法连贯，无法长时间集中精神，时常反复问同样的问题。事实上，就在蒋孝文35岁那年的一次醉酒后，因为血糖过低而昏迷。蒋孝勇后来说："他昏迷了2天2夜，才被人发现，送医急救，医院都不愿收！""以后勉强救活了，他也就变成了那个样子，因为脑子坏了嘛。"蒋孝勇认为：父亲固然责罚大哥也不少，但内心最在乎的，还是他大哥，"因为大哥是在我父母最艰苦的时候出生的，表现得再怎么不好，总是有这样的特殊感情在"。蒋孝文酗酒，却又经常醉酒，做父亲的蒋经国则是酒量很好，蒋孝勇指出：父亲为了劝他大哥戒酒，在身教重于言教考量之下，自己首先就戒了酒。然而为长子费了那么大的劲，蒋孝文却仍出了事，也成为蒋经国的终身之痛。①

蒋孝文突然大病后，忙坏了蒋氏家族，当然受打击最重的还是徐乃锦，她为了陪伴蒋孝文，辞去工作，整日侍候于病中的蒋孝文，真可谓是中国传统型的贤妻良母。蒋孝文失势后，徐乃锦并未失去长嫂如母的地位，两个小叔子和小姑都敬她三分。徐乃锦后来在台湾女青年会供职，据台湾报刊称。她是一位充满活力与自信的职业女性，而且在工作中很少提及她的家庭，脱离她的家庭角色，跟你面对如同常人一样。徐乃锦还特别喜欢艺术，工作之余最喜弹钢琴。她在台湾"中视"国际事务室担任5年执行秘书，曾为"中视"制作"民谣世界""音乐123"两个音乐节目。她和蒋孝文的独生女蒋友梅，继承了她的音乐天性，也从事艺术学习。

有人说：如果蒋孝文身体不出意外，以他50多岁的年龄和蒋家的刻意栽培，很可能在政治舞台上超过蒋孝武，然而人算不如天算，病魔使他远离权力中心。1989年，在他父亲去世的第二年，他也撒手西归，走完了他的生命里程。

蒋经国的女公子蒋孝章生于1938年，比孝文小3岁。由于蒋家"国"字辈无姐妹，"孝"字辈又仅有她一个女孩，深得祖父母和父母的宠爱。小时候蒋孝文比较顽皮，常惹父母生气，蒋经国一生气就将蒋孝文绑起来打。挨打时他常喊"孝章妹救命"，因他知道父亲最喜欢妹妹，她又会向父亲撒娇。长大后，蒋孝章被送到美国求学，这一举动显示出阿奶的影响力。在美求学期间，她与官场资历辉煌的俞大维之子俞扬和邂逅，两人一见钟情，1960年便举行了婚礼。

---

① 王力行、汪士淳：《蒋孝勇的最后告白》，第30—31页。

在蒋家第三代中，唯一不抓权的就是蒋孝章。她与俞扬和结婚后，长期居于海外，每年回台省亲之际，总是悄悄地来，悄悄地走，不张扬，不惊动亲友，甚至连蒋家的亲戚也不知晓。蒋孝章这种作风在蒋家第三代中颇为少有。

在蒋家第三代中，当时以蒋孝武最有政治行情。蒋孝武1945年4月生于奉化老家。蒋介石也想孝武学武，但他像哥哥一样，对严格的军事训练不感兴趣，选学了政治学，他毕业于前联邦德国慕尼黑政治学院。读书期间，也效仿其兄，谈起了恋爱。他的第一个妻子汪长诗是瑞士籍，毕业后即到美国结婚。当蒋孝武准备结婚时，蒋介石于1969年12月9日曾致函蒋孝武说：

"武孙，你来信与长诗英文 皆已收到，甚为欣喜，祖母病后，右手尚不能握笔写信，故不能作复。但近来日有进展，勿念。你们在外国结婚，未能亲临主持为念，惟望你们能早日成婚，'回国'相见为盼。特趁你母亲来美主持婚礼，故顺带此一函作贺。甚盼一切欣乐为祝。祖父母示。"[1]

蒋孝武婚后由美返台。从25岁起，蒋孝武就在蒋家亲近者赵聚钰（湖南军阀赵恒惕之子）和严孝章（严复之子）两位叔叔身边做人做事。在蒋孝武26岁那年，蒋经国就让他担任"官兵退除役辅导委员会"的顾问一职。除此职务外，还让他熟悉党务，不久他当上了中央政策会委员和组织工作会委员、国民党中央部秘书处秘书。与此同时，蒋孝武还担任"中央广播电台主任"、华欣文化出版中心主任、广播事业协会理事长及报业协会理事等职。从1976年起，蒋孝武逐步涉足情报工作，心战、情治会报、"反统战"等部门他均参加。以上各种职位及职务均属握有实权的工作，虽与台湾的文官制度无涉，但却涵盖党务、军特、文宣等重要控制系统。

众所周知，台湾握有实权的机构，不是国民党中常会，不是"行政院"，而是国民党情治系统。蒋介石政权在大陆时期历来是依靠军队和特务系统维持其统治，到台湾后由于实行军事长官3年轮换制，军队完全受制于情治系统的政工部门，情治系统遂成为维持蒋家统治的支柱。过去蒋介石传子，曾让蒋经国主管"总统府"资料组，蒋经国让蒋孝武担任"国家安全会议"执行秘书，异曲同工。无论是资料组，还是执行秘书，这个位置实际上是整个统治机构的中枢。对蒋经国煞费苦心的安排，蒋孝武心领神会。对此，洪大路在《美丽岛》杂志第215期上发表《国民党第三代接班群的形成》一文中评论道："蒋孝武特别卖力与深入

---

　①　笙声：《蒋家三代婚姻与家庭》，第229页，中国文史出版社，1989年版。

台湾社会各阶层的调查局挂钩，凡调查局同仁的婚丧喜庆事，皆由他出面主持，借机拉关系套交情，情治系统完全在蒋孝武的主控之下，江南命案的发生证明这一说法是有根据的。"

对于蒋经国要传位于蒋孝武的传闻，蒋孝勇是这样记述的："那时在祖父过世以后，外面有些谣言，始终不断，认为我父亲准备栽培我二哥做接班人。这是让我父亲很生气的一件事情，所以从那以后，他要出去就带着我，让谣言不攻自破。"①

蒋孝武不仅官运亨通，且情场十分得意。他与瑞士籍夫人离婚后不久，便开始追逐出身洋化家庭、年轻貌美的蔡惠媚小姐。经过 10 年的恋爱之路，蒋孝武才如愿以偿，于 1986 年 4 月与蔡小姐完婚。那年蒋孝武已步入不惑之年，蔡惠媚尚未进入而立之年。

蒋经国的三公子蒋孝勇生于 1948 年 10 月 27 日。他在中学毕业后便进入陆军军官学校学习。这是蒋介石唯一的期盼，在第三代中终于有一个学军的。但非常不幸的是，蒋孝勇在校学习期间因不慎足踝受重伤，蒋介石得知后，于 1969 年 2 月 24 日写信给蒋孝勇说："勇孙，昨天电话未尽所怀，如你足疾久不愈，恐难成为健全的军人，实为我半生以来最大之忧虑，乃非言语所可形容也。现在既然如此，只有一切听从医生之言，凡使你足疾能愈之办法，都得照办，再不可有勉强'充好汉'之行动，手携拐架，无论上课或上餐厅，亦只有提用，勿以为羞是要。石膏如未得医生许可亦不可拆除，虽不方便，亦只有忍之。苦非如此持久自制与强勉行之，则恐难望痊愈了。务希切实遵办，再不可自充好汉。切勿见忘。"②

3 月 14 日，蒋介石又致函蒋孝勇说：

"勇孙，你上次来信，我已接到了，祖母亦甚高兴。昨闻你已病入医院，不胜系念，今特写信交武孙带来慰问，如你下周仍未痊愈，我与祖母就要南来看你，想与你同住几日，在西子湾养病或比医院为佳易愈也。余不多言，望早痊愈。"③

蒋介石两封来信，表明他特别期盼蒋孝勇能成为一个标准的军人，像他那样，再为蒋氏家族扬威。然而蒋的愿望又成为一场梦，蒋孝勇身体很难适应严格

---

① 王力行、汪士淳：《蒋孝勇的最后告白》，第 72 页，时事出版社，1998 年版。
② 笙声：《蒋家三代婚姻与家庭》，第 239—240 页。
③ 笙声：《蒋家三代婚姻与家庭》，第 239—240 页。

的军事训练，转学到台湾大学政治系就读。读书期间，同台湾公路局副局长的长女方智怡打得火热，1973 年 7 月蒋、方结合。当时因蒋介石特别高兴，还将此消息发了新闻稿，并配了一张蒋介石与蒋孝勇、方智怡结婚的照片。这在蒋家第三代的婚礼中是从未有过之事。

蒋孝勇大学毕业后，蒋经国首先让他熟悉党务机构业务，让他在"革命实践研究院"任职。尽管许多高级干部对这个乳臭未干的小子来掌管高级干部训练深表不满，但敢怒而不敢言。

除进军党务之外，蒋经国看到蒋孝勇对实业有兴趣，遂将他放到金融、工商界，经营党营与公营的生产事业。这若干年，蒋孝勇将主要精力掌管"中兴电机"与"中央玻璃公司"。他到"中兴"后，使原没有能力制造大型冷气机的公司，遽然摇身一变，变成了冷气机的生产大厂，凡是当局的重要建筑，有安装几千吨、上万吨冷气机设备招标时，"中兴"总是出来竞标：它可以用低于成本的低标先标下来，然后再以高于原价标转包给有能力制造合格产品的厂商，到时候，他们施展神通，请发包的当局单位追加预算，达到"中兴"有大利可图为止。蒋孝勇成为蒋氏家族中一位有相当实力的实业家，在国民党"十二大"上，他也被选为中央委员。

蒋经国不仅插手让蒋孝武、蒋孝勇参政，而且还让其庶出的章孝严进军"外交领域"。章孝严与章孝慈兄弟是蒋经国与章亚若的私生子。关于蒋、章之间的关系，海外传闻甚多，社会上渐渐知道章氏兄弟与蒋经国有血统关系，而章孝严也公开承认他是蒋经国的私生子。章亚若生下二子之后暴毙于桂林医院。对于章亚若与蒋经国的恋情和章亚若暴死，两个当事者不说话，两个孤儿也不明底细，难免外间传闻甚多。蒋经国病逝后，在蒋经国正传中，唯有漆高儒在《蒋经国的一生》一书中作了披露。漆先生昔年是蒋经国的秘书，可谓是见证人，听听他是怎样分析这件事的。

"章亚若女士民国 2 年（1913 年）生，江西南昌人氏，中学毕业，29 年（1940年）到赣州，参加经国先生主持的青年团青干班，其时女生队队长为许素玉女士，许素玉说，青干班第一期开学两周后，章亚若才入班受训。章亚若受训结业后，曾担任蒋专员接见民众时的记录工作，周灵均、黄密二位先生，当年为专署科密高级人员，可以为证，并不是担任秘书。在专署下班后，有时为经国先生家中的保姆，照管其儿女（孝文、孝章）。据徐秉南说：蒋章有超师生之情，大概起自30 年（1941 年）蒋方良赴重庆拜访公婆蒋公夫妇，未携儿女同行，章亚若以保姆身份看家，蒋经国专员仍在专署办公，孤男寡女同居一室而获得亲密之机会。自此之后，章亚若在赣州市内租有一个独门独户的小屋，经国曾偕秘书漆高儒有一次往北小屋晚餐，男主角坐于章亚若之卧床休息，此一情况，已知非男长官女部属的正常现状，必有情爱关系存在。不久，经国先生将章亚若送往桂林，男主角佯称女主角是赴桂林嫁人结婚，但其时专员公署已传闻她是往桂林待产，知道的人有萧昌乐、刘晓风、王升、倪豪、王蕙莉等。"

对于蒋、章恋情，外界传闻与事实基本一致，不一致之处在于：有人说蒋、章是"师生畸恋，一时之兴"。与章亚若情同手足的青干班同学桂德昌（女）则认为蒋、章二人有很深的交情，绝对不是"萍水相逢"，也不是"一时之兴"，因章与蒋的关系在章、桂之间一向无秘密。对于章亚若之死，外界传说颇多，有6种说法：一是蒋介石杀章亚若；二是宋美龄杀儿媳；三是蒋方良杀情敌；四是蒋经国杀情人；五是章亚若自杀；六是章亚若为特务所杀。

据章亚若同学和生产时照料的桂德昌（蒋孝严笔下为桂昌德）称，章亚若是被人谋害的，但肯定不是蒋介石。她说从老先生的一生风流艳史来看，子承父风，也算佳话。另从章亚若暴毙后，在蒋氏族谱上，章氏兄弟已列其名，又是老先生赐"孝"字辈，并嘱蒋经国务必办妥这件事。由此看蒋杀儿媳的根据是不足的。

至于宋美龄与蒋方良杀章亚若，更是无稽之谈。宋美龄与蒋经国虽有矛盾，但对蒋经国私生活却从不干涉。蒋方良为一深居简出的异国女子，很少涉足政务，加之她心地善良，根本不可能干出这种事。

至于说蒋经国杀章亚若，也不可能。据漆高儒记载：蒋经国对章亚若生产之事颇为关切。当章亚若在桂林生产时，蒋经国曾借机在桂林停留两三个月之久。蒋经国为什么对此事如此关心呢？漆高儒认为：

第一，章亚若系青干班的学生。章亚若与蒋经国的恋情，在青干班的同学中，可以说是公开的秘密。他把章亚若送得远远的去生产，第一次出远门，她的母亲当时还被蒙在鼓里，已有若干歉意，万一生产发生意外，蒋何以对青干班学生作交代？何以领导青年？所以必须负责照顾。

第二，生双胞胎的机会并不多，此一喜讯竟然降临他头上，不免喜出望外，以蒋家的人丁单薄，快速地加添人口，自为快乐之事，应当承认漆先生的分析较为入理，既然蒋经国如此关心章亚若，是根本不可能去杀她的。但也有人提出为什么让章亚若远离赣州去桂林生产呢？据陪章亚若赴桂林的桂德昌称：

（1）秀才出身的章亚若父亲及性情刚烈的母亲，反对女儿成为蒋经国的小妾，名不正，言不顺。现在章亚若竟然怀了蒋经国的骨肉，如何能让父母知道。

（2）基于这个理由，她必须远循异地生产。在章看来，蒋在赣南整肃工作，树敌太多，一旦蒋、章关系传开，章可能成为敌人打击的目标，安全有虑。

（3）蒋经国的挚友陈星吾，在湖南大学当教授，完全不涉及政治。陈在桂林有一栋住宅，远离赣州，章到那里待产，神不知鬼不觉。

此一解释可谓天衣无缝，因为桂德昌是唯一陪章在医院生产的人，作为第一见证人在若干年后没有任何威胁的情况下讲的话，是令人可信的。当桂德昌在章亚若暴毙后将章给蒋经国遗信转到蒋手中时，蒋经国"顿时面色凄然，双手颤抖，悲戚凝噎，眼泪沿面颊而下，久久不发一语，忽仰天长叹，欲言又止"。显然这是蒋经国对章亚若的真情流露。由此推断，说蒋经国杀章亚若也不可能。

那么，既不是章亚若自杀，又不是上述4人所杀，又是谁杀的呢？桂德昌称章亚若在生孩子4个多月后，忽患腹泻，后由广西民政厅厅长邱昌渭派车送至省立医院就诊，陪同者只有桂氏一人。随后经医生打针，原不是什么了不起的大病，却突然病情恶化，终告不治。章在弥留之际，自知遭人毒手，随后让桂德昌取来纸笔，给蒋经国与双胞胎都留下遗嘱。至于章氏真正死因，桂氏只说遭人毒手，至于谁人所害，未予明说。

漆高儒先生认为有可能是特务所害。据他回忆，蒋经国在广西待了两三个月光景后，由桂林返至赣南，后又至重庆探视其父。此时正逢留俄同学黄中美、徐季元联袂与漆高儒在专员办公室见面。黄中美系特务人员，断然称："章亚若在桂林招摇，以蒋专员夫人自居，将秘密之事公开，将损害经国之前途，要把她干掉。"徐季元则说"不可孟浪从事"。黄则称："经国之前途比一条女人的性命重要。"根据漆高儒的分析，这只是一种可能性，没有确凿的证据。至今，章亚若之死仍是个谜。

另据蒋孝严撰写的《蒋家门外的孩子》一书披露：在"是谁杀死了章亚若"一节中写道："外界对母亲的死亡，有不少穿凿附会的推测，近20年来坊间有不少专著和文章做不同角度的分析，归纳起来，不外将元凶的关联指向四个方面：一、祖父；二、父亲经国先生；三、军统局特务；四、父亲死忠干部。"据蒋孝严称：父亲与母亲交往，祖父是知道的，母亲生下他们双胞胎兄弟后，祖父立即按照族谱排辈亲自取名，一个叫"孝严"，一个叫"孝慈"，含义是一个"孝顺父亲"，一个是"孝顺母亲"。祖父既然接纳了章亚若和双胞胎兄弟，怎么可能再杀章呢？

至于蒋经国杀章亚若，更是无稽之谈。蒋孝严认为："父亲是用情很深的人。1988年元旦父亲辞世后，秦孝仪'院长'多次约孝慈和我到他布置典雅的台北办公室，除了安慰我们，还说了些尘封多年、鲜为外界所熟悉之事。他说，父亲在过世前两年左右，糖尿病日重，常感不适，有一次连发高烧数日，睡梦中居然断断续续喃喃地喊着：'亚若！亚若！'在身旁负责照料起居的孝勇，完全不懂是在喊谁，又不敢问父亲，等过了一阵子，实在按捺不住，便面询秦孝仪，秦孝仪才就其所知的，把有关赣州与桂林的事告诉了孝勇。"蒋孝严说明蒋、章恋是真实的，而且蒋经国对章亚若的感情是真挚的，父亲绝不会"因保护自己而遣人杀害母亲"。

蒋孝严说："2008年8月，我曾在北京私下与一位相当高层级的领导有所谈论。""我告诉他，我之所以锲而不舍地要查明桂林那段故事的真相，只是求个心安，我不仅不会追究一甲子以前的往事，更会以宽恕的心情去看待。他同意我的看法，'母亲是死于非命'，但如果把矛头指向父亲经国先生，他说：'是没有根据，也很缺德的。'"

章亚若的死因到底是什么？蒋孝严说："王升曾多次刻意向我和孝慈强调，母亲是在酷暑感染急性痢疾，抢救不及而终，但我和孝慈从未采信。王升后来还找了一位自称当年在桂林医院任职的医生，并要这位医生写了一份治疗母亲经过的报告给他，再转交给我及孝慈。我们对这份报告的内容没有兴趣，因为这位医生拿不出任何文件，证明他确于1942年在省立桂林医院服务过。我可以体会也感谢王升在这个问题上，为了要我和孝慈宽心所做的种种，但我们心中的疑云不仅未消，反而为之加深加重。"

2004年，蒋孝严携夫人黄美伦赴桂林给母亲扫墓时说："我确定母亲是被谋害的，主谋就在赣州专员公署，父亲身边的人，且深受经国先生器重和绝对的信任，出于对经国先生极端的忠诚和崇拜，自认站在国家利益和民族大义之上，必须趁早去除经国先生政治发展的遗患——一个手无寸铁的弱女子章亚若。"1942年8月1日，章亚若被害于广西桂林医院，这伙人认定：只要手段干净利落，并且下令医院封口，不引起怀疑，不留下痕迹，事后经国先生绝不致责备，亦不敢追查，反而就此立功。邱昌渭事后说，经国先生对母亲猝逝一事的对外态度，是一种压抑性的"不再过问，也不追究"。"但是，他在赣州身边的几位贴身机要和亲信，包括黄中美、王制刚、高理文、桂昌德、桂昌宗等人，在先母过世后，不久均被一一调离赣州，担任闲职，不受重用，且未再与他们见面，只有少数的例外，日后平步青云，位居要津"。[①]

通过蒋孝严上面的调查与分析，结合漆高儒的说法，我想读者已经明白章亚若是被谁害死的了。

章亚若死后，蒋经国对其后事料理颇周。据漆高儒回忆说：

（1）对老父及蒋方良一直守密到底，不使家人为此事忧心。

（2）对章亚若家有妥善的照顾，能对留下的双生儿于战乱时安全地生活，财用上的接济，当然也是主要之点。

（3）对孝严、孝慈从命名开始，一直照顾其成长，读书、留学、就业，都由指定人负责，这个父亲像是出远门的人，虽在桂林、南京相见后未谋面，但来自父亲关切的父爱，对这双生儿并不比一般人为少，甚至还稍多，若一般穷困的家庭，孩子想留学便是一个大难题。

尽管漆高儒讲的是实情，蒋经国对章家和双胞胎照顾较多，但与蒋氏三兄弟相比，章氏兄弟所受痛苦要多得多。据蒋孝严自己回忆，他1949年随家人至台湾新竹。他舅舅在新竹买一店面做生意，但生意并不理想，可以说是都失败了。在50年代初期，整个台湾经济都非常艰困，小孩子上学，头是光的，脚也是光的，班上只有他跟弟弟穿鞋。小时，他曾和弟弟到附近池塘、小溪游泳，抓过蛇，烤过番薯，也用弹弓打过鸽子，跟一般孩子没有差异。一直到初三，心里面多多少少对双亲不在身边而有所感伤。"真正痛苦的是，在学校与同学有任何争执或受到委屈时，回家后很难找到适当的人来诉说"。初中过后，"家中经济情况并没随'国家'经济发展而改善，反而更困难了一些，我想，很少人会相信，在那段时间里，我们家里没有沙发，家具都是竹子做的。连当时已很普遍的收音机和电扇都没有，更别提电视机。我们的盥洗设备也没有抽水马桶。洗澡用的是澡盆，把热水烧好后再调冷水。高中时是物质上很艰困的一段时期"。

蒋孝严承认，艰困的环境对于他坚定的个性成长有很大的影响。对于外间传说有特别人士相助他们弟兄，他一直持否认态度。他说："把我抚养长大的就是外婆和舅舅。"他还说："愈经过煎熬，韧性就愈强，奋发的精神也就愈旺盛。所以对那段辛苦的日子，我的确是怀着感激的心理来看待。"他说他在大学毕业后服了兵役，然后参加"外交官"特考，成绩不坏。蒋孝严还说："我不认为我的

①　蒋孝严：《蒋家门外的孩子》，第60—67页，九州出版社，2013年版。

朋友，甚至于亲戚里面，会有人主动要我进入'政府'机构，或进入政界。如果没有自己的努力或表现，'外交部'，是一个硬碰硬的竞技场，不可能马马虎虎地就让你混上来。"

从此，他走上了职业"外交官"的生涯。

蒋孝严在"外交"领事人员训练所受训一年后，被送到比利时学习法文两年。在比利时的第二年，他以宗教仪式结婚，当时结婚仪式极简单，只是请同学吃顿便饭。台湾当局驻比利时"大使"不知蒋孝严何许人也，故未参加蒋的婚礼。由比利时返台后不久，蒋孝严被派到"外交部次长"办公室当秘书。1974 年蒋孝严被派到美国任三等秘书。

章氏说在美最初几年相当辛苦，没有得到任何体恤："我与内人带着大女儿，在冰天雪地的 2 月抵达华盛顿，人地生疏。找房子住，空的太贵，便宜的还没空出来，只好借宿到当时先到美国的一位左姓三等秘书的家中。"

蒋孝严的说辞尽管是实情，但漆高儒的说法也不是无稽之谈。就在章孝严任台湾驻美"大使馆"秘书 3 年零 7 个月之际，他被台湾"外交部次长"钱复调回担任"北美司"科长，后升为"司长"。蒋氏交游甚广，各界都有许多朋友，掌握各种方言兼两门外语。他可算是蒋经国最能干的儿子。1986 年 8 月，蒋经国为让蒋孝严掌管"外交"大权，又将他提升为"外交部次长"。如今蒋经国已去世多年，蒋孝文、蒋孝武、蒋孝勇、蒋孝慈先后随父而去，就只剩下一个蒋孝严了。

清除障碍

蒋经国除了让蒋家第三代放手抓权之外，传子部署的第二个步骤，就是清除传子的障碍。这一障碍就是当时权势熏天的王升势力和与蒋家发生离心倾向的蒋彦士。

王升，1916 年出生于一个农人之家。早年追随蒋介石，属黄埔系。毕业后在江西军队中任文书，蒋经国返国后，王升参加了蒋组建的三青团，追随蒋于鞍前马后，成为蒋经国赣南派政工系的骨干，专门从事蒋的私人事务。追随蒋经国初期，王升可谓是趋炎附势、"报忧最好先报喜"的典型。王升的同学曹云霞说："王升对于这一套确有独到功夫，同学都明白他对蒋氏是知情上报最勤最多的一个，他曾经鼓励同学也这样做，并且推广他的要诀：报忧最好先报喜。"

王的具体办法是："他向蒋主任送情报，多是先恭维蒋氏的英明卓越，并具体举出蒋氏某句话、某项措施深得人心，备受拥戴或报自己效命的'功绩'，让蒋氏高兴得意，然后再报'敌情''异态''不利情况'，等等。这就是每上报一次，就先讨得一回欢心。"

抗战胜利后，王升摇身一变，又成为政大学生，后任青年中学校长。蒋经国与俞鸿钧赴上海出任经济督察时，王升又协蒋组建"戡建"大队，棒打"上海虎"。此时王也发表《告上海青年书》，要求青年人配合蒋经国的"打虎"行动，"将上海改造，罪恶改为幸福，黑暗换上光明"；然而虎没打成，蒋经国黯然离沪，王升也逃之夭夭。

国民党退台初期，王升出任"国防部总政治部"第一副组长，筹建政工干校，1951年后任该校教育长，后任校长。该校就其性质而言，读书其次，反共第一。王任校长后，一面担任行政工作，一面教授"领袖言行"，要学生"无条件地服从领袖"，"为领袖生，为领袖死"，甚至说"领袖给你官做，你要服从，不给你官做，也要服从"。为了酬劳王升对蒋家的忠心不贰，蒋经国提拔他出任"总政治部副主任"，同时将王作为自己的忠实党羽，与陈诚竞争。此间，王升利用蒋经国的权势与地位，控制了特务、政工实权，人称"毛人凤第二"。蒋介石病逝后，蒋经国将王提升"总政治作战部主任"，晋升陆军二级上将，成为台湾知名度最高的军人之一。中坜事件后。随着台湾政治气氛的日渐紧张，加上国民党内保守势力的支持，以王升为首的政战系统成为一股相当强大的政治集团，1979年国民党召开十一届四中全会时，王升不仅跻身国民党中常委行列，参与权力核心的决策，而且其政战系统的梁孝煌也接管国民党组工会主任。自此，政战系统在国民党内势力大增。

"台美"于1979年元月"断交"之后，中共中央制定了实现祖国和平统一的新方针，使两岸关系发展进入一个新的转折点。王升等人组建"刘少康办公室"。如前所述，该机构被外界称之为国民党中央新的权力核心，也有人称之为国民党的"小中常会"。王升的所作所为"纵无司马昭之心"，却有"王莽之势"。

由于王升把持的政战系统势力过分膨胀，不仅使黄埔系统的职业军人对王与政战系统很反感，就连国民党大佬也群起攻王。于是反王联合战线在这种气氛下逐渐形成气候，当王升应美国邀访之时，黄少谷、马纪壮向蒋经国直谏。蒋经国是聪明人，他体察情势发展，深感王升长期受宠，班底雄厚，效忠王升的人，不一定效忠幼王。出于这种考虑，加上党军系统的反王声势，蒋经国毅然采取"削藩"政策。蒋经国对王升说：

"刘少康似已形成双线领导，有两位中常委对我谈及此事。我一向对党内重

视团结，不许有派系，我以为刘少康再发展下去，势将另成一个派系。""我认为
刘少康结束对你是有益的。"①

王升离开"刘少康办公室"，同时也离开了"总政战部主任"一职。该职由
许历农继任，当时，国民党核心圈内有人主张王升调空，有人建议调"特别助理
官"，有人主张调"战略顾问"。蒋经国告诉别人称："他已有安排，不必再表示
意见。"蒋的意见是王升最好不调空，调"联训部主任"为宜②。郝柏村作为王升
的朋友，表示了不同意见，但蒋经国坚持自己的意见。最后蒋经国经审慎考虑，
决定外放王升任台湾当局驻巴拉圭"大使"。蒋对王说："派你去当'大使'，是
我提议的。此一历练对你将有帮助，我一度当过东北外交特派员，对我是一大历
练。"③

此间，王升到各军校演讲，反王派搜查王升言行上报蒋经国，使蒋颇感不
快。据郝柏村1983年7月28日日记记载：

"'总统'在谈话中对王升表示两点不满：一、据说王升在离职前到政战学校
讲话，谓'杀掉一个王升，还有千千万万个王升'。二、王升写信给'总统'，提
到我请他到各官校作系列的思想及精神教育讲话，他拒绝了，因为他是最反共
的。'总统'说他这句话不知是什么意思。

"我当即回报'总统'，王主任在离职前到政战学校及南部集合师以上政战干
部，曾向我报告并说明其讲话要点；我猜想，第一点他不致如此说法，因为他并
没有突出个人的意思和做法，我当作进一步的查证。

"至于第二点，我甚为不解，亦不以为然，我请他到三军官校……讲话是他
分内的事。""王升给'总统'的信，最后一句话显然是情绪化了。"

郝柏村也认为王升"做事太主动积极了，有时也许逾分"。郝此刻认识到：
"王升此次调职，是不简单的，显然有力人士在'总统'那里讲了不少话，并且
继续注意他的活动。"④

7月29日，郝柏村召见政战学校校长林强，查询王升在政战学校讲话内容，
经检查录音，并无"杀掉一个王升，还有千千万万个王升"。郝认为王的整个讲

---

　　① 尼洛：《王升——险夷原不滞胸中》，第410—414页。

　　② 《郝"总长"日记中的经国先生晚年》，第102页，台湾天下文化出版股份有限公司，
1995年12月版。

　　③ 尼洛：《王升——险夷原不滞胸中》，第414页。

　　④ 《郝"总长"日记中的经国先生晚年》，第110页。

话"大体是无可厚非，但贡献了 30 多年的工作，若干甘苦回忆，难免充满感情成分是可以体谅的"[1]。

8 月 1 日，郝柏村将调查结果向蒋经国报告，称讲话中只有"王升是打不倒的"。蒋经国仍认为"面对学生及部下讲这句话，也是不得体的"。

此间，王升调职"联训部主任"，外间认为是个闲缺。8 月 17 日，郝柏村约见王升说：

"过去，我总以为你的调职，是一件平常的事情，现在我才知道，原来有政治的因素，一直到今天，打击你的人，并未停手。"[2]

就在郝约见王的头一天，"行政院长"孙运璇也曾约见王升，明确告诉他准备外放他到巴拉圭。王升当即表示：

"一、长官要他担任'外交'重责的信任，感到惊讶；

二、他对'外交'工作完全外行，学术能力与语言能力，都不足以胜任'大使'职务，请长官重新考虑；

三、如果'总统'最后决定要他出任此职，他绝对服从。"[3]

8 月 22 日，王升找到郝柏村，说他想见"总统"，澄清他在政战学校讲话及写给"总统"信内字句。他仍要郝再听他讲话录音，并向"总统"报告。郝说不必了，尤其是他说由于廖述祖发现干部人心震动，才请他讲话，这更不合适，反而加深了他个人突出的形象。王还对郝说，他根本没有给"总统"写信，他认为很有可能有人制造了一封假信。按说假信是骗不了蒋的，因为蒋是认识王升的字，有可能是经国先生因糖尿病长期困扰，视力不佳，信件是秘书读给他听的。后来王升一直这样猜想。

9 月 4 日，"外交部长"朱抚松告诉王升，有关他出任驻巴拉圭"大使"一事，已去电征求巴拉圭同意。10 月 5 日，国民党中常会通过王升任驻巴拉圭"特命全权大使"。此刻，王升的心情可谓坏到了极点，他在日记中写道：

"半世纪追随经国先生，无论他交付任何工作，我都全力以赴，无论工作大小，我都认为是一种责任，从没有想到过自己有什么权力，有什么地位。50 年来，自己感觉到从没有得意的时候，也从没有失意的时候，对于个人的进退得失，不

---

① 《郝"总长"日记中的经国先生晚年》，第 111 页。
② 尼洛：《王升——险夷原不滞胸中》，第 427 页。
③ 尼洛：《王升——险夷原不滞胸中》，第 429 页。

但缺乏警觉，简直可以说是麻木不仁。"①

　　带着无奈的心情，王升踏上了赴巴拉圭之路。随后，王升手下大将、国民党组工会主任梁孝煌被调任国民党中央副秘书长，后又调任"国安会"副秘书长。

　　对于王升失宠，作家江南先生在《王升浮沉录》一文中分析说：

　　（1）操之过急，欠沉着稳健；

　　（2）弄权跋扈，四面树敌；

　　（3）高估自己的能力，低估对手的才智；

　　（4）恃宠而骄，过分自信和经国的关系；

　　（5）不该拉章氏昆仲，压孝武、孝勇兄弟。

　　这些举措的确是犯了大忌，故蒋经国对王升的政治势力不斩尽杀绝，也要使他大伤元气，使之不能再成气候。

　　对于王升突然被调职，外界众说纷纭，王本人也感到震惊、疑惑，3天后住进"荣民"总院。医生检查，王身体各器官一切正常，只是心脏稍弱，换句话说，病源来自心理。不久，王升党羽们不甘心遭受如此沉重的打击，便于1983年7月15日创刊《在野者论坛》，刊出23万字的长文一篇，题为《将军百战身名裂——是谁要毁灭王升》，宣称：

　　"中共的死对头，'台独'的眼中钉，爱国人士心中的勇者，蒋经国先生的得意门生王升将军，自从被调开'总政治作战部主任'，改任'国防部联训部主任'以来，海内外传说纷纭，谣诼四起，污蔑与中伤，真是到了无所不用其极的地步。"

　　"由于王升将军一向被看为极'右'派的人物，鹰派的象征，他之突然被解职，以及诸多对他不利的谣言，使一向崇敬的人们，感到错愕、忧伤！王升将军如果真的像《党外杂志》所谓的，曾经犯了大错，当局应该公布他的过失，让人们更了解王升将军。如果王升将军没有犯错，或者所犯的错误没有像《党外杂志》所传播的那么严重，当局亦应发表声明，斥责那些公然诉诸文字的谣言和人身攻击，还王升将军以清白。"

　　很显然，文章作者表面上指责中共与"台独"，实则将矛头对准蒋经国，认为王的清白受污蔑、中伤，是当局没有"发表声明"，予以斥责之故。

　　斥责归斥责，调遣归调遣，再有怨气，王升也不敢抗旨不遵。1983年9月，

---

① 尼洛：《王升——险夷原不滞胸中》，第409页。

王升在难兄难弟的欢送下，被蒋经国逼到地球的另一端，任职台湾当局驻巴拉圭"大使"期间，仍恶习不改，为所欲为，后于 1987 年初受到 16 名巴拉圭华侨联名控告。当年 5 月，台湾"监察院"决定受理此案，审查王升。

蒋孝勇对此事的认知是："刘少康办公室后来是根本变了质。本来是希望很单纯地贯彻部队的思想教育，也就是政工干校成立精神的延续；后来变成部队里的情治单位。"至于有人讲刘少康办公室成为"地下"中央党部，蒋孝勇表示他也听说过"这是有相当程度类似，而且有点挟天子以令诸侯的味道，所有事情都说是'上面'交代的，至于'上面'是谁，也没有人去问。他后来调职，是他自己造成的结果"。[①]

王升倒台后，蒋彦士成为国民党内的实权派人物。

蒋彦士，这位三届"总统"任内走红的人物，出生在浙江杭州一个有名的绸缎商家中。1936 年毕业于南京金陵大学农学院，后赴美留学，获美国明尼苏达大学农学硕士与哲学博士学位。1946 年出任联合国粮农组织中国代表团顾问，返国后任中央农业实验所杂粮特作组主任，1947 年被南京大学聘为教授，1948 年出任中国农村复兴联合委员会行政官，随国民党退台后，出任"农复会秘书长""中国农业协会会长""国家安全会议科学发展委员会主任""行政院秘书长""教育部长"等职。

本来，蒋是农经系统的负责人，但由于蒋彦士适逢机缘，见重于层峰，先后担任"行政院秘书长"与"教育部长"等要职。蒋经国当选"总统"后，蒋彦士又出任"总统府秘书长"和"外交部长"等要职，由于蒋彦士观念开明，还具有相当程度的行政领导能力，又有良好的学历，外语熟练，再加之蒋经国想借助蒋彦士靠紧美国，使蒋彦士与学成归台的"洋务派"相结合，成为王升倒台后国民党内的主流派。1979 年底，蒋彦士又继张宝树之后出任国民党中央秘书长一职，真可谓权倾一时。

蒋彦士虽受宠于蒋经国，但他对蒋经国精心设计的传子部署始终表示消极。据港台一些人士分析，蒋彦士是国民党开明派代表人物，与美国关系甚深，美国不赞成台湾出现"蒋三世"政权，蒋彦士态度可能反映美国方面的看法，故而不愿替蒋孝武抬轿子。据悉，1984 年 5—6 月，国民党党政人事大改组，蒋孝武有意让他的拜把兄弟张豫生接替梁孝煌出掌组工会，以便控制党的系统，蒋经国表

———————

① 王力行、汪士淳：《蒋孝勇的最后告白》，第 92 页，时事出版社，1998 年版。

示同意此项意见，并下条子交蒋彦士办理。蒋彦士则以张豫生能力、威望不足，"不能担任辅选重任"为由，力言不可。并联合宋时选、梁孝煌联手抵制蒋孝武在党部系统抢滩。蒋经国只好收回成命，改委宋时选任组工会主任，但对此事极为不快。后来江南事件发生后，蒋经国要蒋彦士运用其影响，去化解美国朝野因江南命案所产生的对台湾的不信任和对蒋孝武的疑虑。然而蒋彦士对蒋经国的暗示毫无反应，不去替蒋家挑担子，故使蒋经国一怒之下将他踢出了国民党中央党部。当蒋彦士接到国民党中央党部通知："你的辞职已被主席接受"时，一阵惊愕，不知所措。自己被辞退还不知其原因，遂匆忙撰拟辞呈。第二天，直到国民党中常会开会前的几分钟，蒋经国接见他和倪文亚时，他才将"辞呈"递上去。

蒋经国撤换蒋彦士，不仅蒋彦士本人没有思想准备，就是其他国民党中常委也不知情，按照国民党组织条例，中央委员会秘书长要"由本党主席提经中央委员会任命之"。国民党中央全会每年举行一次。蒋经国不惜违反国民党的条例，在中常会通过中央党部秘书长的任免，表明他已急不可待地要踢走阻碍"蒋三世"登基的蒋彦士。

蒋彦士被踢出权力中枢之后，被聘为"总统府国策顾问"，1988年又被聘为"总统府资政"。李登辉当上第八届"总统"之后，又聘蒋彦士为"总统府秘书长"，再度进入权力中枢。对于蒋彦士与李登辉关系外界传说颇多。有人说早在台湾"农复会"共事时，二人关系甚密。蒋经国"组阁"时，由蒋彦士等人推荐李登辉出任"行政院政务委员"。李登辉"登基"后，为报知遇之恩，加以蒋也的确从政经验丰富，遂再度得宠于新"总统"。还有人说，在1990年"总统"选举战中，国民党高层内部派系争斗激烈，李登辉为摆脱困境，便委托黄少谷、谢东闵、蒋彦士等大佬，奔走各方，从中斡旋协调。因蒋彦士出力甚多，终于帮助李登辉顺利当选。论功行赏，也该蒋彦士走红运。

托孤班底

蒋经国临终前，为使蒋家第三代接班，也不惜采取托孤的方式。从他在1984年国民党十二届二中全会至1986年十二届三中全会提拔的党政要员看，都是古稀之年的元老与家人，在人事安排上反映不出交班的意向。这种做法，明眼人一看便知蒋在托孤。因为这些元老与家人均没有自己的班底，类似于当年的严家淦。

这些元老主要指俞国华、汪道渊、马树礼。例如马树礼，这位日本明治大学的高才生，早年虽曾从事办报与教学工作，但也有追随蒋经国的经历。抗战爆发后曾入中央训练团党政班第五期受训，成为蒋经国嫡系三青团干部。随国民党退台之后，这位顾祝同的女婿在台湾岛内素无派系或团体势力，他长期在海外从事文宣工作，当过台湾侨联会秘书长，1962 年出任国民党中央委员会海外侨务组主任，1963 年又当选为国民党第九届中央委员。当 1972 年中日邦交恢复时，马出任亚东关系协会驻日本代表，即台湾驻日"地下大使"。他虽长期脱离台北的党政圈，但同蒋氏的第三代却保持密切的联系，仍兼"中国广播公司董事长"之职。1977 年王升提拔蒋孝武为"中国广播公司总经理"，是为蒋氏家族插手大陆与海外情报工作之始。马树礼对蒋氏父子的用心非常清楚，故而对蒋孝武曲意逢迎。1980 年国民党召开"十二大"时，马树礼写信给国民党中央党部，建议应将蒋孝武选入中央委员会。他说，"中国广播公司"、《"中央"日报》和国民党文工会属同级机构。《"中央"日报》社长和"中国广播公司总经理"向来都膺任国民党"中央委员"，蒋孝武自不应例外。蒋经国虽在后来将中委候选名单中蒋孝武的名字划出，但对马树礼产生深刻的印象。

江南事件发生前，蒋孝武为制造不在场证据，应邀访问日本，此事为马树礼一手安排。马事先向日本政界亲台势力透露蒋经国传子之意，日本政界得悉蒋孝武已内定为接班人，作为政治投资，乃破格接待，据传中曾根曾秘密接见蒋孝武。蒋孝武风头主义心理得到极大满足之余，自然也觉得马树礼善体人意。蒋孝武返台后，极力向其父推荐马树礼"堪当大任"。正是在此种情形下，马树礼接掌了蒋彦士留下的遗缺——国民党中央委员会秘书长。

汪道渊是安徽人，生于 1913 年，后入上海大学法学院法律系学习。毕业后曾任陆军军官学校教官。后入中央大学研究院深造，担任中央大学副教授。抗战时期入中央训练团党政班受训，结业后返重庆卫戍总部任军法处长。抗战胜利后历任北平警备总严办公室主任、政工处长。1949 年底随国民党退台，先后入"革命实践研究院"第 10 期、"国立军法学院"学习，历任台湾省立行政专科学校教授兼训导主任，中兴大学教授，"考选部"第一、三司司长，"国防部"军法局长、军法复判局长、"国际部"常务次长、"司法行政部长"、"总统府国策顾问"、"国家安全会议秘书长"等职。最后又出掌继俞大维、蒋经国亡后的第三位文人"国防部长"之职。

汪道渊一再升迁，除了他本人具有一定的能力之外，很显然，他还具有一些做大官的窍门与秘诀。据了解汪道渊个性的人士分析说，汪最大的长处是：上级机关对他的任何安排他都毫不在意，要他干他就干下去，要他下台他也会欣然离开，不会有半点抱怨。蒋经国最欣赏这一点。例如他干"司法行政部长"仅两年半就被调职为"国策顾问"。本来以为这只是一个不顾不问可享清福的差使，谁知刚交下"司法行政部"的担子，就接到蒋经国的电话，要他到"总统府"上班，以备随时垂询。汪道渊在"国策顾问"任期内，是每天到"总统府"上班的三位"国策顾问"之一（另两位是沈之岳与魏景蒙）。

汪道渊的另一特点是深体蒋经国的心意。1983年底，国民党当局同意"国民大会"召开第七次大会而成立了"法律顾问小组"，研究是否修正临时条款问题，汪道渊经蒋经国圈定列为此小组的成员。小组开会时，汪道渊深知蒋经国的心愿，所以在会中力排众议，认为暂不修改临时条款为宜，将多数人士修改临时条款之议搁置下来。此中做法深得蒋经国嘉许。

从以上三人的情况可以看出，蒋经国就是任命那些既无个人班底又对蒋家绝对忠诚的人出掌权柄，以使蒋家香火得以延续。

与此同时，蒋经国还开始起用国民党第三代人，如党政系统的陈履安、宋楚瑜、施启扬、连战、魏镛、孙震、萧万长；"外交"系统的钱复、丁懋时、章孝严；台籍地方系统的高育仁、张建邦、许水德、苏南成、许新枝、郑水枝等人。

国民党第三代人年龄多在40多岁，他们受过大学以上的良好教育，又有较高的从政热情，以大陆籍为主，显赫人物又多出于名门望族，与国民党第一、二代领导人相比，他们的历史包袱较轻，但对台湾、对国民党都有较深的认同感。

例如陈履安，他是陈诚之子，在所有"内阁"成员之中，没有人的家世背景比他更显赫。他不仅有显赫的家世，而且有较高的学历，他获美国纽约大学数学研究所数学硕士与博士学位，是个学者从政型的人物，后被蒋经国起用，出任"教育部技术职工教育司长"、台湾工业技术学院院长、"教育部常务次长"等职。因政绩突出，1979年陈履安被蒋经国委以国民党中央组工会主任的要职，后出任国民党中央副秘书长，1984年又被委以"行政院国家科学委员会主任委员"。

再如宋楚瑜，是当时台湾政坛最具潜力但也最富争议性的政治人物，他虽没有陈履安那样的显赫家世，但也有较高的学历，他曾以台湾政大外交系第一名赴美深造，获加州柏克莱大学政治学硕士、天主教大学图书管理学硕士、乔治城大学政治系博士学位。1974年由美返台后，出任"行政院"秘书工作，兼任台湾大学、师范大学副教授，政治大学国际关系中心研究员。宋楚瑜后来火箭式蹿升，成为第三代国民党中的第一人，其重要原因在于他同蒋经国之间超乎寻常的关系。

宋楚瑜曾由钱复介绍、举荐，出任蒋经国的英文秘书，追随蒋经国多年。因为英文极佳，才思敏捷，表现非凡，深得蒋经国的赏识与信任。据台湾舆论称：他因上可通天而有无比的决策影响力。

后来蒋经国外放他当了"新闻局"副局长、局长，再调任国民党中央党部文工会主任，接着直升副秘书长。宋在短短的 10 年间，就爬上了权力的高峰。他任职党政系统，始终与蒋经国保持密切关系，在蒋经国离世前，仍是最亲近也最常接受咨询的核心人物。

再如连战，他是典型的台籍世家子弟，其父连震东是最早被起用的台籍人士，他从父亲那儿学到不少政坛浮沉的谋略。他能够爬升到"行政院长"、国民党主席的高位，与李登辉的赏识有关，也与他的出身关系紧密。连战也有较高的学历，曾获美国芝加哥大学国际公法与外交学硕士学位、政治学博士学位，由美返台后，先当学者后从政，曾被台湾大学政治系聘为教授兼系主任、政治研究所所长、代理法学院院长等职；1969 年奉派为台湾出席联合国代表团顾问，经常代表台湾出席国际性会议；1970 年当选为台湾"十大杰出青年"；1975 年出任台湾当局驻萨尔瓦多"大使"；一年后，被调任为国民党中央青年工作会主任；1978 年又被蒋经国提拔为国民党中央党部副秘书长；同年 8 月，接任"行政院"青辅会主任，时年仅 42 岁。1984 年，俞国华"组阁"时，连战初次入"阁"，担任"政务委员"兼掌"交通部"。1987 年出任"行政院副院长"。连战是蒋经国培植的台籍"青年才俊"。他从政经历完整，与国民党新生代的关系较好，是台湾政坛的"四大公子"之一。

再如钱复，素有"外交才子"之称，他出身官宦世家，祖父曾任上海特区法院院长，其父是已故的台湾"中央研究院院长"钱思亮，其兄钱纯是个理财专家，曾任"财政部长""行政院秘书长"等职。钱虽生长在书香门第之家，自幼接受良好的教育，但早年学习并不突出。他的突出表现是在台湾大学就读期间，曾当选为学生社联会主席。1955 年他被"救国团"选为代表，以 3 个月时间访问中东、西欧和美国等地。钱复与当时也在台大就读且出身名门的沈君山、连战和陈履安并称为"四大公子"。后钱复赴美留学，主修国际关系与外交史，先后获耶鲁大学国际关系研究学硕士、哲学博士学位。自美学成返台后，先后任教职，后到"外交部"工作，因此工作表现突出，深受时任"副总统"兼"行政院长"的陈诚所赏识，逐聘钱为他的英文秘书。陈诚病逝后，又任蒋介石的英文秘书达 10 年之久。这是钱复接触权力中枢的绝佳时机，他的才华不仅得到蒋氏父子两代"总统"的赏识与肯定，也为他的政治前途拓展奠定了坚实的基础。钱复自己称：

"这10年当中，经常能接触到蒋公，其他许多'国之大老'，与很多外国的领袖人物，从这些大人物的言谈之中，我因耳闻目染，学到了很多东西，也得到了很多启发。"

此间他曾当选为台湾"十大杰出青年"。在"外交部"曾任专员、北美司科长、副司长、司长等职。1972年蒋经国"组阁"时，钱复调任"行政院新闻局局长"。1975年再入"外交部"，先后任常务次长、政务次长，1980年兼任"外交部研究设计委员会主任委员"。1983年出任北美事务协调委员会驻美办事处代表。蒋经国病逝后，钱复出任"行政院经济建设委员会主任"，国民党"十三大"上当选为中央委员、中央常务委员。钱复也是蒋经国刻意栽培的"青年才俊"。

再如施启扬，他的出身与陈履安、连战、钱复不同，与出身海军中将之后的宋楚瑜也不一样，他的父亲仅是个小学教员，家境并不富裕。但施刻苦攻读，曾获得台湾政法大学法律研究所硕士学位。他由联邦德国学成返台后，先教书后从政，成为蒋经国生前培养的台湾省籍"青年才俊"中的佼佼者之一。1969年他开始踏入国民党党政界，出任国民党中央第五组副主任。从此他在台湾宦海中稳步高升。1972年后出任国民党中央青年工作会副主任、代主任。1976年后任台湾"教育部"常务次长、政务次长。1980年任法务部"政务次长"，1984年升为"法务部长"，成为第一个省籍"法务部长"。蒋经国病逝后，"行政院"进行局部改组，施启扬又出任"行政院副院长"，兼"行政院大陆会报"召集人。他在国民党"十二、十三大"上当选为中央委员、中央常务委员。

施启扬以一个没有家庭背景与后台的台籍人士，跻身于国民党上层权力核心，除了他拥有完整的学历、深厚的专业素养与平民化作风之外，与他妻子李钟桂的影响也不无关系。李钟桂出身于书香门第之家，自幼聪颖过人，是个每试必中的才女和年轻的法学博士。李钟桂学成返台后，立即引起当局器重。她除了在学校担任行政工作之外，复于1966年荣登第一届"十大杰出女青年"。1969年当选为国民党中央委员，成为年轻一代的妇女界领袖。在李的鼓励下，施启扬逐渐参与较多的党政会议与研讨工作，深得蒋经国的赏识。就在这一时期，施启扬夫妇都成为蒋经国刻意栽培的年轻学人从政的典范。

蒋经国之所以刻意栽培国民党第三代人，其目的就是使他们逐步抓到实权，以便为蒋孝武接班保驾护航。

　　蒋经国上述三个步骤清楚地说明他在接班问题上意在传子。但形势的发展打乱了蒋经国这一既定方针与部署，迫使他不得不改变传位于子的初衷。那么是什么因素迫使掌握台湾生杀大权的蒋经国改变既定方针呢？分析台湾当时的形势，笔者认为是江南命案的冲击波使蒋经国重新考虑接班人问题。

江南命案

　　江南，本名刘宜良，江苏靖江人，后为美籍华人。他早年丧父，由祖父抚养长大。17岁那年正逢国民党兵败大陆，江南随蒋经国到台湾，1950年入台湾当局"国防部政工部"学习，后又被送到蒋经国任校长的政工干校第二期受训，是蒋经国一手培植的政工人员。1954年毕业前夕，江南决心脱离部队，先就读于台北市师范大学英语系，后担任《台湾日报》记者。由于成绩突出，江南被派往香港、菲律宾及东南亚各国采访，回台后写成《香港纪行》与《动乱的东南亚》二书。1967年底，江南被派往美国任驻外记者。工作之余，江南申请进美国大学攻读博士学位，1972年读完课程，准备撰写论文，论题为《蒋经国之生平及政治理想》，以后因所申请之奖学金无着落，遂在华盛顿市区郎芳购物中心开设礼品店，经商谋生，并继续写作。1978年，江南举家迁至旧金山，于渔人码头开一瓷器店。1982年，他又在圣马泰市西尔斯戴尔购物中心另开一瓷器店。在经济上无后顾之忧后，江南遂用余力贯注于写作。《蒋经国传》就是在此种情形下于1984年正式出版的。

　　《蒋经国传》一书是江南积多年心血之作，且史料价值颇高。美籍华人、任丹佛大学等校教授的谢善元先生认为，《蒋经国传》"可说是近年来第一本以公正的第三者立场，以他自己的是非标准，在自由的写作环境下，全面地为经国先生所作的一个勾画"。该书"取材广且严谨"，"文笔生动，感觉敏锐"。[①]尽管书中还有错漏之处，但不失为一部有价值的著作。该书出版之后，立刻成为中文畅销书之一。由于该书对蒋氏父子的错误行为作了深入的揭露，有舆论说蒋氏家族对此极为恼怒，视江南为国民党"叛逆"，欲去之而后快。还有舆论说经蒋经国之子蒋孝武秘密策划，经台湾当局情报局指派台湾黑社会竹联帮分子陈启礼、吴敦、董桂森等人前往美国旧金山刺杀江南。江南命案就是在这一背景下发生的。

　　台湾黑社会竹联帮头子陈启礼等人为何要听命于台湾当局呢？其原因就是陈

---

①　江南：《蒋经国传》，第2—3页，中国友谊出版公司，1984年版。

启礼也是台湾情报人员。

众所周知，竹联帮是台湾的第一大帮派，以台北为大本营，遍及台中、台南。该帮的前身是中和帮，由一些不良少年组成，后来其头目被捕使该帮瓦解。1956 年间，由赵宁网罗中和帮残部组成竹林联盟，简称竹联帮。该帮不设老大，只分设堂口立堂主。1958 年，台湾警方曾强令解散竹联帮，但该帮名亡实存，且有大发展。后帮派之间械斗，被警方逮捕 50 余人，使其气焰受挫。但以陈启礼为首的一批人，为使竹联帮免于穷途末路，乃着手广开财路，加强组织，打入娱乐界，充当保镖，占据赌场，其势力又趋猖獗。1970 年，陈启礼与帮内陈仁发生纠纷，被警方围捕，致该帮转入地下活动。进入 80 年代，该帮招兵买马，组成竹联新军。后该帮共有 25 个堂口，突击队多个。势力范围由台北至高雄，纵串南北地区。据台湾报纸披露，竹联帮成员已逾万人：在办起《华美报道》杂志时，当时台湾警备司令部副司令刘戈仑、台北市警察局局长颜世锡等前往祝贺，与老大陈启礼碰杯祝酒。该刊社长余祥生是"立法委员"、《民族晚报》董事长王永涛的女婿。另据台报刊称：该帮还与蒋孝武交往频繁。此后陈启礼经台湾"情报局长"汪希苓介绍加入了台湾"情报局"。在台"情报局"中，陈的名字叫郑泰成，编号为 730063。受台湾"情报局"指使，陈启礼一伙分别于 1984 年 8—9 月潜往美国刺杀所谓的"叛徒"江南。[①]

1984 年 10 月 16 日，当著名作家江南准备从旧金山帝利市自宅车房去渔人码头自营瓷器店之际，三颗罪恶的子弹射中了江南的头部和腹部，江南当即死亡。凶手吴敦和董桂森骑单车逃离现场，后在陈启礼的接应下潜逃回台。江南被暗杀是国民党继杀害陈文成之后所制造的又一起恐怖事件。

江南被暗杀震怒了海内外华人社会，纷纷发表谈话或集会，同声谴责这一惨无人道的暴行，并呼吁警方彻查凶手、中国驻美国大使馆和全国台联举行集会，并发表谈话；江南生前好友及主持正义的华人学者成立了"为刘宜良伸张正义委员会"，美国各界关心江南遇刺事件的人士，在旧金山成立了"江南事件委员会"，并悬赏 2 万美元缉拿暗杀江南的凶手。

美籍华人知识分子对江南被暗杀除感到震惊之外，还对凶手动机议论纷纷。一位江南生前好友说："江南最近出版和发表的《蒋经国传》和《吴国桢八十忆往》可能得罪了国民党方面的人物。"也有人猜测江南出身国民党政工系统，但却著

---

① 陈启礼口述录音《刘宜良案自白》，载《纪念江南》。

文揭国民党内部疮疤，犯了大忌，因此遭遇不测。[①] 这些议论并不是毫无根据的。当美国加州《论坛报》连载《蒋经国传》时，台湾国民党当局相当震怒。"新闻局"驻洛杉矶负责人屠益箴与加州《论坛报》联络多次，均不得要领。后来国民党中央党部秘书长蒋彦士亲自把前《"中央"日报》社长阮毅成找来，令其在自己办公室里给其子阮大方（加州《论坛报》副社长）打越洋电话，施加压力，该电话并没起什么作用。最后国民党"新闻局长"宋楚瑜于 1983 年 7 月 28 日亲自飞至洛杉矶欲与《论坛报》谈判，为此，旧金山《时代报》曾于 7 月 31 日头版头条刊出该报记者古今的报道，题目是《宋楚瑜来美有蹊跷，〈蒋经国传〉起风波》。据江南生前好友、龙云之子龙绳文（在美开餐馆）说，"江南最近告诉他，台湾方面的一个代表曾向江南提出，要他取消出版《蒋经国传》的计划，可以给他 4 万美元作代价"。然此项谈判亦无结果。上述议论猜中了江南被暗杀的根本原因，关于此点，还可从谋害江南凶手陈启礼的自供状中得到说明。陈启礼一伙暗杀江南后，为防止国民党情报当局杀人灭口，录下了如何接受暗杀使命、如何执行暗杀的细节的录音带。陈启礼说，"情报局长"汪希苓与我谈话时称：美国有一个"叛徒"叫刘宜良，"'国家'培养他而他却投靠了'共匪'，还著着一本书《蒋经国传》，恶意丑化元首，在海外影响侨胞的向心力，也使得一些作家肆无忌惮乱写攻击政府，而党外杂志摘录了部分《蒋经国传》，在岛内四处传播，影响人心；最近又准备着手写《吴国桢传》，内文有更多不利元首的地方，如果美国方面可以的话，汪说教训或警告他"。后汪又对陈讲："刘宜良一定要杀死。"[②]

在江南命案真相大白之前，国民党当局企图嫁祸于人。10 月 19 日，国民党在香港办的《香港时报》发表题为《江南命案是共党制造》的社论，在为台北开脱罪责之后胡说："我们可以断定，江南是死于共党之手，江南命案是共党制造的。"香港《天天日报》报道：杀害江南的凶手，可能是"台独分子"。美国当局也利用此案，以加强控制国民党及维护其在台利益。例如命案发生之后，美国有关部门立即让新闻界放风说，谋杀江南的凶手，"以台湾国民党嫌疑最大"，"台湾特工暗杀江南，肯定有此可能"。并声称，江南命案与江南出版的《蒋经国传》有关，"可能带有政治性"，等等。美国联邦调查局发言人公开表示，该局将与警方合作调查此案，以警告国民党当局必须听命于美国。对此，国民党当局为摆脱困境，当即决定通过驻美"北美事务协调委员会"以及从台湾派专人向美

---

① 香港，《大公报》，1984 年 10 月 17 日、10 月 29 日。
② 陈启礼口述录音《刘宜良案自白》，载《纪念江南》。

国保证：对江南命案的调查，愿同美国合作。于是，美国有关部门决定，对该案的调查与处理，将限制在一般刑事案之内，对国民党当局予以照顾。例如，美国国务院发言人龙伯格等人多次公开表示，台湾当局未涉江南命案，且该案是一个刑事犯罪案件。但在多方正义呼声的压力下，美国警方不得不对此案做进一步调查。

正当美方要求台湾当局密切配合侦破江南命案之际，台湾当局抢先于 1984 年 11 月 12 日发动了所谓"一清专案"的扫黑行动。黑社会 300 多人在这场扫黑行动中被捕，但扫黑行动中的真正目标为竹联帮。陈启礼于当日就被捕入监。对于台湾当局搞的"一清专案"评论颇多，唯作家李敖的《从杀人灭口到抓人脱罪》最为深刻。他指出：

"国民党指使黑社会去干掉江南，本来以为做得干净利落，但是想不到美国联邦调查局和警察局并非饭桶，他们居然能够得到旧金山地区华人社区的协助与合作，抽丝剥茧，使凶手呼之欲出。这时国民党慌了，唯恐在美方宣布凶手姓名的时候，这些凶手还在台湾纳福，还在台湾逍遥，那时必将无以自解于天下，于是突然发动'一清专案'，藉扫黑为烟幕，先使陈启礼他们落网，这样先把人抓起来，有许多好处：第一，不会在美方宣布时过窘；第二，人扣在手里，可防泄密；第三，对凶手、对美方都有讨价和谈判余地。'国民党的扫黑行动'，除了在为自己脱罪外，实在看不出什么其他意义。"

一位前竹联帮分子也在美国宣称：陈启礼被出卖了，暗杀江南是竹联帮干的，但背后指使人是台湾情治机构，而台湾情治机构的大老板是蒋孝武。

与此同时，台湾当局制造舆论，声称江南命案是宗黑道恩怨的仇杀。对此，江南夫人崔容芝驳诉台湾当局所谓江南与黑道有恩怨的流言，表明江南从未写过批评竹联帮的文章，声称诋毁死人是为了脱罪，并要求美国引渡杀人凶手陈启礼。江南事件委员会也呼吁美国尽快将凶手及主谋绳之以法。

台湾当局贼喊捉贼的做法，使其处在十分被动的地位。当其在大量事实面前无法抵赖时，不得不像挤牙膏似的吐露出事实真相。在整个事件处理过程中，蒋经国虽然非常痛心，但一直直接参与决策。据郝柏村日记记载：1984 年 11 月 17 日，蒋经国召见郝柏村，郝告知陈启礼受汪希苓指使刺杀江南，询问汪氏知道此事，但未作指示，与陈启礼联络乃运用其从事大陆工作，是陈邀功请赏，"政府根本无暗杀任何人之意图"。听郝汇报后，蒋既困扰，又认为刺杀江南与"政府"无关。蒋经国指示："这件事绝非政府授意，应主动向美方提供资料可减低损害至最低限度。"①

　　资料显示，蒋经国的确事先不知刺杀江南为台湾情报局所指使，了解实情后，却整日坐立不宁。据蒋的卫士称，最初几天蒋经国经常大发雷霆，夜间失眠相当严重。

　　12月初，美国警方向台湾当局提出要求，引渡陈启礼到美国受审。12月6日，美国司法部正式发出拘捕令通缉主嫌疑犯陈启礼。台湾当局被迫承认，江南系陈启礼等人所杀，高级情治人员确卷入此命案。对于引渡陈启礼，蒋经国认为："此乃一法律问题，亦关系国格，'我国'没有将到案嫌犯交美的法律依据，自应依'我国法律'调查审判，但案情了解愿与美方合作；此外我对江南被杀案的严正合理立场，不能迁就美国而自丧国格。"②

　　1985年1月10日，蒋经国又召集蒋彦士与"国安局长"汪敬煦、"国府顾问"沈之岳、"情报局长"汪希苓、"调查局长"翁文稚等人召开紧急会议，商讨江南命案的处理问题。汪希苓见事情败露，不敢再隐瞒实情，遂将事情经过一一陈述。蒋经国始终不相信是情治机构指使陈启礼所为，一直认为舆论与黑道诬陷。他在同郝柏村谈到此事时，还不解地说："汪希苓曾在美多年，应了解美政府"，为何"做出此愚蠢之事"？当汪和盘托出后，蒋经国怒气陡升，后决定将汪希苓、胡仪敏、陈虎门3人停职，"交军法侦办"。12日，郝柏村与汪敬煦等人研商后，令"军法局"张莹副局长负责3人停职，"并'依法'调居移交转批'军法局'侦办。"汪还决定用基隆路招待所作为软禁招待所。

　　据郝柏村日记记载：蒋经国"以全副精神处理"江南命案。当时蒋经国非常担心此案影响美国对台军售问题。郝说还没有受到影响，但对江南命案，"'政府'应有明确的说法，免得外界，尤其阴谋分子造谣中伤，故应主动先制说明'政府'立场"。蒋经国同意郝柏村的说法。

　　1月16日，国民党召开中常会，蒋经国针对汪希苓于应酬中结识陈启礼发表讲话称："我认为应酬对社会风气关系太大，影响所及，不只是单独的社会风气问题，而已变成政治风气问题"，"应有所警惕"。

　　"最近，我听说有几个帮会头目利用应酬来做'政府'关系，他们对什么时候和我们'政府'要人一起吃饭，当时请的是什么人，在什么地点请客，哪些人作陪，等等，都做了记录，这是有目的的一种做法，也就是做好圈套，设下了陷

① 《郝"总长"日记中的经国先生晚年》，第202页。
② 《郝"总长"日记中的经国先生晚年》，第210页。

阱。”“参加这样的应酬，一不小心，就会上了圈套，会弄得不可收拾，我对此事很痛心。”“我希望大家从今天开始，不要做不必要的应酬。”①

会后蒋经国作出决定：鉴于美国调查人员即将来台调查江南命案，要求郝柏村、沈昌焕、汪守一、宋长志与汪敬煦为幕僚小组成员，协助蒋经国处理此案。

1月20日，蒋经国再度召见郝柏村谈处理江南命案方案。蒋经国称：“处理‘中（台）美断交’，其错在美，故理直气壮；而今处理刘案，我理不直，故内心至为痛苦，但事实已发生，必须面对现实，妥善处理。”②

蒋经国总算承认了江南是台湾情治机构指使陈启礼等人所杀害，但又指使高级官员对路透社记者称：卷入江南命案是情报局“个别官员的独立行动”，台湾当局并未参与暗杀刘宜良。

蒋经国还指示郝柏村说：“当前处理原则在以正大光明态度取得美政府对我信任，此至为重要，亦惟此始能将对‘国家’损害降至最低限度。在新闻报道方面，应明示该案之复杂性，澄清外界猜测或恶意传言；而派人至美将案情及处理原则对钱复作详尽说明，以为交涉肆应之依据。”③

翌日，蒋经国又召集江南命案5人处理小组，商讨美方调查人员抵台后接待、处理方案。

1月22日，两名美国联邦调查局成员抵台调查江南命案。同日，蒋经国在军事会谈会上要求各级将领与官员“自重自爱，守分守法”。又说：“敌人’对我打击我不怕，内部的打击我很痛心。”“现在刘宜良案我亦负责处理”，“而刘案理不直，处理事难上加难、痛上加痛、苦上加苦，但决负责处理以确保‘国家’利益。”④

1月23日，美国调查人员听取江南命案5人处理小组与“司调局”关于“一清专案”汇报，并与陈启礼谈话。郝柏村初认为陈启礼有可能将原供升高或降低，听后与平时所供相符。陈启礼的口供主要有三点：

（1）教训刘宜良为汪希苓主持；

（2）赋予杀手吴敦任务为教训而非杀害；

（3）杀害刘宜良后曾在美逗留。

---

① 《蒋“总统”经国先生言论述汇编》，第15辑，第83页。
② 《郝“总长”日记中的经国先生晚年》，第216页。
③ 《郝“总长”日记中的经国先生晚年》，第217页。
④ 《郝“总长”日记中的经国先生晚年》，第219页。

陈启礼一方面供出事情真相，一方面又在为自己脱罪，同时对留美录音带与住处不予告知，其目的在于保护在美的竹联帮派分子。

1月27日，蒋经国召见郝柏村再度讨论江南命案，郝柏村提出三点说明：

（1）美调查小组来台安排及新闻处理均妥切；

（2）今后就本案从美政府、国会及舆论三方面下功夫，而以取得美方信任谅解为第一要义，澄清猜测及恶意中伤为第二要义；

（3）决定起诉汪，如美方要求会面可同意。①

蒋经国认为郝柏村的判断是正确的。

2月15日，蒋经国又召见郝柏村，强调："陈启礼、吴敦绝不引渡到美国，吾人对美让步有限度，绝不接受无理要求。刘案处理吾人光明磊落，尽其在我；至于美国信与不信，吾人难以强求。"②

由于蒋经国反对引渡，加之美国考虑与台湾当局关系，引渡方案告终止。

1985年3月21日，台北地方法院开庭审判陈启礼和吴敦。4月8日，审理结束，法院作出如下判决：陈启礼、吴敦均以共同杀人罪，判处无期徒刑，剥夺公权终身。同案犯董桂森在逃，缉获后另行审判。

3月25日，沈昌焕召集郝柏村等人开会，讨论对汪希苓的起诉书问题，并决定4月4日军事法庭开庭时，汪、陈对质。4月4日，"军事法庭"对汪希苓、胡仪敏、陈虎门进行审判。4月8日审理结束后宣判：前"情报局长"汪希苓因犯共同杀人罪，判处无期徒刑，剥夺公权终身；前"情报局副局长"胡仪敏，该局第三处副处长陈虎门上校，因犯帮助杀人罪，各判处有期徒刑2年6个月。

对于台湾当局的辩解与匆忙审判，有人评论说：在江南命案尚未弄清真相就匆忙审判，这不过是一场政治闹剧而已。江南夫人崔容芝女士指出，台湾当局审讯陈启礼"是一场闹剧和遮人耳目的手法"，并说除非台将陈启礼等人交由美国审查，否则谋杀江南案不会得到公平处理。

中国外交部发言人于4月22日声称：台湾当局把情报部门谋杀江南先生说成只是情报部门个别负责人的个别行为，并在此基础上作出判决，这是不能反映事实真相的，也是不能令人信服的。

就连汪希苓等人的辩护律师也对台湾当局军事法庭的审判表示不服，认为军事法庭对汪希苓等人应有公正的判决。

---

① 《郝"总长"日记中的经国先生晚年》，第221页。
② 《郝"总长"日记中的经国先生晚年》，第224页。

　　沸沸扬扬的江南命案随着判决暂告一段落。该案主谋人本想在充满暗杀的美国铲除所谓"叛徒"，以防蒋家内幕的大量泄露。

　　但事与愿违，该案给蒋经国父子及国民党当局以很沉重的打击。

　　第一，蒋经国传子部署受阻。江南命案发生后，美国及台湾地方势力抓住蒋孝武为谋杀事件的主谋，明里暗里给蒋经国施加压力，反对他的传子部署。海外报纸报道："美国势将振振有词反对蒋孝武接班，并以此要挟予以抵制。"岛内钱思亮之子钱煦等"中央研究院"10 名院士联名通电蒋经国，要求蒋经国严惩真凶，他们表示，一旦"国府"轻纵，他们将不惜登报，公开宣布放弃"中央研究院"院士身份。另据报道，王世宪等 16 名院士已分别携带有关江南命案的证据陆续返台，并推代表要求晋见蒋经国。蒋经国以"身体欠佳"为由，令李登辉予以接见。王世宪等人明告李登辉"纸里包不住火"，希蒋经国能"壮士断腕"，还有人直接要求蒋孝武应对江南命案有所澄清和交代。

　　在内外压力下，国民党中央社于 4 月 3 日报道，蒋孝武答复美国《洛杉矶时报》记者越洋电话访问时称，他"从未在'国家'安全事务机关任何机构中担任过任何工作或职务，也不认识陈启礼，外界有关他的报道，纯系恶意捏造的谣言"。这种论调立即遭到岛内党外势力与海外舆论的抨击。对此蒋经国被迫于 12 月 25 日公开宣布：蒋家人"不能也不会竞选下届'总统'"，[①]与此同时，蒋经国还将蒋孝武外放新加坡，任台湾当局驻新加坡商务代表团副代表。对于蒋经国的声明，国民党中央社大肆报道，声称蒋经国讲话表现了"大公无私的恢宏气概"，"将获全民拥戴"；同时还声称，这一讲话能驱逐疑虑，安定民心。《自立晚报》等报刊则强调疑虑普遍存在并有根据。一种意见认为，蒋经国"只说下一位'总统'不能也不会由经国家人竞选，并未说未来的'总统'不能由蒋孝武或蒋纬国竞选啊"！康宁祥等一些人则要求国民党作出进一步保证。一位台大教授认为，在台湾，"政权权位并不一定要结合的"，例如，"当年严家淦担任'总统'时，蒋经国先生以'行政院长'的身份，仍然发挥最高决策者的角色"。对于蒋孝武外放新加坡，有议论说，此番颇近于王升当日之流放。王升当年因为准备接班的传言，随即先贬后放，远离了权力中心。而今蒋孝武也是在岛内外推测他可能接棒之后，被外放担任一个名分犹在地下"大使"之下的商务副代表。也有议论认为，蒋经国对王升是罢黜，对蒋孝武是培植，两者不能相提并论。事实上，蒋经国外

　　① 《"中央"日报》，1985 年 12 月 26 日。

放蒋孝武，一方面是在巨大压力下以解内外疑虑；另一方面是企图让蒋孝武在新加坡"建功"，使其形象有所改变。

对于江南命案，蒋孝勇说："因为我二哥已经过去了，本来我不太愿意讲这一段往事。不过情治单位与情治单位彼此之间，也是相互利用、斗来斗去、争功诿过。以江南案的例子来讲，我相信'军情局'与'安全局'就在斗，后来'调查局'扯进来搅和，又有'一清专案'。实际上我觉得问题真的不应该是那么复杂的"。父亲"非常反对我们兄弟跟情治单位发生关系。我一向遵守父亲的话，和情治单位总是保持相当的距离；然而我二哥本身有点喜欢一些神秘色彩，就使得这件事搞得很复杂。那个时候，包括'刘少康办公室'等，都是想利用我们兄弟之间的这种关系，达到他们彼此之间的制衡关系也好，影响也好实际而言，皆非事实"。"我认为江南案是个相当愚蠢的事情"。"这件事情发生以后，父亲非常生气。但是我叔叔或二哥绝对没有卷在里面。不过对于二哥被牵扯，我宁可持平一点讲，80％是别人在造谣，20％是自己给人家这种印象。后来大家矛头都指向他；记的那个时候，外头还给他安个什么'国安会'的'副秘书长'头衔，根本没这回事。但既然在事前未曾否认，等到事后再设法解说就难了，因而带来无谓的困扰"。江南案的起因，蒋孝勇不敢讲究竟是单纯的被黑道利用，还是情治单位彼此斗争中，汪希苓不慎上了圈套，他认为一个"情报局长"就这么容易上当，应该不至于。"以我对汪希苓的了解，他应该不至于上当到利用黑道或被黑道利用；我甚至怀疑是不是做好一个圈套，让他往里面跳？这中间有一个关键点，就是江南被杀后，紧接着就是'一清专案'，不能不说是巧合。我想这个答案要汪希苓和汪敬煦去找。我没有答案，只是把当时的了解和观察所得提供出来，而且，就常情论，要扫黑，'一清专案'应当是'警政署'提出才是，怎么会由'安全局'主导其事，令人费解"。①

第二，江南命案使蒋经国标榜的所谓"维护人权，保障民主自由"的面具被戳穿。《自立晚报》发表社论说："台湾如果连起码的自由与人权也跟着粉碎，还谈什么民主宪权？更高喊什么'三民主义统一中国'？"就连国民党中常委王惕吾主办的《联合报》也发表社论说，国民党派人杀害江南"是背离常理的事"，"不可思议"；谋杀一个作家的"事实本身已对'政府'形象利益构成严重的伤害"。

第三，江南命案也使台美关系受到影响。当江南命案真相暴露之初，美国国

---

① 王力行、汪士淳：《蒋孝勇的最后告白》，第93—95页。

务院发言人龙伯格在例行记者会上宣称：台湾情报机构人员参与谋杀江南，是一件"非常严重的事情"。1月18日，美国民主党议员、众议院亚太事务小组委员会主席斯蒂芬·索拉兹就台湾当局谋杀江南案发表声明说：他表示愤慨，绝不能容忍。他还声称，他想召开听证会以判定这个残暴行为，如果属实，将终止美国售台武器。2月7日，该事务小组委员会就江南命案举行听证会，会议一致通过将杀害江南的罪犯移交美国审判的提案。但由于美国当局总是企图利用此案控制国民党与维护在台利益，并未做出停止售台武器的决定。不过，由于此案的发生，使"台美"关系一度出现了阴影。1985年初，国民党当局指派海外工作会副主任专程赴美，了解江南命案所带来的后果。此人返台后，就此发表文章说："他对江南事件影响'台美'关系之深，危害'国家'之大。知之甚详，感到非常痛心。"驻美国的一位台湾工作人员说，"对美工作的成果，好不容易点点滴滴累积起来，江南命案发生，却让人给整个一大桶倒掉，糟糕透了"。就连蒋经国在召见郝柏村时，也不得已而慨叹"台美"关系"经过数年来努力所获得的进展与成就，将因刘宜良被杀案受到严重伤害"。①

集体接班

在传子部署已经不可能实施的情况下，蒋经国在接班人问题上开始筹划新的对策。如不改变初衷，国民党内的革新派就不会拥护他，这一点蒋经国看得很清楚，他深深知道：革新派之所以崇拜他，拥护他，就是因为他比其父开明。革新派都反对家天下统治，也看不起蒋孝武。假如蒋孝武承继父业，开明派中有人会因高官厚禄而投靠他，但绝大多数人会因蒋经国的不明智之举而对他产生怀疑心理，从而进一步产生离心倾向，最后弃蒋而去。再者，如果蒋经国传位于子，还会促使蒋家势力同地方反对派的矛盾有所发展。以康宁祥为首的革新保台派，寄希望于蒋经国实施开明政策，实行民主改革，所以才同国民党合作。高雄事件后，地方反对派发生分化，一部分转向激进，而康宁祥等人仍坚持同国民党合作的温和路线。如果蒋经国坚持传位于子，会使持温和路线的地方反对派对蒋经国的幻想破灭。

从江南被刺案到1987年之间，国民党高层不断进行人事调整，部署集体接班。国民党十二届三中全会前，蒋经国先是免去亲美代表人物蒋彦士的秘书长职

---

① 《郝"总长"日记中的经国先生晚年》，第214页。

务，起用无班底、长期在外、又靠蒋家起家的马树礼任中央委员秘书长。三中全会重新起用李焕，将他纳入国民党中央常委会。1987 年 7 月，蒋经国毅然破例地任命他为国民党中央秘书长，接掌党务大权。

为何李焕有此殊荣，并深得蒋经国赏识与重用呢？了解李焕的人都知道，李焕同蒋经国之间的关系，远远比不上王升同蒋经国之间的关系。李焕是湖北人，早年入上海复旦大学法律系学习，肄业后入中央大学学习。由美返国后，出任《沈阳日报》社社长职务，后任东北保安司令长官政治部秘书、沈阳市政府外事处副处长、三青团大连支部书记。从 30 多岁起，开始从事党务工作，曾任职国民党中央青年部组训处长、国民党中央部第一组第一室总干事，随后擢升为台湾省党部主委。曾与蒋经国一起筹组"青年反共救国团"，历任该组织秘书长、副主任、主任，"行政院青年辅导委员会主任委员"，深得蒋经国赏识。1972 年起出任国民党中央组工会主任兼"革命实践研究院主任"等要职，协助蒋经国大力推行"行政革新"。1977 年主持地方公职选举时，因发生中坜事件，遭到张宝树、王升等人责难被二人联手推下台。他一度十分窘迫，幸得蒋经国给他一线生机，后由他筹建"中山大学"，次年出任首届校长。1984 年因政绩斐然，终在王升倒台后入俞国华"内阁"，出掌"教育部"。

李焕为国民党党务专家，擅长组织、协调，被誉为"组织天才"。台湾及海外舆论普遍认为，李焕的"阅历丰富"，"素享人望"，是国民党力主本土化、年轻化政策的重要人物。蒋经国重新起用他的目的，就是将他作为集体接班的主要班底成员，同时也为他晚年推行的革新路线服务。

在重新起用李焕的同时，蒋经国还任命其弟蒋纬国出任"国家安全会议秘书长"，掌握军特实权。对于蒋经国同其弟的关系，社会传闻颇多。蒋纬国的经历不似蒋经国那样艰辛，他早年毕业于东吴大学物理系，入德国慕尼黑军校，后又入美国军校深造。返国后曾在胡宗南部下服务。1948 年升任装甲兵上校参谋长，后升任少将副司令，去台后升任中将司令。按蒋介石的愿望，希望他掌握军队，所以任命他为"三军"联合大学校长。因为他自己是靠黄埔军校起家的，也希望"三军"将领皆为蒋纬国的学生。但蒋纬国在"三军"大学校长任内，竟将 5 岁的儿子蒋孝刚带到校长室，并将他放在自己头上拍了一张照片，然后交台北《联合日报》登在报上。此照片一发，有人就向"监察院"检举，称校长办公室是庄严之地，怎么可以把自己儿子带到办公室并让其放到头顶照相，还见诸报端。此事被媒体曝光迫使蒋纬国赶紧请辞"三军"联合大学校长职。

有舆论称：蒋纬国自任装甲兵中将司令，历经 20 载未受提拔，其因在于蒋经国的压制。此说有一定道理，但也不尽然。蒋纬国自己称：对于哥哥，从大陆时期开始，他就既敬且畏。他觉得"哥哥的心志坚定，处事平稳，富正义感，具备领导'国家'的才干，所以敬之"；另一方面，他也感到"哥哥城府很深，对于自己又有所算计，且掌控了情治网，所以畏之"。他同蒋经国几十年来的相处方式，就是避免起冲突，哥哥说什么就是什么。包括湖口事件在内，他自己觉得有什么来自哥哥的委屈，是从来不向父亲提起的。据蒋纬国称：1948 年蒋经国奉父命回溪口和族人重修蒋氏宗谱。蒋经国意欲将蒋纬国自宗谱中排除，因族长等人反对未果。蒋经国当时可能对蒋纬国身世有相当了解，故而从血缘方面作了考虑，否则无法解释。

也有舆论称：蒋纬国才思敏捷，语言风趣幽默，智慧过人，他能够在群众中引吭高歌，也能滔滔不绝地阐述他的军事观念与战略思想。就他的性格而言，与蒋经国迥然不同，哥哥认为弟弟不够严肃，话太多，谈不上谨言慎行，交往又复杂，不宜赋予重任。蒋纬国在调任"三军"大学校长时，蒋经国曾对"陆军总司令"刘安祺说"蒋纬国这个人你要好好辅导，他做人做事不稳当"。正因为如此，蒋纬国认为："哥哥对他的观感一向是负面居多。"[1] 此说确有一定道理。但真正使蒋纬国升迁受阻的因素，还是来自于"湖口兵变"事件与《蒋纬国报道》一书的影响。

所谓"湖口兵变"是指 60 年代中期装甲兵部队发生的一起对台湾现实不满所爆发的偶然事件。"湖口兵变"的事件主角赵志华被捕后，他在狱中所写的《湖口兵变真相》手稿至今下落不明。《千山独行——蒋纬国的人生之旅》对湖口兵变有详尽的说明。

1964 年 1 月 21 日上午 10 时左右，装甲兵副总司令赵志华在湖口基地主持装甲兵第一师的战备检查，部队荷枪实弹。赵志华一上台就以老装甲兵的身份拉近官兵的心理距离，在"感情诉求"结束后，即发表了一篇类似"清君侧"的演说，演说要点是：

（1）国际形势不利于台湾当局，世界各国争相与大陆中共建交，台湾"外交"有陷入孤立的危机，"政府"官员没有处理"外交"的能力，竟有人提倡"两个中国"的论调。

① 汪士淳：《千山独行——蒋纬国的人生之旅》，第 157 页，台北，天下文化出版股份有限公司，1996 年版。

（2）高级军事将领，只顾自己生活享受，不顾部队士兵生活。他攻击周至柔，他家里养的狼狗，每月吃的东西比一个连的伙食费还多。岛内选拔"中国小姐"活动，无异鼓励奢靡生活，也沦为高干子弟追逐的对象。

（3）装甲兵部队是国民党军的精锐之师，也曾是戍守"首都"的"御林军"理应挺身而出。

他要求部队向台北市挺进，去扫除"总统"身边的坏人，以尽到保护"总统"的职责。赵的演说不仅没有博得干部士兵的满堂喝彩与掌声，反而使部队僵住了。他又朝天开了2枪，叫喊："谁敢跟我去？"此刻一老士官率先响应，随即又有一位身披政战徽章的中校军官朱宝康上台响应。赵志华对两人大加赞扬，稍不留神，即被政战人员抱住了。师长徐美雄跳上台把赵志华拉到台下，并立即对部队宣布："部队由执行官指挥，保持原地不动，谁要私自跑的话，宪兵开枪，格杀勿论！我押送赵副司令到师部看管后，立即回来。"在去师部的路上，赵志华对徐美雄说，"孩子已经长大各有工作，夫妇俩不需原来住的大房子，准备凑个钱先买栋比较小的房子，住进去之后再卖掉大房子。他写了一份报告给总司令刘安祺将军，请郭东旸司令转呈，向总部暂借3万块钱，等房子换成了，他就可以把3万块钱还清；可是郭司令把他的报告放在桌子上，一放就是2个多月没有转上去。他心里难过，又没法子说出来，才会一时糊涂"。①

赵志华是蒋纬国一手提拔的黄埔10期毕业生。他治军一向严格，不论军纪、政纪、战技训练、装备保养、环境卫生，无不样样争第一，有人夸他是蒋纬国的"真传"。蒋纬国也坦承他和赵志华的关系最好。这样一个人为何要发动"兵变"呢？台湾《自由时报》的说法是：升迁不成；买房子价钱不够；采购伙食案被批驳；不满时局及当时若干军方将领。若从政治心理学的角度来看，"湖口兵变"实为装甲部队部分将领对台湾社会现实不满的一时激愤之举与"个人行为"。②蒋纬国也认为赵志华之举是他"一时糊涂"。他还认为把赵志华拉下台事也就算完了。谁承想徐美雄走后约10分钟，有个校级政战官拔腿就跑，宪兵马上对他开了2枪，但没打中。这个政战官打电话到第一军团说"装第1师叛变了，现在正预备向台北进发"！蒋纬国认为"这完全是误报"，也就是这个电话造成整个大局转变。军团司令罗友伦一听装1师"叛变"了，认为兹事体大，不但马上把误报状况转报"陆总部"，并下令把军团所有的车辆开出来，横摆在湖口通往台北的公路上

---

① 汪士淳：《千山独行——蒋纬国的人生之旅》，第162—164页。
② 《自由时报》，1988年3月22日。

作为阻塞；另外，把战车防御炮置于公路两侧，以防止战车绕过阻塞。桃园"空军"基地的战斗机也奉命待命，准备随时起飞炸射行进中的战车；如果拦截无效，则准备炸毁中兴桥、中正桥及台北大桥，以阻止战车进入台北市区。"事实上，装 1 师根本没动，结果是虚惊一场"。徐美雄到达办公室后，给郭东旸打了一个电话，因没找到郭东旸，他又打给了刘安祺，说"这完全是赵副司令一时的精神分裂"。"湖口兵变"发生时，蒋纬国已不在装甲兵司令任上，但因装甲部队多年为蒋纬国主持，重要干部包括赵志华都是经他手提拔的，自己的"子弟兵"发生重大违反军纪案，当然要受到牵连。蒋纬国接电话后也到了现场，刘安祺问蒋纬国有什么意见，蒋纬国回答："报告总司令，首先，赵志华是应该关起来，但应该关到精神病院，而不是关到监牢里。关到监牢里的话，对外来讲'中华民国陆军'有个少将叛乱，这好得了？而且他明明是精神异常嘛！所以不管他是不是精神分裂，先关到精神病院再调查，这样也可以维护我陆军形象。其次，要请总司令马上对装 1 师论功行赏。这次装 1 师在事件发生时，没有一个人响应，足见对'国家'领袖的忠诚，可以说通过了一次活生生的测验，应立即犒赏，进而提振士气。第三，是马上组织一个严密的调查网，至少以 1 年的时间，暗中调查整个装甲兵，看看有无预谋伙同谋，这样以后才能够放心。"[1] 蒋纬国说刘安祺很欣赏他这三点建议。但在第 3 天事情有了意想不到的转变，刘安祺对蒋纬国说："我做总司令也控制不住。总政战部把案子接过去，赵志华以叛变论罪，现在是政战人员论功行赏，装甲兵司令部及装 1 师要受惩处，说是幸亏政战人员，部队才不至于酿成大祸！"[2] 由于装甲兵全体受到处分，蒋纬国也只好"自请处分"。"国防部长"俞大维认为蒋纬国不在其位不负其责，且又是蒋家二公子，自然不便处理，遂将"烫手山芋"扔给蒋介石，蒋介石也颇费思量。后又经宋美龄求情，希望不要扩大此事，蒋决定此案按"违反军纪案"处理，赵志华被判无期徒刑，1978 年因病保外就医，1982 年病逝。蒋纬国从此也失掉了带兵权，并影响了他日后的升迁。尽管蒋纬国一再否认此次事件对他的影响，但也无法改变 20 年未被提拔的事实。

关于《蒋纬国报道》一书，是香港女作家孙淡宁（笔名农妇）根据蒋纬国口述录音整理并搜集资料撰写的一本描写蒋纬国身世与观念的书。

孙淡宁到台湾丁中江处与蒋纬国结识，后作为资深记者，在退休前搞了一个

---

① 汪士淳：《千山独行——蒋纬国的人生之旅》，第 165—166 页。
② 汪士淳：《千山独行——蒋纬国的人生之旅》，第 166—167 页。

蒋纬国专访。专访在《明报月刊》发表，标题就是《蒋纬国报道》。不久，孙有意识赴台接触蒋纬国，蒋同孙谈了他的身世，他所遭遇的一些挫折，有些挫折来自他哥哥。孙淡宁将蒋纬国的谈话内容与自己搜集的资料整理，写了《蒋纬国报道》，有20多万字。1984年初，孙将书稿交台湾远流出版社，准备出版。

　　该书首先披露了蒋纬国的身世之谜。按照蒋纬国的说法：他不是蒋介石的亲生儿子，而是前考试院长戴季陶的儿子，真的与他有血缘关系的兄长，是前"中信局"驻欧代表戴安国，蒋经国则是他的"义兄"。蒋纬国又是怎样知道他的身世的呢？是日本人山田纯三郎告诉他的。"二次革命"失败后，蒋介石亡命日本，从1914年至1915年间，蒋多次往返日本于中国之间。在日本期间，蒋和留日学法政的学生戴季陶共租一室。蒋、戴共居时，戴结识了当地的护士重松金子。交往之下，金子怀孕并于1916年5月16日生下蒋纬国，没几年，金子病逝。赴日前，戴季陶已同钮永恒成婚，并得子安国。钮氏是一刚烈女子，如果知晓戴季陶的婚外恋，非同戴闹翻不可。故蒋纬国一生下来，就由山田纯三郎带回中国交给蒋介石，蒋回国前已同戴商量好了，孩子取名蒋纬国。在蒋纬国的记忆里，父母就是蒋中正与姚怡诚。当他得知自己的身世后，虽无缘认祖归宗，但仍以实际行动对生父尽人子的孝道。他筹办了传贤大学，并为戴季陶塑像。此外戴安国病逝时，也由蒋纬国料理丧事。这就是《蒋纬国报道》一书最引人注意的地方。该书的第二部分则是蒋纬国大谈他的战略学，也包括他的人事挫折等内容。

　　当《蒋纬国报道》一书样本出来后，出版社为求慎重，将样本送蒋纬国亲自审订，就在审订阶段因大样外流被台北新闻处、文工会主任宋楚瑜及调查局获得，并送交蒋经国。蒋经国阅后大为生气，他把蒋纬国找去问罪，并且厉声斥责，蒋纬国也不服气。兄弟俩对话说：

　　"哥哥，你有掌握社会的力量，我没有。我只有尽我自己的力量去制止她。我告诉过孙淡宁，出这本书对她没好处，所以我修正她、迟延她、制止她，不让她出书，是你把书弄出来的。"

　　"你为什么要跟她讲这些话（指书的内容）？"

　　"我除了'修正'她以外，没有讲什么？"

　　"这本书如果出来，惟你是问！"[1]

　　"我可以保证，这本书如果出版的话，我会到慈湖去，在父亲灵前自杀

---

① 汪士淳：《千山独行——蒋纬国的人生之旅》，第249—250页。

谢罪！"①

　　蒋经国还派人将样本送给宋美龄看，宋担心该书出版会影响兄弟俩的关系，故劝蒋纬国最好不出版。蒋纬国后来回忆说："孙女士在这本书里为我抱打不平，但是却打到了别人！""那里面有许多都是道听途说的事，资料不实；而且她不喜欢的人，也藉这个机会在书里修理一番"。蒋纬国找到孙淡宁说："我不阻止你出这本书，但里面有些资料不确实，你该找我商量才是。你原来预备写本书以后退隐，这本书一出，留下来的却是败笔，毁了你一世英名啊，这实在划不来。这里面的内容对我兄弟之间有挑拨之嫌，对我父子、母子之间也都有不良影响，有许多事情，老夫人还在，你批评干嘛？""你有出书的自由，我有否认的自由。有很多东西我跟你讲过，你不改。""记者有报道事实真相、服务社会的义务，你这样写，死后会被人'鞭尸'的！"蒋纬国还称："我没有什么政治力量来暗算你，我没有什么帮派的力量来钳制你，我也没有新闻界的力量来包围你，但到必要的时候，我的'弟弟'不认人！"他在孙淡宁面前挥舞着"拳头"②。在各方压力下，《蒋纬国报道》一书未能出版。

　　在《蒋纬国报道》事件中，最令人感兴趣的是：为什么蒋纬国会在此时出版这本书呢？

　　一种观念认为："蒋纬国年事已高，太太久居美国，独子孝刚多年'出国'后，未再返回，老来寂寞是人之常情。趁仍健朗之时，婉道身世，也好了却一生心事。"

　　也有人认为："《蒋纬国报道》一书的问世，不是蒋纬国政治生命结束之因，而是结果。蒋纬国自调任冷门的'国防部联训部主任'以来，就无所事事，郝柏村存心压他；而郝柏村压他，又受命于蒋经国，去年8月底，蒋纬国申请退役之说终于爆开。此一直接来自蒋纬国本人及其支持者的消息，为岛内外造成不少冲击，'国防部'及蒋孝武控制的中央社不得不被迫否认。接着，蒋纬国口述回忆录，声称他原不姓蒋而姓戴。蒋纬国的身世之谜，外界谣传已久，但由蒋纬国亲自证实，其意义完全不同。这显示蒋纬国在极度失意中，已决心与蒋家划清界限。他自愿打破'帝王系统'的神话，当然是因为'帝王系统'已不能为他带来任何益处。《蒋纬国报道》一书透露的就是蒋纬国绝望的心情。"

　　既然蒋经国对蒋纬国同孙淡宁的谈话表示严重不满，为何又于1986年6月

①　汪士淳：《千山独行——蒋纬国的人生之旅》第，250页。
②　汪士淳：《千山独行——蒋纬国的人生之旅》第，252页

18 日提升他为"国安会秘书长"一职呢？笔者引证台港的一些评论，可从中得到启示：

台湾《联合报》对此项任命评论说："我们有理由相信，蒋纬国出任'国安会秘书长'，当可使'国家'安全问题，获得现代战略与'民主法治'的双重检验；而使战时与平时，非常时期需要与'民主宪政'规范的矛盾，获得合理的具有前瞻性的统治。"

香港《明报》1986 年 7 月 29 日刊文称："发表汪道渊继宋长志任'国防部长'，蒋纬国继汪道渊任'国家安全会议秘书长'，"绝不是简单的人事命令，而是关系到台湾民主前途的保证措施。以文人任'国防部长'，固然可以大大冲淡军事统治的趋势，而以一贯具有民主素养并在台湾公认为具有民主作风的蒋纬国任'国安会秘书长'，更可作为台湾走向民主的安全瓣。"

香港《争鸣》杂志称："蒋经国虽然声明不会传位给家人，但一旦驾崩，可能没有第二个人比蒋纬国更镇得住局面。"

综合诸项评论，即可看到蒋经国任命蒋纬国出任"国安会秘书长"是在部署集体接班。蒋纬国被起用使"参谋总长"在军中的实力大大削弱，因蒋在军中素有相当威望及声誉，在蒋经国决定实施集体接班的情形之下，很显然蒋纬国是稳定台湾军心的关键人物，也是唯一具有牵制郝柏村军系力量的将领。把蒋纬国放在具有至高无上地位的"国安会秘书长"的位置，就为他铺下掌握军、特两大系统实权的道路。尽管蒋经国对蒋纬国有诸多不满，蒋纬国也深深地认识到这一点，但蒋经国从未来国民党统治的长治久安与蒋氏家族利益考虑，还是将蒋纬国纳入集体接班的主要班底成员。当然，蒋经国已对世人做过保证，蒋家人不会再做"总统"，所以也未考虑让蒋纬国接班的问题，而是想让他在未来政权中发挥举足轻重的作用而已。而蒋纬国对于哥哥的任命并不领情，他认为自己仍是个局外人，"始终没能参与'国家'大计"，他还常以"一人之下，无人之上"自我解嘲。由于蒋经国突逝与李登辉极力排斥蒋纬国与李焕，致使蒋经国部署的集体接班格局被破坏。如果要探究集体接班格局被破坏的原因，只能怪蒋经国看李登辉看走了眼。

第九章 "政治革新"

进入 20 世纪 80 年代中期，蒋经国身体日见衰弱，他深感来日无多，遂在台湾全岛掀起了一场规模宏大的"政治革新运动"，从而使台湾社会的政治体制由强人政治过渡到政党政治的转折时期。探究台湾社会政治、经济转型的原因及特点，必然要追溯到蒋经国晚年在政治上的诸项举措：这些政治举措又被岛内外舆论称之为"向历史交代"。也有舆论称："他晚年所从事的政治改革"，为台湾的"民主宪政"，"奠下真正坚实的基础，尤有其划时代的意义"。①

对于蒋经国晚年向历史交代的内容，岛内外舆论多认为是指蒋经国晚年全力推展的"政治革新运动"。笔者以为此说的确抓住了问题的实质所在，但并未全部反映蒋经国晚年在政治上的整体思路。蒋经国晚年"向历史交代"的内容应包括以下三点：

（1）改变接班部署，是蒋经国晚年"向历史交代"的重要内容；

（2）大刀阔斧推行"政治革新运动"，则是蒋经国晚年"向历史交代"的核心内容。

（3）进一步实施本土化政策以维持国民党的长治久安，是蒋经国晚年"向历史交代"的另一重要内容；

第一、三点前文已作详细说明，第二点则须在下面作重点解构。

"政治革新"构想

国民党退守台湾以来，为了维持在台湾的统治地位，曾进行过多次"政治改革"，举其大者就有国民党改造、政治革新、党务革新、行政革新与社会革新。然而历次"改革"，无论就其规模、范围，还是就其深度而言，都无法与蒋经国晚年推行的"政治革新"相比。此次"政治革新"就其时间而言，是从 1986 年

---

① 王增才：《民主宪政的奠基者——敬悼经国先生》，载《蒋经国先生思想行宜研究论集》，第 2 页，近代中国出版社，1997 年版。

初开始的。

在 1986 年新年《文告》中，尽管蒋经国不断重复"反共复国"陈词，但也透露出政治改革的讯息。他说："不论情势如何错综变化，我们厉行民主法治的脚步必将继续向前，坚定迈进。"他强调："今后在巩固'宪政'的总纲之下，必当以更开阔的做法，加速促进经济建设；以更踏实的步骤，提升文教科技发展；并以真挚诚恳，增强社会的团结和谐。"①

2 月 4 日，蒋经国邀约"五院"正副"院长"茶叙时发表谈话称："立新民主'宪政'"，"多求革新"。② 翌日，蒋经国主持国民党中常会时更强调：要"创造更新的局面"。③

同年春节前夕，蒋经国曾对一位他经常咨询的当局高层人士说：春节前后你不要上班了，希望你利用这几天好好想想未来的发展方向问题。蒋经国还说，这几个月经济形势好转，军售问题也有妥善的安排，"国防"科技更有长足的进步，"国家"安全似无问题，"政府"应有余力在政治建设方面施展作为。他还说：一年内连续发生江南命案与"十信弊案"，显示"政府"政治结构存在缺陷。过去情治单位的严重问题，亟须改革。④

另一位接近蒋经国的高层人士证实：蒋经国非常注意汲取江南命案的影响，以后情治首脑出缺，他宁愿以军事将领接任也不提拔情治系统人士，以严明情治机关的纪律。

2 月 5 日，蒋经国在国民党中常会上指出："中国国民党是全民的党，也是大家的党，我们的党是进步的、开明的。我们不但要永远和民众在一起，同时要贯彻以'国家'利益为先的基本要求。本党绝不可因为在这次选举中得到多票的支持而自满，相反的更要虚心地检讨各项缺失，并做更进一步的努力，尽心尽力，为'国'为'民'而奋斗。"⑤

1986 年 3 月 29 日，国民党召开十二届三中全会。蒋经国亲自主持会议，并以《迈向胜利的新里程》为题致辞。致辞由国民党中央秘书长马树礼代为宣读。在致辞中，蒋经国继续重申国民党的艰难奋斗和台湾经验，并对大陆中国共产党

---

① 《蒋"总统"经国先生言论著述汇编》，第 15 辑，第 86 页。

② 《蒋"总统"经国先生言论著述汇编》，第 15 辑，第 225 页。

③ 《蒋"总统"经国先生言论著述汇编》，第 15 辑，第 303 页。

④ 《中国时报》，1987 年 8 月 30 日。

⑤ 《蒋"总统"经国先生言论著述汇编》，第 15 辑，第 303 页。

的所作所为进行彻底批判，以证明"共产主义已被中国人民所唾弃，三民主义必能实行于全中国"；"中国必须统一，但必须统一于三民主义之下，这个立场，绝不改变！"致辞最后宣称"秉承先烈艰苦卓绝的勇毅精神，继往开来，再接再厉，加快迎接三民主义'统一中国'大业的胜利"。①

3月31日，在国民党十二届三中全会上，蒋经国宣称：要"以党的革新来带动行政革新，以行政革新来带动全面革新"。②他突出强调政治改革的极端重要性："要不畏环境的艰苦困难与险恶，屹立不摇，努力奋斗。""今天我们'国家'正值多难之秋"，这次召开会议，"为的就是要打破今天所面临的难关，要开创更美好明天的将来"。③在会议闭幕书面致辞时，他又以《迈向胜利的新里程》为题，强调大会结束"正是我们迈向胜利新里程的开始。我们必须以更积极的作为，突破困难，推动建设"。④

会议根据蒋经国讲话精神，通过了《承先启后，开拓国家光明前途》的中心议题案。《议案》第一部分论证了台湾国民党当局"对当前世局、'国情'的体认"。《议案》总的看法是："纵观本党十二届二中全会以来的整个世界情势：战争烽火蔓延，恐怖暴行不断升高，经济景气长期低迷，共产侵略继续扩张，显示整个世局动荡变乱，纷扰不已。"因此，国民党必须"精诚团结，革新进步，承先启后，再开新运"。《议案》认为"这是本党历来革命建国胜利的契机和成功的根据"。

《议案》第二部分阐释了台湾国民党当局的"立场和决心"：一方面强调"反共的目标"、"'复国'的决心"和"实践三民主义的基本'国策'"不变；另一方面主张在"政治、经济、社会、文化各方面力求革新"，来"将'复国'建国大业，推进到一个更光明而崭新的境界"。

《议案》第三部分是本案的重点，即"我们行动的要领和做法"。《议案》强调：自十二届二中全会以来，"遇到新的挑战，产生了许多亟待'革新'和解决的问题"，提出"我们要以今年为党务再革新的出发点，进一步创新党的作为，针对'国家'前途和全民期望，作前瞻性的通盘规划"。《议案》对政治、经济、社会和生活、教育和"国防"建设革新提出了初步构想，并提出"要以党的'革新'结合行政的'革新'"，"带动全面的'革新'"。

① 《蒋"总统"经国先生言论著述汇编》，第15辑，第88—103页。
② 《蒋"总统"经国先生言论著述汇编》，第15辑，第105页。
③ 《蒋"总统"经国先生言论著述汇编》，第15辑，第109页。
④ 《蒋"总统"经国先生言论著述汇编》，第15辑，第107页。

《议案》第四部分是"我们的精诚志节"。①

上述蒋经国的讲话与国民党十二届三中全会《议题案》表明蒋经国将在政治上会有大的动作。三中全会之后，蒋经国在多种场合大谈"政治革新"，为了进一步厘清蒋经国大刀阔斧进行政治改革的心路历程，笔者以为蒋经国之所以大刀阔斧地进行政治革新，主要是因为：

第一，世界局势变化要求国民党进行政治革新。6月27日，蒋经国在台湾行政会议中的书面讲词中强调："我们惟有不断革新，追求进步，才能配合时代的需要"。②10月8日，蒋经国在国民党中常会上强调："今天'国家'所面临的局面，是非常的。世事在变，局势在变，潮流也在变。"根据变化了的形势，必须"突破困难、再创新局"，"在观念上及做法上作必要的检讨与研究"③蒋经国在10月15日的国民党中常会上讲："时代在变，环境在变，潮流也在变，因应这些变迁，执政党必须以新的观念，新的做法，在'民主宪政'体制的基础上，推动'革新'措施，唯有如此，才能与时代潮流相结合，才能与民众永远在一起。"④蒋经国认为："革新必须是前瞻性的、是突破性的，但也必须是承先启后的、是继往开来的。"⑤

在1987年元旦祝词中，蒋经国称："随着时代的演进、社会的发展，'国家'建设正在转入一个革新的阶段，开始一个新的历程，我们自当以新的认识，新的做法，开展新的形势。"⑥

第二，国民党自身存在的缺点要求将党务革新作为政治革新的重点。多年来蒋经国始终在思考：台湾"将有怎样的未来？应该要走怎样的方向和道路？如何才能使我们的'国家'长治久安？如何能使我们同胞永享自由幸福？又如何能对世界尽其贡献？"⑦蒋经国认为："我们一定要站在'国家'与民族的立场，主动的检讨得失，制定明确的改革方案。"⑧通过研拟，蒋经国认为十二届三中全会所通过的"六项革新"方案，能够使"政府的作为更符合'国家'发展的需要和多

---

① 李云汉：《中国国民党史述》，第五编《附录》，第298—305页。
② 《蒋"总统"经国先生言论著述汇编》，第15辑，第113页。
③ 《蒋"总统"经国先生言论著述汇编》，第15辑，第320页。
④ 《蒋"总统"经国先生言论著述汇编》，第15辑，第323页。
⑤ 《蒋"总统"经国先生言论著述汇编》，第15辑，第141页。
⑥ 《蒋"总统"经国先生言论著述汇编》，第15辑，第143页。
⑦ 《蒋"总统"经国先生言论著述汇编》，第15辑，第88页。
⑧ 《蒋"总统"经国先生言论著述汇编》，第15辑，第314页。

数民众的期望"，对此他要求"加速完成"。① 这六项议案是："充实中央民意代表
机构、地方自治法制化、'国家'安全法令、民间社团组织制度、社会风气与治安，
以及党的中心任务等重要议题。"蒋经国认为"任何外来的挑战，都不足惧，最
要紧的是我们内部的团结"。他认为最重要之点"健全本党的组织"。因此"加强
团结，巩固党的基础，将是我们今后努力的重点"。② 既然党务革新是关键，特别
是国民党同党外势力的关系又至关重要，所以他训示各级国民党党部应该："多
交朋友，要多听取并虚心接纳社会各方面的意见"，基层党员干部"应当以民众
服务员自许"，同各方人士"建立良好关系"。③ 蒋经国还多次告诫有关部门："在
尊重'法治'的基础上，加强与各界人士的沟通，增进彼此的了解，共同为启导
社会祥和，开拓'国家'光明前途而努力。"④ 蒋经国已深深地认识到，国民党肌
体生了许多毛病，必须加以诊治，唯一可行的办法，就是因应"社会变迁和民心
潮流"，在政治上实行"民主革新"，才能巩固与发展经济建设的成果。否则，经
济建设将后劲不继，经济成果也将不保。

第三，只有始终秉持国民党的"革命精神"，勇气和担当才能推进政治革新。
蒋经国始终认为没有"非常的决心、非常的精神力量"，不可能完成"非常的任
务"。⑤ 4月9日，蒋经国在国民党中常会上要求国民党要以"革命精神"和勇气，
"向前迈进"。⑥ 而"坚持"和"奋斗"就是"革命精神"。⑦ 1986年10月10日，
蒋经国在"双十节"在讲话中以《把三民主义的精神发扬光大》为题，强调三民
主义精神就是"大公无私、忠孝仁爱、信义和平的中华民族基本精神"。⑧ 在1987
年元旦祝词中强调："发扬团结和谐的精神"作为"推进全面革新的动力"。而团
结和谐的精神就是："同舟共济，推诚相与，以忠恕致祥和，以理性化偏激，聚
合全民的意志和智慧。"⑨ 1987年1月22日接见"行政院"部会首脑时要求国民
党各级干部："要认清时代，把握形势，明辨是非，为所当为；要有胆识、有担

① 《蒋"总统"经国先生言论著述汇编》，第15辑，第243页。
② 《蒋"总统"经国先生言论著述汇编》，第15辑，第321—322页。
③ 《蒋"总统"经国先生言论著述汇编》，第15辑，第303页。
④ 《蒋"总统"经国先生言论著述汇编》，第15辑，第310页。
⑤ 《蒋"总统"经国先生言论著述汇编》，第15辑，第107页。
⑥ 《蒋"总统"经国先生言论著述汇编》，第15辑，第308页。
⑦ 《蒋"总统"经国先生言论著述汇编》，第15辑，第237页。
⑧ 《蒋"总统"经国先生言论著述汇编》，第15辑，第130页。
⑨ 《蒋"总统"经国先生言论著述汇编》，第15辑，第144页。

当、能果断，肯负责，发挥团队精神"，才能创造新气象。①

第四，将政治改革与向"历史作交代"紧密结合起来。从蒋经国多次讲话看，他的确感到来日无多，充满了责任感。他在十二届三中全会上就指出："此次大会通过《承先启后，开拓国家光明前途》的主要议题，不仅再次说明本党要为国家民族负起历史的责任，更提示了我们策进中国统一的行动要领。"②1986年10月8日，蒋经国在主持国民党中常会讲话时指出："个人的生死毁誉并不足惜，重要的是'国家'民族的命脉，有赖我们大家继续传承。"12月在国民党中常会上讲："党的每一项作为，都要对'国家'、对社会、对历史诚心诚意负责到底。"③在"行宪"纪念日发表的书面讲词中强调："今天的革新措施，不是为了一党之私，更不是为了个人利益，而是要以'对国家负责，向历史交代'的态度，要为全体人民的生活福祉，谋求更大的增进，为'国家'民族的前途在创新机。"④蒋经国还特别强调：十二届三中全会应是"国民党在作风上的一个分界线，改变过去比较保守的做法"。

为了大张旗鼓地在台推行"政治革新"，蒋经国首先在组织上作了安排，十二届三中全会上，蒋经国对国民党中常委人选作了调整。此次会议仍保持31名中常委，但换了4人。被除名的有孙运璿、马纪壮、阎振兴和赵自齐，增加了李焕、吴伯雄、施启扬、陈履安。4位新人进中常会，首先使国民党决策机构在年轻化问题上稍有改变。除李焕外，其余3人均在50岁以下，使中常委平均年龄比原来降低了两岁。另一方面，蒋经国提拔新常委时非常注意他们的学历，包括他们对"政治革新"的态度与国民党的渊源。4位新人都有较高学历，并且赞成蒋经国的维新路线。李焕是蒋经国的门生及嫡系，曾获美国哥伦比亚大学教育硕士学位。陈履安是原国民党副总裁陈诚之子，毕业于美国麻省理工学院电机工程系，获纽约大学博士学位。吴伯雄毕业于台湾成功大学工商管理学系。施启扬获台湾大学法学硕士学位、联邦德国海德堡大学法学博士学位。吴、施二人均是国民党一手提拔起来的台籍"青年才俊"，且亲属中均有国民党红人。对于除名的中常委，蒋经国尽量安抚，如4月4日，他在"总统府"亲自颁授"一等卿云勋章"给孙运璿，以暗示对维新路线的支持。

---

① 《蒋"总统"经国先生言论著述汇编》，第15辑，第244页。
② 《蒋"总统"经国先生言论著述汇编》，第15辑，第106页。
③ 《蒋"总统"经国先生言论著述汇编》，第15辑，第330页。
④ 《蒋"总统"经国先生言论著述汇编》，第15辑，第141页。

在调整国民党中央常委的基础上，蒋经国还从 31 名中常委中挑选出 12 人，专门研究"政治革新"诸项内容与政策。这 12 人是：严家淦、谢东闵、李登辉、谷正纲、黄少谷、俞国华、倪文亚、袁守谦、沈昌焕、李焕、邱创焕、吴伯雄。以严家淦为召集人。蒋经国指示"革新小组"说：

"今天推定 12 位常委负责三中全会各项决议案之研究规划，分工策行，是非常迫切的工作。虽然全会交下来的案子很多，但我们要先选择最重要的来做，而且要快做，不要拖。"① 在蒋经国的督促下，12 名中常委不敢怠慢，对"政治革新"内容作了深入研究。在向蒋经国汇报首肯之后，确定以下 6 项议题：

（1）"解除戒严"。此问题在台呼声最高，所以蒋经国明确指示"革新小组"，"戒严问题应列为第一优先"，"应朝解除戒严及准许新党成立的政策方向前进"。"解除戒严"就是解除 1949 年 5 月 19 日由台湾省政府和台湾警备司令部颁布的"台湾地区紧急戒严令"，废止因实施戒严而制定的 30 种有关"法令""法规"和条例，代之以"动员戡乱时期国家安全法"。

（2）开放"党禁"。蒋经国认为：此一问题与"解除戒严"同等重要，他强调与党外势力的沟通政策。在"解严"后，恢复民众的结社权，允许成立包括政党在内的政治性团体。同时实施修订的"人民团体组织法"和"公职人员选举罢免法"，对政治团体的组织与活动进行"立法规范"。

（3）充实"中央民意机构"。作为台湾民意机构的"国民大会代表"和"立法委员""监察委员"是 1947 年国民党迁台前的产物，但经几十年形势的变化，如今早已失去应有的代表性，成为台湾民主政治的一大笑柄。党外反对势力要求全面改选"中央民意代表"。蒋经国认为，此问题不解决，党内外对立情绪与矛盾很难消除。因此，蒋经国与属下商量，原则上决定废止"国大代表递补制度"和建立"资深中央民意代表退休制度"，并大幅度"扩充台湾地区增额民代名额"。

（4）"地方自治法治化"。此问题也是国民党内外政治歧见产生和政治不稳定的因素之一。党外势力地方人士一直强烈要求制颁"省县自治通则"，使台湾取得"自治"地位，"省主席"和"院辖市长"由官派改为民选。据台湾新闻透露：蒋经国已下决心在不修改"动员戡乱时期临时条款"、不制颁"省县自治通则"、不制定"省自治法"的情况下，径行制定"省"和"院辖市"的"组织法"，并将"省主席"和台北、高雄"院辖市市长"，由官派制改为经"行政院长"提名，

---

① 《蒋"总统"经国先生言论著述汇编》，第 15 辑，第 309 页。

相关会议同意后任命：

（5）"革新党务"。这是国民党自身的改革问题。随着经济飞速发展，资本主义社会的各种弊端在国民党中普遍存在。台湾民众对国民党的不正之风与腐败现象深恶痛绝。因此，蒋经国提出要以"党的革新带动行政革新"，并以"行政革新带动全面革新"。从蒋经国大量关于"政治革新"的讲话看，他视"党务革新"为"政治革新"的关键所在。如何推展"党务革新"呢？蒋经国提出："革新的重点，最要紧的是放弃自私自利的观念，纠正心理上的错误。"蒋经国决定从思想、观念、组织、训练等方面对国民党进行全面整顿、重新规划和改进国民党的组织、训练、教育与社会、文化、海外等方面的工作，以充分发挥组织效能，"提高党的竞争能力"，俾能适应台湾的社会变迁与"解严""开放党禁""报禁"后的新形势。①

（6）调整各项政策。为适应各方面形势变化，蒋经国决定在内外政策和做法上增加一定的灵活性，以配合内部统治体制的改革。在拟定的调整政策中，最主要的是调整对大陆的某些做法。同时也包含改革经济体制与经济政策、改善社会风气等。

上述6项内容的拟定，表明蒋经国敢于在晚年大刀阔斧地进行改革，甚至不惜"个人的生死毁誉"，以"向历史交代"②。此后，蒋经国便在全岛展开了政治革新运动。

社会各界呼声

任何政治上的变动都具有其深刻的经济社会原因。进入70年代以后，台湾社会进入了重大的变动时期，随着出口加工工业的迅速发展，传统的小农经济为主体的农业社会走向解体，一个以工商业为主体的现代社会逐渐代之而起。急速发展的资本主义经济必然导致社会阶级关系的变动。变动的总体趋势是：大批农民背井离乡流往城市，农民阶级走向衰微；劳工数目激增，迅速变为人数最多的阶级；民间私人资本不断扩增，中产阶级与知识分子迅速壮大。由于台湾当局不关心工农大众的利益，致使数千农民走上街头游行、请愿；广大工人不满台湾社会现状，强烈希望改变自身处境，要求民主、平等的权利。中产阶级也同国民党当局矛盾日渐加深，不满于"纳税有份，参政无份"。为了自身的经济利益，他

---

① 《蒋"总统"经国先生言论著述汇编》，第15辑，第336页。
② 《蒋"总统"经国先生言论著述汇编》，第15辑，第141页。

们主张进行民主的温和的改革，要求在某些方面重新分配权力，以求在政治上获得更多参与权与发言权，使本阶级获取一个更加有利的社会活动空间。正如一位学者所说："较年轻又受过较好教育的新兴中产阶级，他们由于希望使这个'国家'发展为一个多元的代议制民主而对国民党不满。"① 特别是随着党外势力的迅速崛起，就连一些国民党人士也要求当局改变保守、僵化的政策。

80年代中期，台湾一些有识之士首先要求台湾当局改变僵化的大陆政策。"立法委员"朱建人、郭瑞训、蔡胜邦、杨宝琳等人曾多次在"立法院"向当局提出质询，要求改变对大陆的"三不政策"，实行两岸盼望已久的"三通"。国民党籍的"立法委员"胡秋原主办的《中华杂志》就当局的"大陆政策"发表社论称：恪于形式，当局的"不接触主义"已"不能维持"，必须重新考虑，并强调如"不改变不接触政策"，不但不能鼓励投资意愿，而且一定会使经济萧条。与此同时，不少学者及舆论界吁请台湾当局在海峡两岸关系上"必须弹性求变"，采取"突破性"做法。这些主张反映在由当局授意召开的两次研讨会上。

第一次是由《工商时报》(国民党中常委余纪忠主办)出面举办的题为"大陆经济改革与台湾经济发展策略研讨会"。与会者从经济角度论证大陆经济体制改革形势及台湾的对策。其结论与建议是：大陆形势稳定，经济体制改革"得到多数民众支持"，并会"继续下去"，将对台湾产生"压力"，对此，台湾除"强化经济力量外"，应以政经分离原则，处理台湾与大陆的经济关系，并主张实行和扩大"双向转口贸易"，绝不能"只出不进"。

第二次是国民党中常委王惕吾主办的《联合报》文化基金会与《中国论坛》杂志社举办的题为"国家未来10年发展之探讨座谈会"。经座谈，台大教授杨国枢代表与会者作总结说：大家的"共识"是台湾"现存的经济、社会文化问题，与政治有绝对关系，无论就理论推断或现实分析，台湾保持现状将日趋困难"。为此，他呼吁当局"采取弹性政策以谋开创新机"。

工商界也有不少人要求当局开放与大陆通商，向大陆寻求出路。早在1980年初，台湾大同公司董事长林挺生及声宝公司董事长陈茂榜通过港商在香港《大公报》和《文汇报》刊登了外销产品广告。广告一登，震动台湾，国民党内保守势力对此大加攻击，说此举是"违反国策的行为"，是"卖国贼"。而工商界则以"在商言商"为由，反击保守势力的攻击。1985年，台湾内部就海峡两岸"间接

---

① 彭怀恩:《"中华民国"政治体系的分析》，第227页，《台湾时报》，文化出版事业有限公司。

贸易"问题展开了广泛的攻击。争论中，压倒性的意见是："恃于形势，间接贸易，无从防止。"

党外人士在 1985 年发动对国民党多次进攻。5 月 16 日，台湾省"无党籍省议员"黄玉娇、洪川娇、蔡介雄、谢三升、博文政、苏贞昌、游锡堃、陈启吉、简锦益、廖枝源、陈金德、周仓渊、林清松、余雅玲等 14 人，以强行通过"法规"有违"省议会法规"为由，集体辞职予以抗议，并要求国民党在台"政治运作"进行改革。12 月 20 日，新当选的台湾"省议会"第八届"议员"黄玉娇等 15 人在宣誓就职时，集体退席，反对国民党干涉"市议会"运作。《"中央"日报》认为，党外人士的上述举动，"无疑是借此事端提升其影响力，加强对执政党的压力"。

由于台湾当局固守僵硬政策，加之内部经济萎缩，社会问题严重，导致台湾各阶层人士对台湾前途感到茫然，出现了"信心危机"。当台湾当局宣布对中共实行"三不政策"后，台湾民间出现了"新三不"（不讨论、不研究、不认同）。台大教授张忠栋发表看法说："新三不"不仅是针对国民党"三不"的"一种反作用"，而且"是对各种问题都感到失望的疏离感"。他还举例说：几位教授和一位将军关门谈"国事"，大家交谈宝贵意见之余，都想不出具体的做法，"只留得一片唏嘘慨叹"。另外，曾有几位音乐评论家、画家、报纸副刊主编等在一起吃饭，很想联名撰文，就"国事"提出一些具体恳切的建议。但建议什么？建议"政府"改组？建议改革中央主管机关？建议取消"戒严"？建议"反统战"？这些过去说得不少，现在更加难说。大概正因如此，所以以联名撰文之议也就没有着落。

鉴于 1985 年台湾内部发生多重困难与事件，有识之士提出了"政治革新"主张。青年党主席李璜说："台湾今天所面临的危机，不在外敌，而在'内溃'，国内的经济繁荣不再，'政治改革'不通，承继发生问题等三个危机均足以导致'内溃'。"他又将"政治改革"不通，列为"危机的根本所在"。同年 9 月，在台北举行的"台湾社会变迁与发展研讨会"上，"政法组"的教授、学者，共同建议组成"政治革新委员会"，研拟"革新法案"。与此同时，"立法院"部分"立委"在施政总质询时，也都提出"政治革新案"。他们一致认为：台湾不进行"政治改革"是没有前途的。

总之，台湾社会已经进入了一个政治经济和社会等多种力量交互影响的动荡、多变时期。如果国民党当局不顺应"社会变迁和民心潮流"，继续坚持"军事戒严制"与独裁统治，势必进一步激化国民党当局与社会各阶层之间的矛盾，加剧台湾政局的动荡。也正是从缓解国民党当局与各阶层之间的矛盾出发，蒋经国才告诫国民党党员："现在的民众知识一天比一天高，要求也一天比一天多"，因此我们要"一切以民众的利益为第一，事事不忘民众"。他在召见正、副秘书长谈话时指出：面对社会情势的变迁，我们必须在工作方法上求新求变。对于党外势力的崛起与摩擦，他主张用沟通的方式加以解决。

十信弊案

蒋经国推展"政治革新运动"除了民众参政意识升高因素外，国民党统治的种种弊端与恶性事件的接连发生，则是蒋经国晚年"向历史交代"的内在原因。

自国民党退守台湾至 1987 年 7 月"解除戒严"之前，台湾的政治体制从本质上看，是一种"军事戒严体制"即独裁统治。加之国民党"一党专制"体制的基本特点是具有独占性与排他性，这种体制引发的种种弊端必然导致党外势力与民众对国民党专制体制不满的事件。诸如 60 年代初的雷震案，70 年代末的中坜事件与《美丽岛》案；80 年代更是多事之年，在政坛有震动内外的 14 名无党籍"省议员"集体辞职抗议事件和 15 名无党籍"省议员"集体退席抗议事件等。随着台湾经济的迅速发展，国民党各级官吏利用职权贪污受贿等腐败现象大为滋生。有原高雄市长杨金虎营私舞弊案，更有蒋经国表兄弟王正谊贪污公款案。继江南命案之后，台岛又发生了波及千万家的"十信"弊案。此一案件使岛内信心危机加剧，"疏离感日渐加深"。就连国民党籍"立法委员"也纷纷发表见解，要求蒋经国改变僵化、保守的政策。"十信"弊案是导发蒋经国下定决心进行"政治革新"的导火索之一，故笔者对此案做些交代。

"十信"是台北"第十信用合作社"的简称，原名"台北信用组合"。1910 年由日本人发起创立。台湾光复后，由台北市政府接管。1951 年改名为"台北市第十信用合作社"。该社除总社机构外，有 17 家分社，拥有 10 万社员，存款额高达 170 亿台币，它是台湾历史最久、规模最大的信用合作社。

提到"十信"，人们自然想到台湾的蔡氏家族。蔡家最初不过是一个菜贩子，后来因经营酱油生产业而发迹。蔡家将经营范围扩展到百货、建材、制药、贸易等方面。由于蔡万春经营有方，1957 年被选为"十信"理事会主席。从此，他先后共任"十信"理事达 15 年（5 届）之久。蔡万春任职期间曾到日本访问，发现日本金融、保险及信托业大赚其钱。回台后立即成立了国泰产物保险、国泰人寿保险、国泰建设及国泰塑胶等企业。此时，蔡将其他三部门交其三兄弟分营。"四分天下"的结果是各业均有很大发展，尤以蔡万春的人寿保险获利最高。60年代初，蔡家已成台湾的"国泰王国"。70年代，蔡家新一代企业家开始崭露头角。新一代的特点是：多数受过高等教育，有些还是留学海外的专才。经此辈的经营，国泰企业进入大力扩张阶段。1977年，蔡万春中风卧病不起，将家族企业转交其弟及儿子管理。此间蔡家企业运用大量资金收购兼并其他企业，引起外界抨击。后台湾有关当局对于蔡家挪用大量资金案全面查账，发现"十信"、国泰企业放款作业有弊端，家族各企业之间有不正常资金往来，当局不得不对蔡家予以警告与罚款。然而，蔡万春之子蔡辰洲出任"十信"理事会主席期间，更是利用亲信、员干加入"十信"之机贷巨款供其关系企业运用。据"财政部"调查，仅"十信"的不正常放款，1982年就达232亿。1983年蔡辰洲当上"立法委员"之后，此种放款更是变本加厉。

1985年初，台湾"中央银行"根据最高当局指示，对"十信"实行专案检查，发现"十信"违规放款严重，库存现金减少，准备采取行动，谁知风声走漏，从1月中旬起，"十信"便有计划地大量放款给蔡辰洲个人经营的"国塑"企业，套走资金38亿元。2月9日，"财政部"勒令"十信"停业3天，理由是"报告书表及账册等记载不实，业务经营不善，不良放款继续增加，放款总余款（154亿台币）占存款总余款（151亿）之比率高达102%，显示已无支付能力，继续营业有困难"。"财政部"负责人原以为对"十信"的停业处分，不会对社会有多大冲击。但对"十信"处分一宣布，引起社会轰动。从11日开始，"十信"发生前所未有的挤兑风潮，当日上午10时，31.5亿现钞告罄；与此同时，爆发了严重的跳票现象，而这些支票几乎全属"十信"理事会主席蔡辰洲的关系企业——国泰集团所有。

"十信弊案"的扩大，迫使"财政部长"陆润康与"中央银行"协调，全力支援合作金库（下称"合库"）。"合库"提走15亿元支援"十信"，后又决定正式长期接管"十信"，并承诺保护存款人的权益，无限制地资助"十信"。此举立刻遭到社会舆论的抨击，认为"合库"拿民众的纳税钱，无限制地代弥"十信"亏空，将来若发生呆账，这笔巨款垫付势必转嫁给所有纳税人负担。

"十信风暴"很快席卷"国塑"。据调查，"十信"154亿放款中，除80亿是正常放款外，竟有70亿是不良放款，利用人头冒贷方式流入蔡辰洲自己的企业，据蔡长洲收押后供称：国泰现在总负债约130亿，除70亿贷自"十信"外，40亿是透过职工存款所吸收的社会游资，另20亿是各银行"合库"的贷款。所以

"十信"的挤兑风潮，对"国塑"各关系企业职工造成了两个直接结果，即 70 亿的债务人和 40 亿的债权人（合计近万人）。前者面临合库讨债，有可能因钱债坐牢而忧心如焚；后者因积蓄可能尽付东流而痛心万分。两批债务债权人，在生计濒于绝境却又求助无门的情况下，发动了数次大规模的游行示威请愿，大书"国泰财团，敛财集团"等标语；致使蔡辰洲经营的"国塑"企业面临停工破产的命运。最后，"经济部"决定接管"十信"。

由于弊案发生，假离婚案、夫妻财产分别登记案纷纷出现。也有债务人家属，因不堪巨额负债的压力而跳楼自杀。由于事态不断扩大，蒋经国得知此情后异常气愤，他在 2 月 3 日的高层首脑参加的军事会谈中强调：在经济方面反对垄断！反对特权！反对投机！3 月 6 日，蒋经国在主持"国安会"时严肃指出："今年这一年当中，特别要整顿财务、金融和经济方面存在的问题。"对于"政府"官员涉入"十信弊案"及财政官员的错误做法，蒋经国再一次强调"'政府'官员一定要凭良心依法办事"。①

尽管蒋经国指出整顿财务、金融、经济等方面的问题，但"十信弊案"引发了"讨伐'十信'浪潮"。"立委"陈月瑛在"立法院"质询时声称：蒋经国应对最近发生的问题负责，应该辞职，并抨击国民党"一党独裁"，腐化堕落。在舆论的压力下，台湾情治部门先后逮捕了"十信"主角蔡辰洲及有关人员。同时，蒋经国批准"经济部长"徐立德辞去职务，8 月份，又同意"财政部长"陆润康辞职。为应付受害者与社会舆论，蒋经国又指令收押 4 名财政小官员。1985 年底，台湾当局终审"十信弊案"，宣判弊案主角蔡辰洲有期徒刑 12 年（后因在狱期间患癌症死去），另 50 多人分别被判处 7 个月至 4 年徒刑不等。

沸沸扬扬的"十信弊案"酿成的金融风暴虽已过去了，但造成这场风暴的风源在哪里呢？台湾"监察院"调查此案后称：是"上面因循敷衍，下面勾串舞弊"的结果。台湾一位社会学家分析说：蔡辰洲之所以大胆以身"试法"，"缘于政治、经济、社会内部外部能制裁他的各种力量已经瘫痪"。这主要是由于蔡早就对当局党、政、经各界首脑施以小惠，拉大关系，借设宴送礼、安插职位等方式，与高级官员建立密切联系。例如：前"国防部总政战部副主任"肖政之，甚至被纳为"国塑"关系企业国玺彩印公司的负责人，收受贿赂，并直接参与了"十信"舞弊活动。另外，蔡辰洲还活动前国民党中央秘书长蒋彦士，助其于 1983 年以

① 蒋经国 1985 年 3 月 6 日在国民党中常会上的讲话。

国民党提名候选人身份，当选为"立法院"的"增额立委"，一跃而成为所谓的"民意代表"。其后，他又以"民意代表"身份进一步结纳权贵。据"司法部"调查发现，蔡每年用于官场的交际费高达 2.9 亿元。正因如此，在"十信"案发停业当天早上，竟还有几位"立委"打电话给"财政部长"陆润康，为蔡说情，要陆慎加考虑处理"十信"案的后果。

蔡氏家族除以金钱拉关系外，还利用众多子女搞姻亲裙带关系，庞大的家族势力，几乎延伸到台湾社会的每一个角落。

"十信弊案"是继"江南命案"之后对国民党当局及蒋经国的又一次巨大冲击。据港报透露，"总统府资政"、前"行政院副院长"余井塘闻知此事后勃然大怒，大骂财政官员"误国"，结果余愈说愈激动，突发脑溢血，当场昏迷后死亡。余井塘之死说明"十信弊案"对国民党当局者冲击之深。有人提出"行政院长"俞国华辞职，也有人说此案"导致台湾社会信心危机的加深"，就连《中央》日报也哀叹道："十信弊案"对社会的不良影响之大，使当局形象"受到莫可名状的损失"。

李亚频事件

蒋经国大张旗鼓地推展"政治革新"，不仅仅是受岛内政治气候的影响，同时也有岛外的压力。环顾 80 年代，整个世界局势动荡不安，和平、民主、发展成为当代世界的潮流。台湾周围的韩国、菲律宾等国家也在不断地倡导维新，加速民主化进程。更为重要的是美国也在不断向台湾当局施加压力。台、美"断交"之后，美国从其在整个世界及亚洲地区的利益考虑，认识到一个亲美反共"民主政权"要比一个亲美反共的独裁政权更稳定可靠，更能维护美国利益。基于这种考虑，美国的一些国会议员们以美国式的"西方民主"为标准，要求别的国家和地区仿效。美国国务院前台湾事务科长费浩伟对台记者的一次谈话表明了美国正在对台施加压力，他说：美国在台主要利益之一是经济及相关的投资及贸易；第二是美国在台有军事战略利益；此外美国在台还有道德的利益。为了维护美国在台的利益，台湾当局对美国应该是友好的，至少是中立的。

当时在美国国会中，一些议员对台湾当局表现出非常急躁的情绪，不惜亲自出马，成立了"台湾民主促进委员会"，警告台湾当局不要"筑起高墙竭力阻挡改变现状的民主潮流"，不要"无意改造孙中山先生进行国民革命追求的民主政治思想"。他们还提出警告："台湾再次延阻民主政治的推行，可能严重损及美台之间一向密切的关系。"

1985 年 9 月，台湾警方又制造了李亚频事件，更使美国恼火。李亚频是老国民党员，早在抗战时期曾在军统服务。随国民党撤守台湾后从事电讯工作。后与丈夫陈韬创办一家短期通讯补习班，后改为国际商工职校，因经营有方而发迹。李亚频口才颇佳，并能讲流利的日语、英语、普通话、闽南语与客家语，加之交际甚广，使她创办的学校名气越来越大，学生人数由 120 名发展到 1.2 万名。当时，李亚频想办一份报纸以保护学校，但此愿在台未能得以实现。其后，李在美国申请居留权，全家迁居美国，加入美籍，但仍持有台湾护照。

1981 年，李亚频在美创办《国际日报》，其主要内容是台湾、大陆与香港新闻，其立场忽左忽右，无一定性。李亚频在创刊之际，就曾刊出她专访中国驻美大使柴泽民的新闻，而且两人名字均用大号字体，照片也刊登在版面上。专访内容涉及国共两党一些敏感话题，曾在美籍华人中引起轰动，从而使《国际日报》一炮走红。当时有人猜测《国际日报》是一份为中共利用"背景"的报纸，也有人说后台是情治系统的老板王升，还有人说该报对国民党是"大批小处，护卫大处"，对中共是"大捧小处，大批大处"。李亚频一面办报纸，一面于 1984 年 11 月返台定居，并于 1985 年 5 月参加高雄县长竞选。62 岁的李亚频竭尽全力，凭着她一番巧嘴，赢得了广大听众的认同。但当 7 月底选举揭晓时，李却名落孙山。对此，李亚频表示不服，并立刻在学校筹办一份社区刊物《国际周报》，准备揭露国民党选举黑幕。正当此项计划付诸实施的时候，李亚频被台湾警方拘捕。

李亚频被捕后，美《国际日报》立即发表社论，指责台湾当局"钳制舆论自由，蔑视人权"，同时通过私人交往运动美国政府，要求伸张正义。美国国务院闻知此事后发表声明，批评台湾当局这一做法"与民主政治的观念不符"，要蒋经国释放李女士。"不宜多所延搁"。翌日，美国众议院亚太小组主席索拉兹发表声明称：台湾当局逮捕李亚频"乃为对美国人民和法律极不尊重的行为"。此后，美国众议院经过辩论之后，还以口头表决通过一项有关要求台湾加速民主化、开放"党禁"、取消"戒严令"、台湾人权与民主政治发展的 233 号提案。在此之前美国人权小组也有一些人对台湾民主政治发展的速度太慢表示抱怨，基于"台美"的特殊关系，台湾当局虽对美国这种露骨的干涉做法深感不满，但也不敢公开或直接反对。在美国压力下，"行政院长"俞国华等人纷纷出面对美表态，说将"依法公平处理此案"。9 月 26 日，台湾警方被迫释放了李亚频。警方在逮捕李时，罗列了所谓"涉嫌"迎合"中共'统战阴谋'"，"连续以文字为有利于'叛徒'

的宣传"的罪名。如果这一罪名成立的话，按照蒋氏字典，作为国民党的"叛徒"不成为江南第二，也要成阶下囚了，怎么能很快释放呢？台湾《八十年代》周刊对此评论道：事实上，抓人的情治单位可能根本没想那么多，他们要抓就抓，只因为她曾经是情治人员，想要制裁"叛徒"；或因为她在台湾朋友间私下传阅那篇专访中国首任驻美大使柴泽民的文章，想加以制止。情治单位可能认为抓一个李亚频如同老鹰抓小鸡一般，还不是手到擒来？不巧的是，毫无节制的国民党情治部队夜路走多了，这次恐怕要碰到鬼了。

李亚频案使台湾当局受到沉重打击。台报称：李案对台湾当局及蒋经国"形象之伤害"，为刘宜良命案"留下未愈的伤口上又划下了一刀"。为了改善国民党的形象，蒋经国在接待美国访台人士时，多次宣称要加速台湾民主化进程。

探究蒋经国推展政治革新的心路历程，笔者以为，以下几个因素导致蒋经国非如此做而别无选择。

第一，台湾社会经济结构的变化，民众参政意识普遍增强，是国民党蒋经国晚年推展政治革新的社会经济原因。如前所言，任何政治上的变动都具有其深刻的经济社会的原因，蒋经国推展开的政治革新运动也是台湾经济与社会发展的必然结果。

第二，国民党统治的种种弊端与恶性事件的接连发生，是国民党蒋经国晚年推展政治革新的内在原因。1984年和1985年连续发生"江南命案"与"十信"弊案，使蒋经国深深认识到："环境如此的艰难，整个世界局势如此的复杂，而在许多地方我们干部同志的表现又是如此的不积极、不振作，忘记革命的责任，遇事斤斤计较个人的利害得失，计较个人升官发财"，只为自己计算。"如果以得失来衡量，的确是失多而得少"。蒋认为这是"'政府'政治结构存在缺陷"所致。正是基于此认识，他要求国民党员"振作起来"，"放弃自私自利的观念"，加强组织整顿与民众间的联系，以新的做法，新的气象，革除以往的积习。否则，"将来的前途是很危险的"，"最后就会导致我们的失败"。[1]

第三，党外势力的崛起给国民党统治以极大的威胁，是国民党蒋经国晚年推展政治革新的外部因素。随着中产阶级队伍的不断壮大，作为中产阶级利益的代表者——以知识分子和中小企业家为主体的新兴国民党外势力迅速崛起。他们在政治上强烈要求参政，其主要活动形式是通过选举和组党活动。进入80年代后，

[1]《蒋"总统"经国先生言论著述汇编》，第15辑，第362—363页。

党外势力再度复苏，他们办刊物，争取舆论空间，并再次展开组党活动。同时要求当局解除"戒严"，开放"党禁""报禁"，并掀起一波又一波"反戒严、反迫害"的斗争浪潮。面对党外势力的崛起，蒋经国从维护国民党的长治久安出发，毅然决然决定"解除戒严"与"开放党禁"。

第四，大陆对台政策的调整与改革开放的实施给国民党当局以极大的压力，是国民党蒋经国晚年推展政治革新的另一外部因素。中共十一届三中全会后，在人大常委会《告台湾同胞书》中提出了和平统一的主张，并采取了一系列有利于缓和两岸关系的实际步骤和具体措施。面对来自海峡对岸的挑战，蒋经国以"统战阴谋"和"三不政策"应对。蒋经国此举首先受到岛内舆论的指责，同时，台湾民间出现了"新三不"（不讨论、不研究、不认同）。台大教授张忠栋指出："新三不"不仅是针对国民党"三不'的一种反作用"，而且"是对各种问题都感到失望的疏离感"。有鉴于此，蒋经国果断地在生命的最后关头调整大陆政策，开放台湾民众赴大陆探亲。

第五，国际局势的变化与美国的压力，是国民党蒋经国晚年推展政治革新的国际原因。环顾 20 世纪 80 年代，整个世界局势动荡不安，和平、民主、发展成为当代世界的潮流。台湾周围的韩国、菲律宾等国家也在不断地倡导维新，加速民主化进程。更为重要的是美国也在不断向台湾当局施加压力。台、美"断交"之后，美国从其整个世界及亚洲地区的利益考虑，认识到一个亲美反共"民主政权"要比一个亲美反共的独裁政权更稳定可靠，更能维护美国利益。基于这种考虑，美国的一些国会议员们以美国式的"西方民主"为标准，要求别的国家和地区仿效。为了维护美国在台的利益，台湾当局对美国应该是友好的，至少是中立的。当时在美国国会中，一些议员对台湾当局表现了非常急躁的情绪，不惜亲自出马，成立了"台湾民主促进委员会"，警告台湾当局不要"筑起高墙竭力阻挡改变现状的民主潮流"，不要"无意改造孙中山先生进行国民革命追求的民主政治思想"。他们还提出警告："台湾再次延阻民主政治的推行，可能严重损及美台之间一向密切的关系。"为了改善国民党的形象，蒋经国在接待美国访台人士时，多次宣称要加速台湾民主化进程。从国民党十二届三中全会开启的政治革新，符合了美国的意图，从而受到了美国的赞赏与支持。

第六，谋求身后的"长治久安"，改善国民党在台湾公众中的形象，是国民党蒋经国晚年推展政治革新的主观原因。国民党在大陆和台湾几十年，曾制造了许多冤假错案，在政界与民众中积怨甚多。蒋经国病逝后从台岛刮出的翻案风就是明证。蒋经国想通过"政治体制改革"以缓解社会矛盾和获取民众的好感。

总之，国民党蒋经国提出政治革新，有其被动的因素，亦有主动的因素在内，其最终目的是为了以变革求生存，"变被动为主动"，改善国民党在台湾公众中的形象，缓和国民党与社会各阶层间的矛盾，争取党内外人心，长期维持国民党偏安台岛的局面。

"革新"阻力

蒋经国的"革新"决心虽然很大，但"改革"的阻力也很大，这股阻力首先来自国民党内的保守势力。据台港报载：保守势力以"司法院长"黄少谷为其总头领。这位历经四朝的国民党元老，被誉为台湾政治上的常青树。当他83岁高龄时，还被蒋经国委以"司法院长"的重任，在"五院"之中，他是最具影响力的"院长"。他与过去国民党内结群成派的人不同，深深懂得以退为进、深藏不露之道。当蒋经国指派12名中常委分组研议"政治革新"六大议题时，总召集人兼第一小组召集人严家淦病倒之后，蒋经国未让资格最老的黄少谷顶替遗缺，反而委派"副总统"李登辉接替严家淦，黄虽不满但未露不悦之色，反而更认真研究第二组的"解严"与组党议题。但在某些关键时刻，黄的若干极具意义的举动，都表现出保守势力反扑的影子。

例如，正值国民党内外执行沟通政策之际，"司法院"将已经搁置许久的《蓬莱岛》案适时宣判。接着，党外知名人士郑南榕被捕，颜锦福也被起诉，林正杰案进行宣判，周伯伦遭传讯，等等。虽然这些都是在强调"司法独立"情况下进行的，与政治无关，但"时间的巧合""动作的密集"，反对派人士认为均非寻常，因而他们便从这些现象宣称：不能以单纯"司法"案件视之，而是具有高度政治意味的动作。

又如国民党当局纪念"双十节"，黄少谷又适时发表一篇"宪政与法治"的演讲，内容非常保守，与国民党、蒋经国主张的"革新"路线极不相称。据台湾舆论称：这项演讲系由保守势力向蒋经国争来的。于此时做此动作，意义颇不寻常。

再如对蒋经国实施的本土化政策与沟通政策，均遭到来自四方面势力的反对。首先是受到国民党元老派的反对，其后保守的军方跟进。翻开军方喉舌《青年日报》《台湾日报》，每天都可以看到他们反对国民党中央的沟通政策，把那几位负责沟通事务的党内高官称为"政官"。王升派也反对蒋经国的本土化政策。其因是蒋经国的本土化政策出自李焕的建议，李焕与王升失和，致使王升系人马反对这一政策。再者，"资深中央民意代表"也是蒋经国"革新"路线的反对者之一。据报载："资深立委"各派领袖人物联名上书蒋经国，坚决反对全面改选"中央民意代表"。"资深国代"也积极进行上书活动。①

蒋经国的革新路线，不仅遭到国民党内保守势力的阻挠，同时也遭到党外势力特别是民进党的反对。民进党与蒋经国之间对"革新"内容有不同的理解，是民进党反对蒋经国革新的重要原因之一。例如，国民党认为，革新以不改变"法统"和坚持"三项原则"（"不得违反'宪法'、主张共产主义或分裂'国土'"）为前提，又称"体制内改革"。民进党则主张从根本上否定国民党的"法统"，又称"体制外改革"。由于双方观念上的对立，因而不断展开斗争。面对各种反对势力，蒋经国深谙其父的"庄敬自强、处变不惊、慎谋能断"的格言。同时，他在多种场合批评少数人"唯恐天下不乱"，告诫革新派要靠决心、勇与和魄力来贯彻革新路线，"唯唯诺诺的工作态度"，"优柔寡断"，必然会影响"革新"路线的推行。他一再强调"目前最重要的是增进我们内部的团结"。同时，蒋经国在1986年底国民党中常会上和1987年元旦祝词中均声称：要以"新的认识，新的做法，开展新的形势"，要"努力追求革新"。蒋的谈话与文告明白宣布了：在新的一年里将继续坚持既定的革新路线。

而今，蒋经国早已作古，他发起、推动的"政治革新"，也因国民党丧失"政权"而告失败。对于蒋经国推行的"政治革新运动"，岛内外有两种截然相反的评估：一种观点认为，"政治革新"的推行，使国民党从此迈向一个新时代。另一种观点认为，蒋经国的"政治革新"是换汤不换药，不会给台湾带来实质性的变化。笔者则认为：这两种评估均有不妥之处。应该看到："解除戒严"、开放"党禁"有利于加速台湾社会的民主化进程：开放台湾民众赴大陆探亲有助于缓和两岸关系，增进两岸人民的相互了解；"革新"党务有利于改善国民党自身的形象。同时也应看到。因蒋经国晚年的政治举措占有很大比重的被动因素，加之他的阶级立场与指导思想所局限，也有许多消极因素。这些消极因素又被台湾当局不断扩充，造成很大的负面影响，诸如：既宣布"解除戒严"，又制定所谓"国安法"；既同意开放"党禁"，又不放弃反共"国策"；既让台胞赴大陆探亲。又设置多种限制。这些政策充满了自相矛盾，因之其作用是非常有限的，不可能根本解决台湾岛内存在的诸种问题。

---

① 台湾，《雷声》周刊，1986年11月1日。

第十章　解除戒严与开放"党禁"

随着台湾经济的快速发展与新的中产阶级的形成，以及岛内民主政治的日渐进步，党外势力要求解除台湾地区"戒严"、开放"党禁"的呼声响彻全岛，引发了一波又一波的反蒋、反对国民党的街头抗议的浪潮。作为国民党主席的蒋经国，为了进一步推展他的"政治革新"路线与"向历史交代"，最终于 1987 年 7 月 14 日宣布解除台湾地区的"戒严"。自陈诚颁布"戒严令"之日起至 1987 年蒋经国宣布解除台湾地区"戒严"，"戒严"时间长达 38 年之久，这不仅在世界范围内是仅有的一例，也为陈诚所始料不及。台湾戒严的解除，不仅对台湾岛内政治生态的演变与社会发展，而且对两岸关系的互动也产生了深刻的影响。

从"戒严法"到"戒严令"

众所周知，在"中华民国"历史上，曾经公布过三个"戒严法"。"中华民国"元年 12 月 16 日，"中华民国"政府颁布了第一个"戒严法"；1926 年 7 月 29 日，国民政府于北伐时期颁布了"戒严条例"；1934 年 11 月 29 日国民政府于训政时期又颁布了"戒严法"。相比较而言，这一"戒严法"相对成熟，对台湾后来戒严影响甚大。

"戒严法"第 1 条规定："遇有战争，对于全国或某一地域应实行戒严时，国民政府经立法院之议决，得依本法宣告戒严或使宣告之。"第 14 条规定："国内遇有非常事变，对于某一地域应实行戒严时，国民政府得不经立法院之议决宣告戒严。"①

1945 年 10 月 25 日，台湾正式回到中国人民手中。然而仅仅经过一年多的时间，台湾人民就同国民党当局发生了激烈的冲突。1947 年"二二八事件"发生的当天下午，台湾省警备司令部宣布戒严，宣称："如有不法之徒聚众暴动扰乱

---

① 载薛月顺、曾品伦、许瑞浩主编：《战后台湾民主运动史料汇编——从戒严到解严》，第 11 页、第 14—15 页，台湾，"国史馆"，2000 年版。

治安者，定予严惩。"①此一戒严令于次日即3月1日解除。3月9日，国民政府派部队抵台，台湾省警备司令部再度宣布戒严，并于3月17日扩大实施到全台湾，直到5月16日魏道明接任台湾省主席，戒严令才得以解除。

1948年12月10日，蒋介石根据《动员戡乱时期临时条款》，经行政院会议之决议，下令全国戒严，"以长江为界，划华南为警戒地域，华北为接战地域"。②蒋介石下野后，李宗仁代行总统职权，立即于1月24日下令解除戒严令，但《总统府公报》并未公布这项命令。国共和谈时期，李宗仁将解除戒严令作为和谈的诚意之一，但行政院表面接受李宗仁指示但不同意解除戒严。未经行政院会通过，总统难以宣告解严。

当国共和谈破裂，人民解放军渡江南下之际，台湾省警备司令部奉台湾省主席陈诚之命以"确保台湾之安全，俾能有助于戡乱工作的最后成功"，宣布自5月20日起，在台湾全省实行戒严。③

"戒严令"规定：自5月20日起，除基隆、高雄、马公三港口在本部监护下仍予开放外，"其余各港一律封锁严禁出入"。"戒严"时期规定的禁止事项是：

（1）"自同日起基隆、高雄两港市每日上午1时起至5时止为宵禁时间，非经特许一律断绝交通，其他各城市必要时，由各地'戒严'司令官依各地情形规定实行外，暂不宵禁"；

（2）"基隆高雄两市各商店及公共娱乐场所，统限于下午12时前停止营业"；

（3）"全省各地商店或流动摊贩，不得有抬高物价闭门停业囤积日用必需品扰乱市场之情事"；

（4）"无论出入境旅客均应遵照本部规定办理出入境手续，并受出入境之检查"；

（5）"严禁聚众集会罢工罢课及游行请愿等行动"；

（6）"严禁以文字标语或其他方法散布谣言"；

（7）"严禁人民携带枪弹武器或危险物品"；

（8）"居民无论家居外出皆须随身携带身份证，以备检查，否则一律拘捕"。④

颁布"戒严令"的目的：一是防止人民解放军渡海作战，二是为镇压岛内的

---

① 台湾，《新生报》，1947年3月1日。
② 《国民政府公报》，1948年12月11日。
③ 《台湾新生报》，1949年5月20日。
④ 《台湾新生报》，1949年5月20日。

一切反对势力，以维持国民党在台湾的独裁统治。在军、警、宪、特铁桶式"戒严"体制的统治之下，台湾人民集会、结社、罢工等权利，统统被禁止与取缔。

如前所言，在台湾实行戒严，没有"立法院"的通过与追认，此一戒严令是缺乏法律依据的。1950 年 1 月 6 日，台湾省主席吴国桢电告台湾省各厅处、各县市，宣称"奉'行政院'1949 年 12 月 28 日台 38 字第 155 号代电开：'据东南军政长官公署陈长官电请将台湾省划为接战地域，应准照办'"。[①] 1 月 8 日，东南军政长官公署宣称"为加强戒备，策划反攻，适应战时需要"，划定本省为戒严"接战地域"。[②]

随着整个世界局势发生急剧变化，岛内民主力量迅速发展，台湾社会结构发生重大变化，社会各阶层，尤其是新兴的中产阶级，不满意台湾当局的军事独裁统治，要求废除"戒严令"的呼声日益高涨。在此大趋势下，党外势力便将"解除戒严令"与开放"党禁"作为反对国民党的主要目标。

党外势力复苏

高雄镇压与军法大审判使得台湾组党运动再度陷入沉寂。进入 20 世纪 80 年代以后，党外势力同国民党抗争的最主要战场就是选举，只有通过选举，党外势力才能"合法"地从国民党的政权机构中争得部分职位，以达到参政议政和政治制衡的目的。当时，党外势力候选人提出"延续党外香火""追随前辈脚步"等政治诉求以争取选民支持。《美丽岛》事件的受刑人家属直接参加竞选，更具有向当局挑战的味道。姚嘉文的妻子周清玉、张俊宏的妻子许荣淑、黄信介的胞弟黄天福等都出来参加因台美"断交"而中止的 1979 年"中央增额民意代表"选举。

毕业于台湾大学社会系的周清玉身穿黑旗袍，披着写有"姚嘉文太太"的彩带，以《走那没有走完的路》为题，向观众诉说她的政治追求："一年以来，清玉和家人遭受极深重的困厄。在嘉文不死的信念与朋友的鼓舞之下，清玉又重新燃起了生之希望和奋斗的勇气。清玉愿以平和的心情、安详的态度，继续走那嘉文没有走完的路，希望下一代能有机会享受自由民主的果实。"

"清玉和党外人士别无所求，我们只要求一个民主的政治环境，一个法治的社会。我们深知世界上的丑陋不可能自动改变，党外民主运动就是在为这个必须

---

① 《台湾省"政府"公报》，1950 年"春字"第 5 期。

② 《"中央"日报》，1950 年 1 月 10 日。

付出牺牲的改变而奉献，希望全体民众与我们一起走那没有走完的路。"[1]

由于周清玉、许荣淑将自己的政见用最易打动公众社会感情的方式表述出来，加之社会公众对国民党"一党专制"统治的不满及对《美丽岛》案受刑人的同情，党外势力在这次选举中大获成功。康宁祥、许荣淑、黄天福、黄煌雄等当选为"立法委员"；周清玉、王兆钏、林应专当选为"国大代表"。后尤清又当选为"监察委员"。在这次选举中，党外势力维持着20%的选票，这是过去不曾有过的。翌年底，地方公职选举中，党外势力成绩也不错，党外势力开始走出高雄事件的阴影，意味着党外运动的重建。

高雄事件后，党外势力无疑是奉康宁祥为其领袖的。当时他是党外一位非常有影响的人士。康宁祥1938年出生于台北市一个小业主家庭，30岁时才从台湾中兴大学毕业，后当了一名普通加油站工人。由于他全身投入政治运动，他在1972年当选为"立法委员"，1975年连任此职。1977年他又领导党外竞选市长与"省议员"活动，并将党外青年代表许信良、林义雄、张俊宏等推到岛内民主运动的大潮中。康宁祥主办的《台湾政论》是继雷震《自由中国》之后最具震撼力的党外杂志。高雄事件发生当天，他曾从台北南下高雄声援，到现场后见气氛紧张，估计要出事，为避免冲突遂先期离开。高雄事件后，康作为党外仅存的元老，为组织军法大审的辩护律师团出了大力。

随着党外势力的复苏，投入党外运动的人愈来愈多，成分愈来愈复杂，内部的意见愈来愈不一致，随之使党外势力内部出现了严重的裂痕，派系横生。党外派系分歧公开化始于1982年5—6月党外"立委"集体放弃杯葛预算审查和康宁祥等4人访美。

1982年5月，"立法院"审议"警总"预算，党外"立委"要求"警总司令"到会接受质询，遭到拒绝。党外"立委"出于气愤决定杯葛预算的审议。因质询当日出席会议的党外"立委"仅7人，根本不足以杯葛，康宁祥等经紧急磋商，决定提出三个条件同国民党进行谈判，放弃杯葛。此事本属正常，康宁祥处理并未错，但较激进的林世煜闻讯后，在其主编的杂志《深耕》上批评康宁祥向国民党妥协、放水，是"喝国民党的圆仔汤"。李敖对康也进行讽刺与责骂，要康对国民党的政策多放火，少放水。这就是所谓"批康运动"的缘起。

同年6月，康宁祥多方联络，由"北美洲台湾人教授协会"发出邀请，康宁

---

① 陈红民：《台湾政坛风云》，第143—144页，江苏文艺出版社，1992年4月版。

祥、尤清、张德铭、黄煌雄4人赴美访问。康认为这是党外势力首次以团体方式踏上国际舞台，其意义非比寻常。此间，批康运动逐渐升级，康为党外杂志群起围攻，连美国之行都遭批判；批康与党外阵营内部的争论持续3年之久。康宁祥后来回忆说："高雄事件发生以来，老康的每一个动作，都会在党外杂志产生一些反应"，"老康'出国'时，党外杂志连他英语不好都要大做文章"，说他"英文那么破，'出国'干什么？"三年半来的批康就是在这种混淆不清、纠缠复杂的"老康情结"下，愈结愈深。[1]

对于党外运动中的派别曾有各种各样的分法。1980年，联邦德国籍政治学者杜勉曾将台湾政治体系中反对派分为五派：

（1）行动派：以《美丽岛》杂志社人员为代表，但在高雄事件后解体。

（2）孤星派：以《美丽岛》杂志核心分子家属为主。

（3）民族社会主义派：他们是意识形态取向最浓的反国民党势力。

（4）地方派系：他们的群众势力多以地缘为依归。

（5）自由派：以康宁祥为核心，主张体制内改革和领导结构的台湾化。[2]

台湾风云论坛社出版的《透视党外势力》一书中，艾思明也把党外势力分为五派：

（1）承继传统势力的主流派；

（2）群众运动取向的行动派；

（3）以"黑派"为代表的地方派系；

（4）基督长老教会和宗教势力；

（5）民族社会主义。

澳大利亚昆士兰大学教授邱垂亮，1983年曾以"拥康""倒康"为主线，将台湾党外势力分为四派：

（1）党外主流康派是以康宁祥"立法院"的党外"同志"，包括以德高望重的"立法委员"费希平为骨干的"温和自由民主派"，他们比较正确地了解和判断国民党控制下30多年来的台湾政治发展情况，他们知道，种种因素使台湾越走越缺乏"革命"的条件，使他们党外目前只能获得大约30%选民的支持。他们要求国民党推展全面性的革新，但是主张经过"宪法"法治的选择和议会程序。他们在"立法院"曾经放过水，也曾经"杯葛"抗议。他们强调，台湾的前途一

---

① 陈红民：《台湾政坛风云》，第151页。

② 东方一：《台湾在野政治运动的历史和现状》，载《台港澳情况》，1987年第23期。

定要根据台湾 1800 万台湾人民的意愿决定。他们有"台独"的倾向，但是并不反对统一。

（2）党外反康主流实际上有两派，一派是继承《美丽岛》政治运动的"台独"派，以许荣淑和林世煜的《生根》（前为《深耕》）为主，周清玉的《关怀》和尤清的《博观丛书》（前为《博观》）为副，他们认为康宁祥已经和国民党妥协，已经失去党外反抗本色，本来就不是"美丽岛"政治运动推翻国民党权力机构的支持者，所以康宁祥是党外向前突飞猛进的绊脚石。所以，他们主张，和国民党应该是"敌我矛盾"的革命斗争，台湾应该走向一个新"国家"体制的"革命"路线，康宁祥等非"革命"人物应该退出党外"革命"领导阶层。他们支持台湾乡土文艺和台湾"民族意识"的兴建，反对大统一的"泛中华主义"。后来这部分人都是极端的"台独"派。

（3）党外反康第二主流派以李敖的绝对反国民党、绝对反抗、绝对不妥协的绝对主义者和以林正杰的"改革体制"主义为主的党外势力。《前进》周刊是他们成功有效的口舌，李敖是他们尊敬顺从的思想导师，林正杰是他们政治行动的领袖，创办《政治家》（现在的《民主人》）的邓维桢是他们的"奇怪同床人"。李敖的文采没有一个人不崇拜，但是他的专制独裁的性格，恐怕连林正杰也不能忍受。他们围剿康宁祥的理由，和林世煜的差不多，但是李敖和康宁祥争取"谁应该造访谁"的"宗主"地位的争执，则使他们感觉难堪。在"台独"和"统一"之间，他们和康派一样站在中间，犹豫不决；和康派不同的是，他们比较倾向"统一"方向。站在今天的立场，林正杰是典型的统派。1991 年退出民进党，2004 年发起成立"保卫中华大同盟"，宣传统一理念，2006 年更名为"中华统一促进党"，任党主席。

（4）第四派是陈映真、苏庆黎等人创办的《夏潮》杂志代表的"社会主义统一派"，他们属于文化思想层次的党外，不属上述政治行动的"真党外"，他们的反康只显示在理论层次方面；不过，他们大统一的"反国民党"和"反党外"还是明显的。①

对于邱垂亮的观点，李敖有赞同之点，但也有不同意之处。除了对于批判李敖的反驳之外，李敖认为"邱垂亮是政治学者，他对国民党的了解，基本上堕入书袋气，他优于在学理上做分析"。"邱垂亮分析国民党，像许多中外学者一样，

---

① 李敖：《民进党研究》，第 32—33 页，中国友谊出版公司，2006 年版。

一开始便被国民党摆了一道：他显然认为国民党是政治学上的一个政党，一个可以出现'领导精英'来和党外的'领导精英'合作实现民主的政党，这是他的大错误！邱垂亮不知道，国民党是压根儿不允许有实现民主政治的政党存在的。"①

随着党外势力的复苏，他们提出了解除戒严、"中央民意代表"全面改选、"总统"民选、组党自由四大主张。四大主张均遭国民党封杀，于是党外势力借助选举的机会成立"后援会"等组织，使党外运动从孤军奋战迈向组织化。

1983年底，台湾将举行"增额立委"选举，因观念上的分歧与争论必然导致组织上的分裂。1983年3—4月，党外人士谢长廷酝酿组建"党外人士竞选后援会"，该会9月18日正式成立。10月23日，"后援会"发表"共同政见"，宣称：

"（1）台湾的前途应由台湾全体住民共同决定。

（2）彻底实行'宪法'，废止临时条款，解除戒严令；恢复人民言论、出版、集会、结社之基本权利。

（3）全面普选'中央民意代表'，废除遴选、重组国会。

（4）立即通过省县自治通则及直辖市自治法，省、市长民选，贯彻地方自治。

（5）国民党应退出军队、检警及司法机关。各政党应公布财产，其霸占之公产应立即归还'国家'。

（6）维护人性尊严；学术研究及政治主张持不同意见应予尊重。禁止刑求，非法逮捕、拘禁和政治迫害，并大赦良心犯。

（7）面对现实，突破'外交'困境，重返国际社会"。②

对于"党外人士竞选后援会"的主张，今天看来，多是打着民主招牌反对国民党，其目的为后来的"台独"主张张目。特别是谢长廷这个人，做过高雄市肯德基、民进党主席、台湾"行政外党"领导人，今天仍为台湾当局驻日本"代表"，是一个典型的媚日分子。

由于党外新生代主张提名候选人须先经"后援会"内部初选，党外知名人士康宁祥则主张应先保障现任公职参选，因观念上的分歧与争论，激进的党外人士于9月9日先于"后援会"成立了"党外编辑作家联谊会"（简称"编联会"）。据"党外编辑作家联谊会章程"规定该会的性质是："本会为学术性、联谊性、批评性团体"。该会的共识是："以和平方式促进台湾之民主政治，确保人权，台湾之前途

---

① 李敖：《民进党研究》，第45页，中国友谊出版公司，2006年版。
② 《组党运动——战后台湾民主运动史料汇编（二）》，第378页。

应由台湾全体住民共同决定。"①"党外编辑作家联谊会"是民进党的前身之一,该组织同样打着民主招牌反对国民党,实则宣扬"台湾人民有权选择独立"。该派势力中的邱义仁、吴乃仁、洪奇昌、江鹏坚都成为民进党的中坚力量和激进"台独"的代表者。

在1983年"增额立委"选举中,虽然江鹏坚、尤清、张俊宏等人得以当选,但康宁祥、张德铭与黄煌雄均告落选。1984年2月25日,由党外人士组成的"党外公职人员公共政策研究会"(简称"公政会")跃上台湾政治舞台。该会具有政党雏形结构,"公政会"章程草案宣称该会"以研究公共政策及推动民主政治为宗旨"。②与"公政会"筹备成立的同时,陈水扁提出成立"组党促进会"的构想。陈水扁认为"组党促进会"的首要工作为"宣传党外组党的正当性和必要性,除此之外,亦将研究各种理论,以形成日后的党纲"。③该机构与"党外编辑作家联谊会"类似。

1984年5月11日,"公政会"举行成立大会,费希平任理事长,林正杰任秘书长。对于"公政会"成立,国民党当局震动很大。1984年11月21日,党籍"立委"蔡友士质询"内政部长"吴伯雄,询问"公政会"成立的"法律"依据。吴伯雄答称:所谓"党外公职人员公共政策研究会",系未经申请许可之"非法组织",希望"自行解散"。今后,凡是未经申请核准制集会或结社,均将责由有关机关"依法"取缔或处理。④

党外人士闻此讯息后,即刻在吴讲话当日下午召开紧急会议,研讨对策。会后党外人士发表声明称:

(1)"非常时期人民团体组织法"系国民党训政时期的"法律",与后来颁行的"宪法"在人民集会结社自由权上有所不符,其"法定"效力尚有可议。

(2)目前的其他政党,也都未"依法"登记在案。

(3)"执政党"应保持宽大胸襟,勿使政治对立升高。

针对党外声明,"内政部"宣称:政党并不属于一般社团,并不适用一般社团据以成立的"法令"。党外"立委"立即反唇相讥,他们进一步提出两份书面质询,矛头直指"非常时期人民团体组织法"是否"合宪"。在一场唇枪舌剑之后,

---

① 《组党运动——战后台湾民主运动史料汇编(二)》,第385页。
② 《组党运动——战后台湾民主运动史料汇编(二)》,第429页。
③ 《组党运动——战后台湾民主运动史料汇编(二)》,第434页。
④ 台湾《"立法院"公报》,74卷13期,第10—12页。

党内外矛盾已达极点。11 月 18 日、23 日，"台湾人权促进会"召开筹备会和推选执行委员。

　　1985 年，党外势力以陈水扁旋风为其先导，展开了同国民党当局的斗争。作为后来民进党核心骨干的陈水扁，1951 年 2 月 18 日出生于台南官田乡一个佃农之家。因家庭贫困打着赤脚读完小学。1969 年，陈考入台湾大学工商管理系，因他酷爱法律，后休学准备重考。1970 年他又考入台大法律系。1974 年大学毕业至 1979 年《美丽岛》事件发生前，他始终未与党外反对运动有直接接触。1980 年，台湾当局对《美丽岛》事件主角进行军法审判，党外势力组织律师辩护团。当时，台北"市议员"张德铭律师找到陈水扁，要求他为党外势力的龙头老大黄信介辩护。从此，陈水扁走上了反对派道路。同年年底，陈因替黄辩护关系，也积极在幕后为黄信介之弟黄天福与姚嘉文之妻周清玉助选"立法委员"。1981 年，陈水扁与康水木、谢长廷、林正杰打着"民主制衡进步"的旗号参加台北市议员竞选，陈以高票当选。1984 年暑假，陈受邀赴美参加北美洲台湾人教授协会年会。9 月返台后紧锣密鼓谈论组党之事。国民党当局对此刻意打击。10 月间，《蓬莱岛》杂志"以翻译代替著作"7 字官司爆发，陈以社长身份受牵连。据陈水扁称："1984 年，《蓬莱岛》杂志刊登文章论及冯沪祥升等级教授论文《新马克思主义批判》涉及'以翻译代替著作'，冯沪祥控告我担任社长的《蓬莱岛》杂志诽谤。"1985 年 1 月 12 日，法院以"诽谤"罪判处陈水扁有期徒刑 1 年，外加 200 万元赔偿金。[①]陈愤而辞去"市议员"之职，并宣布拒绝上诉，以示严重抗议。同年 9 月赴台南竞选县长，以高票落选，11 月 18 日偕妻子吴淑珍赴台南谢票时，因车祸妻子成残疾。此事本就是一起普通的交通事故，但陈水扁在当政后硬说是"政治迫害"。1986 年 4—5 月间，陈水扁探头测风，出任"五一九绿色行动"本部发言人，随即被法院传讯，5 月 30 日判决确定，刑期由 1 年改为 8 个月。被判刑后，陈水扁扬言要进行人权进军，顷刻，岛内舆论沸沸扬扬，席卷整个台岛的"陈水扁旋风"是党外在舆论上先声夺人的第一仗。

　　1985 年 5 月 7 日，党外人士数十人，在台北市高举标语牌，举行了抗议"警总"及有关情治单位肆意查扣杂志的请愿示威。这是党外人士 30 多年来在台北市内第一次抗议当局的联合行动。接着，党外势力又在自己杂志上公开披露了"警总"镇压党外杂志的秘密文件，痛斥当局炮制"中兴专案"及"春风专案"的

---

　　① 陈水扁：《台湾之子》，台湾晨星出版有限公司，2000 年版。

卑劣行径。

5月16日，台湾"省议会"14名党外"议员"，以国民党用表决方式强行通过"台湾省政府委员会委员超额预算"，"不符合省议会法规"为由，集体退会，抗议国民党控制"省议会"，不尊重"议员"权利；并发表辞职声明，提出改革国民党在台的"政治运作"。该声明毫不隐讳地说，他们希望通过辞职这一"坚决行动"，能唤起全台湾民众的觉醒，"造成政治改革的契机及民主法治的早日实现"。

上述事件是继5月7日数十名无党籍人士为抗议当局大量查禁党外杂志而举行请愿活动之后的又一震惊台湾政坛的事件，是对国民党统治的一次示威与公开挑战。事件发生之后，6名党外"立委"共同发表声明，支持14名党外"议员"辞职，并两次集体退席，以示对当局的抗议。

1985年11月，台湾将举行4年一度的地方公职人员选举。选举再度为党外带来动员群众的机会，也为党外势力组党提供了契机。尤清担任"公政会"第二任理事长期间，党外派系在更多的共识下，很快成立了"党外选举后援会"，提出了多达20项的共同政见。党外政团事实上以政党自居，因此打出了"新党新气象、自觉救台湾"的竞选主题口号。①

在这次选举中，"后援会"推荐的名单中，省"议员"18人中当选11人，台北市"议员"当选11人，创下高达40%的得票率。选举结果鼓舞了党外人士的信心。由于隔年是"中央民代"选举，党外人士意识到必须寻求进一步组织化，随之提议修改"公政会"章程、扩大会员资格及设置分会。1985年12月26日，"公政会"通过了《分会设置办法》。此举表明党外组织为了反对国民党当局，为了他们的政治理念，将要进入全台湾的结合，新党成立的时机渐趋成熟。

党内外沟通

国民党高层面对党外势力的不断进攻，内部出现严重分歧，一种主张坚决镇压，一种意见恩威并施。蒋经国当时心情复杂，出于种种政治上的考虑，认为必须在国际舆论中维持其多年苦心塑造的民主橱窗形象。同时，蒋经国又以"卧榻之侧，岂容他人鼾睡"的心态，极力限制党外运动的生存空间，并企图对党外势力创办政治杂志、利用"议会"质询、参与选举三种主要动作形式实施进一步打击。

其一，加强对党外杂志的查禁、扣压，并对党外核心人物予以迫害。据港台

---

① 《组党运动——战后台湾民主运动史料汇编（二）》，第464页。

报载：仅 1985 年 1—4 月，党外杂志被查禁 71 次之多，查禁率高达 90%。6 月份，国民党新闻机构又勒令《民众日报》停刊一周，理由是"严重为'敌人'张目"。

其二，对党外人士利用"议会"讲坛斗争形式采取新策略，或是打疲劳战术，或是进行种种起哄。对党外"议员"多次提出的质询，或不予解答，或王顾左右而言他。对党外人士提出的议案或是议而不决，或是强行否决。在 5 月 16 日"省议会"党外"议员"集体辞职事件中，国民党当局先是惊慌失措，继而采取"降低冲突"和分化瓦解的策略，转移民众的视线。另一方面则借以玩弄利诱威胁的阴谋诡计，对党外"议员"进行分化、离间及各个击破的伎俩，以瓦解党外"议员"的集体行动。①

其三，全力以赴阻止党外人士在 1985 年的地方选举中获胜。由于国民党各级主管在选举中假公济私，党外势力在 11 月 6 日台湾地方省、市"议员"、县市长选举时举行抗议活动，并同警方发生冲突。国民党当局为制止事态扩大，出动宪警镇压，并逮捕了黄志诚、郑万居等 11 人，国民党的行径再度遭到党外势力的抗议。

随着党内外斗争的进一步激化，党外势力朝着争取组织化与合法化的方向发展，掀起了一个反"戒严"、反迫害的斗争浪潮。在这一浪潮的冲击下，国民党被迫从对党外的镇压政策逐步转变为容忍、让步政策。

党外势力争取组织化与合法化的斗争是从 1986 年初开始的。1986 年 2 月，党外公证会决定成立地方分会，这些地方分会实际上是地方党部的建构。台湾当局欲以"不合法"为由，扬言予以取缔。"党外公证会"于 4 月 18 日晚召开理事会，讨论对国民党当局既定立场的态度。理事长尤清声称："公政会"筹设分会是党外组党的准备步骤，一旦国民党动手取缔，将可能促使加快组党的步伐。②

5 月 1 日，党外人士许信良、谢聪敏、林水泉等人在美国纽约组建了"台湾民主党建党委员会"。许信良任临时主席。该委员会发表声明称：组党的目的有二：

其一，为了"争取人民组党的权力"。反对党的成立是现代民主政治的特征。没有反对党就是没有民主政治。我们为了争取人民组党的权利，决定于 1986 年 5 月 1 日在海外成立"台湾民主党建党委员会"。"台湾民主"是一个突破"党禁的党"，该党将于 1986 年底台湾举行大选之前，由许信良带队"迁党"回台，"突

① 台湾，《亚洲人》，1986 年第 19 期。

② 台湾，《自立晚报》，1986 年 4 月 19 日。

破党禁"。许信良声称:"我们3人回台湾,虽不一定会有'风萧萧兮易水寒,壮士一去兮不复还'的结果,但前途未能预卜,然而民主政治就是责任政治,就是有人甘冒'入地狱'的危险。我们必须要带头,我们3人有信心。"

其二,加强民主运动。声明宣称:"我们的组织只是一种民主运动,不属任何革命团体。我们要以公开的、和平的、合法的方式争取人民应有的权利,参与'国家'的建设。"声明提出五项政治主张:

(1)"总统由台湾人民直接选举产生"。

(2)"全体中央民意代表由台湾人民选出"。

(3)"废除戒严令"。

(4)"释放政治犯"。

(5)"废除党禁和报禁"。

声明还宣称:"我们的目的就在组织广大的人民,加强民主运动,用自己的力量建设现代化的'国家'。"①

该组织成立时有113人,其中包括江南遗孀崔容芝、陈文成遗孀陈素贞、施明德妻子艾琳达等,该组织包括了大量"台独"分子。台湾当局对许信良等人的行动极为重视,警方也密切注意他们的行踪。许信良等人后来为"迁党"回台,演出了闯关一幕。

与"台湾民主党建党委员会"成立同时,中国国民党同志行动委员会也在美宣告成立。该会总联络人陈抗生说:设立此会是因为一些党员对国民党现有组织没有信心。希望利用海外较好的条件,将失散在各地的国民党党员及留学生组织起来,激励国民党,并在整个中国的架构下,加速民主步伐。他还认为该行动会或许和大陆的中国国民党革命委员会在基本方向上并无差异。陈抗生还宣布,该行动会的宗旨是:

(1)承认中国领土上现有两个政权的存在;

(2)反对"台湾独立";

(3)追求"中国统一"的目标。

陈还要求台湾当局充实或改革现有"中央民意机构";试行解除"戒严令",开放"党禁",严禁选举舞弊等。②

在海内外舆论的压力下,蒋经国出于稳定政局的需要,被迫作出让步,答应

---

① 《组党运动——战后台湾民主运动史料汇编(二)》,第555页。

② 《美洲华侨报》,1986年5月7日。

允许"党外公政会"成立地方公会，但提出须以改名和登记作为前提条件。与此同时，在中介人的斡旋下，国民党当局开始与党外人士进行"政治沟通"。当党内外关系再度紧张时，台大教授胡佛、杨国枢、李鸿禧等人企图通过"政治沟通"手段化解党内外对峙情绪。此一主张被"总统府顾问"、前"监察委员"陶百川得知，他深知此时党内外沟通有助于彼此理解与政治和谐。陶百川借蒋经国召见之机，面陈"政治沟通"的必要性及意义。蒋经国对陶百川的建议深表赞同。1986 年 5 月 7 日，蒋经国在国民党中常会上就党内外关系作指示说："中央"政策委员会应本着诚心诚意，"在尊重法治的基础上，加强与各界人士的沟通，增进彼此的了解，共同为启导社会祥和，开拓国家光明前途而努力"。针对党外争民主情况，蒋经国强调，"厉行民主'宪政'的决心绝不改变，但任何足以破坏团结和谐、危害'国家'安全以及影响全民利益的行为，不仅是'法律'之所不许，根本与全体民众的愿望相违背"。①

蒋经国上述讲话表明国民党当局对党外势力的镇压政策已转变为"沟通政策"。对于蒋经国的"沟通政策"，公政会理事长尤清在蒋经国讲话的第二天表示，他"十分赞同执政党蒋经国主席在中常会中的谈话，党外也十分愿意和执政党进行沟通"。②党外公政会高雄分会发起人张俊雄也认为"党内外沟通结果，显示执政党表现了相当的'礼让'，此一基础应持续发展"。③李敖对尤清的谈话评论说"响应蒋经国的沟通阴谋的党外人士，他们沟通沟通，他们统统掉在阴沟里！他们毁了自己，或不足惜；但是打着党外旗号，却是千古罪人，永远愧对党外了"。④李敖其实非常赞同陈水扁当时的看法。陈水扁说："党外可贵的不是这个名词的意义，而是它所具备的跟国民党毫无任何妥协余地的精神。也有人说，党外要跟国民党沟通，乃基于现实政治的考虑。这种说法是'政治老千'一直挂在嘴上而念念不忘的理由。试问，是不是基于现实考虑，要对国民党予取予求有所让步？是不是基于现实考虑要来博取当局的欢心？"陈水扁既反对尤清的"现实考虑"，也反对康宁祥的"充实'国会'的比例代表制"，更反对高玉树投靠国民党的行为，他认为"作为党外一分子，组不了反对党，是党外的奇耻大辱，如果'无沟可通'，还妄想'沟通'的话，小心'沟通'的下场，就是掉入国民党的'阴

①　《蒋"总统"经国先生言论著述汇编》，第 15 辑，第 310 页。
②　台湾，《民众日报》，1986 年 5 月 9 日。
③　李敖：《民进党研究》，第 148 页，中国友谊出版公司，2006 年版。
④　李敖：《民进党研究》，第 150 页，中国友谊出版公司，2006 年版。

沟'"。①

尽管党外势力在沟通问题上存有歧见，但陶百川的主张已经获蒋经国批准，陶百川邀约胡佛等3人面商沟通事宜，决定于5月10日当面沟通。当党外代表邀请函发出之后，部分党外激进派人士不赞成沟通。党外公政会台北分会人士突然宣布正式成立台北分会。此种做法引起台湾情治机构不满。虽有党外公政会台北分会的节外生枝，但到5月10日，除党外黄天福外，原先预定主客均按时到会参加第一次党内外沟通。国民党方面出席会议的是中央政策委员会三位副秘书长梁肃戎、萧天赞和黄光平。据李鸿禧回顾第一次沟通会议时说：经过你来我往的争论辩难，到最后，与会人士对共同关切的问题达成三项结论：

（1）参加人士对"'中华民国'宪法"的实施都具有共识，至于如何积极推动"民主宪政"，仍有待于继续磋商；

（2）参加人士对公政会与其分会的成立都表示同意，至于对登记及名称问题，仍有不同意见，有待于进一步磋商；

（3）参加人士一致同意，在磋商期间要共同为政治和谐而努力。

对于此次沟通会议，港报曾评论说：

"国民党与在野党人士的去年相互对立，彼此猜忌不信，已是冰冻三尺，非一日之寒。在为党外公政会及其地方分会的扩充成立，党内外急剧冲突已达沸点，朝野民间正为一场巨型风暴是否即将发生而惶惶不安时，通过这次沟通会谈，双方竟然能仍同桌共席地检讨政治环境，异中寻同地理出若干共识，不惟使一场政治冲突缓和下来，而且启开彼此互信之门"，这实是"政党政治发展史上的一大契机。"②

第一次沟通会议之后，"乍现的和谐曙光"很快又被层层乌云遮蔽。一方面党外阵营完全不理会公政会与地方分会的登记名称仍有待磋商的决定，而是援引国民党同意公政会及地方分会成立，在南北各地纷纷筹组成立。5月19日，《自由时代》系列刊物负责人郑南榕发动了"五一九绿色行动"。公政会也参与了此次行动。党外人士指挥请愿队伍到"总统府"前广场请愿，要求台湾当局立刻"解除戒严"，实施真正的"民主宪政"。在此情形之下，公政会负责人又传出不拟出席5月24日的党内外的沟通会议，而改派层次低的人员出席。此消息使蒋经国及中介人士感到：党外人士反复无常，不易相处。

---

① 李敖：《民进党研究》，第149—150页，中国友谊出版公司，2006年版。

② 香港，《百姓》（半月刊），1986年7月1日。

另一方面，国民党内的保守派，原就不懂多元社会中民主的妥协之重要意义。他们看到党外人士与国民党代表平起平坐，沟通意见，协调办法，就坐立不安、愤怒难熬。有些保守学者批判国民党中央的沟通政策为丑剧，坚持国民党要对"敌人"革命，否则就等于向"敌人"无条件投降。甚至有自称"中国国民党忠贞爱国党员自救行动促进会"者，散发《为五一零沟通丑剧告全党同志书》的传单，不仅指斥陶百川、胡佛、杨国枢、李鸿禧，而且盼蒋介石显灵，赋予蒋经国以智慧、勇气、魄力与决心，不要再姑息党外，以免死无葬身之地。与此同时，情治机关查封了党外人士康宁祥主办的《八十年代》杂志，并以"诽谤罪"严判党外《蓬莱岛》案，郑南榕被逮捕。

国民党当局一面沟通，一面实行镇压之策，引起了台湾舆论界的强烈批评。党外人士在各地纷纷举行坐监惜别会、告别演讲会，强烈抗议国民党当局的政治迫害。被判刑的党外人士林正杰说：最近他和党外一连串的人以不同罪名被判下狱的主要原因，是台湾"司法"欠缺"独立"和公正；同时，也因他在党外"首都公正会"中全力促成组党时间表等，触犯了国民党的最大禁忌。国民党当局一面喊沟通，一面又大肆抓人，是担心党外运动继续发展下去，变得无法控制。[①]党外人士开展的活动吸引了成千上万民众的参加。同时，这些活动也加速了党外势力的组党进程。

民进党抢滩

随着党外运动的迅速发展，9 月 28 日，党外人士 130 多人发起组织的民主进步党在台北圆山饭店正式宣告成立。该党是以原公政会、编联会等党外组织为基础而建立的以国民党为对手的反对党。

本来，党外势力准备于 1987 年 7 月前完成组党工作。按照"民主"时间表也将在 1987 完成组党。党外人士为何提前组党呢？据港报载：台湾党外人士原有一个估计，党外要实现组党只有一个机会，就是在"蒋经国时代"或"后蒋经国时代"交替的时刻。他们认为 1986 年 9 月正值此良机。当时岛内盛传蒋经国乘坐轮椅出席会议的消息。他们认为，如不抓住这一良机，万一蒋经国突然有什么意外，台湾形势急转直下，势必坐失组党良机。另一原因是党外领袖有多人遭逮捕，形势更加险恶。党外人士已经意识到，如果没有强有力的组织，在当前争

―――――――――――

① 香港，《镜报》，1986 年 11 月。

取"民主"运动中，就会显得力量分散，方向不明，缺乏号召力。直接推动党外势力组党的原因，是身居美国的党外领袖许信良公开宣布将在 10 月 4 日在洛杉矶成立"台湾民主党"。如让海外党外势力抢先组党，岛内的党外人士势必失去组党先机。在内外情势的促使之下，台湾党外首脑尤清、费希平等人决心冲破"党禁"，公开宣布成立民主进步党（简称"民进党"）。

在民进党成立的第二天下午 1 时，蒋经国召见郝柏村，询问郝对民进党成立的看法与意见，郝答称：

（1）"'中央'对于重要政治问题的政策决定应采取主动，并明订目标宣示'国人'，如中央民意代表问题是不能再拖了。"

（2）"推展民主宪政是反共利器，组党是无法避免的，问题是在什么前提下组党。我以为应基于忠于'中华民国'、忠于'中华民国''宪法'、坚决反共，支持一个中国的'复国'政策、反对分裂或'台独'。"

（3）"有温和的反对党可使本党警惕上进"。

（4）"现在偏激分子扬言组党，其主张实际为否定'中华民国'，或与中共统战呼应，或为'台独'，当然不能容忍。"①

蒋经国同意郝的看法，但主张对于偏激分子的行径，"目前仍以避免冲突，冷静处理"。②

下午 4 时，蒋经国召俞国华、黄少谷、郝柏村、袁守谦、倪文亚、马树礼、沈昌焕、汪道渊、李焕开会，研讨民进党成立问题。会上有人主张采取高压政策，有人主张对民进党"依法"处理。蒋经国对此问题发表自己的看法：

"昨日偏激分子宣布组党为长期斗争中的一个现象。开放组党的政策正由中央研究，未决定前仍照现政策，不可因此一事而变更政策。现对民主进步党采不承认政策，并照'行政院'说过的'依法'处理。"针对有人批评当局软弱，蒋经国辩驳说："其实忍辱负重乃为达成更大目标，盖发怒则今日对方不是我们对手，而无目标、无志气才是真正的软弱。"他还说："此时非出一口气表现力量的时候。"③

秉承蒋经国的指示，施启扬在"立法院"宣称："此时此地不宜组织新党，如仍有少数人士不顾现实情势擅自组党，'政府'将'依法'处置。"

---

① 《郝"总长"日记中的经国先生晚年》，第 313—314 页。
② 《郝"总长"日记中的经国先生晚年》，第 314 页。
③ 《郝"总长"日记中的经国先生晚年》，第 316 页。

9 月 30 日，李登辉将民进党成立的详细情形向蒋经国作了报告。蒋经国对李说："此时此地，不能以愤怒的态度，轻率采取激烈的行动，引起社会不安。应采取温和的态度，以人民、'国家'安定为念处理事情。在不违反'国策''宪法'规定前提下，研究组党可行性，暂时秘密进行。"①

"党追求民主的基本方针、原则不能因客观情形的变化而改变，必须维持下去。党员的团结，党员的工作能力提高都是重要的事情。"②

10 月 7 日，美国《华盛顿邮报》董事长葛兰姆夫人和《新闻周刊》编辑简洁贤等人就民进党成立事采访蒋经国。葛兰姆夫人问："新的'立法'对于组织新党会有什么规定？"

蒋经国答称：

"我们现在积极研究这个问题，预料很快就有结果。我们向来都理解人民有集会及组织政治团体的权利。不过，他们必须承认'宪法'，并且认同根据'宪法'所制定的国家体制。新政党必须是反共的，他们不得从事任何分离运动——我所指的是'台独'运动，如果他们符合这些要求，我们将容许成立新党。"

问："您认为反对党会构成政治上的挑战吗？"

答："我不认为它是一种挑战。它只是政治过程中的一种现象。"

问："您认为最近宣布成立的'民主进步党'符合这三项要求吗？"

答："他们还没有表明他们组织的所谓'政党'的理念，因此，我们现在无法判断。"③ 尽管蒋经国从内心世界不愿意看到台湾有反对国民党的党，但从他的回答中可以看出他基本上容忍了民进党的成立。

蒋经国晚年为什么对党外势力的组党活动由过去的镇压政策转变为沟通政策，并默认民进党的成立呢？笔者以为：

其一，蒋经国已经看到：要促进所谓的"政治和谐"局面与维持其多年苦心塑造的"民主橱窗"形象，就必须同党外势力进行沟通，寻求共识。

其二，整个世界都在从对立走向对话，为国际舆论所迫与出于稳定台湾政局的需要，只有对党外势力让步。

其三，进入 80 年代之后，国民党当局面临的挑战越来越多，其"统治权威"较 70 年代明显下降，如果继续一味镇压党外势力，势必会加剧党内外之间的矛

---

① 李登辉 1986 年 9 月 30 日日记，载《"中央"日报》，1993 年 12 月 2 日。
② 李登辉 1986 年 9 月 30 日日记，载《"中央"日报》，1993 年 12 月 2 日。
③ 《蒋"总统"经国先生言论著述汇编》，第 15 辑，第 417—418 页。

盾，引起更大的冲突。

其四，集中全力对付中共。

正是基于上述四点考虑，蒋经国在同年 10 月 8 日国民党中常会上发表讲话称："'国家'遭逢艰难时，我们需要的是冷静、坚定、沉着"，"我们不能盲目冲动，意气用事，因为意气用事或冲动都极容易使得自己失去理智而遭到挫败"，"小不忍则乱大谋"。台湾要"突破困境"，必须在观念及做法上做必要的检讨与研究。"经国以为任何外来的挑战，都不足惧，最要紧的是我们内部要团结"。[①]

蒋经国在会上一再强调："个人的生死毁誉并不足惜，重要的是'国家'、民族的命脉。"

10 月 15 日，蒋经国在国民党中常会上再次就容忍民进党成立发表谈话称：

"凡执政党同志，应以中国国民党一向大公无私，为'国'为民的诚意和开明的豁达，积极求进的作为，与所有爱'国家'、爱民族的人共同努力"；进一步协调"促进沟通"；以"推动'革新'，使'民主宪政'更充实、更完美"。

蒋经国宣称，他之所以容忍民进党成立，"是一心为'国家'的长远利益打算，一心为全民的永远幸福着想，一心为'复国'大业奠定不拔的根基"。[②]

就在这次国民党中常会上，根据蒋经国的提议，以举手表决的方式通过了"解除戒严"、开放"党禁"的决议，并交"行政院"另定"动员戡乱时期安全法"（简称"国安法"）、"人民团体组织法"与"选举罢免法"，待完成"立法"程序后公布实施。这一决定，使台湾地区实施 30 多年的"戒严令"将被解除。

在蒋经国的容忍之下，先头抢滩的民进党召开了第一次党代表大会，通过了党纲、党章，选举江鹏坚为该党中央常务执行委员会主席。民进党在成立之初的党纲中提出"台湾的前途应由台湾全体住民，以自由、自主、普遍、公正而平等的方式共同决定。任何政府或政府的联合，都没有决定台湾政治归属的权利"。这是民进党正式把党外时期竞选共同政见"台湾住民自决"主张写入党纲。就这一主张而言，当时的民进党一再宣称"自决"，这与后来的"台独"主张还是有一定区别的。当时民进党强调"自决"只是一种民主手段、一个过程的程序，不是结果，"台独"只是选项之一，从而使"自决"主张呈现一定的含混性、模糊性，以满足党内各种势力及其意见与理解的相互妥协。然最终结果民进党走向"台独"，当然与所谓"自决"相关，"自决"其实就是"去中国化"，为其走向"台独"

---

① 《蒋"总统"经国先生言论著述汇编》，第 15 辑，第 321—322 页。

② 《蒋"总统"经国先生言论著述汇编》，第 15 辑，第 324 页。

埋下了伏笔。

翌日，国民党中央秘书长马树礼宣称：对民进党成立及代表大会持"容忍和谐立场"。

解除戒严

民进党成立后，国民党"一党独裁"的局面即将结束，台湾将会出现两党或多党竞争的局面。民进党虽在相当长的一段时间内不可能取代国民党的地位，但可对国民党起一定的制衡作用。国民党则企图通过"法律"手段来抑制民进党的发展及活动。民进党则挟其拥有一定的群众力量和美国支持与之抗衡。双方初期斗争的焦点围绕着制定"国安法"展开。蒋经国强调，处于"非常时期"，中共"没有放弃侵犯我们并吞并我们的野心"，因此，必须在"解严"后制定、实施"国安法"，并遵守"遵宪""反共"和"反对分离主义"三原则。而民进党则主张"回归宪法"，取消"临时条款"，反对制定所谓的"国安法"，尤其强烈反对把上述三原则写进"该法"。双方就此问题不仅在"立法院"发生严重争执，而且在街头也出现了摩擦。

1986年10月23日，台湾"行政院"为因应"解严"召开会议，"行政院长"要求"部会"制定"动员戡乱时期国家安全法"等3项法案。3项法案是：

第一，制动"动员戡乱时期国家安全法"："由'内政部'会同'国防部''法务部'，本宪政体制，贯彻民主法治，确保'国家'安全的精神，尽速妥慎研拟草案报院；有关实施细节应同时规划准备，以便本法完成立法程序及相关法令订定施行时，依法宣告台澎地区解严"。

第二，修正"非常时期人民团体组织法"："用以规范各类人民团体及政治团体的活动，并以维护宪政体制，贯彻法治政治，坚持'国家'统一，摒弃暴力及分裂主义；促进社会安和，建立政治共识，鼓励合法的政治参与，不容非法的聚众行动为准绳；由'内政部'尽速草拟修正案报院。"

第二，修正"动员戡乱时期公职人员选举罢免法"："使取得合法地位的政治团体，得推荐候选人参与各项公职人员选举的选举活动。仍由'内政部'尽速草拟修正案报院。"①

1987年1月8日，"行政院"召开会议，审议"动员戡乱时期'国家'安全

---

① 1986年10月23日台湾"行政院"第2005次会议议事录，《行政院会议议事录》，台湾"国史馆"藏，壹第599册。

法（草案）"。该"草案""总说明"指出："政府为遏阻中共侵犯，维护'国家'安全与社会安定，前依戒严法规定宣布台澎地区实施戒严；但实际上所采戒严措施，仅以遏阻'中共武力进犯'及渗透、颠覆与统战活动所必要者为限，所涉及戒严法规定之范围极小。因此乃能在过去30余年中，有效维护'国家'安全与社会安定，推行民主'宪政'，发展'国家'建设，在复兴基地创造我国历史上前所未有之富足与繁荣。目前'国家'所处之主、客观情势已发展至'反共复国'大业必须在创新机之阶段，'国家'情势与实施戒严之初已有所不同；惟中共谋我日亟，亦从未放弃'武力犯台'之意图，复兴基地仍处于动员戡乱时期。为确保'国家'安全，维护社会治安，贯彻'反共国策'，摒除分离意识，爰审酌情势需要，并参考其他民主国家之法例，草拟'动员戡乱时期国家安全法'草案，期于完成'立法'程序及施行细则订定施行时，依法宣告台澎地区解严。"①

"动员戡乱时期'国家'安全法"草案要点如下：

第一，"本法以动员戡乱时期为施行期间，立法目的系基于动员戡乱时期确保'国家'安全、维护社会安定之需要。"

第二，"揭示人民集会、结社，不得违背'宪法'或'反共国策'，或主张分离意识，并明定集会、结社，另以法律定之。"

第三，"明定人民入出境，应向'内政部'警政署入出境管理局申请许可。未经许可入境者，得径行遣返。并明定人民申请入出境得不予许可之事由，经不予许可者，应以书面通知之。"

第四，"规定治安机关于必要时对一定人员、物品及运输工具得实施检查。"

第五，"为确保'海防'及军事设施安全并维护山地治安，得制定海岸、山地或重要军事设施地区划为管制地区。"

第六，"对违反第三条第一项，第四条及第五条第二项及第三项规定者，课以适当之处罚。"

第七，"明定非现役军人，不受军事审判。现役军人犯罪，概由军法机关追诉审判。"

第八，"规定戒严时期戒严地区内，经军事审判机关审判之非现役军人刑事案件，于解严后之处理。"

---

① 1987年1月8日台湾"行政院"第2014次会议议事录，《"行政院"会议议事录》，台湾"国史馆"藏，壹第601册。

第九，"规定本法之施行细则之施行日期有'行政院'定之。"①

由于台湾当局放慢审查"国安法"，民进党"立委"与抗议人员进行沟通时，声称于 17 日晚已通过"解除戒严，恢复宪政之实施程序草案"。1987 年 3 月 18 日，200 多名"五一九绿色行动"本部队员及部分民众集会在"立法院"门口，要求立即解除"戒严"，但反对制定"国安法"。与此同时，民进党决定于 4 月 19 日发动党员及群众到"总统府"示威。蒋经国对此高度重视，指令"安全局"专门设立了"思微专案"小组，负责研拟对策。"安全局"对"总统府"部署三层警、宪人员，全岛情治单位，包括"警总""调查局"和宪兵队等都进入戒备阶段；美国在台协会也委婉向记者表示反对 4 月 19 日示威行动。民进党本身对此行动意见也不统一，加之国民党保守派企图利用此次行动制造镇压民进党的借口。在此情形下，民进党宣布示威延期。

5 月 19 日，民进党组织 5000 多人在台北"国父纪念馆"举行示威游行，抗议"戒严"，抗议制定"国安法"。游行从下午 1 点开始持续 12 小时，民进党领导人谢长廷、尤清、朱高正、江鹏坚、周清玉等带队，因当局事先布置，未发生流血事件。继"五一九"示威行动之后，民进党于 6 月 12 日又在"立法院"发起反对制定"国安法"示威活动。由于两个亲国民党的团体"反共爱国阵线"及"全民爱国会"联合参与反制行动，致使"立法院"所在地段（包括台北中山南路、济南路、青岛东西路一带）人群集聚，交通中断。由于双方从叫骂到动手，致使流血事件发生，后警察也卷进冲突之中。直至深夜，游行队伍才开始散去。

民进党两次游行事件之后，各界多有评论。台大法律系教授李鸿禧称："五一九行动的产生，完全起源于国内长期戒严及议会功能不彰所造成的。执政党应积极推动解严工作。""总统府顾问"陶百川也发表谈话称：鉴于民进党的活动，希望当局赶快通过"国安法"，以便解除"戒严"。

对于民进党愈演愈烈的街头示威，国民党最高当局态度较为严厉。5 月 27 日，蒋经国在国民党中常会上讲话时，情绪比较激动。他说：

"正值'国家'全面精进及本党推展革新之际，我们深感本党责无旁贷且任重道远，更应在既有的基础上，加强团结，不让任何因素分化我们的力量，也不容任何问题破坏我们的和谐。""上周在台北东区发生的街头活动，引起社会不安"。宣称无论民进党怎样反对，凡是当局决定要做的，"必须全力贯彻执行"。解除"戒

---

① 1987 年 1 月 8 日台湾"行政院"第 2014 次会议议事录，《"行政院"会议议事录》，台湾"国史馆"藏，壹第 601 册。

严令"之后，必须制定"国安法"。因为此项政策"适应当前情势所需"。①

6月13日，"行政院长"俞国华秉承蒋经国旨意称："六一二"街头"动乱"将"依法"惩处，追究刑事责任。他指示"内政部""司法部"尽速处理此一事件，并提出4条处理原则。6月17日，"法务部长"施启扬也表示：当局将"依法"公平处理"六一二"事件。施还宣称：台北地检处已对"六一二"事件的首谋分子谢长延、洪奇昌、江盖世、许承东发出传票，于6月20日到庭应讯。这几人的罪名是"涉有妨害公共秩序等罪嫌"。②

针对蒋经国与当局领导人的严厉口吻与措施，党外人士立刻反击。6月15日，民进党籍"立委"尤清、黄煌雄、康宁祥、朱高正、许荣淑等在"立法院"审议"国安法"时提出抗议，会场发生混乱，费希平等人退席。18日，民进党党籍"国大代表"声称将于20日强行晋见蒋经国。蒋经国见状决定加快"国安法"的审定工作，及早解除"戒严"，以缓和同党外势力的冲突。

7月2日上午，"行政院"奉蒋经国令加快讨论"国安法"施行细则与"解严案"。俞国华主持会议并提示各位："'动员戡乱时期国家安全法'的草案，本院于今年1月9日送请立法院审议。立法院经过半年时间的热烈讨论，已于6月23日三读通过。今天本院院会讨论通过了'国安法'的施行细则，即将送请立法院查照。同时今天也通过了台湾地区的解严案，一俟送请立法院审查通过后，立法院就将咨请'总统'宣布解除台湾地区的戒严。这一连串的措施，可以说是我国民主'宪政'史上划时代的大事。诚如'总统'所说：这一件大事，'将使我们国家迈向一个新时代'——'一个更民主、更自由、更繁荣、更进步社会'的时代"。俞国华强调："我们必须认清的是，'国安法'的实施，将使我们的民主政治，更向前进展；同时，也是我们维护'国家'安全与社会安定的最低规范，而绝不是戒严令的取代。解除戒严，只是表示我们政府与人民，有能力用民主的方式，去处理可能遭遇的危机；但并非表示'国家'的安全威胁已不存在。相反地，敌人可能会低估我们的民主政治与开放社会的实力，而更加强对我们的挑战与渗透、分化、颠覆的统战伎俩。所以在'我们维护"国家"安全的决心不变，我们以三民主义"统一中国"的信心不变'的大前提下，仍然不能松懈对敌人的警觉，与非常时期的认知"。"现在我们大家都在'国家'历史的关键时刻，共同担负划时代的责任。所以国华今天要特别借此机会，用这些话来与各位同仁共同勉励，希望

---

① 《蒋"总统"经国先生言论著述汇编》，第15辑，第350—351页。

② 《"中央"日报》，1987年7月15日。

各位同仁善体时艰，全力以赴"。①

7月8日，蒋经国在国民党中常会上作报告时，态度较为和缓地说：

"现在已经决定'解严'，解除'戒严令'是我们'国家'的一件大事"，"是早已决定的大方向"，"在这大转变的时代，我们不必去计较那些小地方，要从大处和远处看。诚然目前仍有许多困难，但我们要克服这些困难"。②

与此同时，"立法院"根据蒋经国的一系列指示，通过了"动员戡乱时期国家安全法（草案）"。事后，蒋经国亲自召见俞国华及各"部会"有关首脑，指示两点：

（1）原在"戒严"期间施行的各种相关"法令"，尽速在短期内修正或废止"解严"后不能继续适用的"法令"；

（2）各部门对"解严"后的情势要有正确的评估，定出切合实际的措施。

在一切准备就绪之后，蒋经国于7月14日正式宣布：台湾地区自7月15日零时起解除"戒严"。与此同时，新制定的"国安法"及施行细则也正式生效。同日晚，"行政院新闻局长"邵玉铭奉蒋经国令举行记者招待会，宣称解除"戒严"有三方面实质性的意义：

（1）军事管制范围的减缩与普通行政及"司法"机关职权的扩张；

（2）人民的权利大幅增进；

（3）行政必须依据"法律"。

邵玉铭还说：解除"戒严"是指解除台湾本岛及澎湖地区，并不包括金门、马祖等地。解除"戒严"是指解除"戒严令"，"戒严法"仍存在有效。他还宣称："解严"后因"戒严令"而产生的30种行政命令也随之"永久废止"③。与此同时，"司法院"发布减刑明朗复权案审核结果：计有许南古等237名受刑人获减刑，23人刑满开释，70人移"司法"监所继续执行；70名侦审中的被告，分别由检察处侦察和法院审判。许信良、傅朝枢等15名原被军法机关通缉的"叛乱"罪案嫌犯移由高检处下通缉令。④

蒋经国宣布台湾解除"戒严令"，代之以"国安法"，维持统治，这是国民党

---

① 1987年7月2日台湾"行政院"第2038次会议事录，《"行政院"会议议事录》，台湾"国史馆"藏，壹第608册。

② 《蒋"总统"经国先生言论著述汇编》，第15辑，第364页。

③ 《"中央"日报》，1987年7月15日。

④ 《"中央"日报》，1987年7月15日。

迁台 40 年来政治上的一件大事，对于蒋经国此举评论颇多。

台湾当局大肆宣传"解严"是台湾"民主宪政"发展史上划时代的大事，"也是执政党过去数十年来不断努力奋斗的希望达成的目标"。蒋经国本人也宣称："'解严'将使台湾迈向一个更民主、更自由、更进步的时代。"

美国对台湾当局解除"戒严令"表示欢迎。国务院发言人称台湾解除"戒严令"后，台湾人民的政治生活会有非常重大的改变。美国《基督教科学箴言报》则认为台湾当局"扩大公民自由的幅度太小，而且太慢"。日本舆论界称"解严'是迈向民主化的历史性的步骤"，它将影响亚洲的政治局势，其中包括台湾和大陆的未来关系。

"解严令"实施当日，台湾《民众日报》刊载海内外学者谈"解严"与"国安法"。美国一大学教授称此举有换汤不换药之感。谢善元先生认为用"国安法"代替"戒严令"，是多此一举。台大政治系主任蔡政文则认为"国安法"是大杂烩，其作用类似古时的尚方宝剑，以吓阻"解严"后混乱的局面。

民进党对国民党当局以"国安法"取代"戒严令"始终持坚决反对态度。他们认为"国安法"是"恶法"，与"戒严令"相较，是换汤不换药。民进党负责人康宁祥对记者称："我们小心地观望着'政府'的下一步，在很大程度上目前政治环境仍不明朗。"

如果现在断定台湾"解严"就一定会"迈向更民主、更自由、更进步的时代"，还缺乏足够的说服力。但如果说"解严"与"戒严"一样，也欠公平。如果将"国安法"与"戒严法"及有关"法令"作一认真比较的话，即可发现台湾由军事"戒严"体制向"法制"方向转化具有一定积极意义。例如：台澎地区的安全管理权，由过去军事机关改为行政警察机关负责；海防管制线范围大大缩小，小原海岸管制线 1411 公里缩短为 541 公里；人民也得到了比过去更多的自由与权利。再如：军事法庭权限缩小，"司法"权限扩大；对"违法"者量刑较轻。当然也应看到，"国安法"与"戒严法"在根本上有一致之处。再者，蒋经国解除"戒严"的主观意图是缓和台湾社会的矛盾，然而在事实上却为党外势力中"台独"分子提供了公然宣称"台独"主张的有利条件。例如，1987 年 4 月，郑南榕在一次反对"国安法"的群众演讲会和杂志上公开称："我主张台湾'独立'。"6 月 12 日，民进党成员江盖世举着"人民有主张台湾独立的自由"的标语牌在"立法院"门前静坐抗议，反对制定"国安法"。民进党党籍"立法委员"尤清在"立法院"院会上公开呼吁台湾当局以"独立"身份重新参加世界组织。8 月，民进党一些持"台独"

观点的成员发起"海内外共同声援台湾人有主张独立的自由"签名运动。同月，台湾政治受难者联谊会在台北宣告成立，并将章程草案中的"台湾之前途应由台湾全体人民共同决定"修改为"台湾应该独立"，使台湾岛内首次出现了公开打出"主张台湾独立"旗号的第一个政治团体。从此，"台独"活动在台湾岛内日趋猖獗。

台湾"国家安全法"自 1987 年制订以来，历经 1992 年、1996 年、2011 年和 2013 年四次修正。任何一部法律，既经制订，就必然要付诸实施，发挥作用。1991 年，台湾当局宣布终止"动员戡乱时期"，为适应"动员戡乱时期"终止后的新形势，台湾当局决定对"动员戡乱时期国家安全法"进行修改。1992 年 7 月 7 日，台"立法院"通过了"国家安全法修正案"，但修改后的"国家安全法"主要是将"动员戡乱时期国家安全法"名称中的"动员戡乱时期"六个字取消，使修改后的"国家安全法"成为普通法，以便在"动员戡乱时期"结束后，该法继续存在。1996 年 2 月，台湾当局再次对该法进行修改。但修改后的"国家安全法"与 1987 年"动员戡乱时期国家安全法"相比仍然没有实质性的变化。尽管"国安法"没有质的变化，但李登辉虽然口口声声坚持"一个中国"，反对"台独"的立场，但在事实上背叛蒋经国，对"台独"活动采取纵容政策，特别是他继任第八任"总统"以来，不但特赦了一批"台独叛乱犯"，而且还邀请海外一批著名的"台独"分子回台参加"国是"会议，让他们登堂入室，宣扬其主张。台湾当局又借口进行"政治民主化"，对"台独"的言行包庇、纵容越来越明显，致使"台独"活动更加猖獗。2011 年 2 月 24 日，台湾"行政院"会议通过"国家安全法"第三个修正草案。根据这个修正草案，删除了"国家安全法"中关于"不得主张共产主义或分裂'国土'"等规定。2013 年 5 月 30 日，"行政院"提出台湾"国家安全法"部分条文修正草案，规定为"防制境外势力渗透""强化全民保防警觉"，鼓励民众检举危害国家安全案件，并增订给予奖金及保护举报者的条文。

总之，蒋经国宣布解除"戒严"既有其积极作用，又有其消极影响。随着蒋经国宣布解除台岛"戒严"，"党禁"也被解除。各种政治力量及代表人物乘此良机，纷纷登场，使台湾岛迅速出现了一个竞相组党的局面，截至今日，"内政部"登记政党多达 200 多个。

与竞相组党局面相呼应的是社会团体到处出现，据台报载，截止到 1991 年底，登记在册的台湾社会团体就多达 137 个，而不愿登记自行组织的党派和不具党名的政治团体，则也为数不少。党外势力组党从"非法"到"合法"，可以说是国民党退台近 40 年来政治发展史上的一个重要里程碑。它不仅表现为民进党结束体制外抗争，走上了以"执政"为目标的发展阶段；同时也表现为国民党接纳了众多"合法"对手在"法律"基础上与之进行竞争。

第十一章　天堑难阻思乡泪

40年代末，数十万国民党军政人员随蒋氏父子退至四海茫茫的台湾孤岛。蒋介石宣称"反攻大陆"，追随者盼合家团圆似指日可待。然而随着大陆日益强大与蒋介石去世，"反攻"已成泡影，回家遥遥无期，当年的青壮年已双鬓斑白，年逾花甲，依旧骨肉分离，天各一方。由老兵发起的"还乡运动"，惊醒了以"荣民大家长"相标榜的蒋经国。出于满足老兵回乡探亲的愿望与抑制日益上升的"台独"，蒋经国下决心开放岛内民众赴大陆探亲。

返乡省亲运动

实事求是地讲，在很大程度上，蒋经国开放大陆探亲有老兵呼声的考量。据台报统计，台湾大约有40万国民党退伍老兵。这部分人绝大多数是1949年随国民党退台的。当年蒋介石提出5年即可获得"反攻大陆"成功，让他们即时返回大陆老家。然而蒋介石开出的是一张永远无法兑现的政治支票，随着祖国大陆的日益强盛，"反攻大陆"终成泡影，老兵归家无日。为了排解怀乡思念之情，起初老兵组织同乡会、宗亲会。后来时间一长，便在台湾形成了思亲热、寻根热。有人将这种强烈的对故乡、亲人的眷念倾注于笔端，发出"有家愧我归难得"等感叹。60年代于右任在临终前写下的"葬我于高山之上兮，望我大陆"的诗句，震撼了台湾岛。70年代以来，台湾新闻界、史学界、出版界等纷纷以"根"为主题，从台湾的历史、地理、文化、风俗、宗教、姓氏等方面，考证台湾与大陆的渊源关系。于是，在台湾引发了返籍求谱、认亲归宗热。80年代中后期，台湾大陆籍民众的怀乡思亲之情愈益强烈，人们的眷念之情由文字转为行动。不少人经由美国、日本、中国香港等地赴大陆省亲、祭祖，这种行动最后竟成了公开的秘密。在台湾的报刊上，人们经常能读到类似"近乡（大陆）情更怯"的文章，胆大者更写出同大陆子女亲人如何在海外见面、通电话、写信等细腻感人的情节。尽管此时台湾当局仍"禁"字高悬，不许民众赴大陆探亲、祭祖，但在老兵的强烈呼吁下，一场轰轰烈烈的返乡探亲运动在台岛展开，最终迫使台湾当局对其"大陆政策"做了某种调整。

据国民党退伍老兵讲："我们这一群来自大陆的退伍兵对国民党，从当初的'坚决拥护''矢志追随'，演变到今天的'怨声载道'离德离心；这不单单是因为国民党在物质上亏待我们！物质上的欠缺，固然是造成许多老兵退伍后流落街头的原因；以台湾社会的资本主义政策所造成的贫富差距的悬殊，'人为'政治所造成的贪污腐化，每每使我们'人为刀俎，我为鱼肉'心理上的不平，最令我们在精神上感到极度痛苦的，那就是国民党当局，30多年来坚持其违反人性的'政策'，不让我们大陆来的民众——特别是退伍老兵，与大陆亲人有联系、探望的机会。""在长达30多年的岁月中，凛于严厉的禁制，我们将人性中最大的需求，压在心灵深处，只在深夜梦回之时，放枕痛哭。多少人等不及见到家人，客死台湾，饮恨终身。"①

一位13岁从军抗日，1949年离别妻女随国民党撤退来台的老兵，数十年久别之痛，致长期失眠，病魔缠身。风烛残年已无所求，唯一期盼骨肉相聚。也有的老兵说："一个最公平的事实，全世界的中国人，都可以回到家乡去，唯有在台湾的中国人不能。"他们说："时代的悲剧，更不应由我们这一群去独自承担。"他们要求当局"大发慈悲"，"让我们也能跟全世界的中国人一样，让我们能安心地回去看看亲人吧！"②

1987年初，一些退伍老兵和国民党老人纷纷自发地组织各种自救团体。首先站出来走上街头抗议国民党大陆政策的老兵叫何文德。

何文德是湖北房县人，17岁离家入伍，其后几乎转战大半个中国。他说：当时社会战乱，民生凋敝，当兵是贫瘠省份年轻人唯一的出路。1965年他从炮兵上尉职退伍后，加分考入中央大学企管系。当时他的台籍妻子服务于中油公司，是他大学时代的同班同学。"当兵当了18年，35岁退伍，就在台湾混。最初还算顺利，后来运气就不好了。这几年老了，根本就没事做。"

1965年何在大学就读期间，曾托人从海外转寄信回故乡，而海外友人寄来他母亲的回信与照片却始终未曾收到。多次经验使他判定家书是遭邮检扣留，而他母亲却于第二年去世。为给老母坟上添一把土，他决心发起返乡运动。

在街头，何文德身着白衬衫，正面写着"想家"，反面则写着"妈妈，我好

---

① 香港，《广角镜》，1986年5月号。
② 《台湾日报》，1987年6月1日。

想念你哟"①。鲜红的广告颜料像在滴血。何文德在抗议的时候，最初用"返乡运动促进会"的名义，还用了"退伍军人联谊会"和"抗暴义士"的名义。何说："其实就是我一个人，自己和自己联谊，这些名称是用来吓唬国民党的。"为唤起老兵的力量，何在一些支持、同情者的帮助下，经常出入老兵聚居的"荣民之家""荣民总医院"，散发印有返乡探亲主张的传单。为此，常常遭到便衣警察与"荣民之家"管理人员的殴打。在此情况下，何的妻女劝何放弃上述做法。何则豁出去了，他为了不连累妻子儿女，决然与结婚15年的老伴"离婚"，又立下遗嘱，将后事转托杨祖燡等人。其后走上街头，为宣传返乡探亲奔走呼号。

1987年5月2日，外省人返乡探亲促进会正式成立，发起人是何文德、李秉诚、江诗长等，成员约有600人，是台湾最引人注目的返乡探亲团体。当日，何文德同其他人将8万多张写有返乡探亲诉求的传单分发给路人。5月10日母亲节，何文德等人又在"国父纪念馆"发起"遥祭母亲"仪式，正式揭开返乡探亲运动的序幕。②

1987年6月28日，何文德组织的外省人返乡探亲促进会在台北主办的"想回家，怎么办？——打开海峡两岸探亲管道座谈会"。到会者达六七千人，盛况空前。老兵们一致要求当局尽快"打开两岸探亲管道"，以结束因政治分裂所带来的"民族悲剧"。并希望国民党当局"不要成为制造民族分裂的罪人"。

同年7月7日，六七百名国民党老兵聚集在台北国民党中央党部大门前请愿。这些老兵有的戴军帽、唱军歌，有的高举"七七抗战子弟兵，50周年请愿人""老兵没饭吃，回家找爹娘"等标语，情绪激昂地要求与国民党高层官员对话，以解决他们的问题。当时他们提出三项要求：

（1）恢复终生俸或生活补助费；

（2）"战士授田证限期收购"（所谓"战士授田证"是根据1951年蒋介石颁布的"反共抗俄战士授田条例"的规定而下发的。条例规定："凡服役满两年的退役者，均发给战士授田凭据。"这就算是老兵为国民党流血流汗，并追随蒋介石到台湾去所得的补偿。发此证时，蒋介石扬言"反攻"胜利在即，返回大陆即可兑现授田。然而"反攻"幻梦破灭，蒋介石也已撒手西归，国民党当局又强调"授田证系对参加'反攻'作战之官兵所作之承诺，惟必须'光复'大陆后，方能履行此一承诺"。故使等了几十年的老兵不禁哀叹道："再不解决授田证，我们

---

① 《美洲华侨日报》，1987年8月29日。

② 《美洲华侨日报》，1987年8月29日。

都要带着它入土"了）。

（3）"退辅会"应追补历年"三节"的慰问金。①

老兵们的返乡探亲诉求与行动得到台湾社会的广泛同情。据台湾《自立晚报》1987 年 8 月份一调查显示：

（一）您对于当局将宣布开放民众前往大陆探亲一事的看法：

（1）早就应该开放了 64%；

（2）现在正是开放的适当时机 24.6%；

（3）反对开放探亲 8%；

（4）开不开放都无所谓 2.8%；

（5）不知道此事 0.7%。

（二）如果当局在近期内开放大陆探亲，您将会：

（1）立即申请前往 40.3%；

（2）等待一段时日，了解其他探亲者在大陆的遭遇后再决定是否前往 47.7%；

（3）不会前往探亲或会亲 8.5%；

（4）在大陆以外地区安排会亲。

（三）您的经济情况：

（1）有正当职业，经济无困难 10.4%；

（2）无业，但经济无困难 14.4%；

（3）曾有正当职业，目前失业，经济有困难 29.5%；

（4）长期失业（3 年以上）、生活困难 45.6%。

（四）您在返乡探亲上是否有财力困难？

（1）有，希望当局协助 61%；

（2）有，希望民间公益团体协助 21.3%；

（3）没有财力困难 9.6%；

（4）不了解将花费多少金钱 8.2%。②

从上述调查可发现，国民党老兵中的多数想在近期返乡探亲，也有部分老兵想在家乡定居。但许多老兵深感返乡探亲财力有困难，故在探亲大门开启后，却无法成行。台湾许多社会人士向老兵伸出了援助之手。他们发起了协助老兵返乡的募捐活动。演艺界人士举行义演，工商界人士踊跃认捐，艺术家慨捐作品义

---

① 香港，《镜报》，1987 年 8 月号。
② 台湾，《自立晚报》，1987 年 8 月 31 日。

卖，筹募活动如火如荼。这些募款，摊到老兵身上，虽不能使老兵衣锦还乡，但却能使一些囊中羞涩的老兵不致自惭。

以"荣民大家长"自居的蒋经国，面对老兵的呼号当然不能无动于衷。蒋经国的爱将郝柏村在答记者问时称："总统"在谈及两岸关系时，总强调应该照顾"老兵们的情绪"。"他对荣民以及荣民的生活一向是最关心的。总觉得荣民跟了他几十年了，不应该不照顾。经国先生的心思是放在荣民身上的，真心诚意关心荣民的，始终是经国先生。这也是为什么最后他派许历农去接辅导会，而开放探亲也与他对荣民的关心有关"。①

蒋孝勇回忆说："'开放大陆'探亲最根本的出发点，主要还是在于让老兵还乡。"②

同年 7 月 21 日，蒋经国在听取"'国军'退除役官兵辅导委员会"主委张国英工作检讨时，做以下 6 条指令：

（1）"战士授田应作更清楚明白的说明"；

（2）"退除役官兵难能可贵，犹忆横贯公路预算不足，荣民们说没有钱也要修好公路，余亦说荣民如没有饭吃，愿把我的一碗饭分给荣民"；

（3）"'政府'始终和荣民在一起，讲明白，说清楚，照应做的去做"；

（4）"作一长期的判断与计算，尽量帮助荣民做到足衣足食才心安理得"；

（5）"少数破坏'政府'与荣民关系者，应以同情心处理，而非'法律'问题"；

（6）"'国防部'与辅导会是整体的，应合力推动退除役官兵辅导"。③

时任"行政院长"的俞国华按蒋经国指示很快令"国防部"对"战士授田证"作专题研究。老兵的抗争持续至 1990 年 4 月 7 日，"立法院"于凌晨 3 时通过"战士授田凭证处理条例"，决议由当局收购授田凭据，75 万份中每份发给 1—10 个基数补偿金，每一基数金额为 5 万元。补偿总额以不超过 880 亿元为原则。④台湾国民党当局于 1990 年 4 月 23 日予以公布实施。

《自立晚报》记者大陆之行

蒋经国病逝前夕毅然决然调整大陆政策，除了来自老兵的呼声外，还有来自

①　《郝"总长"日记中的经国先生晚年》，第 396 页。
②　王力行、汪士淳：《蒋孝勇的最后告白》，第 96 页。
③　《郝"总长"日记中的经国先生晚年》，第 376 页。
④　《郝"总长"日记中的经国先生晚年》，第 376 页。

大陆与台湾岛内社会各界的挑战因素。

首先，大陆对台政策的调整与海峡两岸的交流现状不断挑战"三不政策"，给蒋经国造成巨大压力，

中国共产党提出和平统一祖国方针后，又采取了一系列缓和两岸关系、淡化敌意的友善措施。很显然，中共的做法对于打破两岸隔绝状态，推动海峡局势的和平发展，起了主导性的作用。同时，中共此举还从根本上动摇了台湾当局维持30多年"戒严体制"和对大陆实行隔绝封锁政策的基础，迫使其"反共复国"在其不断遭受失败的情况下，不得不寻求一种新的对策。特别是香港问题的圆满解决，使邓小平"一国两制"的构想在海外引起更为强烈的反响。台湾舆论界已经清醒地认识到中共下一个目标就是"解决台湾问题"，台湾当局将面临更严峻的挑战。台湾《自立晚报》明确指出："在中共压力下的大陆政策，如果不改弦更张，恐怕政治局势将益形迫蹙"。

与此同时，两岸文化与经济的交流也愈益向前发展。由于蒋经国的"三不政策"不符合海峡两岸民众与社会的切身利益与未来发展，因而招致社会各界特别是商界的反弹，"三通"呼声日益高涨，形成了事实上的两岸不接触而交流、不通邮而通信、不通商而通货的局面。

首先突破蒋经国"三不政策"禁令的是大陆各种文化作品，迅速席卷台湾市场。大陆的学术及文学作品早已在台湾普遍流传。30年代的文学作品包括巴金、老舍、茅盾、沈从文、鲁迅、曹禺等人的作品在台均可买到。当代大陆文学作品在"解严"之前已有3家出版社出版十余种。其中钟阿成的小说集《棋王·树王·孩子王》还被列为1986年台湾十大畅销书之一。文史哲方面如冯友兰、朱光潜、杨宽、顾颉刚等人的学术专著，早就被台湾的出版商翻印，有些书被当作教科书用。

再如，大陆京剧录音带纷纷被走私进台。据台报统计：在台湾流行的大陆京剧录影带曾多达200—300种，约100个剧目。台湾部分京剧热心人士居然发起组织"中华国剧（即京剧）艺术研究中心"，准备全面收集、整理大陆京剧录像资料。与此同时，大陆影视录像带也在台湾广为流传。内容方面：以山川名胜居多，也有政治色彩较浓的故事片，如《西安事变》《邻居》及《华北军事演习》等。台报认为，大陆影视带之所以能冲破禁制，在岛内广为流传，主要原因是思乡心切；期望加强学术交流，繁荣台湾影视艺术；好奇心促使，一睹为快。

大陆录音带在台湾也是相当走俏的。即使在邓丽君歌声风靡华语世界时，大

陆出版的各种音乐带业已占据台湾录音带市场 1/5 强，不但数量惊人，而且内容十分广泛，就连大型音乐舞蹈史诗《东方红》与《长征组歌》，亦受到台湾音乐界的喜爱。

随着两岸文化交流的加强，两岸经贸交流也在暗中进行，台湾—香港—大陆这条贸易路线，自 1980 年起，一直是台湾新闻界竞相报道的热门话题。据台报统计：从台湾经由香港转口到大陆的商品总值：1980 年为 12.05 亿港币，1981 年 21.82 亿港币，1982 年 12.63 亿港币，1983 年 12.26 亿港币，1984 年 33.27 亿港币，1985 年头 11 个月就高达 70 亿港币，约占出口总额的 8%。[1] 大宗的转口贸易使港商和在港的外国人发了横财。有鉴于此，许多台商纷纷进言要求当局不要干涉与大陆直接贸易。就台湾经济的实际状况看，经济的高速增长曾是蒋氏父子在台统治的重要物质基础，但由于台湾经济中外资较多，资源缺乏，且以加工出口为主，因此，它在资本、技术、原料、市场等方面，对西方特别是美国有极大的依赖性。受西方经济震荡与国际市场变化的冲击，台湾经济在 70 年代已处于停滞与不稳定状态。这种情况表明：台湾工商界要在海外进一步拓展投资市场的困难越来越大，而大陆则是一个巨大的投资市场和商品市场。台湾可以将其先进技术、先进管理经验及过剩的资金弥补大陆这些方面的不足；大陆则可以作为台湾经济的强大后盾，给台湾提供充足的原料与广阔的市场。同时，大陆实行对外开放政策，大量引进外资，也使台湾工商界看到在大陆拓展投资市场的可行性。与此同时，大陆为进一步发展两岸关系，对台商与大陆交易给以极优厚的条件，如由台湾进口的货品都全部免税。另一方面又在香港开出直接贸易的允诺。对于此举，台湾当局明确表示：间接贸易可以，直接贸易不准。1985 年 4 月 28 日，台湾"经济部长"李达海公开表示当局不会干涉间接贸易，但如果明知货物转往大陆，且与厂商勾结，查有实据者，则另当别论。7 月 4 日，台湾"新闻局长"张京育公开宣布：当局对直接通商行为，一律严禁，违者"依法"交办。[2] 然而禁者自禁，交易者自交易，台湾渔船不但继续与大陆渔船大搞海上直接的物物交易，甚至还进展到停泊大陆港口汲取淡水、同桌吃饭的地步。两岸经贸交流的现状迫使台湾当局必须调整其"大陆政策"，有限度地实施"开放政策"。

再以"通邮"而论，台湾当局坚决反对。1982 年 6 月，台湾当局向各级国民党党部下发了《为什么不可与大陆上的亲友通信》的指令。指令提出 7 条不得通

① 纽约，《申报》，1987 年 4 月 26 日。
② 纽约，《申报》，1987 年 4 月 26 日。

邮的理由：

（1）通邮的结果是中共可以找出大陆上和台湾有关系的人，进而利用这些人向我们"统战"。"我们难道忍心看大陆上的亲友被打成反革命家属"。

（2）有一天和我们通过信的大陆亲友可能会被打成"反革命家属"。

（3）大陆上没有通信自由，所能写的都是违心假话，这样的通信没有意义。

（4）通邮是大陆吸收外汇的"统战花招"，企图扰乱我们的幸福安宁。

（5）会发生诸如分遗产、重婚罪等问题。

（6）寄钱回大陆，由于大陆亲友并不能动用，将来会被捐出来，徒然增加他们的痛苦。

（7）会造成"通邮假象"，混淆国际视听；同时也给予中共向台湾"挑拨分化""思想污染"的机会。①

透视上述 7 项理由，事实上都是站不住脚的。台湾当局为了政局稳定，泯灭亲情，大小事务都以"防御性的阴谋理论"观点来看待，而民间则希望尽快通邮，特别是国民党老兵。台湾军方为禁止通邮曾制定"国军官兵践履反情报责任实施奖励规定"，提出"检举官兵与'匪区'通信经查属实者，奖给新台币 1000 元至 3000 元"。上述规定在台湾老百姓与老兵眼中，不过是一个"随意的行政命令"，通信依旧通过各种渠道秘密进行。在这种情况下，台湾"省政府"社会处于 1987 年 3 月 21 日向县市政府及省管事业单位称："在台湾的人，接到大陆的父母丧亡音讯后，依'劳动基准法'，得向事业单位请假自行举行家祭。但是，请假必须依据来自台湾域外地区的电信证明。"② 这件公文看起来是有关丧假的小事，其实却是具有高度政治意义的大事。因为它等于默许了通邮的合法性。

尽管蒋经国在两岸关系上坚持"三不政策"的立场没有改变，但两岸交流与通邮的现状，迫使他必须改弦更张，才能稳定台湾社会。

其二，民进党挑战国民党的"大陆政策"与台湾社会各界抨击"三不政策"，迫使蒋经国在其临终之前调整"大陆政策"。1987 年 2 月，民进党为扩大其在海内外的影响首次赴美活动。民进党在访美期间，首次提出将在台湾及海外发起返乡省亲运动。

众所周知，民进党后来成为"台独党"，其成员几乎都是台籍人，为什么在成立之初发起返乡省亲运动呢？深入研究民进党推动返乡探亲运动，可以发现他

---

① 台湾，《民众日报》，1987 年 4 月 1 日。

② 台湾，《民众日报》，1987 年 4 月 1 日。

的主要意图是：反对国民党的现行独裁统治，试图通过返乡省亲运动争取岛内民众和海外华人的支持。

3月2日，民进党中常会授权，推动返乡探亲运动。专案小组由尤清、康宁祥、洪奇昌、游锡坤、邱义仁5人组成，以拟定审查计划草案及执行办法。与此同时，民进党的骨干之一许国泰于3月1日在台湾新竹宣布，他将带头发起关心大陆在台同胞及海外台湾人返乡运动，呼吁有返乡意愿者到岛内各地民进党服务处登记。

民进党锁定返乡省亲运动的主要对象有以下4种人：

（1）1949年前后随国民党当局去台的大陆籍人士，这类人约200万人。

（2）1945年至1949年被征兵或因谋生而赴大陆的台湾人，这类人约3万人。

（3）40年来赴海外留学、谋生，但因政治原因而遭国民党当局禁止入境的台湾省籍人士，这些人仅在美国就超过1.4万人。

（4）台湾的适居民族，因国民党当局的三禁政策不易返乡或入山者，这种人约30万人。

民进党返乡省亲专案小组确定指导原则是："人权至上，不分党派，人道为先，亲情第一。"同时还决定开展17项有关返乡省亲的活动，从三个方面展开工作：

其一，做宣传发动工作。如散发传单、举办说明会和义卖等活动，搜集和公布寻亲启事，办理返乡省亲意愿登记等。

其二，向国民党当局呼吁解除返乡探亲限制。如提出质询和"法案"，邀请国民党当局要员参加公听会和辩论，以及向国民党当局有关部门请愿等。

其三，与外国红十字会和人权组织联络，请求协助等。

几个月之中，民进党先后举办了说明会、公听会、座谈会、民意调查、签名及质询等一系列活动。其中比较突出的有：

一是在岛内举办说明会。如3月28日晚在台北"幸安国小"举行的返乡省亲运动第一场说明会，参加者近2000人。说明会由长期离乡者倾诉望乡思乡之愁苦外，还有介绍寻亲启事和为返乡省亲运动募捐等活动。

二是在"民意机构"提出质询。首先是"立法委员"许荣淑于3月2日提出书面质询，她说：过去执政党一再假借中共会利用亲情，设下陷阱对我进行"统战"，为"免国人误入中共统战圈套"，乃禁止在台湾的大陆籍人士前往大陆探亲，禁止与大陆亲人通信。这种做法，固然出于政治上的考虑，但却不合乎人性。许荣淑强调：因时转势移，目前海峡两岸的大陆籍同胞，早已经由各种管道取得联系，有的更经由海外直接返回大陆省亲，这些都是公开的秘密。所谓禁止"三通"，已形同虚设。许表示：与其逆势，不如顺势。因此许建议：国民党对"大陆政策"宜作适度转变，有限开放大陆籍人士回大陆省亲，这不但合乎天伦与亲情，也是在台大陆各省籍人士的共同愿望。①

4月初，许国泰在"立法院"质询时，将炮口对准"动员戡乱时期临时条款"，认为国民党当局抓住"戡乱时期"不放，就是要在台长期实行独裁统治，推进返乡省亲运动，旨在使国民党独裁统治打开一个缺口。5月份，13名民进党"立委"联合进行书面质询，要求国民党当局秉持人道主义和人权原则，解除有关返乡探亲限制。5月20日，15名"非执政党籍省议员"（大多数为民进党人）联署提案，建议台湾"省政府"普查外省籍民众返乡省亲之意愿和台湾省籍流落大陆的人数及名单，以协助离散同胞返乡省亲，完成祭扫祖坟的心愿。

当国民党欲准备开放大陆探亲之际，民进党又于9月23日拟定了该党"大陆政策"基本方案。该方案共分四部分：

第一部分：该党"大陆政策"的基本点。基本点强调两项立场：一是"整个中国是所有中国人的中国，并非中国共产党拥有的，也不等于中共，其主体应该是居住其上大陆同胞"；二是"台湾为台湾全体住民之台湾，并不是国民党的私产，国民党也不等于台湾，而台湾的主体则是台湾全体住民"。

第二部分：该党"大陆政策"原则，其内容是人道、平等、和平与自决。

第三部分：该党"大陆政策"策略，民进党主张，国民党目前"三不政策"并不能解决问题，而应实施"三要原则"，即要谈判、要接触、要妥协。

第四部分：该党"大陆政策"施行阶段，即分三阶段：一是交流竞赛阶段，它须解决的是所有非政治性的议题，包括经济、学术、体育、比赛、观光、文化等方向的交流，预计在5—10年内完成；二是协商谈判阶段，它要解决政治层次上的问题；三是人民自决阶段，"自决的结果可能统一，也可能是独立，其结果完全遵照台湾住民自己的选择"。②

由上可见，民进党的"大陆政策"既有反对国民党的色彩，要求两岸接触谈判，如以"三要原则"对抗国民党的"三不政策"，又有分离色彩的"台湾住民

① 台湾，《民众日报》，1987年3月3日。
② 郭宏治、陈敏凤：《九个小组，两次会议，一个方案》，载台湾《新新闻》周刊，1987年10月4日。

自决"的主张。

返乡省亲运动的持续发展，使两岸探亲问题成为台湾各界普遍关注的焦点。台湾各界人士及一般民众认为，国民党当局"近 40 年来的大陆政策一直未能改弦更张"，以致"实行至今，无论在情、理、'法'各方面均有其矛盾不合理之处，已到了非改不可的地步"。也有人认为，台湾今日社会问题丛生的一个重要原因，就是没能妥善处理与大陆的关系，"而这一问题的解决线索，首在改变'三不政策'"。因此，台湾民众强烈要求蒋经国正视现实，寻求两岸关系的共同点，在两岸关系上采取突破性的做法。

上述形势表明："台湾社会要求与大陆交流的力量，如万马奔腾，沛然莫不能御。"[1] 民进党的挑战与岛内舆论巨大压力，促使蒋经国提前将开放两岸民众探亲问题摆到议事日程上来。

其三，台湾《自立晚报》抢先大陆行促使蒋经国加快开放台湾民众赴大陆探亲案的实施。

解除"戒严"后，当台湾各界对开放民众赴大陆探亲议论纷纷之际，《自立晚报》社社长吴丰山毅然决定派记者李永得与徐璐 2 人抢先进入大陆采访。《自立晚报》的行动，给变数剧繁的台湾社会投下了一块巨石，激起了千层浪。《自立晚报》何以敢开新闻禁令之先拔得头筹？它给国民党决策机构带来怎样的震撼呢？据港报载：1987 年 7—8 月间，随着解除"戒严""党禁"开放，岛内政治气氛十分活跃。新闻界不惜重金收罗人才，扩充设备，试图在开放"报禁"之前，稳住自己的阵脚以立足于竞争之林。而几十年来在国民党控制下，岛内新闻界对大陆的报道却一片空白，形成了新闻盲点，任由当局文宣部门输送歪曲的大陆新闻。在当局传出将开放大陆探亲的讯号后，多家报纸计划派记者赴大陆采访。《联合报》与《中国时报》两大报系，早就收集资料，一旦条件成熟即成行，只因两报老板均为国民党中常委，不敢贸然行动。

正当各路人马都在观望等待之际，《自立晚报》断然决定冲开"报禁"抢头筹。9 月 11 日，吴丰山派李永得、徐璐悄悄赴日本，翌日立即宣布该报已派记者赴大陆进行民间采访。由于事前保密工作做得好，消息一披露，主管当局大吃一惊，更使那些早已调兵遣将、筹划一旦宣布开放探亲即率先进入大陆的报社，无不深感痛失良机。《自立晚报》乘胜进击，利用自己的版面大肆渲染，一时间使它在

---

① 纽约，《申报》，1987 年 9 月 21 日。

海内外知名度骤升，订户急增。

　　台湾"行政院新闻局"与"内政部入出境管理局"于9月11日吴丰山宣布《自立晚报》派记者赴大陆采访当日，分别援用"国家安全法"第13条与"大众传播事业派遣人员出国、采访审核办法"，要求《自立晚报》社迅即阻止李、徐2人前往大陆。但《自立晚报》总编辑陈国祥在接受记者采访时表示：未有召回记者的计划。第二天，该报社社长吴丰山在接受合众国际社记者访问时称，他绝不会召回两位首次以台湾记者身份前往大陆采访的记者。吴甚至称："至多两年内不得再出境吧，这些结果我们早已估计在内了。"12日，《自立晚报》刊出了《不会召回两名记者，宁愿受罚突破禁令》的醒目标题。对此，台湾一位"政府高级官员"通过"中央社"发布消息说：此事"非常不当"，"'政府'绝对'依法'处理"。同日，国民党《"中央"日报》以《何必急抢滩》为题发表评论。13日，"新闻局长"邵玉铭称："新闻局""依法"指示《自立晚报》停止派记者进入大陆采访之立场，没有任何改变。当晚，台湾亚东关系协会东京办事处负责人前往李永得在日下榻处劝阻。

　　李永得、徐璐两人于11日抵东京后直奔中国驻日本大使馆，接待他们的是专门负责台胞签证的二等秘书马连印和一位职员。据李、徐二人后来回忆称：当我们将意图告诉马时，马略露为难之色地告诉我们："你们的情况非常特殊，我们要和国内的领导同志联系才能作决定。"他又说："如果你们是以探亲旅游的名义申请入境，我现在就可以发签证给你。"但我们仍然坚持在他给我们的"台胞探亲旅游入境申请表"上写下记者的身份和采访的目的。经过32小时的联系，马连印通知我们："你们的事已获得国内的批准，而且是非常热烈的欢迎。"

　　9月15日凌晨1时10分，李永得、徐璐乘中国民航客机抵达北京首都机场，开始了历史性的大陆之行。李、徐二人称这次大陆行是"为了促进台湾人今后访问大陆"。台湾将开放台湾民众到大陆探亲，他们有责任对大陆的现状及接待情况进行采访，以便台湾人在访问大陆前有个思想准备。他们称《自立晚报》的方针"是排除大陆和台湾当局的干涉"。他们曾向大陆要求有"绝对的采访自由"，"这一要求基本上受到尊重"。他们对与中国新闻社的合作感到满意。经过13天的自由采访，李、徐二人于9月27日结束大陆行返抵台湾。

　　针对《自立晚报》派记者赴大陆采访一事，官方与媒体反应相去甚远。在9月16日国民党中常会上，《联合报》董事长王惕吾强烈指责《自立晚报》，主张"依法"处理。"中央社"董事长曹圣芬附和王的说法，要求"严办"。《中国时报》

董事长余纪忠则强调对此事"应站在民主前途和'国家'利害的基础上","依法"处理,"个别事件要个别处理,不能因个别事件而阻碍民主政策大方向的脚步"。

在台湾"立法院",多位"立委"认为此次采访"并无不当",要求当局"不必反应过度","以免伤害新闻自由和影响国际形象"。但也有部分国民党籍"立委"表示坚决反对,认为此举"有损'政府'形象"。

台湾专家学者也纷纷发表谈话,认为此事有突破性意义,当局不应禁止,而应乐观其成。

台湾当局一再坚持其顽固立场,力主严究《自立晚报》有关人员的责任。9月24日,"新闻局"重申"依法处理"《自立晚报》事件的立场。9月27日,当李永得、徐璐抵台北当日,"新闻局"就发布了处罚《自立晚报》的声明,处理决定共三项:

(1)由于《自立晚报》及其记者以不实之文书蒙骗本局申请出台;被发现后复拒绝本局取消前往大陆采访之要求,违反"大众传播事业派遣从业人员申请出国审核办法"第15条(第15条规定:大众传播事业派遣"出国"及从业人员,在"国外"活动与原申请事由不符时,原派遣事业应遵照主管机关之通知负责促其依限"归国"。"出国"人员未依限"归国"前,主管机关得视实际情形限制该事业再派遣其人员"出国")及第16条"大众传播事业及'出国'人员之申请条件如记载不实、伪造或有前条情事者,除'依法'办理外,本局决定于两年内停止受理该报及其人员'出国'之申请"。

(2)依"国安法"第3条第二项第二款及施行细则第13条第四款规定,对曾经前往"沦陷区"而"有事实足证认为有妨害'国家'安全或社会之重大嫌疑者",得不予许可其再出境,故本局将本案亦移请"内政部入出境管理局""依法"处理《自立晚报》涉案人员日后出境事宜。

(3)《自立晚报》社社长吴丰山、记者李永得与徐璐均有触犯"刑法"第214条之罪嫌,本局决定将全案有关人员移请台北地方法院检察处侦办。①

"新闻局"的举措招致台湾社会各界反弹,"立委"黄泽清、王义雄、刘兴善于28日提出呼吁,肯定李、徐的大陆行,并要求当局"采前瞻性做法"。30日,民进党"立委党团"联名向"行政院"提出紧急质询,要求"新闻局"撤销对《自立晚报》的行政处分。此案直闹到1988年3月24日,台湾地方法院宣判吴丰山、

---

① 《台湾新生报》,1987年9月28日。

李永得两人无罪，"新闻局"只好表示"尊重司法审判权的独立"，对于此一判决"自应尊重"。至此，《自立晚报》派记者赴大陆采访引发的案件才宣告终结。尽管台湾当局声色严厉地宣称查处《自立晚报》案，但他们不得不承认此事件对台湾社会所造成的震撼及对开放台湾民众赴大陆探亲的影响。就在李永得、徐璐飞赴祖国大陆一月之际，作为台湾大家长的蒋经国终于开启了返乡探亲的闸门，使海峡两岸关系有了历史性的突破。

其四，"台独"势力猖獗与美国的压力也迫使蒋经国调整其"大陆政策"。蒋经国宣布解除"戒严"与开放"党禁"的构想是企图缓和台湾社会内部的升级摩擦。但在事实上此举却为党外势力中的"台独"分子鼓吹"自决"提供了可乘之机。他们要求全面改造"民意机构"代表，同国民党争夺台湾前途的主控权。"台独"势力猖獗成为台湾现时最不安定的因素。基于上述形势，蒋经国决定开放台湾民众赴大陆探亲，通过两岸交往，以淡化"台湾意识"，增强"中国意识"，遏制"台独"势力的发展。

蒋经国修订"大陆政策"也有来自岛外特别是美国方面的压力。近年来，国际社会对中共和平统一方针普遍表示赞誉。相反，对台湾僵硬的"三不政策"表示了反感与不满。许多国家与地区出于自身利益，都不希望台湾海峡局势动荡而影响这一地区的稳定，他们要求蒋经国与大陆对话。特别是美国，害怕台湾问题影响中美关系，妨碍其全球战略利益，在处理两岸关系的态度上，也开始出现某些变化，间接或直接地促进台湾当局调整"大陆政策"，缓和两岸关系。1987年3—4月，美国国务卿舒尔茨和助理国务卿西古尔又分别在上海和旧金山重申美国坚持"一个中国"的立场，表示"支持台湾问题和平解决"的过程，欢迎两岸开展"包括间接贸易和日益频繁的人员交流"，以"有助于缓和台湾海峡的紧张局势"。①

舒尔茨与西古尔的讲话，颇令台湾当局惊慌，认为此话透露出美国对两岸统一问题由不介入的袖手政策转为乐观其成的意向。台湾《民众日报》称舒尔茨之言"弦外有音"，"不可掉以轻心"。《大众晚报》刊文称：舒尔茨"措辞颇不寻常"，"对于中国统一问题，采用比以往更积极暧昧的字眼，使得原本按部就班的台美实质关系一度陷入紧张"②。《中国时报》则认为：西古尔强调，美国对于如何解决台湾问题，并无"任何特殊的观点"。"综观演说内容，可以看出解决台湾问题被

① 《美洲华侨人日报》，1987年4月25日。

② 台湾，《大华晚报》，1987年3月17日。

列为美国政策中最低的优先次序，经济关系，尤其是支持中国大陆的现代化，居于最优地位"。①台湾当局令其驻美代表钱复就此事展开调查，当确定"一个中国与和平解决台湾问题"仍是美国政府的政策立场后，台湾"外交部长"朱抚松在"立法院"澄清舒尔茨讲话带来的影响说：美国与台湾之间的"实质关系没有任何改变，美国对海峡两岸的中国统一问题仍采取不介入、不干预、不施用压力的态度"。

然而当台湾当局尚未宣布开放台湾民众赴大陆探亲之际，美国驻中国大使洛德10月2日在接受美国国家广播公司采访时，抢先公开对开放大陆探亲的"和平进展"表示欢迎。②1988年3月，吴学谦出访美国时，里根总统再次表明："美国欢迎去年以来台湾两岸人民的往来，希望这一趋势继续，美国将努力促成有利于上述发展的环境。"尽管美国一再表白处理两岸关系的立场并未改变，但支持两岸关系发展的态度已相当明显，台湾当局最害怕的是"可能被再次出卖"。在这种压力下，蒋经国不能不考虑调整"大陆政策"，以两岸关系的正常化，换取台湾岛内政局的稳定。

大陆探亲案

当蒋经国下决心不做"民族罪人"，要"向历史交代"，推进两岸关系后，遂下定决心开放台湾民众赴大陆探亲。据张祖诒回忆，1987年3月中，蒋经国和一位亲信幕僚谈话时，忽然问道："唐诗有描写离家很久的人回乡时心情的诗，你该记得？"幕僚答复：那头两句是"少小离家老大回，乡音未改鬓毛衰"。蒋经国接着说"这正是现在荣民老兵们的心情，你们去好好研究，尽快实施正式开放大陆探亲的办法"，他同时也明白指示，这个办法是完全基于人道立场的考虑，要由民间机构负责推动，政府既有的"反共国策"不变，希望研拟一个方案，再交党政有关单位协商，"定期执行"。他还说"这是一件大事，我乐观其成"。③

经过一个多月的研讨，完成草案初稿，送交蒋经国过目，他认为大致妥当，指示交由国民党中央党部秘书长邀集有关单位会同审议。国民党中央党部秘书长马树礼拿到手一看，大吃一惊说："'总统'已有这么大的决定了吗？"很显然，事前蒋经国并没有就此案与中央党部协商，以致有此惊讶。随即，马树礼邀请

①　台湾，《中国时报》，1987年4月23日。
②　台湾，《联合报》，1987年10月5日。
③　张祖诒著：《蒋经国晚年身影》，第232页。

"行政院""国安局"以及"行政院"所属相关部门首长，举行秘密会议，与会人员大多同感震惊。[1] 据台报称：研讨结果反映不一，保守气氛浓厚，阻力大。这种阻力主要来自国民党元老派与情治部门。这些要员们反共大半生，虽绝大多数祖籍在大陆，迟暮之年不免暗生思乡之情，但他们根深蒂固的"反共情绪"，令他们成为两岸关系正常化的绊脚石。台湾的警察、边防与情治部门因非常时期权力恶性膨胀，在求新求变的潮流中，这些部门的首脑似乎预感到自己操纵的生杀大权即将被削弱，故一味强调安全利益，为两岸交流设置重重障碍。一些官僚过惯苟且偷生的日子，亦以十分消极的心态看待两岸关系，并不乐意有一番开创性的作为。但上司交下来的任务不能否决，最后便提出"准出不准进"、"条件从严"，使有资格到大陆探亲的人减到最少为好。马树礼将此研究结果上报给蒋经国后，蒋经国极不满意，立即要求马树礼组织研议。[2] 此时已是4—5月间，国民党全力从事解除"戒严"的研究工作，马树礼分身乏术，后来又为去留问题煞费思量，事情暂时耽搁下来。

5月下旬，蒋经国在例行接待外宾后，特将担任第一局副局长的英文秘书马英九留下，询问他对最新政情及舆情的意见。马英九答称：最近"立法院"及舆论均强烈要求"政府"开放老兵返乡探亲，"政府"在这方面应考虑积极回应。蒋经国听后，要马与"总统府副秘书长"张祖诒联系，并尽快研究开放大陆探亲的可行性方案。[3]

据台报称：这一时期蒋经国的决策理念，似乎受到媒体的相当影响，尤其对朝野"立委"有关开放探亲的发言内容，及民间团体对突破两岸闭锁政策的建言声浪，几乎都能全盘掌握。他曾不止一次亲口告诉亲近的僚属说："离开家乡三四十年的人，没有人不想家的，这是人之常情。政府对开放民众赴大陆探亲，应乐观其成。"[4]

6月2日，马英九完成《民众往返大陆探亲问题之研析》初稿，经"总统府""第一文胆"副秘书长张祖诒修正，于6月4日将本案依"总统府"内的公文作业程序正式提出签呈，并经张祖诒、沈昌焕层层转呈蒋经国核处。马英九出于保密起见，私下将该草案定名为"颖考专案"。

① 张祖诒著：《蒋经国晚年身影》，第234页。
② 高天盛：《开放探亲三部曲》，载《新新闻》周刊，1987年9月6日。
③ 台湾，《中国时报》，1993年1月13日。
④ 台湾，《中国时报》，1993年1月13日。

　　"颖考专案"出炉后，蒋经国指示李登辉与马树礼，分别从党政系统的立场，进一步研拟因应方案的具体做法。7月份马树礼去职，李焕接掌国民党中央党部，直接策划开放大陆探亲案，并很快订出了原则方案。当蒋经国将方案交"总统府"研议时，发生了严重的意见分歧，其焦点在于是限制开放探亲还是普遍开放民间交往。

　　一派观点主张，把开放探亲看作是调整"大陆政策"的第一步，随之将开放、观光、贸易、体育交流与文化交流。他们主张两岸"官方"关系仍坚持"三不政策"，而民间则开放接触，使台海两岸由封闭进入互动关系，由紧张对峙进入和平竞赛。开放探亲事实上等于打破两岸的封闭关系，今后两岸关系如奔腾的江水，不易再阻拦。他们还认为：台湾在经济上与政治上已有优越性，可以经由积极开放的"大陆政策"对大陆进行"政治反攻"，开放接触对台有利无害。"立委"孙胜治就曾说过，"政府"常花数千万元将台湾的富足及安乐利用空飘介绍给大陆同胞，如果再开放探亲，这些进入大陆的人将是"免费宣传者"。同时，开放对大陆的接触，也有助于减低台湾人对大陆的疏离感，从而减少"台独"的影响。这一派观点的首倡与代表者是李焕。9月4日，李焕在高雄市党部举办的"党政工作研讨会"上发表的讲话表述了上述主张。他说：开放台湾民众赴大陆探亲，实际上是"国民党以其台湾地区的经济繁荣、政治民主、教育发达、文化进步，向大陆展开实际有效的'政治反攻'行动"。李焕还宣称："这种'政治反攻'，绝对不是要取代大陆上的'中共政权'，而是要促进大陆上的政治民主、新闻自由、经济开放，使中国解除共产主义的桎梏，成为民主自由的现代化国家"。

　　李焕的上述讲话是比较大胆的，有人认为此种主张是蒋经国及当局"大陆政策"的改弦更张，是"指导思想与战略目标巨大转变"，是有前瞻性创新的做法。李焕之所以有这样的胆量与气魄，有人说这是与李焕一贯作风相一致的，同时也是蒋经国对他支持的结果。当李焕提出上述观点后，蒋经国深表"赞同"与"嘉许"。①

　　另一派主张是所谓的"人道论"，即把开放探亲仅看作是基于人道的弹性措施，不是对"大陆政策"的调整，所以除探亲之外，其他一切不变。他们主张对民间探亲采取不协助、不禁止、不鼓励的原则，官方"三不"立场不变，保持海峡两岸敌对状态。他们还认为，如果开放接触与往来，将表示海峡两岸敌对关系

———————

　　① 台湾，《联合报》，1987年9月9日。

已结束，如此一来，根据"与台湾关系法"美国就可停止对台军售。而且，两岸扩大交流可能冲淡"敌情"观念，对台安全造成不利。[①] 这一派观点的代表人物是"行政院长"俞国华。俞与李焕的观点针锋相对，双方争执不下。当李焕在高雄讲话后，俞国华立刻发表了接见《远东经济评论》编辑的一段讲话，讲话中俞攻击中共的"三通"是颠覆台湾的"阴谋手段"，强调当局"尚无计划放宽'国人'赴大陆探亲或其他'方面的限制'"。

在开放探亲本身是否设限或其他方面的限制上，也有三种主张：

（1）应否对探亲者年龄和亲等的限制。

一种观点认为应加限制，如年龄应限制在55岁以上，亲等限三亲等以内，如果不限年龄和亲等，无异变成开放观光。另一种观点则认为限年龄不合情理，孙子为何不可探望祖父母？且限亲等无法核证，难以执行，其结果形同虚设，不如不限。

（2）应否对探亲者作职业和省籍的限制。

一种观点认为现役军人及公职人员（包括公立学校教师），不得到大陆探亲，原为台湾省籍也不行。另一种观点则认为，现职公务人员中，大陆籍所占比例相当高，若限制其返乡探亲，开放探亲的意义与效果将大打折扣，作籍贯的限制也不符合在"法律"面前人人平等的原则。

（3）应否同时允许大陆同胞来台湾探亲。

一种观点认为不允许，因为大陆可以有计划地组织探亲，从而"威胁台湾"安全。另一种观点认为允许大陆同胞赴台探亲，尤其是在大陆的两万多名台胞"更应允许"，既为"人道"，又为"政策"平衡。但持两种观点的人均主张大陆人入台要符合"国安法"施行细则。

因两种主张各不相让，最后只好交蒋经国裁决。蒋经国本意支持李焕主张，但此时此刻又不能不考虑俞国华等人的意见，经深思熟虑，只得采取折中方案，不偏不倚。9月14日，蒋经国召见郝柏村和许历农时，就探亲问题谈了三点意见：

（1）"基于人道原则，将开放大陆来台人民回大陆探亲"，"但'政府'不与'中共政权'接触、谈判、妥协之政策不变。

（2）"回大陆探亲纯为民间私人行为。

（3）"探亲管制由安全局、警总及境管局派人支援，实际操作者为'中华民国'

---

① 台湾，《联合报》，1987年9月9日。

红十字会。"①

9月16日，针对在探亲问题上的意见分歧，蒋经国在国民党中常会上提出："面对新的形势，产生若干新的现象，大家有很多不同的意见和看法。"而执政党则"始终把目标看得很清楚，掌握住正确的方向，踏着稳健的脚步，绝对不会迷失"。②

会议原则决定开放台湾民众赴大陆探亲，同时蒋经国提议由李登辉、俞国华、倪文亚、吴伯雄、何宜武等5位国民党中常委组成专案小组，就"行政院"所提及台湾民众返乡探亲的原则及中常会的意见，"迅作审议，并将结论提报中央常会讨论"。③蒋经国何以让"副总统"李登辉主导制订开放大陆"探亲案"的细则呢？蒋经国的用意：一是加速省籍意识的融合，反对分裂主义；二是让李累积台湾内部对"大陆政策"的共识。

蒋经国既想照顾老兵的情绪，缓和社会矛盾，抑制"台独"思潮，并为"三民主义统一中国"进行新的尝试，但又怕返乡探亲使老兵被中共"统战"，"反共"心防遭破坏，遂特别强调：目前，中共仍然时时威胁我们复兴基地的安全，"我们必须充分提高警觉，加强戒备，不予敌人可乘之机"。处理"返乡探亲"问题的基本前提是："'反共'基本'国策'不变，'光复国土'目标不变，确保'国家'安全的原则不变。"④

在"双十节"庆祝会上，蒋经国就以"把炽热的反共心力投向大陆"为题发表讲话。此间，他多次强调"国人"要警惕中共的"统战阴谋，为赴大陆探亲老兵消毒"。⑤

经过多次会议研讨，对方案要点结论如下：

第一，"未来开放措施，应坚守'民间往来，间接方式'的做法，即维持两岸'非官方'的交流原则。

第二，"对于民众自行经由香港前往大陆探亲或旅游者，采取'不禁止、不鼓励'原则处理，亦即解除'出国'旅游观光不得以香港为首站的原有限制。

第三，"对于探亲归来的民众，除非确有危害'国家'安全的具体事实，不

---

① 《郝"总长"日记中的经国先生晚年》，第383页。
② 《蒋"总统"经国先生言论著述汇编》，第15辑，第373页。
③ 《蒋"总统"经国先生言论著述汇编》，第15辑，第375页。
④ 《蒋"总统"经国先生言论著述汇编》，第15辑，第375页。
⑤ 《蒋"总统"经国先生言论著述汇编》，第15辑，第157页。

应受到任何干扰。

第四，"由'中华民国'红十字会总会负责办理协助民众赴大陆探亲事宜，包括两岸信件传递，协助查询亲人住址和汇款等。

第五，"同时考虑开放大陆民众在符合一定条件、资格的规定下，准予申请来台探亲。"①

以上结论准备上报 10 月 14 日召开的国民党中常会。

10 月 14 日，国民党中常会通过李登辉提出的 5 人专案小组有关"'国人'赴大陆探亲问题的研究结论报告"，报告结论为两项：

1. 基本原则：

（1）"'反共''国策'与'光复国土'目标不变；

（2）"确保'国家'安全，防制中共'统战'；

（3）"基于传统伦理及人道立场的考虑，允许'国人'赴大陆探亲。"

2. 除现役军人及现任公职人员外，凡在大陆的血亲、姻亲、三亲等以内的亲属者，得登记赴大陆探亲。②

"行政院"依照国民党中常会决议，在 10 月 15 日召开 2053 次会议，通过《复兴基地居民赴大陆沦陷区探亲办法》。同日，"内政部长"吴伯雄奉蒋经国令宣布台湾民众赴大陆探亲的具体办法：同意"除现役军人及公职人员外，凡大陆有三亲等内血亲、姻亲或配偶的民众"，均可于 11 月 2 日起向台湾红十字会登记赴大陆探亲；国民党各级党工干部的家属，经向有关部门报备或核准后，也可前往；对"非法"进入大陆者，不再予以追究处罚。

当上述内容公布后，岛内许多对公职人员所指范围和血亲、姻亲、三亲等如何区分甚为关切，到处询问。蒋经国得知此讯后，指示有关部门加以解释。

现任公职人员根据"司法院"大法官会议释字第 42 号解释令："'宪法'第 18 条所称之公职含义甚广，凡各级'民意代表'、中央与地方机关之公务员，及其他'依法'令从事于公务者皆属之"。吴伯雄称之所以限制现任公职人员，主要原因是："为表示现阶段'政府'贯彻'复国'之决心，避免此项开放措施被误解，因而对所有构成'政府'之成员及支领'国家'薪俸者，均限制不得赴大陆探亲。"③

---

① 张祖治著：《蒋经国晚年身影》，第 235—236 页。
② 台北"中央"社，1987 年 10 月 14 日电。
③ 台湾，《"中央"日报》，1987 年 10 月 16 日。

所谓"血亲"，一是自然血亲，即出生就有的血统关系，如自己的亲生父母，又如自己的祖父母。一是拟制血亲（也就是法定血亲），如养父母与自己的关系。拟制血亲地位与自然血亲地位相同。

所谓姻亲，是指因婚姻关系而产生的亲属关系。姻亲关系有三种：（1）血亲的配偶，如自己的弟弟的太太；（2）配偶的血亲，自己妻子的姊姊或弟弟等；（3）配偶的血亲之配偶，如自己妻子的姊姊的丈夫（姨丈）。

在了解血亲、姻亲后，才能推算三亲等。而推算的方式，目前是依罗马法来推算，此即向上先数到同源后，再往下数到的亲属。

其次，开放大陆与台湾间的信件往来。大陆民众寄往台湾的信件，经台湾邮政部门"技术处理"后，即可送达收信人。但不能直寄，必须由红十字会通过香港代寄。此举由默认"通信不通邮"变为公开化与合法化。

再次，放宽大陆出版物和录音、录像带进口发行限制。早在8月10日，台湾"新闻局"出版处通知60多所学术、教育机构，称该局已开始受理"进出大陆出版品的申请"。[①]8月12日，"新闻局"主管录影带事务的广电处指出："有关大陆风光文物影带的问题，该处已成立专案小组积极进行，目前提出开放原则为必须具有非共国家发行的版权证明。"[②]

最后，强调放宽对海峡两岸经贸往来的限制。除开放民间间接贸易外，还部分解除对煤、棉等大陆原料及枸杞、当归等中药材的进口限制或管制。台湾"经济部"称"放宽对大陆间接进口的重要农工原料"，实行"分阶段渐进"原则。第一阶段：先视岛内贸易厂商及国际原料的变动情况，机动扩增可不限采购地区限制的项目；第二阶段：放宽台湾航运方面对于不得直航的认定规定，或予以放宽为最后出航港是："自由地区"港埠航出即可；第三阶段：为对岛内生产少或无生产的农工原料即予开放为得从大陆间接进口的商品。台湾当局还声称全部解禁大陆经贸资料，由有关部门整理后，完全开放陈列，供民众自由参阅。

透视蒋经国开放台湾民众返乡探亲政策，具有以下几个特征：

第一，确立"政府"与民间分开的原则。蒋经国一方面宣布开放台湾民众赴大陆探亲，另一方面又宣布"反共'国策'与'光复国土'目标不变；确保所谓'国家'安全，防止中共'统战'"，并重申"三不政策"立场。基于此一认识，蒋经国的开放方案仅限于民间，赴大陆探亲事宜委由台湾红十字会协助办理。

---

① 台湾，《"中央"日报》，1987年8月12日。

② 台湾，《联合报》，1987年8月13日。

其二，开放是有选择、有限制和渐进的。允许赴大陆探亲者只限在大陆有血亲、姻亲、三亲等以内的亲属人员；服役的军人及党、政、财、文单位任职的公职人员不在探亲之列，开放探亲限制在单项轨道上，即只出不进。其探亲步骤也是由低层次向较高层次逐渐推进。

其三，具有明显的"政治反攻"色彩。蒋经国视其所谓经济繁荣与政治民主为与大陆"进行抗衡"的资本。他在 1987 年 11 月下旬在答《远见》杂志记者问时称：通过开放探亲让民众"亲自体验海峡两岸同胞生活的悬殊，也可比较两种不同制度的孰优孰劣"，"从而判断中国的未来究应采用何种制度方能符合'国家'利益与人民福祉"。[①]10 月 17 日，国民党《"中央"日报》发表题为《开放大陆探亲必须坚持"反共"国策》的社论，社论一方面站在顽固的立场，宣称开放探亲只是一种权宜之计，另一方面宣称通过开放探亲促使大陆民众"对台湾的向往"。

蒋经国的大陆"探亲案"出台之后，各界人士一片赞叹之声。但由于该案尚未涉及整个"大陆政策"的核心，而且设限颇多，因而又招致岛内许多人的不满。

许多人认为：当年追随蒋介石一起来台湾的 200 万大陆军公教人员，"40 年来望断家乡"，30 多年后让他们有机会回家，"即就孝道和人道方面而言，蒋经国此举实为一大功德善行"。但此案太保守，不能解决问题。有些学者认为："作三亲等的决定完全没有必要。开放探亲既然是基于人道，就不必对亲等设限。亲等的决定，岂不呼应大陆人回大陆的口号。"旅美学者邱宏达称：依我之见，蒋经国应面对现实，"准许开放观光"；"中央研究院院长"吴大猷说：不要订做不到的规范，开放探亲，其实这只要说一句话，说"不禁前往大陆探亲"就可以了。台湾大学教授吕亚力要求，让大陆上的台胞也回来。邱垂亮则认为：蒋经国此举是"雷声虽大，雨太小"。台大教授潘家庆则认为："现任公职人员不得赴大陆探亲希望落空后，使得这项政策的美意大打折扣，而且会引起公职人员的反感，一般公务人员的职务与'国家'机密无关，似无必要严格规定。"美国新泽西州西东大学教授杨力宇主张不妨将探亲扩大为探亲友。

总之，台湾各界人士均要求蒋经国放弃消极保守心态，认真制定积极性与全盘性的"大陆政策"，做到有计划逐步开放与祖国大陆全面交流。

尽管蒋经国的探亲政策设限颇多，但从历史角度看，由过去绝对禁止两岸人

---

① 《蒋"总统"经国先生言论著述汇编》，第 15 辑，第 429 页。

员交往，走向开放，由不允许到允许，由不通到通，不能不说是两岸关系上的一个重大突破，具有部分质的变化。此一方案的实施必将对台湾局势、海峡两岸关系产生一定的正面影响。台湾观察家及舆论界认为，蒋经国这一决定，虽是一个小步骤，但却是其退台40年来政策突破性的转变，他将成为通向"大陆政策"的闸门，一泻千里，使"三不政策"口号沦为空洞口号。

探亲潮

蒋经国容许台湾民众赴大陆探亲的确有制约"台独"的因素。蒋经国与其父一样，是坚决主张反对"台独"的。在讨论解除戒严、开放党禁时，外国记者问对新政党有什么规定时，蒋经国明确表示："他们不得从事任何分离运动——我所指的是'台独'运动。"①

当然，蒋经国虽然反"台独"，但是他晚年最大之错误就是选了一个"台独"分子做了自己的接班人，导致他开放台湾民众赴大陆探亲以制约"台独"大打折扣。当然还是要承认：是蒋经国赴大陆探亲的政策，使两岸之间才开始真正互动起来。

1987年11月2日，台湾红十字会开始受理台湾民众赴大陆探亲登记。这一天被台湾《民众日报》称之为"一个历史性的日子"。②

随着蒋经国解禁台湾海峡，3.6万平方公里的台湾岛内出现了一股史无前例的探亲热。据国民党《"中央"日报》记载：红十字会受理探亲登记的时间是从11月2日上午9时开始，但从凌晨3点左右，就已经开始有人等候办理登记手续，待天亮时，四周已是一片人山人海。红十字总会大门一开，等候多时的民众就像潮水般一拥而入，受理登记的柜台还没有开门，办公室就已挤得水泄不通。在一片混乱声中，来自台东的熊光远，第一个办妥登记及申办赴港澳转往大陆探亲手续，他准备回江西南昌探视儿子熊振武。据统计：红十字会第一天办妥登记手续的多达1334人。③开放探亲满6个月时，申请赴大陆探亲者达14万余人，并有6万多人已前往大陆探亲。

为了进一步推进两岸关系，大陆全力动员，要求各部门做好接待台湾同胞的工作。众所周知，早在1981年10月，邮电部、交通部与外贸部就制定了《关于

① 《蒋"总统"经国先生言论著述汇编》，第15辑，第418页。
② 台湾，《民众日报》，1987年11月3日。
③ 台湾，《"中央"日报》，1987年11月12日。

随时准备与台湾通邮、通电的决定》、《关于随时准备与台湾通航的决定》。中国
交通部福州海标区初步建成灯塔、灯标、浮标、无线电导航台组成的台湾海峡北
部航标链。广东省、福建省靠近台湾海峡的一些岛屿，也努力创造良好的环境，
欢迎前来探亲、旅游、避风、贸易的台湾同胞。1987 年 9 月，广东省政府部署了
做好接待台胞的工作。10 月 6 日，全国体总邀请台湾体育界参加全运会。

　　10 月 14 日，当台湾当局宣布开放台湾民众赴大陆探亲后，国务院有关方面
负责人于当日发表谈话，指出：台湾当局采取这一措施"对两岸人民的交往是有
利的"，"热情欢迎台湾同胞到祖国大陆探亲旅游"。负责人保证："来去自由"，
我们还将尽力"提供方便，给予照顾"。这位负责人提出探亲应"有来有往"，也
应"允许大陆同胞到台湾探亲"。①

　　10 月 16 日，经国务院批准，国务院办公厅公布了《关于台湾同胞来祖国大
陆探亲旅游接待办法的通知》。通知内容主要有 7 点：

　　（1）祖国政府热诚欢迎台湾同胞来大陆探亲和旅游，保持来去自由。

　　（2）台湾同胞回祖国大陆探亲旅游，须申请办理旅行证件。

　　（3）台湾同胞来大陆时，海关凭上述旅行证件，对其携带的行李物品，在自
由合理数量范围内，从宽验收。

　　（4）台湾同胞在大陆购票与住宿享有与大陆旅客同等的待遇。

　　（5）凡国家外汇管理局公开挂牌可自由兑换的外汇，台胞汇入、携带和兑换
均无限额。

　　（6）台湾同胞可以与大陆同胞一样，到各地自由参观、旅游。

　　（7）回祖国大陆探亲、旅游的台湾同胞，应遵守祖国政策的各项法律和规定，
尊重当地的社会风俗。②

　　就是这样一个对台湾同胞充满爱心并予以多方照顾提供方便的接待办法，结
果被国民党《"中央"日报》攻击为"不过是'口惠而实不至'的宣传伎俩"。

　　当国务院公布《关于台湾同胞来祖国大陆探亲旅游接待办法的通知》后，各
地各部门纷起响应。10 月 19 日，中国旅行社总经理高音发表谈话称，将为探亲
旅游台胞提供周到服务。中国民航局、交通部与铁道部也已做好准备，为前来大
陆探亲、旅游的台湾同胞提供交通方便。海关总署有关部门负责人 10 月 23 日宣
称："海关对回大陆探亲的台湾同胞进出境时携带的行李物品，在自用合理数量

---

　　① 《人民日报》，1987 年 10 月 15 日。

　　② 《人民日报》，1987 年 10 月 15 日。

范围内将从宽验收，并已采取措施简化手续，为台湾同胞进出境提供方便。"① 公安部出入境管理局负责人对记者称：将简化台胞来大陆探亲旅游的出入境手续。中国银行已作妥善安排，为台胞回大陆探亲旅游提供服务。中华全国新闻工作者协会负责人发表谈话，欢迎台湾记者前来大陆采访。中国红十字会负责人发表谈话，愿为台胞探亲提供协助。最高人民法院、最高人民检察院于 1988 年 3 月 14 日发表公告，不再追诉去台人员新中国成立前的罪行。公告称："台湾同胞来祖国大陆探亲旅游的日益增多。这对于促进海峡两岸的'三通'和实现祖国和平统一大业将起到积极的作用。为此，对去台人员中在中华人民共和国成立前在大陆犯有罪行的，根据《中华人民共和国刑法》第七十六条关于犯罪追诉时效的规定的精神，决定对其当时所犯罪行不再追诉。"②

祖国热烈欢迎台湾同胞的诸项举措，迎来了一波又一波的探亲潮，演出了一幕幕骨肉情深的活报剧。第一个回大陆的团体探亲团是由何文德率领的。这个团一行 14 人，绝大部分是孤苦一身的国民党老兵。探亲团在大陆访问了半个多月后，经香港返回台湾。何文德在广州向记者称：这次家乡之行的目的，一是返乡探亲，二是加强民族的融洽，半个多月探亲观光，从一定意义上讲，实现了这两点。③

探亲热必然导致观光热、通商热。在台湾繁华街头，许多年轻学生议论纷纷："我们也想去大陆。"在台北市书店和摊头，大陆各省地图和旅行指南比比皆是，大陆的杜康酒、茅台酒与云烟更是奇货可居。特别是台湾艺人凌峰以探亲名义拍摄的电视专集《八千里路云和月》在台播放后，更使台湾各界人士推动当局放宽探亲限制，调整"大陆政策"。在探亲潮的压力下，台湾当局被迫放宽探亲限制。1988 年 2 月 25 日，国民党中常会通过《中国国民党处理干部同志赴大陆探亲办法》，决定开放该党干部赴大陆探亲。办法规定：凡国民党中央评议委员、中央委员、候补中央委员、省级以下各级党部评议委员、委员、候补委员，中央和各级党部考纪委员、专职干部及退休未满一年者，党营文化、经济事业机构从业主管，赴大陆探亲，需事前报经核准。对前项人员的眷属及中央与地方党部的义务干部，党营文化、经济事业机构非主管级从业人员赴大陆探亲，只需事前

① 《人民日报》，1987 年 10 月 24 日。
② 《人民日报》，1988 年 3 月 15 日。
③ 《人民日报》(海外版)，1989 年 1 月 30 日。

"向组织报备"即可。①

2月28日，台湾"内政部境管局局长"汪元仁称：当局对于大陆同胞欲来台奔丧的限制，将考虑予以开放。②

5月13日，"辅导会"主委许历农称："荣民遗产由大陆亲人继承有关规定，正由'行政院'核定中；而由辅导会代为保管的荣民遗产新台币5亿多元，也将于适当时机发还给合法继承人或受赠人。"③

6月16日，台湾当局有关单位举行秘密会议，拟订"不鼓励大陆劫机事件细则"。④

5月，台湾"内政部"完成实施开放大陆探亲半年的评估作业，并决定"放宽人民赴大陆探亲的亲等限制至四亲等"，同时决定"开放公立学校中除正、副校长以外的教职员工，县以下'民意代表'，民选公职人员中的村、里长、乡镇市长，均可赴大陆探亲"⑤。6月3日，"行政院"正式决定将台湾民众赴大陆探亲的亲等限制，由目前的三亲等放宽为四亲等。

7月5日，台湾"行政院"举行会议，继续研商允许台湾民众赴大陆探亲后所衍生的有关问题。会议决定"建议允许大陆同胞申请来台为直系血亲、配偶奔丧，但将以个案处理"。⑥

总之，探亲潮有助于海峡两岸的相互了解，有助于消除隔阂，减轻对立，更有助于增进台湾同胞对祖国大陆的认同感与向心力。相信随着海峡两岸亲情的进一步发展，必将会使两岸对立情绪进一步降低，形成一个有利于两岸官方对话的客观环境与条件。这也正如《中国时报》所说："这种情势的出现，在'台独'主张日渐气盛之此时，对国民党政权有利，对中共的'和平统一'主张有利，对台湾海峡乃至整个亚洲和平情势都有利。"

---

① 台北"中央社"电，1987年2月25日。
② 台湾，《民众日报》，1988年3月11日。
③ 台湾，《"中央"日报》，1988年5月14日。
④ 台湾，《联合报》，1988年5月17日。
⑤ 台湾，《中国时报》，1988年5月23日。
⑥ 台湾，《中国时报》，1988年7月6日。

第十二章　魂归何处

1988 年 1 月 13 日，作为台湾政治强人的蒋经国突逝台北。一时间，岛内惊呼：蒋经国是被害死的，是被累死的，是被气死的。蒋经国的遗嘱是假的还是真的？众说纷纭。中共中央在蒋介石死时说他是"死有余辜"，为什么在蒋经国病逝时发来吊唁电文？蒋经国的灵柩是葬在中山陵还是葬在溪口？

病历堆到腰际之高

蒋经国晚年一身多病，台湾的老百姓人人皆知，台北"荣民"总医院留下的蒋经国病历"已经厚得可以堆到腰际之高"[①]。从 1972 年出任"行政院长"以来，蒋经国就经常光顾"荣总"。荦荦其大者，就做过眼科手术，又做过 100 分钟的前列腺手术，这些均是公开的秘密。

蒋经国健康的主要问题，糖尿病日渐恶化，引起视网膜模糊，肾脏发炎和双腿肌肉坏死。据医学权威人士的病理论断，糖尿病慢性并发症包括：视网膜病变可导致出现血管瘤；神经末梢病变可导致下肢肌肉坏死，最坏要锯掉双腿维持生命，否则病毒会往上发展，攻心而死；肾脏病变可导致尿毒症，非常危险。"荣总"蒋经国医疗小组的医师们在研讨过蒋经国健康状况后，即向蒋经国建议，希望他对饮食起居必须严加控制，以免引发其他并发症。为了进一步监控蒋的血糖，特派两位医生，24 小时轮流，随时为他检查血糖，只要发现他的血糖含量超过正常值，就立刻给他注射胰岛素。但蒋经国体内血糖含量很难接近正常边缘，起因就是蒋经国不知节制饮食，完全无视医生开出来的饮食禁忌，毫无忌惮地吃各种他喜爱的点心，尤其是在他外出视察时，只要肚子饿了，看到路边摊子上有什么东西好吃，他就去吃，根本不管他什么血糖不血糖。他有一句名言："我的

---

① 蒋经国医疗小组负责人姜必宁答记者问，载台湾，《民生报》，1988 年 1 月 8 日。

病由你们负责控制，我吃东西则由我自己负责！"[①] 他讲得如此强硬，医生也是无奈。

蒋经国出任"总统"后，工作更忙，用蒋纬国的话说：我是为了生活而工作，而我哥哥则是为工作而生活[②]，事必躬亲。的确，蒋经国不像他父亲，始终把医生的劝告奉为金科玉律，他一直是抱着一种无所谓的态度，加之他是台湾的政治强人，党、政、军、特，凡百要务集于一身，欲罢不能。这位 70 多岁的老人频繁工作使"荣总"医师的建议成了"空谷足音"。

1982 年至 1983 年间，蒋经国身体明显衰退，晚期糖尿病使他的脸部浮肿与行动不便。1982 年 3 月 29 日，蒋经国赴圆山"忠烈祠"主祭"国殇"。行前身体没有不适之感，但在步上祭堂主祭位置时，突感不适，并且站立不稳，必须由两位侍从人员左右搀扶才能站立，后仪式草草收场。

同年 4 月 5 日蒋介石病逝纪念日，蒋经国原先预定亲自到"中正纪念堂"主持纪念仪式，事前先行排练，蒋经国在排练时因"中正纪念堂"台阶数十级，登上时体力不支。于是临时决定改由孙运璇主持，蒋经国本人则在慈湖蒋介石陵寝领导行礼。自此以后，他的行动愈益迟缓。1982 年和 1983 年"双十节"，蒋经国不在"总统府"前主持，改在阳台上致辞和接受欢呼，不让人们看到他步履艰难的形象。

1986 年，蒋经国病情又有所恶化。在例行检查中，医生又发现蒋经国心律不齐，故于 4 月 16 日未出席国民党中常会，而去"荣总"安装心律调整器。为免外界猜测，除医生与家属外，只有严家淦、郝柏村、黄少谷等极少数人知道。对于蒋经国日趋严重的病状，医疗小组也束手无策，唯一的办法就是使用胰岛素，但仍无法控制病情发展。由于长期注射胰岛素，他打针的部位，已经由手臂转移到腹部，原因就是他的手臂已经到处是针孔，可说是已经没有地方打针了，所以只有把注射的部位移到全身面积最大的腹部。因时常要验血，耳垂也有一段时间因为不断挤血，而使日趋干瘪，连血都挤不出来。由于西医治疗无起色，蒋经国的儿女亲家俞大维自美国带回一个 80 多岁的老中医，经与国民党元老陈立夫审慎研究，决定给蒋经国用中医医治糖尿病。经服用老中医开的三副中药后，蒋经国的浮肿顿时消失，积水消失，行动也顿感灵活了。后来，秦孝仪向蒋经国献策，说脚不好的话，吃鹿筋有效，于是，蒋孝勇就去各处张罗买来许多鹿筋。他

---

① 翁元：《我在蒋介石父子身边的日子》，第 253 页，中华书局，1994 年 10 月版。

② 汪士淳：《千山独行——蒋纬国的人生之旅》，第 255 页。

们的理论是中国传统的那一套，吃什么补什么。蒋孝勇按偏方要求把鹿筋煮烂，结果里面什么调料也没放，蒋经国吃这碗黏糊糊的鹿筋时眉头紧锁。也不知吃了多少鹿筋，不但毫无功效，病情反而更糟，后来蒋经国也不敢再吃鹿筋了，蒋病逝后还有不少鹿筋存放在七海官邸。长期服用类固醇药物，对肠胃损伤很重，蒋经国晚年的肠胃到了可谓无法再恶化的地步。有时因肠胃不佳肝火旺，几天无大便，医生只能让他服用去火通便的药，但这种药一吃下去，马上就出现泻肚子的副作用。有一阵子，他泻肚子泻得很厉害，一天内换好几次床单，有时，连他自己都烦了，大声责问："你们干什么，烦不烦啊，换了三四次床单。"[1] 有时他坐在车内因感觉迟钝，来不及到官邸就把大便泻在车上。有时他说要大便，侍卫人员刚把便盆拿来，他已经拉在床上。尽管肠胃不舒服，他仍执意上班，侍卫人员每次都将几条内裤带上备用。到1987年，蒋经国病情又加重了。

轮椅治台

1987年8月19日，蒋经国未出席例行召开的国民党中常会。此次会议由国民党中常委、"行政院长"俞国华主持。俞国华解释蒋经国未能主持会议是因有轻微感冒。稍有医学常识的人都知道，糖尿病最忌感冒，主要是身体抵抗力太弱，一旦感冒即有转为肺炎的可能，在治疗上相当棘手。故只要略有轻微感冒的症状，便要立即休息，尽速促使感冒的症状消失。

8月26日，蒋经国出席并主持了国民党中常会，与往常不同的是他首次坐轮椅到会场。据蒋经国医疗小组（为了蒋经国的身体健康，台湾当局指定由"荣总"成立蒋经国医疗小组。小组成立后由"荣总"副院长姜必宁召集，对外发言则委交彭芳谷副院长，"荣总"院长邹济勋担任总协调指挥工作。除了几位高层的医疗专业人亡外，医疗小组的其他成员多视蒋经国健康状况而调整，这些医师各司专长，平时必须佩戴电信局的传呼器，一旦有紧急情况，必须随传随到，就是偶尔出远门，也得尽量交代去处）在蒋经国病逝后称：

"在他生命的最后岁月中，经国先生的主要痛苦来自背痛与腿痛。腿痛由来已久，近期则常处于背痛的状态。而且每天疼痛的次数增加，疼痛的时间拉长，常使他禁不住喊着：'好痛呀。'"[2]

蒋经国特别在意他在民众面前的形象。当他脚痛加剧时，他先试着用手杖，

---

① 台湾，《新新闻》周刊，1988年第1期。

② 台湾，《新新闻》周刊，1988年第1期。

但使用起来极不顺手。1987 年初，医师们劝他用轮椅代步，遭蒋拒绝，理由是正式场合如果使用轮椅，不太礼貌。后来三子蒋孝勇对其父讲了坐轮椅的两点理由："第一，美国总统罗斯福也坐轮椅处理公务；第二，我就这么说，您不坐轮椅怎么办？不坐还是得坐。"① 病状迫使这位政治强人用轮椅代步。蒋经国深知与会人员此时十分关注，特别作了一番解释。然此消息不胫而走，岛内外议论纷纷，焦点集中在蒋经国的健康与接班人问题上。

从岛内外关注蒋经国的问题反映出，当今台湾仍属于"天下安危系于一人"的体制，由于未能建立制度化的权力转移，造成政论家与民众不断费神讨论谁是接班人问题、党政军经特权力重组问题……其所引发的并发症，却是蒋经国健康的后遗症。

台湾当局对此议论非常重视，一方面指责内部有人泄密，严禁类似事件发生。另一方面认为既然已为外界知晓，与其任外界胡乱传闻，倒不如正式发布新闻承认。

此间，蒋经国健康状况频频亮红灯。医官程寿山在为蒋经国量血压时吓了一跳，蒋的血压居然只有正常人指数的一半。程立即报告蒋经国医疗小组负责人姜必宁，姜立即决定把蒋送往"荣总"急救。后医生为蒋输血 500CC，才把情况稳住。这次住院后经详细检查，发现蒋经国大部分的内脏功能已经明显衰退，而且有严重坏死的倾向，这个讯息除了蒋孝勇及医生以外，没有任何人知道。

同年 10 月 10 日，蒋经国乘坐轮椅主持中枢庆祝"双十节"典礼并致辞。这是蒋经国乘坐轮椅以来首次在公众场合露面。为了准备这次活动，不顾病情与视力的极度衰弱，背诵讲演稿。许多听过蒋经国演讲的人都知道，蒋在演讲时向来是不看稿子的。倒不是蒋经国有非凡的记忆力，而是他对每一次演讲都相当重视，多半在他演讲的一个礼拜前，就开始在家里先把要讲演的稿子背得滚瓜烂熟，然后到临场时稍加发挥便能赢得听众。到晚年后记忆稍有减退，一次不熟就背第二次，直到背熟为止。过去的演讲稿有些是秘书起草，有些是蒋经国直接写，到晚年因视力太差，往往蒋口授秘书整理。这次"双十节"演讲稿是秘书王家骅特制的，每一个字体大小都有 10 厘米那么大，只有这样蒋经国才勉强看得见。为防止蒋在演讲时忘记内容，蒋孝勇特地在会场做了一些特殊布置，即在讲台上制作一个呈弧形的板子，这块板子是为了可以放置那份大字讲稿用的。

---

① 王力行、汪士淳：《蒋孝勇的最后告白》，第 139 页。

10 月 11 日，蒋经国又拖着病体应郝柏村之请求视察在湖口基地举行的火力示范"侨泰演习"。由于这次没有民进党捣乱，蒋经国心情较舒畅，称赞演习"100 分"。后又召见郝柏村予以表扬。这次活动也被电视曝光。①

蒋经国这两次露面效果不佳。他在中枢庆祝"双十节"典礼上的讲话极短，在"双十节"大会上只讲了 170 个字，无论与会者还是电视机前的观众均感意外。至于当天接见外宾，画面上：显露蒋经国有疲惫之态，足引起大众瞩目和议论。著名台湾问题评论家李达先生对蒋经国此举评论道：

"蒋经国已 78 高龄，有着相当不轻的糖尿病宿疾及并发症，理论上，他并不需要只是为了证明什么而勉强自己公开露面，可是现实的情况却是：他若不公开露面，必将更加使人猜测，于是他只得勉强自己露面。这是一种对自己的残忍的安排，虽然也是无奈的残忍。"②

吐血而亡

蒋经国乘坐轮椅出席会议的状况并未延续太久。1988 年 1 月 6 日，星期三，按常例蒋经国准备出席国民党中常会。但就在这天，一向身体硬朗的蒋方良突然病倒。蒋方良得的是气喘引起的心肺衰竭，情况一度非常紧急。蒋孝勇及侍护人员都劝她赶紧上医院，她却说什么也不愿意离开蒋经国一个人去住院。后来蒋经国亲自劝蒋方良说："方！你一定要去医院，一定要去，这样好了，我陪你去好不好？"蒋经国这么一劝，蒋方良只好同意，但唯一的条件就是由蒋经国陪她一起到"荣总""总统"病房里住几天。结果这一天蒋经国没有出席国民党中常会，而是去了医院。当时七海官邸一直处于紧张状态，大家的注意力由蒋经国移到蒋方良身上，担心蒋方良会出意外，先蒋经国而去。谁知一周后情况却有了令人意想不到的发展。

1 月 12 日，和平常任何一个星期二的晚上一样，蒋经国都会表现出烦躁不安的情绪。这是与每周三国民党中常会开会日有关。

谁都知晓，蒋经国是非常重视中常会的，国民党奉行"以党领政"的信条，一切决策均出自于中常会。所以每逢中常会，蒋经国总是借机发表一些重要政策性的宣示。每次会前他都要作充分的准备。因此，蒋经国的健康与国民党中常会例行会议有关。每逢星期三是开会日，蒋的食道敏感的老毛病一定会准时发作，严重时只能请轮值的中常委代他主持。直到他死的那一天，他还是念念不忘要去开中常会。

1月13日清晨，"总统府"机要室主任王家骅赶到七海官邸时，蒋经国身体未表现出异状。当蒋招呼王时，王家骅将事先从《联合报》《中国时报》及《青年日报》中选好的重要新闻读给蒋听，

蒋当时斜靠在床上。王家骅读完后说："报告先生，现在才8点多，离'中常会'开会时间还早，您先休息一下吧。"蒋答："好。"过了一会儿，蒋告诉王家骅说："昨天没睡好，精神不大好。东西也不想吃，今天常会有什么议题啊？"① 其实蒋经国是知道中常会议题的，他这样讲的目的是考虑他是否亲自去主持会议。王家骅后来回忆说，我了解他的意思，就说："今天常会不要去了，您昨天没睡好，留在家里多休息。"蒋回答："这不大好吧，我上个礼拜常会就没去了。"王说："这倒没关系，您现在休息，精神好了下午出去打个转，找秘书长谈谈；不然礼拜六到复兴岗'国军'自强会议讲个话也成，侍卫长都已经去了解过了，复兴岗会场没有台阶，您坐轮椅可以直接推上去，到时候您到会场和大家打个招呼，讲几句话给大家鼓励鼓励就离开。"蒋说："那你就跟李秘书长讲，我今天常会不去了。"② 尔后蒋经国重新躺下休息。然而没有多久，蒋经国就醒了，他说他睡不着，有点恶心，又吃不下饭。随即他呕了一阵子，但没吐出什么来。当时他不停地上下床，在轮椅和床铺之间徘徊。侍卫请医师诊治，当时在官邸的"荣总"医生姜洪霆为他打点滴。此时是上午9点多，蒋经国表情非常痛苦地对侍卫翁元说："你们找人想想办法，我实在痛苦得不得了啊！我全身都不舒服啊！"③ 恰逢那天姜必宁与肠胃科专家罗光瑞不在台北，副官赶紧打电话给姜必宁与罗光瑞，请他们迅速北上。但过了一会儿蒋又睡着了。上午11点多钟，蒋孝勇赶到官邸看望父亲。蒋孝勇后来回忆说："父亲那时睡得很好，不但睡着了，还打呼。"④ 他随后下楼到小餐厅，告诉王家骅和侍卫说，他要去士林官邸陪老夫人（指宋美龄）吃饭。

蒋孝勇走后不久，蒋经国就醒了，他问了副官几点钟后，就说他中饭吃不下。又问："孝文呢？"副官回答："孝文先生在餐厅用餐。"蒋又问："孝武呢？"

① 王力行、汪士淳：《蒋孝勇的最后告白》，第114页。
② 王力行、汪士淳：《蒋孝勇的最后告白》，第144—145页。
③ 翁元：《我在蒋介石父子身边的日子》，第290页。
④ 王力行、汪士淳：《蒋孝勇的最后告白》，第144—145页。

副官回答"孝武先生现在在新加坡"。① 大约 12 点 40 分，蒋经国对副官说他恶心想吐，副官说"您想吐就吐吧"。没多久，蒋经国开始大口吐血，医护人员紧急抢救。蒋吐完后躺下休息。12 点 55 分，蒋又坐起呕吐，大量鲜血从口鼻中冒出来。吐完之后，医生紧急施救，然而蒋经国再没有醒来。王家骅进卧房后，蒋已毫无意识，但医生仍在急救，因为床旁的脉搏监视器的心电图仍稳定地闪动着，每分钟 70 下。医生们不能放弃，于是接上人工心肺机继续抢救。但是任谁都知道，那不是蒋的心跳，而是两年前装置在锁骨下方的心律调节器所发出的信号。

中午 1 点钟，蒋孝勇赶回七海官邸。他冲进卧房，站在父亲床前望着挥汗急救的医师与毫无声息的父亲。他跪在父亲床头，磕了三个头，告诉尚在急救的医师们："好了，不要再救了。"② 他知道父亲已离开了人世。据姜必宁在蒋经国病逝后的国民党中常会上报告：由于蒋经国"突然大量吐血，迅即引发休克及心脏呼吸衰竭，立即召集医疗小组以人工心肺复苏术挽救无效，延至 3 时 50 分心跳停止。瞳孔散大，而告逝世"。

由于"行政院新闻局"在不久前还发表蒋经国"健康如昔"的新闻，也由于蒋经国在病逝前一天还到介寿馆上了半天班，中午后又在官邸约见国民党中央秘书长李焕，谈了一个多小时的"党务革新"问题。13 日突然病逝，致使医界与民间议论纷纷，对蒋经国病情及急救情形充满疑虑。最大的疑问是：以蒋经国身体不适至大量吐血之间有 6 个多小时之久，在这 6 个小时内，报告中说血压显然比平时偏低。根据医学常识，血压突然降低，应有血崩之虞，随时有输血的需要，那么为何不送"荣总"救治？另据糖尿病专家、台大林瑞祥医师称：糖尿病与心脏病并发也不可能造成吐血的现象；再者，在姜必宁的整个医疗报告中，甚至没有说清楚蒋经国因何种疾病去世。与此同时，"立法委员"吴淑珍向"行政院"提出紧急质询，要求当局召集台湾各大医院、研究机构及专家，对蒋经国死因进行分析，并评鉴"荣总"医疗小组在整个医疗及急救过程中有无违失之处，及追究责任，以有所交代。

由于以上种种疑虑，台湾《民生报》记者采访了姜必宁。下面抄录一段记者与姜必宁的对话，可对蒋经国死因有进一步的了解。

问：对于经国先生逝世当天的救治过程，医界及民间都充满了关怀与困惑，请你再做详细的说明。

---

① 王力行、汪士淳：《蒋孝勇的最后告白》，第 146—147 页。
② 王力行、汪士淳：《蒋孝勇的最后告白》，第 146—147 页。

答：在中常会中，我已就当天的情形提出了报告。经国先生的实际病况当然不止于此，但是，我很难做进一步解释。

问：为什么？

答：我只能说，经国先生的病因，远比外人了解的复杂而严重。政府基于善意的考虑，始终无法公布详情。

问：13日状况是突发，抑或在这段时间经国先生的病情已沉重到相当程度？

答：外界只从我在中常会上3分钟的报告了解实情，因而才会对13日当天的急救产生误解。事实上，他的病情一直不理想，轮椅已经坐了大半年，他每次都是为"国家"而不顾一己的安危，硬撑着出场，但他在轮椅上事实已累得连头都无法抬起来了。

问：经国先生突然大量吐血，是什么原因？

答：这并不足为奇。在糖尿病末期，很多器官的功能已衰竭，吐血只是逝世前的征象，并非死因。关于出血，我只能说经国先生的病情有很多未对外公布之处。我实在不方便多谈。

问：下午发现"总统"大出血后，你做了哪些处理？

答：除了人工心脏机急救外，根本来不及做任何处理。

问：身为"总统"医疗小组的成员，你对这事有什么感想？

答：凭良心说，如果不是小组的每个成员悉心照料，依"总统"的健康情况，很难维持到目前。如果外界对此事有误解，对我们实在太不公平。我们在任何时间内都可以放弃手边的事情，静候任务，只求专心照顾他，维持他的健康。我真的只能说，我们已经尽力了。

从上述对话可以看出，蒋经国并非死于糖尿病，对于蒋经国的真正死因，姜必宁有难言之隐。据蒋经国医疗小组另一位医师声称："'总统'过世的原因是糖尿病，近因则是胃的血管破裂；而胃管破裂是由于胃酸增加；胃酸增加，表示'总统'一定有烦恼。"[1] 假如这个分析成立的话，蒋经国病逝前又有什么烦恼之事呢？关于此点在后面详述。

关于蒋经国的死因，还有种种说法。一种说法是：蒋经国是被累死的。蒋经国之所以被累死，台湾《雷声》周刊发文分析说，蒋经国被累死"主要是由于他'事必躬亲'的个性所以致之"。举例言之，油电降价，原本不能算是重大"政

---

① 台湾，《新新闻》周刊，1988年1月31日。

策"，应该由"中油"及"台电"两家公司的董事会作出决定呈报"经济部"核定即可，充其量再呈请"行政院长"俞国华作最后核定。但俞国华深知蒋经国事必躬亲的性格，因而不敢做主，无论外界压力如何强大，一副笑骂由人、好官我自为之的模样。然而国民党中常会开会时，蒋经国听取报告，得悉外界对油电降价期盼甚殷，立即指示油电降价。这一件众所瞩目的油电降价，就因蒋经国一言而决，极其简单。因此，当时有议论说，如果国民党其他军政大员能够认真负责，"蒋经国应该还可以多活几年"。

还有议论说：蒋经国是被民进党气死的。蒋经国病逝后，国民党一位要员说，蒋经国是被民进党"害死"的。蒋经国早就得悉民进党在 12 月 25 日"行宪"纪念会会场举行示威抗议，"总统府秘书长"沈昌焕当时向蒋建议："那您不要去好了。"蒋经国答称："你要搞清楚，我怎能回避这些事情？""安全局"希望把纪念大会移到阳明山中山楼或者政治作战学校召开，因那两个地较易管制，但被蒋否决："没有这种事，为了人家闹事，你就改地方，你说这行不行？"①《雷声》周刊对此评论称：蒋经国始终认为民众十分清楚他推动"民主宪政"的决心，如果不是他这些年来极力压制保守派气焰，这些示威抗议的人，恐怕大多数早已身陷囹圄，因而深信这些人不会冲着他来，至少会在他致辞后才会有所行动。不料，事与愿违，蒋经国在致辞时，甫告开口，民进党 11 位"国大代表"便起立大声抗议高喊"国会"全面改选，似乎已将箭头对准了他，致使蒋经国气急攻心，埋下了病逝的种子。②

此说的确有一定道理。蒋经国回到官邸后上床休息。忽然问王家骅："当时的情形怎么样啊？"王将会场情形如实奉告，蒋听罢没有讲话。从 25 日到 1 月 10 日，蒋经国心情一直不好，不愿多说话，这使蒋孝勇非常担心，他请郝柏村到官邸陪其父亲谈话。10 日那天，蒋孝勇陪侍床前，好长一阵子无语之后，蒋经国开口说："我一辈子为他们如此付出，等到我油尽灯枯时，还要给我这种羞辱，真是于心何忍。"蒋孝勇说他当时极为痛心，"没法讲些什么安慰父亲，只有泪水往肚子里流"。③

衡诸事实，这种说法与前面蒋经国死前有烦恼之事导致胃酸增加、血管破裂似相吻合。

---

① 王力行、汪士淳：《蒋孝勇的最后告白》，第 141 页。
② 台湾，《雷声》周刊，1988 年 1 月 25 日。
③ 王力行、汪士淳：《蒋孝勇的最后告白》，第 141—143 页。

遗嘱风波

当蒋经国死因疑虑未消之际，台岛内又出现了蒋经国遗嘱是否是伪造的传闻。蒋经国1月13日病逝，然在1月5日便立下遗嘱，全文如下：

"经国受'全国国民'之付托，相与努力以'三民主义统一中国'大业，为共同奋斗之目标。万一余为天年所限，务望我'政府'与民众坚守'反共复国'决策，并望始终一贯积极推行'民主宪政'建设。'全国'军民，在国父三民主义与先'总统'遗训指引之下，务须团结一致，奋斗到底，加速'光复大陆'，完成以'三民主义统一中国'之大业，是所切嘱。

'中华民国'88年元月5日王家骅敬谨记述。

李登辉、俞国华、倪文亚、林洋港、孔德成、黄尊秋、蒋孝勇。"①

对于蒋经国遗嘱，台湾党外杂志《民进周刊》综合社会议论提出5点疑问：

（1）蒋经国遗嘱在1月14日见报时，出现了《中国时报》与《联合报》两个版本。中时版的左下角有"金山牌"字样，联合版则无；而中时版的行间线条整齐，联合版则有扭曲。再者，用的是市面文具店最常见的金山牌10行纸而非"总统府"用纸。蒋经国有自己的公文信纸，即使不用公文纸，也不必到街上随便买，此事令人费解。

（2）从用词上看，似非遗嘱用语。蒋经国本人既未在上面签名，其夫人蒋方良亦无（蒋介石死时，宋美龄亦有签名）。且在遗嘱上写"经国先生遗嘱"，此亦非遗嘱格式。

（3）遗嘱注明是1988年元月5日由王家骅记述，但签名的"五院院长"，却未注明是何时签名的。事实上，他们是在蒋经国去世后当天将近6点钟才签名的。这种未在生前签名的遗嘱，有何效力是一个问题。

（4）如果这是政治遗嘱，则内容太简略，而蒋孝勇不宜签字，如果是私人遗嘱，则"五院院长"似乎不必签名。

（5）也许除此之外，还有给家人的遗嘱。但据了解，蒋经国除了这份遗嘱之外，对家事并未作任何交代。②

对于《民进周刊》的疑问，《联合报》一位高层新闻工作者解释说，《联合报》所刊蒋经国遗嘱没有"金山牌"字样，是因为报社觉得三字与遗嘱无关，故涂去

---

① 台湾，《"中央"日报》，1988年1月14日。
② 台湾，《新新闻》周刊，1988年1月31日。

后始制版刊出。《联合报》所刊遗嘱的线条较直，主要是制板所造成，并无特别原因。①

香港《信报》对《民进周刊》的疑问发表评论说：

"该刊的论调虽然听起来惊人，但实际上并未触及什么严重问题。""制造""伪造遗嘱"这种新闻，以吸引社会注意，显然其心态仍不脱向权威挑战的老习惯。②

尽管民进党挑战蒋经国遗嘱用心险恶，但的确蒋经国遗嘱非常人所能想象。据王家骅称："1月5日那天他吃过中饭后，先是找我到他的卧房，他说他视力出了问题，只能看到我的头、脚，中间却看不到。他很苦恼。我劝他：'您一定是昨天没睡好，下午休息过后，找眼科大夫来看看。'"下午4点钟，王再到蒋的卧房，他说视力比上午好多了，心情也显得开朗，随后他又说他有些想法，要王记述。

蒋经国去世后，蒋孝勇认为父亲过世不能没有遗嘱，于是他交代王家骅草拟遗嘱。王家骅想到1月5日蒋经国讲的话，向蒋孝勇报告后，决定以那天蒋口述的要旨为本，草拟遗嘱。当时沈昌焕反对这样做。蒋孝勇说：当年先祖的遗嘱也是过世之后，才由秦孝仪先生写出来的；父亲去世，对百姓不能没有交代；沈昌焕表示不再反对。王家骅随后在高层官员的共同讨论下，数度修改重誊，最后遗嘱终于定稿，书写在十行纸上。"副总统"李登辉、"五院院长"及蒋孝勇，随后在遗嘱上一一签名。③1月18日，"司法院长"林洋港在同记者谈起蒋经国病逝时，也称遗嘱是在蒋死后签字的。④这就是蒋经国遗嘱产生的真实情况。

从上面蒋经国的遗嘱观之，蒋经国直到临死之际，仍然坚持其父制定的"反共国策"，仍然念念不忘"光复大陆"，仍然声称要以"三民主义统一中国"。同时也应看到，蒋经国毕竟与蒋介石不同。蒋经国不仅坚持祖国统一，坚决反对"台独"主张，而且在蒋经国晚年，为了"对历史有所交代"，曾大刀阔斧，进行"政治革新"。蒋经国领导下的台湾当局首先在台澎地区解除"戒严"与"党禁"，此一措施有利于台湾岛内形成较为民主、开放和宽松的气氛。随之进行的党务"革新"有利于改善国民党的形象。至于开放大陆探亲更有利于缓和两岸关系，增进了解、消除隔阂、减轻对立，也有助于增强台湾同胞对祖国的认同感和向心

---

①　香港，《明报》，1988年1月22日。
②　香港，《信报》，1988年1月26日。
③　王力行、汪士淳：《蒋孝勇的最后告白》，第148页。
④　台湾，《联合报》，1988年1月19日。

力。再者，台湾经济的飞速发展也与蒋经国领导较为开明分不开。尽管上述工作还很不彻底，还存在许多问题，但这些做法对台湾的现实与未来都将产生积极的影响。正因为如此，中共中央对蒋经国病逝的态度有别于蒋介石之死。在蒋经国病逝的第二天，中共中央致电国民党中央，吊唁蒋经国病逝。电文全文如下：

台北

中国国民党中央委员会：

惊悉中国国民党主席蒋经国先生不幸逝世，深表哀悼，并向蒋经国先生的亲属表示诚挚的慰问。

中国共产党中央委员会

1988 年 1 月 14 日

同日，中共中央主要负责人就蒋经国病逝发表谈话，对于蒋经国坚持"一个中国"，反对"台湾独立"，表示要"向历史作出交代"，并为两岸关系的缓和做了一定的努力予以肯定。重申和平统一祖国的方针不变，顺应民心，把海峡两岸关系上开始出现的良好势头推向前进，为早日实现和平统一做出积极贡献。① 同日，中国国民党革命委员会中央名誉主席屈武向蒋经国夫人发去唁电，吊唁蒋经国病逝。唁电称：

"昨夜惊闻经国老弟病逝，悲痛无已，竟夕难眠。经国一生爱国，正期再展长才，共竟祖国和平统一大业，不意遽尔长逝，痛惜何似！我与经国，两世交谊，情同手足，当年苏联同窗，溪口话别，此情此景，历历在目。虽两岸暌隔，音问久疏，然思念之情，无时或已！近见开放探亲，正庆把臂话旧有期，讵料经国先我而去，竟成永诀，遥望云天，不知涕泗之所从矣。谨电致唁，敬希节哀，善自珍重。经国灵前，尚祈为我馨香祝祷安息。临电神驰，未尽欲言。"②

李登辉巧妙接班

蒋经国病逝，标志着蒋氏父子两代政治强人统治的结束。如果将蒋经国病逝时的台湾政情同蒋介石死时的台湾政情作一比较的话，即可发现蒋经国病逝时台湾政情逐渐趋向复杂与动荡。大陆台湾问题专家李家泉对此评论道：

蒋介石死时，其后事已完全安排就绪，故有蒋经国顺利接棒，蒋经国病逝前对后事虽已有所部署，但远未安排完毕，岛内"政治革新"和"大陆政策"的调

---

① 《人民日报》，1988 年 1 月 14 日。

② 《人民日报》，1988 年 1 月 14 日。

整还仅仅是开始。再一方面，蒋介石死时，台湾全岛基本上是国民党的一统天下，国民党以外的各派反对势力还不成气候。如今，党外反对势力已羽毛渐丰，有了一批政治骨干，出现了 10 多个有组织的政党和政治团体。同时，岛内的"台独"思潮和"台独"势力的活动也有所蔓延与发展。这一切，对于国民党，正像港报所说那样："已从潜在性危险演变为现实性威胁。"其三，蒋介石死时，台湾社会基本上是安定的。但如今，随着台湾经济结构的变化与民众参政意识的加强，社会问题丛生、冲突有增无减，尤其"解严"、开放"党禁"与"报禁"之后，长期受压抑的各种社会矛盾越趋激化与表面化，社会不安定因素增加。其四，蒋介石死时，中国大陆还处在"文化大革命"的动乱时期，美国等国仍同台湾当局保持官方关系，台湾当局日子较为好过。今日，情形则大变，祖国大陆国际地位日益巩固，台湾则益加孤立。

　　上述四点道出了国民党当局在蒋经国病逝后面临的形势比蒋介石死时更加艰难、更加复杂。李登辉就是在这种艰难、复杂的情势下接棒的。

　　蒋经国病逝当晚 7 时，国民党中常会召开紧急会议。俞国华主持会议，会议听取"荣总"副院长、蒋经国医疗小组召集人姜必宁报告蒋经国病逝经过。会上宣读了蒋经国遗嘱。最后会议议定三件事：

　　（1）"全体国民党员恪遵蒋经国遗嘱"；

　　（2）由李登辉继任"总统"；

　　（3）立刻展开治丧事宜。①

　　会后 7 时 30 分，"行政院长"俞国华在国民党总部发布蒋经国病逝的消息，三家电视台和各广播电台中断了正常节目。随后，台湾最高当局宣布哀悼期为 30 天，此间不得举行聚餐、集会、游行及请愿活动。台湾军方也宣布：从 1 月 13 日晚 8 时始，台湾三军部队一律停止休假，加强戒备。晚 8 时 8 分，李登辉循"宪政体制"继任"总统"，并举行宣誓典礼，"司法院长"林洋港监督。李登辉的宣誓誓词是："余谨以至诚，向'全国'人民宣誓，余必遵守'宪法'，尽忠职务，增进人民福利，保卫'国家'，无负'国民'付托。如违誓言，愿受'国家'严厉制裁，谨誓。"②

　　李登辉继任"总统"后，立即向民众发表谈话，宣称将继承蒋经国遗志，推

---

　　① 《"中央"日报》，1988 年 1 月 14 日。

　　② 《"中央"日报》，1988 年 1 月 14 日。

行"民主宪政"，坚守"反共复国"决策，早日完成"三民主义统一中国的使命"①。对于李登辉"依法"继任"总统"，台湾各种政治势力不以为意，各界关注的焦点是由谁来当国民党"主席"。事实上，李登辉继任"总统"后，并未解决权力继承问题。如果蒋经国在生前安排一位"副主席"，今天就不会有这个麻烦。蒋经国在生前有足够的时间与足够的权力来做这件事，可是他并没有这样做。在此新旧权力交替的关键时刻，李登辉显现出他娴熟的政治手腕。

首先，他在继任"总统"后立即向国民党元老执弟子礼。上任第二天，他先拜访了宋美龄；第三天，李登辉前往"荣总"探望严家淦，就当前"国事"恳切交谈。严称："团结合作，互助互信，是当前'国人'应有的共识，唯有如此才能胜利成功。"16—17日，他又分别登门请教张群、陈立夫等6位国民党元老，表示自己多年追随蒋经国，今后将遵循蒋介石、蒋经国遗愿。与此同时，李一有时间就往蒋经国灵堂致敬。由于李登辉的多方努力，他获得了国民党《"中央"日报》的高度评价："谦和、勤政。"

其后，李登辉策动少壮派写推戴书。蒋经国病逝后，国民党中常会决定暂不推举党主席，在国民党"十三大"召开之前，将维持由国民党中常委轮流主持"中央常会"的做法，以便确保过去领导中心的稳定动作。但处在历史转折关头，形势瞬息万变。1月18日，以少壮派赵少康为首的39名国民党籍"立法委员"联合签署了推戴李登辉为国民党中央代主席的声明。表示：

"推李登辉先生代理本党主席，以维护全民信心，并维护本党形象。"②

随后，"国大代表"、不同党派"监委"分别联署签名推举李登辉任代主席。以赵少康等人的主张及出身看，李登辉很难脱掉策动推戴的干系。

其三，拉拢李焕、宋楚瑜等开明派。在李登辉接掌国民党中央主席一职问题上，李焕、宋楚瑜的作用至关重要。本来，李焕也主张到国民党"十三大"时解决党主席人选问题。赵少康提出推戴书后，李焕作为国民党中央秘书长接见了赵少康。李焕表示：赵少康在此时这样做是不合适的，国民党主席到"十三大"召开时，自然会有结论。同日，国民党中央副秘书长马英九也在台北记者招待会上宣称：国民党中央主席的人选问题仍留待7月份召开的"十三大"来解决，原定明日召开的中常会讨论是否推举代主席之事已取消。但由于此问题的重要性，李焕和副秘书长宋楚瑜等人代表国民党中央自1月20日起，陆续拜访国民党"中

① 《"中央"日报》，1988年1月14日。
② 《开明派智胜夫人帮》，1988年2月1日，纽约《美洲华侨日报》。

央常委"、元老派及"中央部分委员"，听取他们对继任主席问题的意见。据台报报道，征询意见的结果，党内意见分歧颇大，但以支持李登辉代理主席的人数较多，认为李兼任主席"可收党政一元化的统合领导之效"。于是，国民党决策机构方面初步决定，推举李登辉为代理主席，并立即进行意见协调，如果顺利，可望于 27 日的"中常会"中提出讨论。①

经过连日来李焕与宋楚瑜等人正式向所有中常委及中评委展开征询与沟通之后，逐渐消除歧见，保守势力见大势已去，于是初步取得一致意见，决定由中常委推举李登辉出任代理主席职务，俟 7 月 7 日举行"十三大"时，再循党章规定程序选出党主席。同时还决定由俞国华提案、其余中常委联署的方式在 27 日的中常会提出，以显示"安定团结"。

国民党中常会召开前夕，李焕意外地接到宋美龄的亲笔信函。李焕后来回忆说：他收到信后立即约"行政院长"俞国华和"总统府秘书长"沈昌焕，共同商讨蒋夫人的信件。蒋夫人信函称：关于党主席接班人选的安排，有元老级中评委建议，应考虑集体领导模式。俞、沈两人阅信函后，均沉默不语，不知如何回复宋美龄。俞、沈均与宋关系密切，加以宋美龄又是国民党中央评议委员会主席，她的话不能等闲视之。李焕最后提出，依当时情况，仍以维持李登辉继任主席为宜。他自己明白，这样做必然得罪宋美龄。李破釜沉舟地说，他决定按计划在中常会里完成李登辉任代理主席的提案。当天下午，他修书一封向新任李主席请辞，并致函蒋夫人请罪。俞国华也表明要依计划在常会上领衔提案。②

1 月 27 日国民党中常会开会的头天晚上，蒋孝勇打电话给俞国华，要俞第二天不可以在中常会上提出代理主席案。他强调是奉宋美龄之命做这样的指示。俞国华接此指示后六神无主，连夜与李焕协商办法，李也无良策，遂与俞约好 27 日早上，到中央党部后，再做最后商量。当晚，李焕与几位中常委及党内高级干部通电话，得以一致认为应照计划通过由李登辉代理主席的共同看法。27 日中常会召开前夕，李、俞进一步沟通，俞为难之心未能稍减，但表示会做出正确决定。李焕最后请俞自行做主。他告诉俞，会中安排四项议案先行讨论，讨论完毕，就由俞国华提出最重要的代理主席案。③

另据《民进周刊》载文说：元月 26 日，以宋美龄为首的夫人派及官邸派集

① 纽约，《世界日报》，1988 年 1 月 31 日。
② 周玉蔻：《李登辉的一千天》，第 12—13 页，新华出版社，1993 年 3 月版。
③ 周玉蔻：《李登辉的一千天》，第 15—16 页。

会研商。宋美龄力主由李焕取代李登辉，担任代理主席，以免出现台湾人"总统"兼台湾人党主席。宋美龄本意是拥立俞国华充当党主席，不料俞国华本身形象太差，不是李登辉的对手，在民意及舆论的压力下，节节败退，形成李登辉的优势，夫人派一度打算由宋美龄披挂上阵，但宋已年过9旬，如果出马，恐怕阻力太大，而且也不易获得党内一致支持，于是退而求其次，改支持形象、声望俱佳的李焕出任代理党主席。但被李焕婉拒。李焕等人决定按原计划进行。

1月27日上午8点，国民党中常会准时召开。此次会议由余纪忠（《中国时报》董事长）轮值主席，除严家淦、谷正纲因病，李登辉请假，宋长志驻节巴拿马，其余27名中常委均出席会议。当会议进行到9点时，列席会议的国民党中央副秘书长宋楚瑜对会议迟迟不讨论李登辉代理主席案，终于按捺不住，决定不顾一切，突然举手要求发言。余纪忠虽然感到意外但还是准宋发言。宋首先直言代理主席案不提出，外间联想揣测必然不能止息，对在"国丧"中的"国家"与社会恐将造成莫大伤害。他对会议"非常不满意，并严重抗议"[1]。

正当与会者错愕之际，宋楚瑜一转身走出了会场。

宋楚瑜何以会有此一举呢？在宋看来，"1988年的台湾，正处于政权大转型的敏感时期，各项划时代的开放政策才刚施行，未来发展不得而知。强人统领时代虽已正式结束，但一个坚强稳定的领导，仍是确保'国家'安定进步的主要支柱。既然李登辉顺利接班为'总统'，由他接掌执政党主席，结合党政领导于一人，有利政权组合，更可予外界党政一元大团结的印象，对国民党与'中华民国'的国内外观瞻均极有利"[2]。

宋楚瑜激愤离场后，余纪忠表现了会议主席的应变能力，先是将宋楚瑜提议放到会议桌上讨论；然后见形势可为，请原提案人俞国华表态，俞本想按宋美龄意旨行事，至少也要拖一拖，但此刻大势所趋，被迫提议李登辉任代主席。俞是与李登辉争夺最激烈的对手，提议时不免百感交集。待俞国华表态后，其他中常委也声称李登辉任党代主席。中常委发言完毕后，余纪忠表示，为示慎重，请所有中常委以起立方式表示同意，在与会27位中常委一致起立鼓掌之后，正式通过李登辉代理国民党主席。至此，国民党内围绕主席一职的权力角逐暂告一段落。

对于李登辉出任国民党主席，评论颇多。不少与会的中常委会后接受访问时

---

① 周玉蔻：《李登辉的一千天》，第16页。

② 王力行、汪士淳：《蒋孝勇的最后告白》，第15页。

表示，依当时情势分析，宋楚瑜的发言，确实是李登辉代理主席付诸实现的推动力。若非如此，李登辉能否登上党主席的宝座还是疑问。①

蒋纬国在列席 1 月 27 日国民党中常会时说："虽然我只是列席，不能举手；如果我也能举手，当时我一定会举双手同意，由登辉先生出任执政党代主席。"他还声称：李登辉出任党代主席是众望所归。会后他去宋美龄处告知会议结果时，宋感到相当遗憾，但也接受了此一事实。②

蒋孝武也声称党政一元化制度好。民进党主席姚嘉文声称：李登辉是国民党领导人中最理解台湾的人，他表示欢迎李就任"总统"和国民党代主席。但他又声称，民进党仍坚持历来的主张与目标，"在应该同国民党对抗的情况下进行对抗"。学术界对李登辉出任"总统"与党代主席深表赞同。军界三度声明支持李登辉。此一行动稳定了台湾局势，并避免了党内分裂。报界 28 日纷纷发表文章，认为李登辉被推举为国民党主席是"民主和民族团结在最后一刻取得的胜利"。《联合报》发表文章说："李登辉将能够以虚心坦诚的态度在国民党内实行民主。"《台湾时报》的一个标题这样写着：《李登辉的时代已经到来》。所有这些人都未曾料到，正是他们举手拥护的李登辉，后来使国民党变成了在野党。

慌乱中的蒋家未亡人

据台报载，对于蒋经国的突逝，蒋经国家属也大感意外。所以，在蒋经国病逝后，蒋家显得有点慌乱。

据蒋孝勇回忆："我先向母亲报告，父亲过世了。母亲很激动，就想到父亲的房里，但我不让她去。""我跟母亲讲，父亲在换衣服，换好衣服您再过去吧。因为当时急救，房间里一团乱，担心她看到处处血迹的惨况会受不了。"当蒋方良坐着轮椅到蒋经国身边时，她痛哭流涕，抓着蒋经国的手，不断呼唤着他的名字。③随后她被蒋孝勇劝回房间。在蒋经国丧事期间，蒋方良一方面料理丧事。一方面答谢来自各地对蒋经国哀悼与追念的人。蒋方良还声称：她与家人对在"国丧"期间电视台节目改为黑白，并播出纪念与追思经国先生的节目等许多表达哀思的心意，表示十分感谢，但她认为"以经国先生的个性，定不愿因他的逝世而造成对民众日常生活的不便"。

① 王力行、汪士淳：《蒋孝勇的最后告白》，第 17 页。
② 汪士淳：《千山独行——蒋纬国的人生之旅》，第 276 页。
③ 王力行、汪士淳：《蒋孝勇的最后告白》，第 147 页。

因为忙乱，蒋孝勇竟未直接通知蒋孝武。蒋孝勇事后说："父亲过去之后，我哥哥是王家骅通知的，这是我的不是，应该是我自己通知才对。不过，那时乱成一团，我一时也没想到这么多。"[1]蒋孝武是在晚上8点才得到消息的。

蒋孝武不敢相信，立刻打电话回台北才得到证实。父亲去世，蒋孝武在4小时之后才得知消息，可见这段时间，蒋家官邸如何慌乱。

由于蒋孝武得知蒋经国病逝消息已快晚间8时，新加坡至台湾的班机已经停飞，故蒋孝武于次日才赶回来奔丧。"参谋总长"郝柏村与蒋经国三公子蒋孝勇专程到机场去迎接。尽管此种做法从体制上看不妥当，但体现出郝柏村对蒋家的一片忠诚和对蒋二公子的浓厚感情。当蒋孝武看到其弟后，悲从心头来，神情哀伤，与他紧紧拥抱哀恸，久久不能自已。随后直奔设在"荣总"怀远堂的灵堂叩祭。蒋孝武夫人蔡惠媚女士及子女蒋友松、蒋友兰稍后也返台奔丧。

丧事期间，蒋孝武与蒋孝勇之间发生了一些不快。蒋孝武问其弟，父亲生前有没有对自己家人的交代。蒋孝勇回答没有。蒋孝武说："没有？凭什么要我相信你一句话？"他认为身在海外，父亲过世前，竟然对他没有只字片语，他难以接受。蒋孝勇事后回忆到这件事时感慨地说："这倒不是我兄弟之间感情不好，但生长在政治家庭，许多变得很现实。"[2]

蒋家的太上家长宋美龄在得知蒋经国病逝消息之后，立即驱车到大直官邸探视，"悲伤不能言语"。据台报报道：91岁高龄的宋美龄连续4天无心饮食，并指令子孙精心料理蒋经国丧事，谨守蒋经国遗训。

蒋孝章得知乃父病逝后，也同其夫俞扬和于1月15日晚7时40分从美国旧金山回台奔丧。蒋经国长子蒋孝文也在瞻仰蒋经国遗容的最后一天，在夫人徐乃锦和女儿陪同下，前往父亲灵前致祭。

蒋家的另一位重要成员蒋纬国，在蒋经国病逝后，以"国安会秘书长"的身份，在阳明山仰德大道安全局主持安全会议，召集重要的情治系统，分派任务，在蒋经国丧期加强安全警戒。

丧事

李登辉继任"总统"后，首先颁布"治丧令"，特派严家淦、俞国华、倪文亚、林洋港、孔德成、黄尊秋、张群、陈立夫、谢东闵、黄少谷、谷正纲、薛岳、沈

---

[1]　王力行、汪士淳：《蒋孝勇的最后告白》，第149页。
[2]　王力行、汪士淳：《蒋孝勇的最后告白》，第149页。

昌焕、李焕、李璜、王世宪、吴三连、吴伯雄、郑为元、丁懋时、郝柏村等 21 人为治丧大员。

随后，"行政院"召开紧急会议决议，宣布"国丧"30 天，并依照"戡乱时期临时条款"规定，请"总统"发布紧急处分事项，"国丧"期间，一律禁止聚众集会、游行及请愿等活动。"行政院"另行拟定了志哀办法，规定：

（1）公教人员自 1 月 14 日起至 2 月 12 日应缀佩章。

（2）各部处、机关、学校、军舰及驻外"使馆"等应自 1 月 14 日起至 2 月 12 日止下半旗志哀。

（3）各娱乐场所，自 1 月 14 日至 1 月 16 日应停止娱乐 3 天。①

13 日晚，蒋经国遗体由大直官邸移到"荣总"医院，"荣总"怀远堂设灵堂。次日，台湾党、政、军官员分别到"荣总"怀远堂吊唁蒋经国。国民党中央委员会发表《告大陆同胞书》，向大陆同胞通告蒋经国逝世，并宣称：

"本党遵照蒋主席经国先生遗嘱，矢志团结一致，奋斗到底。"②

16 日，蒋经国治丧会举行第一次治丧大员会议。会议由李登辉主持，治丧大员及蒋经国家属蒋纬国、蒋孝武、蒋孝勇等参加。会议决定：

（1）从元月 22 日起至 29 日由治丧大员每天下午 7 时至次日晨 7 时，分 3 批在"忠烈祠"守灵。

（2）为崇敬蒋经国对"荣民"的爱护，将台北"荣民总医院"择日更名为"经国纪念医院"，以永垂纪念。

（3）成立蒋经国哀思录编纂小组。③

1 月 20 日，治丧大员举行第二次会议，会议决议，30 日为蒋大殓奉厝，各机关学校在停厝典礼前举行追思礼拜，并决定民众默哀一分钟，警报器施效一分钟等。

1 月 22 日，蒋经国遗体由"荣总"怀远堂移灵圆山"忠烈祠"。移灵仪式由李登辉主持，16 位治丧大员陪祭，蒋经国家属分列灵堂两侧答礼。在灵堂前，最引人注目的是李登辉送的挽联："厚泽岂能忘，40 年汗尽血枯，注斯土斯民始有今日；遗言犹在耳，亿万人水深火热，誓一心一德早复中原。"④

---

① 马西屏：《蒋"总统"经国先生丧厝纪实》，载《近代中国》，第 63 期。

② 《"中央"日报》社编：《历史巨人的遗爱》，1988 年 2 月版。

③ 马西屏：《蒋"总统"经国先生丧厝纪实》，载《近代中国》，第 63 期。

④ 《敬悼经国先生挽联辑录》，载《近代中国》，第 63 期。

“早复中原”是一句空话，是说给别人听的，蒋氏父子奋斗后半生，也未实现此一心愿，李登辉凭什么这么说。所谓“厚泽岂能忘”，“遗言犹在耳”，也同样是说给别人听的。蒋经国病逝至今，李登辉不仅忘记了蒋经国对他的厚爱与期望，而且在各项政策上都已经彻底背离了蒋经国政策的轨道。

1月30日是蒋经国安灵奉厝大典日。上午8时整，在圆山“忠烈祠”举行追思礼拜。主持仪式的是为蒋介石主持追思礼拜的牧师周联华。当时，岛内外许多人对蒋经国的信仰相当好奇，牧师周联华答称：

蒋经国受过洗，并且也到凯歌堂做礼拜，只是他一直很忙碌，从他任“救国团主任”之后，星期假日经常到乡下巡视，晚年因身体很坏，需要多休息，所以接触较少。此次蒋经国奉厝大典要以宗教仪式举行，完全是他家属的意思。

3000多位宾客及23个国家的特使团为蒋经国祈祷、证道，并由声乐家范宇文与“救国团”幻狮合唱团献唱7首圣歌。周联华在他所读的经文中，以《圣经》腓立比书和马太福音登山宝训，形容蒋经国一生以基督的心为心，自己卑微、存心顺服，以至于死。追思礼拜在圣歌与牧师的祝福中结束。

8时40分，大殓典礼开始，由李登辉主持，蒋经国家属在旁亲视大殓。在哀乐声中，李登辉率领全体与祭人员向蒋经国献花行礼致敬。低回的哀乐声后，国民党“中央考核纪律委员会副主任”马鹤凌恭读祭文。接着恭行大殓，蒋方良带领家属亲视灵柩。蒋经国生前两名侍从人员揭起蒋经国灵柩上的玻璃罩。灵柩中的蒋经国身着长袍马褂，胸前佩戴采玉大勋章。随后，侍从人员缓缓盖上棺盖。蒋经国次子蒋孝武封盖后，向灵柩跪拜三叩首。李登辉率领所有与祭人员再次向灵柩行礼，谢东闵、黄少谷、薛岳、沈昌焕、李焕、吴伯雄、丁懋时、郑为元分立灵柩两侧，将一面中国国民党党旗覆盖在灵柩上。继由李登辉、俞国华、倪文亚、林洋港、孔德成、黄尊秋、陈立夫、王世宪将一面青天白日满地红的“国旗”覆盖在灵柩的“党旗”上。

8时58分启灵仪式开始，全体肃立。9时整，21响礼炮响起，致哀警报与各地教堂、寺庙钟声亦同时响起。礼炮结束，蒋经国灵柩被安放在灵车上，跟随在后的是手执“国旗”、“党旗”、“统帅旗”、蒋经国遗嘱令的三军仪仗队。蒋经国家属、“政府”官员、各国政要、“国大代表”、“立监”两院委员、各社团代表等陆续步出“忠烈祠”灵车及灵车车队于9时30分驶往桃园大溪灵寝。

蒋经国灵柩暂厝的大溪灵寝，原为头寮宾馆，坐落在大溪前扫慈湖的路上，距蒋介石陵寝——慈湖约有2公里。从蒋经国病逝的第二天起，头寮宾馆的修缮工程按蒋经国家属的意见已全部整修完成。此宾馆是蒋介石驻跸处所，蒋介石去世后，蒋经国赴慈湖谒陵，有时留住此处。此刻大溪陵寝的大门及边门，镶缀着黄色素菊，门楣上以蓝底白字写着："蒋故'总统'经国先生陵寝"。走入大门，则是一座圆形花坛，种着苍松龙柏。陵寝为中国传统四合院建筑，正厅的正中央是奉厝蒋经国灵榇之处。黑色发亮的大理石外椁，黄巾幔、蓝地毯，正中壁上悬挂着蒋经国的遗像。

下午1时零2分，蒋经国的灵车在李登辉、蒋纬国、蒋孝武等家属、治丧大员和400多位参加安灵典礼人员的护送下，缓缓驶到大溪陵寝门前。侍卫将蒋经国灵柩移入陵寝正厅。在灵柩移入正厅前，蒋方良坐在轮椅上带领蒋孝勇、蒋孝武等家属跪拜迎灵柩入厅。1时13分，举行安灵典礼，李登辉主祭，俞国华等治丧大员陪祭，"总统府资政"及其他官员、各界代表400多人与祭。随着蒋经国长眠大溪，台湾社会进入了"李登辉时期"。

第十三章　身后国民党

蒋经国病逝后，李登辉继任"总统"和国民党中央代主席职，自此台湾政治转型期进入了一个新的阶段。在李登辉执政的 12 年里，台湾政局发生了前所未有的变化：国民党政权加速向多元化、本土化、年轻化方向发展；党内派系纷争激烈；民进党势力迅速崛起，"台独"势力猖獗，族群撕裂，"统""独"之争日趋白热化；两岸关系呈现出冷对抗状态，李登辉不仅将台湾带到了战争边缘，而且成为两岸关系的"麻烦制造者"。正是由于李登辉的倒行逆施，最终导致国民党在 2000 年丢失了台湾地方执政权，台湾进入了政党轮替的时代。

李登辉全面背叛

李登辉是靠蒋经国提拔而登上台湾政治舞台的。1984 年蒋经国之所以将李登辉选为自己的副手，除了化解省籍矛盾之外，主要是当时认为李没有太大的政治野心，李多次表白他的最大愿望是当个牧师，后来事实证明这不过是李的韬晦之计。也有人说是蒋经国看李看走了眼。蒋经国病逝之际，李之所以能够顺利接班，党、政、军、特大权集于一身，其重要原因是李在关键时刻，一方面向国民党元老执弟子礼，一方面往蒋经国灵堂跑，信誓旦旦，要继承蒋经国遗志；另一方面拉拢李焕等开明派，策动少壮派写推戴书，从而使他在刚刚登上"总统"宝座之后，又抓到了党魁的桂冠。国民党"十三"大上，蒋经国尸骨未寒，李登辉便极力排挤蒋家势力，使宋美龄节节败退，蒋纬国权力受阻，蒋孝武被迫放弃"中央委员"竞选。其后，在打着贯彻蒋经国"革新"路线的旗号下，不断消除反对派，安插亲信。并在内外政策上进行修订、调整。可以这样说，在李登辉执政的 12 年时间里，他所推行的内外政策，已经全面背叛了蒋经国的路线，与"台独"势力同流合污，最终迈上了"台独"之路。国务院台办新闻办于 2000 年 2 月 21 日发表的《一个中国的原则与台湾问题》白皮书，认为李登辉"已经成为台湾分裂势力的总代表，是台湾海峡安定局面的破坏者，是中美关系发展的绊脚石，也是亚太地区和平与稳定的麻烦制造者"。李登辉的分裂行径，一方面加剧了台湾社会的动荡局面，另一方面给祖国统一增加了新的变数。

具体说来：

其一，在祖国统一与"大陆政策"上，李登辉已经彻底背叛了蒋经国的"一个中国"立场，公开鼓吹"两国论"，制造分裂。

在李登辉继"统"之初，他口头上还是承认"一个中国"原则，对发展两岸关系还曾起到过一定作用。例如他在1988年2月首次答记者问时，明确表示：

"只有一个中国，我们必须统一。"[①] 在他1990年5月20日正式就任"行宪"以来第八届"总统"后的就职演说中称："台湾与大陆是中国不可分割的领土，所有中国人同为血脉相连的同胞"，"中国的统一与富强是所有中国人的共同期盼"。他还在多次讲话中强调："我是台湾人，但也是中国人。"[②] 与此同时，在李登辉筹划下，以新的观念来处理两岸关系，进一步放宽了对两岸交往的限制，采取了较蒋经国时期更为主动的措施。他还在国民党中常会和"行政院"设立的"大陆工作指导小组"和"大陆工作会报"机构之上，设立了"国家统一委员会"和"大陆委员会"，还以民间财团法人形式成立了"海峡交流基金会"。1991年6月，国民党中央又对"大陆工作指导小组"进行改组，使党政趋于一体。另一方面，在政策上，通过了由李登辉亲自核定的"国家统一纲领"，确立两岸交往的近、中、远程阶段性目标，作为处理两岸关系的最高指导原则，使其"大陆政策"进一步明朗化、系统化。同年5月，李登辉还宣布终止"动员戡乱时期"，废止"临时条款"。但在另一方面，李登辉又公开背离蒋经国的"一个中国"的原则立场，制造种种分裂活动。关于此点，从下列事实中得到说明：

早在1990年5月，李登辉在回答"立法委员"质询时，就认可了"一国两府论"，把"中央政府"与台湾当局的地方政权并列起来，说什么"愿意同中央进行政府对政府的对话，一个国家，两个政府，这是现实"[③]。"两个政府"既明显改变了蒋氏父子所坚持的"一个中国"的主张，又为"两国论"奠定了基础。

1991年2月23日，在李登辉主导下，台湾当局在所谓"国家统一纲领"中提出"两岸互不否认对方为政治实体"，进而刻意将政治实体界定为"互不隶属的、对等的"。不久，台湾当局又于5月1日宣布终止"动员戡乱时期"，废除"临

① 《"中央"日报》，1988年2月23日。

② 《"中央"日报》，1988年1月1日。

③ 《"中央"日报》，1990年5月16日。

时条款"，并提出"今后视中共为控制大陆地区的政治实体，称它为'大陆当局'或'中共当局'"①。其后，李登辉公然宣称："台湾已经是一个'主权独立'的'国家'，'国名'就叫'中华民国'，中共必须承认台湾是一个对等的政治实体。"②

很显然，李登辉的对等政治实体说就其内涵而言，也就是"两个中国"或"一中一台"，它比"一国两府"更加反动。

1993 年 2 月，郝柏村下台，连战上台，"李连体制"形成。随着统治地位的进一步巩固。李登辉竟然公开否认自己讲过"一个中国"。1993 年 2 月，李登辉在接见民进党"立委"时说："我主张'中华民国'在台湾，但始终没讲过一个中国。"③同年 4 月 8 日，他在接见民进党"国大代表"时说"最重要的一点是'中华民国'在台湾的发展是一项不争的事实"④。10 月，李登辉再度表示"'一个中国'是我们追求的目标，但这是将来的事……'中华民国'目前统辖台澎金马，拥有绝对而且完整的主权和治权，这就是我说'中华民国在台湾'的原因"。⑤

1994 年 3 月，李登辉与日本作家司马辽太郎作了一次长达数小时的吐露真情的对谈。李根本不把台湾看作中国的一部分，而且宣称他的词典里连"中国"这个词也是模糊不清的。他说国民党政权是"外来政权"，"台湾必须是台湾人的东西"。他把两岸的统一称之为"奇怪的梦"，把自己比喻为《圣经》中《出埃及记》中的摩西，发誓要率领台湾人"出埃及"，也就是"出中国"，创立一个"新国家"。其后不久，李登辉又以接受台湾《自由时报》记者专访的形式，更直截了当地否认"一个中国"原则。

1994 年 7 月，台湾当局发表了经过一年多精心准备的《台海两岸关系说明书》。《说明书》虽然虚情假意地表示坚决主张"一个中国"、反对"两个中国"与"一中一台"，但马上解释说："'一个中国'是指历史上、地理上、文化上、血缘上的中国。"⑥这种讲法实际上是将"一个中国"的内容掏空。它还宣称："中华民国"的存在是不容否认的事实，而且在国际间始终是一个独立主权的"国家"，两岸在国际间为并存之国际法人等等。《说明书》实际上已经将"两个中国""一中一台"说得非常明白了。

---

① 《"中央"日报》，1991 年 5 月 1 日，。
② 《"中央"日报》，1992 年 9 月 30 日。
③ 台湾，《中国时报》，1993 年 2 月 7 日。
④ 台湾，《中国时报》，1993 年 4 月 9 日。
⑤ 《"中央"日报》，1993 年 10 月 2 日。
⑥ 《"中央"日报》，1994 年 7 月 6 日。

　　1995 年 4 月，李登辉正式抛出所谓的"分裂分治论"。他在"国统会"上发表谈话称："台湾与大陆分别由两个互不隶属的政治实体治理，形成海峡两岸分治的局面。"①6 月，李登辉在接受美国邀请后赴美访问，与美国联手共同制造分裂活动。他在康乃尔大学发表题为《民之所欲常在我心》的演讲。在这次演讲中，他不仅绝口不提"一个中国"的原则，反而再三强调"'中华民国'在台湾"或"在台湾的'中华民国'"，大谈两岸领导人在国际场合会面的老调，借以凸现两岸处于"分裂分治"状态。1996 年 5 月李登辉在接受美国有线电视新闻网采访时又说："我们应当了解中国是一个分裂、分治的'国家'，如果'有一个中国'，我们认为是统一后才有'一个中国'，没有统一，这里就没有所谓的'一个中国'。"②进入 1997 年，在祖国大陆坚持"一个中国"的严正立场和"反台独""反分裂"斗争的压力下，台湾当局在"一个中国"及主权问题上有了一些新的表态。2 月，台湾"新闻局"发布了《透视"一个中国"问题说帖》，去掉了过去所用的两岸"分裂"的字眼，而以"一个分治的中国"取代"一个中国"。8 月 5 日，"陆委会"主委张京育避开台湾当局一贯强调的"主权分析"的说法，提出了两岸"主权共享，治权分属"。其后，高孔廉、连战、萧万长也先后提出两岸应搁置主权争议。同年 11 月，李登辉在接受美英记者采访时，竟然宣称"台湾就是台湾，台湾早就'独立'，没有必要再说"③。此话一出，岛内舆论一片哗然。同年 12 月 9 日，李登辉接受日本《产经新闻》记者采访时称："我最近对外国媒体使用'台湾是一个独立主权国家'的词句似乎引起了风波，它并不是改变原来状况的宣言，那是个'场所'的问题。'中华民国'从 1912 年建国以来就是一个'国家'，她现在的场所是在台湾。"④翌年 1 月 12 日，李登辉接受德国《明镜》周刊采访谈到两岸关系时称："'中华民国'是主权独立的'国家'"，现在是"一个'国家'，两个政治实体"⑤。李登辉此话完全背离了历史事实。的确，"中华民国"虽在 1912 年创立，但自 1949 年 10 月 1 日中华人民共和国建立之日起就已经宣告灭亡。蒋介石集团退守台湾之后仍盗用"中华民国"的旗号，实际上已经沦为一个地方政权。如果没有美国政府干涉中国内政，同台湾当局签订"共同防御条约"，恐怕

---

①　《"中央"日报》，1995 年 4 月 7 日。

②　台湾，《中国时报》，1996 年 5 月 23 日。

③　台湾，《中国时报》，1997 年 11 月 8 日。

④　徐学江主编：《危险的一步》第 68 页，新华出版社，1999 年 8 月版。

⑤　徐学江主编：《危险的一步》第 68 页，新华出版社，1999 年 8 月版。

人民解放军早就将红旗插遍台、澎列岛。1971 年二十六届联大将蒋介石集团从联合国机构中驱除出去，台湾当局彻底丧失了"国际人格"。整个国际社会都承认中华人民共和国是中国的唯一合法代表，台湾是中国的一部分，中国主权不容分裂。尽管蒋氏父子极端反共，但是他们均坚持"一个中国"的原则立场，反对"台独"。李登辉不顾历史事实，背离蒋氏父子的"一个中国"立场，坚持了一条"台独"的分裂路线。

1999 年 4 月 20 日，李登辉接受中南美专栏作家记者团采访时称："'中华民国'是主权独立的'国家'，中共声称的'一个中国'并不存在。我们追求的是自由、民主、均富的'统一中国'。""我们绝对不能接受中共'台湾是地方政府、中共是中央政府'的说法，目前两岸是两个对等的政治实体。"[①] 同年 5 月，李登辉在他出版的新书《台湾的主张》第一章中称："即使台湾的国际地位必须明确化，却不一定要拘泥于'独立'，反而是将'中华民国在台湾'或'台湾的中华民国'实质化，才是当务之急。"在第七章中称："我们目前将台湾定位为'在台湾的中华民国'。'在台湾的中华民国'具有'国家'的主体性，也保持了主权独立……我希望在卸任'总统'职务之前，能集国际法学者之力，就台湾的'国家'定位问题，提出完整的解释。"他称"最理想的状况，是中国大陆摆脱'大中华主义'的束缚，让文化与发展程度各不相同的地区享有充分的自主权，如中国、西藏、新疆、蒙古、东北等，大约分成 7 个区域，相互竞争，追求进步，亚洲或许更安定"。

1999 年 7 月 9 日，李登辉经过精心谋划。终于在接受《德国之声》记者采访时，公然向国际社会宣称：台湾"1991 年'修宪'以来，已将两岸关系定位在'国家'与'国家'，至少是特殊的国与国的关系，而非一合法'政府'、一叛乱团体，或一'中央政府'、一地方政府的'一个中国'的内部关系"[②]。7 月 27 日，李登辉又为他的"两国论"辩称说：由于"多年来的两岸关系的定位过于模糊"，所以他要把两岸关系的"实质内涵"定位为"特殊的国与国关系"[③]。李登辉抛出"两国论"后，台湾当局极力为其主张辩解。7 月 15 日，连战在接受日本《产经新闻》专访时声称，李的宣示是对症下药的谈话，是在澄清一现状，并不等于改变现状。"行政院长"萧万长也附和说：李的宣示"不仅务实，而且具有前瞻性

① 徐学江主编：《危险的一步》第 69 页，新华出版社，1999 年 8 月版。
② 《"中央"日报》，1999 年 7 月 10 日。
③ 台湾，《中国时报》，1999 年 7 月 28 日。

与建设性"，并强调其"大陆政策"不变，即"推动两岸建设性对话与良性交流的政策不变"；"追求两岸'双赢'的决心不变；追求未来和平民主统一的中国目标不变"。① 同日"新闻局"将李登辉的"特殊国与国关系"以"一个民族、两个国家"来阐释。"陆委会"也发布新闻稿，肯定"一个民族、两个国家"的定位与说法。16 日，"陆委会"副主委吴安家鼓吹"两国论"主要是为两岸新一轮的政治对话鼓噪，只要两岸确立"特殊的国与国关系政治谈判"，双方就可以比照两德模式，研议签订"两岸基础关系协定"。7 月 30 日，海基会董事长辜振甫举行记者会，就"两岸会谈是国与国会谈"进行所谓澄清，继续声称两岸可对"特殊的国与国的关系"② 加以定位。辜氏同时将这篇谈话电传我海协会，被海协会严正退回。8 月 1 日，"陆委会"发表"对'特殊国与国关系'的立场"的书面说明，强调两岸对等地位，反对"'一个中国'"原则，并声称两岸应该回到"一个中国，各自表述"③ 的共识上来。更有甚者，在李登辉操纵下，于 8 月 28—29 日在台北召开的国民党十五届二次会议竟将"特殊的国与国关系"字眼纳入党的决议"政治任务提示案"中，宣称"要以此作为今后台湾当局的施政方向和重点来迎接两岸互动的新页"④。显而易见，国民党在脱离"一个中国"的道路上越走越远。

李登辉在继"统"之初，宣称坚持蒋经国路线，坚持"一个中国"的原则。学着蒋经国口吻"我是中国人，但我也是台湾人"说："我是台湾人，但我也是中国人。"时至今日，竟然背离了"一个中国"的原则，走向了"台独"。人们不禁要问，李登辉到底要干什么？依笔者分析，他的意图是：

第一，他同德国记者谈"两国论"是经过精心策划的，就是希冀用两德模式解决台湾问题。在台湾岛内，早就有人主张用两德模式来处理两岸关系，这种观点是对历史与现实的误解与歪曲。众所周知：战后德国的分裂和台海两岸暂时分离是两个不同性质的问题。主要有三点不同：首先是两者形成的原因、性质不同。1945 年德国在二战中战败，被美、英、苏、法 4 个战胜国依据《鉴于德国失败和接管最高政府权力的声明》及其后的波茨坦协议，分区占领。冷战开始后，德国统一问题成为美苏两国在欧洲对抗的一个焦点，在美、英、法占领区和苏联占领区分别相继成立了德意志联邦共和国和德意志民主共和国，德国被分裂为两

---

① 台湾，《联合报》，1999 年 7 月 16 日。
② 《"中央"日报》，1999 年 7 月 21 日。
③ 《"中央"日报》，1999 年 8 月 2 日。
④ 《"中央"日报》，1999 年 8 月 30 日。

个国家。显然，德国问题完全是由外部因素造成的。而台湾问题则是中国内战遗留的问题，是内政问题。其次，两者在国际法上的地位不同。德国的分裂，为二战期间和战后一系列国际条约所规定。而台湾问题，则有《开罗宣言》《波茨坦公告》等国际条约关于日本必须将窃取于中国的台湾归还中国的规定。再次，两者存在的实际状况不同。在美苏两国对抗的背景下，两个德国都分别驻有外国军队，被迫相互承认和国际社会并存。而中国政府始终坚持"一个中国"原则，李登辉上台前的台湾当局和李登辉上台初期也承认"一个中国"，反对"两个中国"；"一个中国"原则也被国际社会所普遍接受。因而，德国问题与台湾问题不能相提并论，更不能照搬两德模式解决台湾问题。

第二，为汪道涵访台两岸两会对话谈判定调。随着两岸关系的发展，两岸人员往来与交流日益密切，涉及两岸人员的纠纷、犯罪活动等突发事件时有发生，以及衍生种种其他具体问题。这些问题都需要妥善解决，这使得两岸事务性商谈不可避免。正是在这种背景下，海峡两岸分别成立了旨在处理两岸事务性工作的民间机构。1990年11月21日，台湾方面成立了"财团法人海峡交流基金会"，董事长为辜振甫。1991年12月16日，大陆成立了海峡两岸关系协会，会长汪道涵。经过两会人士多次磋商，汪道涵会长与辜振甫董事长于1993年4月27日至29日在新加坡举行第一次会谈，并达成了四项协议。此后不久，江泽民主席就解决台湾问题发表了八项政治主张，两岸关系出现了前所未有的缓和气氛。与此同时，两岸两会也在积极筹备举行第二次汪辜会谈。然而两岸关系的良好势头被李登辉1995年6月的访美行动所破坏，使两岸关系再度进入低谷。为了捍卫"一个中国"的原则，维护祖国主权的完整与尊严，击退"台独"势力与美国反华势力的猖狂进攻，中国共产党决定对美和对台在政治、军事和外交等方面进行坚决的斗争。经过1995年至1996年的激烈动荡之后，中国共产党为了实现祖国统一，呼吁两岸尽快就正式结束敌对状态举行谈判，并提出："在'一个中国'原则下，两岸进行政治谈判时机已经成熟。"大陆对台的积极政策在岛内引起回应，最终促成了汪辜在大陆的第二次会晤，并达成四项协议，其中第四条内容是辜振甫邀请汪道涵"在适当的时候访问台湾"①。随着香港和澳门的顺利回归，"一国两制"的科学构想越来越显示出她的生命力；这一切对李登辉与台湾当局构成了巨大的压力，他深深认识到两岸政治谈判已不可避免，必须想办法因应港澳回

---

① 《人民日报》，1998年10月16日。

归后两岸关系的发展趋势。两会初步商定，汪道涵于1999年秋季访台。汪辜再度会晤必将深化两岸对话的议题：李登辉选择在汪道涵访台之前抛出"两国论"，其用意就是用"国"与"国"谈判的主张来对应祖国大陆在"一个中国"原则下进行政治谈判的主张。如果汪辜在台如期会晤，就将造成两会商谈即是两个"国家"之间商谈的事实。其结果是日后两岸政治谈判自然也就是"国"与"国"的谈判，所达成的协议当然是"国际协议"，那么两岸的分离状态也就由此固定化、永久化了。若汪道涵因"两国论"而取消访台，恰好符合李登辉拖延谈判的愿望，而且还能将拖延谈判的罪责强加在大陆头上。

第三，确立台湾未来"总统"大选后的路线走势。李登辉还想在2000年台湾"总统"大选中一显身手，无奈美国表示不支持李竞选，李只好在"总统"大选后的路线走势上大做文章。当时台湾"总统"大选格局已呈宋楚瑜、连战、陈水扁三强鼎立的态势，选情复杂胶着。由于宋在岛内的民意支持一直居高不下，为了打宋保连挺扁，李抛出"两国论"，以凸现宋的"两岸观"与国民党主流阵营与陈水扁理念的区别。很显然，李挑起"统""独"之争的分裂言行，在客观上自然支持了陈水扁。当然，李登辉也深知，能够继承他"台独"路线的人只有号称"台湾之子"的陈水扁，在这一点上，陈的确与李登辉心有灵犀一点通。陈称"两国论"是李送给他的"大礼"。岛内有舆论称李要把"政权"交给陈水扁以实现政党轮替的传言，李与民进党的暗中勾结始终不断，李否定"连宋配"打宋，制造国民党的分裂，明显帮陈水扁的忙，使陈从中渔利。陈一旦上台，至少会在执政初期继续沿着李登辉的"两国论"路线走下去，且最终会走向李登辉梦寐以求的"台湾独立"。

第四，企图挟洋自重。李登辉之所以在1999年7月抛出"两国论"，主要是基于此时国际形势发生了一些变化，李登辉错误地估计形势，认为可以挟洋自重。此时国际形势变化的新特点之一就是，美国欲把中国作为它下世纪的最大对手，中美关系面临新的挑战。具体表现为：中美关系因考克斯报告出现摩擦，美国反华声浪再度抬头。与此同时，以美国为首的北约组织空袭南联盟，并轰炸我驻南联盟大使馆，激起我国人民的强烈反美浪潮，中美关系到了最低点。美国还策动日本国会通过《新日美共同防御指针》的相关法案，把台湾海峡纳入"周边事态"范围。这种新情况在李登辉看来都是有利于他大搞分裂活动的因素，尤其是中美关系的恶化，使李感到有机可乘，明确打出"两国论"的旗号，寄希望于美国的默许与国际社会的认同，以便于扩大被压缩了的制造"两个中国"的空间。

万万料想不到的是，就在李登辉抛出"两国论"的第四天，美国国务院发言人鲁宾宣称：美国对李登辉发表"两国论"表示关切。他再度重申美国的"三不政策"（即美国不支持"台湾独立"，不支持"一中一台"或"两个中国"，不支持台湾以"国家"名义加入国际社会组织）。他还称："一个中国"政策的根据是美国的国家利益所在，美国仍坚持三个联合公报（1972年《上海公报》、1979年1月中美《建交公报》、1982年《八一七公报》），同时重申坚守"与台湾关系法"。鲁宾要求海峡两岸化解"误会"，进行沟通，通过和平方式解决台湾问题。[1]7月18日，美国总统克林顿给中国国家主席江泽民打来电话，说他打电话的目的："是为了重申美国政府对一个中国政策的坚定承诺。"他强调：美国在台湾问题上的政策没有改变。他还认为"美中两国关系十分重要，不能受到破坏"[2]，7月21日美国参议院外交委员亚太小组委员会就李登辉发表"两国论"后的两岸关系举行听证会。该会主席克雷格·托马斯发表声明称：李登辉的"两国论""似乎表明台湾已抛弃其40年代末以来一直坚持的'一个中国'政策"；他称海峡两岸仍需要接触，"没有接触就解决不了任何问题"。他还称"不应把美国拖进去，这一问题完全应该由两岸自己用和平方式解决，不要把它变成涉及三方的问题"。他还警告台湾当局"不应在刺激大陆时躲在美国的裙子后面，指望美国会像老大哥那样去帮助他"。美国媒体对"两国论"也表示不满。《时代》周刊认为李登辉的"两国论"是极度鲁莽的挑衅，可能会给两岸及美国带来危机。《华尔街日报》刊文认为"台湾破坏了'一个中国'的政策"。国际社会对"两国论"反应极为冷淡。日本政府重申坚持"一个中国"政策。俄罗斯政府宣布在美国"三不政策"基础上再加一条：不售台武器。加拿大、英等国政府认为："两国论"是台湾当局在出险棋，建议其面对全世界愤怒，应改变立场。国际社会的反应给了李登辉当头一棒。

以上是李登辉抛出"两国论"的真正用意之所在。他的上述做法，再一次暴露了他一贯蓄意分裂中国的领土和主权、妄图把台湾从中国分割出去的政治本质；为刚刚得到修复的两岸关系乃至台湾前途投下了浓重的阴影；将台湾人民进一步推向战争的深渊，并将导致和平统一的前景越加难料。

其二，在"外交"政策上，李登辉宣称要扩大国际空间，大搞所谓"务实外文"。李登辉上台伊始，便在答记者会时宣称：台湾"外交"要注意实利，不图

---

① 徐学江主编：《危险的一步》，第187—189页。

② 徐学江主编：《危险的一步》，第185—187页。

虚名，强调实施重返国际的"外交"计划。1988 年 7 月国民党"十三大"上，李登辉进一步宣称要提升与突破以"实质外交"为主的对外关系，全力推行所谓"弹性外交"。1991 年 6 月上旬，国民党籍"立法委员""集思会"负责人黄主文发动连署提案，要求"行政院"申请重新加入联合国。黄宣称：台湾如果加入联合国，"可借此凸现我为独立实体的事实"，"凸现了'我国'的国际问题，有助'我国'重返国际社会"。此案得到国民党、民进党与无党派"立法委员"80 余人的支持。李登辉对此案是鼓动者与支持者，但却怕引起大陆的强烈反弹与岛内民众对台湾当局宣称"一个中国"立场的误解，经反复思索，将黄的提案改为建议案，并在"立法院"予以通过。

7 月 8 日，台湾"新闻局"又在李登辉纵容下在美国《纽约时报》上刊出了"双重承认"的政治性广告。此一广告题为《务实》，文字后附登一面青天白日旗和"今日的台湾""中华民国"字眼。广告中的第六段内容为："'中华民国'对中国分裂问题已以较商业取向的处理方式代替以往的对骂叫嚣，比方说，'中华民国'正式宣布接受其他国家的暂时性双重承认（尽管北京至今尚未接受……）"。台湾当局的这种做法是明目张胆的分裂行径。

1995 年 6 月 27 日，李登辉为联合国宪章签署 50 周年纪念日发表专文，他宣称，"在冷战结束，国际新秩序重建之际，'中华民国'积极寻求参与联合国等国际组织"①，并要求国际社会支持台湾这一行动。同年 12 月 31 日，李登辉在一次讲话中称：冷战结束后，国际间传统主权观念的束缚逐渐被超越，新的秩序尚未建立，"'中华民国'赶快跑出去占一个位子，新世纪成立后，'中华民国'就有地位了"。②

1997 年 12 月 26 日，李登辉在"革命实践研究院"以"'国家'存在的意义所在"为题发表讲话称：如果不让国际间知道"中华民国"的存在，是会被人家"吞下去"的。他坚持"中华民国"要扩大"国际活动空间"。③

1999 年 6 月 11 日，李登辉在一次讲话中再次强调："今天我们已有能力回馈国际社会，善尽国际社会一分子的责任，这也表示我们已走出过去的格局，对'国家'尊严的提升，甚有助益。"④ 上述事实表明，李登辉推行的"弹性外交""务

---

① 台湾，《联合报》，1995 年 6 月 27 日。
② 《"中央"日报》，1996 年 1 月 1 日。
③ 《"中央"日报》，1997 年 12 月 27 日。
④ 《"中央"日报》，1999 年 6 月 12 日。

实外交"，就是在背离蒋经国"一个中国"原则下企图在国际上突破现有的以非官方关系为主的"外交格局"，谋求台湾"独立的国际人格"，走上与大陆"分而两立"的道路。

其三，在"宪政改革"问题上，企图通过"修宪"承认"国家分裂的现实"，大搞所谓"政治实体"。

"宪政改革"是关系到台湾的权力再分配以及未来两岸关系的定位与走向，因而成为当前台湾各派政治势力斗争的一个焦点问题。按照台湾报刊的解释："宪政改革"包括四方面的内容，即"国会改革""宪法修订""政府体制""地方制度"。总题目是"民主化问题"。根据这种解释，李登辉与蒋经国在"宪政改革"的政策与做法上有很大不同，特别是在"国会改革"与"宪法修订"上，可以说有质的区别。

众所周知，台湾当局宣布在台湾解除"戒严"之前，台湾的政治体制是军事"戒严"体制"动员戡乱体制"与"宪法体制"并行。事实表明前两者带有实质性，后者仅带有象征性。国民党为坚持所谓"法统"地位，将在大陆时期的一套"中央机构"统统搬到台湾来，建构起一套名义上的"宪政体制"。但因国民党长期实行"戒严"和"动员戡乱体制"，导致"宪法"遭到践踏，"民意机构"形同虚设，"地方自治"更是残缺不全，"总统"权力极度膨胀。更为严重的是，随着时间的推移，国民党的"法统"遇到两大挑战：一是原有"民意代表"凋零老化，没有民意基础；二是台湾中产阶级参政欲望升高，普遍要求全面改选。两项挑战导致国民党统治的"法统"危机。

为了挽救"法统"危机，台湾当局自 1969 年以来先后对"中央民意代表"进行了递补、增补、增额选举的工作。但这些应变措施既不能解决代表性问题，也不能满足台湾中产阶级的参政要求。

为了彻底解决在大陆时期选出的"中央民意代表"日益凋零的问题，蒋经国在十二届三中全会后推出的"政治革新案"中，将"充实中央民意代表机构问题"作为重要内容之一。按照蒋经国的构想，这一改革目的在"灌注新的力量，扩大其代表性能，强化其职权功能"，俾"有效发挥'民主宪政'制度的作用，达到'革新国会'的目的"。但又"必须确切符合'宪法'及'动员戡乱时期临时条款'的精神和有关规定"。

透视蒋经国上述构想，可以看到它充满了自相矛盾的心态，诸如既要使充实方案有实质性的改善，又要保留旧体制。很显然，蒋构想的充实方案是非常不彻底的，带有很大的折中性与渐进性。所谓折中性，是指其试图在保留"法统"的情况下提升"国会"在台湾地区的民意基础，激扬活力。所谓渐进性，是指其通过分期分批增加民选代表名额办法，逐步将其引上"民主宪政"的轨道，以确保其生前、身后台湾社会的"长治久安"与国民党永久的统治地位。

蒋经国为何死死守住旧的"法统"不放呢？据笔者分析：

第一，蒋经国背有沉重的"历史包袱"。1960年蒋介石在连任"行宪"以来第三届"总统"时，曾有人提出"违宪"说，蒋的部下以"修宪"应对，但蒋介石坚决反对，他称"'宪法'不能修改，我要把它完整地带回大陆去"。蒋经国当然不愿违背其父的遗愿。

第二，蒋经国认为："'中华民国宪法'是一部全民的'宪法'，其内涵及精神，不但确立了现代民主法治的'国家'体制，也传承了中华文化和民族伦理的优美特质。"他还称，"慎重制定和修正的'动员戡乱时期临时条款'，已属'宪法'的一部分，与'宪法'具有同等的尊严、同等的效力"。因此，由"'宪法'及其'临时条款'构成的现行'宪政'体制，自当绝对遵守与尊重"。

第三，"老法统"均是蒋介石从大陆带去的"资产"，他们为维护国民党在台统治立下了汗马功劳。尽管有些人与蒋经国之间有矛盾，但从未来台湾"国民大会"在政党竞争中将发挥更大的作用的角度考虑，蒋经国也不愿对"老法统"赶尽杀绝，落一个过河拆桥的骂名。

李登辉与蒋经国不同，在"宪政改革"问题上，很快突破了蒋经国不废除"动员戡乱时期临时条款"的框架。

1988年2月3日和1989年2月1日，李登辉主持的国民党中常会分别通过了"充实'中央民意'机构方案"和"对增额'中央民意代表'名额及其分配之建议案"。两议案的主要内容是在不设置"大陆代表"的情况下，订定"增额代表"总额，鼓励第一届"资深代表"自愿退职；停止"国代递补制"，废止"第一届国民代表大会代表出缺递补补充条例"，修改"国民大会选举罢免法"和"国民大会代表选举罢免法施行条例"等有关递补条文。

从李登辉在"宪政改革"问题上推出的最初方案看，他基本上延续了蒋经国的政策，仍企图通过加强"民意机构"的"民主合作"，在一定程度上满足民间政治参与要求，还可将其作为维系"法统"的最后据点，以维持"宪政体制"的完整。这种对畸形政治结构所作的小修补仍无法缓和其弊端所引发的诸种矛盾。在此情况下，1989年4月，国民党中央原则决定修订"宪法临时条款""总统""副总统"任期回归"宪法"。1990年4月27日，李登辉首次就"宪政改革"问题发表他的看法，他宣称："'宪法'代表'中华民国'精神之所在，绝不能作大变动，只能小幅修订。"他认为，"'宪法'本文不宜动，可修改'临时条款'，并改变一个形式，列在'宪法'本文之后，或为'宪法'的附加条款"。其后，李登辉宣称两年内完成"宪政改革"。李登辉的具体构想是："宪政改革"分两阶段进行：首先由1991年4月召开的第一届"国民大会"临时会负责一阶段的"宪法"必要条文增修工作，订定第二届"中央民意代表"产生的法源，废止"动员戡乱时期临时条款"。其后于1991年年底选出第二届"国民大会代表"，完成整个"宪法"条文的修订工作。

为了进一步推进"宪政改革"，1991年4月30日，李登辉决定并宣告终止"动员戡乱时期"。同时宣称1991年是关键年，"宪政改革""只许成功，不许失败"；他还称："动员戡乱时期"终止后，我们将视中共为控制大陆地区的"政治实体"，我们称它为"大陆当局"或"中共当局"。

将李登辉后一阶段"宪政改革"的构想与做法同蒋经国构想作一比较，不难看出，李登辉的做法已经突破了蒋经国不废止"动员戡乱时期临时条款"的框架，使"宪政改革"开始有了质的变化。据笔者分析，这有客观的因素，又有其主观的因素：

第一，就其客观因素而言：随着政治转型涉及决策领域，带有强人统治色彩的"临时条款"必遭非议。加之1990年3月台湾"总统"大选在即，"国大"第一审查委员会通过延长"增额国代"任期，"国大"每年集会一次等两项扩权决议，更引发了全岛的抗争浪潮。数千名学生在中正纪念堂前静坐、绝食，提出"解散国大""召开国是会议""废除临时条款""订出民主改革时间表"等四项政治要求，得到社会各界广泛支持。民进党推波助澜，要求当局"全面实行宪政改革"。此一局面使台湾"宪政危机"空前加剧。李登辉当选"总统"后，立即借助民意宣布召开"国是会议"，废止"临时条款"、终止"动员戡乱时期"，两年内完成"宪政改革"。很显然，李登辉在"宪政改革"方案上比蒋经国步子迈得更大更快。

第二，就其主观而言，李登辉认为：台湾"经过40多年的动员戡乱时期，积累了许多宪政体制问题。""如果不彻底解决，对政党政治的建立及民主政治的进一步发展，必将产生很大的阻碍"。因此。唯有健全"宪政"体制，才能促进"政治民主化"与"政治稳定"。

第三，在对待"台独"与党外势力及本土化政策方面，纵容"台独"势力，激化省籍矛盾与"统""独"矛盾。

在对待"台独"问题上，他一方面宣称"任何分裂'国土'的主张，均是全民的公敌，为民族大义所不容，为'国家法令'所不许，必将遭到全体'国人'的唾弃"。并多次表示对"台独"活动要"依法严惩"；但在另一方面他又对策划"台独"的人姑息纵容，不但特赦"台独叛乱犯"，邀请一批海外著名的"台独"分子回台参加"国是会议"，并不断与"台独"倾向明显的民进党头面人物进行接触、对话，寻求支持。尤其在李登辉就任"总统"以来，正是李登辉对"台独"活动的姑息与纵容，致使岛内"台独"势力猖獗，"统""独"斗争白热化，给中国统一投下了新的阴影。

将李登辉执政后对党外势力的政策同蒋经国时期政策作一比较，可以看到：李登辉与蒋经国相同之处是都主张与党外势力进行政治沟通，不同之处在于李比蒋在沟通的主观要求与层次上更迫切。关于此点可从下列事实中得到说明。

1988年1月30日，李登辉继任"总统"后不久就在"总统府"接见了以国民党籍"立委"黄主文为团长、民进党籍"立委"黄煌雄为副团长的"立委赴美访问团"成员。对于李登辉此举，岛内舆论称：蒋氏父子当"总统"时，从未接见过任何一位反对派人士，而李氏当"总统"才半个月，即以"总统"身份接见民进党成员，具有不凡的意义。2月3日，李登辉在中央党部召集负责与党外势力沟通的国民党中央政策会副秘书长梁肃戎、许胜发时强调："今后应继续加强与民进党沟通，表达执政党推行'民主宪政'的诚意。"他还宣称："执政党与在野党派以促进和谐安定的原则从事意见沟通，是既定的政策。"一周之后，国民党首次以党对党形式同民进党展开沟通，双方派出正式代表进行会谈。2月22日，李登辉在就任"总统"后的首次记者会上答复记者称：中国国民党非常愿意进行沟通，"沟通是本人认为处理政治问题最好的办法"，所以今后只能加强。

国民党"十三大"后，李登辉加快了与党外势力沟通的步伐。首先指令有关人士：向反对党表示，可以吸收他们"入阁"。其后又令国民党中央秘长书宋楚瑜分批会见民进党等14个在野党领袖。1989年1月，台湾"人民团体组织法"通过之后，国民党率先提出以平等姿态进行政党登记。同年12月23日，李登辉首次以"元首"身份在"总统府"约见6位民进党籍"国大代表"。翌年4月，李登辉还亲自会晤民进党主席黄信介，并邀请民进党参与"国是会议"。

上述种种迹象表明：李登辉比蒋经国更重视与反对党的沟通，且逐渐提升了沟通的对象与层次，沟通议题已由个案协调升至政策协调，沟通目的由化解冲突转向建立共识与合作，沟通方式也由间接传话发展至无中介人的直接对话。对于台湾不断出现的街头事件，李登辉公然要警察改变"打不还手，骂不还口"的态度，随之出现了"五二〇血案"等。

李登辉之所以对党外势力采取"打拉结合""以拉为主"的两面政策，其目的在于缓解政治危机。自台湾当局1988年7月宣布解除"戒严"与开放"党禁"以来，党外势力迅速膨胀，截至2000年3月，台湾在野党已达90个。当国民党在无法也不可能拥有绝对性支配力量的情况下，"它势必要寻求和这些力量妥协"。实际上是通过开放部分权力分享与决策参与，换取反对党对国民党执政的认同与支持。加之李登辉的"台人治台"战略考虑与同党内反对派斗争的需要，他势必从党外及民意中寻求支持，甚至不惜与党外势力联手。李登辉此一做法的结果，为主张"台独"的民进党走上执政地位创造了条件。李登辉一直否认蒋经国有本土化政策，但在他的做法上，却一直有本土化的影子。蒋经国实行本土化政策中心之点是基于台湾经济的发展与中产阶级的参政要求，化解省籍矛盾。他也曾提出"我是中国人，但我也是台湾人"。他搞本土化政策的根本原则是"大陆人为主轴，台湾人为辅"。李登辉主政后，与蒋的原则正好相反："以台湾人为主轴，大陆人为辅。"李的做法使本土化政策有了实质性的突破，其根本目的就是要实现其"台人治台"与培植亲信的目的。其结果，蒋的做法在一定程度上化解了省籍矛盾，而李登辉的做法则加剧了省籍矛盾与党争，使"统""独"之争白热化。

上述事实充分说明，一直以蒋经国传人相标榜的李登辉在执政的12年间，在祖国统一的大是大非问题上，已经完全背叛了蒋经国的路线，走上了"台独"的不归之路，最后落得了身败名裂的下场。历史是公正的，谁逆历史潮流而动，谁将会被历史所抛弃。

各派抢山头

随着李登辉登场，台湾国民党内派系之争不见减缓，反趋尖锐，进入90年代之后，高层内争又呈白热化状态。此一局面不仅牵动台湾各种政治势力以关注，而且使国民党陷入了空前严重的危机之中。综观90年代初台湾政坛国民党高层内争，大致经历了以下几个回合：

第一回合：选举正、副"总统"之争。

1990年3月，台湾举行一届八次"国民代表大会"，选举正、副"总统"。围绕着这次"总统"大选，国民党高层爆发了退台40年来空前未有的激烈内争，并形成了以拥李（登辉）还是反李的所谓主流派与非主流派。此次国民党高层争斗，从表面上看是从国民党十三届临时全会推选正、副"总统"候选人开始，实则早在国民党"十三大"上就有表现。

国民党"十三大"召开时，部分资深党籍"国代"从其未来权力分配、自身利益和对蒋氏家族的感情出发，试图联署推举蒋纬国出任国民党中央副主席，以制约李登辉的权力。此举失败之后，便将最后一搏的目光投向了1990年3月的"总统"大选上。

1990年2月11日，国民党召开十三届临时中央全会，以推选正、副"总统"，人选在会前已获解决。1月31日，国民党"中常会"从维护党内团结和巩固领导中心出发，一致签名拥护李登辉竞选连任"总统"。"副总统"人选看好的主要有林洋港、李焕、蒋纬国。从省籍平衡角度出发，林洋港入选的可能性不大，李焕与蒋纬国则占有优势地位。但在临全会上，李登辉竟出人意料地提李元簇为"副总统"候选人。李元簇是何许人也？

李元簇是湖南平江县人，生于1923年，曾当过记者，做过检察官。随国民党退台后，曾任过台湾"高等法院"的推事、"保安司令部""军法处"副处长、处长。1958年留学联邦德国，1963年获波恩大学法学博士学位。由德返台后，历任《"中央"日报》主笔、政大教授、"国防部"顾问兼"法规司司长"等职。1973年出任政大校长，后任"教育部长"兼任"救国团主任""司法部长""总统府国策顾问"等职。1988年出任"总统府秘书长"一职。李登辉之所以选中李元簇，并不是他有什么过人之处，而是像当年蒋介石选严家淦、蒋经国选李登辉一样，李元簇没有派系，不争权，对李登辉绝不会构成夺权危机。李登辉提名他做副手，既可以摒阻蒋纬国、李焕等人进入核心的困扰，又可在未来6年任期内无后顾之忧。正因为如此，李登辉才说"我早在'行政院政务委员'任内，就相当了解李元簇的为人处事态度"，说他是很了不起的人，最欣赏这种人。李登辉这种出人意料的做法，激起了与会者的强烈反弹，会上对推举正、副"总统"候选人是以起立方式还是以无记名投票方式产生，发生了严重分歧，形成了以李登辉、宋楚瑜为首的拥李派（即主流派）和以林洋港、李焕、蒋纬国、郝柏村为首的反李派（即非主流派）。

会后，以滕杰为首的资深"国代"对李登辉在临全会的做法和改革措施不满，坚持联署提名林洋港、蒋纬国为另一组正、副"总统"候选人。2月28日正式宣布此一联署决定，并成立了竞选总部。林、蒋二人表示"候选不竞选"，李焕对林、蒋此举也表示支持，宣称"候选并不涉及违纪问题"。李登辉面对非主流派强大的竞选冲击波和反对党咄咄逼人的竞选攻势，一方面用各种手段拉拢李焕人马，争取军系代表；另一方面，又央请谢东闵、陈立夫、蒋彦士等8位国民党元老重臣出面调停，以息党争。尽管8位元老不断许诺，但调停仍未奏效，林、蒋2人仍坚持"候选不竞选"。直到3月10日一届八次"国民大会"召开的前一天，林、蒋2人才在元老们各个击破政策下无可奈何地放弃竞选。

此番选举"总统""副总统"之争，虽以主流派获胜而告终，但却更加深了党内原有的矛盾，引发了空前激烈的内争。

第二回合：围绕人事权之争。

1989年年底台湾地方选举之后，国民党内部为此次大选惨遭失败而互相攻击、指责。李登辉和宋楚瑜出于反对李焕和推卸选举失败责任的需要，在"新人新政"和"加速党务革新"的旗号下，首先将矛头对准李焕过去把持的党务系统，实行大清洗、大换血，素有"超级战将"之称的国民党组工会主任关中被逐出"中央党部"，其后又有36名高级党工被调动职务。取而代之的均是李登辉的亲信或主流派人士。其中有些人对党务工作知之甚少，却被任命为组工会主任，"职业外交家"出掌海工会主任。很显然，李登辉此举意在将非主流派从党务系统赶尽杀绝，彻底摧毁李焕在党务系统的根基，为下一步踢开李焕做准备。同时还可达到弃关中保宋楚瑜的目的。非主流派对李登辉的做法表示强烈不满，"立法院长"梁肃戎公开要求宋楚瑜辞职。

其后，主流派与非主流派争斗的第二波表现在新"内阁"的人选上。首先在"阁揆"人选上，李登辉为打击、分化非主流派，踢开李焕让郝柏村"组阁"。踢开李焕是意料中事，因为一山二虎相斗已久，让李焕"组阁"本是被迫，加之李焕处处掣肘李登辉，在非主流派中地位举足轻重。让郝柏村"组阁"则显现出李登辉颇具用心。

郝柏村是江苏盐城人，1919年出生，后投效军旅，被保送至黄埔军校第十二期炮科，曾入陆军指挥参谋大学、三军联合大学、"三军大学"战争学院将官班受训，并曾赴美国陆军炮科高级班研究、陆军参谋大学留学。这些学历基础证明郝是个具备现代军事观念的军事将领，并获有"儒将"之称。郝除了有显赫的经历外，还是一个一步步从基层爬起来的军人，他历任排长、连长、炮兵指挥官、参谋总教官、侍卫长、军团司令、"国防部"作战次长、"陆军"副总司令、"副总参谋长"兼执行官、"陆军总司令"，最终升到军令系统的负责人——"参谋总长"。

蒋氏父子在世时，郝深得二人的赏识，蒋介石曾在"八二三"炮战中颁他军中最高的"虎"字荣誉旗。蒋经国在位时，他步步升高，成为军中头号人物，且党羽遍布军中。此次李登辉让郝"组阁"，一方面难免有军人干政之嫌，另一方面郝也是非主流派核心人物（本来在李登辉继"统"之初，郝表示效忠。后因"经国号"战机试飞失误使李登辉颜面丢尽，导致李、郝两人交恶。李欲削兵权调其出任"国防部长"，这种明升暗降的手法使郝由拥李变为反李。李原欲彻底解除郝的权力，但郝盘踞军中顶层逾10年，羽翼密布，业已成为一个独特的权力集团。除非对这整个阶层作大幅度整理，否则郝的地位难以摇撼，李登辉既然不能拔除只好利用之）。让郝柏村"组阁"可收一石三鸟之效，一可利用非主流派的"军事强人"郝柏村，平息李焕等非主流派人士对"阁揆"人选的争夺，进而分化瓦解非主流派；二可使郝退役，乘机从郝手中夺回军权，并逐渐消除其在军中的影响；三可利用他反"台独"反共特点来减少指责李登辉政权的"独台"倾向，并可利用郝来对付大陆。

"阁揆"择定后，李登辉与郝柏村之间在"内阁"人选上相互较劲。李原拟派宋楚瑜出任"国防部长"，让萧万长掌管财政，以消除郝在军队的影响以掣肘郝的权力。但郝寸步不让，决意让陈履安掌管"国防部"、王建煊出任"财政部长"。李只好退让，使其推荐宋的预案胎死腹中。在台湾"省主席"一职上，郝对李登辉提议由连战出任表示同意。总之，此次"内阁"改组，既有激烈的争夺，又有某种程度的妥协，以求得平衡，此番争斗未见输赢，但李、郝斗争并未终结，未来还有一番更激烈的争斗。

第三回合：自国民党执政以来，一直采取"以党领政""以党代政"的原则。

"政府"重要决策均由国民党中央决策机构作出，然后交行政部门贯彻执行。国民党退台后仍沿此惯例。李登辉接任党主席之初，在讲话中仍强调"党政分际而不分离"，可见他还未放弃"以党领政"的观念。由1989年年底和1990年3月两次选举引起党内斗争激烈，派系矛盾公开化，多种不同意见针锋相对，致使李登辉的主张很难达成共识。为了便于集权，减少推行政令的阻力，李登辉遂改变传统的领导模式，推行了一条"以府领政"的路线，关于此点可从下列事实中得到说明。

在李登辉就任"总统"当月，他决定台湾未来重要"政策"将由7人（李登辉、李元簇、郝柏村、蒋彦士、宋楚瑜、林洋港、邱创焕）决策小组讨论决定。7人小组模式的形成表明，国民党中央决定权转移，"总统府"决策权加强。同时也表明"以府领政"粗具雏形。台报称：7人小组会议，"既是超级'中央常会'，也是太上行政院会"。因7人小组决策模式后来遭非主流派责难，故李登辉又发奇想，在"行政院"之上设立了"国家统一委员会"，由他本人自兼主任，并规定"国统会"决议可以不经中常会讨论而送交"行政院"执行。此举更表明李登辉在全力推行"以府领政"的路线。

在这场关系到国民党体制与权力运作模式的争斗中，非主流派从维护其自身利益出发，多次向李登辉的"以府领政"主张发难。蒋纬国称，如果"国统会"决议不送交中常会，而直接交"行政院"执行，"府""院"、党三者之间的配合会出现问题，并认为"国统会"与"大陆会"权责不明。与此同时，非主流派一些人士主张强化国民党"中常会"决策功能，仍走"以党领政"的老路。就是一些属于支持李登辉的人士对于是否建立"以府领政"的新模式，尚未具共识，可见"以党领政"还是"以府领政"之争还要继续下去。

第四回合："府""院"之争。

北洋军阀统治时期曾发生过"府""院"之争。国民党执政后，曾因内部派系庞杂，纷争激烈，多次发生"府""院"之争。此次"府""院"之争主指李登辉继"统"后同李焕和郝柏村两"内阁"之间的权力争斗。争斗的焦点围绕着"大陆政策"的主导权问题，即"大陆政策"是由"总统府"主导还是由"行政院"主导，以及在具体政策与推展程序上存在着分歧。在"大陆政策"立足点上，李登辉企图将海峡两岸关系当作迂回曲折的"外交"问题，以便推行他以"一国两府"为核心、"和而不统""通而促变"的"新大陆政策"。李焕则将此作为统一中国的内政问题。显见两人的理念基础不同。

在"大陆政策"的主导权上，李登辉同郝柏村之间的争夺十分激烈。李登辉为了建立他个人对"大陆政策"的直接指挥权，在国民党"中常会""大陆工作指导小组"和"行政院大陆工作会报"基础上，又设立了"国家统一委员会"。设立该机构的目的正如台报所指出的："不外是另搞班底，将他的亲信偷渡进入'国家'最高决策机构。"尽管郝柏村被纳入"国统会"中，但他绝不希望他属下的"大陆工作会"变为"国统会"的执行机构，因此他与"行政院秘书长"王昭明在各种场合多方强调"只有'行政院'才是'大陆政策'的决策与执行机构"。在"行政院"方面如此强力的坚持下，"总统府"方面却还是有意要提升"国统会"的决策权，最后只有让步，由李登辉亲自宣布"国统会"只是一个临时任务编组的咨询机构。此番争斗可视为"府""院"各赢一半，双方平分秋色。当李登辉筹组"国统会"之际，郝柏村又抛出了"一国两地区"的主张，以显示他对"大陆政策"的实际掌握力量，来反击李登辉的掌权企图。据台报载：在郝抛出"一国两地区"的主张之前，根本未同李登辉商量，李得知此讯息后大吃一惊，认为这是他"不得接受"的一个行为。与此同时，李登辉与郝柏村在"大陆政策"的时间表和程序上也存有差异。"府""院"之间在未来"大陆政策主导权"上的争斗愈演愈烈。

第五回合："修宪"程序之争。

1989年台湾"大选"之后，李登辉提出"宪政改革"。1990年他就任"总统"后，面对"宪政危机"，提出两年之内"可以解决宪政体制改革"问题的时间表。李登辉的具体构想是："宪政改革"分两阶段进行。"首先由1991年4月召开的第一届'国民大会'临时负责第一段的'宪法'必要条文增修工作，订定第二届'国民大会'代表完成整个'宪法'条文的修订工作。"此一方案被称为"一机关（第一届'国大'）两个阶段""修宪"案，并被《"中央"日报》吹嘘为"最适当的'修宪'途径"。

但当此方案正式公布后，立即受到李焕、梁肃戎、蒋纬国等非主流派及一部分资深"国代"的抨击，他们认为两个阶段"修宪"程序太过繁杂，1991年年底要选举第二届"修宪国代"辅选也有困难。因此他们提出"一机关一阶段"比较简单的"修宪"方式。国民党内有选举经验的"中常委"谢深山、吴伯雄、毛高文、曾广顺等提出了"两机关两阶段"的"修宪"主张。"民主基金会"董事长关中抨击"一机关两阶段""修宪"方案太过草率，是"缺乏全面共识的方案"。他还提出"三阶段'修宪'论"。

面对非主流派的种种杂音，李登辉曾让"宪政策划小组"总召集人李元簇召开高层会议进行沟通，再三强调"一机关两阶段""修宪"案是按李登辉构想提出的，不会有什么修改。1991年1月24日，李登辉又通过"总统府"发言人邱进益明确表示了"支持'宪政'小组一机关两阶段的'修宪'立场"，同日，国民党中常会正式通过了"一机关两阶段""修宪"案。

从表面上看，李登辉等"主流派"与党内"非主流派"之间在"修宪"问题上的争论只是程序之争，实则是双方均在争夺"修宪"主导权。这场争斗虽以李登辉等主流派的主张获得通过而暂告平息，但随着"宪政改革"的深入，两派争斗还会继续下去。

第六回合：围绕"统""独"之争。

李登辉执政以来，因他纵容"台独"，不断搞分裂，致使"统""独"之争从社会引向党内，终于引发了"新国民党连线"因反党内"独"派势力而出走的国民党大分裂事件。

新党前身是国民党非主流派组织"新国民党连线"（简称"新连线"）。由于党争不断激化，李登辉凭借其权力与权术，对非主流派赶尽杀绝，为此特将原应于 1992 年 7 月召开的国民党十四次代表大会推迟至 1993 年 8 月召开。当郝柏村要被李登辉排挤交出"行政院长"权杖后，党内非主流派的新生代深感生存空间的狭小。早在 1989 年 8 月，国民党新生代赵少康、郁慕明、李胜峰等人成立"新国民党连线"，以"促进国民党政治革新，适应台湾政党政治的发展，维护国民党的执政地位"① 相标榜。该组织成立后，在国民党内的历次斗争中，由于其鲜明的反"主流派"和反"台独"色彩，逐渐成为"非主流派"的新生力量。1993 年 3 月 5 日"新国民党连线"迈出更大的步伐，登记为政治团体，提出"政治改革、党内民主、反金权、反'台独'"四大主张 ②，成为党中之党。"新连线"之所以成立并另组新党，很大程度上是国民党在"立法院"内最大的次级团体"集思会"日益明显地倾向"台独"，所以要与"集思会"对抗。新党成立后，在初期竞选中，之所以在选民中引起旋风般的震撼，主要凭借的是其清新与反"台独"的形象。

新党出走后，党内两大派斗争进一步激化。在"十四"大上，双方围绕着党代表的产生、中委与"中常委"的选举、要不要设党的副主席等进行了三大回合的斗争，尽管非主流派抱着拼死一搏的决心，展示了一定的实力，而李登辉也不得不作了一些象征性的退让，如让郝柏村、林洋港任党的副主席，安排李焕、俞国华进中常委等，但总体而言，李登辉已基本达到预期目的。通过十四次党代表大会，李登辉已完全控制了国民党高层权力的主导权。

第七回合：围绕"总统"选举方式的斗争。

李登辉 1990 年正式当选"总统"后，为进一步推进他的"台独"路线，遂在"总统"选举方式上大做文章。

1996 年"总统"大选是仍按"间接方式选举"，还是"直选"，国民党、民进党两党态度鲜明。"总统直选"最初是由"台独"势力提出的，他们提出这一口号的目的是企图以通过改变领导人选举方式为突破口，达到建立新"国家"的目的。李登辉与"台独"势力的主张是近似的，但在初时慑于国民党内非主流派

---

① 台湾，《联合报》，1989 年 3 月 27 日。

② 《"中央"日报》，1993 年 3 月 5 日。

反对声势，不敢公开随声附和，故在 1991 年底时还以"委任直选"作为全党"共识"。此时国民党非主流派公开斥责"总统"直选为"台独"主张。但到 1992 年，李登辉出尔反尔，公开支持民进党的"总统直选"主张，还秘密在党内串联力量，蓄谋推翻党内的"委任直选"案，并在国民党十三届三中全会突然发难，但因当时党内"非主流派"势力的强烈批评而作罢。此后又经过两年多的党内斗争，到 1994 年在李登辉操纵下，终于在第三阶段"修宪"中，把"总统直选"写进了所谓"宪法增修条文"，即"'总统''副总统'由'中华民国自由地区'全体人民直接选举"。至此，李登辉分裂祖国的步骤与"台独"势力终于合流了。

因选举方式之争，进一步导发了国民党"总统"候选人之争。

国民党内出现 3 组候选人：李登辉与连战联手，林洋港与郝柏村联手，陈履安与王清峰联手。国民党推出李连配后，林郝配与陈王配均表示参选，致使国民党内高层政争白热化，陈履安退党，林、郝二人均被撤销国民党"副主席"职，并被开除国民党籍。至此，非主流派基本上被赶尽杀绝了，党内已很难再听到第二种声音。在 1996 年大选中，李登辉凭借其执政地位与岛内大部分的政治、经济及社会资源，将对手一个个击垮，最终再度连任"总统"。

综上所述，90 年代初国民党高层争斗的 7 个回合，主要是围绕着主流派与非主流派两大派之间展开。争斗的实质既有权力之争，又有政策上的分歧，正如李焕所说：是当权派与非当权派之争，双方都企图掌握台湾未来的主控权。此一争斗将随着台湾政局的演变而复杂化。

国民党高层内部为什么在 90 年代发生如此激烈的政争呢？笔者以为：

其一，是国民党长期内斗的历史惯性使然。国民党内部之争由来已久，退守台湾之后，又将这一套内斗权谋策略带进岛内。蒋氏父子时期有官邸派、夫人派、黄埔系、陈诚系、少壮派等派别。蒋氏父子去世后，本可以改弦更张，社会寄希望于李登辉。但这位后继人也在国民党长期内讧的历史惯性支配下，刚愎自用，自我膨胀，排斥异己，又挑起一波又一波的内讧。主流派与非主流派就是在这一状态下形成的。这一情形又导致了台湾政局处于更激烈的动荡之中。

其二，政治强人消失后必然引起激烈党争。蒋氏父子均是政治强人，他们在台统治时期大权独揽，事必躬亲，同时又有"戒严法"与"动员戡乱时期临时条款"做尚方宝剑，故各种歧见异议，日渐繁杂。蒋经国一死，台湾政局处于权力承接、新老交替的关键时刻，岛内再也无人可以一手压住党、政、军、特的各种势力。因此，长期蛰伏的各派政治势力为提升各自在新政权中的地位，爆发了空前的内斗。这场争斗不仅有"官邸派"与"非官邸派"之争，还有台籍与外省籍之争，后来又形成了"主流派"与"非主流派"之争。

其三，政治体制转型加速国民党高层内争。随着台湾的政治转型，台湾社会呈现出社会思潮空前活跃，反对党与国民党竞争日益激烈，政治运作方式发生变化和国民党"立法"、决策过程复杂化，以及社会政局动荡等特点。在此状态下，许多问题纠结在一起，诸如社会矛盾、省籍矛盾、权力之争、台湾前途与出路之争、保守与革新之争等诸种矛盾错综交织，不仅使党内争斗不断升级，还使台湾政局更呈不稳定状态。

其四，台籍与大陆籍人士权力分配不平衡。李登辉接掌国民党中央主席与"总统"大权后，从巩固其统治和"台人治台"这一战略考虑出发，在人事安排上极力排斥异己与培植、拉拢亲信，使台籍人士在政坛上平步青云，大陆籍元老被渐次排挤出权力核心，外省籍第二代从政更加困难。这种权力分配上的不平衡必然引发党内高层之间的争斗。

其五，美国介入与干预台湾事务是国民党长时间内斗的一个重要原因。国民党在大陆时期美国就长期干涉中国内政。国民党退台后，美国出于远东战略利益考虑更是抓住台湾不放，千方百计干预，主控台湾事务。蒋经国病逝后此种现象更为明显。李登辉之所以能在复杂变幻的残酷政争中屡屡告捷，其重要原因就在于美国人对他的支持。从这个意义上讲，美国人对台湾事务的干预与介入，在很大程度上影响着国民党高层权力斗争的进程与结局。

上述因素表明国民党内部高层的争斗，是台湾政治转型期上层权力结构发生嬗变的必然产物。

国民党高层内争还在继续之中，它不仅给国民党自身造成极大的伤害，而且也将给台湾政局和海峡两岸关系带来极其深刻的影响。

首先，这场争斗使国民党中常会功能日渐萎缩。由于李登辉主导"以府领政"，扩大"总统府"决策权，致使国民党中常会功能日渐萎缩。

其次，进一步导致国民党组织涣散，离心倾向增强，面临分裂危机。随着台湾政治改革的深入，由于利益不同引发党内高层政争激烈，党内凝聚力逐渐减弱，其趋势必然导致组织涣散与离心倾向增强。曾任国民党组工会主任的关中称：庞大的党组织已"严重绩效不彰"，"愈是基层愈是严重"①，有 10 万个党小组

---

① 台湾，《自立晚报》，1990 年 8 月 12 日。

已到名存实亡的程度。另据台报载，由于党内政争导致"共识"难求，国民党内出现许多派别，诸如以赵少康为首的"新国民党连线"，以关中为首阵容强大的"民主基金会"，以及"国民党十三全联谊会""海外兴中会""立法院超党派7人小组"等组织。这些组织机构的成员多为大陆籍国民党新生代人物，他们学历高，受西方政治思想影响较深，活动能量大，且多以"非主流派"为后台，与军方势力亦有密切关系。"主流派"中也派中有派。国民党的分裂危险是存在的。这种状况正如前国民党中央秘书长李焕所说："国民党目前面临着很危险的局面，再不改革，恐怕连执政的机会都丧失了。"①

再次，有可能被反对党乘隙而入。国民党内讧频繁，这是民进党和其他反对党所非常盼望的事情。在前几次选举中，有些地区就是因为国民党内两个派系在那里抢山头，抢党内候选人，结果票源分散，使民进党从中获利。在"国是会议"上，民进党利用国民党党内矛盾，联手"主流派"打击"非主流派"，使自己多项政治诉求得到当局的认可。针对国民党内讧，民进党拟定三阶段指导原则：以静制动——静中有动——以动制动，以分化瓦解国民党。许信良出狱后，扬言要在3年内帮助民进党走上执政之路，民进党"中央"也在三阶段指导原则导引下积极推进"以地方包围中央"的策略。这一切表明国民党的地位面临严峻的考验。

最后，这场内争将给中国统一增加新的变数。由于国民党高层政争激烈，使国民党在未来"大陆政策"的主导者必然会受到多种力量的制衡，既有利于和平统一的积极因素，又有不利于统一的消极影响，加之李登辉极力推进分离路线，因而也将给中国未来统一增加新的变数。

第一次丢失台湾执政权

2000年3月18日晚，台湾"总统"大选揭晓，民进党候选人"陈吕配"以497万票选票，39.3%的得票率当选；独立参选人"宋张配"获466万票，36.84%的得票率高票落选；执政的国民党候选人"连萧配"获292万张选票，得票率为23.1%。②这是国民党继1949年12月丢失大陆政权后再度丢失台湾地方执政权。这是国民党在台执政55年以来首度丢失执政权，其对手只具有十几年党龄、十几万党员，其败状出乎常人之意料。透视国民党败选的原因，既有党内因素又有党外与海外因素，既有主观原因又有客观原因，具体说来主要有以下

① 台湾，《新新闻》周刊，1990年5月13日。
② 台湾，《"中央"日报》，2000年3月19日。

几点：

第一，国民党的大分裂给民进党候选人上台以可乘之机。国民党是百年老党，拥有党员260万，又有丰富的执政经验与选战策略，如果不是发生内讧的话，败选是不可能的。台湾媒体普遍认为：如果由民意呼声最高的宋楚瑜与连战组成连宋配参选，台湾岛内至少有650万民众期望连宋配。然而作为国民党最高领袖的李登辉却反对连宋配，其结果使连、宋互相攻击。在李登辉的一手导演下，首先逼走宋楚瑜，并对党内具有影响的拥宋人士进行打压，揭开了国民党分裂的序幕。其后制造兴票案，对宋可谓是赶尽杀绝，从而对国民党内也造成极大震撼，党争更趋白热化。宋楚瑜是李登辉登上国民党中央主席宝座的第一功臣，然而面对民望日隆的宋楚瑜，李却反把他视为心腹大患，必欲除之而后快。李登辉之所以如此，结论似乎只有一个，那就是李登辉故意制造分裂，搞垮国民党，失去执政地位，将政权拱手相送能够贯彻自己"台独"路线的人士。

第二，国民党的黑金政治引起台湾民众的极大不满，造成票源的大流失。据国民党中央社报道：根据民意调查显示，有7成左右的民众认为，在国民党统治之下，黑金问题越来越严重。长期以来，国民党靠黑道和金权来维持政权，这种金权政治造成台湾黑道猖獗，治安恶化，引起台湾社会民众的极大不满。

台湾当局新领导人在竞选时的讲话中称："从基层金融问题到重大公共工程的围标绑标，从股市的内线交易到'国防'军事采购的弊端，国民党赖以生存的黑金体制正在一点一滴地侵蚀我们'国家'的根本。"尽管民进党候选人是站在一个竞选对手的立场上，未免有攻击之嫌，但无论如何也否认不了国民党搞黑金政治的事实。国民党搞黑金政治还来自贿选方面。台湾政坛上有许多工商界人士，这些人与政治搭上钩，有很大一部分是靠手中的钱来实现的。台湾的各级选举，都有许多人肆无忌惮地公开买票。尤其在2000年大选前夕，由于宋楚瑜的"兴票案"及连战提出的"党产信托案"被曝光，更揭开了国民党黑金政治的深层内幕。

李登辉为自身利益，与黑道势力相勾结，为黑道参政大开方便之门，形成黑道与政治的结合，从而导致了台湾民众对黑金政治的深恶痛绝，对国民党统治的信心降到了冰点，遂产生了求新求变的心态。其结果，国民党很难逃脱再度丧失"政权"的命运。

第三，李登辉的弃国保民效应。李登辉长期坚持的分裂路线日益同民进党的"台独"路线合流，必然造成弃国保民效应，这是国民党败选的最根本原因。民进党选战获胜利后，"立委"陈定南在庆祝大会上公开表示："感谢李登辉'总统'对民进党的支持。"他认为没有李登辉就没有民进党的今天。难怪国民党籍选民在选战失败后齐集国民党中央党部门前，喊出了"李登辉卖党求荣"，也有人称：李白天是国民党主席，晚上是民进党主席。弃国保民发展到2000年，"总统"大选就演变为"弃连保扁"。李登辉表面上保连，实则保扁。正如台湾《独家报道》周刊创办人沈野所言，李是"连皮扁骨"。香港《星岛日报》3月19日发表评论称李登辉对陈水扁几乎没说过一句重话，以至有人说，陈水扁是李登辉的干儿子。回顾陈水扁的发迹史，似乎每一程都得到李登辉的推动与帮忙。在三强鼎立的最后关头，李登辉的亲信、诺贝尔奖获得者李远哲挺身而出为陈水扁拉票，引起学界广泛反应。商界富豪亦是李的亲信许文龙、殷琪的对陈捧场则消除了民进党的反商形象。沈野先生说："只要想一想，没有李登辉的默许，与李登辉同穿一条裤子的李远哲与许文龙会在选战最关键的一刻，突然出手，予连战以致命一击，公开演出'弃连保扁'吗？"① 李登辉的弃国保民、弃连保扁最终达到了预期效果，国民党在选战中惨败，民进党上台，实现了李登辉梦寐以求的"政权和平转移"。对于李登辉的弃连保扁，3月9日的《星岛日报》说得最明白："李登辉搞民主只是一种手段，根植'台独'意识与扩张'台独'政治势力，朝'台湾独立'发展才是李登辉的目的。"

据《李登辉执政告白实录》称：李登辉得知选举结果后，连说："为什么会是这样？""竟然会输了这么多？"选前，7个不同单位调查都说：连战会赢，只是赢多少的问题。李洁明17日晚前往李登辉官邸看望李登辉，李还说"国民党连战会赢6个百分点"。②

台湾许多人对此一选举结果大感疑惑。据台湾各方面观察，陈水扁不可能在2000年台湾大选中脱颖而出，就连李登辉开始也认为陈水扁有可能在8年之后当选。那为什么国民党不仅败选，而且败得那么惨呢？究其原因：

第一，是中国国民党在指导思想上彻底背离了孙中山的三民主义，使党员丧失政治信仰，这是国民党丢失台湾政权的根本原因。众所周知，中国同盟会成立之初，孙中山就将"民族、民权、民生"即三民主义作为该党的政治纲领。列宁称赞"孙中山纲领的每一行都渗透了战斗的、真诚的民主主义"。自1927年4月蒋介石集团叛变革命起，中国国民党背离了孙中山的新三民主义，与中国共

① 香港，《新报》，2000年2月21日。
② 《李登辉执政告白实录》，第158—159页。

产党和广大人民群众为敌，最终在自己发动的内战中败北。试想一个没有灵魂和政治理想的政党与军队能够打胜仗吗？蒋介石在总结中国国民党在大陆失败的原因时，也不能不承认"党的失败的主因，是在三民主义信仰的动摇"。① 蒋介石在总结军队失败的原因时说：我们军队的失败，就是没有奉行三民主义之故。换言之，就是我们军队已经失却战争的基本条件，我们的军队已经成了没有灵魂的军队"，失败实属必然。他还指责部下说："你们平时口头讲信仰三民主义，但是你们在行动上，究竟是不是实行三民主义呢？对于三民主义是不是只有形式的信仰，把三民主义当作一个口头禅而已。"蒋介石要求各级党组织和军队，"加强我们主义的信仰"，唤醒我们党和军队的"灵魂"。② 中国国民党退台后，尽管完全背离了孙中山的新三民主义，但是还遵循孙中山的旧三民主义，蒋经国执政时期，提出了"三民主义统一中国"的口号。这一口号在当时还是有一定的号召力和凝聚力。李登辉执政后，完全背叛了孙中山的三民主义，甚至连三民主义的招牌都不要，完全推行了一条"对抗大陆、分裂中国"的路线。特别是在他抛出"两国论"后，国民党完全迷失了政治方向，一个拥有 250 万党员的大党，在"总统"大选的关键时刻，内部争权夺利，战斗力和凝聚力尽失，最终丧失了民意，丢掉了执政地位。

第二，忽视作风建设，腐败与黑金政治盛行，使其彻底失掉民心，是中国国民党再度丢失政权的关键原因。政治廉洁是国家政治进步的重要标志之一。要实现廉洁，必须杜绝政府官员中的贪污、受贿及利用政权谋取私利的腐败现象。但是，由于国民党高级官员不能以身作则，不能把民众利益与国家、民族利益放在第一位，故此各级军政官员上行下效，敲诈勒索、贪污受贿现象相当普遍。大陆时期，特别是战后，国民党各级官吏利用接收之机，更是贪污中饱。对于国民党官员的种种劣迹，沦陷区人民愤愤称接收为"劫收"，称接收大员为"五子登科"人物。"劫收"极大地刺激与引发国民党各级官员疯狂争夺财富权力的强烈欲望和穷奢极欲的挥霍享受心理，使其吏治更加腐败，凝聚力和号召力丧失，信仰危机，军纪，当即荡然无存，派系之间的争斗加剧，统治集团内部分崩离析。"劫收"还使光复区老百姓原对国民党政权存在的幻想变成了泡影，正如歌谣所唱的："盼'中央'，望'中央'，'中央'来了更遭殃。"对此，国民党经济接收大员邵毓麟深以为虑，他向蒋介石当面进言说："像这样下去，我们虽已收复了'国土'，

---

① 张其昀：《先"总统"蒋公全集》，第 2 卷，第 2247 页。
② 张其昀：《先"总统"蒋公全集》，第 2 卷，第 1929 页。

但我们将丧失人心”，"在一片胜利声中，早已埋下了一颗失败的定时炸弹"。[1] 由此看来，邵毓麟确比蒋介石诚实，又比蒋介石有预见性。如果蒋介石接受邵毓麟的建议，领悟到问题的严重性，遏制腐败蔓延，也不至于败得那样快那样惨。直到 1950 年 3 月，蒋介石才认识到："过去北洋军阀被打败是他们本身腐朽。"但在北伐后，"所有北洋军阀的毛病，我们的军队都已习染，不论在精神上，行动上，都渐次趋于腐化堕落，""几乎与北洋的军队如出一辙"。[2] 是国民党的腐败葬送了国民党。

蒋经国执政时期，希冀通过国民党的革新来解决国民党自身的腐败问题。但由于他的突逝，此一问题没有能够解决。李登辉执政后，纵容官、商、黑道互相勾结，逐利分赃，使得国民党内腐败与黑金政治泛滥成灾。台湾著名的洪门帮、竹联帮、四海帮等帮会主要是中国国民党籍候选人的支持者。黑道势力的发展由"助选"到"参选"，由"配角"到"主角"，且参选职位由"地方"到"中央"。另一方面，国民党内执法人员受贿与贪赃枉法事件层出不穷。国民党的一份调查报告显示："司法风气素来风评不佳，流言不断，激起的民怨非常深远。""越来越多的案件，显示部分司法人员要钱，并非空穴来风"。[3] 据国民党时期的"法务部调查局"统计："单是 1991 年一年中，贪污案件即达 504 件，起诉 490 件，有851 人被起诉。"[4] 国民党上层以权谋私现象更为严重。1997 年前后，"总统府"让"国安局"兴建一个隐秘场所，用来放置"总统"收取的礼物、宝物等。"国安局"把一个大型山洞改造成为藏宝洞。国民党党营事业大管家刘泰英，从 1991 年就开始贪污、受贿、违法洗钱等犯罪活动，仅受贿一项就达 10 亿之多。2002 年11 月刘泰英被查抄时将李登辉供出。事后，李登辉公开宣称：刘泰英贪污、受贿案不要再查下去了，否则没法收场。由此可见，黑金现象是多么严重。国民党的腐败与黑金政治使台湾广大民众丧失了对国民党的信心。古人云：得民心者得天下，失民心者失天下。国民党两次丢失政权，其关键原因就是政治腐败，失去民心。在 2001 年 7 月召开的"十六大"上，国民党主席连战郑重宣布："今天的中国国民党是与黑金势力一刀两断的政党。"为了向全岛人民表示决心，国民党"十六大"通过了"排黑排黄"的条款。

---

① 邵毓麟：《胜利前后》，台湾，传记文学出版社，1967 年版。

② 张其昀：《先"总统"蒋公全集》，第 2 卷，第 1962 页。

③ 台湾，《中国时报》，1988 年 6 月 19 日。

④ 彭邦富著：《孤岛黑流》，第 90 页，江苏人民出版社，1999 年版。

第三，派系纷争与组织涣散，是中国国民党再度丢失政权的重要原因。国民党内派系纷争由来已久。1927 年第一次国共合作破裂后，国民党政治的最大特征，就是派系争斗。蒋介石惯用的伎俩就是扩大和制造内部之间的矛盾，并且利用这种矛盾实行分而治之。在蒋介石统治大陆的 22 年中，派系争斗一天都没有停止过。蒋介石也不能不承认"党内不能团结统一，同志之间，派系分歧，利用摩擦，违反党纪，败坏党德，以致整个的党，形成一片散沙，最后共党乘机一击，遂致全盘瓦解，彻底崩溃"。蒋介石在多种场合讲话时指出："军队腐败、政治贪污只是失败时候的现象，而不是促成失败的根本原因。""我们所以失败，第一在于制度没有建立，第二在于组织之不健全"。① 国民党败退台湾后，经过改造运动，派系争斗有所缓解。李登辉执政后，为了巩固自己的权力，为了使台湾能够"独立"，他不惜一切手段，来搞垮国民党。他先是制造亲李登辉的"主流派"和亲蒋势力的"非主流派"的矛盾，借此把国民党大佬李焕、林洋港、蒋纬国、郝柏村等统统挤出了决策圈。李登辉的做法和"台独"倾向使一批国民党内的革新派人士组织"新国民党连线"，后于 1993 年另组新党，造成国民党第一次分裂。1996 年台湾第九届"总统"选举，李登辉违反诚信代表中国国民党参选，引起广大党员的不满，导致陈履安、林洋港、郝柏村出走，造成国民党第二次分裂。在 2000 年台湾"总统"选举中，国民党内连战与宋楚瑜都希望代表国民党参选，台湾岛内都看好"连宋配"。但是，李登辉坚决不同意"连宋配"，最终迫使宋楚瑜退党参选。国民党的第三次大分裂成就了民进党候选人陈水扁的"总统梦"。国民党丢失政权后，许多国民党员认为党内分裂是败选的重要原因。因此，在连战带领下，中国国民党开始整顿党的队伍，实行党员重新登记，清除亲李登辉派，并且主动联合从国民党中分裂出去的新党和亲民党。2001 年，三党组成了"在野联盟"。

第四，国民党再度丢失政权是李登辉鼓吹"台独"分裂路线发展的必然结果。李登辉鼓吹"台独"的分裂路线，是有步骤、有纲领、有目的、有策略的。所谓有步骤：第一步，就是彻底改变蒋经国的一个中国原则，并将大陆主流派统统赶出国民党的决策圈，极力鼓吹"两个对等的政治实体"。第二步，提出"阶段性两个中国"和"一中一台"，并借"宪政改革"为名，选举"台湾人的'总统'"。第三步，公开抛出"两国论"，并使"两国论"纳入党纲，使统、独之争在岛内

---

① 张其昀：《先"总统"蒋公全集》，第 2 卷，第 1947 页。

和党内白热化与模糊化，便于李登辉浑水摸鱼。第四步，不惜毁党，全力支持陈水扁上台。关于此点，许多人感到不可思议。其实，这是李登辉鼓吹"台独"路线的必然结果。陈水扁封李登辉为"台湾之父"，陈水扁自诩为"台湾之子"，陈、李之间的关系不就昭然若揭了吗？李登辉当然知道，连战与宋楚瑜最终不会真正贯彻他的"台独"路线，只有陈水扁才能得以继承他的路线，所以在关键时刻采取"弃连保扁"。香港有媒体称陈水扁是李登辉的干儿子，此一说法并非空穴来风，因为每到陈水扁的关键时刻，都能找到李登辉帮忙的影子。

说李登辉有纲领，纲领就是"两国论"。李登辉1999年7月9日提出"两国论"，就是给海峡两岸关系定位，其目的最终就是要在台湾建立"台湾共和国"。如果"台湾共和国"建立，他本人就是"台湾之父"。所谓有策略，就是李登辉为达此目的，甚至不惜与民进党联手共同对付党内异己。依宋楚瑜当时的实力，夺取2000年大选胜利可谓是唾手可得。但宋楚瑜不能继承李的"两国论"路线，最终被李登辉逼出国民党，只好以个人身份竞选"总统"。民进党上台，实现了李登辉梦寐以求的"政权和平转移"。2000年3月9日《星岛日报》说的最为明白："李登辉搞民主只是一种手段，根植'台独'意识与扩张'台独'政治势力，朝台湾'独立'发展才是李登辉的目的。"

李登辉长期坚持分裂路线，鼓吹"两国论"，并与民进党所主张的"台独"路线合流，必然造成弃"连"保"扁"效应。民进党选战获胜后，"立委"陈定南在庆祝大会上公开表示："感谢李'总统'对民进党的支持。"他认为没有李"总统"就没有民进党的今天。陈定南的话的确入木三分。依笔者之见，陈水扁上台完全是李登辉精心策划的。说他精心策划绝不是冤枉他，因为后来的事实均说明李登辉弃"连"保"扁"是有步骤、有纲领、有目的、有策略的。

关于此点，还可以从台湾国民党要员和几位学者研究中得到说明：国民党"国发院"院长关中为台湾著名人士王晓波教授撰写的《论国民党：批判与重建》一书作序时指出："国民党过去十几年的衰退，主要的原因便是一个不承认自己是中国人的人当了'中华民国总统'12年，一个主张'台独'的人担任了中国国民党主席12年。这是世界上的超级笑话，这是'中华民国'的悲哀，这是台湾的不幸，这是中国国民党的罪过。""李登辉利用了国民党，出卖了国民党，践踏了国民党"。他"为了不愿当中国人，所以把国民党诬陷为'未来政权'；为了巩固自己的权力，所以大搞黑金政治；为了走向'台独'，所以刻意激化两岸关系。最后为了独裁，还想利用'国大'，企图争取连任，但被美国阻止而未能得逞"。

他还出了很多书，合起来可称之为"骗术大全"。①

王晓波指出："李登辉上台后不久，国民党内即发生主流和非主流的权力斗争。经过1990年'总统'选举，实权在握后，李登辉在党内进行独裁，排除异己；在岛内，以'本土化'挑拨省籍意识，以民粹鼓励群众来巩固自己的地位；又勾结民进党，以党外冲击党内，来巩固其在党内的独裁权力；在两岸关系上，又利用美国对中共的'遏制政策'，以'台独'挑衅中共，恶化两岸关系，刺激台湾民粹。""至1996年'总统'大选，李登辉的声望如日中天，高票当选台湾的民选'总统'，进而再度连续'修宪'，把'宪法'修成'总统'可以不受监督制衡的'总统'独裁制。为了巩固其'本土化'路线，进而篡改历史教科书，而有《认识台湾国中历史教科书》，终于暴露了他'皇民化'意识的真面目。此外，又从'中华民国在台湾''台湾是一个主权独立的国家，国号叫中华民国'，终至'两国论'出炉，将两岸关系破坏殆尽。""从1988年到2000年，这12年来，国民党逐步成为李登辉独裁和'台独'的工具，直到"国民党总统"大选失败，李登辉党主席被驱逐"。"李登辉在被国民党驱逐后，终于在2002年10月12日，自己承认过去是欺骗国民党，国民党被他骗，是因国民党'傻啦'。当年，他曾抱怨说了140多次反对'台独'，别人都不相信他，终于，他要担任'台湾正名大游行'的总指挥，并公开主张'中华民国'应改名为'台湾国'"。②

2002年6月10日，时任国民党主席的连战在美国华盛顿"国际民主联盟会议"发表演说时宣称：国民党丧失政权有五大根源，包括：（一）不民主，一言堂，也就是决策黑箱作业；（二）老化，包括思想老化、人士老化、作为老化，年轻人不愿认同；（三）作风老大；（四）黑金腐化；（五）选举与黑金相互依附。③

第二次丢失台湾执政权

2016年1月16日，台湾地区领导人选举尘埃落定，民进党候选人蔡英文、陈建仁以6894744票当选，得票率约为56.1%。民进党同时赢得"立委"选举，拿下68席，席次过半获得立法院的多数席位。代表中国国民党的朱立伦以史无前例的308万票差距惨败给民进党，全台22县市输掉16县市，"立委"席次也

---

① 王晓波著：《论国民党：批判与重建》（序），第1—2页，台北，海峡学术出版社，2003年版。

② 王晓波著：《论国民党：批判与重建》（自序），第7—8页。

③ 国民党败选检讨5大原因 揭未来努力4方向，华夏经纬网，2016年2月4日讯。

锐减到 35 席，等同于宣告失去"立法院"正副龙头的宝座。无论是"行政""立法"，还是地方，民进党均以获胜实现全面执政，国民党再次沦为在野党。

究竟是什么原因导致了国民党空前惨痛失败？

对于这一敏感话题，国民党中央专门召开会议进行研讨，并于 2 月 3 日国民党中常会上公布了检讨报告，列出 5 大败选原因："执政"未获认同、两岸论述无法凸显两党品牌差异、党内矛盾不团结、网络经营不够深化和多元、缺乏长期培育人才。也有人将此次国民党败选的原因归咎于马英九 8 年执政绩效不佳，认为是国民党自己打败了自己，也有人认为国民党此次败选败在了"中国"二字上，例如国民党前发言人杨伟中竟要求国民党今后改革应首先将中国国民党中的"中国"二字去掉，国民党中的青年军在败选后成立了"草协联盟"，居然同杨伟中的意见如出一辙。有人称杨伟中是"蓝皮绿骨"。对于杨伟中和"草协联盟"的"去中国化"行径，国民党主席补选候选人洪秀柱表示坚决反对，并认为对国民党败选原因检讨"还不够深入与透彻"。著名台湾问题评论家邱毅同洪秀柱同样看法，并认为将败选原因归咎于马英九一人也不公平，要求进一步检讨国民党败选原因。到底怎样看待此次国民党败选的原因呢？两岸学术界比较一致的意见是：

第一，理想信念缺失是本次国民党在大选中败选的原因。理想指引人生方向，信念决定事业成败。如果一个政党丧失了理想信念就不可能在各种复杂的环境中立于不败之地。国民党也曾经是一个有理想信念的政党，它的指导思想就是孙中山所倡导的三民主义。国共两党都曾经在孙中山三民主义的大旗下携手合作，创造了北伐战争和打败日本侵略者的历史辉煌。后来是蒋介石彻底背离了孙中山的新三民主义，从而丢掉了大陆执政权。但是"两蒋"时期国民党始终秉持"国家统一"的理念，坚决反对"台独"。然而在李登辉执政时期的国民党，却被他带进了"两国论"的深渊，完全迷失了政治方向，最终结果第一次在 2000 年丢掉了台湾执政权。国民党丢失执政权后，在国民党主席连战带领下，大刀阔斧进行改革，首先开除了主张"两国论"的李登辉，并将国民党从"两国论"的泥沼中拉出来，特别是 2005 年，国民党主席连战接受中共中央总书记胡锦涛邀请参访大陆，在一个中国原则基础上达成了国共两党的"共同愿景"。正是由于国民党坚守了正确的理念，一举赢得了 2008 年执政权。国民党重新执政后，一方面坚持"九二共识"和"一个中国"原则，从而使两岸关系步入了和平发展的轨道，两岸之间签署了 23 项协议，成为两岸关系的最好时期。另一方面，国民党受台湾岛内政治生态和美国对台政策影响，在国家统一这一原则立场上总是左右摇摆，宣称"不统、不独、不武"的理念。尽管国民党中央在检讨失败时宣称"党缺乏核心理念和中心思想论述"，但在这个问题上国民党内争论不休。特别是目前国民党内部对于如何"救党"有两种截然相反的意见：一种认为应该重拾创党党魂，努力扩大两岸和平成果，坚持做自己认为对的事，而非跟着民进党的指挥棒和民粹打转；另一种认为应向中间靠拢，获取两岸关系红利的同时注重与大陆保持距离，并跟绿营比赛谁更"爱台湾"。后一种理念在国民党内有相当的市场，杨伟中与"草协联盟"在2016年丢失执政权后的所作所为，就证明了国民党内思想混乱已经到了非常严重的程度。

第二，马英九"政府"执政绩效不佳是造成选举惨败的根本原因之一。2008年马英九许诺的"六三三"（经济成长率达到6%、人均GDP达到3万美元、失业率降到3%以下）至今仍没有兑现。在台湾岛内各种社会经济却因施政不力，导致台湾民众对马英九8年"执政"的失望与不满。本应利用"执政"优势去赢取选举，但由于执政绩效不佳却成了选举票房的毒药。正如台湾铭传大学杨开煌教授强调，"会有这样的选举结果，首先是因为选民对马英九施政的失望，尤其是在经济方面，他没能让民众满意"。经济发展提振乏力、民生问题乏善可陈，一些公共政策朝令夕改，一些必要改革又因顾忌太多而搁置，其做法总是以广大台湾人民的意愿相悖。例如："油电双涨"得罪了穷人，"证所税"得罪了富人，调高"健保"费率得罪了所有人。由于国民党方面不能妥善解决这些问题，用国民党中央的话说是"执政未获认同"。台湾民间流传"国民党不倒，台湾不会好"，正是基于此，促使台湾民众产生不如"换人做、试试看"的想法，"民心思变"使得部分选票流向了"绿营"。从这个意义上讲，是国民党自己打败了自己。

第三，派系纷争是导致此次选举败选的关键原因。国民党丢失"大陆政权"的重要原因之一就是派系之争。2000年台湾领导人选举，如果没有党内派系纷争激烈，国民党怎么可能在2000年丢失台湾执政权。此次大选前由于"马王心结"导致党内出现严重分裂，深蓝与本土蓝矛盾重重，加之在内政上面对瘦肉精美牛、核四、反服贸、太阳花学运等一系列挑战也没能有效因应，朱立伦就任党主席后也毫无作为可言。大选之际国民党大佬们各有盘算，就是无人敢于代表国民党竞争台湾领导人的候选人，接着洪秀柱代表国民党出征又遭遇百般刁难，最终以不能拖累"立委"选举为由实现"换柱"。临阵换将历来是兵家之大忌，而国民党就犯了大忌。"换柱"之后的国民党候选人朱立伦又不能提出令台湾民众满意的政策，加之党内纪律废弛、组织涣散、士气低落，缺乏凝聚力，最终必然以选举惨败而告终。选后国民党中央在检讨时承认"党内矛盾不团结",但却无法改变党内派系犹存的现状,在国民党主席人选上再度上演派系纷争戏。2月22日,补选党主席完成登记之际,对于外界将党魁补选视为本土、非本土对决,党主席候选人黄敏惠却宣称:这场选举"绝非本土与非本土对决",而是"主流民意与非主流民意"的抉择,此说再掀党内路线分裂争议。12月21日,国民党举行"中常会",在多数"中常委"缺席的情况下,党中央援引"内政部"规定宣布通过"党主席提前两个月改选、黄复兴党代表并选"重要议题,引发党内讨论程序正义以及是否合法。26日上午,"中常委"姚江临委托律师向台北地方法院递交诉状,向洪秀柱提起民事诉讼,并向法院申请暂时处分,要求国民党不得执行决议。这是国民党内部"马王政争"后,再度爆发"法律内战",而中常委告党主席,更是前所未见。洪秀柱27日深夜上传了一段短片,脱掉平常的假发致歉。"立法院"党团总召廖国栋放话,这件事非同小可,如果一个主席可公然违背法规,自己的内规,这件事严肃到她应该下台、辞职。洪秀柱表示,上周已经公开说明草案必须经由常会讨论通过后才会定案。"真的没有所谓的先斩后奏,或是不尊重常会的任何意图",她说,这个草案的目的可以用"回归党章,建立制度"8个字来说明,希望能为国民党内选举立下典范,让所有人公平按照党内制度竞争。

第四,缺乏对青年人的培养、疏解与引导。国民党与民进党最大值差异就在于对基层和青年人的态度不同。国民党是百多年的老党,民进党则出身于草根,其结果是国民党总是高高在上,不注意深耕基层。本次大选暴露出的严重问题之一就是国民党基层动员严重缺失,国民党中央不接地气,与当年蒋经国提倡的"向下扎根,再向下扎根"主张背道相驰。选后检讨时绝大多数人都认识到这一点,宣称要脱掉皮鞋,换上草鞋,长期扎根基层,倾听民意、忠实扮演理性监督角色。更为严重的是,国民党不重视青年人的培养、疏解与引导。本次大选投票率最高的就是青年人,而今天的台湾青年人绝大部分在国家与民族认同上出现了偏差,偏绿色彩比较强。之所以如此,一方面是李登辉与陈水扁20年极力鼓吹"本土教育",宣扬"文化台独"理念,他们就是在这一背景下成长起来的;另一方面则是对全球化与两岸关系快速发展的错误认知与恐惧所致。进入新世纪以来,全球化一方面推进了世界经济发展,一方面使发展中国家和地区贫富差距进一步拉大。正因为此,部分国家和地区反对全球化的声浪一直没有终止。台湾本为经济较发达地区,但近年来受世界金融危机的影响经济发展处于低迷状态,岛内贫富分化有拉大趋势,底层民众有一种强烈的被剥夺感。一方面他们对台湾一些企业家在金融危机中不仅没有受损反而因两岸经贸交流大发其财而深感不满，另一方面又害怕全球化特别是因两岸交往给台湾当地弱势劳工群体生活带来冲击。台湾"太阳花"学运正抓住了这一社会现象，并将这一社会现象归咎于马英九政府积极推进两岸经贸往来政策所致，害怕未来大陆经济会吞并台湾经济。正是在这一背景下在台湾青年人中形成了一股"反马、反中"的逆流。朱立伦在选举中试图与马英九切割，但其结果由于马当局对"太阳花"学运处理不当，最终丢掉了青年人绝大多数的选票。

第五，是美国丢弃了国民党。陈水扁执政时期成为两岸关系的麻烦制造者，这是美国人不愿意看到的。国民党重新执政后，由于马英九宣称的"不统、不独、不武"与美国的对台政策相一致，所以美国对马当局是支持的。美国人之所以丢弃国民党，一方面因为美国政府认为台湾当局同大陆签署了若干项两岸交往的协议，在事实上"过于依赖大陆"，现任美国总统安全顾问赖斯就明确表示："部分美国学者忧心两岸和解可能影响美台关系。"当2014年3月14日台湾"太阳花"学运发生后，美国在一开始是站在支持学运的立场。另一方面则是美国在邀请蔡英文访美过程中，认同了蔡英文所宣称的"维持现状"的说法，客观上支持了民进党。

国民党败选后，围绕着是否坚持和如何坚持两岸关系和平发展，展开了激烈的争论，焦点集中在：

第一，中国国民党要不要更名。此一争论是由国民党前发言人杨伟中要求国民党今后改革应首先将中国国民党中的"中国"二字去掉引起，国民党中的青年军在败选后成立了"草协联盟"也持此一态度。很显然这是国民党内相当一部分"本土蓝"派在两岸关系问题上的基本认知，说到底这与民进党"去中国化"没什么两样。国民党主席补选4位主要候选人中洪秀柱与黄敏慧都坚决反对中国国民党更名。当然两者角度是有区别的，区别点就在两岸关系的论述上。

第二，关于两岸关系的论述。在两岸关系的论述上，国民党内存在着三种观点：一是李登辉鼓吹的"两国论"。"两国论"至今在国民党内仍然阴魂不散，杨伟中与"草协联盟"的去"中国"二字就是"两国论"的反映。二是"一个中国，各自表述"。这是两岸国共两党在认同"九二共识"上的差异性表述，也是马英九执政8年来所坚持的路线。三是"一中同表"。坚持这一论述的就是刚刚当选的国民党主席洪秀柱。在洪秀柱看来，为了确保两岸和平，两岸应该提升"九二共识"，从"一中各表""一中不表"走向"一中同表"。所谓一中同表："两岸均是'整个中国'内的一部分，其主权宣誓重叠，宪政治权分立。"实现"一中同表"要坚持五项原则："第一，恪遵宪法：协定内容蓄意不违反'中华民国'宪法及尊重两岸法理现状为基础。第二，平等尊严：协定内容须顾及双方核心坚持、平等与尊严。第三，整体推动：协定内容须与国际参与、议题同时处理。第四，确保和平：协定内容须创造有助两岸和平发展的结构，在创造两岸'共同体'结构方面，可以'文化共同体'作为开端。第五，民意为本：协定内容须得到人民同意。人民必须直接参与是否要和平的决定，以避免日后的纷扰。"①

2016年3月19日国民党党主席补选第二场候选人电视政见发表会上，4位候选人黄敏惠、洪秀柱、陈学圣与李新聚焦于两岸政策议题，并展开激烈辩论。洪秀柱一如既往地主张强调，在"九二共识"基础上持续深化，面对面与大陆坐下来谈，在恪遵台湾"法规"与民意支持下签订"和平协议"，换取两岸和平。据台湾《中国时报》报道，黄敏惠22日接受"中时电子报"广播节目专访，被问到两岸政策主张，她强调，一定完全遵照"宪法"及国民党政纲而行，因为这是最稳健务实，走得通的路。对于洪秀柱的"一中同表"，黄敏惠认为她仍"无法认同"，这不仅在党内有很大反对声音，台湾人民也有很大疑虑。国民党主席另一位候选人陈学圣提出"新三民主义"论述。他说，要深化、诠释孙中山的"三民主义"，赋予台湾新价值，这也是未来两岸对话时台湾最重要的价值。

9月4日，中国国民党通过新版政策纲领。新版政策纲领分为5大总论、4项立场、10大政纲。10大政纲涵盖外事、两岸、民主、经济、教育、司法等面向。两岸论述部分，新版国民党政策纲领提及"促进两岸交流，追求台海和平"，在台湾"宪法"的基础上，深化"九二共识"。积极探讨以"和平协议"结束两岸敌对状态可能性，扮演推动两岸和平制度化角色，确保台湾民众福祉。国民党政策会执行长蔡正元表示：根据民调显示：51.5%的受访民众同意国民党和平政纲，20.2%反对；进一步分析，国民党支持者有超过82.5%同意和平政纲，民进党支持者也有34.8%同意和平政纲。

2016年10月底到11月初，中国国民党洪秀柱主席率领中国国民党大陆访问团参访大陆，11月1日，中共中央总书记习近平在北京会见了洪秀柱主席率领的中国国民党大陆访问团。习近平对洪秀柱率团来访表示欢迎。习近平说，在历史风云变幻中，国共两党有过许多恩怨。同时，在中华民族发展的紧要关头，两

---

① 杨艾莉：《没有走完的"总统"路——铁汉柔情洪秀柱》，第288—289页，台北，远见天下文化出版股份有限公司，2015年版。

党为了民族大义也几度合作，为民族和国家发展发挥了重要作用。2005年，两党冲破历史藩篱，开启新的交往。两党领导人共同发布"两岸和平发展共同愿景"，揭示了两岸关系和平发展新方向。2008年以来，国共两党同两岸同胞一道，开辟了两岸关系和平发展道路，给两岸同胞带来了许多实实在在的利益。公道自在人心。国共两党为两岸关系和平发展做出的贡献已经写在历史上。

洪秀柱表示，国共两党应继续在"九二共识"、反对"台独"的基础上，加强沟通机制，推动扩大两岸经贸和民间交流往来，促进两岸青年交流，发扬灿烂的中华文化，支持大陆台商发展，积极探讨推动两岸和平制度化，共同维护两岸关系和平发展，增进同胞福祉，开创中华民族复兴的光明前景。① 吴敦义当选国民党主席后，放弃了洪秀柱主党时期的政纲，又回到了马英九时期的政治主张上。

---

① 《人民日报》，2016年11月2日。

第十四章　后蒋时代的蒋氏家族

蒋经国病逝后，其家族的家业如何维持，蒋家成员何去何从？仍然动观四方，备受瞩目。在台湾的历史转折关头，国民党原有的权力谱系，将产生空前的变化而重新排列组合。在新的权力组合中，蒋家成员居何地位已成为人们的焦点话题。

从江南命案观之，蒋经国已下定决心蒋家人"不能也不会"继任所谓的"中华民国总统"一职。然而，依据尚未完全脱胎换骨的传统权力结构，是否仍会有好事者，或基于自身权势以及既得利益的维护，攀引或怂恿蒋家成员去竞争"总统"、主席职，仍是难以预料之事。追踪蒋经国病逝后其家族的动向，可对上述问题做出初步的回答。

宋美龄客死异乡

早在蒋介石病逝后，蒋老夫人宋美龄行踪颇令人关注。开始她住在士林官邸，后因无法排遣对蒋的情感与蒋经国的恩怨，遂于1975年9月17日启程赴美，行前发表书面谈话称："近数年来，余迭遭家人丧故，先是姐丈庸之兄去世，子安弟、子文兄相继溘逝，前年蔼龄大姐在美病笃，其时，'总统'方感不适，致迟迟未行，迨赶往则姐已弥留，无从诀别，手足之情，无可补赎，遗憾良深，'国难'家忧，接踵而至。2年前，余亦积渐染疾，但不遑自顾，盖因'总统'身体违和，医护惟恐有怠忽，衷心时刻不宁，'总统'一身系'国家'安危，三民主义之赓替，'中华民国'之前途，全担在其一人肩上，余日夜侍疾，祷望'总统'恢复健康，掌理大事，能多一年领导'国家'，'国家'即能多一年扎实根基，如是几近3年，不意终于舍我而去，而余时身在长期强撑坚忍，勉抑悲痛之余，及今顿感身心俱乏，憬觉确已罹疾，亟须医理。"①

---

① 辛慕轩等：《宋美龄写真》，第126页，档案出版社，1988年版。

宋美龄赴美时，蒋经国及军政要员前往机场送行。在美期间，宋美龄住在纽约长岛孔令侃的别墅中。1976年4月2日，宋为了追念蒋介石逝世一周年，特别搭乘"中美号"专机返回台北。待追思礼一过，宋美龄再度返回美国，一住就是10年。

当蒋经国健康日趋恶化、蒋纬国出任"国安会秘书长"、蒋孝武外放新加坡和章孝严出掌"外交部次长"之际，宋美龄返回台湾。由于传闻，宋美龄的影响力在蒋介石死后依然非比寻常。台北政治圈长久以来，即对所谓的夫人派究竟是否存在，势力如何，对政局影响程度如何，一直抱着相当的兴趣与关注。据台港报载：夫人派有如一股无形的力量在影响台北政局，多位国民党元老，如黄少谷、倪文亚、谷正纲、袁守谦、沈昌焕等人，都和宋美龄有不寻常的渊源。"参谋总长"郝柏村、"国安局局长"宋心濂、国民党"党史会主任"秦孝仪均是宋美龄的心腹。《雷声》周刊认为宋美龄才是"台湾未来政局稳定与否的关键所在"。

宋美龄回台之初，由于行走困难，很少离开士林官邸。但刚回台湾时曾有几次前往妇联总会，以重温昔年旧梦，当时曾造成妇联会门前警卫森严，后来便很少前往，因妇联会总干事王亚金每隔一两天就来士林官邸向宋美龄汇报一次。由于外界重视宋美龄在岛内政坛可能发生的影响力，外国传媒机构在宋美龄返台之初，曾特别训令其驻台记者密切注意宋美龄的新闻。蒋经国病逝前，宋美龄频频约见党政军高级首脑，造成台北政界相当大的震撼。宋美龄此举既未得到蒋经国的认同，也不合台湾政治体制。《雷声》周刊对此评论称：

宋美龄这种"不知自我节制的行为，实在有失进退之道，而且假若蒋夫人的动机是出之企图展示政治实力，则又令人对政局发展感到忧心"。

蒋经国病逝后，以宋美龄为首的夫人派及官邸派集会研商。宋美龄力主由俞国华或李焕取代李登辉，担任代理主席，以免出现台湾人"总统"兼台湾人党主席的局面。但俞国华自身形象欠佳，不是李登辉的对手，后以李登辉当选代主席使权力之争暂告落幕。

1988年7月7日召开的中国国民党"十三大"，可谓是宋美龄发挥政治影响力的最后冲刺阶段。7月8日，宋美龄亲自到"十三大"会场，因身体健康原因，她请李焕代为宣读谈话讲词，讲词称：

"眼前正值紧要关头，老成引退，新血继之，譬比大树虽新叶丛生，而卓然置于地者，则赖老根老干。于今党内白发苍苍，步履蹒跚者，不乏当年驰骋疆场之斗士或为劳苦功高之重臣，其对'党国'之贡献，丝毫不容抹杀，当思前人种树，后人乘凉。夫国之强，党壮之，赖有一定之原则，连续生存之轨迹，创新而不忘旧，前进而不忘本，当年国父如不建党立国则无今日之中华，台澎依旧日本殖民地，饮水思源发人深省。"①

　　会前，宋美龄还主持召开国民党中央妇女工作干事会议，要她们做好妇女工会的工作，强化妇工会的功能。有舆论称：宋美龄目的是想让她属下的妇工会人员在新的机关拥有席位，但年近八旬被题名为中委候选人的国民党妇工会主任钱剑秋，在选举中落选。这不但令宋美龄难堪，也使钱剑秋感到震惊，并面临必须交棒之苦。港报说：这次选举的结果，使宋美龄把持了30多年的国民党妇工会全军覆没，是宋美龄的彻底垮台。

　　自从宋美龄在国民党"十三大"上发表震惊一时的"老干新枝"的演说之后，将近一年的时间没有公开露面。社会上对她的状况传闻颇多，一说病得不轻，一说她将赴美定居，已跟岛内政治环境隔离，据台湾《新新闻》周刊1989年2月19日刊文说：就在1989年1月31日，宋美龄接受卵巢瘤切除手术。此次手术极端秘密，"荣总"罗光瑞院长曾和"行政院"首脑研究是否可以公布宋美龄住院情况，但最后仍未透露。据"荣总"医师讲，宋美龄生命力十分坚韧，求生意志也很强，虽然肿瘤切片可能是恶性，而且也有其他最坏的可能性，然而92岁高龄的宋美龄已知道并接受一切。经过手术之后，宋美龄健康状况良好。

　　另据台报载：1989年4月间，为蒋介石病逝14周年忌辰而专程返台的孔令仪兄妹，曾向蒋老夫人进言，让她回纽约去住，以避免岛内对蒋氏家族批评性的翻旧账的指责与攻讦。据了解，孔令侃、孔令仪兄妹的建言未发生效力，宋美龄依旧留在士林官邸，丝毫不为所动，而且根本没有在适当时间赴美的计划。

　　宋美龄为什么不愿意赴美定居呢？据接近她的人称，主要有两方面原因：一是她身体的原因，实在不利于远行，坐在轮椅上远走异国，总是一件极其麻烦的事；另一个是事务上的原因。所谓事务上的原因是指飞往美国去的专机及侍从人员的跟进，以及其在官邸内费用的拨付等等。如果有一天要回来的话，松山机场（宋美龄前此回台时均在松山机场降落）更不可能冠盖云集，甚至会发生"归不得"的情况。因此，官邸派的智囊考虑的结果，仍以不走为宜。而且宋美龄本人也不想走，在她嘴边常常说两句话："这是我的'国家'，我为什么不能长住。"就此分析，宋美龄短时间内不可能远赴美国。

---

　　① 《"中央"日报》，1988年7月9日。

1989年6月国民党十三届二中全会召开时，有舆论预测宋美龄在近一年未露面的情形下，有可能以国民党中央评议委员会主席的身份露个面，给李登辉一点面子，但结果未如舆论所愿。二中全会闭幕日，李登辉反向宋美龄发了致敬电文，令人意想不到。

宋美龄虽未出席十三届二中全会，但却在二中全会后的半个月时间内，先后两次公开露面，虽因不利于行而必须坐在轮椅上出现，但健康尚称良好。宋美龄为什么对国民党二中全会这么重要的集会不参加，而参加两个完全属于私人事项的集会呢？据了解宋美龄心情的人士指出，这完全是私人心态的调适问题。

1989年6月12日，美国东海岸的波士顿大学决定授予宋美龄荣誉博士学位，考虑到宋美龄的健康问题，决定在台北举行荣誉博士颁赠典礼。是日，妇联会贵宾云集，党政界高层人士300余人到场。值得注意的是李登辉夫人曾文惠女士只身前往，李登辉与宋楚瑜二人均未到场。据台报称：李、宋二人没到场的原因不是因为公务繁忙，而是他们根本没受到邀请。

台湾舆论界有一种说法：宋美龄到目前为止仍对蒋经国病逝后推举李登辉当"主席"一事耿耿于怀。宋美龄认为她当时并不反对推举李登辉当"主席"，只是蒋经国刚去世就立刻改选别人，未免太不适宜，因此主张暂缓，没有想到宋楚瑜在"中常会"上愤而退席，使情势逆转，也使宋美龄背上干政的黑锅。因此，宋美龄仍对李登辉心存芥蒂，也不愿邀请他们参加这个典礼。再者，她不愿参加十三届二中全会是因为蒋介石在世时她在会中所拥有的地位，以及现在她所能具有的地位，无法同日而语，故此心态无法调适，所以不愿再露面。

6月12日，宋美龄在接受荣誉博士学位的演讲中，没有再说"我将再起"。

1991年9月21日，宋美龄再度离开台湾到达美国纽约。本来宋不愿赴美，为什么又再度赴美呢？据台报分析，有以下几个原因：

第一，宋美龄在台湾的亲族凋零，生活寂寞。在宋美龄返台的5年多时间里，蒋家遭逢三次大的变故，第一次是蒋经国去世，第二次是长孙蒋孝文去世，第三次是她非常能干的孙子蒋孝武突然去世。"老干"犹存，"新枝"却已一个个凋零。尤其是蒋孝武的去世，间接向人们宣告："掌控台湾政局长达40年的蒋家氏族，正式退出政治舞台了。"虽然宋美龄在蒋孝武病逝后表现得"相当坚强"，但蒋家第三代人物的死，她总是难受的。

第二，与"台独"的嚣张有密切关系。台湾解除"戒严"以后，要求民主的呼声日见强烈，同时"台独"势力也愈益嚣张。台湾报刊认为：宋美龄"看尽这个'国家'的兴衰分合"，她"不愿意将来埋骨在一个不叫'中华民国'的土地之上"。许多接近宋美龄的人士认为，宋这次赴美，是一次"痛苦心情下的抉择"，此时已到了"不能再留在台北的时候了"，在蒋经国去世后的 3 年时间里，几乎看不出台湾未来的发展有多大的"光明前景"，反之，"一个独立台湾"的现象却似乎愈来愈近。因此，对宋美龄而言，"眼不见为净"，"未来就算去美不归而埋骨他乡也算不了什么了"。

第三，与宋的身体健康状况有关。据悉，宋美龄自 1978 年以来，视力、听力、记忆力等均严重衰退，"数次住进荣总治疗"。医师认为宋长期患有皮肤过敏，不仅对气候、食物过敏，甚至连"抗过敏的药物都引起过敏"。医生认为"纽约天气对她较适合"。

宋美龄曾被视为"蒋家最后一位精神象征"，她的这次去美，等于为蒋氏家族在台湾政坛的影响力画上了句号。随着宋氏赴美，"永远的第一夫人"也将随之消失在人们的记忆中。

1993 年 9 月，与宋美龄相依为命的孔二小姐孔令伟复发直肠癌返台湾治疗。翌年 9 月 10 日，宋美龄飞赴台北探视生命垂危的 75 岁的外甥女。《中国时报》刊文称："宋美龄……冒着搭乘长途飞机的辛苦和危险，不辞万里跋涉，来到台湾探视孔令伟，她们之间的感情，绝对不是一般的甥姨之情可以轻易诠释的。"9 月 19 日，宋美龄再度返美。同年 11 月 18 日孔令伟病逝，这使本来生活单调、孤寂的宋美龄，又平添了一份凄凉。

1996 年 3 月 22 日，美国纽约从台北运来 450 件中华奇珍异宝进行展示，宋美龄亲到现场，这是她近 10 年来第一次在美公开场合露面。

1997 年 3 月 20 日是宋美龄的百年华诞。当此日期临近之际，国民党就开始为她筹办祝寿活动。

2 月 27 日，中国国民党中央党史委员会在台北阳明山举办"庆祝蒋夫人期颐嵩寿座谈会"。会议由国民党中央副主席俞国华主持，特邀国民党元老及追随蒋介石夫妇的侍从人员、亲友、旧属及对宋美龄个人经历颇有研究的专家、学者32 人。

李登辉也参加了台湾妇联会在台北举行的庆祝宋美龄百龄华诞茶会，并作了题为《蒋夫人无私奉献，爱心无远弗届》的致辞。李称，宋美龄来台后创立"中华妇女反共联合会"，开始有组织、有系统地关怀三军、服务妇女与济助老弱，使该机构成为建设社会的一股重要力量。他还称："蒋夫人不但是先'总统'蒋公的得力助手，并以全部的智慧和力量，投入'国家'各阶段建设，蒋夫人成功的因素很多，但最重要的有两点：一是在美国所接受的教育，一是虔诚的基督教信仰。"

3月18日，中国国民党祝寿代表团团长俞国华率团前往宋美龄寓所拜寿、俞国华等代表李登辉与全体国民党员向宋行礼祝寿。晚间由国民党及纽约侨界共举祝寿餐会。3月20日，祝寿活动达到高潮。这几天宋美龄非常兴奋。然而从美传来信息，1998年初秋宋已将纽约长岛豪宅以280万美元出售，在曼哈顿公寓颐度天年。

2000年3月14日，据台北中央社报道，旅居美国的宋美龄传回台湾一封亲笔签名信，呼吁台湾选民支持、信赖候选人连战，并期许连战把以往从国民党出走的人召回来，一起重新为"'中华民国'、为中国国民党团结奋斗"。宋在信中强调"'国家'的领航人必须具备坚忍刚毅的性格、前瞻远见的眼光、久经历练的政治经验，才能把'国家'领向安全繁荣、领向自由民主，今天只有'总统'候选人连战符合这些条件"。看来，还算见地有识，殊不如国民党已非蒋氏父子时期的国民党，尽管有宋美龄等国民党大佬们的支持，连战仍以惨败而告终。宋美龄在岛内的影响越来越小。

2003年10月23日夜，享年106岁的宋美龄终于走完了她的人生历程。据当地媒体报道，当时在宋美龄身边有她的外甥女孔令仪（孔祥熙、宋蔼龄之女）、外甥女婿黄雄盛、曾孙蒋友常及跟随她逾40年的武官宋亨霖。媒体援引宋亨霖的话说，宋美龄是在睡梦中自然过世的，十分平和安详，没有一点痛苦。他说，宋美龄遗体23日晚仍留在纽约寓所，24日家属再商量如何处理后事。他还表示，宋美龄的遗嘱内容是否公布以及遗体如何安葬等问题仍待家属会商后确定。孔令仪在位于纽约中央公园旁的寓所接受当地媒体专访时则透露，宋美龄生前多次表示，死后想葬在纽约，遗体不会运回台湾。据透露，孔令仪已经在纽约上州芬克里墓园买好了宋美龄的墓地。这一室内墓园建成于1927年，装修华丽，一个古色古香的楼梯置于正中，有大量铜器和四季常青的植物作为装饰，天顶是一个六角形的玻璃天幕，光线充足。随时光的流逝，宋美龄将会逐渐被人淡忘。

蒋纬国含恨归天

在蒋氏家族中，另一位扮演举足轻重角色的则属蒋纬国。他是蒋家成员中，对社会各阶层最具亲和力的人。他幽默爽朗，交际圈较广，因而结交了不少各界朋友。他对政治的看法是透过笑话和幽默的方式从侧面来表达的。

蒋介石病逝后，蒋纬国同僚纷纷升迁，唯他备受冷落，直到宋美龄离台赴美前夕，经过宋美龄的干预与前"三军大学"校长余伯泉大力举荐，才使时任副校长兼战争学院院长的蒋纬国晋升上将并出任"三军大学"校长。从蒋经国执掌台湾当局到1986年蒋纬国出任"国安会秘书长"期间的10年里，弟兄俩间常发生一些小小的摩擦。如蒋纬国在讲话时不是推崇其父，就是宣扬自己的作战阅历与战略思想，极少称赞他的兄长。有一次他答复一个外国记者来访时称："我们从来没有要'反攻大陆'，至少我从来没有这样说过。"蒋经国闻之后很生气，令人转告其弟，说他身为"三军大学"校长，竟然散播"反攻无望论"，会涣散军心。因蒋纬国不断触怒其兄，使蒋经国被迫制裁其弟，他下令免去其弟"三军大学"校长职务。后经宋长志进言，才决定和王多年对调，出任"联勤总司令"，并令宋长志转告他要守本分干后勤，不要随便发议论。港报对此评论称：

"这不是给蒋纬国好看吗？这样降职，蒋纬国会愿意吗？况且，联勤总司令，不过是三军的副官长；蒋纬国在台湾号称是精通战略的将才，现在却落得三军办后勤打杂，听人使唤。蒋经国对他这位'问题老弟'未免太……"

从上述文字可以看到，蒋家第二代兄弟之间存有芥蒂。直到蒋经国的交班部署被打乱，蒋纬国被冷遇的状况才得以改变。1986年6月蒋纬国被其兄任命为"国安会秘书长"要职。日本《选择》月刊1986年8月号对蒋纬国突然高升评论道：

"蒋经国'总统'的长期计划是：（1）慢慢缓和国民党一党统治体制；（2）逐渐让国民党元老退位，让技术人员和科学家出身的官员执掌'国政'；（3）把军队首脑对权力的影响限制在最小限度；（4）逐渐让台湾人走上第一线；（5）'总统'职务的继承问题根据'宪法'规定处理。""但是如果急于推进上述计划，就会遭到国民党元老和军队首脑的强烈反对。因此要花时间慢慢来。同时蒋经国'总统'打算通过让蒋纬国登场，缓和他们的不满。蒋纬国就是为了起到控制军队首脑，缓和他们的不满情绪，同时圆满地向知识分子官僚及台湾省人移交权力的重要作用而登场的。蒋纬国将在李登辉'总统'体制下掌握实权。或有可能在蒋经国之后实现蒋纬国'总统'体制。虽然形式上是蒋介石、蒋经国、蒋纬国，蒋家三代执政，但实质不大相同。这一切都是为了对付国民党元老和军队首脑的策略，蒋经国'总统'的长期计划没有改变。"

当蒋经国病逝之后，因身份特殊与身居要职，蒋纬国在台湾政坛上有举足轻重的影响。《雷声》周刊发文称：蒋经国病逝后，蒋纬国是蒋家成员中唯一可栽培与拥戴的人。何以这样说呢？因近年来台湾岛内外不少传播媒体大做翻案文章，许多矛头直指宋美龄，使宋的形象不佳。蒋经国长子蒋孝文，卧病已久，形同废人，在政治上早被宣判死刑，且又于蒋经国病逝第二年追其父而去。次子蒋孝武因"江南事件"形象太坏被外放新加坡，出任商务副代表，因职务太低，即使国民党十三大奉调返台，也不可能挤入权力核心。三子蒋孝勇因涉及特权承包工程，被民进党"立委"吴淑珍抨击得体无完肤。至于章孝严、章孝慈两兄弟，尚未认祖归宗。即使算作蒋家人，章孝严也因反对民众的反美情绪使人认为欠缺应有的民族自尊与自信。所以在蒋家现有成员中，也只有蒋纬国可以栽培、拥戴。文章还认为如果蒋纬国在国民党"十三大"之后能成为台湾政坛上一个新的权力山头，则蒋家第三代尚有可为，否则蒋家将在台湾政坛乐章中谱上休止符。从蒋经国生前安排蒋纬国出任"国安会秘书长"一职，即可看出蒋纬国在台湾现实政治中的实际作用。蒋经国的用意在于预见政局变化的不可测，事先筹谋其身后的政局稳定力量。蒋经国病逝后，军方决定效忠李登辉，这一稳定台湾政局的举措与蒋纬国的作用分不开。

国民党"十三大"前夕，党内权力角逐相当激烈。在这场新的权力角逐中，蒋家是否会再起，又成为社会舆论的焦点之一。《自立晚报》记者徐璐采访了蒋纬国，下面抄录一段采访记录，可见蒋氏家族动向。

问："在这次激烈的人事竞争中，尤其是中央委员的选举，蒋家均有多位人士参加角逐，而有人也有意推举您为副主席，因此，政坛上有'蒋家再起'的信号，您对这个传言的心情是什么？"

蒋答："我不主张大家的注意力摆在蒋家不蒋家的问题。因为如果拿这个做文章，会造成蒋家人非常重的负担。好像只要有一个人做了一次'总统'，世世代代都想做'总统'的样子，如果不做'总统'，就是蒋家的不争气。""这种讲法是把蒋家当做蒋氏王朝"，"是封建帝王思想很重的观念"。当然，"身为蒋家的人，可能心理上特别希望自己的作为不能让上一代失望，不能带给他们污点，但仍然不是外界所说的'非接棒不可'的心理。"

问："这次十三全的中委选举，孝武、孝勇、孝严、孝慈先生都可能参与角逐，您对他们是采取什么样的态度？"

蒋答："我并不鼓励他们，但也不阻碍他们。这是一个民主的世纪，每一个人都有自己该负责的一面。"

问："那么对于有人有意推举您为副主席，您在某次访问中曾主动提起，您也说他们要你不要管。在这个过程中，您究竟有没有积极阻止他们？您对选举副主席的立场如何？"

蒋答："对于选副主席这个问题，我不只是在报刊上看到，我也亲身与不止一位、两位接触过，他们来劝我，告诉我。但我个人倒不想有这类的工作。"对于他们的做法，"我当然积极阻止，但是，我只能尽自己的一份力。"

问："您觉得您最有能力做的事是什么？"

蒋答："我能做什么，你们都应该知道。我是什么训练出来的？像'国安会秘书长'这行，我是学过的。战略问题，尤其是大战略，大至全球战略乃至太空战略，我也是学过的。没有人是全面性的专家，如何产生各种专家，而能把他们组合起来，是一极重要的工作。""我也一再要求自己，不追求任何名利职位。当然，任何人都应该准备接受更高层或更大范围的责任和挑战。"①

从蒋纬国的答记者问中可以看到：在国民党内新的权力角逐中，蒋氏家族的确想在国民党"十三大"之后成为台湾政坛上的一个权力山头。也可以看到蒋纬国有些话言不由衷。国民党中常会在"十三大"召开之前已决定不增设副主席，但据台报称：以滕杰为主的部分台资深"国大代表"则还要推动联署，要求国民党修改党章，增设副主席，并要求提名蒋纬国为国民党副主席。在开会前，蒋纬国在各种场合也搞变相拉票活动，表明他问鼎中常委的企图十分明显。这引起台湾一些人士的不快，部分开明派人士更产生蒋纬国有野心的疑虑。正因为如此，蒋纬国未被提名进入中常委，被排除在权力核心之外。同时，由于蒋纬国是"国安会秘书长"，不获提名中常委，被聘为国民党中央评议委员会主席团主席，而"国安会"3名副秘书长也由原中央委员改聘为中央评议委员。

港报对此评论：上述举动显示了李登辉与其他决策人士将"国安会"降格。台报认为：从蒋纬国有意由中评委转任中常委受阻一事看来，蒋纬国意图通过中央委员会的选举，进而跻身掌握国民党最高决策权力的中常会之机会被断绝。还可以看到，"现下握住党内实权的人士已然不再眷念蒋家昔日的恩泽，凡事以'党国'为先，对蒋家后代的照顾大约也仅止于任其在台湾商场上大展宏图与驰骋称雄而已，过分的政、经特权已不可能"。

不料事隔一年之后，蒋纬国政治声势又告高涨，甚至一度被视为下届"总统"的热门人选，这种局面连蒋纬国本人也都觉得相当意外。在蒋介石、蒋经国生

① 台湾，《自立晚报》，1988年7月3日。

前，蒋纬国虽然得天独厚，可是他父兄从未在政治领域中刻意培植过他。因此，蒋纬国在政坛中始终未曾崭露过头角，即使他的军旅生涯也不见得顺畅。

但是命运之神显然特别喜欢捉弄蒋纬国，每当他一马当先之时，往往中箭落马，大爆冷门。反之，当大家认为他黯淡的时候，他往往奇迹似的咸鱼翻身，让不少政治观察家跌破眼镜。十三届二中全会之前，李登辉派他为特使，前往萨尔瓦多祝贺新任总统就职。任何明眼人都看得出，这是一种调虎离山之计，以防拥蒋势力在二中全会上兴风作浪。拥蒋派为蒋纬国打抱不平，认为李登辉欺人太甚，这情绪在"国民大会"前尤为强烈。有人向蒋纬国建议，干脆一不做，二不休，报名参加台北市党内初选，出马角逐下届增额"立委"，以此向李登辉表明心迹，他绝无取而代之的意思。蒋纬国一度动心，但又怕李登辉不满，故未参与党内初选。

但是，由于蒋纬国一直是反对李登辉势力竞相拉拢的对象，所以"司法院长"林洋港公开发表谈话，指出大陆籍人士中不论李焕还是蒋纬国都具有竞选"总统"的声望与才识，如果他们出任"总统"，他"当副总统可以接纳"。资深"国大代表"颜泽滋得知后曾提出蒋纬国是大陆籍，又具军事才干，表示支持蒋纬国竞选"总统"。一时间，林、蒋搭档竞选正、副"总统"之说甚烈。

当社会出现拥立蒋纬国竞选下任"总统"的声浪后，蒋纬国急得像热锅上的蚂蚁，他怕引起李登辉误会，说他在中间捣鬼。1989年12月底，他借《"中央"日报》访问之机，急于向李登辉表明心迹。他说："我是一个中国国民党的党员，一定遵守党的制度与规定，绝不会违反党纪，自行参选。""对于'总统'、'副总统'候选人，党有一定的提名程序与规定，任何党员自行参选，就是违反党纪，就要被开除党籍。我是一个忠诚党员，如果有一天'蒋纬国被开除党籍！'我何以见人？如果有那么一天，我要到慈湖先'总统'陵寝前切腹自杀。"

他还说："有些人则另有目的，有意'逼宫'，要我表态，要我承认接受他们的意见"，这种做法"难免对我造成某些困扰与伤害"。①

另据报道：蒋纬国还通过有关渠道向李登辉表示，他支持李竞选下任"总统"的初衷与立场始终未曾改变过。而且根据国民党的传统，党主席理所当然是"总统"候选人，他绝对没有出马竞选的意思，请李登辉释怀。蒋纬国还曾怀着极其矛盾的心情去见宋美龄，宋美龄告诫他说：

---

① 《"中央"日报》，1989年12月31日。

"你的个性最容易遭误会，因此，过去你受了很多的委屈，这一点我最了解了，我们蒋家从你父亲到你哥哥对于党和'国家'已经尽了责任，对于历史也有交代，一切自有公论，你不必考虑为了蒋家而刻意去做或者不做一些事情，只要'国家'需要你，大家需要你，你就去做。"①

蒋纬国听后心情平静多了，为了避免卷入选举是非，蒋纬国与拥蒋派大将滕杰协商，声明放弃竞选。其后又于3月16日向李登辉提出辞去"国安会秘书长"职务的辞呈。李登辉即令"总统府秘书长"李元簇予以慰留。据《联合报》载：蒋纬国在辞呈上说，他两年前在蒋经国逝世时曾经请辞，这次仍望"总统"选举前后到"总统"就职前卸去"国安会秘书长"的职务。当日下午，蒋纬国偕夫人邱如雪赴美度假，据《联合报》称：蒋纬国赴美度假，是应李登辉的心愿。3月10日，蒋纬国赴美宣布辞选后曾受到李登辉的召见，李登辉曾说："最近蒋秘书长很辛苦，受了很多折磨，不妨到'国外'去度个假。"过了几天，李元簇又打电话给蒋纬国，询问"请假出国"之事，蒋纬国当时答复正拟向"总统"请假，于是递出请假单，李登辉当日即批示准假。在去美机场，记者问他为什么选在此敏感时刻赴美，有什么特别政治意义。蒋答："这段时间大家能够平平稳稳的，不要卷入选举是非，所以我就'出国'旅游。"

当然，蒋纬国对于李登辉提名李元簇为"副总统"候选人的做法颇不满意。他对记者称："为什么先放出很多其他风声，最后由李元簇出来。""事前他在放风的时候是不是已经属意李元簇，大家就不得而知……我相信连他最旁边的人也未必知道。"另外，从他所讲的蒋经国从未说过"蒋家人不再竞选'总统'"的话和在"总统"选举前后的言行看，蒋纬国对政治的兴趣毫未减弱，他能否再起将取决于拥蒋派的增长速度的快慢。

正当蒋纬国在政争中处于失势之际，他在1991年7月又成为台湾舆论的焦点。

7月初，民进党"立法委员"叶菊兰将"国安会秘书长"蒋纬国私藏枪械事，在"立法院"曝光，顿时引起台湾社会的关注。11日下午台中市调查站将该案函送台中地检署，全案进入司法程序。

蒋纬国私藏枪械事原发于6月底。蒋纬国说，有人告发他持有枪械，其女佣人李洪美知道后，于6月29日报告了宜宁中学董事长蒋信丞，蒋信丞打电话给

---

① 林伟安：《蒋纬国向李登辉表明心迹》，载台湾《新新闻》周刊，1989年11月5日。

蒋纬国，问他到底是什么枪，蒋纬国这才想起 60 支放在阁楼内的枪。于是 30 日托蒋信丞将 60 支 0.22 口径练习靶枪报缴台中调查站。但另据蒋纬国的幕僚说，是李洪美因阁楼地板塌陷，找人清理阁楼时发现这批枪，报告蒋信丞的。因前后说法不一，引起了台湾社会大众的种种猜疑。

在蒋宅中发现的这批枪械，是 20 多年前蒋纬国托美军购买的。蒋本想用这些枪在"三军大学"或"联勤总部"附设休闲靶场，提供军官娱乐之用。因当时没有地方存放，也就暂放在台中的家里。这些枪是旧枪，蒋纬国请联勤单位查验、鉴定并上了凡士林，贴有"联勤总部"检验封条。蒋说：在工作繁忙又事隔多年的情况下，他"也就真的忘了此事"。他认为"整个事件是一个不友善的行动"，他怀疑是个"阴谋"。

蒋纬国将这批枪支上缴后，台中市调查站把该批枪支送鉴定单位实施鉴定。经鉴定具有杀伤力，但由于年代久远，威力不大，精度很差，有效的瞄准距离只有 25 米。可是这批枪械是在"枪炮弹药刀械管制条例"管制的范围之内。蒋纬国表示："只要是枪，当然有杀伤力，但是枪锈了、坏了、没有子弹，有没有杀伤力呢……问题是有没有杀伤的意图？"他还表示如果法庭审判，他会遵守司法程序。但民进党籍"立法委员"对蒋纬国一再深究，要求蒋纬国负起责任，"辞去秘书长职务"。蒋纬国坚定地表示，"除非'总统'要他走，他才会走"，他不会因此而改变"反对'台独'运动的决心"。在持枪案曝光后，女佣人李洪美又突然死亡，蒋纬国认为李洪美的死与枪械问题有关，他一定要追究死因。

蒋纬国私藏枪械案发生后，此案件的审理也成为人们议论的话题。负责承办该案的检察官说，蒋纬国的身份并不会影响有关案件资料的函送，而且会公开办案。此案也说明蒋纬国的势力江河日下，蒋家风光不再。

1992 年底，在"立委"选举中，作为"超级选民"的蒋纬国公开支持因对李登辉不满愤而辞去"经济部长"的王建煊竞选"立委"。蒋纬国此举已经公开宣示反对李登辉；李登辉对此非常愤慨，于 1993 年 3 月 1 日将蒋纬国赶出"国安会"，让其做了"总统府资政"。

这一年，国民党内政争日趋激烈，非主流派成立"新同盟会"，蒋纬国出钱出力。新同盟会汇集了郝柏村、李焕、许历农、梁肃戎等大佬，以"国民党正统、救党图存"相号召。同年 8 月，国民党"十四大"前夕，以王建煊、赵少康等具有民意基础的"立法委员"所组成的国民党连线另组新党，蒋纬国予以支持。

1994 年，当李登辉与日本作家司马辽太郎发表《生为台湾人的悲哀》后，蒋纬国坚决反对李登辉的理念及"重返联合国"的举措。1995 年 4 月 5 日蒋介石病逝纪念日前夕，蒋纬国发表《正统国民党员何去何从》长文。该文把李登辉所领导的台湾当局指为"两岁党"，非"正统国民党"，已有别于中国国民党。他指控"两岁党"与民进党堪称"一体之两面"，"百年老店已被清仓"，国民党已空剩老招牌而已。蒋纬国号召老国民党员与新党合作，"共图遏止'台独'与独裁"，"才能解脱……沦为日本次殖民地的悲哀"。①

4 月 5 日，蒋纬国在蒋介石忌日继续抨击目前国民党内的领导是"一天比一天弱、一天比一天乱"②。当林洋港、郝柏村站出来竞选正、副"总统"之际，蒋纬国倾全力支持林、郝。

蒋纬国不仅反"台独"、"独台"与独裁，还一直坦言统一。他说：

"我是这样子的，只要是对中国人有利、对中国统一有帮助，我是毫无顾忌地做。"

1993 年蒋纬国赴加拿大出席一个国际会议时，他以《如何统一中国》为题发表演讲。他说台湾当局奉行的"三不政策"已形成两岸的僵局；其中最关键的政策是"不妥协"，因为"不妥协"所以"不谈判"，因为"不谈判"所以"不接触"。他提出只有变更"三不政策"两岸关系才能得到发展，统一才有可能。他认为：要打破两岸僵局，应首先找出两岸的共识。蒋纬国认为双方共识应是：

"两岸人民都认为自己是中国人，所以只要'一个中国'；

"两岸要追求中国人能够'过好日子'及机会，任何不能使中国人过好日子的障碍，两岸应联手排除；

"两岸要追求一个'受国际尊敬的理想新中国'，此一共识，要有两个前提：一是自己要能富强，其次是要能尽国际义务。"

蒋纬国还声称：这三个"共识"之下，谁要不承认自己是中国人要闹分家，谁就是两岸的公敌。对于邓小平倡导的"一国两制"，蒋纬国基本同意。③他多次宣称要回大陆看看。他说是他第一个发起纪念郑成功，并铸造了一座郑成功铜像，面对大陆，就是表示自己一心想回大陆。

为了促进两岸关系的进一步发展，蒋纬国于 1996 年 7 月 8 日在国民党中央直属第六组会议上，提出蒋介石、蒋经国灵柩移大陆临时动议案。蒋纬国提出的

① 台湾，《联合报》，1995 年 4 月 4 日。

② 汪士淳：《千山独行——蒋纬国的人生之旅》，第 355—356 页。

③ 纽约，《世界日报》，1995 年 4 月 5 日。

移灵理由有三：

一、台湾在"国际压迫，'国内'不安状况之下，不意之暴动仍有发生之可能"。

二、蒋介石在各地的铜像，被破坏和污损已有数起；台北"总统府"前的介寿路被改名；蒋介石生前的官邸，被挪作他用。

三、"对慈湖与大溪灵榇厝基，已有随时被突击之可能，此时绝不许作'万一'之苟且！必须作'万全'之策划与准备。尤其中正先生之遗灵如遭不意，本党将难辞其咎。"①

蒋纬国提议成立"移灵奉安委员会"，先作一切原则性及行动研讨，与大陆方面沟通，候时机成熟随时行动实践。对于蒋氏父子安葬之地，蒋纬国选了两个地点：一是南京紫金山中山陵旁，一是溪口附近四明山顶的妙高台。蒋纬国曾征询宋美龄意见，宋说如果蒋介石的灵柩安葬在紫金山，则她希望葬在上海她母亲的墓旁，因为紫金山先后葬了总理与总裁，不是她可以随便安葬的；但如果蒋介石葬在溪口的妙高台，则她愿与蒋葬在一块。蒋孝勇说爷爷生前希望死后能葬在溪口家乡奶奶毛氏墓旁。

对于蒋纬国提案，社会各界反响强烈：国民党"立法院"党团书记长施台生称：叶落归根是现阶段中国人传统的风俗习惯，大家应该尊重蒋家后人的决定。新党"立院"党团召集人朱高正指出，"这件事纯从法律上来看，蒋家应有权来处理两位故'总统'灵柩的事情，因为我们是法治'国家'，蒋家的后代有权这样做"。连民进党"立院"党团干事长沈富雄都表示："两位故'总统'的灵柩要返回大陆，就应该让他们移回去，民进党乐观其成。"也有舆论认为：蒋纬国的提议与岛内政治斗争表面化联系起来，认为蒋纬国利用此事为李登辉出难题。还有人指责蒋氏后代以前人遗骸玩政治游戏。

国民党高层人士表示：对于蒋纬国主张将蒋介石、蒋经国灵柩奉安大陆之事，牵涉的问题相当多，必须考虑到各方面的影响，并且尊重宋美龄与蒋方良两位遗孀的意见，因此还需要进一步审慎研究。国民党高层原则决定由3位前中央委员会秘书长张宝树、马树礼、蒋彦士等人组成筹划委员会，就蒋纬国提议进行研究。蒋彦士明确表示："两位蒋'总统'奉安不是简单的事，站在'国家'和国民党的立场，奉安是'国葬'，不是一般民众归葬家乡，应好好研究。"又说：

---

① 《"中央"日报》，1996年7月14日。

"国家统一之后再谈移灵比较适当。"① 他认为，"目前时机几不宜处理两位蒋'总统'的奉安事宜，应等两岸统一后处理"。②

就在国民党当局对蒋纬国所提移灵案采取低调处理时，蒋纬国于 8 月 24 日十四届四次中评委会上重提移灵案，并且有国民党元老陈立夫与夏功权的连署。在提案中，蒋纬国提出五项说明，并建议三点处理意见：

第一，目前移灵时机因未成熟，但开始策划、筹备奉安，以及和各方沟通的时机已见迫切，建议将中央成立之奉安研究小组，尽速改组为移灵筹备委员会，认真研究相关事项，逐步采取行动，以催化移灵时机早日到来。

第二，在行动之前，慈湖和头寮之安全必须绝对保证，移灵之时起，至奉安之地间，沿途安全细则亦应有专组筹划以便洽定。

第三，两岸恢复会谈时，或密派专使，作有力之诚恳要求。③

陈立夫对蒋纬国的建议深表赞同，他称：国民党中央对各地"总统"像遭破坏都不置一词，是令蒋家要求移灵的主要原因。④

就在蒋纬国重提移灵案的同日，蒋孝勇也强烈质疑国民党对蒋家父子俩移灵事宜的做法。他是在以国民党中央委员身份出席四中全会开会典礼后的记者会上发表不满意见的。蒋孝勇指出：移灵应是很单纯的事，但现在似乎把它太政治化了。各地有各地的习俗，中国人讲入土为安，他不希望变得如此政治化。至于国民党中央奉安小组成员，他认为蒋彦士不够资格处理奉安事宜；至于章孝严，也不够资格，因为"入门都没有人，而且这件事是蒋家的事，不是章家的事"。移灵案最终以时机不成熟暂告搁浅，但它说明蒋纬国的确想通过移灵来推进海峡两岸关系的进一步发展，其用意是积极的。但其结局也表明蒋家风光不再，就在这一年，蒋纬国连"总统府资政"的聘书都没有得到。

就在这一年年底，81 岁高龄的蒋纬国因长期洗肾加上糖尿病引起胃肠功能病变，食欲不振，体重下降到 50 公斤，须靠静脉注射补充营养。蒋纬国过去有高血压、慢性肾炎、糖尿病肾病变、急性胸腹部主动脉剥离造成肾缺血等病史。1996 年 11 月 7 日，因尿毒症开始接受长期血液透析治疗。1997 年 9 月 23 日，蒋纬国因呼吸问题和内出血而病情恶化，终于不治身亡，享年 82 岁。蒋纬国病

---

① 台湾，《联合报》，1996 年 7 月 18 日。
② 台湾，《联合报》，1996 年 7 月 18 日。
③ 台湾，《中国时报》，1996 年 8 月 25 日。
④ 台湾，《中国时报》，1996 年 8 月 25 日。

逝当天，海协会会长汪道涵致电台湾海基会称："惊悉纬国先生不幸病逝，甚感哀痛。纬国先生坚持一个中国，反对'台独'。值此谨致哀悼！"

10月19日，台湾各界人士为蒋纬国举行公祭仪式。其后，蒋纬国的遗体被安葬在台北县五指山示范公墓二区。

蒋纬国不仅对参政有浓厚的兴趣，而且特别关注大陆情况。当云南地震发生后，他曾参与组织"台海爱民会云南救灾小组"，派人携款前往灾区救助。同时他还宣称：在卸下公职以后，"绝对的，当然要回大陆"。

第三代独木难撑

在蒋氏家族中，第三代在台湾社会颇引人注目。在蒋家第三代中，本来蒋孝武最有政治行情。由于江南命案的影响，蒋孝武被外放新加坡任商务副代表。台报认为：蒋孝武"是否即永远真的与权力核心疏离呢？恐怕并不见得"。从蒋氏家族长期以来的影响力及中国传统的政治习气而言，蒋孝武对于中国国民党内部的党政军首脑，相信仍有一定影响力，蒋孝武的动向依然不可轻视。

国民党"十三大"召开之际，台报认为这是蒋孝武问鼎中委的最好契机。有台刊推测，蒋家第三代成员中（主指蒋孝武、蒋孝勇、章孝严、章孝慈）可能只有两人当选中央委员，两人当选为候补中央委员。蒋孝武一向偏重政治方面的发展，同时他又与李焕关系良好，挤入中央委员行列，自属顺理成章。然而在国民党"十三大"召开前，台湾岛内翻案风大行其道，许多翻案事件都涉及蒋介石与蒋经国。蒋孝武非常激愤地说：

"我的祖父对'国家'的贡献，有目共睹，不容抹杀。我可以容忍对我的诽谤与诬蔑，绝不能容忍对我祖父与父亲的诽谤与诬蔑"。对于所谓翻案事件，"是经过法律程序而定案的，现在纵使要'翻案'，要'澄清'，要还'历史真相'，也要遵循法律程序"。①

由于蒋氏家族声誉、地位急剧坠落，蒋孝武愤激之下公开声明不参加中央委员的竞选，然后赴新加坡上任去了。

1990年"总统"大选前夕，李登辉任命蒋孝武出任'驻日代表'。李登辉此举明显地具有向老"国大代表"拉票的效果，同时也想堵住那些拥蒋派的口。在日任职期间，蒋孝武密切注视岛内政治动向。因"总统""副总统"选举发生党

---

① 《自立晚报》，1988年6月8日。

内政争后，于 3 月 8 日回到岛内，并发表了一篇致中国国民党诸领导的一封信。信中主要批驳非主流派的做法。具体内容为：

"孝武长年奉派驻外，虽常有思亲念乡之苦，总能以工作回报获致慰藉。惟近来眼见……台湾内部衍生出一股逆流，破坏一切规范，从中央到地方政争不断，法律规章传统伦理的丧失，社会秩序失控，敝象到处可见……本党的领导群在争谋权位，互不相让，置奉党理想于不顾，置民族大义于不顾，置'国家'前途于不顾，岂不令人痛心？而现今党内夺权斗争，也许可藉妥协暂时平息，但妥协并非和谐，只是下一波的伏笔；如此派系与派系之间，人与人之间，周而复始的倾轧，不但使伦理与纪律荡然无存，40 年来奋斗成果也将毁于一旦。""十三大"以来，"名位之争愈演愈烈，而其层面愈来愈广……假民主程序之名，图夺权之谋，藉法规漏洞从事政治投机，明明想当却扬言不竞选，透过所谓咨商形式，从事权位分赃。这样的党内民主，难怪造成这种党不党，政不政，有选票，却无民意的乱象"。"我将终生是三民主义的忠实信徒，个人已再无所求，面对眼前情景，今天以一个中国人的身份，衷心呼吁中国国民党领导同志们捐弃一己之私，尽速推动党的第二次改造，为创建统一的新中国共同奋斗"。①

蒋孝武发表该信后曾受到李登辉的接见，同时举行了记者招待会，再一次申明信中所谈的对台湾政局的基本看法。正在美国访问的同父异母兄弟、海工会主任章孝严认为蒋孝武的勇气与态度"是值得赞赏的"。

蒋纬国对《中国时报》记者称：孝武发声明"我一点也不奇怪，也不责怪他。因为孝武是个病人，他的身体一直不好。病了很久，利用一个人的心理和身体的弱点做政治工具，这种人太残忍……这件事造成孝武失去他正常的形象，对孝武本人是非常残忍的，对蒋家也是。但我对孝武一点责怪的意思也没有……因为他做出那件事，是非常反常失态的……那是真正懂得利用人心弱点的人出的一招，这样的人心，真是令人不齿"②。1991 年 5 月，蒋孝武请辞"驻日代表"返抵岛内。7 月 1 日，因急性心脏衰竭逝世于台北"荣民总院"，终年 46 岁。当天，"台湾中央"社发布如下讣告：

"台湾荣民总医院今天上午发表医疗公告指出，前'驻日代表'蒋孝武于今天上午 5 时 45 分，病逝在荣总医院。"

公告中指出：蒋孝武自 1982 年起患有糖尿病及高脂血症，以胰岛素控制尚

---

① 台湾，《"中央"日报》，1990 年 3 月 9 日。

② 台湾，《中国时报》，1991 年 7 月 4 日。

称稳定。蒋孝武另患有慢性胰腺炎，时有急性发作，皆在"荣总"治疗。

蒋孝武于6月30日下午21时住院，诊断为慢性胰腺炎。经药物治疗后，略有进展。至7月1日清晨3时及4时30分访视时，尚无异状。但至5时30分访视时，呼吸及心脏均已停止，经抢救无效，于5时45分宣布死亡。

因蒋孝武有糖尿病及高脂血症，其突然病故，经医生诊断为急性心脏衰竭所致。①

李登辉、郝柏村等党政要员前往医院探视蒋孝武遗容。7月21日安葬，李登辉特颁"轸念英才"挽额，并亲临致祭；郝柏村、李元簇等党政人士、亲属约千人前往吊祭；国民党元老倪文亚夫妇、"总统府资政"陈立夫、黄少谷、李焕、俞国华夫妇等先后前往介寿堂行礼致意。

在蒋氏家族中，以蒋孝勇为首有着巨大的经济实力。据港报称：蒋孝勇已成为整个国民党工商实力的代表，在台湾工商界具有相当大的影响力，他的直接企业与间接企业，总数在数百亿元左右，他能影响并支配的资产，即在新台币300亿元以上。舆论认为：蒋孝勇在台湾工业总会理监事改选中以第二高票当选，意味着蒋孝勇将是未来台湾工商企业界的领导人。国民党"十三大"召开前夕，蒋孝勇跃跃欲试。选举结果，蒋孝勇以高票当选中央委员，按票排在第五位。如果蒋孝勇还想更上一层楼，除了蒋家影响之外，需他本人加倍地努力，才能维持持续发展的势头。

1989年3月，蒋孝勇向公司请了一年的假，举家迁往美国，行前曾在公司动员月会中，公开向所有干部与员工表示，此行是前往美国进修、充电，他随时都会回来。对于蒋孝勇的美国之行，外界议论纷纷。《远见》杂志就他举家迁美的问题进行采访。蒋孝勇在答记者问时透露了他举家离台的种种想法。他说：

"我总觉得我们家庭和中国近代史，过往似乎是连在一起的，但总是要打个休止符的。""对我而言，父亲辞世以前，没有办法打一个完全的休止符，不是别的原因，是因为人家总戴着有色眼镜看我。但是我不愿意我的小孩跟我有同样的遭遇"。

"以做子女而言，当然没有人愿意祖上被人家做一些不当的羞辱。我觉得今天我们整个社会上，对于敬老尊贤这个立场，似乎是脱离常轨太远了一点。当然今天也可以了解有些人是为反对而反对……有一点我不能够接受，就是对人的不

———————
① 台湾，《"中央"日报》，1991年7月2日。

尊重"。

谈到今后从政问题，蒋孝勇说："先父在世时，我就立定了宗旨：第一不干公务员，第二不做专职党务工作，到今天还没有作任何修正。"

对于他1988年国民党"十三大"时高票当选中央委员的原因，他说：

"先祖的庇荫是个事实。但是我对于所谓中央委员的争取，当时是抱着这样的心情，现在还是如此，就是：传承的意义重于实质的意义。我之所以争取，主要原因是先父才过世，就像线断了一般，也不一定是一件对的事情。但是我并不认为我以后在党里面所谓中央委员这个途径上会有什么发展。我只是尽我自己本分，做我自己该做的事情。"①

蒋孝勇在美一待就是5年之多，他虽身在美，但一直关注岛内政局。蒋孝勇对李登辉把台湾与国民党引向"独台"之路深表忧虑。1996年台湾"总统"大选前，蒋孝勇专程返台对党内初选投下空白票，反对李登辉连任"总统"，宣称："父亲在世时，是把解除'戒严'而不终止'动员戡乱时期'看作一体的，然而为什么只解除'戒严'而不终止'戡乱'？实际上，'戒严'是对内的管制；'戡乱'则是对敌的态度。后来，李先生终止'戡乱'，外界以为他以终止'戡乱'来讨好大陆，是没有经过深思熟虑就做了大陆占到便宜的事；其实，他废除'戡乱'，就是准备让'台独'合法。让'台独'合法之后，他才打着'中华民国'的旗号即'国号'，做出'台独'或'独台'的实际作为。"②

1996年1月5日，蒋孝勇返台，公开声明支持林洋港竞选。不久，蒋孝勇因食道癌住进"荣总"。此间，他曾接受《远见》杂志总编王力行采访，说出一些外界未闻的史实。他说他二哥蒋孝武与二叔蒋纬国绝对没有涉入江南命案。他认为80%是别人造谣，20%是自己给人家这种印象。他说蒋经国对接班人另有安排，至于是谁，蒋孝勇没说。他还对返乡探亲、移灵、章氏兄弟认祖归宗事谈了自己的看法。

由于蒋孝勇病情严重，医生束手无策，蒋孝勇萌生回大陆看病的想法，据蒋孝勇自己谈，赴大陆有两个目的："一个是看病，一个是想回乡看看。""当初，我本来要去几个地方的，北京、溪口、上海、南京、黄山；没想到脑子长瘤（癌细胞转移到脑部）所以就赶回来治疗，去黄山的原因，是因为我父亲整个中国都去过，就是黄山没到过，我是想代父亲去了个心愿"。

---

① 台湾，《联合报》，1989年3月28日。

② 王力行、汪士淳：《蒋孝勇的最后告白》，第196页。

当然，蒋孝勇认为："'中华民族统一'的必然是不容置疑，虽然基础与条件仍然需要时间才能渐趋承受，更何况无论从主观或客观的长远角度思考，'中国统一'才更能保障政治、经济方面在国际社会中的永久利益。对当前台湾2000多万同胞而言，在政治上急切地靠向北京诚非一般人所愿，更重要的是欲将台湾带离中国，更非大多数民众所许。"①

然而，由于蒋孝勇体内的癌细胞已经全面扩散，医生已无回天之力，1996年12月22日晚病逝于台北，终年48岁。对于蒋孝勇之死，岛内各报除了具有外省籍背景的《中国时报》《联合报》等用头版头条处理，并做了特辑外，其余台籍人办的报纸只发了简短的消息。由此可窥见世态炎凉、人情冷暖。蒋孝勇之死，标志着蒋氏家族已经真正地走向没落。

蒋经国的另外两位儿子章孝严、章孝慈，在蒋经国病逝后，章氏兄弟与蒋孝武、蒋孝勇的兄弟关系与情分日渐明朗、公开。蒋孝武生前曾因章氏兄弟的心境，主动找他们讨论这个问题，但又担心对母亲蒋方良造成感情冲击。章孝严曾说：一切就让它顺其自然，不能让任何人受到伤害，无论生者或死者。蒋孝勇开始同蒋孝武一样热心同章孝严、章孝慈的交往，愿意孝严与孝慈认祖归宗。谁知，蒋孝勇在病逝前却发表了《谆谆与藐藐之间》，反对章孝严、章孝慈认祖归宗，还强调了四点理由：

第一，先父在世时，确实不曾对我提示有关章氏兄弟之事，自亦未有任何交代。见诸报道或曾与外人言及，对我而言诚难以遗命受之。许多时候做一个决定是痛苦的，尤其要先体念先人的感受再做抉择，而且又有谁愿意去做看似不必要的，得罪人的事呢？由于父亲另有超过此一事项的其他遗命交代，自谨遵守以对。

第二，蒋家祠堂绝非爱来即来、爱走即走之地，度以常情、存以戒律，认祖归宗何其神圣，岂可既又要舍且又能处之淡然的予取予求。个人以蒋氏之后，仅感能够成为家门中的一员，只有荣誉却不曾觉得是一种口口声声的包袱，更不曾感受身处阴影的感觉，又何来走出阴影的遐想？只提受损，忘怀所获，何言以对？

第三，今天的"外交"政策乃李登辉先生个人的方向与企望，实以先祖、先父所订的方圆规矩南辕北辙，个中或有时空的变化，审之、度之，绝不致改变如

_____

① 王力行、汪士淳：《蒋孝勇的最后告白》，第8页。

斯。由于先父从未示之归宗之事，今潜以"如果这一层或有关系存在的话"，弃官仕学又有何不好？甘为所用，也只有当事人自己能够担负起这个责任来。

第四，历次民调显示，给予部长级中高度的评价，此纯系个人努力的结果，岂有不乐见其成的道理，但当行为上违背了祖上的原则，绝不能以安分守己的公务员或人各有志就能够一言以蔽之。不希望有朝一日本乎光宗耀祖之心却换得适得其反之名，孝心若此，不堪了。言重之处，暂此致歉。①

据章（蒋）孝严后来回忆说："台湾的蒋家，从来没有对我和孝慈开启过回家的大门，但是，在大陆家乡奉化溪口的蒋氏族长，却为我们敞开了一扇窗。"就在1997年5月14日，蒋孝严意外收到了浙江奉化溪口3位蒋家族长蒋中伟、蒋宝祥及蒋嘉富的联名信函诚挚邀请他和家人去蒋家祠堂祭祖。由于当时章（蒋）孝严仍担任"侨务"部门负责人，台湾当局不准许政务官进入大陆，所以这封信被章（蒋）孝严不仅没有复信，也没有告诉其夫人黄美伦，直接把它锁进抽屉里。②

2000年3月18日，台湾实现首度政党轮替后，章（蒋）孝严很清楚即将离开公职，闲暇时整理书房资料再度翻到那封来自溪口的邀请函，认为："5月底卸下特任官的职务后，身份变得单纯，就可以前往大陆祭祖了，这是一个夙愿得尝的好时机！"

2000年8月23日，章（蒋）孝严踏上认祖之路。一行人有章的妻子黄美伦，子女蕙兰、蕙筠、万安一家5口，叫上章孝慈遗孀赵申德及子女劲松和友菊，一行共8人，由好友程家瑞夫妇、李庆平等陪同，搭华航班机首途香港转飞上海，再驱车前往奉化溪口。行前章（蒋）孝严夫妇专程拜访了《中国时报》创办人余纪中。当章（蒋）孝严请教他对溪口之行的看法之时，余纪中毫不犹豫地说："这当然是应该做的！""我十分敬佩经国先生，但是对他唯一不谅解的地方，就是没有把你和孝慈的事情处理好！"③余先生还派资深记者尹乃菁全程采访，8月25日《中国时报》以头版头条的方式，对溪口祭祖做现场报道。

出于周延，章（蒋）孝严说服黄美伦行前特地去拜访方智怡，夫妻二人用了最大的耐心和应有的礼貌，试图和她沟通以及表达善意。然而这一切事后证明是白费了。章（蒋）孝严非常气愤地说："她以蒋家媳妇的身份，与蒋家并无血缘

① 王力行、汪士淳：《蒋孝勇的最后告白》，第204—206页。
② 蒋孝严：《蒋家门外的孩子》，第8页，九州出版社，2013年版。
③ 蒋孝严：《蒋家门外的孩子》，第15—16页，九州出版社，2013年版。

关系，却常在我和孝慈认祖归宗的路上说三道四，令外界有强烈的反感，但她自己却浑然不知。"①

当章（蒋）孝严一行抵达宁波机场就受到当地政府的非常礼遇。当天下午 3 点 40 分抵达溪口，并与蒋家族人见面。8 月 24 日，章（蒋）孝严偕全家至蒋介石故居"报本堂"拜祭，并到先人墓前扫墓，受到蒋氏族人和一般民众的夹道欢迎。章（蒋）孝严代表全家向列祖列宗灵位上香行礼，并宣读祭文。在完成了蒋家祖先的"事实承认"后，章（蒋）孝严一行于 9 月 5 日返抵台北。回到台北后，蒋孝严开始着手法律层面"身份证""父母栏"之更正。因为章孝严与章孝慈兄弟俩的身份证父亲栏写的是舅父章浩若，母亲栏是舅母纪琛。赴奉化祭祖之前，章（蒋）孝严去看已高龄 85 岁的王升，王升在 4 月 7 日出具"证明书"，证明：

一、章孝严先生确为经国先生之亲生子，母亲为章亚若女士。

二、出生后，章孝严及其双生兄弟章孝慈之有关生活费用，均系由经国先生所提供；其中若干部分，曾由本人亲自转交予章孝严的外婆及舅舅。经国先生对其亲生子女章孝严及章孝慈确有扶养之事实。

在章（蒋）孝严看来，"王升的证明是不能或缺的。当时我曾想，幸好他命长，若是我再犹豫几年，这张亲笔的证明书，可能很难拿到了"。②

章（蒋）孝严身份证父亲栏写的是舅父章浩若，母亲栏是舅母纪琛。王升的证明解决了章孝严、章孝慈小时候蒋经国提供了两个孩子的生活费和有抚养的事实。

2002 年 7 月，章孝严到江西南昌，找到章浩若两个儿子章修纯、章修维，写下了声明书。证明章浩若是他们的父亲，非章孝严生父，章亚若是他们的三姑，也是章家双胞胎的生母。2002 年 12 月 12 日，60 岁的蒋孝严终于实现认祖归宗的愿望，取得新的身份证，父亲栏更正为蒋经国，母亲栏为章亚若。此间，章孝严又从桂林医院取得出生证明，母亲栏写的是舅妈纪琛女士，但她已经迁居美国多年。2003 年章孝严到美国访问舅妈，在台湾当局驻洛杉矶"办事处"两位人员的见证下，取得几根头发拿回去做 DNA 化验，在驻外办事处见证钢印下，纪琛和章孝严这对"法律母子"的关系划断。2004 年 12 月 15 日蒋方良在台北逝世。2005 年 3 月，蒋孝严再次领到了新身份证，这一次他正式更改姓氏为"蒋"姓。2005 年 4 月 7 日，蒋孝严在浙江奉化，首次以蒋家子弟身份参与了蒋氏家族的

---

① 蒋孝严：《蒋家门外的孩子》，第 16 页，九州出版社，2013 年版。
② 蒋孝严：《蒋家门外的孩子》，第 24—25 页，九州出版社，2013 年版。

清明祭祖。这也为他 60 年的认祖归宗之路画上了一个圆满的句号。

在溪口认祖归宗之后，蒋孝严全力投入"立委"的选战，从 2002 年 2 月 1 日—2012 年 1 月 31 日，连任三届"立委"。早年蒋孝严曾经追随李登辉，做过"侨务"和"外交"部门负责人，当过国民党中央海工会主任和中央党部秘书长。本来，蒋孝严同其父蒋经国一样坚持统一反对"台独"，但相当一段时间内不仅没有察觉到李登辉的"台独"意识，反而为其"台独"意识辩解。蒋孝严回忆说："我好后悔好多年前，尤其在'侨委会委员长'任内，针对侨界对他的'台独'言论所做批判，还经常在海外为他提出辩解，强烈指称李登辉只是台湾意识强烈，但绝不是'台独分子'。很少人晓得，我是出于为经国先生辩护，才为他辩解，因为我单纯认为他是父亲经国先生长期培养的台籍精英，更是晚年亲手指定的接班人，一定是走'经国路线'的。如果随着外界把他说得一文不值，不就等于否定了自己父亲的判断。"蒋孝严承认说经国先生、连战、宋楚瑜、郝柏村等人"都被李登辉骗了"。[①] 由于蒋孝严非常痛恨"台独"，所以在 2000 年台湾政党轮替后，在李登辉卸任前，他的办公任主任苏志成来电询问蒋孝严有无意愿出任"大使"或"代表"，当时李登辉与陈水扁关系甚佳，这种事轻而易举，但遭到了蒋孝严立即"谢绝"。在蒋孝严看来，"我无法说服自己跳到民进党'政府'内担任'特任官'，我反对该党追求'台湾独立'的思维和它以创建'台湾共和国'为目标的党纲"。

在"立委"任内，蒋孝严积极推动两岸关系发展。1994 年，蒋孝严的弟弟蒋孝慈在北京突发脑溢血，手足情深的蒋孝严为尽快让病重的弟弟返台治病，首次萌生了包机直航的想法。同年 12 月 23 日，蒋孝严第一次组团参访大陆各地台商协会，在上海拜会了海协会会长汪道涵，要求大陆方面要特别善待台商群体。在"立法院"蒋孝严多次发言强调两岸直航。2002 年 6 月，蒋孝严又邀约国民党籍"立委"赴北京就直航"问题与国务院台办主任"陈云林进行面对面讨论。当时讨论的焦点是航线属性，是称为"国际航线"还是"国内航线"。陈云林主张"模糊化"，蒋孝严主张"两岸间之特殊航线"，陈云林表示赞同。时至 2002 年 10 月底，蒋孝严正式提出了"台商包机直航的"构想，并为之进行了不懈的努力。2003 年 1 月 26 日，台湾华航公司的民航客机作为春节包机从台北桃园机场起飞，降落在上海浦东机场，这是海峡两岸 50 多年来的首次空中通航。2005 年 1 月 29

---

① 蒋孝严：《蒋家门外的孩子》，第 184 页，九州出版社，2013 年版。

日，台商春节包机在北京、台北等五个城市进行"双向"对飞。这是自1949年以来祖国大陆的民航飞机首度降落在台湾。

以上是蒋经国病逝后蒋氏家族主要成员的基本动向。而今，台湾实现了第二次政党轮替，民进党再度"执政"。新当选的台湾地区领导人蔡英文，在其就职演说中不承认"九二共识"，不放弃"台独"主张，其两岸政策呈现出新的特点：在政治上，顽固坚持"柔性台独"立场，否认"九二共识"；在经济政策上，强调摆脱与大陆交往，推行"新南向政策"；在文化上，大搞"去中国化"，推行"文化台独"与"教育台独"；在军事上，配合美国亚太再平衡战略，挟洋自重，企图"以武拒统"；在对外关系上，奉行亲美日、对抗大陆路线。在这种情势下，蒋家实难有再起之希望，尽管蒋孝严之子蒋万安迈上"立委"之路，但蒋家第四代的基本理念是"经商不从政"，这就使得蒋氏家族在台湾政治舞台上很难有挥洒空间。